国家卫生健康委员会
"十四五"规划新形态教材

全国高等学校教材

供临床、预防、口腔、护理、检验、影像专业

预防医学

第 5 版

主　　编　王文军　夏　敏

副 主 编　龙鼎新　王建明　王学梅

编　　者　丁国永　山东第一医科大学　　　余艳琴　包头医学院
（按姓氏笔画排序）

马　莉　大连医科大学　　　　余焕玲　首都医科大学

王　宏　重庆医科大学　　　　张　玲　济宁医学院

王　梅　辽宁中医药大学　　　张志红　山西医科大学

王　文　潍坊护理职业学院　　周远忠　遵义医科大学

王学梅　内蒙古医科大学　　　信丽丽　苏州大学

王建明　南京医科大学　　　　侯绍英　哈尔滨医科大学

龙鼎新　南华大学　　　　　　夏　敏　中山大学

宁传艺　广西医科大学　　　　高　博　四川大学

吕　鹏　滨州医学院　　　　　唐云锋　山东第二医科大学

刘跃伟　中山大学　　　　　　燕　贞　海南医科大学

李芳健　广州医科大学　　　　薛　玲　华北理工大学

编写秘书　张　玲　济宁医学院

数字秘书　刘跃伟　中山大学

人民卫生出版社
·北京·

版权所有，侵权必究！

图书在版编目（CIP）数据

预防医学 / 王文军，夏敏主编 . -- 5 版 . -- 北京：
人民卫生出版社，2024. 10. -- ISBN 978-7-117-36536
-9

I. R1

中国国家版本馆 CIP 数据核字第 20243WZ781 号

预防医学
Yufang Yixue
第 5 版

主　　编　王文军　夏　敏
出版发行　人民卫生出版社（中继线 010-59780011）
地　　址　北京市朝阳区潘家园南里 19 号
邮　　编　100021
E - mail　pmph @ pmph.com
购书热线　010-59787592　010-59787584　010-65264830
印　　刷　三河市尚艺印装有限公司
经　　销　新华书店
开　　本　787×1092　1/16　印张：32.5
字　　数　764 千字
版　　次　2001 年 9 月第 1 版　2024 年 10 月第 5 版
印　　次　2024 年 10 月第 1 次印刷
标准书号　ISBN 978-7-117-36536-9
定　　价　89.00 元

打击盗版举报电话　010-59787491　　E-mail　WQ @ pmph.com
质量问题联系电话　010-59787234　　E-mail　zhiliang @ pmph.com
数字融合服务电话　4001118166　　E-mail　zengzhi @ pmph.com

出版说明

为了深入贯彻党的二十大和二十届三中全会精神，实施科教兴国战略、人才强国战略、创新驱动发展战略，落实《教育部办公厅关于加强高等学历继续教育教材建设与管理的通知》《教育部关于推进新时代普通高等学校学历继续教育改革的实施意见》等相关文件精神，充分发挥教育、科技、人才在推进中国式现代化中的基础性、战略性支撑作用，加强系列化、多样化和立体化教材建设，在对上版教材深入调研和充分论证的基础上，人民卫生出版社组织全国相关领域专家对"全国高等学历继续教育规划教材"进行第五轮修订，包含临床医学专业和护理学专业（专科起点升本科）。

本套教材自1999年出版以来，为促进高等教育大众化、普及化和教育公平，推动经济社会发展和学习型社会建设作出了重要贡献。根据国家教材委员会发布的《关于首届全国教材建设奖奖励的决定》，教材在第四轮修订中有12种获得"职业教育与继续教育类"教材建设奖（1种荣获"全国优秀教材特等奖"，3种荣获"全国优秀教材一等奖"，8种荣获"全国优秀教材二等奖"），从众多参评教材中脱颖而出，得到了专家的广泛认可。

本轮修订和编写的特点如下：

1. 坚持国家级规划教材顶层设计、全程规划、全程质控和"三基、五性、三特定"的编写原则。

2. 教材体现了高等学历继续教育的专业培养目标和专业特点。坚持了高等学历继续教育的非零起点性、学历需求性、职业需求性、模式多样性的特点，贴近了高等学历继续教育的教学实际，适应了高等学历继续教育的社会需要，满足了高等学历继续教育的岗位胜任力需求，达到了教师好教、学生好学、实践好用的"三好"教材目标。

3. 贯彻落实教育部提出的以"课程思政"为目标的课堂教学改革号召，结合各学科专业的特色和优势，生动有效地融入相应思政元素，把思想政治教育贯穿人才培养体系。

4. 将"学习目标"分类细化，学习重点更加明确；章末新增"选择题"，与本章重点难点高度契合，引导读者与时俱进，不断提升个人技能，助力通过结业考试。

5. 服务教育强国建设，贯彻教育数字化的精神，落实教育部新形态教材建设的要求，配备在线课程等数字内容。以实用性、应用型课程为主，支持自学自测、随学随练，满足交互式学习需求，服务多种教学模式。同时，为提高移动阅读体验，特赠阅电子教材。

本轮修订是在构建服务全民终身学习教育体系、培养和建设一支满足人民群众健康需求和适应新时代医疗要求的医护队伍的背景下组织编写的，力求把握新发展阶段，贯彻新发展理念，服务构建新发展格局，为党育人，为国育才，落实立德树人根本任务，遵循医学继续教育规律，适应在职学习特点，推动高等学历医学继续教育规范、有序、健康发展，为促进经济社会发展和人的全面发展提供有力支撑。

新形态教材简介

　　本套教材是利用现代信息技术及二维码，将纸书内容与数字资源进行深度融合的新形态教材，每本教材均配有数字资源和电子教材，读者可以扫描书中二维码获取。

　　1. 数字资源包含但不限于PPT课件、在线课程、自测题等。

　　2. 电子教材是纸质教材的电子阅读版本，其内容及排版与纸质教材保持一致，支持多终端浏览，具有目录导航、全文检索功能，方便与纸质教材配合使用，可实现随时随地阅读。

获取数字资源与电子教材的步骤

❶ 扫描封底**红标**二维码，获取图书"使用说明"。

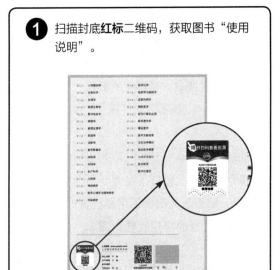

❷ 揭开红标，扫描**绿标**激活码，注册/登录人卫账号获取数字资源与电子教材。

❸ 扫描书内二维码或封底绿标激活码随时查看数字资源和电子教材。

❹ 登录 zengzhi.ipmph.com 或下载应用体验更多功能和服务。

扫描下载应用

客户服务热线 400-111-8166

前　言

　　预防医学作为现代医学教育的重要组成部分，是一门与临床医学密切相关的重要课程。本教材自2001年出版以来，前后已经过4次修订，为我国临床医学人才预防医学知识的学习和能力培养作出了重要贡献。为适应我国新时期卫生与健康事业发展对临床医学人才培养的新要求，本教材进行第5轮修订。

　　本次修订旨在贯彻落实《"健康中国2030"规划纲要》《健康中国行动（2019—2030）》《教育部关于推进新时代普通高等学校学历继续教育改革的实施意见》和党的二十大报告等重要文件精神，顺应新时期高等学历继续教育改革与发展对临床医学专业人才培养新要求，推进高等学历继续教育专业课程体系及教材体系改革和创新。

　　本次修订在遵循医学高等学历继续教育教学发展规律的基础上，突出了"三基"（基础理论、基本知识、基本技能）、"五性"（思想性、科学性、先进性、启发性、适用性）、"三特定"（特定对象、特定要求、特定限制）的编写原则。在确保科学性、系统性和逻辑性的前提下，将预防医学基础理论、基本知识和基本技能整体优化，与新时期对卫生人才的需求紧密结合；紧扣当前公共卫生与预防医学领域出现的新问题、新挑战与新机遇，强化临床医学专业人才"预防为主"理论思想在临床实践指导中的作用；编写采用纸质教材、数字资源为一体的融合教材编写模式，提升学生应用知识、分析问题、解决问题的能力，提升岗位胜任力，提高教材的实用性和时效性。

　　在传承第4版教材优秀编写成果的基础上，本版教材共分为四篇十九章。第一篇为环境与健康，第二篇为人群健康研究的医学统计学方法，第三篇为人群健康研究的流行病学方法，第四篇为疾病的预防与控制。修订中增加了我国卫生与健康工作方针和卫生事业主要成就、环境毒理、营养调查及其评价、转基因食品及其安全性、社会因素与健康、行为因素与健康、医学科研设计等内容；对国家卫生政策，尤其是法律法规和卫生标准、新的指南等有关内容进行了更新和补充；完善了社区卫生与预防保健策略、临床预防服务和突发公共卫生事件应急处理等章节。为了启发读者阅读，提高读者思维分析能力，本版的数字资源包括在线课程、PPT、自测题等内容，扫描二维码即可查看。

　　本版教材由来自全国多家单位具有丰富教学经验和实践经验的教师共同编写修订。他们在忙于日常教学和科研的同时，利用大量业余时间认真编写和审订，付出了辛勤劳动。编写秘书张玲老师和数字秘书刘跃伟老师在联络编委和整理、统筹稿件方面做了大量的细致工作，在此致谢。

　　虽然通过多种途径对书稿进行了多次讨论和修改，但因水平有限，难免有不足和错误，恳请各位教师、学生及学界同仁提出宝贵意见，以便再版时修正。

王文军　夏　敏

2024年5月

目　录

第一篇
环境与健康

第二篇
人群健康研究的医学统计学方法

第三篇
人群健康研究的流行病学方法

第四篇

疾病的预防与控制

绪　论

绪论

学习目标

知识目标	1. 掌握预防医学概念、研究对象和任务；三级预防策略。 2. 熟悉预防医学主要研究内容和主要研究方法；我国现行卫生与健康工作方针。 3. 了解临床医学专业学生学习预防医学的目的和意义。
能力目标	1. 能够运用三级预防策略解决临床工作中遇到的健康相关问题。 2. 能够运用预防医学思维和研究方法，在日常工作中识别环境中的健康相关因素，预防疾病、促进个体和群体健康，提高健康教育和健康促进能力和水平。
素质目标	具备大医学、大卫生和大健康理念。

　　随着生活方式、生态环境及疾病谱的改变，公众健康成为影响经济发展、社会和谐稳定的重要因素。在与多种危害健康影响因素的对抗过程中，人们已经清楚地认识到预防为主、防治结合在促进健康、提高全生命周期生活质量及延长寿命中的重要作用。预防医学理念和技术已经融入临床医学、全科医学及护理学等领域，是现代医学发展的重要组成部分。

一、预防医学概述

（一）预防医学的概念

　　预防医学（preventive medicine）是以人群为主要研究对象，采用现代生物医学、环境医学和社会医学理论、技术和方法，研究不同环境因素对人群健康和疾病的作用规律，分析与评价环境中各种致病因素对人群健康的影响，制定预防有害因素的卫生要求和干预措施，达到预防疾病、促进健康、提高生命质量和延长寿命目的的一门科学。现代医学进步和公共卫生事业迅猛发展是预防医学学科发展的推动力。

　　预防医学理论和技术在人类与疾病斗争的实践中不断完善并得以发展。公共卫生（public health）就是在预防医学基础上建立起来的，涵盖了多学科，如生物医学、社会医学、管理学、心理学及政治学等。但随着人类疾病谱、医学模式（由生物医学模式转化为现代生物-心理-社会医学模式）及疾病诊治方法的改变，公共卫生被赋予了更多的社会含义。我国对公共卫生的定义是："公共卫生就是组织社会共同努力，改善环境卫生条件，预防控制传染病和其他疾病流行，培养良好卫生习惯和文明生活方式，提供医疗服务，达到预防疾病、促进人民身体健康的目的"。公共卫生建设是一项需要医疗和预防两大系统密切结合，政府部门主导与协调、全社会参与的系统工程。

预防医学和公共卫生之间存在着紧密联系，两者均以研究环境因素对人体健康影响为主要目的，但学科内容及发展又存在不同特点。在教育部医学学科门类分类下，"公共卫生与预防医学"拥有流行病与卫生统计学、劳动卫生与环境卫生学、营养与食品卫生学、卫生毒理学、少儿卫生与妇幼保健学、军事预防医学等二级学科，构成了现代预防医学的核心内容。

（二）预防医学主要研究内容

1. 研究人类生存的环境因素（生物因素、化学因素、物理因素及社会因素等）对人群健康的影响　采用宏观与微观相结合的人群健康研究方法，探讨人类与环境因素之间相互依存的关系，分析环境因素影响人类健康和疾病发生与发展的内在联系和规律，进行疾病监测和风险评估，研究疾病在人群中的流行规律及动态变化趋势，并提出预防与控制疾病的有效措施。

2. 开展疾病的三级预防，有效预防和控制疾病　第一级预防（primary prevention）又称病因预防，主要是采用各种措施控制和消除环境中的有害因素，预防健康人群发病，主要以消除病因的预防措施为主。第二级预防（secondary prevention）又称临床前期预防，即在疾病临床前期就采用早期发现、早期诊断和早期治疗的"三早"措施，延缓甚至阻断疾病进展，改善预后。第三级预防（tertiary prevention）又称临床预防，主要是对已经患病者进行及时治疗，以防止病情恶化，预防并发症，降低伤残率，促进康复，提高工作和生活能力为目标的预防措施。

3. 制定预防控制疾病及健康促进的策略和干预措施　协助政府有关部门制定或修订相关卫生标准、技术规范、行动指南、法律与法规、公共安全体系、公共卫生制度、基本卫生资源分配制度、风险监测与风险评估制度、卫生服务信息与数据管理、卫生专业人才培养体系及健康教育和健康促进措施等，优化疾病防治策略，降低疾病发病率和死亡率；重视重点人群（如婴幼儿、儿童少年及老年人）健康管理服务，以人群健康为中心，推动健康中国建设。

（三）预防医学研究方法

随着生命科学和信息科学发展，预防医学研究方法和技术也不断改进。采用现代生物医学和生命科学技术，结合流行病学、卫生统计学及循证医学等研究方法，从分子、细胞、组织、器官、系统、个体和群体等多水平、多角度研究环境因素影响健康和疾病发生与发展的内在联系和规律，并提出可行的预防控制措施。

1. 流行病学研究方法　主要有观察法、实验法、数理法。观察法有描述性研究和分析性研究两种设计类型，其中描述性研究主要通过描述人群中疾病和健康状态分布，揭示流行或分布现象，提出病因假说；分析性研究主要研究影响分布的因素，验证所提出的病因假说。实验法主要研究评价疾病防治干预措施的效果，可确证病因假说。数理法主要通过对分布及其影响因素的研究，建立数学模型预测疾病流行趋势，描述疾病流行规律，评价疾病防治效果。

2. 循证公共卫生研究方法　对现有大量系统的人群健康与疾病关系研究数据进行分析和逻辑推理，减少或消除不恰当的、昂贵的和可能有害的卫生实践，提出公共卫生项目和建立宏观卫生政策的决策模式，并对其进行效果评估，以保证公共卫生决策基于科学证据并有效实施。循证公共卫生是在流行病学和循证医学理论及技术基础上发展起来的新方法。

3. 数据挖掘的研究方法　利用已经开发的健康和疾病信息数据处理技术，如计算机技术、信息网络技术、生物医学技术和数据挖掘技术，对疾病与健康相关海量数据进行分析和深度利用，以识别疾病相关危险因素的作用规律，了解各种疾病的相互关系，进行健康风险评估、疾病早期干预和预测预警。

4. 毒理学研究方法　采用细胞研究、器官及其系统生物学模型或其他模式生物或替代方法、整体动物模型及人群毒理学研究等方法，重点研究环境中存在的外源化学物所引发的机体损害作用及其机制；同时，进行毒理安全性评价、有毒物质限量标准和毒理管理学方面的研究等。

5. 分子预防医学　主要采用基因组学、蛋白质组学、表观遗传学及代谢组学等分子生物学和系统生物学方法，结合现代医学技术，形成"分子预防医学"理论和技术。常用于病原体生物学分类及疾病分型、疾病群体筛查和预防、发病机制等方面的研究。

6. 定性研究　主要是通过对研究者的深入访谈、现场观察、专题小组讨论及文献分析，了解其对某一事物或现象的经历、观点、想法与感觉，收集定性资料，并按一定的主题和类别进行编码、归纳推理的过程。该方法可获取许多定量研究得不到的信息，在现代预防医学研究中具有重要的地位。

7. 其他　转化医学、环境科学、生态学、社会学及心理学等相关理论和技术也给预防医学研究提供了更广阔的发展平台。

二、预防医学发展简史

预防医学是人类在与疾病长期斗争过程中不断思考、总结而发展起来的。早在公元前8世纪，我国《易经》就提到了"君子以思患而豫防之"（"豫"同"预"），这是预防概念的最早应用。此后《黄帝内经素问》中指出："圣人不治已病治未病，不治已乱治未乱，此之谓也。夫病已成而后药之，乱已成而后治之，譬犹临渴穿井，斗而铸锥，不亦晚乎。"唐代医学家孙思邈在《备急千金要方》中将疾病分为"未病""欲病""已病"三个层次，指出"上医医未病之病，中医医欲病之病，下医医已病之病"。他反复告诫人们要"消未起之患，治病之疾，医之于无事之前"。在西方，希波克拉底（Hippocrates，公元前460—前377年）在《论空气、水和地域》一书中也提出了预防疾病的思想，阐述了疾病的发生、发展和预后与环境的关系，并指出"医师应医治的不仅是病，而是患者"。这些都是预防医学的思想基础，这一时期被看作预防医学的萌芽阶段。就研究对象而言，预防医学的发展经历了从个体养生保健到群体预防、社会预防等阶段。

18世纪60年代，产业革命使社会生产力得到极大发展，但是随之而来的城市人口集中、生活环境和生产环境恶化，造成了传染病、营养不良性疾病和职业病的流行。在这个时期医学科学也有了长足发展，许多科学家采用基础医学理论与技术研究当时流行的疾病，从病原生物学和细胞病理学角度认识并研究疾病。生物医学形成与发展，在推动临床医学发展的同时，也推动了预防医学的形成。这个时期预防疾病流行所采取的公共卫生措施，包括改善环境、杀虫灭菌、预防接种及卫生法规等，不仅对维护社会稳定、推动生产力进一步提升发挥了巨大作用，也使预防医学由个体养生阶段进入了群体疾病防治新阶段。进入20世纪，病原生物对人群健康的威胁得到了有效控制。然而随着工业化、城镇化推进，人口老龄化加速，化学性和物理性因素造成的环境污染，以及人们生活方式等社会环境的巨大变化，慢性非传染性疾病发病率和死亡率大幅增高。人类社会疾病谱的改变、医学模式和健康观的变革，使人们认识到人类健康危险因素，不仅包括人体内在因素（遗传因素、代谢过程、器官或系统结构与功能），外环境的生物性因素、化学性因素和物理性因素，还包括社会、心理和行为因素等。要控制上述危险因素，仅靠卫生部门已难以胜任，必须"将健康融入所有政策"，实现"人民共建共享"。社会对健康服务提出的新需求，要求所有医学工作者要把工作聚焦到控制影响人类健康的危险因素上来。所有卫生工作者应充分利用现代群体与个体预防保健技术，保障和维护好所服务人群的健康，预防疾病、促进健康、延长健康寿命。

1977年第30届世界卫生大会首次提出，世界卫生组织（World Health Organization，WHO）和各国政府的主要卫生目标应该是到2000年使全世界的人民都具有过上富裕的社会生活与经济生活所需要的健康水平，即"2000年人人享有卫生保健（health for all）"。1978年，WHO又提出全球范围推行初级卫生保健（primary health care，PHC），即实现"2000年人人享有卫生保健"的关键措施。WHO在第51届世界卫生大会上明确了21世纪前20年人人享有卫生保健的总目标，使全体民众增加期望寿命，提高生活质量，在国家间和国家内部促进卫生公平，使全体民众获得可持续的经济便捷的卫生服务。"人人享有基本医疗卫生服务"本质含义是"公平享有"，即任何公民，无论年龄、性别、职业、地域、支付能力等，都应享有同等的健康权利。我国政府已将"基本医疗卫生服务"制度作为公共产品向全社会民众提供，其核心内容是建立与我国社会主义初级阶段经济社会发展水平相适应，国家、社会、个人能够负担，投入低、效果好的医疗卫生服务。基本医疗卫生服务既包括采用基本药物，使用适宜技术，按照规范诊疗程序提供的急慢性疾病诊断、治疗和康复等医疗服务，也包括建立相应的"公共卫生服务体系"，提供预防疾病、促进健康的基本公共卫生服务。

思政案例 0-1　　　　　**完善基本公共卫生服务和社会保障体系，推进全民健康**

中华人民共和国成立以来，我国的基本公共卫生服务和社会保障体系逐步建立、不断健全，人民健康状况显著改善。目前我国基本公共卫生服务已经扩展到14大类，55项。2022年，在基本公共卫生服务经费人均财政补助标准到84元的基础上，新增5元统筹用于基本公共卫生服务和基层医疗卫生机构疫情防控工作；2023年增加到89元，新增经费重点支持地方强化对老年人、儿童的基本公共卫生服务。党的二十大报告提到，目前我国建成世界上规模最大的社会保障体系和医疗卫生体系，基本养老保险覆盖十亿四千万人，基本医疗保险参保率稳定在95%；要推进健康中国建设，促进人与自然和谐共生，推动构建人类命运共同体，创造人类文明新形态。完善基本公共卫生服务和社会保障体系，将极大提高人民群众的幸福感，加快"幸福中国"建设。

20世纪90年代，联合国开发计划署（United Nations Development Programme，UNDP）提出了以健康为主要内容的"人类发展指数"，并发表了《人类发展报告》。在2000年联合国召开的千年峰会上，189个国家联合签署了《联合国千年宣言》，提出了8项千年发展目标，其中3项是人群健康和预防疾病指标，还有3项与公共卫生有密切联系。这也表明健康在人类发展中的重要地位已得到广泛认同。我国政府长期以来贯彻预防为主的卫生工作方针，利用与全球中低收入国家相当的卫生投入，获得了国民主要健康指标总体上优于中高收入国家平均水平的佳绩。2022年UNDP发布的《2022年人类发展报告》中指出，全球人类发展指数（human development index，HDI）首次出现连续两年下降，超过90%国家在2020年或2021年下降，且连续两年下降的国家占40%以上；而中国HDI由2019年的0.761提升至0.768，HDI排名也从第85位跃至第79位，逆势增长。

三、我国卫生与健康工作方针和卫生事业主要成就

（一）我国卫生与健康工作方针

中华人民共和国成立初期百废待兴，针对当时缺医少药、医疗卫生差和传染病、寄生虫病、地方病流行猖獗的状况，中央政府召开了第一届卫生工作会议，初步确定了以"预防为主，卫生工作的重点应放在保证生产建设和国防方面，面向农村、工矿，依靠群众，开展卫生保健工作"作为我国卫生工作的总方针。

1952年12月，第三届全国卫生工作会议确立了"面向工农兵，预防为主，团结中西医，卫生工作与群众运动相结合"的卫生工作四大方针，一直沿用至20世纪80年代。我国卫生事业在"四大方针"的指引下，取得一系列举世瞩目的辉煌成就，人民健康水平不断提高。

改革开放以后，随着我国社会经济水平快速发展，卫生事业也进入了全新发展时期。1997年1月，中共中央、国务院《关于卫生改革与发展的决定》中确定了新时期卫生工作的方针，"以农村为重点，预防为主，中西医并重，依靠科技与教育，动员全社会参与，为人民健康服务，为社会主义现代化建设服务"。其中"以农村为重点，预防为主，中西医并重"阐明了我国当时卫生工作的战略重点；"依靠科技与教育，动员全社会参与"是发展卫生工作的基本策略、措施和手段，同时又强调卫生工作依托人民群众的广泛参与；"为人民健康服务，为社会主义现代化建设服务"，体现了我国卫生事业的基本性质和根本宗旨。

2016年8月，中共中央、国务院召开全国卫生与健康大会。进一步明确要把人民健康放在优先发展的战略地位，以普及健康生活、优化健康服务、完善健康保障、建设健康环境、发展健康产业为重点，加快推进健康中国建设，努力全方位、全周期保障人民健康，为实现"两个一百年"奋斗目标、实现中华民族伟大复兴的中国梦打下坚实健康基础。确立了"以基层为重点，以改革创新为动力，预防为主，中西医并重，将健康融入所有政策，人民共建共享"的卫生与健康工作方针。国家为了全方位、全生命周期保障人民健康，先后制定了《"健康中国2030"规划纲要》《全民健身计划（2016—2020年）》《健康中国行动（2019—2030年）》等一系列规划纲要，并提出"三步走"目标：到2020年，建立覆盖城乡居民的中国特色基本医疗卫生制度，健康素养水

平持续提高，健康服务体系完善高效，人人享有基本医疗卫生服务和基本体育健身服务，基本形成内涵丰富、结构合理的健康产业体系，主要健康指标居于中高收入国家前列。到2030年，促进全民健康的制度体系更加完善，健康领域发展更加协调，健康生活方式得到普及，健康服务质量和健康保障水平不断提高，健康产业繁荣发展，基本实现健康公平，主要健康指标进入高收入国家行列。到2050年，建成与社会主义现代化国家相适应的健康国家。

相关链接 | **"健康中国2030"具体实现目标**

1. 人民健康水平持续提升　人民身体素质明显增强，2030年人均预期寿命达到79.0岁，人均健康预期寿命显著提高。

2. 主要健康危险因素得到有效控制　全民健康素养大幅提高，健康生活方式得到全面普及，有利于健康的生产生活环境基本形成，食品药品安全得到有效保障，消除一批重大疾病危害。

3. 健康服务能力大幅提升　优质高效的整合型医疗卫生服务体系和完善的全民健身公共服务体系全面建立，健康保障体系进一步完善，健康科技创新整体实力位居世界前列，健康服务质量和水平明显提高。

4. 健康产业规模显著扩大　建立起体系完整、结构优化的健康产业体系，形成一批具有较强创新能力和国际竞争力的大型企业，成为国民经济支柱性产业。

5. 促进健康的制度体系更加完善　有利于健康的政策法律法规体系进一步健全，健康领域治理体系和治理能力基本实现现代化。

理论与实践　　在临床工作和社区卫生服务中如何做到"共建共享"？

（二）我国卫生事业的主要成就

> **问题与思考**
> 在健康中国背景下，如何全方位全生命周期保障人民健康，实现"健康中国2030"具体目标？

中华人民共和国成立以来，我国建立了公共卫生、医疗服务、医疗保障、药品供应四大体系，卫生事业取得重大成就。

1. 有效控制了重大疾病，城乡居民健康水平持续改善　我国居民的主要健康指标总体上优于中高收入国家平均水平。我国通过爱国卫生运动、国家免疫规划和重大疾病防治政策，有效控制了严重威胁人民群众健康的重大传染病，成功消灭了天花和丝虫病，实现了无脊髓灰质炎目标，有效控制了霍乱、鼠疫、回归热、黑热病、斑疹伤寒等恶性传染病，结核病、艾滋病、乙型肝炎、麻疹等疾病的防治防控工作也取得了重大成效。

思政案例0-2　　　　　　　　　　　**全球消灭麻风病的中国贡献**

麻风病在我国流行已有2 000多年，曾经给人们的身心健康带来严重的危害，是全球关注的公共卫生和社会问题之一。20世纪40年代之前，由于缺乏有效的药物治疗，麻风病被视为不治之症。中华人民共和国成立后，我国的麻风病防治工作在党中央的领导下，经过各级党委、政府和广大专业人员的不懈努力，始终坚持各项防治策略和措施，麻风病防治工作取得了举世瞩目的成就，在全球麻风病防治研究方面处于国际前沿，为创造一个没有麻风病的世界贡献了中国智慧。

2. 卫生服务体系不断健全，群众获得服务的可及性明显改善　经过70年的建设和发展，覆盖城乡居民的卫生服务体系已经基本建立。卫生系统的服务和保障能力及技术水平得到极大提升，为城乡居民提供了综合、连续、安全、有效、方便、价廉的医疗卫生保健服务，在突发公共卫生事件、重大自然灾害应对过程中，发挥着保障人民群众生命安全、维护社会稳定的重要作用。

3. 基本医疗保障体系建设不断完善，城乡居民医疗保障水平不断提高　中华人民共和国成立初期国家就建立了公费医疗和劳保医疗制度，20世纪60年代建立农村合作医疗制度。20世纪90年代，我国又启动了医疗保障制度改革，积极稳妥地推进各项医疗保障制度建设。2002年10月，国家建立新型农村合作医疗制度，2009年国家新一轮医药卫生体制改革启动，医疗保障覆盖面和保障水平大幅度提升。目前，我国基本医疗保险实现了全覆盖，以职工基本医疗保险和城乡居民基本医疗保险为主体的全民医疗保险初步建立。《2023年医疗保障事业发展统计快报》显示，截至2023年底，全国基本医疗保险参保人数达13.34亿人，参保率稳定在95%以上。

4. 卫生法制化建设深入推进，群众健康权益得到进一步保障　改革开放以来，《中华人民共和国传染病防治法》《中华人民共和国食品安全法》《中华人民共和国母婴保健法》《中华人民共和国尘肺病防治条例》《中华人民共和国突发公共卫生事件应急条例》等多部法律法规、200余项卫生规章制度颁布实施。截至2023年5月10日我国现行有效卫生标准达1 228项。初步建成了由公共卫生、医疗服务、健康相关产品管理和医疗保障等法律制度组成的卫生法律体系。

5. 医药卫生体制改革深入推进，努力推进人人享有基本医疗卫生服务　《关于深化医药卫生体制改革的意见》《关于进一步完善医疗卫生服务体系的意见》等明确了新时期中国医药卫生事业改革和发展的方向和重大方针政策，强调把基本医疗卫生制度作为公共产品向全民提供，实现人人享有基本医疗卫生服务的总要求。

四、临床医学生学习预防医学的目的与意义

1988年世界医学教育会议发布了"爱丁堡宣言"，指出"医学教育的目的是培养促进全体人民健康的医生"。此后，WHO又提出了"五星级医生"的要求，即肩负卫生保健提供者、决策者、健康教育者、社区健康倡导者和卫生服务管理者5个方面的角色。因此，要解决目前临床医学与公共卫生严重脱节的问题，弥合二者的裂痕，首先要从医学教育入手，对临床各专业学生在学习临床医学课程的同时培养大预防、大公共卫生观念，积极参加预防医学社会实践，才能为全面促进人民健康服务。

2016年，全国卫生与健康大会提出"把人民的健康放在优先发展的战略上，将健康融入所

有政策，人民共享共建"。目前，我国卫生与健康工作方针的基本内容仍然是坚持"预防为主"，坚持防治结合、群防群控，为国民群众提供全生命周期的卫生与健康服务。作为一名未来的临床医务工作者，通过本课程的理论学习和实践参与，掌握预防医学的新理论、新科研思维方法和技术，客观评价个体和社区人群健康及其相关问题的影响因素与卫生保健效果，具有重要的现实意义。

1. 树立大卫生、大健康观念　在我国，卫生与健康服务正从"以治病为中心"转移到"以健康为中心"，建立健全健康教育体系，全面提升居民的健康素养，要求临床医生在从事临床诊治工作的同时，还要积极实践预防疾病的战略，与公共卫生医师一起指导患者、家属及相关社区居民提高自我保健意识，开展预防控制疾病及其并发症发生与发展的工作，从而提高疾病治疗效果，提高患者的生活质量，以适应我国现有的基础医疗卫生服务模式。

2. 提高把握疾病变化趋势的判断能力　随着社会的快速发展，心理压力、生活方式、环境危害因素的影响不断增大，人类疾病谱不断变化。临床医生需要全面了解环境因素对疾病发生与发展的影响及不同作业环境下和不同生理条件下环境因素对人群健康产生的危害或不良结局，拓展预防与治疗疾病的理论知识和实践技能。同时这也有助于临床阶段的治疗和预后的康复治疗。

3. 改善临床诊治和疾病预防控制相结合的思维方法　预防医学是从多角度进行疾病的致病因素及其作用途径、疗效观察、危险因素风险监测与评估的研究，将人群现场调查或临床随机对照研究和实验室研究相结合形成新的科研思维方法的一门学科。将临床诊治和预防疾病思维方式和技术技能有机结合，可提高临床工作中具体问题的解决能力和工作质量；同时，还可提高临床医生整体科研水平及临床研究成果的转化能力。

4. 提升应对突发公共卫生事件的能力　树立预防为主的思想，有利于在临床场所及时洞察突发公共卫生事件，提高应对和处置突发公共卫生问题的能力。

学习小结

预防医学是医学的一门应用学科，即从预防观点出发，针对人群中疾病发生、发展和转归的规律，运用基础医学、临床医学、环境卫生科学和社会行为科学等理论和方法来研究自然和社会环境因素对人群健康和疾病影响的规律，探讨各因素之间的相互作用，制定预防控制对策；并通过实施公共卫生策略和措施，改善社区卫生，达到促进健康和预防疾病、防止伤残和早逝、提高生命质量的目的。随着健康中国行动的推进，临床医学生更应该树立起大卫生观念，在以后的工作中将三级预防策略融入卫生医疗工作中，全方位、全生命周期保障人民健康。

（王文军）

复习参考题

一、选择题

1. 现代医学模式是
   A. 生物医学模式
   B. 自然哲学医学模式
   C. 生物–心理–社会医学模式
   D. 分子生物医学模式
   E. 机械论医学模式

2. 预防医学的核心问题是
   A. 环境问题
   B. 健康问题
   C. 疾病问题
   D. 生存问题
   E. 环境与健康关系问题

3. 下列叙述属于二级预防措施的是
   A. 免疫接种
   B. 防止并发症及伤残
   C. 慢性病的筛查

   D. 加强体育锻炼
   E. 控制环境污染

4. 现代医学的目标是
   A. 维护健康
   B. 恢复健康
   C. 减轻病痛
   D. 防止伤残
   E. 促进健康

5. 以下不是我国现行卫生与健康工作方针内容的是
   A. 以基层为重点，以改革创新为动力
   B. 预防为主，中西医并重
   C. 将健康融入所有政策
   D. 人民共建共享
   E. 以农村为重点，预防为主

   答案：1. C；2. E；3. C；4. E；5. E

二、简答题

1. 什么是预防医学？预防医学的核心是什么？
2. 如何理解健康的概念，在今后的临床工作中如何维护健康？
3. 如何将三级预防策略贯彻到维护全生命周期健康的工作中？

第一篇
环境与健康

第一章　人和环境

学习目标

知识目标	1. 掌握构成环境的主要因素；人类与环境的辩证关系；环境污染的健康效应及其影响因素；外源化学物、毒物、毒性、毒效应、中毒等概念。 2. 熟悉环境污染对健康损害的影响因素；环境污染的防治；毒性参数；毒性评价的方法。 3. 了解食物链及生物放大的概念及其意义；常用毒性参数的基本含义及选择；环境污染物的毒性评价。
能力目标	1. 提高研究环境因素与健康关系的科研能力，辩证认识人与自然的关系，并强化对国家相关法律体系的认知能力。 2. 能够运用相关概念解释现实环境卫生问题，并能够对环境卫生工作任务有所认识，提高环境卫生研究创新能力。
素质目标	培养环境保护意识，提高综合运用知识，辩证认识环境问题的素质。

　　人类与环境的关系极为复杂，彼此相互联系、相互作用和制约。环境提供了人类生存和繁殖的物质基础，而人类又主动改造和利用环境并对其产生影响。本章介绍构成人类环境的基本要素、环境的分类、生态系统与生态平衡、人类与环境的辩证统一关系、环境污染及其对人类健康的危害作用、环境污染的防治措施等内容。

第一节　人类与环境

一、环境的概念

　　环境（environment）是指人类赖以生存与发展的全部条件的总和。环境不仅为人类生命活动提供了一切必要的物质基础，同时还为人类在智力、道德、社会和精神等方面的发展提供社会基础。通常，可将环境分为自然环境和社会环境。

自然环境是指围绕人群的空间中可直接或间接影响人类生产和生活的一切自然形成的物质及其能量的总体。自然环境包括大气圈、岩石圈、水圈及生物圈。根据自然环境与人类活动的关系，自然环境又可分为原生环境和次生环境。原生环境（primary environment）是指天然形成的、未受或少受人为因素影响的环境，如人迹罕至的高山荒漠、原始森林、冻原地区及大洋中心区等。随着人类活动范围的不断扩大，原生环境正在日趋缩小。次生环境（secondary environment）是指在人类活动影响下形成的环境，也称为人为环境。人类在改造环境的活动中如能重视环境中物质和能量的平衡，就会带来良好的影响，使次生环境优于原生环境，从而促进人类的健康，否则就会使次生环境的质量恶化，对人类的健康造成严重的不良影响。

社会环境是指人类在自然环境的基础上，通过长期有意识的社会劳动所创造的人工环境。社会环境对人类的生存发展有着重大影响，是人类物质文明和精神文明发展的标志，同时又随着人类文明的进步而不断丰富和发展。

二、构成环境的因素

人类的环境主要是指包括空气、水、土壤、食物及生物在内的生活和生产环境，以及与其有关的社会环境。构成环境的主要因素按属性可分为生物、化学、物理和社会心理因素。

（一）生物因素

整个自然环境是一个以生物体为主的有机界与无机界构成的整体。与人类健康关系密切的生物因素主要有微生物、寄生虫、支原体和原虫等。病原微生物引起的霍乱、伤寒等烈性传染病，曾在一段时间内严重威胁人类的健康。近些年来，艾滋病、疯牛病、传染性非典型肺炎、人感染高致病性禽流感、埃博拉出血热、西尼罗病毒感染和大肠埃希菌O157感染，以及猴痘等一些新发传染病在世界上不断出现，人畜共患疾病也通过各种途径频频突袭人类。上述事件都提醒人们生物因素在致病过程中的重要性。

（二）化学因素

自然环境中的化学物质组成比较稳定，这种相对稳定的环境是保证人类正常活动的前提。但由于人为或自然原因，可能使空气、水、土壤及食物中的化学组成发生变化。如各种燃料燃烧后排放的废气中含有大量的二氧化硫（SO_2）、一氧化碳（CO）等气体，可使空气中这类气体含量增高；含汞和砷等工业废水污染水源，可使水中汞和砷的含量增高；用含镉废水灌溉农田，生物富集作用可使大米中的镉含量显著增高。除人为活动外，一些自然现象，如地震、洪水及风暴等自然灾害，也可使局部地区环境的化学组成发生巨大变化。若人们长期过量接触这些化学污染物，可造成急、慢性化学性中毒等潜在性危害。

（三）物理因素

环境物理因素包括温度、湿度、气流、气压、热辐射、噪声、振动、电离辐射和非电离辐射等。这些物理因素均与人类健康密切相关，有些是人类生存的必要条件，如充足的阳光和适宜的气候是人体生理活动所必需的外部条件。但当环境中物理因素的强度过高或过低时，将会造成污染或异常。例如，使用机械与交通运输工具产生的噪声、振动，使用无线电通信设备产生的电磁辐射，核试验、核泄漏、原子能工业中核应用产生的放射线等，在一定条件下均可危害机体健康。

（四）社会心理因素

人类生活在社会环境中，社会的政治、经济、文化教育、科学技术、宗教信仰、风俗习惯、生活方式、卫生服务及人口因素等不仅与人类生活和健康息息相关，而且各因素之间又互相影响。社会因素对人类健康的影响不是孤立的，往往通过影响人们的生活、生产环境而影响人类健康，更重要的是通过影响人们的心理状态而对人类健康造成影响。

三、生态环境

（一）生态系统及其组成

自然界中任何生物群落都不是孤立存在的，生物群落之间相互渗透、相互依赖并相互作用。生态系统（ecosystem）是指在一定空间和时间范围内，由生物群落及其生存的环境所构成的具有物质、能量和信息流动的功能系统，是生物与环境之间进行能量转换和物质循环的基本功能单位。生态系统是一个复杂的、具有独立生物功能的生物环境体系，一般是由生产者、消费者、分解者和非生物环境四大要素所组成。生产者主要指绿色植物，也包括蓝绿藻和一些光合细菌，是能利用阳光和无机物质合成有机物的自养生物，生产者在生态系统中起主导作用。消费者是指依靠摄取其他生物为生的异养生物。生产者和消费者的残骸均被分解者（如微生物）分解为无机元素，供生产者再次利用，进入新一轮循环。非生物环境（空气、水、土壤等）为各种生物提供了赖以生存的必需条件，与生产者、消费者和分解者存在广泛的联系。

（二）生态平衡

在一定时间内，生态系统中的生产者、消费者和分解者之间，生物群落与非生物环境之间，物质、能量的输出和输入，生物学种群和数量，以及各数量之间的比例，始终保持着一种动态平衡关系，称为生态平衡（ecological balance）。生态平衡是生物维持正常生长发育、生殖繁衍的根本条件，也是人类生存的基本条件。如果生态系统受到外界干扰，超过其本身自动调节的能力，会导致生态平衡的破坏。破坏生态平衡的因素有自然因素和人为因素。自然因素如水灾、旱灾、地震、台风、山崩及海啸等。人为因素则包括盲目开荒、过度砍伐森林，过度开发水利资源，滥捕、滥杀野生动物，生产和生活活动产生的大量废气、废水、垃圾的不断排放等，这些均可导致生态平衡失调。人类可以利用自然环境，但是人类不可能脱离自然环境而存在，必须与整个生态系统的其他部分保持动态平衡才可求得自身的生存和发展。

（三）食物链及生物放大

生态系统中一种生物被另一种生物所食，后者再被第三种生物所食，彼此形成一个以食物连接起来的链锁关系，称为食物链（food chain），物质、能量和信息沿着食物链由无机界向生物体、一种生物体向另一种生物体转移，实现了物质、能量和信息从无机界到有机界，又从有机界到无机界的循环过程。在生态系统中，食物链是维持生物种群间物质和能量流动的渠道和纽带。

食物链可影响环境中物质的转移和蓄积。环境中某些污染物可通过食物链的延长和营养级的增加在生物体内浓度逐级增高，使高位营养级生物体内浓度高于低位营养级生物体内浓度，称为生物放大作用（biomagnification），如发生在日本的水俣病。当时水俣湾海水中汞含量是 1.6~3.6 μg/L，经过多级生物放大后使鱼体内浓度达到 0.02~5.2 mg/kg，最高可达 40 mg/kg。生物放大作用缩短了环境与人之间的距离。环境中有机氯农药DDT也可通过食物链产生生物放大作用（图1-1-1）。

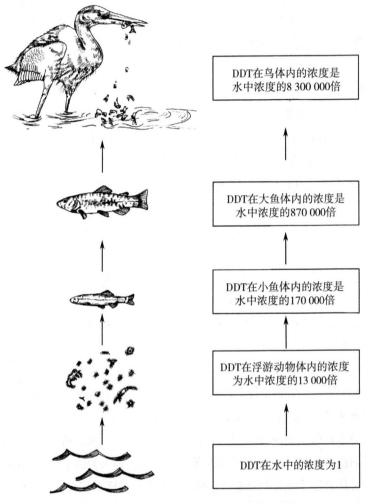

DDT在鸟体内的浓度是水中浓度的 8 300 000 倍

DDT在大鱼体内的浓度是水中浓度的 870 000 倍

DDT在小鱼体内的浓度是水中浓度的 170 000 倍

DDT在浮游动物体内的浓度为水中浓度的 13 000 倍

DDT在水中的浓度为1

▲ 图1-1-1　DDT通过食物链产生生物放大作用

具有生物放大作用的环境污染物必须具备下述条件：① 环境化学物质易被各种生物体吸收；② 进入生物体的环境化学物质较难分解和排泄；③ 污染物在生物体内逐渐积累时，尚不会对该生物造成致命性损害；④ 生物放大通过食物链进行。

四、人类与环境的关系

环境为人类提供生命物质和生活、生产场所，人类在生存进化和发展过程中，依赖环境、适应环境并改造环境，人类与环境构成了既相互对立、相互制约又相互依存、相互转化的统一体。

（一）人与环境的统一性

在人类生态环境中，人与环境之间不断进行着物质、能量和信息的交换。环境和机体之间进行的物质与能量的交换及环境中各种因素对人体的作用，形成了人体与环境间的生态平衡。这种人体与环境间的平衡性和统一性的最好例证是人体血液与地壳中矿物质含量的相关性。英国科学家Hamilton调查了220名英国人血液与当地地壳中矿物质的含量，发现人体血液中60多种物质与地壳中矿物质的含量呈明显相关性，说明人与环境的高度统一性（图1-1-2）。

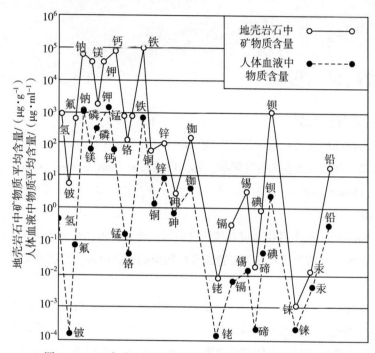

▲ 图1-1-2　60多种物质在人体血液与地壳中矿物质含量的相关性

（二）人体对环境的适应性

在人类长期进化发展过程中，人体对环境的变化具有一定程度的适应和防御能力。当环境因素可能对机体产生不利影响但又无法改变时，人体可通过生理生化的调节机制，动员机体的防御系统与这些不利的环境因素保持平衡状态。如人初次进入高原环境，机体从空气中吸入的氧远远低于平原地区，但机体可通过神经体液调节，使体内红细胞和血红蛋白代偿性增加，保证机体的内环境与外界环境相互适应，并得以继续生存和发展。

机体对环境变化的适应能力是有一定限度的。当环境因素的作用强度过大或环境中存在大量的污染物，超出机体的适应能力时，机体的适应机制就会遭受破坏而出现有害健康的效应。如果环境条件发生的剧烈异常变化（如气象条件剧变）超过了人体正常的生理调节范围，也会引起人体某些功能或结构的异常反应，使人体产生疾病甚至导致死亡。

（三）人与环境的相互作用

环境因素对机体健康的影响具有双重性。例如，适量的紫外线照射具有生成维生素D、抗佝偻病和增强机体免疫力的作用，但过量、长期的紫外线照射则可致皮肤癌和白内障发生。在进化过程中，人类不是被动地依赖环境和适应环境的变化，而是充分利用环境中的有利因素避免不利因素，主动地依赖环境、适应环境、改造环境，创造更加优美的环境条件，为人类造福。这是人类与其他动植物的根本区别所在。

（龙鼎新）

第二节　环境污染与健康

一、环境污染及其来源

各种人为或自然原因使环境构成发生改变，造成环境质量下降和恶化，破坏了生态平衡，对人类健康造成直接、间接或潜在的有害影响，称为环境污染（environment pollution）。严重的环境污染称为公害（public nuisance）。

（一）污染源

污染源（pollutant source）是指造成环境污染的污染物发生源，通常指向环境排放有害物质或对环境产生有害影响的场所设备和装置。造成环境污染的原因很多，目前常见的环境污染来源有如下几个方面。

1. 生产性污染源　生产性污染是当前主要的污染来源，其主要特点是有组织排放，污染物数量大、成分复杂、毒性大，但相对较易治理。工业生产过程中排出废气、废水和废渣称为"工业性三废"。"三废"中含有大量对人体健康有害的物质，如未经处理或处理不当就大量排放到环境中，可以造成空气、水、土壤及食物等环境的污染，导致环境质量恶化。农业生产中，长期使用农药（杀虫剂、除草剂及植物生长调节剂等）可造成农作物、畜产品及野生生物中的农药残留，空气、水和土壤也可能受到不同程度的污染。

2. 生活性污染源　生活性污染物较生产性污染物成分相对简单，毒性相对低，但因其是一种无组织排放的污染来源，治理相对困难。人类生活过程中排出的粪尿、垃圾和污水等称为"生活性三废"。在人口不断增长和消费水平不断提高的同时，"生活性三废"的产量也在不断地上升，特别是在一些大中城市，随着污染严重的一些工厂外迁，生活性污染已成为城市污染的主要来源。"生活性三废"成分复杂，不仅含有大量纤维素、碳水化合物、脂肪、蛋白质等物质，还含有大量病原菌、病毒、寄生虫，尤其是医院污水，若卫生处理不当，可污染空气、水及土壤，还可导致一些传染病的流行。生活污水中还含有大量的氮、磷等物质，排入水体后可使水中的藻类及其他浮游生物迅速繁殖，使水体溶解氧量下降，水质恶化，鱼类及其他生物大量死亡，这种现象称为富营养化（eutrophication）。

3. 其他污染 随着汽车产业的迅速发展，交通运输工具产生的噪声、振动和各种废气污染物随之快速增长，对人类健康造成严重的威胁。电磁波通信设备可产生微波和其他电磁辐射波，医用和军用的原子能和放射性同位素机构所排放的各类放射性废弃物和可吸入颗粒物，火山爆发、森林大火、地震等自然灾害所释放的大量烟尘、废气等，都可使自然环境受到不同程度的污染，造成不良后果。

（二）污染物

污染物（pollutant）是指进入环境并引起环境污染的物质。从污染源直接排入环境，其理化性状没有发生改变的污染物称为一次污染物（primary pollutant）。进入环境的一次污染物在物理、化学或生物因素作用下发生变化或与环境中其他物质发生反应，形成与原来污染物理化性状和毒性完全不同的新的污染物称为二次污染物（secondary pollutant）。二次污染物对环境和人体的危害通常比一次污染物严重，如甲基汞比汞或汞的无机化合物对人体健康的危害要大得多。按污染物的性质可分为三大类。

1. 化学性污染物 如铅、汞、铬、镉等重金属，SO_2、氮氧化物（NOx）、CO等有害气体及农药化肥等。

2. 物理性污染物 如噪声、振动、电离辐射、电磁辐射等。

3. 生物性污染物 如致病菌、病毒、寄生虫卵等。

二、环境污染物在环境中的转归

无论是人为排放的还是天然的环境污染物，进入环境后会在空间位置、形态特征或化学性质等方面发生一系列复杂的变化。这些变化可归结为两种：一种是通过环境自净作用，逐渐恢复到污染前的状态；另一种是增加人群暴露的机会、增强环境污染物对人体的有害性。

（1）环境污染物的迁移：污染物迁移是指其在环境中发生空间位置相对移动的过程。污染物一经排放，就会进入任意一种环境介质，如通过蒸发/挥发进入空气，吸附进入土壤，溶解进入水体等。

1）单一介质内的迁移：在空气中，物质的迁移主要是靠扩散和对流两种方式。空气对流的迁移作用最强，在大气的对流层中，有规则的对流和无规则的湍流，直接影响物质的迁移。在水体中污染物的迁移是通过扩散、弥散实现的，这两种方式主要是靠水的湍流和平流而迁移。土壤中污染物的运动是靠其在液体内的扩散或水通过土壤颗粒间空隙的运动实现的。扩散的方向总是为从浓度高的区域向浓度低的区域。

2）不同介质间的迁移：如进入水中的污染物可通过蒸发进入空气，也可通过灌溉吸附于土壤，或沉积于水体底泥。污染物也可以通过人的摄食、饮水和呼吸进入机体。

3）生物性迁移：是通过食物链和食物网进行的。生物放大作用是在通过食物链和食物网迁移的过程中，生物体内化学物质的浓度随着营养级的提高而逐步增大的现象。在迁移的过程中，环境污染物可在生物体内储存和蓄积，使生物体内的含量增加，尤其在高位营养级的生物体内增加更为明显。

（2）环境污染物的转化：转化是指环境污染物在环境中通过化学或生物学作用转变成另一物质的过程。一次污染物通过转化则变成二次污染物。

1）化学转化：指污染物通过各种化学反应过程发生的转化。

2）生物转化：指环境污染物通过生物相应酶系统的催化作用所发生的变化过程。

（3）环境污染物的自净（self-purification）：指污染物进入环境后，在自然的物理、化学或生物因素作用下，经过一定时间，环境中的污染物浓度或总量会出现降低的现象，包括物理净化、化学净化和生物净化三种方式。

1）物理净化：物理净化方式有稀释、扩散、沉降、挥发逸散、凝聚和混合等，稀释与扩散是借助风力或水流作用，将污染物稀释、扩散而使浓度降低。

2）化学净化：环境污染物可通过氧化、还原、水解及酸碱中和、光化学反应等方式，使污染物转化、浓度降低或毒性消失。

3）生物净化：指通过生物氧化、生物拮抗、生物降解、光合作用、生物吸收等方式使环境污染物得到净化。

环境的自净能力是有限的，当环境污染物的量（浓度或强度）超过环境自净能力或环境条件的改变时都会使自净作用停止，造成环境质量恶化。

三、环境污染物的接触途径

环境污染物经各种途径和方式与人体接触。存在于空气、水、土壤及食物中的环境污染物主要通过呼吸道、消化道和皮肤进入人体。

（一）呼吸道

环境中以气体、蒸气和气溶胶形式存在的污染物主要经呼吸道进入人体。其主要特点有：① 肺泡的总表观面积大（$50\sim100\ m^2$），肺泡壁薄（$1\sim4\ \mu m$），肺泡间毛细血管丰富，污染物经肺泡吸收进入血液极为迅速；② 经呼吸道吸收的污染物，不经过肝脏的转化、解毒，直接由肺循环进入全身血液循环；③ 气体及蒸气状污染物多以扩散方式进入血流，其吸收速度与肺泡和血液中物质的分压差有关；④ 呼吸道吸收还受污染物在血液中浓度与肺泡空气中浓度之比（血/气分配系数）的影响，该系数越大，毒物越易吸收入血液。例如，氯仿和乙烯的血/气分配系数分别为15和0.14，氯仿比乙烯更易被吸收；⑤ 颗粒物的吸收主要取决于颗粒的空气动力学直径和气溶胶中化学物的水溶性；⑥ 气溶胶沉积在呼吸道的部位与其颗粒大小有关。此外，活动强度、肺通气量、肺血流量及环境气象条件等因素也可影响污染物经呼吸道吸收。

（二）消化道

存在于饮水和食物中的有害物质可通过消化道吸收。消化道吸收的主要部位是小肠，其他各个部位也有吸收作用。小肠黏膜上的绒毛可使黏膜表面积增大约600倍，大多数化学物在消化道以扩散的方式吸收，部分毒物可以借助营养物质运载转移的载体进入血液。消化道各段的pH相差很大，故在胃肠道不同部位的吸收量也有很大差别。此外，胃肠道内容物多少、排空时间及蠕动状况也可影响毒物吸收。经消化道吸收的毒物可经肠肝循环过程被反复吸收。

（三）皮肤

环境污染物经皮肤吸收主要通过表皮和皮肤附属器（毛囊、汗腺和皮脂腺）。但后者不如前者重要，附属器的横断面积仅占皮肤表面积的0.1%~1%。污染物经表皮吸收需通过三层屏障。① 表皮角质层：这是经皮肤吸收的最主要屏障，分子量大于300 Da的物质不易通过无损的皮肤；② 连接角质层：该层能阻止水、电解质和某些水溶性的物质进入，但脂溶性物质可通过；③ 表皮和真皮连接处的基膜：能阻止某些物质透过，但大多数物质通过表皮后可自由地经乳突毛细血管进入血液。污染物经皮肤的吸收率不仅取决于污染物的溶解度、分子大小、浓度及pH等因素，还受皮肤完整性和接触条件的影响。一般来说，脂水分配系数较高的污染物易经皮肤吸收。但溶于脂而难溶于水的物质经皮肤吸收率却相对较低，当其挥发度很高时，吸收率更低，如苯经皮肤吸收较少。而挥发度低，既溶于脂又溶于水的物质，可经皮肤迅速吸收，如有机磷农药。皮肤有破损或患有皮肤病时，其屏障的完整性被破坏，有利于环境污染物经皮肤吸收。皮肤潮湿可增高其角质层的通透性，增加污染物经皮肤吸收。经皮肤吸收的污染物也可不经肝脏解毒而直接进入大循环。

同一种有害化合物，可以有不同的污染来源。即便是同一污染来源，由于在环境中发生空间位移作用也可以在不同的介质之间进行。因此，许多环境物质和有害化合物进入环境后都会在多种介质中存在。这些有害化合物往往通过多种途径接触人体，很少通过单一途径。

四、环境污染物在生物体内的转归

环境污染物在生物体内经过一系列生物化学变化并形成其衍生物的过程称为生物转化（biotransformation）或代谢转化（metabolic transformation），所形成的衍生物又称代谢物。

一般情况下，外源化学物经生物转化后极性及水溶性增加而易排出，毒性降低甚至消失。但并非所有的外源污染物都如此，有些外源化学物代谢产物的毒性反而增大，或水溶性降低。例如，硫磷、乐果等经生物转化后形成的对氧磷和氧乐果的毒性增加；磺胺类化合物在生物转化过程中与乙酰基结合，水溶性反而降低；有些不会直接致癌的化学物经生物转化后产生的代谢产物具有致癌作用。由此可见，生物转化具有双重性。

环境污染物的生物转化过程是酶促过程，需特定的酶类催化才能进行，生物转化主要发生于肝，此外也有一些较弱的代谢转化过程在肺、肾、胃肠道、胎盘、血液、睾丸及皮肤，称为肝外代谢过程。

外源污染物的生物转化过程主要有4种反应类型，包括氧化、还原、水解和结合。多种因素可影响外源污染物的生物转化过程，如物种差异和个体差异、饮食营养状况、年龄和性别等生理因素、代谢饱和状态、代谢酶的抑制和诱导等因素。这些因素能对催化生物转化过程中各种酶类的功能和活力产生影响，使外源污染物生物转化的途径和速率发生变化，导致其对机体的生物学作用和机体对该化学物的反应等发生改变。因此，研究代谢酶的变化是研究各种因素对生物转化影响的关键所在。

五、环境污染对人类健康的影响

（一）环境致病因素的健康效应

环境的构成和环境的状态发生任何异常变化，都会不同程度地影响机体的健康。人体具有自身调节的生理功能，以适应环境不断变化的能力。当环境的异常变化在人体适应范围内，机体可通过自身的调节适应这种变化。如果环境中的异常变化超出了人类正常生理调节范围，则可能引起人体某些功能和结构的变化，严重者可导致病理性改变。能使人体发生病理性变化的环境因素称为环境致病因素（environmental pathogenic factor）。

一般情况下，当环境毒物开始作用于机体，或作用的强度较小时，由于机体有一定的代偿能力，可保持相对稳定，暂时不出现损害作用或生理功能改变，属于正常生理调节范围。如果停止致病因素作用，机体可能向着恢复健康的方向发展。处于代偿状态暂时尚未表现临床症状的人，不能认为是健康的人，其中一些人实际上已处于疾病的早期阶段，即临床前期。机体的代偿能力是有一定限度的，如果环境有害因素继续作用，致使功能发生障碍，机体会向病理状态发展，出现疾病的症状和体征；少数人甚至因病理反应而死亡。从预防医学的观点研究环境因素对人体健康的影响，可将生理、生化和病理效应看作连续的健康效应谱。人群对环境因素反应的健康效应谱呈金字塔形或称冰山现象（图1-2-1）。

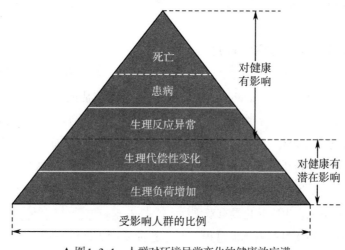

▲ 图1-2-1　人群对环境异常变化的健康效应谱

从环境影响的健康效应谱分析，研究环境对健康的影响，不能只注重有无临床表现，更应该研究生理、生化等方面的早期改变，及早发现环境污染所产生的临床前期表现和潜在的健康效应，并及时加以控制。

（二）环境污染对人类健康影响的特点

1. 广泛性　环境受污染后影响的人群范围广且人数多，包括不同年龄、不同性别的人群，甚至可能影响到未出生的胎儿。

2. 复杂性　受污染环境中可有多种污染物同时存在，各种毒物间可以产生联合毒性作用；同一种污染物可经受污染的空气、土壤、水、食物等不同途径进入人体，同一个体可摄入不同种环境污染物；环境污染物作为致病因素对健康的损害多属多因多果，关系十分复杂。

3. 多样性 环境中存在各种污染物，对人体健康损害作用形式表现出明显的多样性，有直接的，也有间接的；有急性的，也有慢性的；有局部的，也有全身的；有近期的，也有远期的；有特异性的，也有非特异性的等。

4. 长期性 一些环境污染物可长时间滞留于环境中，并长时间作用于人体，在低浓度的情况下，污染物造成的健康损害在短时间内不明显，不易被察觉，需要数年甚至几十年才表现出来，有的直到下一代才表现出健康危害效应。

（三）环境污染对健康损害作用的主要表现形式

1. 急性危害 是指环境中大量或毒性较大的污染物作用于机体，使暴露人群在短时间内出现有害效应、中毒症状甚至死亡。历史上发生在英国伦敦和美国洛杉矶等地的"烟雾事件"，1984年发生在印度的"博帕尔异氰酸甲酯泄漏事件"，苏联的"切尔诺贝利核电站事故"等均为急性损害。

2. 慢性危害 是指环境中有害物质低浓度、长时间、反复作用于机体所产生的危害。慢性危害是由于毒物的损伤蓄积或在人体内的物质蓄积所致。慢性中毒是慢性危害的主要类型。曾经发生在日本的水俣病、痛痛病，就是环境污染造成慢性中毒的典型例子。另外，低浓度污染物的长期作用还可导致一些非特异性损害，包括暴露人群免疫力下降，人群中一般疾病患病率和死亡率增加等。

3. 致癌作用 恶性肿瘤已经成为人类死亡的重要病因，据估计，80%~90%肿瘤与环境因素有关，其中化学因素起主要作用。在所有的癌症中，有19%由包括工作环境在内的环境因素直接引起。国际癌症研究中心（International Agency for Research on Cancer，IARC）根据对人类和实验动物致癌性资料，以及在实验系统和人类其他有关资料的综合评价结果，将环境因子和类别、混合物及接触环境与人类致癌危险性分为4组。① 组Ⅰ：人类致癌物，即对人类致癌证据充分。② 组Ⅱ：对人类很可能或可能致癌（ⅡA类和ⅡB类）。ⅡA类指对人类很可能致癌，此类致癌物对人类致癌性证据有限，对实验动物致癌性证据充分；ⅡB类指对人类可能致癌，是指对人类致癌性证据有限，对实验动物致癌性证据并不充分，或对人类致癌性证据不足，对实验动物致癌性证据充分。③ 组Ⅲ：对人类的致癌性尚无法分类。④ 组Ⅳ：对人类很可能不致癌。

4. 生殖毒性和发育毒性 某些环境有害物质或因素可产生生殖毒性和发育毒性。生殖毒性（reproductive toxicity）是指外源化学物对雄性或雌性生殖功能或生殖能力的损害及对子代的有害影响。有害物质或因素的毒性可发生于雄性、雌性的任何时期，表现为性功能障碍、不育、不孕、生殖器官和内分泌功能异常、妊娠结局不良等。发育毒性（developmental toxicity）是指外源化学物能导致机体发育异常的有害作用，主要表现为发育中机体死亡、胎儿畸形、胎儿生长迟缓及器官或系统功能缺陷等。在妊娠期接触外界环境因素而引起后代结构或功能异常的作用称为致畸作用（teratogenesis），是发育毒性的一种表现。例如，"反应停事件"造成的8 000多例短肢畸形儿（海豹肢畸形儿）就是典型的外源化学物致畸作用案例。

5. **遗传毒性** 是指环境中化学因素、物理因素和生物因素引起的生物体细胞遗传物质（DNA）和遗传过程的改变。引起生物体细胞遗传物质发生可遗传改变的作用称为致突变作用（mutagenecity）。凡能引起致突变作用的物质称为致突变物（mutagens），又称诱变剂。突变类型有：① 基因突变（gene mutation），指DNA的碱基配对或碱基排列顺序发生了改变，可能导致基因表达产物的功能改变；② 染色体畸变（chromosome aberration），是指染色体结构或数目的异常改变；③ 基因组突变（genomic mutation），是指基因组中染色体数目的改变。如果突变发生在体细胞，则会导致一些疾病发生，甚至形成肿瘤；如果突变发生在生殖细胞，则可导致不孕、早产、死胎或畸形及遗传性疾病。

6. **对免疫功能的影响** 环境毒物对免疫系统的影响表现为三种类型：① 环境毒物对免疫功能的抑制。某些环境污染物可使机体免疫反应过程的某一个或多个环节发生障碍而出现免疫抑制作用，包括对体液免疫功能、细胞免疫功能、自然杀伤细胞（natural killer cell，NK细胞）的影响等。环境中具有免疫抑制作用的化学物主要有多卤代芳烃类及多环芳烃类化合物、金属类毒物、某些农药、某些药物及电离辐射等；② 化学物作为致敏原引起机体变态反应。某些化学物进入体内可与组织蛋白结合，形成具有免疫原性的物质，即抗原，然后刺激机体产生相应的致敏淋巴细胞或抗体，在机体第二次接触到致敏原时，则发生变态反应；③ 少数环境化学物可引起自身免疫反应。过度的自身免疫反应可导致慢性炎症、组织破坏或功能紊乱，即自身免疫性疾病。如氯乙烯、六氯苯、氧化硅、某些金属（汞、镉）等可引起自身免疫反应。

7. **干扰内分泌功能** 1996年美国环境保护局将对机体内天然激素的产生、释放、运输、代谢、消除、结合、功能发挥及维持体内平衡稳定和机体发育过程产生干扰作用的外源物质称为环境内分泌干扰物（environmental endocrine disruptor，EED）。已被证实或疑似具有内分泌干扰作用的环境化学物质有上百种，包括苯二甲酸酯类、多氯联苯类、有机氯杀虫剂、烷基酚类、双酚化合物类、植物和真菌激素及重金属类等。

（四）环境污染引起的疾病类型

环境污染对人体健康的危害是多种多样的，引起的疾病类型可分为4类。

1. **公害病** 由严重的环境污染引起的区域性疾病称为公害病（public nuisance disease）。公害病不仅是一个医学概念，而且具有法律意义，须经严格的医学鉴定和国家法律正式认可，方可确认。一旦确定为公害病，就要追究造成环境污染的责任人的法律责任，并对受害者进行必要的赔偿。历史上发生的代表性公害事件见表1-2-1。

2. **职业病** 是指劳动者在职业活动中接触职业病危害因素所引起的疾病。我国政府颁布的法定职业病为10类132种。

3. **食源性疾病** 是指通过摄取食物而进入人体的致病因子引起，通常具有感染性或中毒性的一类疾病。其中许多食物中有毒有害的物质来源于环境污染，例如，有机磷农药污染蔬菜等农作物引起的食物中毒。

4. **传染病** 是由病原微生物引起，可在人与人之间、人与动物之间或动物与动物之间相互传播的一类疾病。环境污染也可以引起此类疾病，如处理不当，可能造成疾病暴发流行。例如，未经消毒净化处理的医院废水、生活污水、屠宰场或制革厂废水直接排放到水体，可能引起一些介水传染病（伤寒、霍乱、痢疾等）或能通过环境传染的其他病毒性疾病的暴发流行。

▼ 表1-2-1　历史上的重大公害事件

名称	发生时间	主要原因	健康危害后果
伦敦烟雾事件	1952、1954、1956、1957、1962年比较严重	盆地，逆温层形成，主要是采暖烟粉尘与SO_2污染，浓雾等	仅1952年12月的烟雾事件，1周内死亡人数达4 000多人
比利时马斯河谷烟雾事件	1930年	狭窄盆地，逆温层形成，含硫冶炼厂、炼焦厂、发电厂等排放大量SO_2等有害气体	数千人呼吸道疾患发病，1周内60多人死亡
洛杉矶光化学烟雾事件	1943年以来	逆温，大量汽车排放的废气，在日光紫外线作用下形成大量以O_3为主的光化学烟雾	数千人出现眼睛红肿、流泪、咽喉痛、严重上呼吸道刺激等症状，65岁以上老年人死亡率升高
痛痛病	1955—1972年	日本富山县神通川流域锌冶炼厂排出的含镉废水污染了河水，居民用河水灌田，使稻米含镉量增高	数百人患痛痛病，近百人死亡
水俣病事件	1953年以来	日本熊本县水俣湾地区含汞工业废水污染水体，汞经生物转化形成甲基汞，居民长期食用含甲基汞很高的鱼、虾、贝而中毒	先后有2 265人确诊，其中死亡1 573人，另有11 540人获得赔偿
米糠油事件	1968年3月	日本北九州市爱知县某一食用油厂在炼油时被多氯联苯污染	1万多人中毒，15人死亡
四日市哮喘病	1955年以来	日本四日市石油化工企业废气污染大气，居民长期吸入含SO_2、硫酸等污染物的混合气体	800余人患哮喘，10多人死亡
博帕尔异氰酸甲酯事件	1984年12月	印度博帕尔农药厂异氰酸甲酯储存罐破裂泄漏，污染周围地区	20多万人中毒，5万多人双目失明，2 500多人死亡
切尔诺贝利核电站事件	1986年4月	苏联（乌克兰）切尔诺贝利核电站反应堆保护壳爆炸，造成放射性物质污染	233人受伤，31人死亡。污染区人群追踪调查发现，皮肤癌、舌癌、口腔癌等患者增多，儿童甲状腺癌患者剧增

六、环境污染物引起健康损害的相关因素

环境污染物对健康的损害受许多因素影响，概括起来包括以下几个方面。

（一）污染物的化学结构和理化性质

污染物的化学结构和理化性质对污染物的毒性、对机体毒作用性质和毒效应大小具有重要影响，污染物的化学结构和理化性质决定对健康损害的程度、性质与部位。污染物的化学结构是最主要的影响因素，如在脂肪烃中，随碳原子增加，其毒性增强；一些不饱和化学物毒性大于饱和化学物（乙炔＞乙烯＞乙烷）；在氯代饱和烃化合物中，氯取代氢愈多，肝脏毒性则愈大

（$CCl_4 > CHCl_3 > CH_2Cl_2 > CH_3Cl > CH_4$）；芳香烃苯环上的氢原子被硝基或氨基取代时，则明显增加其形成高铁血红蛋白的能力。污染物的水溶性、脂溶性、挥发度及分散度等均可影响其在体内的吸收、分布、蓄积、代谢及排泄等过程，以致影响污染物毒作用性质和毒效应大小。如苯、四乙基铅等脂溶性毒物，易渗透至富含类脂质的中枢神经系统组织而引起损害。

（二）剂量或强度

剂量是指进入机体的化学物数量。强度一般是指物理因素作用于机体的数量。污染物对人体健康的损害程度，主要取决于污染物进入人体的剂量或作用于机体的强度。同一毒物不同剂量引起的生物学损害不同。在环境医学研究中，作用剂量与健康损害程度的相互关系有以下两种评价方法。

1. 剂量-效应关系　　化学物质的摄入量（暴露量）与摄入该化学物质的生物个体或群体中发生某种量效应强度之间的关系称为剂量-效应关系（dose-effect relationship）。例如，有机磷农药对生物机体的危害，体内胆碱酯酶活性随着有机磷农药进入机体的量的增加而降低。

2. 剂量-反应关系　　化学物质的剂量与接触该化学物质的生物群体中出现某种强度生物效应的发生频率之间的关系称为剂量-反应关系（dose-response relationship），是健康危险度评价的核心。一般以发生率来表示。例如，随着吸烟量的增加，肺癌死亡率逐渐上升，这一关系为剂量-反应关系。

（三）暴露时间

在一定的剂量或强度条件下，机体与污染物接触的时间长短或暴露频率是影响污染物健康危害的重要因素。根据暴露时间长短可分为急性暴露（一次事故或事件中暴露）、亚慢性暴露（重复暴露数周或数月）及慢性暴露（重复暴露多月或多年）。对许多污染物来说，一次暴露与重复暴露所引起的有害效应可完全不同。例如，苯的急性中毒表现为中枢神经系统抑制，重复暴露则可导致骨髓毒性，并可增加患白血病的危险性。

（四）环境因素的联合作用

环境污染物大多不是单一存在的，常与其他化学、物理因素同时作用于人体，因此，必须考虑这些因素的综合作用。同时接触两种或两种以上化学物时易发生交互作用，即联合作用（joint effect）。化学物联合作用的主要类型如下。

1. 相加作用（additive action）　　是指多种化学物质的联合效应的强度为各单独作用强度的总和。此种类型常见于一些化学结构近似或属同系的化合物，或对机体的毒作用机制相似、靶器官部位相同的化学物。例如，同时接触两种有机磷农药时，对机体胆碱酯酶的抑制作用往往是相加的。

2. 协同作用（synergistic effect action）　　是指两种化学物质所产生的联合效应的强度远远超过各单个物质作用强度的总和。例如，接触石棉的工人肺癌发生相对危险度是非接触者的5倍，吸烟者肺癌发生相对危险度是非吸烟者的11倍，吸烟又接触石棉者肺癌发生相对危险度为55。

3. 独立作用（independent action）　　两种或两种以上化合物作用于机体，由于其各自作用的受体、部位、靶细胞或靶器官等不同，所引发的生物效应无相互干扰，从而其交互作用表现为化合物各自的毒性效应，称为独立作用。当化合物的联合作用表现为独立作用时，如以LD$_{50}$为观察指标，则往往不易与相加作用相区别，必须深入探讨才能确定其独立作用。例如，酒精与氯乙烯的联合作用，在大鼠接触上述两种化合物之后的一定时间内，肝匀浆脂质过氧化增加，且呈明确的相加作用。但在亚细胞水平研究，就显现出酒精引起的是线粒体脂质过氧化，而氯乙烯引起的是微粒体脂质过氧化，两化合物在一定剂量下，无明显的交互作用，而为独立作用。

4. 增强作用（potentiation） 一种化合物对某器官或系统并无毒性，但与另一种化学物同时或先后暴露时使其毒性效应增强，称为增强作用。例如，异丙醇对肝脏无毒，但当其与四氯化碳同时进入机体时，则可使四氯化碳的毒性大大高于其单独作用。

5. 拮抗作用（antagonism） 指各化合物在体内交互作用的总效应，低于各化合物单独效应的总和，这一现象称为拮抗作用。化合物在体内产生拮抗作用可能有几种形式，一种是化合物之间的竞争作用，如肟类化合物和有机磷化合物竞争与胆碱酯酶结合，致使有机磷化合物毒性效应减弱。一种是化合物间引起体内代谢过程的变化，如1,2,4-三溴苯、1,2,4-三氯苯等卤代苯类化合物能引起某些有机磷化合物的代谢诱导，使其毒性减弱。一种是功能性或效应性拮抗，如一些中毒治疗药物：阿托品对抗有机磷化合物引起的毒蕈碱症状等。

大量环境中共存的因素之间存在交互作用，其类型和机制的复杂性可能远远超过人类的认识。某些环境化合物或污染物长时间作用所致的健康效应或疾病，其病因学及联合作用的特征长期不能阐明。因此，在环境卫生工作中，无论是阐明环境因素对人体健康的影响，还是制定环境混合污染物的卫生标准，开展多种有害因素共同作用的危险度评价，以及采取防治对策等方面，都亟待在环境因素或环境化学物联合作用的研究方面获得突破性进展。

七、环境污染的防治

（一）大气污染的防治

坚决打好蓝天保卫战。随着大气污染物浓度的持续下降，我国已成为世界上空气质量提高速度最快的国家。蓝天保卫战取得的显著成绩充分说明，在加强城市大气质量达标管理，强化污染物协同控制，大力推进挥发性有机物和氮氧化物协同减排的同时，深入开展重点地区大气污染综合治理攻坚，持续推进细颗粒物和臭氧的协同控制，有效遏制臭氧浓度增长趋势，基本消除重污染天气，在未来打好蓝天保卫战中仍须蓄力前行。建立完善区域大气污染防治协作机制，加强重污染天气应急联动，强化区域环境空气质量预测预报能力。

（二）水污染的防治

水环境关系国计民生，事关千万家庭的福祉，需要围绕构建完善水污染防治流域协同机制方面进行实质性的创新。一方面，持续加强重点流域、重点湖泊、城市水体和近岸海域污染综合治理，推进美丽河湖保护与建设，基本消除劣Ⅴ类国控断面。同时，加快补齐城镇污水收集和处理设施短板，不断强化生态用水保障，加快推进城市水源地规范化建设，加强农村水源地保护，满足重要水体的生态用水底线需求。另一方面，在推动重要江河湖库生态保护治理，加强重点跨界水体共保联治，强化船舶和港口污染联防联控联治，统筹好上下游、左右岸、干支流、城市和乡村，系统推进城市黑臭水体治理。同时，持续深入推进入海河流断面水质改善、沿岸直排海污染源整治、海水养殖环境治理，加强船舶港口、海洋垃圾等污染防治。

（三）土壤污染的防治

持续打好净土保卫战。土壤是维系人类生存繁衍的必要条件，事关广大人民群众身体健康，事关经济社会可持续发展。党的二十大报告指出，加强土壤污染源头防控，开展新污染物治理。这对土壤污染源头如何防治提出了明确要求。一方面，需要持续深入推进农用地土壤污染防治和安全利用，强化土壤污染源头管控，摸清土壤污染底数。同时，加快建立农业绿色生产方式，依法推行农用地分类管理制度，强化受污染耕地安全利用和风险管控，实施化肥农药减量增效行动和农膜回收行动。另一方面，要严格建设用地土壤污染风险管控和修复名录内地块的准入管理，推进受污染耕地和建设用地管控修复，实施水土环境风险协同防控，加强塑料污染全链条防治。同时，加快工业固体废物回收和综合利用，健全"无废城市"建设相关的制度、技术、市场、监管体系，推进城市固体废物精细化管理。

健全现代环境治理体系。我国推进生态文明建设的一个鲜明特色，就是注重发挥制度管根本、管长远的作用，强化制度执行。党的二十大报告对提升生态环境综合治理能力高度重视，提出"健全现代环境治理体系"。在今后具体实施层面，持续构建由城市向建制镇和乡村延伸覆盖的环境基础设施网络，以及集污水、垃圾、固体废物、危险废物、医疗废物处理处置设施和监测监管能力于一体的环境基础设施体系，提升环境基础设施建设水平，推进城乡人居环境综合整治。此外，在提升生态环境监管执法效能时，要全面推行排污许可"一证式"管理，强化排污单位监管执法体系和自行监测监管机制。加快完善健全生态环境风险预警与防控体系，加强危险废物与危险化学品管理，提升严密防控环境风险能力。同时，深入推进中央生态环境保护督察，进一步完善生态环境保护督察制度。

思政案例1-1　　　　　　　　　　**绿水青山就是金山银山**

2023年6月28日，十四届全国人大常委会第三次会议通过决定，将8月15日设立为全国生态日，2023年的主题为"绿水青山就是金山银山"。我国政府始终践行绿色可持续的发展理念，将人与自然和谐共生、绿水青山就是金山银山的发展理念贯彻到底。坚持精准治污、科学治污、依法治污，持续深入打好蓝天、碧水、净土保卫战。加强污染物协同控制，基本消除重污染天气。统筹水资源、水环境、水生态治理，推动重要江河湖库生态保护治理，基本消除城市黑臭水体。加强土壤污染源头防控，开展新污染物治理。提升环境基础设施建设水平，推进城乡人居环境整治。全面实行排污许可制，健全现代环境治理体系，严密防控环境风险。坚持生态优先，绿色发展，也为实现生态环境高水平保护和经济高质量发展，提供了理论依据和实践路径，具有鲜明的时代意义。

（吕鹏）

第三节 环境毒理

一、毒理学的基本概念

（一）外源化学物和毒性

1. 外源化学物（xenobiotics） 是在人类生活的外界环境中存在，可能与机体接触并进入机体，在体内呈现一定的生物学作用的一些化学物质，又称为"外源生物活性物质"。

2. 毒物（toxic substance，poison，toxicant） 是指在较低的剂量下可导致机体损伤的物质，是法规管理的名词。按用途和分布范围，毒物分为工业化学品、食品添加剂、日用化学品、农用化学品、医用化学品、环境污染物、生物毒素、军事毒物和放射性物质等，也可按化学结构、理化性质、毒性级别、毒作用性质和靶器官、毒作用生理生化机制等对毒物进行分类。

3. 毒性（toxicity） 一种物质对机体造成损害的能力称为毒性。毒性由其化学结构所决定。毒性较高的物质，只要相对较小的剂量，即可对机体造成一定的损害；而毒性较低的物质，需要较大的剂量，才呈现损害效应。

4. 毒效应（toxic effect） 化学物对机体健康引起的有害作用称为毒效应。

5. 毒物兴奋效应（hormesis） 一般将毒物兴奋效应定义为化学物对生物体在低剂量条件下表现为适当的刺激（兴奋）反应，而在高剂量条件下表现为抑制作用的现象。毒物兴奋效应也包括高剂量下具有刺激作用而低剂量下却具有抑制效应。精确地说，毒物兴奋效应被认为是一种以双相剂量–反应曲线为特征的适应性反应，这种剂量–反应曲线对于刺激反应的幅度、刺激域的范围具有相似的定量特征，它是生物过程直接诱发或是对生物过程的代偿，最终能引起内环境稳态的紊乱。毒物兴奋性的剂量–反应关系可以是U形、反U形或J形（图1-3-1）。

6. 中毒（poisoning） 是生物体受到毒物作用而引起功能性或器质性改变后出现的疾病状态。

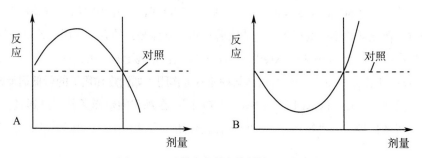

▲ 图1-3-1 毒物兴奋效应的剂量–反应曲线

　A. U形曲线兴奋效应模型，毒物在低剂量时对机体正常生命指标的促进效应优于对照组；
　B. 反U形或J形曲线兴奋效应模型，毒物在低剂量时对肿瘤等疾病的抑制效应，如发病率低于对照组。

（二）毒性参数和安全限值

1. 剂量 是决定外源化学物对机体产生损害作用的重要因素。一般剂量的概念是指给予机体的外源化学物数量或机体接触的数量。剂量的单位以每单位体重接触的外源化学物数量表示，如mg/kg体重。

2. 毒性参数 一类为毒性上限参数，是在急性毒性试验中以死亡为终点的各项毒性参数。另一类为毒性下限参数，即观察到有害作用最低水平及最大无有害作用剂量，可以从急性、亚急性、亚慢性和慢性毒性试验中得到。毒性参数的测定是毒理学试验剂量–效应关系和剂量–反应关系研究的重要内容。

（1）致死剂量：即可以造成机体死亡的剂量。但在一个群体中，死亡个体数量的多少有很大程度的差别，所需的剂量也不一致，因此，致死量又具有不同概念。

1）绝对致死剂量（absolute lethal dose，LD_{100}）：指化学物质引起受试对象全部死亡所需要的最低剂量或浓度。由于个体差异，存在少数高耐受性个体，LD_{100} 常有很大的波动性。因此，一般不把 LD_{100} 作为评价化学物质毒性大小或对不同化学物质的毒性进行比较的指标。

2）最小致死剂量（minimal lethal dose，MLT，LD_{01}）：指化学物质引起受试对象中的个别成员出现死亡的剂量。理论上低于此剂量即不能引起死亡。

3）最大耐受剂量（maximal tolerance dose，LD_0）：指化学物质不引起受试对象出现死亡的最高剂量。若高于该剂量即可出现死亡。LD_0 也受个体差异的影响，存在很大的波动性。

上述 LD_0 和 LD_{100} 常作为急性毒性试验中选择剂量范围的依据。

4）半数致死剂量（median lethal dose，LD_{50}）：又称致死中量，指外源化学物引起一半受试对象出现死亡所需要的最低剂量。LD_{50} 是评价外源化学物急性毒性大小最重要的参数，也是对不同化学物质进行急性毒性分级的基础标准。化学物的急性毒性大小与 LD_{50} 成反比，即 LD_{50} 的数值越小，急性毒性越大。

（2）可观察有害效应最低剂量水平（lowest observed adverse effect level，LOAEL）：在规定的暴露条件下，通过实验和观察，一种物质引起机体（人或实验动物）某种有害作用的最低剂量或浓度，此种有害改变与同一物种、品系的正常（对照）机体是可以区别的。

最高无损伤剂量（no observed adverse effect level，NOAEL）：在规定的暴露条件下，通过实验和观察，一种外源化学物不引起机体（人或实验动物）可检测到的有害作用的最高剂量或浓度。

最低可见作用水平（lowest observed effect level，LOEL）：在规定的暴露条件下，通过实验和观察，与适当的对照机体比较，一种物质引起机体某种非有害作用（如治疗作用）的最低剂量或浓度。

无可见作用水平（no observed effect level，NOEL）：在规定的暴露条件下，通过实验和观察，与适当的对照机体比较，一种物质不引起机体任何作用（有害作用或非有害作用）的最高剂量或浓度。

阈值（threshold）：一种物质使机体（人或实验动物）产生效应的最低剂量或暴露浓度，即低于阈值时效应不发生，而达到阈值时效应将发生。有害效应阈值应在 NOAEL 和 LOAEL 之间，非有害效应阈值应在 NOEL 和 LOEL 之间。

一般认为，外源化学物的一般毒性（器官毒性）和致畸作用的剂量–反应关系是有阈值的（非零阈值），而遗传毒性致癌物和性细胞致突变物的剂量–反应关系是否存在阈值尚没有定论，通常认为无阈值（零阈值）。

安全限值（safety limit）：指为保护人群健康，对生活、生产环境和各种介质（空气、水、食物、土壤等）中与人群身体健康有关的各种因素（物理、化学和生物）所规定的浓度和暴露时间的限制性量值，低于此浓度和暴露时间内，根据现有知识，不会观察到任何直接和/或间接的有害作用。常见的安全限值有每日容许摄入量（acceptable daily intake，ADI）和最高容许浓度（maximal allowable concentration，MAC）等。ADI是指人类终生每日摄入该外源化学物不至于引起任何损害作用的剂量。MAC是指某一种外源化学物可以在环境中存在而不至于对人体造成任何损害作用的浓度。

对无有害作用阈值的化学物，如致癌物，通常不使用安全限值的概念。

各种毒性参数和安全限值与剂量的关系见图1-3-2。

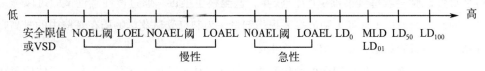

▲ 图1-3-2　各种毒性参数和安全限值与剂量的关系

二、环境污染物的毒性评价

环境污染物的毒性评价包括一般毒性评价和特殊毒性评价。

（一）一般毒性评价

一般毒性是指外源化学物的非特异性毒性反应，是与特殊毒性（致突变、致癌、致畸、生殖发育毒性等）相对应的概念。环境污染物的一般毒性评价通常采用体内试验方法。根据受试对象染毒时间的长短或次数，一般毒性试验分为急性、亚急性、亚慢性和慢性毒性试验。通过一般毒性试验，可以比较环境污染物的毒性，掌握毒性作用的特征与性质，分析中毒机制及其影响因素等。在毒性评价的常规工作中，要依据特定受试化学物质的要求和目的来确定一般毒性评价的内容。

1. 毒性试验（toxicity test）

（1）急性毒性试验：急性毒性（acute toxicity）是指外源化学物大剂量一次或在24小时内多次接触机体后，在短时间内对机体引起的毒性作用。急性毒性试验指测定高浓度污染物大剂量一次染毒或24小时内多次染毒对受试生物所引起的毒性作用的试验。一般以试验中受试生物的半数致死浓度或剂量表示受试化学物质的急性毒性大小。试验结果可以阐明外源化学物质的相对毒性及毒作用的特点和方式，确定毒作用剂量-反应（效应）关系，为进一步进行其他毒理试验提供有价值的直接参考依据。

（2）亚急性毒性试验：亚急性毒性（subacute toxicity）是指实验动物或人连续接触外源化学物质14~30日所引起的毒性效应。亚急性毒性试验也称重复剂量毒性试验，是指实验动物14~30日反复多次接触受试物的毒性试验。OECD（化学品测试方法）和USEPA《健康效应评估指南》中啮齿类动物重复剂量经口毒性试验均规定染毒期限为28日。28日能初步确定相应的NOAEL和/或LOAEL，初步评价受试物的安全性，为下一步亚慢性毒性和慢性毒性试验选择剂量、观察指标、毒性终点等提供参考。

（3）亚慢性毒性试验：亚慢性毒性（subchronic toxicity）是指在实验动物或人连续较长期接触外源化学物所产生的毒性效应。亚慢性毒性试验是指在相当于动物生命周期的1/10时间内使动物每日或反复多次接触受试物的毒性试验。其目的是为进一步对受试物的主要毒作用、靶器官和最大无作用剂量或中毒阈剂量作出估计。通过亚慢性试验可为慢性试验观察指标及试验设计提供参考。在药物安全性评价试验中，亚慢性毒性试验通常是13周（90日）重复给药毒性试验。

（4）慢性毒性试验：慢性毒性（chronic toxicity）是指机体在生命周期的大部分时间内或整个生命周期内持续接触外源化学物质所引起的毒性效应。慢性毒性试验又称长期毒性试验，指在受试生物生命周期的大部分时间或终生时间范围内，连续长期接触低剂量受试化学物质的毒性试验。慢性毒性试验一般持续染毒6个月至2年，甚至终生染毒。通过慢性毒性试验可以确定受试化学物质的慢性阈剂量（浓度）和最高无损伤剂量，为制订受试化学物质在环境中的最高容许浓度（MAC）和每日容许摄入量（ADI）提供依据。

2. 蓄积毒性评价　蓄积作用指外源化学物质进入机体的速度（或总量）超过机体代谢转化和排泄的速度（或总量），进而造成外源化学物质在机体内不断积累的现象。蓄积作用是发生慢性中毒的基础。化学物质的蓄积包括物质蓄积和功能蓄积（又称损伤蓄积）。当机体多次接触较小剂量外源化学物时，该化学物的数量在体内不断蓄积，这种量的积累过程称为物质蓄积。当机体反复接触外源化学物后，机体的结构和功能发生改变，并逐渐加深导致中毒表现称为功能蓄积。物质蓄积和功能蓄积同时存在、互为基础，因为在物质蓄积的情况下，肯定存在机体一定结构和功能的改变，而功能改变的积累也必须以物质积累为基础。具有蓄积作用的外源化学物，如果较小剂量与机体接触，并不引起急性中毒，但如果机体与此种小剂量的外源化学物反复多次接触，一定时间后可出现明显中毒现象，称为蓄积毒性。

蓄积毒性试验有两种方法：蓄积系数法和生物半衰期法。蓄积毒性试验的目的是求出外源化学物的蓄积系数，了解蓄积毒性的强弱，并为慢性毒性试验及其他有关毒性试验的剂量选择提供参考。

蓄积系数（cumulative coefficient）表示外源化学物质的功能蓄积程度，指多次染毒使半数动物出现某种毒性效应的总有效剂量 $[ED_{50}(n)]$ 与一次染毒时所得相同效应的剂量 $[ED_{50}(1)]$ 的比值，用 k 表示。毒性效应包括死亡。半数有效量（median effective dose，ED_{50}）是指某种化学物质使 50% 的受试动物产生某种毒性效应的剂量。因此，k 值越小，表示受试化学物质的蓄积毒性越大。当 k<1 时，表示高度蓄积；当 1≤k≤3 时，表示明显蓄积；当 3<k≤5 时，表示中等蓄积；当 k>5 时，表示轻度蓄积。

（1）蓄积系数法：具体试验方案有两种，即固定剂量法和递增剂量法。

1）固定剂量法：取大鼠或小鼠，以灌胃或腹腔注射给予受试化学物。先求其 LD_{50}，再以相同条件将40只或以上动物，雌雄各半，均分两组，分别为染毒组和对照组。对受试动物按 $1/20 \sim 1/10\ ED_{50}(1)[ED_{50}(1)]$ 的固定剂量，连续每日染毒一次，观察记录受试动物出现的某种毒性效应或反应情况，当染毒剂量累计达到相当于 5 倍 $ED_{50}(1)$ 或 $LD_{50}(1)$ 以上时，若受试动物中出现某种毒性效应或死亡动物数未超过半数，此时的蓄积系数已大于5，表明该受试物的蓄积毒性作用不明显。如果染毒过程中受试物中相继出现某种毒性效应或死亡的动物数累计达到50%，此时算出受试物累计的染毒总剂量，按上述公式即可计算出受试物的蓄积毒性系数。

2）递增剂量法：此方案基本同上。以4日为一期，开始第一期每日染毒剂量为1/10 ED_{50} 或 LD_{50}，随后染毒剂量每隔4日按1.5倍递增一次。如果连续染毒已达20日，此时染毒的总剂量已累计达到5.30倍的 ED_{50} 或 LD_{50}，如受试动物中出现某种毒性效应或死亡的动物数未达到50%，则表示该受试物的蓄积毒性不明显，试验可以终止。如受试物在试验过程中，相继出现的某种毒性效应或死亡的动物数累积达到50%，即可计算出蓄积系数并可对蓄积毒性强度作出评估。

（2）生物半衰期法：生物半衰期是指外源化学物质进入机体后，由机体代谢转化和排泄而消除一半所需的时间。通常采用化学分析或同位素示踪技术测定化学物质在受试动物血液中的生物半衰期表示，即间接测定化学物质在血液中的浓度降低50%所需的时间。一般情况下，代谢快、排泄快的化学物质生物半衰期就短，而代谢慢、排泄慢的化学物质生物半衰期就较长。外源化学物在机体内的蓄积与其生物半衰期有关，生物半衰期短的毒物，蓄积能力可能小，反之，蓄积能力可能大。

3. 一般毒性试验方案主要内容　评价外源化学物安全性，毒理学试验应在良好实验室规范（good laboratory practice，GLP）条件下进行。不管试验期限的长短，所有试验的组成部分在实施过程中均应采用符合GLP要求的技术条件。

（1）试验目的：① 确定NOAEL；② 表征单次或重复给药后的剂量-反应关系；③ 确定和表征重复给药后受影响的靶器官；④ 为慢性试验预测合理和适当的剂量。

（2）受试物：所有毒性试验应尽可能使用同一批次的受试物，如果单一批次的受试物无法完成整个试验，则每一批受试物的成分和纯度应尽可能保持一致。

（3）一致性、成分和纯度：应说明受试物成分的一致性和纯度，包括名称、所有主要组分的含量、已知的污染物和杂质及未识别物质的含量。

（4）存储条件和有效期：在毒性试验完成前，受试物应储存在保持其稳定性、质量和纯度的条件下。受试物的有效期应是已知的，并应在有效期内使用。

（5）实验动物与管理：大多数毒性评价试验需要啮齿类和非啮齿类两个动物品种。动物的管理、饲养和动物设施等均应符合GLP的要求。

（6）动物品种、品系、性别和数量的选择：对于大多数毒理学试验，应使用两个性别的动物。所有动物应是健康的并且先前未进行过其他实验。在选择啮齿类动物品种、品系和亚系进行毒性试验时，应考虑本实验动物的灵敏度和实验动物的特殊器官和组织对有毒化学品的反应。在选择近交系、远交群和杂交啮齿类动物时应以回答科学问题为基础。

（7）动物年龄和识别：啮齿类动物的毒性试验一般在动物6~8周龄时开始。对于非啮齿类动物的毒性试验，一般在动物接近性成熟时开始。因试验目的的不同，动物开始试验的年龄可适当改变。实验动物应通过长期标识的方法进行标记，同时对笼具进行标识，包括动物品种品系（和亚系）、性别、年龄和唯一的识别编号（如耳标签、植入识别芯片和动物文身标记）等。

（8）动物随机分组：为了使偏倚最小化并保证试验组与对照组间相关变量具有可比性，动物应以分层随机的方法分配至对照组和试验组（如按平均体重和体重范围随机）。如果使用其他特征作为随机化的基础，应描述其特征并证明其合理性。动物应尽可能在同一日分组，如果动物数量不允许同一日分组，动物分组可能需要几日，为了保持一致性，在每日应将相等数量的动物随机分配至对照组和试验组。

（9）饲料：试验中动物应自由摄食和饮水，饲料应满足所用动物正常生长和繁殖的营养需要。除了证明合理性的特殊情况外，试验组与对照组动物应喂饲相同的饲料。

（10）对照组与试验组：试验应设对照组。对照组动物的受试物载体或溶媒的给药体积，应与各试验组中最大的载体或溶媒的给药体积相同。载体或溶媒的毒理学资料应该是已知的，以保证不会使对照组产生毒性反应。在其他方面，对照组动物应与试验组动物接受相同的处理。试验组至少设3个剂量组，按人类实际可能接触途径给予受试物。最低剂量应不产生明显的毒性反应，最高剂量应引起明显的毒性，可通过以下几个方面体现：发生死亡或发病、饲料消耗量改变、体重变化、毒性症状、临床病理学、大体解剖和组织病理学。

（11）恢复期：对于药物的安全性，一般还要求进行恢复期评价，即在给药结束阶段增加一个非暴露期，其目的是确定所有与受试物相关的发现是否具有可逆性。应根据具体问题具体分析的原则开展恢复期评价。

（12）给予受试物和期限：按人类实际可能接触途径相同或近似染毒，如不一致，整个试验过程中，所有动物应采用相同的染毒方法。

（13）体重和摄食量：实验动物应至少每周称重一次。重复给药毒性试验通常还应每周测量饲料消耗量（如果受试物是通过饮水给药，还应测饮水量）。

（14）临床观察：应进行外观体征、行为活动、粪便性状、给药局部反应等临床观察。

（15）毒代动力学：系统暴露评价旨在描述给予受试物与血浆浓度的关系、评价比例化剂量-反应关系、评价急性暴露与重复暴露的潜在差异、评价是否存在蓄积/饱和动力学、评价是否有性别差异。

（16）评价指标

1）血液学：推荐检测以下指标进行血液学评价，包括血细胞容积、血红蛋白浓度、红细胞计数、白细胞计数及其分类、平均红细胞血红蛋白含量、平均红细胞容积、平均红细胞血红蛋白浓度、凝血指标（如凝血时间、凝血酶原时间、活化部分凝血活酶时间、血小板计数）。受试物可能会对造血系统产生影响，因此，有必要进行网织红细胞计数和骨髓细胞学检测。仅在对造血系统有显著影响时，才进行骨髓细胞学检查。

2）血液生化学指标：应采集血样进行血液生化学指标的检测，包括检测电解质、碳水化合物代谢和肝、肾功能。

3）尿液分析：应对收集尿液的外观、比重、pH、葡萄糖、蛋白质、胆红素、酮体、尿胆原等进行测定，并用显微镜进行尿沉渣检查和潜血/白细胞检查。

4）尸检和组织病理学检查

① 肉眼尸检：所有实验动物应该进行全面的大体解剖，包括检查体表、孔口、颅腔、胸腔、腹腔和所有器官。

② 器官重量：一般需称重的器官包括脑、甲状腺/甲状旁腺、胸腺、心脏、肝脏、肺脏、脾脏、肾脏、肾上腺、睾丸、附睾、卵巢和子宫。组织应固定在10%甲醛缓冲溶液内，以备组织病理学检查用。

③ 组织病理学检查：所有肉眼所见损害都应进行显微镜检查。对照组和高剂量组的所有组织都应进行组织病理学检查。如果在某些组织观察到与给予受试物相关的改变，则在下一个较低剂量组进行上述异常组织检查。相继检查下一个较低剂量组直至未观察到病理改变。所有在试验过程中提前死亡或处死动物的组织均应进行病理学检查，以评价可能的毒性反应。

（二）特殊毒性评价

狭义的特殊毒性试验通常是指外源化学物的遗传毒性试验、致癌试验和生殖毒性试验，即一般所说的"三致"（致突变、致癌、致畸）试验。生殖系统毒性不易被察觉，需要经过较长潜伏期或在特殊条件下才会暴露出来。虽然发生率较低，但是造成的后果较严重而且难以弥补。

广义的特殊毒性试验除了"三致"试验以外，还包括依赖性试验、过敏性试验、局部刺激性试验、溶血性试验、免疫毒性试验、光敏性试验、眼毒性试验、耳毒性试验等。

（三）体外毒性预测技术

体外试验（in vitro test）是指利用分离的原代细胞及已构建的细胞株、细菌、离体器官和一些生物模拟系统等在体外的无菌、适当温度和一定营养条件下，生存和生长并维持其结构和功能的方法。毒理学利用体外试验可进行毒作用的初步筛检、作用机制和代谢转化过程的深入研究等。随着生物医学新技术的发展，毒理学研究正逐步由体内动物研究向体外试验转变。3R[替换（replacement）、减少（reduction）和优化（refinement）]替代试验理论的关注和普及，尤其是21世纪后关于毒性测试新策略的转变，未来体外实验具有比体内试验更多的优势和发展前景。欧美发达国家积极开展替代动物实验的体外替代法研究，预测包括药物在内的化学品的急性毒性，如采用体外细胞毒性数据预测体内急性毒性、定量构效关系（quantitative structure–activity relationship，QSAR）模型预测体内急性毒性等方法。在重复给药毒性测试方面，欧盟发起了SEURAT（Safety Evaluation Ultimately Replacing Animal Testing）计划，SEURAT计划预期是在化学品重复给药毒性（长期毒性）测试方面利用各种体外方法替代动物实验。相信随着技术发展，体外毒性预测将不断应用于毒物安全性评价之中。

学习小结

人和环境关系的研究涉及问题十分广泛，除了环境中所包含的因素多种多样以外，从其来源来看，既有原生环境问题，又有次生环境问题；又因环境因素所附着的载体不同，可分为大气、水、土壤和食物；环境因素对健康既包括有益的作用，也包括不良的作用。所以，环境因素对健康的影响，既有很多共性问题，也因其载体不同和作用人群不同而不同。本章作为人和环境的概述，重点介绍物质环境与健康的一般性知识，在此基础上，也介绍环境对易感人群及不同组织器官的影响，以及环境毒理学评价方法。综合分析各种环境因素之间及其对所接触不同人群之间的复杂关系，以得出全面中肯的结论。

（龙鼎新）

复习参考题

一、选择题

1. 人与环境之间的关系是
   A. 相互对立
   B. 环境决定人类
   C. 人类改造环境
   D. 辩证统一
   E. 无特殊关系

2. 评价外源化学物急性毒性大小最重要的参数是
   A. LD_{50}
   B. LD_{100}
   C. LD_0
   D. LD_{01}
   E. LOAEL

3. 急性毒性试验的染毒时间为
   A. 一次
   B. 一次或8小时内多次
   C. 一次或12小时内多次
   D. 一次或24小时内多次
   E. 一次或48小时内多次

4. 健康危险度评价的核心是
   A. 危害鉴定
   B. 暴露评价
   C. 剂量–反应关系评定
   D. 危险度评价
   E. 易感人群确定

5. 污染大气的致癌物主要是多环芳烃类化合物，以下含量最多且具有强致癌性的是
   A. 多氯联苯
   B. 苯并（a）芘
   C. 氯乙烯
   D. 苯系物
   E. CFCs

   答案：1. D；2. A；3. D；4. C；5. B

二、简答题

1. 简述环境污染对人类健康影响的特点。
2. 简述环境污染对健康损害作用的主要表现形式。
3. 简述环境污染物对健康损害的影响因素。

第二章　生活环境与健康

学习目标

知识目标	1. 掌握大气、水、土壤污染对健康的危害；碘缺乏病和地方性氟中毒的流行特征、病因、发病机制、临床表现和防治措施。 2. 熟悉大气污染的来源及种类。 3. 了解空气理化性质及卫生学意义；生活饮用水卫生要求。
能力目标	1. 能够区别历史上环境污染引起的几次重大事件，如煤烟型烟雾事件和光化学烟雾事件等。 2. 通过常见水体污染物事件的成因、过程及危害，识别生活中的水体污染。 3. 运用所学理论知识阐述地质环境与健康相关的问题。
素质目标	培养环境保护意识、健康素养和健康促进理念。

生活环境是人类生存的各种自然条件和社会条件的总体。生活环境中存在各种有害健康因素，这些因素通过大气、水、土壤环境介质作用于机体，危害人体健康。环境污染带来的健康问题备受国内外关注，治理和消除环境污染仍需高度重视。

第一节　空气环境与健康

空气是人类赖以生存的外界环境因素之一。人体通过呼吸与外界进行气体交换，从空气中吸收氧气，呼出二氧化碳，以维持生命活动。因此，空气的理化性状及清洁程度与人类的健康和生活密切相关。

一、大气理化性状及其卫生学意义

（一）大气的结构

大气圈（atmosphere）是指环绕在地球表面，并随地球旋转的空气层，其厚度为 $2\,000\sim3\,000\,km$，没有明显的上界。根据气温的垂直变化特点，将大气层自下而上分为对流层、平流层、中间层、热层和逸散层。

1. 对流层（troposphere） 位于大气圈中最靠近地面的一层，平均厚度约 $12\,km$。对流层的空气温度随着高度的增加而降低，具有强烈的对流运动。人类活动排放的大气污染物也主要聚集在此层。

2. 平流层（stratosphere） 位于对流层之上，其上界的高度在约55 km处。该层的空气以水平运动为主，温度随高度的增加而增加。在高15~35 km处有厚约20 km的臭氧层，其分布呈季节性变动。臭氧层能吸收太阳的短波紫外线和宇宙射线，使地球上的生物免受这些射线的危害，能够生存繁衍。

3. 中间层（mesosphere） 从平流层顶至85 km处的范围称为中间层。该层气温随着高度的增加而迅速降低。因此，该层也存在明显的空气垂直对流运动。

4. 热层（thermosphere） 高度为85~800 km。该层的气体在宇宙射线作用下处于电离状态。该层还可发射无线电波，对无线电通信有重要意义。

5. 逸散层（exosphere） 位于800 km以上的区域，也称为外大气层。该层空气稀薄，气温高，分子运动速度快，地球对气体分子的吸引力小。

（二）大气的化学组成

自然状态下的空气是无色、无臭、无味的混合气体，其化学组成按体积百分比计，氮、氧、氩、二氧化碳分别占大气总量的78.10%、20.93%、0.93%、0.03%。

（三）大气的物理性状

大气的物理性状主要包括太阳辐射、空气离子化和气象因素等。

1. 太阳辐射 是产生各种复杂天气现象的根本原因，是地球上光和热的源泉。太阳光谱包括紫外线、可见光与红外线。

（1）紫外线（ultraviolet ray，UV）：按波长可将其分为三段，A段紫外线（UV-A，波长为320~400 nm）；B段紫外线（UV-B，波长为290~320 nm）；C段紫外线（UV-C，波长为200~290 nm）。太阳辐射产生的UV-A可穿过大气层到达地表。90%以上的UV-B可被大气平流层中的臭氧层吸收，只有10%左右的UV-B能够抵达地表。UV-C则全部被大气平流层中的臭氧层吸收。

紫外线具有色素沉着、红斑、抗佝偻病、杀菌、免疫调节等作用；过强的紫外线辐射可引起日光性皮炎和电光性眼炎，甚至诱发皮肤癌等。此外，紫外线还与大气中某些二次污染物的形成有关，如光化学烟雾和硫酸雾等。

（2）可见光（visible light）：波长在400~760 nm，可作用于视觉器官产生视觉。可见光作用于机体，能提高视觉功能和代谢功能，平衡兴奋与抑制作用，使机体的代谢、脉搏、体温、睡眠和觉醒等生理现象发生节律性变化，是生物体生存必不可少的条件之一。

（3）红外线（infrared ray）：波长在760 nm~1 mm，其中短波部分（760~1 400 nm）具有较强的生物学效应。红外线生物学作用的基础是热效应，故又称热射线。人体吸收适量的红外线，既促进新陈代谢和细胞增生，又有消炎镇痛作用。过量红外线照射可引起皮肤烧伤；可使机体体温调节障碍，引起热射病和日射病；也可引起眼晶状体混浊，发生白内障。

2. 空气离子化 产生空气正、负离子的过程称为空气离子化（air ionization）或空气电离。空气负离子对机体健康有促进作用，包括调节中枢神经系统兴奋和抑制功能，降低血压，改善肺换气功能等；而阳离子对机体的作用则相反，可引起失眠、头痛、烦躁、血压升高等。值得指出的是，当浓度大于 $1 \times 10^6/cm^3$ 时，无论是正离子还是负离子均会对机体产生不良影响。

3. 气象因素 包括气温、气湿、气流、气压等。气象因素与太阳辐射综合作用于机体，可对机体的冷热感觉、体温调节、免疫功能、心血管功能、神经系统功能和新陈代谢功能等起到调节作用。

二、大气污染对健康的危害

（一）大气污染及其来源

1. 大气污染（air pollution） 是指由于人为或自然原因，使一种或多种污染物混入大气中，并达到一定浓度，超过大气的自净能力，致使大气质量恶化，对居民健康和生活条件造成危害，对动植物产生不良影响的空气状况。

2. 大气污染的来源 大气污染包括自然污染（natural pollution）和人为污染（anthropogenic pollution）两大类。自然污染主要来源于自然因素如火山爆发、森林火灾及植物花粉（pollen）、霉菌孢子和某些植物分泌的挥发性物质等。人为污染由人们在生产和生活活动中产生的各种废气造成。

（1）工业企业：是大气污染的主要来源。污染物主要来源于燃料的燃烧和工业生产过程。目前，我国的主要工业燃料是煤，其次是石油。燃料燃烧完全的产物主要有 CO_2、SO_2、NO_2、水汽和灰分；燃料不完全燃烧时常产生 CO、硫氧化物、NOx、醛类、碳粒和多环芳烃等。

（2）交通运输：主要指火车、轮船、汽车、飞机及摩托车等机动交通运输工具，可排出大量的颗粒物、NOx、CO、多环芳烃和醛类等有害物质。目前，汽车尾气已成为我国许多大城市的主要污染来源。据公安部统计，截至2022年，全国机动车保有量达4.17亿辆。

（3）生活炉灶和采暖锅炉：生活用燃料有煤、煤气、液化石油气和天然气。燃烧后产生的主要污染物有烟尘、SO_2、CO_2 和多环芳烃等。

（4）其他：地面尘土飞扬、土壤及固体颗粒物被大风刮起等都可使有害化学物质（如铅、农药等）及生物性污染物（如结核杆菌、粪链球菌等）转入大气。垃圾焚烧，特别是废旧塑料、电子垃圾焚烧过程中可产生二噁英（dioxins）等诸多有害物质。意外事故如工厂爆炸、火灾、核泄漏等均能严重污染大气。

（二）大气污染物的种类

大气污染物（air pollutant）按其属性，一般分为物理性（如噪声、电磁辐射、电离辐射等）、化学性和生物性（经空气传播的病原微生物和植物花粉等）三类，其中化学性污染物种类最多、污染范围最广。

大气污染物按其形成过程可分为一次污染物（primary pollutant）和二次污染物（secondary pollutant）。一次污染物是直接来源于污染源的污染物，如 SO_2、硫化氢、CO_2 等；二次污染物则是由一次污染物在大气中与其他物质发生化学反应或在太阳紫外线辐射作用下发生光化学反应而形成的新污染物，如三氧化硫、NO_2、醛、酮、过氧酰基硝酸酯类等。

根据污染物在大气中的存在状态，可将其分为气态和气溶胶。气溶胶体系中分散的各种微粒也常被称为大气颗粒物（air particulate matter）。

1. 气态污染物　包括气体和蒸汽。气态污染物可分为含硫化合物、含氮化合物、碳氧化合物、碳氢化合物、卤素化合物等五类。

2. 大气颗粒物　大气中呈颗粒状态的物质统称颗粒物，包括固体颗粒和液体颗粒。颗粒物按粒径大小可分为：① 总悬浮颗粒物（total suspended particulates，TSP），指粒径 ≤ 100 μm 的颗粒物；② 可吸入颗粒物（inhalable particulates，IP，PM_{10}），指粒径 ≤ 10 μm 的颗粒物。不同粒径的 IP 滞留在呼吸道的部位不同。粒径 >5 μm 的颗粒物多滞留在上呼吸道；粒径 ≤ 5 μm 的多滞留在细支气管和肺泡；③ 细颗粒物（fine particulates，$PM_{2.5}$），指粒径 ≤ 2.5 μm 的细颗粒。细颗粒物粒径小，在空气中悬浮的时间更长，易滞留于终末细支气管和肺泡中，其中某些较细的组分还可穿透肺泡进入血液。$PM_{2.5}$ 更容易吸附各种有毒的有机物和重金属元素，因而对人体健康的危害极大。④ 超细颗粒物（ultrafine particulates，$PM_{0.1}$），指粒径 ≤ 0.1 μm 的大气颗粒物。

（三）大气污染对人体健康的直接危害

1. 急性中毒　大气污染物的浓度在短期内急剧增高，可使周围人群因吸入大量污染物而出现急性中毒。急性中毒主要由烟雾事件和生产事故引起。

（1）烟雾事件：烟雾事件是大气污染造成急性中毒的主要类型，根据烟雾形成的原因，可分为煤烟型烟雾事件和光化学烟雾事件。

煤烟型烟雾（coal smog）事件是由于煤烟和工业废气大量排入大气且得不到充分扩散而引起。主要污染物为 SO_2 和烟尘。如 1952 年 12 月发生在英国伦敦的烟雾事件，多数患者感到呼吸困难，并伴有咳嗽、咽痛、呕吐等症状，老年人和心肺疾病患者死亡人数居多。

光化学烟雾（photochemical smog）事件：是汽车尾气中的氮氧化物（NOx）和碳氢化合物在强烈日光紫外线照射下，发生一系列光化学反应所产生的刺激性很强的浅蓝色烟雾所致，其主要成分是臭氧、醛类和过氧酰基硝酸酯（peroxyacyl nitrates，PANs），通称为光化学氧化剂（photochemical oxidants）。1955 年发生在洛杉矶的光化学烟雾事件最为严重。患者出现眼部和呼吸道刺激症状，65 岁以上人群死亡率升高。

（2）生产事故：由生产事故引起的环境污染所致的急性中毒事件。如 1984 年发生的印度博帕尔市联合农药厂异氰酸甲酯泄漏事件，受害者主诉咽喉痛、咳嗽并有窒息感，严重者出现呕吐、绞痛、意识模糊及惊厥。1986 年，苏联切尔诺贝利核电站爆炸造成周围环境中放射剂量达人体允许剂量的 2 万倍，造成 13 万居民急性暴露，31 人死亡，233 人受伤。

2. 慢性危害

（1）影响呼吸系统：大气中的 SO_2、NO_2、硫酸雾、硝酸雾、颗粒物等不仅能产生急性刺激作用，还可长期反复刺激机体引起咽喉炎和气管炎等，最终形成慢性阻塞性肺疾病（chronic obstructive pulmonary disease，COPD）。

（2）损害心血管系统：空气污染物长期暴露后会引发炎症、氧化应激及血管内皮功能紊乱，造成高血压、动脉粥样硬化、代谢综合征及其他心脏病。

（3）引起变态反应：大气中某些污染物如甲醛、SO_2等具有致敏作用，使机体发生变态反应。日本四日市哮喘事件是SO_2和粉尘诱发机体变态反应性疾病的典型例证。此外，空气中的花粉和真菌孢子也是重要的变应原，易引起鼻部和肺部的变态反应。

（4）致癌作用：大量调查资料已经显示，大气污染是肺癌发生的重要原因之一。有致癌风险的空气污染物包括苯并（a）芘、苯、石棉、砷、镍、铬、颗粒物。

（5）诱发非特异性疾病：大气污染严重的地区，居民唾液溶菌酶和分泌型免疫球蛋白A（SIgA）的含量均明显下降，血清中免疫球蛋白含量不足，机体抵抗力降低，易患感冒等非特异性疾病。

（四）大气污染对人体健康的间接危害

1. 温室效应　由于工业生产、森林过度砍伐等人类活动产生大量CO_2，使大气中CO_2含量上升，CO_2吸收地表发射的热辐射，使地球表面气温升高，这种现象称为温室效应（greenhouse effect）。除CO_2外，甲烷（CH_4）、O_3、氯氟烃（CFCs）等也能产生温室效应。

温室效应可造成全球气候变暖，两极冰川融化，海平面上升，沿海低地被淹没，陆地面积减少；陆地和海洋生态系统受到影响，植物群落、浮游生物发生改变。此外，气温增高有利于病原体的繁殖生长，可造成某些传染病、寄生虫病、食物中毒等发病率明显上升。

2. 形成酸雨　酸雨（acid rain）指pH小于5.6的酸性降水，包括雨、雪、冰、雹等所有降水。形成酸雨的主要原因是大气中SO_2、NOx等污染物溶于水汽中，经过氧化和凝结而成。

空气中的酸雾可引起呼吸道刺激并发生慢性炎症，对婴幼儿影响较大。酸雨能使水体和土壤酸化，影响水生态平衡、农作物减产、重金属转移到食物链；酸雨还能腐蚀建筑物、文化古迹；破坏输水管网，使水质恶化。

3. 破坏臭氧层　大气中存在氯氟烃、溴氟烷烃、氮氧化物等物质时，可破坏臭氧层。人类大量使用氯氟烃类化合物可使臭氧层变薄，甚至形成空洞。据估计，平流层O_3浓度减少1%，UV-B辐射量将增加2%，人群皮肤癌的发病率将增加3%，白内障的发病率将增加0.2%~1.6%。

4. 形成大气棕色云团　大气棕色云团（atmospheric brown clouds，ABC）是指以细颗粒物为主，悬浮于大气对流层中的大片污染物。主要成分包括含碳颗粒物、有机颗粒物、硫酸盐、硝酸盐、铵盐、沙尘等。棕色云团除了直接影响人体呼吸系统外，还可减弱紫外线的生物学作用，降低大气能见度。

（五）几种常见大气污染物对健康的影响

1. 颗粒物　不同直径的颗粒物滞留在呼吸道的部位不同。

颗粒物对健康的影响主要包括：① 呼吸系统，大量的颗粒物进入呼吸系统，长期作用可引起支气管炎、肺气肿和支气管哮喘等；② 心血管系统，大气中可吸入颗粒物和细颗粒物浓度增高，心血管系统疾病发病率与死亡率增高；③ 致癌作用，调查表明，城市大气颗粒物中多环芳烃与居民肺癌的发病率和死亡率显著相关；④ 人群死亡率，流行病学调查发现，大气颗粒物可以提高人群总死亡率。欧洲29个城市和美国20个城市的研究显示，大气PM_{10}浓度每增加10 μg/m³，人群总死亡率分别升高0.62%和0.46%。

我国《环境空气质量标准》（GB 3095—2012）中规定环境空气中可吸入颗粒物（PM_{10}）日平均浓度为150 $\mu g/m^3$（二级标准），细颗粒物（$PM_{2.5}$）日平均浓度为75 $\mu g/m^3$（二级标准）。

2. SO_2 是一种刺激性气体，易溶于水。大气中的SO_2主要来自煤、石油、天然气等含硫燃料的燃烧，有色金属冶炼、钢铁、化工、炼油、硫酸制造等工业生产过程也是SO_2的主要来源。

SO_2对眼和上呼吸道具有强烈刺激作用。SO_2刺激可使呼吸道管腔变窄，形成局部炎症，呼吸道抵抗力减弱，引起慢性支气管炎和慢性鼻炎。

SO_2与烟尘共存时，可产生联合作用。SO_2与苯并（a）芘联合作用时可增加苯并（a）芘的致癌作用。吸附SO_2的颗粒物被认为是一种变态反应原，能引起支气管哮喘，如日本的四日市哮喘。

我国《环境空气质量标准》（GB 3095—2012）中规定环境空气中SO_2一小时平均浓度为500 $\mu g/m^3$（二级标准），SO_2日平均浓度为150 $\mu g/m^3$（二级标准）。

3. NO_X 是NO、NO_2、N_2O、NO_3、N_2O_3等含氮气体化合物的总称。NO不具有刺激性，被氧化为NO_2后才产生刺激作用。

NO_2的生物活性大，毒性为NO的4~5倍。NO_2主要作用于呼吸道深部的细支气管及肺泡，导致肺水肿。亚硝酸盐可与血红蛋白结合生成高铁血红蛋白。NO_2与大气中的SO_2和O_3有协同作用，造成呼吸道阻力增加和抗感染能力降低。

我国《环境空气质量标准》（GB 3095—2012）中规定环境空气中NO_2一小时平均浓度为200 $\mu g/m^3$（二级标准），NO_2日平均浓度为80 $\mu g/m^3$（二级标准）。

4. 铅（lead） 大气中的铅主要来源于含铅汽油的使用和铅锌矿开采冶炼、铅冶炼厂、蓄电池厂等含铅废气的排放。铅对神经、消化、造血、泌尿、免疫和内分泌系统均有不良影响。儿童铅中毒主要表现为注意力不集中、记忆力降低、抑郁、淡漠或多动、强迫行为等。环境铅暴露还可引起儿童视觉运动反应时间延长、视觉辨别力下降、听力下降、听觉传导速度降低等。

我国《环境空气质量标准》（GB 3095—2012）中规定铅的季平均限值是1 $\mu g/m^3$，年平均限值是0.5 $\mu g/m^3$。

5. 多环芳烃 大气中的多环芳烃化合物（polycyclic aromatic hydrocarbon，PAH）主要来源于各种含碳有机物的热解和不完全燃烧，如煤、木柴、烟叶和石油产品的燃烧，烹调油烟和各种有机废物的焚烧等。苯并（a）芘是第一个被发现的环境化学致癌物，常作为PAH的代表。流行病学研究显示，肺癌的死亡率与空气中苯并（a）芘水平呈显著正相关。

我国《环境空气质量标准》（GB 3095—2012）中规定苯并（a）芘的日平均限值是0.002 5 $\mu g/m^3$。

6. 二噁英（dioxins） 是一类有机氯化合物。大气中二噁英主要来源于城市和工业垃圾焚烧。二噁英类物质以2, 3, 7, 8-四氯二苯-对-二英（2, 3, 7, 8-TCDD）的毒性最强。研究证明，接触2, 3, 7, 8-TCDD的男性工人血清睾酮水平减低，而促卵泡素和黄体激素增加，表明二噁英有抗雄激素和促男性雌性化的作用。2, 3, 7, 8-TCDD是人类致癌物，可引起多器官或组织的癌症。目前，我国尚未制定空气中二噁英类化合物的浓度限值。

三、室内空气污染与健康

人一生中有2/3以上的时间是在室内，尤其是婴幼儿、儿童少年和老弱病残者在室内的时间更长。室内空气污染对人类健康有重要影响。

（一）室内空气污染的主要来源

1. 燃料燃烧和烹饪 是指各种燃料的燃烧及烹调时食用油和食物加热后的产物。常见的污染物主要有NOx、CO、SO_2、CO_2、烃类等。

2. 人类活动 人呼出气体中主要含有CO_2、水蒸气及一些氨类化合物等内源性气态物质。人们谈话、咳嗽、打喷嚏时，随着飞沫可排出呼吸道黏膜表面的病原微生物，污染室内空气。吸烟产生的烟草烟雾中至少含有3 800种成分，其中致癌物不少于44种。家养宠物也是室内有害物质和致病微生物的重要来源。

3. 建筑和装饰材料 建筑材料和装饰物品中含有大量有机污染物和放射性污染物。建筑材料如各种石材等释放出的氡（radon）是室内污染物之一；装饰材料如油漆、涂料、胶合板、刨花板及塑料贴面等均含有甲醛、苯、甲苯和氯仿等挥发性有机物。

4. 家用化学品 杀虫剂、空气清新剂、除臭剂、清洁剂及美容化妆品等家用化学品中含有挥发性和非挥发性的有机和无机有毒物质。

5. 室外大气污染 室外各种大气污染源排放的废气可通过门窗、孔隙或其他各种管道缝隙进入室内，特别是工业污染区的住宅，其室内空气质量受大气污染的影响更大。

（二）室内空气中主要污染物对健康的影响

1. CO_2 正常空气中CO_2的含量为0.03%~0.04%。当CO_2浓度<0.07%时，人体感觉良好；当CO_2浓度为0.1%时，个别敏感者有不舒适感；随着CO_2浓度的增加，人体的不舒适感越来越明显，甚至出现呼吸困难、脉搏加快、全身无力、肌肉抽搐甚至痉挛等症状；达30%时可致死亡。

2. 燃烧产物 烟草及各种生活燃料燃烧后会产生各种危害机体健康的污染物，主要包括：① 煤炭燃料氟、砷杂质的污染，引起氟中毒、砷中毒；② 燃料燃烧产物，SO_2、NOx可对机体皮肤、黏膜产生刺激作用；颗粒物可引起肺通气功能下降，肺泡换气功能障碍；③ 烟草燃烧产物，对机体呼吸、神经、循环、内分泌、生殖系统及免疫功能均有明显的损伤作用，也可引起肺癌。

3. 甲醛及其他挥发性有机化合物 甲醛是一种挥发性有机化合物，有强烈的刺激性，甲醛浓度达0.15 mg/m^3即可引起眼睛红肿、畏光流泪、咽干发痒、喷嚏、咳嗽、气喘、胸闷及皮肤干燥发痒等；还可引起变态反应和遗传毒性。此外，常见的挥发性有机化合物还有苯、甲苯等，主要损害中枢神经系统和消化系统，严重时甚至可损伤肝脏和造血系统，并可诱发变态反应等。

4. 烹调油烟 烹调油烟约有200种成分，是肺癌的危险因素之一。油烟中致突变物来源于油脂中不饱和脂肪酸的高温氧化和聚合反应。

5. 氡及其子体 居室氡污染具有普遍性。室内的氡来自地基土壤和建筑材料。氡是一种放射性气体，进入机体后，衰变过程产生α、β、γ射线，可对呼吸系统造成辐射损伤，甚至诱发肺癌。

6. 病原微生物和尘螨 病原微生物对呼吸道传染病的传播有重要意义，如流行性感冒、麻疹、肺结核、军团菌病等。尘螨（dust mites）属于节肢动物，尘螨及其分泌物和排泄物均为室内重要的生物性变态反应原，可通过空气传播进入人体，引起哮喘、荨麻疹、过敏性皮炎及过敏性鼻炎等。

四、空气污染预防与控制

（一）合理安排工业布局，调整工业结构

结合城乡规划，合理进行城镇功能分区是预防空气污染的根本措施。工厂是城市居民大气污染物的主要来源，其位置原则上应在居住区主导风向的下风侧，保证生产性废气易于扩散，还应设置一定的卫生防护距离。

（二）改革工艺

用无毒或低毒原料代替毒性大的原料。生产过程尽量采用密闭化、自动化工艺，减少污染物的排出。控制燃煤污染，逐步以无烟燃料取代有烟燃料，以液体或气体燃料取代固体燃料，以减少煤烟和SO_2的排放。改造锅炉和炉灶，提高燃烧技术和效率，减少不完全燃烧产物的排出量。

（三）加强绿化

建立绿化带是行之有效的生物学防治措施。绿色植物除美化环境外，还具有调节气候，滤除和吸附灰尘，吸收大气中有害气体等功能。

（四）贯彻执行大气卫生标准

大气卫生标准是大气中有害物质的法定最高限值，是预防大气污染、保护居民健康、评价大气污染程度、制定大气防护措施的法定依据。卫生监督部门要严格执行大气卫生标准，以保护人类健康。

（张志红）

第二节　水环境与健康

水是自然界一切生命过程必需的基本物质，在人类生活和生产活动中具有极其重要的作用。水中含多种矿物质，是供给机体所需盐类的重要来源之一。由于环境污染和饮用水资源的日益破坏，水资源的短缺和污染已成为全球重要的卫生问题。我国人均水资源为世界人均水资源的1/4，已被联合国列为13个贫水国家之一。

一、水源的种类及其卫生学特征

水资源是指地球上具有一定数量和可用质量的能从自然界获得补充并可以利用的水。地球上的天然水源分为降水、地表水和地下水三大类。

（一）降水

由地表蒸发至大气的水汽随着气流传播各处，在特定条件下，遇冷凝结成高度分散的液态和

固态的凝结物，并以雨、雪、雹等形式降落下来，统称为降水（precipitation）。

卫生学特征：水质不稳定，矿物质含量较低；能反映大气物质组成，易被污染；水量不稳定，受季节、地域影响较大；不同地区降水组成不同。

（二）地表水

地表水（surface water）是指降水在地表径流和汇集后形成的水体，包括江河水、湖泊水、水库水等。地表水以降水为主要补充来源，与地下水也有相互补充关系。地表水的水质和水量受流经地区地质状况、气候、人为活动等因素的影响较大。

1. 江河水　在涨水期或暴雨后，水中常含有大量泥沙及其他杂质，使水浑浊或带有颜色；污染机会多，细菌含量大；但是盐含量较低，水质较软，溶解氧含量大于地下水；稀释和自净能力强。

2. 湖泊水　由于流动较慢，湖岸冲刷较少，水中杂质沉淀较完全，水质一般较清澈；感官性状较江河水好；细菌含量较江河水少；水质较软，但往往有大量浮游生物生长、繁殖，使水着色并带有臭味；自净能力较江河水差。

3. 水库水　容量较小，自净能力差，受地表生活污物污染的机会多，水质较差。

（三）地下水

地下水（underground water）是由降水和地面水经土壤地层渗透到地面以下而形成。地层是由透水性不同的黏土、砂石、岩石等构成，包括透水层和不透水层。根据地下水与不透水层的关系及流动情况，地下水可以分为浅层地下水、深层地下水和泉水。

1. 浅层地下水　是指潜藏在地表下第一个不透水层上的地下水，是我国广大农村最常用的水源，如浅井。浅层地下水雨季水位高，旱季水位低；悬浮生物、细菌含量较少，比地表水清洁；在流经地层和渗透过程中，可溶解土壤中各种矿物质，水质硬度高；水中溶解氧少，自净能力差。

2. 深层地下水　是指在第一个不透水层以下的地下水，往往潜藏在两个不透水层之间，常作为城镇集中式供水的水源之一。因距地表较深，覆盖的地层厚，不易受到地面的污染；水质透明无色，水质和水量都比较稳定；水温恒定；细菌数很少；矿物质含量高，水质硬度高；水中溶解氧少，自净能力很差。

3. 泉水　是通过地表缝隙自行涌出的地下水，分为潜水泉和自流泉。浅层地下水由于地层的自然塌陷或被溪谷截断而使含水层露出，水自行外流即为浅水泉；水质和浅层地下水相似，较易受污染，水量不稳定。深层地下水由不透水层或岩石的天然裂隙中涌出，称自流泉；水质和深层地下水相似。

二、生活饮用水水质标准

（一）生活饮用水水质应符合下列基本要求

生活饮用水中不应含有病原微生物；生活饮用水中化学物质不应危害人体健康；生活饮用水的感官性状良好；生活饮用水中放射性物质不应危害人体健康；生活饮用水应经消毒处理。

（二）生活饮用水水质标准

制定生活饮用水水质标准的依据主要是根据上述饮用水的卫生要求，同时考虑经济和技术上的可行性。2022年3月，国家市场监督管理总局、国家标准化管理委员会发布了《生活饮用水卫生标准》（GB 5749—2022），并于2023年4月1日起实施。

三、水污染来源及主要污染物

水体污染（water pollution）是指人类活动排放的污染物进入水体后，超过了水体的自净能力，使水质和水体底质的理化特性和水环境中的生物特性、种群及组成等发生改变，从而影响水的使用价值，造成水质恶化，甚至危害人体健康或破坏生态环境的现象。水体污染主要来自人类的生产和生活活动。

（一）水体污染的主要来源

1. 工业废水（industrial waste water） 是指工业生产过程中产生的废水和废液。其特点是水质和水量因生产工艺和生产方式的不同而差别很大，如电力、矿山等部门的废水主要含无机污染物，为无机废水；而造纸和食品等工业部门的废水，有机物含量很高，为有机废水。

2. 农业废水（agricultural waste water） 是指农业活动过程中排出的污水或液态物质。农业废水主要含有化肥（如氮、磷、钾等）、农药、粪、尿等有机物及人畜肠道病原体等。其特点是污水量大、影响面广。农药、病原体和其他有毒物质能污染水源，危害人体健康。

3. 生活污水（domestic sewage） 是指人类生活过程中产生的污水。主要是粪便和洗涤污水。生活污水中含有大量的有机物，如纤维素、碳水化合物、脂肪、蛋白质等；也常含有病原菌、病毒和寄生虫卵等。

4. 医院污水（hospital sewage） 是来自医疗卫生单位的污水，成分复杂且水量不稳定，其中含有病原微生物、物理、化学和放射性污染物等，并且具有一定的传染性。

5. 其他 固体废弃物可经水溶解而流入水体；大气污染物、城市垃圾可随降雨和雨后的地表径流进入水体；海水倒灌或渗透等。

（二）水体中的主要污染物

进入水体的污染物种类繁多、性质各异，按其性质一般可分为生物性污染物、化学性污染物和物理性污染物。

1. 生物性污染物 主要来自生活污水、医院污水、畜牧和屠宰场废水及食品加工企业废水等。生物性污染物包括细菌、病毒和寄生虫。

2. 化学性污染物 包括无机污染物和有机污染物两大类。无机污染物主要有重金属（如汞、镉、砷、铬及铅等）、氮、磷、氰化物和氟化物；有机污染物主要有酚类化合物、苯类化合物、卤烃类化合物、苯并（a）芘、农药和油类等。

3. 物理性污染 最常见的是热污染、放射性污染和悬浮物污染。

四、水污染对健康的危害

（一）生物性污染的危害

1. 介水传染病（water-borne communicable disease） 是指通过饮用或接触受病原体污染的水，

或食用被这种水污染的食物而传播的疾病。介水传染病的流行特点：① 水源一次大量污染后可出现暴发流行，绝大多数病例的发病日期集中在该病的最短和最长潜伏期之间，如水源经常被污染，则病例可终年不断；② 病例的分布与供水范围一致，绝大多数患者都有饮用或接触同一水源的历史；③ 一旦对污染源采取治理措施，加强饮用水的净化和消毒，疾病的流行能迅速得到控制。

我国20世纪90年代上海市和江苏、浙江、山东三省发生的甲型病毒性肝炎大流行即介水传染病，患者达40余万人。近年来，我国介水传染病虽然得到一定控制，但其流行仍较普遍，有时还相当严重。

2. 藻类及其毒素污染 当污水中含有的大量氮、磷物质进入湖泊、河流、海湾等缓流水体后，可引起藻类及其他浮游生物迅速繁殖，导致水体富营养化。铜绿微囊藻产生的微囊藻毒素（microcystin，MC）是富营养化水体中含量最多、对人体危害最大的藻毒素。直接接触含有MC的水会出现皮炎、眼睛过敏、急性胃肠炎等症状。MC具有肝毒性，可引起肝功能改变，MC也是乙型肝炎病毒致肝癌的促癌剂。MC与黄曲霉毒素具有协同促癌作用。我国生活饮用水水质新标准中，MC限值为0.001 mg/L。

（二）化学性污染的危害

水体受到工农业废水和生活污水污染，使水体含有各种有害化学物。常见水体化学污染物主要有汞、铬、砷、氰化物、酚及多氯联苯等。

1. 汞 构成地球的元素之一，主要以硫化汞的形式存在于岩石中。天然水中含汞量甚微，一般不超过0.1 μg/L。常见的汞污染源主要为工业企业，如化工、仪表、冶炼、灯泡和氯碱等；此外，医院口腔科废水及含汞农药的使用也是常见的污染源。

污染水体的汞，特别是在底泥中的汞，在微生物的作用下可被甲基化形成甲基汞，后者毒性较无机汞增大许多倍，更易被生物体吸收，并可通过食物链在生物体内富集，致使某些水生生物体内汞含量明显升高。甲基汞主要通过消化道进入机体，吸收率为95%~100%。进入人体后，甲基汞分布很广，除在肾脏、肝脏等脏器蓄积外，不仅可通过血-脑屏障蓄积在脑组织，也可随血流透过胎盘组织，侵入胎儿脑组织，从而产生胚胎神经毒性。甲基汞自体内排出的生物半衰期较长，如全身平均约为70日，脑组织则为180~245日。

长期摄入小剂量甲基汞会引起慢性甲基汞中毒。甲基汞对神经系统的损害是不可逆的，可产生严重的中枢神经系统中毒症状，如感觉障碍、共济失调、听力障碍、语言障碍、智力减退、眼球运动异常及肌肉震颤无力等。发生在日本熊本县水俣湾地区的水俣病（Minamata disease）就是由汞污染水源导致人群发生甲基汞中毒的典型代表。Hunter-Russel综合征是水俣病最典型的特异性体征，包括神经末梢感觉减退、视野向心性缩小、共济运动失调、听力和语言障碍。我国《生活饮用水卫生标准》（GB 5749—2022）规定，汞的限值为0.001 mg/L。

2. 铬 是构成地球的元素之一，广泛存在于自然环境中。地面水中铬含量平均为0.05~0.5 μg/L。由于铬在工业生产中应用较为广泛，含铬的工业废水（如电镀废水）和废渣（如铬盐）是污染水体的主要来源。铬化合物中，以六价的毒性最大，六价铬可干扰多种重要酶的活性，可诱发癌症。饮用水中铬含量较高时，可对消化道产生刺激和腐蚀作用，出现恶心、呕吐、腹痛、腹泻、血便和脱水，同时可伴有头痛、头晕、烦躁不安、呼吸急促、肌肉痉挛、口唇和指甲青紫，甚至出现少尿或无尿等严重中毒现象。我国《生活饮用水卫生标准》（GB 5749—2022）规定，六价铬的限值为 0.05 mg/L。

3. 砷　砷和含砷金属的开采、冶炼，玻璃、颜料、原药、纸张的生产及煤的燃烧等过程，都可产生含砷废物。砷在水中主要有三价和五价两种存在形式，其三价化合物（As_2O_3 俗称砒霜）有剧毒，比五价砷毒性大。砷化合物可通过呼吸道、消化道和皮肤接触进入人体，进入人体的三价砷化合物可以与蛋白质的硫基结合，形成稳定的螯合物，抑制蛋白酶的活性，造成代谢障碍而引起中毒。砷中毒可引起神经衰弱、多发性神经炎、皮肤癌、畸形等，严重者引起死亡。我国《生活饮用水卫生标准》（GB 5749—2022）规定，砷的限值为 0.01 mg/L。

4. 氰化物　天然水不含氰化物，水源中的氰化物主要来自炼焦、电镀、选矿、染料、化工、医药和塑料等工业的废水。氰化物经口进入人体后，在胃酸的作用下形成氰氢酸。氰化物毒作用机制主要是游离的氰离子与细胞色素氧化酶中的高价铁（Fe^{3+}）结合，形成氰化高铁细胞色素氧化酶，使 Fe^{3+} 失去传递电子的能力，中断呼吸链，造成细胞死亡。氰化物急性中毒主要表现为中枢神经系统的缺氧症状和体征，严重者可突然昏迷死亡；慢性中毒主要表现为神经衰弱、运动肌酸病和活动障碍等，还可出现头痛、头晕、心悸等神经退行性症状。摄入体内的氰化物还可与硫代硫酸盐在酶促下生成硫氰化物，后者能抑制甲状腺的聚碘功能，抑制甲状腺激素的合成，使甲状腺增生和肿大。我国《生活饮用水卫生标准》（GB 5749—2022）规定，氰化物的限值为 0.05 mg/L。

5. 酚　天然水中不含酚，水中的酚均来自炼焦、炼油、制取煤气、化工、制药等工业企业排放的废水。此外，粪便和含氮有机物在分解过程中也可能产生少量酚类化合物。酚是一种原浆毒，可使蛋白质凝固。因酚有特殊臭味，故极少发生饮用水引起的急性中毒事件。酚急性中毒事件多为事故性，临床表现主要为大量出汗、肺水肿、吞咽困难、肝及造血系统损害、黑尿等，甚至死亡。我国《生活饮用水卫生标准》（GB 5749—2022）规定，挥发性酚类（以苯酚计）的限值为 0.002 mg/L。

6. 多氯联苯　为无色或淡黄色油状液体或树脂状。多氯联苯性质稳定，不易水解和氧化，工业上常用作增稠剂、绝缘剂、橡胶软化剂等。多氯联苯进入人体可蓄积于脂肪组织及脏器中，是典型的内分泌干扰物，具有雌激素样作用。多氯联苯可使人群免疫功能受损，子代生长发育障碍，癌症发生。据报道，机体摄入 0.2~0.5 g 多氯联苯即出现中毒症状，表现为皮疹、色素沉着、水肿、无力及呕吐等。我国《地表水环境质量标准》（GB 3838—2002）规定，多氯联苯的限值为 2.0×10^{-5} mg/L。

（三）物理性污染的危害

物理性污染有热污染和放射性污染。热污染是由工业企业向水体排放高温废水所致，如发电厂的冷却水等。大量热废水持续排入水体可使水温升高，水中溶解氧减少，影响水生生物的生存和繁殖。

水体中的放射性污染分为天然和人为两类。天然的放射性物质主要来自地层中放射性元素及其衰变产物，部分来自宇宙射线。人为放射性物质主要来源于各种核试验、核战争、核潜艇、核燃料再生及各种放射性核素在应用过程中产生的三废（废水、废渣、废气）。放射性物质对人体健康的影响，除核素本身毒性外，主要是其在衰变过程中释放的α、β、γ射线或低能X射线对组织器官产生辐射损伤，并可诱发恶性肿瘤。例如，235 U可对肝脏、骨髓和造血功能造成损害，90 Sr可引起骨肿瘤和白血病等。我国《生活饮用水卫生标准》（GB 5749—2022）规定，总α射线放射性的限值为0.5 Bq/L。

五、水污染预防与控制

（一）推行"清洁生产"，开展水污染源头预防

国家建立饮用水水源保护区制度。饮用水水源保护区分为一级保护区和二级保护区，在饮用水水源保护区内，禁止设置排污口，禁止新建、改建、扩建与供水设施和保护水源无关的建设项目。

（二）全面规划，合理布局，进行区域性综合治理

在制定区域规划、城市建设规划、工业区规划时都要考虑水体污染问题；对水体污染源进行全面规划和综合治理；杜绝工业废水和城市污水任意排放现象，制定标准；同行业废水应集中处理，减少污染源的数目，便于管理；提升城市和农村污水处理能力。

（三）减少或消除排放的废水量

改革工艺，减少甚至不排废水，降低有毒废水的毒性；尽量采用重复用水及循环用水系统，使废水排放减至最少；控制废水中污染物浓度，回收有用产品，尽量使流失在废水中的原料和产品与水分离，就地回收；处理好城市垃圾与工业废渣，避免因降水或径流的冲刷、溶解而污染水体。

（四）加强监测管理，制定法律和控制标准

设立国家级、地方级环境保护管理机构，执行有关环境保护法律和控制标准，协调和监督各部门和工厂保护环境、保护水源；颁布有关法规、制定保护水体、控制和管理水体污染的相关制度。

（张志红）

第三节　土壤环境与健康

土壤是地壳表层岩石经过长期的风化和生物学作用形成的。由于各地的岩石风化物不同，地形、地貌和气候条件不同，在土壤形成过程中，各种化学成分的蓄积、迁移和转化规律也不同，从而使各地区土壤的化学成分存在很大差异，造成地质环境中微量元素过多或过少；土壤是联系无机界和有机界的重要环节，是处理和容纳许多有害废弃物的重要场所。作为环境介质，土壤虽然能承载大量的污染物，但污染物一旦超出土壤的最大容纳量就会造成土壤污染。地质环境中微量元素的过多或过少，以及土壤污染都会对人体健康产生不良影响，甚至引起生物地球化学性疾病和公害病等，给人类健康带来极大威胁。

一、土壤污染及其来源

土壤污染（soil pollution）是指在人类生产和生活活动中排出的有害物质进入土壤，超过一定的限量，直接或间接危害人畜健康的现象。

（一）土壤污染的来源

1. 工业污染 工业企业排放的废水、废气和废渣等可直接或间接污染土壤，是土壤污染的主要来源。

2. 农业污染 基于农业生产自身需要而施用的农药、化肥和使用的农用地膜等其他农用产品。相对于工业污染源，农业污染具有低剂量、面积大的特点。

3. 生活污染 生活垃圾、人畜粪便等含有多种致病菌和寄生虫，是土壤生物性污染的重要来源。

4. 交通污染 指机动车排放的尾气中所含有的重金属和多环芳烃等有毒有害物质通过大气沉降而造成的土壤污染。

5. 灾害污染 火山喷发等某些自然灾害及战争灾害也可造成局部区域的土壤污染。

6. 电子垃圾污染 是一种污染逐渐增多的污染源，主要是指生活废弃的电脑、家用电器、手机等电子设备，以及生产和办公过程中淘汰的精密电子仪表等。

（二）污染物污染土壤的方式

1. 气型污染 大气中的污染物沉降至地面而造成的土壤污染，主要污染物包括铅、镉、砷、氟等。金属冶炼、熔融过程中排放的废气因含氟、镉、铅等可造成周围土壤的严重污染。气型污染范围通常在排放源周围5～10 km，甚至更远。以表层土壤污染最严重。大气污染物中的二氧化硫、氮氧化物形成的酸雨落入土壤中，使土壤酸化，破坏土壤生态平衡，以此造成的污染距离会更远。气型污染分布的特点和范围受排放源性质的影响，同时也受当地气象因素的影响。

2. 水型污染 工业废水和生活污水通过污水灌溉农田而污染土壤。工业废水中的污染物复杂多样，可含有各种有毒污染物，如铅、汞、镉、铜、锌、氟、砷、有机磷农药、石油、洗涤剂、放射性物质及病原菌和寄生虫卵等，是土壤污染的主要来源。污水灌溉农田容易导致农作物污染，有些农作物可大量富集某些有害物质，达到较高浓度后引起食用者中毒。如用镉污染的废水灌溉稻田，镉富集在稻米中，人食用后引起镉中毒。生活污水中常含有大量微生物，特别是粪尿污水和医院污水中含有肠道致病微生物和寄生虫虫卵，是土壤生物性污染的主要来源。在渗水性强、地下水位高的地区，水型污染还容易对地下水造成污染。

3. 固体废弃物型污染 工业废渣、生活垃圾、粪便、农药和化肥等对土壤的污染。工业废弃物对土壤的污染范围较为局限和固定，但也可通过风吹雨淋使污染范围扩大。对土壤污染最严重的是化工业、金属冶炼加工业，这些工业产生的固体废弃物中的污染物多为有毒有害物质，有些有毒重金属废渣和放射性废渣可污染土壤长达数十年，不易自净。此外，排放的固体废弃物还可成为蚊蝇滋生地，污染水源、恶化空气、破坏农田和植被。

二、土壤污染对健康的危害

土壤污染物主要通过农作物等间接危害人体健康，其危害具有不易发现、一旦污染又难以清除的特点，所以必须给予高度重视。

（一）生物性污染的危害

1. 肠道传染病和寄生虫病 肠道传染病患者和病原携带者的粪便中常含有大量病原体如伤寒杆菌、痢疾杆菌、霍乱弧菌等。土壤常被当作粪便处理的场所，经常受到致病微生物和寄生虫虫卵的污染。许多肠道传染病病菌在土壤中能存活相当长时间，抵抗力最小的霍乱弧菌可存活8~10日，痢疾杆菌可存活25~100日，肠道病毒可存活100~170日，伤寒杆菌可存活100~400日，破伤风、气性坏疽、肉毒、炭疽的致病菌可存活1年以上，蛔虫卵在土壤中可存活数年。当带有病原菌和寄生虫虫卵的粪便污染土壤后，人类可能会通过生食蔬菜、瓜果等方式而感染发病，传染途径为人–土壤–人。

2. 钩端螺旋体和炭疽病 含有病原体的动物粪便污染土壤后，如钩端螺旋体和炭疽芽孢杆菌等病原体可通过皮肤或黏膜进入人体而引起感染，传染途径为动物–土壤–人。家畜一旦感染炭疽芽孢杆菌并造成土壤污染后，可导致该地区相当长时间内传播炭疽病。

3. 破伤风和肉毒中毒 天然土壤中常存在破伤风杆菌和肉毒梭菌，人可因接触土壤而感染发病，传染途径为土壤–人。

（二）化学性污染的危害

土壤化学性污染物对人体健康的危害一般是间接的，主要通过"土壤–植物–人体"或"土壤–水–人体"等途径进入人体并产生危害。进入土壤中的重金属一般不易随水流动，也不能被微生物分解，几乎以不同形式长期存在于土壤中，有的甚至可转化为毒性更强的化合物，并通过食物链生物富集。对一些半衰期较长的农药，还可造成土壤和农作物的农药残留。

1. 农药 我国既是农业大国，也是农药需求大国。按化学结构进行划分，农药主要包括有机氯、有机磷、有机氮、有机硫、氨基甲酸酯、拟除虫菊酯等。有机磷农药的半衰期为2周至数周，有机氯农药为2~4年；含铅、砷、铜、汞等农药的半衰期更长，为10~30年。农药对健康的危害主要有：① 慢性中毒，农药进入人体，可影响多种酶的活性、扰乱机体正常的生理和生化功能，甚至出现病理改变。有机磷农药慢性中毒主要表现为血液胆碱酯酶活性降低和自主神经系统功能紊乱。有机氯农药慢性中毒则主要表现为对中枢神经系统、肝脏和肾脏等的损害。② 致癌、致畸和致突变作用，如DDT有致畸和致突变作用；六六六有致肝癌作用；氨基甲酸酯类农药西维因可引起恶性肿瘤。

2. 重金属 常见的土壤重金属污染物有铅、汞、镉、砷、铬等。重金属污染土壤后可对机体产生多种危害，其中以镉污染引起的痛痛病最为典型。痛痛病最早发生在日本富山县神通川流域，是由含镉废水污染农田而引起的公害病。痛痛病早期表现为腰背、膝关节疼，继而发展为遍及全身的刺痛；患者易在轻微外伤下发生多发性骨折；重者四肢弯曲变形、脊柱受压变形、骨软化和骨质疏松，患者行动困难，长期卧床。此病暂无特效疗法，死亡率很高。

3. 持久性有机污染物（persistent organic pollutants，POPs） 是指能够在大气、水、生物体、土壤和沉淀物等各种环境介质中长期存在，并能通过大气、水、生物体等环境介质进行远距离迁移，通过食物链（网）富集，进而对人群健康和生态环境产生严重危害的天然或人工合成的有机污染物。POPs具有持久性、生物蓄积性、半挥发性和高毒性等特征。常见的有DDT、二噁英、呋喃、多氯联苯、五氯酚等。截至2023年4月，《关于持久性有机污染物的斯德哥尔摩公约》中规定的拟消除或受控的POPs已增至29种。除对人体可造成急性损伤外，低剂量、长期暴露POPs会对机体免疫系统、神经系统、内分泌系统和生殖系统等产生危害，还可产生致癌、致畸和致突变作用。

三、土壤污染预防与控制

土壤污染的预防和控制是指预防土壤污染和对已污染的土壤进行改良、治理。预防控制的重点应放在对污染物排放浓度和总量的控制上，对工业废渣、粪便、垃圾等污染物进行合理的收集、转运、无害化处理和综合利用。

（一）工业废渣的处理和利用

工业废渣的特点是产量大、种类繁多、化学成分复杂多样，常含有难以降解的重金属毒物，很难治理。目前对工业废渣的处理主要是综合利用，对有经济价值的废渣可经过资源化处理加以回收和利用。如可将热电厂烧煤锅炉的煤灰渣和冶金工业洗选厂的煤灰或矿渣回收后用作制砖、混凝土、水泥等建筑材料。此外，对含有害金属的废渣可进行安全土地填埋处理。

（二）粪便的无害化处理和利用

对人畜粪便和生活垃圾进行无害化处理是控制肠道传染病传播，增加农业肥料和改良土壤的重要措施。目前，常采用密封、堆肥、发酵和沼气等方法处理。这些方法不仅经济、简便易行，且能有效杀灭致病微生物、寄生虫虫卵，减少或控制多种传染病的流行。

（三）垃圾的无害化处理和利用

生活垃圾必须经过有效的无害化处理后方可排放或利用。常用的垃圾处理方法有压缩、粉碎和分选、卫生填埋和焚烧。此外，垃圾是一种丰富的再生资源，大约80%的垃圾为潜在的原料资源，可以回收并加以利用。

（四）污水的处理

含有害物质的工业废水、农业用水和生活污水必须进行无害化处理。必须执行"谁污染谁治理"的原则，进行经常性的监督监测。如利用污水灌溉，则应使之符合农田灌溉水质标准的要求。医院污水含有多种致病微生物，应经专门的消毒处理。

（五）合理使用农药和化肥

提倡开发和使用高效、低毒、低残留的新型农药，尽量使用有机肥和生物农药，减少有害农药和化肥的使用量。对某些高毒、高残留的农药，应限制使用。

（六）改良土壤

合理利用污染土地，采取深翻土地或使用生石灰、磷酸盐、氧化铁等化学改良剂，减轻土壤重金属毒物的危害。

（信丽丽）

第四节 地质环境与健康

地质环境（geologic environment）是人类赖以生存的基础。岩石和土壤圈中含量较多的元素，根据环境中的化学元素在人体内的含量多少，通常将其分为常量和微量元素两大类。在维持生物体正常功能所必需的矿物质中，常量元素一般不会缺乏，而微量元素存在地区差别，当其在局部地区的分布过多或过少时，会对人体健康产生不利影响。

一、地质环境的特征

地质环境是处于大气圈、水圈和生物圈之间的过渡地带，是陆地生态系统的核心。与人类健康密切相关的地质环境主要是土壤环境。

1. 矿物质 地质环境中的矿物质是岩石经物理和化学风化形成的。按矿物质成因可将其分为两类：一类是原生矿物，是化学组成和结晶构造没有改变的岩石；另一类是次生矿物，大多数是由原生矿物经化学风化后形成的新矿物，其化学组成和晶体结构都有所改变。地质环境中各种元素的本底值是评价水土化学环境对居民健康影响的重要依据，也是地方病预防控制工作的科学依据。

2. 有机质 地质环境中的有机质主要来源于动物、植物和微生物残体。一般可以分为两类：一类是组成有机体的各种有机化合物，称为非腐殖质，如蛋白质、碳水化合物、脂质和有机酸等；另一类是腐殖质，主要包括腐殖酸、富里酸、腐黑物等，是动植物残体经微生物作用而形成的稳定有机化合物。腐殖质占土壤总有机质的85%~90%。土壤腐殖质化程度越高，表明土壤中病原体的死亡程度也越高，土壤的卫生安全程度越高。

3. 微生物 地质环境中存在细菌、真菌、原生动物和藻类等微生物。地质环境中的微生物主要集聚在表层土壤，参与土壤中多种化学元素的物质循环，在土壤自净过程中发挥重要作用。此外，微生物还可直接参与土壤中有机物和无机物的氧化、还原、分解和腐殖质的形成等过程。土壤中除固有的微生物外，还有一部分外来的病原微生物，如使用未经处理的人畜粪便、生活污水和医院污水灌溉农田造成土壤生物性污染，可对人体健康产生不利影响。

二、生物地球化学性疾病

人和地质环境之间不断地进行着物质、能量和信息交换，保持着动态平衡而成为不可分割的对立统一体。人体内的细胞、原生质、酶、骨骼、肌肉和皮肤等都是由自然环境中的水、氧、氢、蛋白质、脂肪、碳水化合物和矿物质等构成。人体内含有的60多种化学元素丰度与地质环境中元素呈现一致性。

由于地壳表层化学元素分布不均衡，使某些地区的水和土壤中某种元素过多或过少，当地居民通过饮水、饮食等途径摄入这些元素过多或过少而引起的某些特异性疾病，称为生物地球化学性疾病（biogeochemical disease），也称为地方病（endemic disease）。生物地球化学性疾病的流行特征：① 具有明显的地区性分布，即病区人群的发病率和患病率显著高于非病区人群；② 疾病的发生与环境中元素水平相关。生物地球化学性疾病人群流行强度与当地某种化学元素的环境水平存在明显的剂量-反应关系。我国是地方病流行较为严重的国家，常见的有碘缺乏病、地方性氟中毒和地方性砷中毒等。克山病和大骨节病等病因虽尚未完全确定，但都具有明显的地区性分布特征，也列入生物地球化学性疾病的范围。

三、碘缺乏病

碘缺乏病（iodine deficiency disorders，IDD）是指从胚胎发育至成人期由于自然环境碘缺乏导致碘摄入不足引起的一系列病症，包括在缺碘地区出现的地方性甲状腺肿（endemic goiter）、地方性克汀病（endemic cretinism）、地方性亚临床克汀病、流产、早产、死产等。碘缺乏对人类的最大危害是造成子代不同程度的脑发育障碍，IDD已成为影响社会发展的公共卫生问题。

（一）碘在自然界中的分布

碘在自然界中广泛分布，岩石、土壤、水和空气中都含有微量的碘，并以碘化物的形式存在。水土流失严重的地区，如山区、丘陵地带很难蓄积碘，致使这些地区容易成为缺碘地区；而一些低洼地带，水流淤滞，碘可随水体蓄积下来，成为富碘地区。碘在自然环境中分布不均，一般深山区＜半山区＜平原＜沿海；生物体内的含碘量一般高于无机物，海洋生物的碘含量高于陆地生物，动物体内的碘含量高于植物。

（二）碘在人体内的代谢

碘是人体必需的微量元素，主要来源于食物，少量来源于水和空气。由食物提供的碘占所需碘的90%以上，食物中的碘化物在消化道被还原成碘离子，并在胃和小肠内被迅速吸收。甲状腺是碘富集能力最强的内分泌腺体，24小时内可富集15%~45%的摄入碘。血液中的碘被甲状腺摄取，在甲状腺滤泡上皮细胞内经促甲状腺激素和过氧化物酶氧化形成活性碘，活性碘再与甲状腺蛋白分子上的酪氨酸结合，形成一碘和二碘酪氨酸，偶合后生成甲状腺激素并贮存在甲状腺滤泡胶质中，随后在蛋白水解酶的作用下释放入血，分布于各组织中。在完成激素样作用后，甲状腺激素中的碘被脱下形成碘离子，再重新被甲状腺摄取作为合成甲状腺激素的原料。机体内的碘主要经肾脏以碘化物的形式随尿排出，少量随汗液、乳汁和粪便排出。正常情况下，每日随尿排出的碘为50~100 μg，占碘总排出量的40%~80%。通常可用尿碘来估计碘的摄入量。

（三）碘缺乏病的流行特征

碘缺乏病是世界上分布最广、危害人数最多的一种地方病。全球有110个国家流行此病，约有22亿人生活在缺碘地区。目前，碘缺乏病病区主要分布在亚洲、非洲、南美和大洋洲的大部分发展中国家。我国曾是碘缺乏病流行最严重的国家之一，除上海外，全国各地均有不同程度的流行。

1. 地区分布　我国碘缺乏病流行病区主要分布在东北、华北、西北、西南、中南等地。这些地区的共同特点是地形倾斜、洪水冲刷严重；有的地区降雨量集中、水土流失严重，导致碘元素含量少。此外，在一些丘陵和平原地带也有不同程度的流行。由于地理位置和地形、地貌的不同，碘缺乏病的流行情况也不同，地区分布的一般规律是山区＞丘陵＞平原＞沿海。

2. 人群分布　碘缺乏病可发生在任何年龄段，一般在儿童期开始出现，青春发育期急剧升高，40岁以后逐渐下降。在儿童和青少年中，患病率较高的是12~18岁女性和9~15岁男性。随着年龄增长，男性成年后甲状腺肿患病率逐渐下降，而女性则由于月经周期、妊娠及哺乳等生理因素，其甲状腺肿患病率仍保持在较高水平。成年女性的患病率高于男性，但在严重的碘缺乏病病区，男女患病率差异不明显。

（四）碘缺乏病的病因及发病机制

1. 碘缺乏　环境和食物中缺碘是碘缺乏病流行的主要原因。

当机体摄碘不足时，甲状腺激素的合成不足，继而引起促甲状腺激素分泌增加、甲状腺组织增生和甲状腺肿大。初期为弥漫性甲状腺肿，属代偿性生理肿大，无甲状腺功能异常。如能及时补碘，肿大的甲状腺可完全恢复正常。如不及时补碘，甲状腺代偿性弥漫性增生可随时间的延长而进入萎缩阶段。萎缩的甲状腺组织可能再度发生增生性变化，而组织增生又可加快萎缩状态。甲状腺组织如此循环变化，最终将形成大小不等、新旧不一的结节，即为结节性甲状腺肿，成为不可逆器质性病变。

在胚胎期，由于外环境缺碘，胎儿的甲状腺激素供应不足，胎儿的生长发育将会受到不同程度的影响。首先是中枢神经系统发育障碍，表现为耳聋、语言障碍、智力障碍等。其次是对躯体发育的影响。骨骼发育受胚胎期和出生后甲状腺激素供应不足的影响，可表现出生长发育迟缓、体格矮小、性发育落后等体征。

2. 致甲状腺肿物质　某些化学物质如硫氰化物、异硫氰化物、硫葡萄糖苷、生物类黄酮等不仅可抑制甲状腺过氧化物酶的活性，而且可通过对甲状腺原氨酸脱碘酶的作用，干扰甲状腺激素合成，引起甲状腺肿大。

3. 其他原因　研究发现，机体蛋白质、能量和维生素缺乏可加重碘缺乏，并促进致甲状腺肿物质生成；铅、汞、铬、锑、锰和铀等重金属污染物进入机体后，可在甲状腺内蓄积、使甲状腺增大，继而影响甲状腺功能；多氯联苯等内分泌干扰物也可干扰甲状腺功能、引起甲状腺肿大；长期摄入过量碘也可引起甲状腺肿的流行。

（五）碘缺乏病的临床表现

1. 地方性甲状腺肿（endemic goiter）　是由于地区性环境缺碘引起的地方病，是碘缺乏病的主要表现形式之一，主要症状是甲状腺肿大。

（1）诊断标准：我国现行地方性甲状腺肿诊断标准如下。① 居住在地方性甲状腺肿病区；② 甲状腺肿大超过受检者拇指末节或小于拇指末节并有结节；③ 排除甲状腺功能亢进、甲状腺炎和甲状腺癌等疾病；④ 尿碘低于 50 μg/g 肌酐，甲状腺吸收 ^{131}I 率呈 "饥饿曲线"，可作为参考指标。

（2）临床分度：国内统一的分度标准如下。① 正常：没有任何可触及或可见的甲状腺肿大（看不见，摸不着）。② Ⅰ度：当头部处于正常位置时，甲状腺容易看到。超过受检者拇指末节大小到相当于1/3拳头大小，特点是看得见。当甲状腺没有超过受检者拇指末节大小，但可摸到结节时也算Ⅰ度。③ Ⅱ度：由于甲状腺肿大，脖根明显变粗，大于受检者1/3拳头到2/3拳头，特点是脖根粗。④ Ⅲ度：颈部失去正常形状，甲状腺大于受检者2/3拳头，特点是颈部变形。⑤ Ⅳ度：甲状腺大于受检者一个拳头，多带有结节。

（3）临床分型：① 弥漫型，甲状腺均匀增大，质地较软，触诊摸不到结节；② 结节型，在甲状腺上可摸到一个或几个结节。多见于老年人及妇女；③ 混合型，在弥漫肿大的甲状腺上可摸到一个或几个结节。

2. 地方性克汀病（endemic cretinism） 是碘缺乏地区出现的一种较严重的碘缺乏病表现形式，是一种以智力障碍为主要特征的神经精神综合征。克汀病是胚胎期和出生后早期碘缺乏与甲状腺功能低下所造成的大脑与中枢神经系统发育分化障碍的结果。患者出生后就有不同程度的智力低下、体格矮小、听力障碍、神经运动障碍和甲状腺功能低下，并伴有甲状腺肿。根据患者的临床表现可概括为呆、小、聋、哑、瘫。当改善碘缺乏后，地方性克汀病可被控制。

（1）诊断标准：凡具备下述必备条件，再具有辅助条件中一项或一项以上者，在排除由碘缺乏以外原因所造成的疾病后，即可诊断为地方性克汀病。

必备条件：① 出生、居住在碘缺乏病病区；② 有不同程度的精神发育迟滞，主要表现为不同程度的智力障碍，智商（IQ）≤54。

辅助条件：① 神经系统症状，运动神经障碍（锥体系和锥体外系），包括不同程度的痉挛性瘫痪、步态和姿态的异常；不同程度的听力障碍；言语障碍（哑或说话障碍）。② 甲状腺功能低下症状，患者具有不同程度的克汀病面容，主要表现为眼距宽、鼻梁塌、耳软、腹膨隆、脐疝等；皮肤干燥、毛发干枯、黏液性水肿；X线骨龄落后，可出现不同程度的骨龄发育落后及骨骺愈合不良。③ 血清T_4降低，促甲状腺素（THS）升高。

（2）临床分度：根据测定的智商将地方性克汀病分为轻、中、重度。① 轻度，智商为40~54；② 中度，智商为25~39；③ 重度，智商 <25。

（3）临床分型：① 神经型，以明显的智力低下和神经综合征（听力、言语和运动神经障碍）为主要表现；② 黏液性水肿型，以黏液性水肿为特点的甲状腺功能低下为主要表现，包括体格矮小或侏儒、性发育障碍和克汀病形象；③ 混合型，兼具上述两类主要表现。

（六）碘缺乏病的预防控制措施

补碘是防治碘缺乏病的根本措施。预防控制原则：① 全民补碘，生活在缺碘地区的所有人，包括没有发病的"正常人"。在推行全民补碘时应注意高碘地区的特殊性，高碘地区应供应无碘盐。② 长期补碘，外环境缺碘是人类无法改变的。因此，补碘措施不是短期行为，应当长期不断地进行补碘。③ 每日微量补碘，人体内储存碘的能力有限。因此，每日都需补充微量的碘。但长期过高剂量的补碘（1 000 μg/d），有可能导致高碘性损害。

1. 碘盐 实践证明，全民食盐加碘在预防和控制碘缺乏病上取得了巨大成就。但长期慢性缺碘的患者若短期快速增加碘的摄入量，则会产生一些副作用，表现为甲状腺功能亢进或自身免疫性甲状腺疾病发病率增高。为此，2012年我国实施了《食品安全国家标准　食用碘盐含量》（GB 26878—2011），该标准规定在食用盐中加入碘强化剂后，食用盐产品（碘盐）中碘的平均水平（以碘元素计）为20~30 mg/kg。各省、自治区、直辖市人民政府卫生行政部门可在规定范围内，根据当地人群实际碘营养水平，选择适合本地情况的食用盐含碘量平均水平。

使用碘盐的注意事项：① 在烹调时不宜过早放盐，以提高碘的利用率；② 由于碘遇酸容易被破坏和分解，烹调时应尽量避免加醋；③ 烹饪时最好使用植物油，尽量不用动物油。动物油易与碘发生化学反应，加速碘挥发，降低碘的利用率；而植物油性质稳定，不易与碘发生化学反应；④ 忌敞口保存，存放时间不宜过久，避免碘挥发；⑤ 高碘地区的居民和甲状腺疾病患者不宜使用碘盐。

2. 碘油 是植物油与碘化合而成的有机化合物，是预防碘缺乏病的有效措施。一般分为肌内注射碘油和口服碘油。我国生产的肌内注射碘油是以核桃油为原料制成；口服碘油主要是碘化豆油和碘化核桃油。尽管碘油是防治碘缺乏病的长效制剂，但不能替代碘盐。碘油补碘属于强化补碘，是一种暂时性的补救措施，不能在病区全民推行，只适用于下列条件：① 严重缺碘地区，碘缺乏病病情严重，需要迅速控制；② 碘盐供应或碘盐质量没有保障的碘缺乏病流行地区；③ 盐资源丰富的地区，人们往往不愿意购买碘盐；④ 补碘不足。

3. 其他 对于碘缺乏病患者可给予口服碘化钾，但用药时间长，不宜坚持。此外，还可向碘缺乏病区供应碘化面包、碘化饮水、加工的富碘海带和海鱼等。

对非缺碘性甲状腺肿流行地区，应调查清楚原因并进行有针对性的防治。如水源被污染，应清除污染、改善水质；如水碘含量正常但硬度过高，应选择软水水源或饮用煮沸过的水；如水中存在致甲状腺肿物质，应针对性地进行水质净化，去除或破坏该类物质。

（七）治疗原则

1. 地方性甲状腺肿 一般情况下，在碘缺乏病区，Ⅰ度、Ⅱ度甲状腺肿患者只要坚持补碘，病情可逐渐好转而不需要治疗。地方性甲状腺肿治疗的方法有：① 甲状腺激素疗法，对于补碘后治疗效果不好且怀疑有致甲状腺肿物质或高碘甲状腺肿的患者可采用甲状腺激素疗法。常用的药物有甲状腺片制剂、碘塞罗宁（L-T$_3$）、左旋甲状腺素（L-T$_4$）等；② 外科治疗，对于Ⅲ度以上有结节的甲状腺肿患者，特别是有压迫感或疑似有癌变者可行外科手术，切除肿大的甲状腺组织。

2. 地方性克汀病 黏液水肿型克汀病越早治疗效果越好。早期治疗可尽早控制病情发展，减轻或避免日后的神经和智力损害。只要适当地补充甲状腺激素，及时采用"替代疗法"就可迅速取得较好的治疗效果。此外，还可采用维生素A、维生素D、维生素C和维生素B$_1$、B$_2$、B$_6$等辅助类药物。同时，患者应保持营养均衡，加强智力和生活训练。

（八）碘缺乏病监测

碘缺乏病监测的目的在于了解和掌握碘缺乏病病情和干预措施的落实情况、评估人群碘营养状况及防治效果，确保干预措施能够得到长期有效落实，为决策提供依据。监测病情的常用指标是甲状腺肿大率；评价人群碘营养状况的常用指标是尿碘水平。干预措施包括碘盐、碘油和健康教育等。我国已建立人群碘营养水平监测体系，即监测、反馈、策略调整的运行机制。通过科学补碘来消除碘缺乏病，既能给人群提供足够的碘，又能把毒副作用的危险性降到最低限度。国家卫生健康委员会2022年公布的数据显示，我国已实现控制消除碘缺乏病的阶段性目标，截至2022年底，全国2 799个碘缺乏病县（市、区）全部达到消除标准。然而，在碘缺乏病、水源性高碘甲状腺肿等患者的治疗和管理方面仍面临一些困难，需要继续加大防治措施的落实。

四、地方性氟中毒

地方性氟中毒（endemic fluorosis）又称地方性氟病，是长期生活在高氟地区的居民，通过饮水、食物、空气等途径摄入过量氟而引起的一种以氟斑牙和氟骨症为主要临床表现的慢性全身性疾病。

（一）氟在自然界中的分布

氟在自然界中分布广泛，位居构成地壳元素的第13位，占比为0.077%。氟为淡黄色的气体，具有强烈的刺激性臭味，是自然界中最活泼的非金属元素。氟在自然情况下，一般不会以游离状态存在，常以氟化物的形式存在。土壤中的氟化物可溶于水，容易被动植物吸收。氟的天然化合物有萤石（CaF_2）、氟磷灰石［$3Ca_3(PO_4)_2 \cdot CaF$］、冰晶石（Na_3AlF_6）、云母和电石等。植物和动物性食物内都含有不同浓度的氟，动物性食物往往高于植物性食物。高氟地区的农作物和饮水中氟化物的含量更高。

（二）氟代谢

人体主要通过饮水和食物摄入氟，少量来源于空气。通过饮水和食物经口摄入的含氟颗粒可经消化道吸收；含氟的气体、蒸汽和粉尘可被呼吸道吸收；含氟化物的蒸汽和液体与皮肤接触时，也可经皮肤吸收。可溶性氟化物的吸收率在90%左右。氟化物被吸收后可迅速进入血液循环，约有75%的氟与血浆蛋白结合而转运，少部分氟离子可穿透毛细血管壁到达组织和器官。氟主要蓄积在牙齿和骨骼，也可分布于心脏、肺脏、脾脏、肾脏、主动脉、膀胱、消化道、肌肉和皮肤等脏器或组织；氟还可透过胎盘屏障影响胎儿。血浆和细胞中氟的分布受 pH 和 Ca^{2+} 浓度的影响，当 pH 和 Ca^{2+} 浓度增高时，氟与血浆蛋白的结合量增多。高脂食物会促进氟在体内的潴留。人体内的氟有50%~80%从尿液排出，12.6%~19.5%从粪便排泄，7%~10%从汗液排出，极微量的氟通过毛发、指甲、乳汁和泪液等排出。氟对人体健康具有双重生理作用。适量的氟能维持机体正常的钙、磷代谢，促进牙齿和骨骼钙化，从而保证牙齿、骨骼的正常生长和发育；氟可促进机体生长发育和生殖功能，并能抑制胆碱酯酶活性，提高神经传导效果。然而，长期大量摄入氟可引起氟中毒。

（三）地方性氟中毒的流行特征

地方性氟中毒是地球上分布广泛、危害严重的地方病之一，世界上五大洲的50多个国家都有地方性氟中毒的流行。印度是亚洲地方性氟中毒流行情况极为严重的国家，有的地区氟骨症发病率超过50%；日本、朝鲜等十几个国家均有氟中毒流行；我国各省、自治区、直辖市均有不同程度地方性氟中毒流行，病区人口约1.1亿。

1. **地方性氟中毒流行地区** ① 浅层高氟地下水病区：在我国长白山以西、长江以北的广大区域，如吉林白城、辽宁朝阳、内蒙古赤峰等地；② 深层高氟地下水病区：在我国渤海湾滨海平原，如辽宁盘锦、天津塘沽、河北沧州等地；③ 高氟泉水病区：分布在黑龙江海林、北京小汤山、广东丰顺、福建尤溪、辽宁汤岗子和兴城等地；④ 富氟岩矿病区：分布在河南方城、江西宁都、云南昆明、贵州贵阳、新疆温宿等地；⑤ 生活燃煤型病区：分布在四川、重庆、广西、河南、湖北等12个省150个县的病区。

2. 地方性氟中毒病区类型　根据环境介质的不同，可将病区分为3种类型。

（1）饮水型：因饮用高氟水而引起的氟中毒病区称为饮水型病区，该病区分布最广、流行史最长。根据水源不同，又可分为4种类型：① 浅层地下水病区，这类病区气候干旱、降雨量小、蒸发量大，导致地面水和浅层地下水中的氟浓缩；局部地势低洼及地下水径流不畅，氟离子无法迁移；由于此类地区地下水以碳酸氢根及钠离子为主，使土壤中与钙结合的氟活化而释放入水，导致浅层地下水中氟含量增高；② 深层地下水病区，当深层地下水流经高氟矿床或高氟岩基时，地下水含氟量增高；③ 泉水和地热水病区，泉水和地热水中氟含量过高，居民直接饮用泉水或受其影响的浅井水可引起氟中毒的流行；④ 富氟岩矿高氟水病区：含氟岩石风化淋溶及含氟矿石受地下水作用溶解，使氟解离而形成与矿脉地理分布相吻合的病区。

（2）燃煤型：由于居民采用含氟量较高的劣质煤、敞灶燃煤、无烟囱，用煤火烘烤粮食、辣椒等，造成室内空气和粮食严重污染，使居民通过空气、粮食等摄入大量氟而引起氟中毒的病区为生活燃煤型氟中毒病区。病区多为高寒山区，气候寒冷潮湿，取暖期长达6个月。此外，当地居民使用没有炉盖和烟囱的各种炉灶，甚至在室内直接烧煤，使室内空气受到严重污染，在室内熏烤、贮存的粮食和蔬菜也被严重污染。

（3）饮茶型：这类病区是20世纪80年代发现的。病区居民习惯饮用砖茶或用砖茶泡奶茶和酥油茶，由于砖茶含氟量很高，长期饮用而引起慢性氟中毒。主要分布在我国四川、青海、西藏、内蒙古、甘肃等有饮用砖茶习惯的少数民族地区。据推算，全国饮砖茶人口约1 000万。

3. 流行病学特征　氟斑牙的发病年龄主要与摄入氟的起始年限有关，一般乳齿患病较少，恒齿多见，以7~15岁发病率最高。氟斑牙患病率与饮水氟含量有密切关系，在一定范围内，饮水氟含量越高，氟斑牙患病率也越高。氟骨症一般在10岁或15岁以后发病，患病率随年龄增加而升高。成年后迁入病区而患氟骨症者，一般没有氟斑牙。国家卫生健康委员会发布的《2022年我国卫生健康事业发展统计公报》显示，2022年末，全国地方性氟中毒（饮水型）病区县（市、区）1 042个，病区村（居委会）73 355个，8~12周岁氟斑牙患者24.8万人，氟骨症患者5.8万人；地方性氟中毒（燃煤污染型）病区县（市、区）数171个，8~12周岁氟斑牙患者4.3万人，氟骨症患者14.8万人。

（四）地方性氟中毒的主要病因及发病机制

长期摄入过量氟是本病发生的根本原因，人体总摄氟量超过4 mg/d时即可引起慢性氟中毒。一般认为，地方性氟中毒的发病机制与过量氟可破坏机体钙和磷的正常代谢、抑制某些酶活性等有关。

1. 对骨及骨旁组织的损害　是地方性氟中毒临床表现最重要的组成部分，也是使中毒者表现出明显疾病状态的最主要原因，可使机体产生严重而广泛的结构、形态改变和功能障碍。进入机体后，过量氟化物可在血液中与钙结合形成难溶的氟化钙，氟化钙主要沉积于骨、软骨、关节面、韧带和肌腱附着点等部位，造成骨质硬化、骨密度增加，并可使骨膜、韧带及肌腱发生硬化。成骨细胞和破骨细胞活动，又促进新骨形成、骨内膜增生，造成骨皮质增厚、表面粗糙、外生骨疣等病变。氟离子可改变骨基质胶原的生化特性，导致异常胶原蛋白的形成。氟对胶原的影响使骨基质性质改变，导致骨质疏松和软化。对软骨细胞的毒害将影响软骨成骨作用，严重者使身高发育受阻。对骨膜、骨内膜的刺激常导致骨膜、骨内膜增生和新骨形成，发生骨骼形态和功能改变。

2. **干扰钙、磷正常代谢** 过量氟可消耗大量的钙，降低机体血钙水平，引起甲状旁腺功能增强、甲状旁腺分泌增多，抑制肾小管对磷的重吸收，增加磷的排泄，继而导致钙、磷代谢紊乱。血钙减少和甲状旁腺激素增加又将刺激骨组织不断释放钙，造成骨质脱钙病促进溶骨，临床上表现为骨质疏松症、骨软化，甚至是骨骼变形。

3. **对牙齿的损害** 主要表现为氟斑牙，其病因学已明确，但发病机制尚不清晰。一般认为，形成牙釉的成釉细胞对氟化物极为敏感。氟可使成釉细胞中毒变性、釉柱形成和釉柱间质的分泌与沉积发生障碍、釉质矿化不良，严重时成釉细胞坏死、造釉停止并出现釉质缺损。牙本质也可发生矿化不全、牙齿变脆、易磨损，甚至恒牙形成后迁移到病区的成人也会出现这种现象。氟斑牙是氟对牙齿的各种细胞、神经和物质代谢综合作用的结果，其中神经营养障碍是最主要的原因。

4. **抑制某些酶的活性** 氟能抑制无氧酵解或有氧氧化过程中烯醇化酶、乌头酸酶和琥珀酸脱氢酶等的活性，使糖酵解过程或三羧酸循环中断，影响机体正常代谢。氟能抑制骨磷酸化酶，影响骨中钙盐的吸收、蓄积和骨盐的形成。氟还能破坏胆碱酯酶，使胆碱滞留，导致肌肉紧张和僵直。

5. **对其他组织的损害作用** 除骨骼和牙齿外，过量氟还将对神经系统、肌肉、肾脏、肝脏、血管、内分泌和生殖系统产生毒害作用，其致病机制可能与氟对细胞原生质和多系统酶活性的有害影响有关。氟可引起神经细胞变性、坏死或功能异常。氟对肌肉有直接毒害作用，表现为广泛的肌原纤维变性和胞质渗透性增加，使血清内肌酸磷酸激酶水平升高。氟还可直接作用于雄性生殖系统，破坏睾丸细胞结构，影响其内分泌功能，导致生殖功能受损。

（五）地方性氟中毒的临床表现

1. **氟斑牙** 指在牙齿发育形成期，由于机体摄入过量氟而引起的牙齿釉质矿化不全，表面失去正常光泽，出现白垩、着色及缺损样表现。

（1）诊断标准：2011年10月8日，卫生部发布《氟斑牙诊断》标准（WS/T 208—2011），并于2012年4月1日实施。标准规定，有明确的牙发育期间摄氟过量病史，结合临床检查，按照氟斑牙诊断要求，具有以下1项即可诊断氟斑牙：① 白垩样变，牙面部分或全部失去光泽，出现不透明的云雾状或粗糙似粉笔样的条纹、斑点、斑块，或整个牙面呈白色粉笔样改变；② 釉面着色，牙表面出现点、片状浅黄褐色、黄褐色及深褐色病变，重者呈黑褐色，着色不能被刮除；③ 釉面缺损，牙釉质破坏、脱落，牙面出现点状甚至地图样凹坑，缺损呈浅蜂窝状，深度仅限于釉质层，严重者釉质大片缺失。

（2）鉴别诊断：需要与牙釉质发育不全、龋齿、釉质浑浊、四环素牙等疾病相鉴别。

2. **氟骨症** 指氟中毒引起的骨改变。氟骨症发病缓慢，患者很难说出具体发病时间，无特异性体征。

（1）临床表现：① 疼痛，主要是腰背和四肢大关节持续性疼痛，且多为酸痛。一般晨起常不能立刻活动，活动后症状减轻。不伴体温升高和关节肿胀，受气候变化的影响不明显。重症患者终日卧床、不敢活动、惧怕他人触动。② 肢体变形，轻症者一般无明显体征，随着病情的发展，可出现脊柱和四肢大关节活动受限、肢体变形。③ 神经症状，部分患者除疼痛外，还可因椎管狭窄压迫神经根而引起一系列神经系统症状，如肢体麻木、蚁走感、紧束感、知觉减退等感觉异常。④ 其他症状，有的患者可出现头痛、头昏、心悸、食欲缺乏、腹胀、腹泻等症状。

（2）鉴别诊断：需要和类风湿性关节、风湿性关节炎、强直性脊椎炎、退行性骨关节病、神经根痛等疾病相鉴别。

（六）预防控制措施

控制氟的来源和减少摄氟量是地方性氟中毒防控的关键措施。① 饮水型病区：通常采用改换水源和饮水除氟两种方法。如可在浅层高氟地下水病区打低氟深井水、引入低氟地面水或收集雨雪水等。为落实地方性饮水型氟中毒防治政策，我国将农村安全饮水工程和地方病病区改水工程结合起来。在地方病防治专项三年攻坚期间（2018—2020年），各地新建改水工程16 231处，巩固提升改水工程51 725处，全国饮水型氟中毒病区改水率达98.3%。在缺乏低氟水源可利用的病区，可采用理化方法降氟，如混凝沉淀法、活性氧化铝法和骨炭吸附法等除氟技术。② 燃煤污染型病区：改良炉灶、加强排烟措施；改变燃煤烘烤玉米和辣椒等保存粮食和食物的办法；不用或少用高氟劣质煤。③ 饮茶型病区：应降低砖茶中氟含量，研制低氟砖茶并在有饮砖茶习惯的地区增加其他低氟茶种代替砖茶。

（七）治疗原则

地方性氟中毒尚无特效治疗方法。目前主要采用减少氟的摄入量和吸收量，促进氟的排泄、拮抗氟的毒性、增强机体抗病能力和适当对症处理等方法。

1. 合理调整饮食 加强和改善患者的营养膳食，提倡富含蛋白质、维生素的饮食，提高机体的抵抗力。

2. 药物治疗 口服钙剂和维生素是目前国内外常用的方法。给予钙剂和维生素D的同时，补充维生素C可减少氟经胃肠道吸收，促进氟的排泄，提高机体对钙、磷的吸收和利用率。神经损伤者可给予B族维生素、辅酶A、三磷酸腺苷等改善神经细胞的代谢、减轻氟的毒性作用。

3. 氟斑牙的治疗 可采用涂膜覆盖、药物脱色、使用防氟牙膏和修复等方法治疗。

4. 其他 氟骨症的对症治疗重在止痛，对于手足麻木、抽搐者可给予镇静剂。对椎管狭窄压迫脊髓或马尾神经的患者应进行椎板切除术，对严重畸形者可行矫正术。

（八）地方性氟中毒监测

氟中毒监测主要包括两方面：① 监测病区改水改灶情况和干预效果，对饮水性氟中毒地区，定期监测改水情况，并对改水后的末梢水按照标准方法进行水氟检测；对燃煤型氟中毒地区，监测改灶情况，并检测改灶后空气中氟含量。② 氟中毒病情监测，对监测点全部在读8~12岁学生进行氟斑牙检查；对监测点25岁以上不同年龄段人群随机抽取，进行氟骨症X线检查。

国家卫生健康委员会公布的数据显示，截至2022年底，全国171个燃煤污染型氟中毒病区县（市、区）全部达到控制标准。2023年4月，国家疾病预防控制局、国家发展和改革委员会等联合印发《全国地方病防治巩固提升行动方案（2023—2025年）》，我国将于2025年底计划实现消除燃煤污染型地方性氟砷中毒危害、持续控制饮水型地方性氟中毒危害、有效控制饮茶型地方性氟中毒危害。健全防治监测评价体系是提高疾病发现预警能力的关键。要加大重点地区和重点人群监测力度，定期开展重点地方病流行状况调查，准确反映和预测地方病病情和流行趋势。继续加强地方病信息化建设和地方病信息管理，提高防治信息报告的及时性和准确性。同时，还应强化监测与防治干预措施的有效衔接。

学习小结

　　生活环境与人类健康关系密切。大气污染不仅直接危害人体健康，还可通过温室效应、酸雨等对人体健康产生间接危害；室内空气污染与人体健康的关系更为值得关注；水的生物性污染可导致介水传染病，严重的污染可引发公害事件。由于地壳表层化学元素分布不均衡，某些地区的水和土壤中某种元素过多或过少可引起生物地球化学性疾病。通过学习本章，能够建立预防医学和临床医学相结合的思维模式，为预防、诊断、治疗疾病拓宽思路。

（信丽丽）

复习参考题

一、选择题

1. 下面关于颗粒物的说法错误的是
   A. $PM_{2.5}$极易吸附多环芳烃等有机污染物和重金属
   B. $PM_{2.5}$可以提高致癌、致畸、致突变的概率
   C. 颗粒物是强氧化剂，主要危害是对眼睛具有强烈的刺激作用
   D. 颗粒物可对心血管系统产生有害影响
   E. 细颗粒物直接影响肺的通气功能

2. NO_x对人体的主要作用部位是
   A. 呼吸道深部的细支气管和肺泡
   B. 上呼吸道
   C. 眼结膜
   D. 皮肤
   E. 食管

3. 不论正离子还是负离子，清洁空气中的离子浓度应低于
   A. $1 \times 10^6/cm^3$
   B. $1 \times 10^5/cm^3$
   C. $1 \times 10^4/cm^3$
   D. $1 \times 10^3/cm^3$
   E. $1 \times 10^2/cm^3$

4. 土壤污染引起钩端螺旋体病和炭疽病的危害途径是
   A. 动物–土壤–人
   B. 人–土壤–人
   C. 土壤–人
   D. 动物–人
   E. 土壤–动物–人

5. 地方性氟中毒的类型是
   A. 饮水型
   B. 燃煤型

C. 饮茶型

D. 三者都是

E. 三者都不是

答案：1. C；2. A；3. A；4. A；5. D

二、简答题

1. 简述大气污染的来源与种类。

2. 简述大气污染的防治措施。

3. 介水传染病的流行特点?

4. 简述水体富营养化现象及其防治措施。

5. 举例说明土壤化学性污染对人群健康的影响。

6. 简述碘缺乏病的发病原因与临床表现。

7. 简述地方性氟中毒的病区类型及主要临床表现。

8. 从预防医学角度分析我国地方病防治的重要举措。

食物与健康

学习目标	
知识目标	1. 掌握营养学基本概念、能量及各种营养素缺乏和过量的不良影响；肥胖、糖尿病、高脂血症、高血压和肿瘤的膳食防治原则；临床营养概念、医院常规膳食的适用范围及肠内营养和肠外营养的适应证、禁忌证；食品中的污染物和常见食物中毒预防措施；食源性疾病的定义、分类和流行病学特征。
	2. 熟悉《中国居民膳食指南（2022）》和中国居民平衡膳食宝塔、各类食物的营养价值、营养调查及评价；孕妇、乳母、婴幼儿和老年人的膳食原则；食品添加剂的使用要求、我国食品安全体系；食品加工、储存、运输和销售等环节的卫生管理要求。
	3. 了解临床营养发展简史；食品安全法律法规和标准及监管体系。
能力目标	1. 运用预防医学的思维提出常见营养相关疾病有效的预防措施，并对患者进行营养诊断并给予合理的治疗方案。
	2. 通过评估食品相关的风险并采取相应的管理措施，开展有针对性的食品安全宣传与教育活动，培养良好的食品消费习惯和健康饮食观念。
	3. 能够对食源性疾病进行迅速确认、调查、科学评估及采取相应的管理措施。
素质目标	1. 具备大健康理念，理解营养膳食在促进健康、预防慢性病中的作用。
	2. 提高对食品安全的认知，遵循食品安全操作规范，增强对食品安全风险的认识。
	3. 建立饮食卫生与健康观念，培养风险识别与应对能力，建立合理消费与维权意识。

营养学（nutrition）是研究食物营养成分与机体相互作用的规律及机制并改善人类健康措施的一门基础应用性学科，包括各种营养素在机体的代谢（包括营养素的消化、吸收、转运和排泄）、生理功能、缺乏和过剩对人体健康的影响及食物来源。

第一节　营养素与能量平衡

营养素（nutrient）是指食物中能给人体提供能量、构成机体成分和组织修复及调节生理功能的化学成分，包括蛋白质、脂肪、碳水化合物、矿物质和维生素，其中蛋白质、脂肪与碳水化合物又称为产能营养素（energy-yielding nutrient）。每克产能营养素在体内氧化产生的能量值称为能量系数（calorific coefficient/calorific value），蛋白质、脂肪和碳水化合物的产能系数分别为 4 kcal/g、9 kcal/g 和 4 kcal/g。

一、能量

国际上通用的能量单位是焦耳（joule，J）或千焦耳（kilo joule，kJ）。营养学领域使用最多的能量单位是卡（calorie，cal）或千卡（kilocalorie，kcal），1 kcal 是指在 1 个标准大气压下，1 kg 纯水由 15℃上升到 16℃时所需要的能量。能量单位换算关系如下：1 kJ=0.239 kcal，1 kcal=4.184 kJ。

（一）影响人体能量消耗的因素

成人的能量消耗主要用于维持基础代谢、身体活动与食物热效应等。孕妇与乳母的能量消耗还要用于胎儿生长、母体组织增长及泌乳和体脂储备等。婴幼儿、儿童和青少年的能量消耗还应该包括生长发育、各种代谢所需要的能量。

1. 基础代谢（basal metabolism）　是指维持人体最基本生命活动所必需的能量，即用于维持体温、心跳、呼吸、细胞和组织及器官基本功能等生命活动的能量消耗，占人体总能量消耗的60%~70%。

影响基础代谢的主要因素如下。

（1）体型与体质：基础代谢与体表面积的大小成正比，体表面积越大，向外环境散热越快，基础代谢亦越高。

（2）生理与病理状况：婴幼儿和青少年生长发育迅速，基础代谢相对较高。孕妇和乳母的基础代谢也较高。甲状腺激素、肾上腺素和去甲肾上腺素等激素分泌异常时，直接或间接影响人体的基础代谢水平。

（3）生活和作业环境：寒冷、大量摄食、体力过度消耗及精神紧张均可增高基础代谢水平；而禁食、饥饿或少食时，基础代谢水平相应降低。

2. 体力活动（physical activity）　是构成人体总能量消耗的重要部分，占人体总能量消耗的15%~30%。

3. 食物热效应（thermic effect of food，TEF）　是指人体摄食后消化、吸收、利用及营养素和营养素代谢产物之间相互转化过程中引起的额外能量消耗。蛋白质的食物热效应最大，相当于其本身产能的30%~40%，而碳水化合物则为5%~6%，脂肪为4%~5%。一般成人摄入混合膳食时，由食物热效应而额外增加的能量消耗每日约600 kJ，相当于基础代谢的10%。

（二）食物来源和能量需要量

人体所需的能量来源于食物中的碳水化合物、脂肪和蛋白质。谷薯类含有丰富的碳水化合物，是最经济、最廉价的膳食能量来源；油脂类富含脂肪；动物性食物则富含蛋白质与脂肪；水果和蔬菜中能量含量较少。

健康成人的能量需要量（estimated energy requirement，EER）见中国营养学会修订的《中国居民膳食营养素参考摄入量（2023版）》。成人膳食中碳水化合物提供的能量应占总能量的50%~65%、脂肪占20%~30%、蛋白质占10%~15%。

（三）营养素参考摄入量

营养素参考摄入量（dietary reference intakes，DRIs）是指为了保证人体合理摄入营养素，避免缺乏和过量，在推荐膳食营养素供给量（recommended dietary allowance）的基础上发展起来的每日膳食营养素摄入量的一组参考值，包括平均需要量（estimated average requirement，EAR）、推荐摄入量（recommended nutrient intake，RNI）、适宜摄入量（adequate intake，AI）、可耐受最高摄入量（tolerable upper intake level，UL）。EAR是制定RNI的基础。RNI是个体每日摄入该营养素的目标值。此外，与慢性非传染性疾病预防有关的参考摄入量包括宏量营养素可接受范围（acceptable macronutrient distribution ranges，AMDR）、预防慢性非传染性疾病的建议摄入量（proposed intake for preventing non-communicable chronic disease，PI-NCD）和特定建议值（specific proposed levels，SPL）。

二、蛋白质

蛋白质（protein）是构成机体细胞、组织和器官的重要成分，参与调节机体各种重要的生理功能，其基本功能单位是氨基酸。成人体内蛋白质含量占体重的16%~19%，每日约有3%组织蛋白质需要更新。

（一）生理功能

1. 构成和修复机体组织　蛋白质是人体不可缺少的组织结构成分，机体各种细胞、组织和器官均含有蛋白质，如人体的瘦体组织含有大量蛋白质。

2. 构成生理活性物质　机体蛋白质是构成酶、激素、抗体及转运体等重要活性物质的成分，参与调节多种生理功能，如酶参与催化体内的物质代谢，激素维持体内环境的稳定，抗体发挥免疫调节的功能，细胞膜和血液中的蛋白质担负着物质运输和交换任务，胶原蛋白构成机体支架等。

3. 供给能量　1 g食物蛋白质在体内可产生16.74 kJ（4 kcal）的能量。

4. 肽类的特殊作用　由两个或两个以上的氨基酸脱水缩合而成的肽具有调节免疫功能、促进矿物质吸收、降低血压及保护细胞膜免受自由基攻击的作用。

（二）营养价值的评价

主要从食物蛋白质含量、消化吸收程度和被人体利用的程度等方面来全面地评价食物蛋白质的营养价值。

1. 食物蛋白质的含量　食物蛋白质的含氮量一般比较恒定，大多为16%，其倒数即为6.25，由氮计算蛋白质的换算系数为6.25。因此，采用凯氏（Kjeldahl）定氮法直接测定食物中氮的含量，再乘以蛋白质的换算系数，就可以得到食物蛋白质的含量。

2. 食物蛋白质消化率　是指在消化道内被吸收的蛋白质占摄入蛋白质的百分比，反映食物蛋白质被机体消化酶分解的程度。根据是否考虑内源性粪代谢氮，可以将蛋白质消化率分为表观消化率（apparent digestibility）和真消化率（true digestibility）。在实际应用中，由于表观消化率值比真消化率值低，对蛋白质消化吸收作了较低估计，增大了安全系数，且测定方法较简便，故一般多测定表观消化率。

$$蛋白质表观消化率（\%）=（食物氮-粪氮）/食物氮\times100\% \qquad（式3-1-1）$$

3. 食物蛋白质利用率 是指食物蛋白质经消化吸收后在体内被利用的程度。

（1）生物价（biological value，BV）：用以反映食物蛋白质消化吸收后被机体利用的程度。生物价越高，表明食物蛋白质被机体利用的程度就越高，提示有较少的氨基酸经过肝脏和肾脏代谢。因此，生物价对指导肝肾疾病患者的膳食有实际意义。

$$生物价（\%）=储留氮/吸收氮\times100\% \qquad（式3-1-2）$$
$$储留氮=吸收氮-（尿氮-尿内源性氮）$$
$$吸收氮=食物氮-（粪氮-粪代谢氮）$$

尿内源性氮是指机体不摄入氮时，尿中含有的氮，主要来自组织蛋白的分解。

（2）蛋白质净利用率（net protein utilization，NPU）：用以表示食物蛋白质实际被利用的程度，是将蛋白质消化和利用结合起来评价食物蛋白质的营养价值。

$$蛋白质净利用率（\%）=生物价\times消化率=\frac{储留氮}{食物氮}\times100\% \qquad（式3-1-3）$$

（3）氨基酸评分（amino acid score，AAS）：是将被测食物蛋白质的必需氨基酸组成与推荐的理想蛋白质或参考蛋白质氨基酸模式进行比较，反映蛋白质构成和利用的关系，其表达公式为：

$$氨基酸评分=\frac{被测蛋白质每克氮（或蛋白质）中某种必需氨基酸量（mg）}{理想模式中每克氮（或蛋白质）中同种必需氨基酸量（mg）} \qquad（式3-1-4）$$

在实际计算氨基酸评分时，首先将被评分食物蛋白质中必需氨基酸与参考蛋白质中同种必需氨基酸进行比较，相对比值低者为限制性氨基酸（limiting amino acid），并按其缺乏的严重程度依次为第一、第二限制性氨基酸。例如，小麦粉蛋白质的限制性氨基酸为赖氨酸、异亮氨酸、苏氨酸和缬氨酸，其中赖氨酸为第一限制性氨基酸。小麦粉蛋白质的氨基酸评分为25.7/55×100=46.7分。

为提高植物蛋白质营养价值，可将富含某种必需氨基酸的食物与缺乏同种氨基酸的食物混合食用，提高蛋白质的生物学价值，这种作用称为蛋白质互补作用（protein complementary action）。几种常见食物蛋白质质量见表3-1-1。

▼ 表3-1-1 几种常见食物蛋白质质量

食物	生物价（BV）/%	蛋白质净利用率（NPU）	氨基酸评分（ASS）
全鸡蛋	94	84	1.06
全牛奶	87	82	0.98

食物	生物价（BV）/%	蛋白质净利用率（NPU）	氨基酸评分（ASS）
鱼	83	81	1.00
牛肉	74	73	1.00
大豆	73	66	0.63
精制面粉	52	51	0.34
大米	63	63	0.59
土豆	67	60	0.48

（三）蛋白质营养不良及营养状况评价

1. 蛋白质营养不良　蛋白质长期摄入不足时，常见的临床表现为疲倦、体重减轻、贫血、免疫和应激能力下降、营养性水肿、皮肤伤口愈合不良及生殖功能障碍等。蛋白质摄入不足往往与能量缺乏同时发生，称为蛋白质-能量营养不良（protein-energy malnutrition，PEM），包括三种类型：① 恶性营养不良（Kwashiorkor），能量摄入基本满足而蛋白质严重不足的儿童营养性疾病，主要表现为全身性水肿，尤其是腹部和腿部水肿明显，多见于3~13岁的儿童；② 消瘦型营养不良（Marasmus），指蛋白质和能量摄入均严重不足的儿童营养性疾病，临床表现以消瘦、无力为特征，多见于2岁以下的幼儿；③ 混合型营养不良，为既有不同程度的水肿，又有消瘦的特征。

然而，蛋白质摄入过多可引起膳食纤维、某些维生素和矿物质摄入减少及伴有过多的饱和脂肪酸和胆固醇摄入；还可促进尿钙丢失影响骨健康；增加肝脏和肾脏负担，导致血氨或血尿素氮升高；此外，长期过多摄入蛋白质还可能与某些癌症（结肠癌、乳腺癌、胰腺癌和前列腺癌等）的发生与发展有关。

2. 营养状况评价

（1）膳食蛋白质的摄入量：膳食中蛋白质的摄入量与机体蛋白质营养状况评价指标结合起来，有助于正确判断机体蛋白质的营养状况。

（2）体格测量：是评价机体蛋白质营养状况的重要依据，其主要指标包括体重、身高、上臂肌围、上臂肌区、胸围及生长发育指数等。

（3）血尿生化检测：血液蛋白质主要包括人血白蛋白、前白蛋白、运铁蛋白、纤维结合蛋白、视黄醇结合蛋白、血清氨基酸比值和血清总蛋白等；尿液相关指标主要有尿肌酐、尿羟脯氨酸等。

（四）食物来源与参考摄入量

食物蛋白质的良好来源是动物性食物，包括各种动物肉类、蛋类和奶类。大豆类蛋白质含量较高且富含赖氨酸，是植物性食物蛋白质中质量较好的一种。牛奶也是优质蛋白质的重要食物来源。谷类、薯类和蔬菜类蛋白质含量较低，吸收利用程度也较小。因此，注意蛋白质互补，适当进行食物搭配非常重要。

我国以植物性食物蛋白质摄入为主，因此，成人蛋白质推荐量为 1.16 g/（kg·d）。中国营养学会修订的《中国居民膳食营养素参考摄入量（2023 版）》蛋白质的推荐摄入量（RNI）为：成人男性 65 g/d，成人女性 55 g/d。

三、脂类

脂类（lipids）包括甘油三酯（triglycerides）和类脂（lipoids），是一类化学结构相似或完全不同的有机化合物。机体脂类总量占体重的 10%~20%，甘油三酯（又称脂肪）约占体内脂类总量的 95%，类脂主要包括磷脂（phospholipids）和固醇类（steroids），约占全身脂类总量的 5%。

（一）生理功能

1. 提供和储备能量 脂肪是食物中能量密度最高的营养素，1 g 脂肪在体内可以产生 37.7 kJ（9 kcal）的能量。

2. 构成生物膜 磷脂和胆固醇是所有生物膜（如细胞膜、细胞器膜及核膜等）的重要组成成分，是维持细胞正常结构和功能的物质基础。

3. 脂肪组织内分泌功能 脂肪组织来源的瘦素、白介素、胰岛素样生长因子、脂联素和抵抗素等参与调节机体的免疫功能和生长发育过程。

4. 食物脂肪营养作用 增加饱腹感、改善食物的感官性状、提供必需脂肪酸和脂溶性维生素等。

（二）脂肪酸与必需脂肪酸

1. 脂肪酸 脂肪酸的基本分子式为 $CH_3[CH_2]_nCOOH$，式中 n 的数目大部分为 2~24，基本上都是偶数碳原子。脂肪酸的结构用 C_X；Yn 表示，X 代表碳链中碳原子的数目，Y 表示不饱和双键数目，n 后的数字表示距末端（甲基端）的双键位置。从甲基端数起，第一个不饱和键在第三位和第四位之间，归类为 n-3（或 ω-3）系列多不饱和脂肪酸，在第六位和第七位之间时，归类为 n-6（或 ω-6）系列多不饱和脂肪酸。

根据碳链长度、饱和程度和空间结构的不同，脂肪酸可以有不同的分类方法：① 按其碳链长度可分为长链脂肪酸（long-chain fatty acid）（含 14~24 碳）、中链脂肪酸（medium-chain fatty acid，MCFA）（含 8~12 碳）和短链脂肪酸（short-chain fatty acid，SCFA）（含 6 碳及以下）。食物中的脂肪酸主要以 18 碳脂肪酸为主。② 依据其饱和程度分为饱和脂肪酸（saturated fatty acid，SFA）、单不饱和脂肪酸（monounsaturated fatty acid，MUFA）和多不饱和脂肪酸（polyunsaturated fatty acid，PUFA）。植物油中的脂肪酸主要是多不饱和脂肪酸。③ 按照其空间结构分为顺式脂肪酸（cis-fatty acid）和反式脂肪酸（trans-fatty acid）。自然状态下，食物中脂肪酸多以顺式脂肪酸形式存在，但当植物油氢化（hydrogenation）后，反式脂肪酸含量随氢化程度增加而增加，如人造黄油可含高达 25%~35% 的反式脂肪酸。

2. 必需脂肪酸（essential fatty acid，EFA） 是指人体自身不能合成又不可缺少，必须通过食物供给的脂肪酸。人体必需脂肪酸包括 n-6 系列中的亚油酸和 n-3 系列中的 α- 亚麻酸。

3. 中链脂肪酸 食物中含有一定量的中链脂肪酸，因其特有理化特性和营养学作用及安全性，应用于制备运动员特殊食品和临床治疗（如高脂蛋白血症和肾功能不全等疾病）辅助品，但因其快速氧化产生酮体的特点，也不宜过量使用。

（三）膳食脂肪与健康

1. 膳食脂肪与肥胖　过多摄入的脂肪储存在体内可导致超重或肥胖症。

2. 膳食脂肪与心血管疾病　膳食脂肪摄入量过高尤其是饱和脂肪酸摄入量与血清总胆固醇、甘油三酯和低密度脂蛋白胆固醇（LDL-C）水平升高有关。饱和脂肪酸中以豆蔻酸（$C_{14:0}$）和月桂酸（$C_{12:0}$）升高血清胆固醇水平的作用最强。多不饱和脂肪酸可使血清胆固醇和LDL-C水平下降，通常高密度脂蛋白胆固醇（HDL-C）浓度也下降；而单不饱和脂肪酸能引起血清胆固醇和LDL-C水平下降，但不引起HDL-C水平下降。膳食胆固醇的摄入量与血脂水平呈正相关，因此，长期过量摄入胆固醇可增高动脉粥样硬化和冠心病的患病风险。

3. 膳食脂肪与癌　流行病学调查和动物实验结果发现，膳食脂肪摄入总量的增加，与乳腺癌、结肠癌及直肠癌发病率增加有关。

（四）食物来源与参考摄入量

脂类主要来源于动物脂肪组织、肉类及植物种子。动物油脂以饱和脂肪酸为主。海生动物含较丰富的长链多不饱和脂肪酸，如二十二碳六烯酸（docosahexaenoic acid，DHA）和二十碳五烯酸（eicosapentaenoic acid，EPA）。植物油中的脂肪酸以不饱和脂肪酸为主，如含有亚油酸；豆油、紫苏籽油和亚麻籽油中含有α-亚麻酸。磷脂的良好食物来源是蛋黄、脑、肝脏和肾脏等，大豆富含卵磷脂。动物的脑、肝脏、肾脏和蛋黄富含胆固醇。

中国营养学会推荐成人脂肪供能占总能量的20%~30%。《中国居民膳食营养素参考摄入量（2023版）》提出，成人亚油酸的适宜摄入量为占总能量的4%，α-亚麻酸的适宜摄入量为占总能量的0.6%。婴幼儿DHA的适宜摄入量为100 mg/d，孕妇和乳母EPA+DHA的适宜摄入量为250 mg/d，其中200 mg为DHA。

四、碳水化合物

碳水化合物是由碳、氢、氧元素组成的一大类有机化合物。体内碳水化合物主要有葡萄糖、糖原和含糖的复合物三种存在形式。碳水化合物是人类最主要且最经济的膳食能量来源。

（一）生理功能

1. 提供能量　1 g葡萄糖在体内氧化可以产生16.7 kJ（4 kcal）的能量。葡萄糖在体内释放能量和供能均较快，是神经系统和心肌的主要能源。

2. 构成机体组织　碳水化合物也是机体重要的构成成分之一，主要以糖脂、糖蛋白和蛋白多糖的形式存在于细胞组织中。

3. 节约蛋白质作用　当膳食碳水化合物供给充足时，体内有足够的ATP产生，有利于氨基酸主动转运，可有效防止由于能量供给不足而引起的组织蛋白质过度氧化供能现象出现，即碳水化合物的节约蛋白质作用（protein sparing action）。

4. 抗生酮作用　由于膳食碳水化合物摄入不足，胰岛素释放减少，体内脂肪被动员并加速分解为脂肪酸来供能。在这一代谢过程中，如果草酰乙酸供给不足，可导致脂肪酸不能彻底氧化而产生过多的酮体且蓄积在体内，引起酮血症和酮尿症。但充足的膳食碳水化合物可以防止上述现象的发生，即碳水化合物的抗生酮作用（antiketogenesis）。

5. 解毒作用 经糖醛酸途径生成的葡萄糖醛酸是体内一种重要的解毒剂，在肝脏中能与许多有害物质如细菌毒素、酒精和砷等结合，以消除或减轻这些物质的毒性或生物活性。

（二）膳食纤维与健康

膳食纤维（dietary fiber）是指不能被人体消化吸收的多糖，包括纤维素、半纤维素、木质素、果糖、抗性淀粉及抗性低聚糖等。膳食纤维的主要生理功能如下。

1. 促进排便 增加粪便含水量，机械刺激肠蠕动，促进粪便排出，可有效预防便秘、痔疮、肛裂、结肠息肉、憩室病和肠易激综合征等。

2. 降低直肠癌的发生风险 其机制包括，① 纤维具有吸水性，可吸水充盈，增加大肠内容物体积，刺激肠道蠕动，缩短代谢产物或废物及有害物质在肠道停留时间；② 纤维素可与胆汁酸、胆汁酸代谢产物和胆固醇结合，减少初级胆汁酸和次级胆汁酸对肠黏膜的刺激作用；③ 维持肠道内的酸性环境。

3. 降低血糖 膳食纤维可以减少小肠对糖的吸收，减缓进食引起的血糖快速升高作用，因此，也可减少体内胰岛素的释放。

4. 降低血胆固醇 果胶和木质素能与胆酸和胆固醇结合，减少胆汁酸的肠肝循环和胆固醇的吸收，促进肠道中胆固醇和胆汁酸随粪便排出，预防动脉粥样硬化和胆石症的发生。

5. 预防肥胖 膳食纤维进入消化道，吸水膨胀，增加食物体积，增强饱腹感，避免摄食过多引起能量过剩而导致肥胖；同时，还具有抑制淀粉酶的作用，延缓糖类的吸收，降低空腹和餐后血糖水平；果胶等能抑制脂肪的吸收，有助于预防肥胖、糖尿病和高脂血症。

6. 促进肠道健康功能 膳食纤维发酵产生的短链脂肪酸可降低肠道pH，改变肠道菌群的构成与代谢，诱导益生菌大量繁殖，有助于肠道健康。

然而，长期摄入高纤维膳食可影响某些矿物质吸收，引起缺铁、缺钙等问题。

（三）食物来源与参考摄入量

碳水化合物主要来源有谷类（面粉、大米和玉米）、薯类（土豆、红薯）；蔬菜和水果是膳食纤维的主要来源；白糖、糖果、含糖饮料、糕点和水果等是单糖和双糖的主要来源。《中国居民膳食营养素参考摄入量（2023版）》提出，成人总碳水化合物的平均需要量为120 g/d，可接受范围为总能量的50%~65%；膳食纤维的适宜摄入量为25~30 g/d。限制添加糖的摄入，一般在25 g/d以内，不超过50 g/d。

五、矿物质

矿物质（mineral）是指人体内除碳、氢、氧、氮以外的其他元素。按照矿物质在机体内含量的多少，通常将矿物质元素分为常量元素与微量元素。常量元素（macroelement）是指在人体内含量超过体重0.01%的矿物质，如钙、磷、钠、钾、氯、镁与硫。微量元素（microelement）是指在人体内含量低于体重0.01%的矿物质，如铁、锌、碘、硒、铜、钼、锰、铬、镍、钒、锡、硅和钴等，其中，铁、铜、锌、硒、铬、碘、钴和钼被认为是必需微量元素（essential microelement）。

（一）钙

钙（calcium）是人体含量最多的常量元素，成人体内钙含量850~1 200 g，占体重的1.5%~2.0%。人体内99%的钙分布在骨骼和牙齿中，其余1%的钙分布于软组织、细胞外液和血液中，统称为混溶钙池（miscible calcium pool）。在正常情况下，体内钙平衡状态主要由甲状旁腺素、降钙素和1, 25-$(OH)_2$-D_3来调节骨骼钙与混溶钙池中的钙之间的平衡，保持钙的内环境稳定。

1. 吸收与代谢　钙在十二指肠和小肠上段的吸收是一个需要消耗能量和维生素D[1, 25-$(OH)_2$-D_3]参与的主动转运过程。钙主要经肠道和泌尿系统排出，也有少量经过汗液排出。影响钙吸收的膳食因素包括促进和抑制两个方面。

促进钙吸收的膳食因素：① 维生素D可诱导钙结合蛋白的合成；② 某些氨基酸如赖氨酸、色氨酸、组氨酸和精氨酸等可与钙形成可溶性钙盐；③ 乳糖能与钙螯合成低分子可溶性物质；④ 膳食中钙、磷比例适宜时，有利于两者的吸收，建议儿童以2 : 1或1 : 1为宜，成人则以1 : 1或1 : 1.5为宜。

抑制钙吸收的膳食因素：① 谷物和蔬菜中的植酸、草酸和磷酸均能与钙形成不溶性钙盐；② 膳食纤维中的葡萄糖醛酸残基与钙结合；③ 脂肪过多或脂肪消化不良时，未被吸收的脂肪酸与钙形成钙皂；④ 抗酸药、四环素和肝素等药物及咖啡因和酒精在一定程度上干扰钙的吸收。

钙的吸收率还受年龄和特殊生理条件的影响，如婴幼儿、孕妇和乳母对钙的需要量增加，钙的吸收率较高。

2. 生理功能

（1）构成骨骼和牙齿的成分：人体骨骼和牙齿中无机物的主要成分是钙的磷酸盐，多以羟磷灰石 $[Ca_{10}(PO_4)_6(OH)_2]$ 或磷酸钙 $[Ca_3(PO_4)_2]$ 的形式存在。

（2）维持神经与肌肉活动：钙离子与钾、钠和镁等离子共同维持神经和肌肉的兴奋性、神经冲动的传导和心脏的搏动。

（3）调节机体酶的活性：钙离子为多种酶（如糖原合成酶、三磷酸腺苷酶）的激活剂，参与调节细胞代谢中大分子的合成与转运。

（4）维持细胞膜的稳定性：钙与细胞膜的磷脂、蛋白质结合，维持细胞膜组织结构的完整性和通透性；钙与细胞核酸结合，可维持染色体结构的完整性。

（5）其他作用：参与血液凝固、激素分泌、维持体液酸碱平衡及调节细胞正常生理功能。

3. 缺乏与过量

（1）缺乏：长期钙缺乏可影响骨骼和牙齿的发育和结构完整性。主要表现为：① 骨骼、牙齿发育障碍，多见于儿童，重者出现佝偻病（rickets）；② 手足搐搦，婴儿钙缺乏时，血钙降低，导致神经-肌肉兴奋性增高，致使手足屈肌群痉挛、抽搐，多见于喂养不合理的婴儿；③ 骨质疏松（osteoporosis），中老年人膳食钙缺乏时，骨骼逐渐脱钙，骨密度和骨质量下降，骨微结构破坏，造成骨脆性增加；④ 骨质软化（osteomalacia），钙与维生素D缺乏，可引起钙、磷代谢紊乱，导致新骨基质矿化障碍，发生骨质软化。

（2）过量：当摄入过量的钙（超过 2 000 mg/d）时，可增加肾结石和高钙血症、血管和软组织钙化的发生风险；另外，还可干扰其他矿物质（如铁、锌）的生物利用。

4. 食物来源与参考摄入量

（1）食物来源：钙的良好食物来源是奶及奶制品、虾皮、海带、芝麻酱和肉骨头汤；豆类及其制品、油料种子和绿色蔬菜中钙含量较多，但吸收利用率较低。

（2）参考摄入量：中国营养学会《中国居民膳食营养素参考摄入量（2023版）》提出，钙的推荐摄入量（RNI）为 800 mg/d，可耐受最高摄入量（UL）为 2 000 mg/d。

（二）铁

铁（iron）是人体内重要的必需微量元素之一。正常成人体内含铁总量 4~5 g，其中 65%~70% 的铁存在于血红蛋白，3% 在肌红蛋白，1% 在含铁酶类（如细胞色素氧化酶、过氧化氢酶及过氧化物酶等）中；其余 25%~30% 的铁为储存铁，主要以铁蛋白和含铁血黄素的形式存在于肝脏、脾脏、骨髓和骨骼肌中。

1. 吸收与代谢　铁吸收部位主要在十二指肠和空肠。食物来源的铁可分为血红素铁（heme iron）与非血红素铁（non-heme iron）。血红素铁主要来自动物性食物，以原卟啉铁的形式被肠黏膜上皮细胞直接吸收，吸收率为 15%~35%；而非血红素铁以 $Fe(OH)_3$ 络合物的形式主要存在于植物性食物中，其吸收率为 2%~20%。成人体内的铁经粪便和尿排出；女性因生理原因失铁较多，加之体内铁储存较少，因此容易发生贫血。

促进非血红素铁吸收的因素：① 维生素 C 将 Fe^{3+} 还原为 Fe^{2+}；② 某些氨基酸（如组氨酸、胱氨酸、半胱氨酸、蛋氨酸和赖氨酸）与铁螯合成小分子可溶性物质；③ 肉、禽、鱼等蛋白类食物刺激胃酸分泌，形成有利于铁吸收的酸性环境；④ 维生素 A、维生素 B_{12}、维生素 B_2 和叶酸促进铁吸收；⑤ 机体铁营养状况、特定生理条件下（如贫血、妊娠期、生长发育快速时期）均可增加机体铁的需要量。

抑制非血红素铁吸收的主要因素：① 植酸盐、草酸盐、膳食纤维、多酚类和鞣酸等物质与铁结合，形成大分子难溶解物质；② 胃酸缺乏、抗酸药；③ 重金属（铅、铬、锰等）摄入过多及金属络合物如 EDTA 可阻碍机体对铁的吸收。

2. 生理功能

（1）参与体内氧的运送与组织呼吸：铁在体内作为血红蛋白、肌红蛋白、细胞色素及一些呼吸酶的组成成分，参与氧和二氧化碳的转运、交换和细胞呼吸过程。

（2）参与红细胞的生成与成熟：铁在骨髓造血组织中与原卟啉、珠蛋白合成血红蛋白；铁还可影响幼红细胞的增殖、成熟和自身溶血过程。

（3）其他：铁参与维持正常的免疫功能及药物在肝脏中的解毒过程；催化 β-胡萝卜素转化为维生素 A、促进嘌呤与胶原的合成、拮抗脂质过氧化等。

3. 铁缺乏与过量

（1）缺乏：体内铁缺乏可分为三个阶段。① 储存铁减少期（iron deficiency store，IDS），此期储存铁减少，甚至耗竭，表现为血清铁蛋白含量下降；② 缺铁性红细胞生成（iron deficiency erythropoiesis，IDE），此期除血清铁蛋白含量下降外，血清铁下降，总铁结合力上升，运铁蛋白饱和度下降，红细胞游离原卟啉浓度上升；③ 缺铁性贫血（iron deficiency anemia，IDA），该期除以上指标变化外，血红蛋白和红细胞容积下降。

铁缺乏影响儿童的生长发育、体力活动能力和学习记忆力；儿童易烦躁、注意力不集中，抗感染性疾病的能力下降；成人容易疲劳、倦怠、工作效率与学习能力降低。缺铁性贫血的主要临床症状为心慌、气短、头晕、面色苍白、口唇黏膜和眼结膜苍白、疲劳乏力、冷漠呆板、指甲脆薄、反甲、肝脏和脾脏轻度肿大等。

（2）过量：铁中毒可分为急性和慢性中毒。① 急性铁中毒：主要见于过量误服铁剂（糖衣或糖浆铁剂）或儿童长期服用超剂量铁剂；② 慢性中毒：常见于长期过量服用铁剂、长期大量摄入含铁极高的特殊食品、慢性酒精中毒和门静脉高压性肝硬化等。

铁过量可引起产生大量活性氧及脂质过氧化物，后者与肝脏、结肠、直肠、肺脏、食管及膀胱等多种器官的肿瘤有关；长期铁过量可增加心血管疾病的发病风险。

4. 食物来源与参考摄入量

（1）食物来源：血红素铁的良好食物来源为动物肝脏和全血、畜禽肉类和鱼类；非血红素铁主要来源于植物性食物，其生物利用率较差。

（2）参考摄入量：中国营养学会《中国居民膳食营养素参考摄入量（2023版）》中推荐膳食铁的RNI，成年男性12 mg/d、育龄女性18 mg/d，UL为42 mg/d。健康成年女性月经期间约损失2 mg/d，故每日铁的推荐摄入量应高于健康成年男性。中晚期孕妇和乳母铁的摄入量应适量增加。

（三）锌

锌（zinc）是人体重要的必需微量元素之一。正常成人体内含锌量为2~3 g，约60%分布在肌肉，30%分布于骨骼中，其余分布在各器官、体液及分泌物中。成人血液锌含量不足总锌量的0.5%，红细胞膜上锌浓度较高，主要以金属酶、碳酸酐酶和碱性磷酸酶的形式存在。

1. 吸收与代谢 锌主要在十二指肠和空肠吸收，回肠也有部分吸收。通过肠黏膜吸收的锌主要与血浆白蛋白、运铁蛋白、α-2巨球蛋白和免疫球蛋白G结合，随血液循环分布于各器官组织。膳食锌的吸收率一般为30%左右。锌主要经肠道排出，少部分随尿排出。

影响锌吸收的膳食因素有两个方面，包括：① 促进锌吸收的因素，如组氨酸、甲硫氨酸、半胱氨酸、维生素D、葡萄糖、乳糖、半乳糖及柠檬酸等；某些药物如碘喹啉、苯妥英钠；特殊生理时期，如妊娠期、哺乳期妇女锌的吸收率增加。② 抑制锌吸收的因素，如植酸、膳食纤维及一些矿物质（铜、镉、钙、亚铁离子等）；因某些疾病导致机体锌的吸收利用减少，如严重腹泻、急性感染、肠胃功能紊乱、慢性肝肾疾病、恶性肿瘤及贫血等。

2. 生理功能

（1）酶的组成成分和激活剂：人体多种重要的含锌酶主要有碱性磷酸酶、碳酸酐酶、超氧化物歧化酶、苹果酸脱氢酶和乳酸脱氢酶等。锌还可以维持DNA聚合酶、RNA聚合酶和反转录酶的活性。

（2）维持组织与细胞结构：锌通过与蛋白质中的某些氨基酸螯合形成锌指蛋白（zinc finger protein）结构。此外，锌是构成味觉素的重要组分，对味蕾细胞起着支持、营养和分化的作用；锌对口腔黏膜上皮细胞的结构、功能及代谢均具有重要的作用。

（3）促进生长发育：锌参与蛋白质和核酸的合成，调节细胞内DNA复制、RNA转录，影响细胞生长、增殖与分化过程；此外，锌还能促进性器官发育和维持性功能正常，对胎儿生长发育也具有重要的调节作用。

（4）促进机体免疫功能：锌通过促进淋巴细胞有丝分裂增加T细胞的数量与活力；调控免疫调节因子（如白介素1和6、γ干扰素、肿瘤坏死因子）的分泌与产生，并可以维持胸腺结构和功能正常。

3. 缺乏与过量

（1）缺乏：典型锌缺乏症表现如下。① 儿童生长发育停滞，严重者发展为侏儒症（dwarfism）。② 性成熟延迟，第二性征发育不良；成人性功能减退，女性月经延迟，男性精子数减少。③ 味觉减退，食欲缺乏，甚至出现异食癖（pica）。④ 皮肤干燥粗糙，并有色素沉着，头发干枯、皮肤伤口不愈合及免疫力降低。⑤ 孕妇缺锌可导致胎儿畸形。

（2）过量：锌过量可引起铜、铁和其他矿物质的吸收利用障碍，损害免疫器官结构和功能，影响中性粒细胞和巨噬细胞活力，抑制细胞杀伤能力。成人摄入4~8 g以上锌可出现中毒症状，如发烧、腹泻、恶心、呕吐和嗜睡等。

4. 食物来源与参考摄入量

（1）食物来源：动物性食物富含锌且吸收率高，以贝壳类（牡蛎、蛏干扇贝等）含锌量最高，其次为畜禽肉及肝脏、蛋类、豆类、谷胚芽和花生含锌量较丰富；蔬菜和水果含锌量较低。

（2）参考摄入量：中国营养学会《中国居民膳食营养素参考摄入量（2023版）》提出，膳食锌的RNI为男性12.5 mg/d、女性7.5 mg/d，UL为40 mg/d。

六、维生素

维生素（vitamin）是指维持机体正常生理功能及各种细胞代谢反应所必需的一大类微量的低分子有机化合物。由于多数维生素在体内不能合成，也不能大量储存于组织中，必须由食物供给。目前，所发现的维生素化学结构和生理功能各异，按照维生素溶解性特点，可将其分为脂溶性维生素（如维生素A、维生素D、维生素E和维生素K）和水溶性维生素（如B族维生素和维生素C）；另外，维生素还可按其发现顺序、生理功能及化学结构进行命名。

（一）维生素A与β胡萝卜素

维生素A（vitamin A）是指含有视黄醇（retinol）结构，并具有生物活性的一类物质。膳食中的视黄醇类包括两种形式，一种为存在于动物性食物中的已形成的维生素A，包括视黄醇、视黄醛和视黄酸，另一种为存在于植物性食物中的类胡萝卜素，后者的一小部分在体内可转化为维生素A，故又称为维生素A原（provitamin A），如α-胡萝卜素、β-胡萝卜素、γ-胡萝卜素，其中以β-胡萝卜素（beta-carotene）的生物活性最强。

维生素A溶于脂肪或有机溶剂，对酸、碱和热稳定，一般的烹调加工过程不易被破坏，但对空气中的氧和日光中紫外线比较敏感；脂肪酸败可严重破坏维生素A和胡萝卜素。食物中的磷脂、维生素E、维生素C和其他抗氧化剂可增强维生素A和胡萝卜素的稳定性。

1. 生理功能

（1）视觉：维生素A构成视觉细胞内感光物质的成分。在视网膜视杆细胞内，11-顺式视黄醛与视蛋白赖氨酸的ε-氨基缩合形成感光物质——视紫红质（rhodopsin），维持机体正常的暗视觉。

（2）上皮细胞的生长与完整：维生素A是调节糖蛋白合成的一种辅酶，能够维持上皮细胞的结构完整和屏障作用。

（3）细胞生长与分化：维生素A通过与视黄酸受体/类视黄醇X受体特异性结合影响DNA转录，参与调控多种基因和蛋白的表达，调节组织细胞的生长和分化。

（4）免疫功能：维生素A能提高机体的细胞免疫与体液免疫功能，增强巨噬细胞和自然杀伤细胞的活力及改变淋巴细胞的生长或分化。

（5）抑制肿瘤生长：维生素可调节细胞分化、增殖及抗氧化，并可诱导肿瘤细胞凋亡，参与抑制肿瘤的发生与发展。

2. 缺乏与过量

（1）缺乏：维生素A缺乏最早出现的症状是暗适应时间延长及暗光下视力减退，进一步发展为夜盲症，严重者可致干眼症（xerophthalmia），甚至眼盲（blindness）；儿童维生素A缺乏最重要的临床体征是比奥斑（Bitot's spots）（俗称"毕脱氏斑"），角膜两侧和结膜外侧因干燥而出现皱褶，形成大小不等的形状似泡沫的白斑。

另外，维生素A缺乏可导致皮肤、黏膜和上皮细胞损害，上皮细胞过度角化导致毛囊角化症，表现为皮肤干燥、粗糙和脱屑等。

（2）过量与毒性：过多摄入维生素A可引起急性、慢性和致畸毒性作用。急性毒性表现主要是恶心、呕吐、头痛、视觉模糊和体重下降；慢性中毒则可出现食欲减退、毛发干枯并脱发、骨骼和肌肉疼痛、皮肤干燥和皲裂、复视、鼻出血等皮肤、黏膜损害现象。高剂量摄入类胡萝卜素可引起高类胡萝卜素血症（hyper-carotenaemia），出现类黄疸样改变，停止食用症状会慢慢消失。

3. 营养水平鉴定 根据膳食摄入情况、生化指标（如血清维生素A、血浆视黄醇结合蛋白的检测）、暗适应能力、临床表现（眼部、皮肤等）等，综合判定维生素A营养状况，评价为缺乏、较少（边缘状态）、充足、过多和中毒。

4. 食物来源与参考摄入量

（1）食物来源：维生素A的良好食物来源是动物肝脏、鱼卵、鱼肝油、奶油、全奶和禽蛋等；维生素A原的良好食物来源是深绿色或红黄色的蔬菜和水果，如胡萝卜、西蓝花、豌豆苗、辣椒、空心菜、菠菜、苜蓿及水果中的芒果、杏与柿子等。

维生素A的活性表达方式主要有视黄醇当量（retinol equivalent, RE）和视黄醇活性当量（retinol

activity equivalent，RAE）。膳食或食物中总视黄醇活性当量（μg）= 全反式视黄醇（μg）+ 1/2 补充剂纯品全反式β-胡萝卜素（μg）+ 1/12 膳食全反式β-胡萝卜素（μg）+ 1/24 其他膳食维生素A原类胡萝卜素（μg）。

（2）参考摄入量：中国营养学会《中国居民膳食营养素参考摄入量（2023版）》提出，成人维生素A的RNI，男性为800 μg RAE/d，女性为700 μg RAE/d；妊娠中晚期孕妇及乳母在700 μg RAE/d基础上，分别再增加70 μg RAE/d、600 μg RAE/d。成人、孕妇、乳母的UL均为3 000 μg RAE/d。

（二）维生素D

维生素D是指含有环戊烷多氢烯菲环结构、具有钙化醇生物活性的一大类类固醇的衍生物，主要有两种形式，即维生素D_3（cholecalciferol，胆钙化醇）和维生素D_2（ergocalciferol，麦角钙化醇）。维生素D_3由人体皮肤中7-脱氢胆固醇经紫外线照射后转变而成。从膳食或由皮肤合成的维生素D并无生理活性，必须经其他部位（如肝脏和肾脏）激活才具有生物活性；维生素D_2是由酵母菌或麦角中的麦角固醇经日光或紫外光照射后的产物，能被机体吸收而发挥作用。

维生素D溶于脂肪和有机溶剂，在中性和碱性溶液中耐热，不易被氧化，一般在烹调加工中不易被破坏，但在酸性溶液中易被逐渐分解，脂肪酸败可加速维生素D的破坏；过量的辐射照射，可形成有毒化合物。

1. 生理功能 维生素D的活性形式是1, 25-$(OH)_2$-D_3（或D_2）。维生素D最主要的功能是调节血钙和血磷的水平达到超饱和程度，以满足骨骼矿物化的需要，机制如下。

（1）促进小肠钙吸收：在小肠黏膜细胞中，1, 25-$(OH)_2$-D_3能诱导合成一种特异的钙结合蛋白（calcium binding protein，CaBP），从而促进钙的吸收。

（2）促进肾小管对钙、磷的重吸收：1, 25-$(OH)_2$-D_3对肾脏有直接作用，促进肾小管对钙、磷的重吸收，减少丢失。

（3）促进骨骼中钙的动员：与甲状旁腺协同作用，使未成熟的破骨细胞前体转变为成熟的破骨细胞（osteoclast），促进骨质的吸收。使旧骨中的骨盐溶解，钙、磷转运到血内，以提高血钙和血磷水平；另外，可刺激成骨细胞（osteoblast）促进骨样组织成熟和骨盐沉着。

（4）参与多种功能的调节：具有激素功能的维生素D参与调节机体的生长发育、细胞增殖与分化、免疫和炎症反应，与多种慢性病的发生与发展有关。

2. 缺乏与过量

（1）缺乏：婴幼儿维生素D缺乏，骨骼不能正常钙化，导致佝偻病，表现为低钙血症、牙齿与骨骼发育不良或畸形，如下肢骨骼弯曲，形成"X"或"O"形腿；胸骨外凸如鸡胸；肋骨与肋软骨连接处形成肋骨"串珠"；囟门闭合延迟、脊柱弯曲和骨盆变窄；腹部肌肉发育不良，易使腹部膨出；牙齿萌出延迟，恒牙稀疏、凹陷，易发生龋齿。另外，还可影响神经、肌肉、免疫及造血等系统的功能。

孕妇、乳母和老年人维生素D缺乏可使已成熟的骨骼脱钙，发生骨质软化症、骨质疏松及手足搐搦（tetany）等。

（2）过量与毒性：过量摄入维生素D补充剂可导致维生素D过多症。维生素D中毒症状主要包括食欲缺乏、体重减轻、厌食、恶心、呕吐、烦躁、口渴、发热和多尿等；维生素D促进钙吸收，出现高钙血症、高钙尿症，使钙沉积于心脏、血管、肺脏和肾小管等组织，严重者可导致死亡。

3. 营养水平鉴定 血液中维生素D的主要存在形式是$25-(OH)-D_3$，其水平主要依赖于膳食摄入和皮肤产生，可特异性地反映人体几周到几个月内维生素D的储存情况。因此，血浆中的$25-(OH)-D_3$水平是判断个体维生素D营养状况最有价值的指标；另外，血清钙、磷乘积和血清碱性磷酸酶活性也常被作为判断佝偻病的参考指标。

4. 来源与参考摄入量

（1）来源：维生素D可通过皮肤合成和摄入食物获取，其中，食物中维生素D主要存在于鱼肝油、海水鱼（如沙丁鱼）、肝脏及蛋黄等动物性食品中；人奶和牛奶是维生素D较差的来源。目前，我国有些地区通过食用维生素D强化牛奶，有效控制了维生素D缺乏病的发生。

（2）参考摄入量：中国营养学会《中国居民膳食营养素参考摄入量（2023版）》提出，0~1岁婴儿的适宜摄入量（AI）为10 µg/d；1~64岁维生素D的RNI为10 µg/d，65岁以上老年人为15 µg/d；12岁及以上人群（包括孕妇、乳母）的UL为50 µg/d。

（三）维生素B_1

维生素B_1又称硫胺素（thiamine）、抗神经炎因子或抗脚气病因子。维生素B_1是由一个含氨基的嘧啶环和一个含硫的噻唑环通过亚甲基连接而成。维生素B_1易溶于水，在酸性环境中较稳定，加热120℃仍不分解；在中性和碱性环境中不稳定，易被氧化。

在机体组织细胞中，维生素B_1主要以硫胺素焦磷酸（thiamine pyrophosphate，TPP）形式存在，占维生素B_1总量的80%，其余的存在形式有单磷酸硫胺素（thiamine monophosphate，TMP）及三磷酸硫胺素（thiamine triphosphate，TTP），三者可以相互转化。维生素B_1在肝脏代谢，其产物主要由肾脏随尿排出体外，排出量与摄入量有关。

1. 生理功能

（1）辅酶作用：以TPP的形式构成氧化脱羧酶和转酮醇酶的辅酶，分别参与丙酮酸与α-酮戊二酸脱羧反应和磷酸戊糖途径的转酮醇反应，参与能量、氨基酸和脂肪代谢。

（2）非辅酶作用：维生素B_1缺乏可引起乙酰辅酶A生成减少，影响乙酰胆碱的合成；作为胆碱酯酶的抑制剂，维生素B_1缺乏时，胆碱酯酶的活性增强，乙酰胆碱分解加速，胃肠蠕动缓慢，消化液分泌减少，出现食欲减退。

2. 缺乏 维生素B_1摄入不足，如长期食用碾磨过于精细的米和面且又缺少杂粮和其他食品补充的人群易出现维生素B_1缺乏。维生素B_1缺乏症又称脚气病（beriberi），主要损害神经-血管系统。按照典型临床症状可分为三种类型。

（1）成人脚气病：① 干性脚气病（dry beriberi），以多发性神经炎症状为主，出现上行性周围神经炎，表现为肢端麻木、腱反射异常、肌肉乏力和酸痛尤以腓肠肌压痛明显，严重时出现肌肉麻痹和萎缩及功能障碍如垂腕、垂足等症状；② 湿性脚气病（wet beriberi）：多以心脏症状与水肿为主，表现为心悸、气短、右心室扩大、心动过速、呼吸困难及下肢水肿，如不及时治疗可进一步发展为心力衰竭，被称为"脚气性心脏病"；③ 混合型脚气病，特征是既有神经炎又有心力衰竭和水肿症状。

（2）婴儿脚气病（infant beriberi）：常发生在6月龄以内的婴儿，多是由于乳母维生素B_1缺乏所致。初期可有面色苍白、急躁、哭闹不安和水肿；严重时可出现发绀、嗜睡、吮吸无力、水肿、心界扩大、心力衰竭甚至死亡。

3. 营养水平鉴定

（1）尿维生素B_1排出量：能反映近期膳食维生素B_1摄入水平，常用方法如下。① 负荷试验（urinary load test），成人一次口服5 mg维生素B_1后，收集服用4小时内排出的尿液，测定其中维生素B_1的含量。成人判断标准<100 μg为缺乏，100~199 μg为不足，≥200 μg为正常，≥400 μg则为充足。② 维生素B_1与肌酐比值，采集清晨空腹一次尿样，测定尿中维生素B_1和肌酐含量，计算维生素B_1（μg）/肌酐（g）比值，来评定维生素B_1的营养状况。

（2）红细胞转酮酶活力系数（erythrocyte transketolase action coefficient，ETK-AC）或红细胞转酮酶焦磷酸硫胺素效应（erythrocyte transketolase thiamine pyrophosphate effect，ETK-TPP效应）：血液中维生素B_1主要以转酮酶辅酶的形式存在，其生物活性形式为TPP。维生素B_1的浓度直接影响其活力，通过体外试验测定加入TPP与不加入TPP时红细胞中转酮酶活力的变化，可反映体内维生素B_1的营养状况。结果判定：TPP效应≤15%为正常，16%~24%为不足，≥25%为缺乏。

4. 食物来源与参考摄入量

（1）食物来源：维生素B_1广泛存在于天然食物中，富含维生素B_1的食物为谷类、豆类及干果类；动物内脏（肝脏、肾脏和心脏）、瘦肉中含量也较丰富；粮谷类是我国居民维生素B_1的主要来源，但是过度碾磨的精米、精面或过分淘米或烹调中加碱会造成大量维生素B_1丢失。

（2）参考摄入量：中国营养学会《中国居民膳食营养素参考摄入量（2023版）》提出，维生素B_1的RNI成年男性为1.4 mg/d，女性为1.2 mg/d，老年人RIN与成人一致。由于维生素B_1需要量与体内能量代谢密切相关，其参考摄入量应按照总能量需要量进行推算。目前我国成人维生素B_1平均需要量为0.5 mg/kcal，孕妇、乳母和老年人为0.5~0.6 mg/kcal。

（四）维生素B_2

维生素B_2又称核黄素（riboflavin），是一种具有核糖醇侧链的异咯嗪类衍生物，其水溶液呈黄绿色荧光；在中性和酸性环境中对热稳定，在碱性环境中易被热和紫外线破坏；游离型维生素B_2对紫外光敏感，在碱性条件下光解为光色素而失去生物活性，而结合型维生素B_2比较稳定。膳食中大部分维生素B_2是以黄素腺嘌呤二核苷酸（flavin adenine dinucleotide，FAD）和黄素单核苷酸（flavin mononucleotide，FMN）辅酶形式与特定蛋白质结合存在。

1. 生理功能

（1）参与体内生物氧化和能量代谢：FAD和FMN与蛋白质结合形成黄素蛋白（flavoprotein），而黄素蛋白是机体许多酶系统的辅基组成成分，可通过呼吸链等参与体内氧化还原反应和能量代谢。

（2）参与烟酸和维生素B_6的代谢：FAD和FMN分别作为辅酶参与色氨酸转变为烟酸、维生

素 B_6 转变为磷酸吡哆醛的过程。

（3）其他作用：FAD 作为谷胱甘肽还原酶的辅酶，维持还原型谷胱甘肽（SGH）的浓度，增强机体抗氧化防御的能力；FAD 与细胞色素 P450 结合，参与药物代谢等。

2. 缺乏　维生素 B_2 缺乏主要由长期膳食摄入不足、食物加工与储存不当、机体消化吸收障碍或排泄增加等引起。维生素 B_2 缺乏的主要临床表现为眼、口、唇、舌和皮肤的炎症反应。眼部症状：初期为畏光、流泪及视物模糊，严重者出现角膜血管增生、睑缘炎；口腔症状：口角湿白、裂隙，嘴唇红肿、疼痛和溃疡；舌肿胀、红斑，边缘界线清楚如地图样改变（又称"地图舌"），舌乳头萎缩；皮肤症状：主要为脂溢性皮炎和阴囊皮炎（女性则为阴唇炎），脂溢性皮炎初期呈轻度红斑，覆盖黄色脂状鳞片，多见于鼻翼窝、耳后及眉间，中晚期在脂状鳞片后有丝状霜末；阴囊皮炎：早期为阴囊瘙痒，随后出现红斑型、丘疹型或湿疹型皮肤损害。故上述表现又称口腔 - 生殖系统综合征（orogenital syndrome）。

3. 营养状况评价

（1）红细胞核黄素含量和酶活性：红细胞谷胱甘肽还原酶活性系数（erythrocyte glutathione reductase activation coefficient，EGRAC）是指加入与不加入 FAD 时谷胱甘肽还原酶活性的比值，EGRAC 活性能准确地反映人体维生素 B_2 的营养状况。结果判定：<1.2 为正常，1.2~1.4 为不足，>1.4 为缺乏。另外，红细胞核黄素含量也可以反映体内维生素 B_2 的储存情况，结果判定：>400 nmol/L 或 150 μg/L 为正常，<270 nmol/L 或 100 μg/L 为缺乏。

（2）尿中维生素 B_2 排出量：① 尿负荷试验，口服 5 mg 维生素 B_2，测定服用后 4 小时尿中维生素 B_2 排出量。结果判定：≤400 μg 为缺乏，401~799 μg 为不足，800~1 300 μg 为正常，>1 300 μg 为充足。② 任意一次尿维生素 B_2/肌酐比值（μg/g）测定，结果判定：<27 为缺乏，27~79 为不足，80~269 为正常，≥270 为充足。

4. 食物来源与参考摄入量

（1）食物来源：动物性食物是维生素 B_2 良好的来源，如动物内脏（心脏、肾脏、肝脏）、乳类及蛋黄；植物性食物以绿叶蔬菜类如菠菜、韭菜、油菜及豆类含量较多，而谷类较少。

（2）参考摄入量：中国营养学会《中国居民膳食营养素参考摄入量（2023版）》提出，成人维生素 B_2 的 RNI 为男性 1.4 mg/d、女性 1.2 mg/d；孕妇和乳母应适当增加维生素 B_2 的摄入量。

（五）叶酸

叶酸（folic acid）即蝶酰谷氨酸（pteroylglutamic acid），由一个蝶啶、对氨基苯甲酸和谷氨酸组成。叶酸微溶于水，不溶于乙醇、乙醚及其他有机溶剂；在水溶液中容易被光解破坏，在酸性溶液中对热不稳定，而在中性和碱性环境中对热稳定。天然食物中的叶酸经烹调加工后损失率较大（50%~90%），富含维生素 C 的食物中叶酸损失率较小。

1. 生理功能　体内叶酸的生物活性形式为四氢叶酸，其作为一碳单位（如甲酰基、亚甲基和甲基）的载体，参与大分子化合物的代谢，主要如下。

（1）参与嘌呤和嘧啶核苷酸的合成，影响细胞分裂和增殖过程。

（2）参与氨基酸（如苯丙氨酸与酪氨酸、组氨酸与谷氨酸、同型半胱氨酸与蛋氨酸）之间的相互转化过程。

（3）参与血红蛋白合成及一些甲基化反应。

2. 缺乏

（1）巨幼红细胞贫血：叶酸缺乏引起骨髓中幼红细胞分裂增殖受阻，使细胞周期停止在幼红细胞阶段，细胞体积增大，形成巨幼红细胞（megaloblast）；同时，血红蛋白合成减少，引起巨幼红细胞贫血。

（2）神经管畸形：妊娠早期叶酸缺乏可引起胎儿神经管畸形（neural tube defects，NTDs），主要表现为无脑畸形、脊柱裂和脑膨出等中枢神经系统发育异常。

（3）高同型半胱氨酸血症：叶酸缺乏可引起同型半胱氨酸向胱氨酸转化受阻，导致血同型半胱氨酸含量增高，形成高同型半胱氨酸血症（hyperhomocysteinemia）；同型半胱氨酸可使血小板的黏附和聚集，对血管内皮细胞产生损害，为动脉粥样硬化和心血管疾病发生的独立危险因素。

3. 营养状况评价

（1）血清和红细胞叶酸水平：血清叶酸含量常用来反映近期膳食叶酸的摄入情况。结果判定：血清叶酸含量 >6 ng/ml 为正常，3~6 ng/ml 为不足，<3 ng/ml 为缺乏。红细胞叶酸含量用来反映肝脏的储备状况，是叶酸长期营养状况的重要评价指标。结果判定：红细胞叶酸含量 >160 ng/ml 为正常，140~160 ng/ml 为不足，<140 ng/ml 为缺乏。

（2）血浆同型半胱氨酸：当受试者维生素 B_6、维生素 B_{12} 营养状况良好时，血浆同型半胱氨酸水平可作为反映叶酸营养状况的特异敏感指标，血浆同型半胱氨酸含量 >16 μmol/L 为叶酸缺乏。

（3）组氨酸负荷试验：受试者口服组氨酸 2~5 g，收集并测定 6 小时尿中胺亚甲基谷氨酸（formiminoglutamic acid，FIGLU）排出量。叶酸缺乏时，胺亚甲基谷氨酸不能转化为谷氨酸，从而使尿中排出量增加；结果判定：FIGLU 排出量在 5~20 mg 为正常。

4. 食物来源与参考摄入量

（1）食物来源：叶酸广泛存在于动植物食物中，其良好的食物来源有动物性食物（如肝脏、肾脏、蛋类）、豆类（大豆、蚕豆）、蔬菜类（甜菜、菠菜、花菜、芹菜、莴苣）、水果类（梨、柑橘和香蕉）和其他坚果类。

（2）参考摄入量：叶酸的摄入量以膳食叶酸当量（dietary folate equivalent，DFE）表示。

膳食叶酸当量的计算公式为：

$$DFE（μg）= 膳食叶酸（μg）+ 1.7 × 叶酸补充剂（μg）\qquad （式3-1-5）$$

中国营养学会《中国居民膳食营养素参考摄入量（2023版）》提出，成人叶酸的 RNI 为 400 μg DFE/d，孕妇为 600 μg DFE/d，乳母为 550 μg DFE/d。成人叶酸的 UL 为 1 000 μg DFE/d。

（六）维生素C

维生素 C 又称抗坏血酸（ascorbic acid），是一种含有 6 个碳原子的 α- 酮基内酯酸性多羟基化合物。天然存在的维生素 C 有 L 型和 D 型两种形式，其中，L 型维生素 C 具有生物活性。维生素 C 易溶于水，不溶于脂溶性溶剂，遇热、光、碱性物质、氧化酶及金属离子（铜、铁等）易被氧化，但酸性、低温、隔氧条件对食品中维生素C具有保护作用。

1. 生理功能

（1）参与羟化反应：参与脯氨酸和赖氨酸的羟基化反应，促进胶原蛋白合成，加速创伤愈合；促进神经递质（如5-羟色胺和去甲肾上腺素）的合成；促进胆固醇转变为胆酸、皮质激素和性激素，降低血清胆固醇水平。

（2）抗氧化作用：作为重要的抗氧化剂，维生素C具有直接或间接的抗氧化作用。① 清除超氧离子和羟自由基，防止维生素A、维生素E和不饱和脂肪酸的氧化；② 还原超氧化物、羟基、次氯酸等，降低DNA、蛋白质等大分子的损伤；③ 促进氧化型谷胱甘肽（GSSG）还原为还原型谷胱甘肽（GSH）。

（3）改善钙、铁和叶酸的利用：① 防止钙在肠道中形成不溶性钙络合物，促进钙的吸收；② 维持亚铁状态，促进铁在肠道内的吸收，提高铁的利用率，有利于预防缺铁性贫血；③ 参与叶酸还原为四氢叶酸，有利于预防巨幼红细胞贫血。

（4）其他：维生素C促进抗体形成，提高机体免疫力；参与有毒重金属（如汞、铅、砷、苯）和细菌毒素的解毒过程。

2. 缺乏 由于缺乏古洛糖酸内酯氧化酶（gulonolactone oxidase），人类不能自身合成抗坏血酸，因此，必须依赖食物来摄入维生素C。长期严重摄入不足可导致坏血病（scurvy）；主要症状为易疲劳、倦怠、皮肤出现瘀点或瘀斑、牙龈出血与松动、伤口愈合不良、关节肌肉短暂性疼痛及骨质疏松等。一次口服2~3 g维生素C时可能会出现腹泻、腹胀，促进尿草酸盐排泄，增加尿路结石的风险。

3. 营养水平鉴定

（1）尿负荷试验：受试者口服维生素C 500 mg，收集4小时尿液，测定维生素C的排出总量。结果判定：>13 mg为充足，5~13 mg为正常，<5 mg为不足。

（2）白细胞中维生素C含量：可以反映组织中维生素C的储存水平，但不能反映近期维生素C的摄入量，一般认为 $<2 \mu g/10^8$ 个白细胞为缺乏。

（3）血浆维生素C含量：正常成人摄入维生素C 60~75 mg/d时，其血浆维生素C浓度≥4 mg/L为正常，2.0~3.9 mg/L为不足，<2 mg/L为缺乏，可出现维生素C缺乏病症状。测定血浆中的维生素C水平，可反映近期机体维生素C摄入情况，不能反映体内维生素C的储备水平。

4. 食物来源与参考摄入量

（1）食物来源：维生素C的良好来源为新鲜蔬菜和水果。蔬菜包括辣椒、番茄、油菜、菜花、卷心菜及芥菜等；水果有猕猴桃、樱桃、石榴、山楂、柑橘、柠檬和柚子等。一些野菜（苜蓿、苋菜）、野果（沙棘等）也含有丰富的维生素C。

（2）参考摄入量：中国营养学会《中国居民膳食营养素参考摄入量（2023版）》提出、维生素C的RNI为100 mg/d，UL为2 000 mg/d。

（夏敏）

第二节　合理营养与膳食

在自然界众多食物种类中，除供6月龄内婴儿的母乳外，没有任何天然的单一食物能在质量和数量上全面满足人体对营养素的生理需要。因此，需要将多种食物进行合理搭配，以满足机体需要，达到合理营养、促进健康的目的。

一、合理营养的基本要求

合理膳食（rational diet）即平衡膳食（balanced diet），是指能够给机体提供种类齐全、数量充足、比例适宜的能量和营养素，并与不同生理阶段、不同劳动环境及不同劳动强度下机体需要保持平衡，全面达到营养要求的膳食。合理膳食基本要求包括四个方面。

1. 食物种类齐全、数量充足、比例适宜　平衡膳食模式的基本原则是食物多样化。每日膳食应包含5大类食物，平均每日摄入12种以上食物，每周25种以上，而且在数量上要满足各类食物适宜的摄入量，各种营养素之间的比例平衡。

2. 对机体健康不造成损害的安全食物　食物中的各种有害因素（如微生物、化学物质、农药残留及食品添加剂等）应符合《食品安全国家标准》的相关规定，保证不损害食用者的健康。

3. 科学的烹调加工和贮存　在食物贮存、加工和烹调的各个环节中，尽量减少食物中营养素的损失，提高食物的消化率、吸收率和利用率，且应该注意保持食物的色、香、味等。

4. 合理的膳食制度与饮食习惯　采用一日三餐制度，定时定量；养成不偏食、不挑食、不暴饮暴食等饮食习惯。

二、各类食物的营养价值

食物的营养价值（nutritional value）是指某种食物所含营养素和能量能满足人体营养需要的程度。食物营养价值的高低不仅取决于其所含营养素的种类是否齐全，数量是否充足，也取决于各种营养素间的相互比例是否适宜及是否易被人体消化吸收和利用。

1. 食物营养价值的评价　主要从食物所含的能量、营养素的种类及含量、营养素质量、营养素在加工烹调过程中的变化、食物抗氧化能力、食物血糖生成指数、食物中的抗营养因子这几个方面考虑。

营养质量指数（index of nutrition quality，INQ）是指某食物中营养素能满足人体营养需要的程度（营养素密度）与该食物能满足人体能量需要的程度（能量密度）的比值。INQ是常用的评价食物营养价值的指标，是在营养素密度的基础上提出来的。一般认为INQ>1和INQ=1的食物营养价值高，INQ<1的食物营养价值低，长期摄入INQ<1的食物会发生该营养素不足或能量过剩。

$$INQ = \frac{某营养素密度}{能量密度} = \frac{某营养素含量/该营养素参考摄入量}{所产生能量/能量参考摄入量} \qquad （式3-2-1）$$

2. 谷类薯类及杂豆类　谷类食物主要包括小麦、大米、玉米、小米及高粱等，薯类包括马铃薯、甘薯、木薯等；杂豆类包括红小豆、绿豆、芸豆和花豆等。

（1）谷类：谷类的蛋白质含量一般在7.5%~15.0%。谷类蛋白质一般所含的必需氨基酸组成不合理，其中赖氨酸含量低。可以利用蛋白质互补作用将谷类与豆类等富含赖氨酸的食物混合食用，弥补谷类食物赖氨酸的不足，提高谷类蛋白质的营养价值。谷类的碳水化合物含量高，而脂肪含量普遍较低，为1%~4%，但其中玉米胚芽的脂肪含量高，一般在17%以上，常用来加工成玉米胚芽油。玉米胚芽油中不饱和脂肪酸含量达80%，主要为亚油酸和油酸，其中亚油酸占油脂总量的50%以上。谷类的矿物质含量为1.5%~3.0%。主要是磷和钙，多以植酸盐形式存在，消化吸收较差。此外，谷类是B族维生素摄入重要来源。

（2）薯类及杂豆类：薯类淀粉含量一般在8%~29%，蛋白质和脂肪含量较低，含一定量的维生素和矿物质。杂豆类营养素含量与谷类接近。

3. 大豆类及其制品 大豆按种皮的颜色可分为黄、黑、青豆；豆制品是由大豆作为原料制作的发酵或非发酵食品，如豆酱、豆浆、豆腐、豆腐干等，是膳食中优质蛋白质的重要来源。

（1）大豆：大豆的蛋白质含量高达35%~40%。大豆蛋白质中赖氨酸含量较高，氨基酸模式较好，属于优质蛋白质。大豆与谷类食物混合食用，可较好地发挥蛋白质的互补作用。大豆脂肪含量为15%~20%，以黄豆和黑豆中含量较高，可用来榨油。大豆油中不饱和脂肪酸约占85%，其中油酸含量为32%~36%，亚油酸52%~57%，亚麻酸2%~10%，还含有1.64%的磷脂。大豆的碳水化合物含量为25%~30%，其中一半为可供利用的阿拉伯糖、半乳聚糖和蔗糖，淀粉含量较少；另一半为人体不能消化吸收的寡糖，存在于大豆细胞壁中，如棉子糖和水苏糖。大豆含有丰富的钙、铁、维生素 B_1 和维生素 B_2，还富含维生素 E。大豆中的其他成分包括植物化学物及抗营养因子，主要有大豆异黄酮、大豆皂苷、大豆卵磷脂、大豆低聚糖、植酸、蛋白酶抑制剂、植物血凝素等。大豆的营养价值很高，但也存在抗营养因素，大豆中的诸多植物化学物有良好的保健功能，使大豆成为健康膳食模式不可缺少的膳食种类。

（2）豆制品：豆腐是大豆经过浸泡、磨浆、过滤、煮浆等工序加工而成的产品，在加工中去除了大量的粗纤维和植酸，胰蛋白酶抑制剂和植物血凝素被破坏，营养素的利用率有所提高。豆豉、豆瓣酱、腐乳、酱油等是由大豆发酵制作而成的发酵豆制品，发酵使蛋白质部分降解，消化率提高，还可产生游离氨基酸，使豆制品的维生素 B_2、维生素 B_6 及维生素 B_{12} 的含量增高，是素食人群补充维生素 B_{12} 的重要食物。

4. 蔬菜、水果类 蔬菜和水果种类繁多，富含人体所必需的维生素、矿物质，含水分和酶类较多，含有一定量的碳水化合物，膳食纤维丰富，蛋白质、脂肪含量很少。

（1）蔬菜：按其结构和可食部位不同，分为叶菜类、根茎类、瓜茄类、鲜豆类、花芽类和菌藻类，不同种类蔬菜营养素含量的差异较大。大部分蔬菜蛋白质的含量很低，但菌藻类中发菜、干香菇和蘑菇的蛋白质含量可达20%以上，必需氨基酸含量较高且组成均衡，营养价值较高。蔬菜脂肪含量极低，大多数蔬菜脂肪含量不超过1%。不同种类蔬菜碳水化合物的含量差异较大，一般为4%左右，但藕、南瓜等含量较高。蔬菜中含量丰富的矿物质有钙、磷、铁、钾、钠、镁和铜等，其中以钾含量最多，其次为钙和镁，是我国居民膳食中矿物质的重要来源。绿叶蔬菜一般含钙、铁比较丰富，如菠菜等，但蔬菜中的草酸不仅影响其本身所含钙和铁的吸收，而且还影响其他同食食物中钙和铁的吸收。蔬菜中的维生素含量与品种、鲜嫩程度和颜色有关，一般叶部含量较根茎部高，嫩叶比枯老叶高，深色菜叶比浅色菜叶高，建议日常摄入蔬菜深色蔬菜应占一半。

（2）水果：可分为仁果类、核果类、浆果类、柑橘类和瓜果类等。新鲜水果的营养价值和新鲜蔬菜相似，是人体矿物质、维生素和膳食纤维的重要来源之一。新鲜水果水分含量多，营养素含量相对较低，蛋白质及脂肪含量均不超过1%。水果中所含碳水化合物在6%~28%，水果含糖较蔬菜多且具甜味，主要是果糖、葡萄糖和蔗糖，不同种类和品种有较大差异，还富含纤维素、半纤维素和果胶。水果含有人体所需的各种矿物质，以钾、钙、镁和磷含量较多。新鲜水果中含维生素C和胡萝卜素较多，而维生素B_1、维生素B_2含量较少。

5. 畜、禽、水产品　畜肉、禽肉和水产品属于动物性食物，能为人体提供优质蛋白质、脂肪、矿物质和部分维生素，是构成人类膳食的重要组成部分。

（1）畜禽肉类：禽肉包括鸡、鸭、鹅等的肌肉、内脏及其制品；畜肉是指猪、牛、羊、马等牲畜的肌肉、内脏及其制品。畜禽肉类主要提供优质蛋白质、脂肪、矿物质和维生素。畜禽肉蛋白质大部分存在于肌肉组织中，含量为10%~20%，属于优质蛋白质。畜禽内脏如肝、心、禽胗等蛋白质含量较高，而皮肤和筋膜多为结缔组织，主要含胶原蛋白和弹性蛋白，由于缺乏色氨酸、蛋氨酸等必需氨基酸，因此蛋白质的利用率低，其营养价值也低。畜禽肉中含有能溶于水的含氮浸出物，包括肌凝蛋白原、肌肽、肌酸、肌酐、嘌呤、尿素和游离氨基酸等非蛋白含氮浸出物及无氮浸出物，使肉汤具有鲜味。畜肉中脂肪含量以猪肉最高，其次是羊肉，牛肉和兔肉较低；在禽类中鸭和鹅肉的脂肪含量较高，鸡和鸽子次之。畜禽内脏中脑组织的脂肪含量最高。

畜肉脂肪以饱和脂肪酸为主，主要为甘油三酯，还含有少量卵磷脂、胆固醇和游离脂肪酸。其中动物内脏含较高的胆固醇。与畜肉相比禽肉脂肪含量较少，而且熔点低（23~40℃），并含有20%的亚油酸，易于消化吸收。畜禽肉中的碳水化合物以糖原形式存在于肌肉和肝脏中，含量极少。畜禽肉矿物质含量为0.8%~1.2%。畜禽肉和动物血中铁含量丰富，且主要以血红素铁的形式存在，生物吸收利用率高，是膳食铁的良好来源。牛肾和猪肾中硒的含量较高，是其他一般食物的数十倍。畜禽肉可提供多种维生素，其中肝脏的维生素A和维生素B_2含量特别丰富。维生素A的含量以牛肝和羊肝最高，维生素B_2则以猪肝含量最高。

（2）水产品：可分为鱼类、甲壳类和软体类。鱼类有海水鱼和淡水鱼之分，海水鱼又分为深海鱼和浅海鱼。鱼类中蛋白质含量一般为15%~25%。含有人体必需的各种氨基酸，尤其富含亮氨酸和赖氨酸，属于优质蛋白质。鱼类脂肪含量低，不同种类的鱼脂肪含量差别较大，一般为1%~10%，主要分布在皮下和内脏周围，肌肉组织中含量很少。鱼类脂肪不饱和脂肪酸丰富（占80%），熔点低，消化吸收率可达95%。一些深海鱼类的脂肪富含长链多不饱和脂肪酸，其中含量较高的有二十碳五烯酸（EPA）和二十二碳六烯酸（DHA），具有调节血脂、防治动脉粥样硬化、辅助抗肿瘤等作用。鱼类碳水化合物的含量低，矿物质含量为1%~2%，含量最高的是磷。钙的含量较畜禽肉高，为钙的良好来源。海水鱼类含碘丰富。鱼类肝脏是维生素A和维生素D的重要来源，也是维生素B_2的良好来源，维生素E、维生素B_1和烟酸的含量也较高，但几乎不含维生素C。

6. 乳及乳制品 乳包括牛乳、羊乳和马乳等，是营养素齐全、容易消化吸收的一种优质食品。

（1）乳：鲜乳主要是由水、脂肪、蛋白质、乳糖、矿物质、维生素等组成的一种复杂乳胶体，水分含量占86%~90%。牛乳蛋白质含量为2.8%~3.3%，主要由酪蛋白（79.6%）、乳清蛋白（11.5%）和乳球蛋白（3.3%）组成。乳球蛋白与机体免疫有关。乳中蛋白质消化吸收率为87%~89%，属优质蛋白质。乳脂肪呈高度乳化状态，以微粒分散在乳浆中，吸收率高达97%。乳脂肪中脂肪酸组成复杂，油酸、亚油酸和亚麻酸分别占30%、5.3%和2.1%，短链脂肪酸（如丁酸、己酸、辛酸）含量也较高。乳中碳水化合物主要为乳糖，含量为3.4%~7.4%。乳糖有调节胃酸、促进胃肠蠕动和促进消化液分泌作用，还能促进钙的吸收和促进肠道乳酸杆菌繁殖，对肠道健康具有重要意义。乳中矿物质含量丰富，钙含量为104 mg/100 ml，且吸收率高，是钙的良好来源。乳中铁含量很低，喂养婴儿时应注意铁的补充。牛乳是B族维生素的良好来源，特别是维生素B_2。

（2）乳制品：巴氏杀菌乳、灭菌乳和调制乳这三种形式的产品是目前我国市场上主要流通的液态乳，除维生素B_1和维生素C有损失外，营养价值与新鲜生牛乳差别不大，但调制乳因其是否进行营养强化而差异较大。发酵乳指以生牛（羊）乳或乳粉为原料，经杀菌、发酵后制成的pH降低的产品。发酵乳经过乳酸菌发酵后，乳糖变为乳酸，蛋白质凝固、游离氨基酸和肽增加，脂肪不同程度水解，营养价值更高。酸乳更容易消化吸收，还可刺激胃酸分泌。发酵乳中的益生菌可抑制肠道腐败菌的生长繁殖，防止腐败胺类产生，对维护人体健康有重要作用，尤其对乳糖不耐受的人更适合。

7. 蛋类 主要包括鸡蛋、鸭蛋、鹅蛋、鹌鹑蛋和鸽蛋等。蛋类含蛋白质一般在10%以上。蛋清中较低，蛋黄中较高。鸡蛋蛋白质的必需氨基酸组成与人体接近，是蛋白质生物学价值最高的食物，常被用作参考蛋白质。

蛋清含脂肪极少，98%的脂肪集中在蛋黄，呈乳化状，分散成细小颗粒，易消化吸收。甘油三酯占蛋黄中脂肪的62%~65%（所含脂肪中油酸约占50%，亚油酸约占10%），磷脂占30%~33%，固醇占4%~5%，还有微量脑苷脂类。蛋黄是磷脂的良好食物来源，蛋黄中的磷脂主要是卵磷脂和脑磷脂，除此之外还有神经鞘磷脂。卵磷脂具有降低血胆固醇的作用，并能促进脂溶性维生素的吸收。蛋类胆固醇含量较高，主要集中在蛋黄，但适量摄入鸡蛋并不明显影响血清胆固醇水平，也不明显影响心血管疾病的发病风险。蛋类的碳水化合物含量较少，矿物质主要存在于蛋黄内。蛋黄中的铁含量虽然较高，但由于是非血红素铁，并与卵黄高磷蛋白结合，生物利用率仅为3%左右。蛋类维生素种类相对齐全。

8. 坚果类 坚果指多种富含油脂的种子类食物，其特点是高热量、高脂肪，所含脂肪中不饱和脂肪酸的含量较高，同时富含维生素E，对预防营养相关慢性病有益。坚果的蛋白质含量为12%~25%，但坚果中有些必需氨基酸含量相对较低，从而影响蛋白质的生物学价值。坚果中油脂含量可高达44%~70%，以不饱和脂肪酸为主。坚果的碳水化合物含量依不同种类而异，坚果中的矿物质比较丰富，含有大量的维生素E和硒等具有抗氧化作用的营养成分。

三、膳食结构和膳食指南

膳食结构（dietary pattern）是指膳食中各类食物的种类和数量及其在膳食中所占的比例。目前，我国居民膳食结构以植物性食物为主，动物性食物为辅，谷类食物消费量大，动物性食物消费量小。

（一）中国居民膳食结构存在的问题与改进措施

我国城乡居民的膳食营养状况不断改善，营养不良和营养缺乏患病率持续下降，但超重、肥胖、心脑血管病及糖尿病等的发病率却不断上升，我国面临着营养缺乏与营养过剩的双重挑战。我国居民的膳食结构主要存在以下问题。

1. 城市居民膳食结构不尽合理，畜肉类及油脂消费过多，谷类食物消费量趋于稳定。

2. 儿童营养不良在农村地区仍然比较严重，农村地区婴儿辅食添加不合理的问题十分突出。

3. 我国城乡居民普遍存在铁、钙和维生素A等营养素缺乏的问题。

4. 缺铁性贫血、儿童维生素A缺乏性疾病的患病率仍然较高，钙缺乏明显。

5. 慢性非传染性疾病如肥胖、高血压、高脂血症、糖尿病等患病率呈加快增长趋势，超重/肥胖率增长速度较快。

（二）《中国居民膳食指南》与平衡膳食宝塔

1.《中国居民膳食指南》 是根据营养学原则，结合我国居民膳食中存在的问题而制定的，是教育人民群众采用平衡膳食，以摄取合理营养、促进健康的指导性意见。

由中国营养学会编著的《中国居民膳食指南（2022）》共有八条准则：① 食物多样，合理搭配；② 吃动平衡，健康体重；③ 多吃蔬果、奶类、全谷、大豆；④ 适量吃鱼、禽、蛋、瘦肉；⑤ 少盐少油，控糖限酒；⑥ 规律进餐，足量饮水；⑦ 会烹会选，会看标签；⑧ 公筷分餐，杜绝浪费。

2. 中国居民平衡膳食宝塔（Chinese food guide pagoda） 简称"膳食宝塔"，是根据《中国居民膳食指南（2022）》结合中国居民的膳食结构特点设计的，把平衡膳食的原则转化成各类食物的重量，并以直观的宝塔形式表现出来，便于居民的理解和在日常生活中实行。

膳食宝塔提出了一个比较理想的膳食模式，所建议的食物量，特别是奶类和豆类食物的摄入量可能与大多数人当前的实际膳食还有一定差距，尤其是某些贫困地区的居民。但为了改善中国居民的营养状况，平衡膳食宝塔提出的膳食模式是未来需要努力达到的一个目标。膳食宝塔建议的每人每日各类食物适宜摄入量范围适用于一般健康成人，应用时要根据个人年龄、性别、身高、体重、劳动强度和季节变化等情况适当调整。

膳食宝塔共分五层（图3-2-1），包括人们每日应当进食的主要食物种类。宝塔通过各层位置和面积不同表述，在一定程度上反映了各类食物在膳食中应有的地位和应占的比重。膳食宝塔建议的各类食物的摄入量一般是指食物的生重。

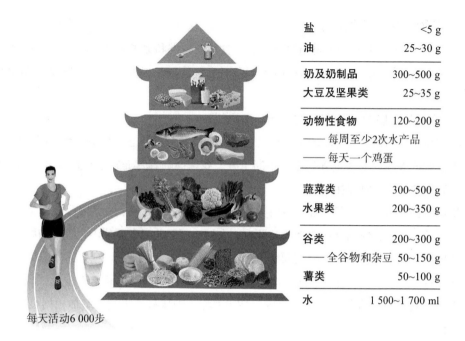

盐	<5 g
油	25~30 g
奶及奶制品	300~500 g
大豆及坚果类	25~35 g
动物性食物	120~200 g
—— 每周至少2次水产品	
—— 每天一个鸡蛋	
蔬菜类	300~500 g
水果类	200~350 g
谷类	200~300 g
—— 全谷物和杂豆	50~150 g
薯类	50~100 g
水	1 500~1 700 ml

每天活动6 000步

▲ 图3-2-1　中国居民平衡膳食宝塔（2022）

膳食宝塔在直观给出每日食物摄入量范围的同时，建议居民保持运动和合理饮水，建议成人每日进行累计相当于步行6 000步以上的身体活动，如果身体条件允许，最好进行30分钟中等强度的运动；温和气候条件下生活的轻体力活动的成人每日可饮水7~8杯（每杯约200 ml）。

（三）特定人群膳食指南

特定人群包括妊娠期妇女、哺乳期妇女、婴幼儿、儿童、老年人及素食人群。除一般人群膳食指南外，考虑到这些人群生理和营养需要的特殊性，特制定相应的膳食指南。

1. 妊娠期、哺乳期妇女膳食指南

（1）备孕和妊娠期妇女在《中国居民膳食指南（2022）》八条准则的基础上，推荐：① 常吃含铁丰富的食物，选用碘盐合理补充叶酸和维生素D。② 孕吐严重者，可少食多餐，保证摄入含必需量碳水化合物的食物。③ 妊娠中晚期适量增加奶、鱼、禽、蛋、瘦肉的摄入。

（2）哺乳期妇女增加以下五条核心推荐：① 产褥期食物多样不过量，坚持整个哺乳期营养均衡。② 适量增加富含优质蛋白质及维生素A的动物性食物和海产品，选用碘盐，合理补充维生素D。③ 家庭支持，愉快心情，充足睡眠，坚持母乳喂养。④ 增加身体活动，促进产后恢复健康体重。⑤ 多喝汤和水，限制浓茶和咖啡，忌烟酒。

2. 婴幼儿喂养指南

（1）0~6月龄婴儿母乳喂养准则：① 母乳是婴儿最理想的食物，坚持6月龄内纯母乳喂养。

② 分娩后1小时内开奶，重视尽早吸吮。③ 回应式喂养，建立良好的生活规律。④ 适当补充维生素D，母乳喂养不需补钙。⑤ 任何动摇母乳喂养的想法和举动都必须咨询医生或其他专业人员并由他们帮助做出决定。⑥ 定期监测婴儿体格指标，保持健康生长。

（2）7~24月龄婴幼儿喂养准则：① 继续母乳喂养，满6月龄起必须添加辅食，从富含铁的泥糊状食物开始。② 及时引入多样化食物，重视动物性食物的添加。③ 尽量少加糖盐，油脂适当，保持食物原味。④ 提倡回应式喂养，鼓励但不强迫进食。⑤ 注意饮食卫生和进食安全。⑥ 定期监测体格指标，追求健康生长。

3. 儿童膳食指南

（1）学龄前儿童增加以下五条核心推荐：① 食物多样，规律就餐，自主进食，培养健康饮食行为。② 每日饮奶，足量饮水，合理选择零食。③ 合理烹调，少调料少油炸。④ 参与食物选择与制作，增进对食物的认知和喜爱。⑤ 经常户外活动，定期体格测量，保障健康成长。

（2）学龄儿童增加以下五条核心推荐：① 主动参与食物选择和制作，提高营养素养。② 吃好早餐，合理选择零食，培养健康饮食行为。③ 每日喝奶，足量饮水，不喝含糖饮料，禁止饮酒。④ 多户外活动，少视屏时间，每日60分钟以上的中高强度身体活动。⑤ 定期监测体格发育，保持体重适宜增长。

4. 老年人膳食指南

（1）一般老年人（65岁至79岁人群）增加以下四条核心推荐：① 食物品种丰富，动物性食物充足，常吃大豆制品。② 鼓励共同进餐，保持良好食欲，享受食物美味。③ 积极户外活动，延缓肌肉衰减，保持适宜体重。④ 定期健康体检，测评营养状况，预防营养缺乏。

（2）高龄老年人增加以下六条核心推荐：① 食物多样，鼓励多种方式进食。② 选择质地细软，能量和营养素密度高的食物。③ 多吃鱼、禽、肉、蛋、奶和豆，适量蔬菜配水果。④ 关注体重丢失，定期营养筛查评估，预防营养不良。⑤ 适时合理补充营养，提高生活质量。⑥ 坚持健身与益智活动，促进身心健康。

四、营养调查及评价

营养调查（nutrition survey）是指运用各种手段准确地了解某人群或特定个体各种营养指标水平，以判断其营养和健康状况。我国曾于1959年、1982年、1992年和2002年分别进行了四次全国营养调查。2010年卫生部将中国居民营养与健康状况调查列为重大医改项目，确定了5年一个周期的常规性全国营养与健康监测工作。

（一）营养调查的目的

营养调查的目的包括：① 了解不同地区、年龄和性别人群的能量和营养素摄入情况；② 了解与能量和营养素摄入不足、过剩有关营养问题的分布和严重程度；③ 分析营养相关疾病的病因影响因素；④ 监测膳食结构变迁及其发展趋势；⑤ 提供居民营养与健康状况数据；⑥ 为国家或地区制定干预策略和政策提供信息。

（二）营养调查的内容

1. 膳食调查　了解被调查对象在一定时间内通过膳食摄取的能量各种营养素的数量和质量，据此来评价被调查对象能量和营养素需求获得满足的程度。膳食调查方法有称重法、记账法、回顾法、食物频数法和化学分析法等。其中，食物频率法可快速得到平时各种食物摄入的种类和数量，可以反映长期膳食行为，其结果可作为研究慢性病与膳食模式关系的依据，也可供膳食咨询指导使用。

2. 人体测量　根据调查对象的年龄、性别选用适当的人体测量指标，可以较好地反映调查对象的营养状况。常用测量指标包括理想体重、体重指数（BMI）、年龄别体重、年龄别身高、身高别体重、腰围、臀围、腰臀比、皮褶厚度、上臂围和上臂肌围。

（1）BMI：BMI是评价人体营养状况最常用的方法之一。BMI＝体重（kg）/[身高（m）]^2。WHO建议，BMI＜18.5 kg/m^{2}为消瘦，18.5~24.9 kg/m^{2}为正常，25~29.9 kg/m^{2}为超重，≥30 kg/m^{2}为肥胖。我国成人BMI标准BMI＜18.5 kg/m^{2}为消瘦，18.5~23.9 kg/m^{2}为正常，24.0~27.9 kg/m^{2}为超重，≥28.0 kg/m^{2}为肥胖。

（2）年龄别体重、年龄别身高、身高别体重：这组指标主要用于评价儿童生长发育与营养情况。一般应先用年龄别身高排除生长迟滞，再用身高别体重筛查消瘦。

3. 人体营养水平的生化检验　借助实验室检测发现人体营养储备水平低下、营养不足或营养过剩等状况，以预防营养相关疾病的发生。如常使用总脂、甘油三酯、α脂蛋白、β脂蛋白、胆固醇、游离脂肪酸、血酮等指标检查血脂情况；使用血清钙、血清无机磷、血清钙磷乘积、血清碱性磷酸酶、血浆25-OH-D$_3$、血浆1, 25-(OH)$_2$-D$_3$等检查钙、磷及维生素D营养状况等。

4. 人体营养相关疾病的临床检查　临床检查的目的是根据症状和体征判断是否存在营养不足或过剩所致营养相关疾病、明确其严重程度。常见临床体征与可能缺乏的营养素关系见表3-2-1。

▼ 表3-2-1　常见临床体征与可能缺乏的营养素关系

部位	体征	可能缺乏的营养素
全身	消瘦或水肿，发育不良	能量、蛋白质、锌
	贫血	蛋白质、铁、叶酸和维生素B$_{12}$、B$_6$、B$_2$、C
皮肤	干燥，毛囊角化	维生素A
	毛囊四周出血点	维生素C
	癞皮病皮炎	烟酸
	阴囊炎，脂溢性皮炎	维生素B$_2$
头发	稀少，失去光泽	蛋白质、维生素A
眼睛	比奥斑，角膜干燥，夜盲	维生素A
唇	口角炎，唇炎	维生素B$_2$

部位	体征	可能缺乏的营养素
口腔	齿龈炎，齿龈出血，齿龈松肿	维生素C
	舌炎，舌猩红，舌肉红	维生素B$_2$、烟酸
	地图舌	维生素B$_2$、烟酸、锌
指甲	舟状甲	铁
骨骼	颅骨软化，方颅，鸡胸，串珠肋，"O"形腿，"X"形腿	维生素D
	骨膜下出血	维生素C
神经	肌肉无力，四肢末端蚁行感，下肢肌肉疼痛	维生素B$_1$

（三）营养调查结果的分析评价

1. 膳食模式　膳食模式与食物分类有关，可根据研究目的和需要来进行食物分类。实际应用中常以"中国居民平衡膳食宝塔"为依据，对被调查人群的膳食模式进行评价。

2. 能量和营养素摄入量　依据DRIs将调查人群的能量和各种营养素的摄入量与其推荐值比较以评价其满足程度。但对某个体而言，其摄入量和参考值都是估算值，为确定能量和营养素的摄入量是否适宜，一方面需准确描述摄入量和恰当选择推荐值，另一方面需结合该个体的人体测量临床检查、生化检测结果进行综合评价。

3. 能量、蛋白质的食物来源　重点评价三大供能营养素所提供的能量占总能量的构成比和豆类、动物性食物提供的优质蛋白质占总蛋白质的比例。

4. 各餐能量分配比例　一般人群就餐应定时和定量，三餐能量比约为3：4：3，儿童和老年人可以在三餐之外适当加餐。除此之外，应坚持每日吃早餐并保证营养充足，午餐要吃好，晚餐要适量。不暴饮暴食，不经常在外就餐。零食作为一日三餐之外的营养补充，可以合理选用，尽量选择一些营养素含量高而能量含量低的食物，如新鲜水果和奶类，注意来自零食的能量应计入全天能量摄入。

5. 其他　判断被调查者是否存在动物性食品过多所致的肥胖症；评价营养素摄入不足或过剩与营养相关疾病的因果关系；分析是否过多摄取方便食品、快餐食品等；评价食物来源、储存条件、烹调加工方法、就餐方式等饮食习惯与营养状况的关系。

（夏敏）

第三节　特殊人群的合理营养

一、孕妇的合理营养

（一）孕妇的营养需要

孕妇营养是生命早期 1 000 日机遇窗口期的第一个阶段。孕妇营养素缺乏不仅影响孕妇自身的健康，而且影响胎儿发育及其成年后的健康状况。妊娠期严重营养缺乏可导致神经管畸形、克汀病等出生缺陷，而妊娠期能量过剩可能导致巨大儿的风险增加；因此，妊娠期合理营养，是保持母胎健康的基本保障。

1. 能量和宏量营养素的需要及参考摄入量

（1）能量：孕妇的能量消耗包括维持孕妇自身的基础代谢、身体活动及食物热效应所需的能量，同时还需要包括维持胎儿生长发育、母体组织增长和生殖器官变化，以及为产后泌乳储备的能量。妊娠早期、妊娠中期和妊娠晚期孕妇需要额外增加的能量摄入量分别是 0、300 kcal/d 和 450 kcal/d。

（2）蛋白质：为满足胎儿和胎盘发育及母体的生理需要，妊娠期的蛋白质需要量应该增加，妊娠中期及妊娠晚期孕妇增加的蛋白质参考摄入量分别是 15 g/d 和 30 g/d，其中优质蛋白质应占 1/3 以上。

（3）脂类：妊娠期需要 3~4 kg 的脂肪积累以备产后泌乳；此外，膳食脂肪中的亚油酸、亚麻酸、磷脂和胆固醇是胎儿脑细胞增殖生长和视网膜发育所必需的重要营养素，所以孕妇膳食应保证充足的必需脂肪酸和其他脂类成分的供给。

中国营养学会推荐孕妇膳食脂肪的可接受摄入量范围与成人相同，占总能量的 20%~30%，其中饱和脂肪酸提供的能量比应低于 <8%。

（4）碳水化合物：当孕妇碳水化合物摄入不足时，机体所需能量主要来自脂肪氧化和蛋白质分解，可能导致低血糖和酮血症的发生。因此，建议孕妇碳水化合物摄入至少在 150~200 g/d 以上，其供能比为 50%~65%。

2. 微量营养素的需要及参考摄入量

（1）钙：孕妇对钙的需要量显著增加，当膳食钙摄入不足时，母体血清钙浓度降低，引起甲状旁腺激素的合成和分泌增加，加速母体骨骼和牙齿中钙盐的溶出，以维持正常的血钙浓度，满足胎儿对钙的需求。如果孕妇钙摄入长期不足，可能出现小腿抽筋或手足抽搐症状，严重时可能导致骨软化症，胎儿也可能发生先天性佝偻病，还可能导致妊娠期并发症如子痫前期等。此外，钙也作为凝血因子激活剂，参与凝血过程，可防止分娩时失血过多。

妊娠中期和妊娠晚期妇女钙的推荐摄入量均为 1 000 mg/d。但大量钙的摄入可能会导致孕妇便秘，也可能影响其他营养素的吸收。世界卫生组织建议妊娠期妇女的钙摄入量上限为 3 000 mg/d。

（2）铁：孕妇对铁的需求显著增加，主要用于自身和胎儿体内铁的储备，以减少低出生体重、孕产妇贫血和铁缺乏等严重公共卫生问题的风险。

中国营养学会建议妊娠中期和妊娠晚期孕妇铁的推荐摄入量分别为 24 mg/d 和 29 mg/d。妊娠期服用补铁制剂时应注意不能摄入过量，预防铁过量甚至铁中毒的发生。

（3）锌：孕妇是容易缺锌的敏感人群之一。据估计妊娠期间储存在母亲与胎儿组织中的总锌量为100 mg，其中50~60 mg储存于胎儿，胎儿对锌的需要量在妊娠晚期最高。中国营养学会建议孕妇锌的推荐摄入量在整个妊娠期均为9.5 mg/d。

（4）碘：孕妇碘缺乏可致胎儿发育不良、甲状腺功能低下，进而引起以严重智力障碍和生长发育迟缓为主要表现的克汀病；同时，碘缺乏容易导致流产、畸形，甚至死胎。中国营养学会建议孕妇碘的推荐摄入量在整个妊娠期均为230 μg/d，并建议孕妇坚持食用碘盐，每周摄入1~2次富含碘的海产食品，以降低碘缺乏所致胎儿发育异常的风险。

（5）维生素A：孕妇维生素A缺乏与胎儿宫内发育迟缓、低出生体重及早产有关，是由于维生素A对细胞分裂、胎儿器官和骨骼发育和成熟、免疫系统的维持和胎儿视觉发育及孕产妇眼睛健康和夜视能力的维持至关重要。但妊娠早期过量摄入维生素A或其类似物（异维甲酸）可导致自发性流产或中枢神经系统、心血管及面部畸形。中国营养学会建议孕妇从妊娠中期开始，维生素A的推荐摄入量为770 μg RAE/d；世界卫生组织建议单次维生素A补充剂量不超过7 500 μg RAE。

（6）维生素D：妊娠期缺乏维生素D容易发生新生儿低钙血症，手足抽搐，婴儿牙釉质发育不良及孕妇骨软化症。但过量摄入维生素D可发生中毒。人体皮肤经紫外线照射可以合成维生素D，妇女平均每日接受阳光照射10~20分钟，所合成的维生素D基本上能够满足身体的需要。中国营养学会建议妊娠期维生素D参考摄入量与非孕妇女相同，为10 μg/d。

（7）维生素B_1和维生素B_2：维生素B_1和维生素B_2参与能量代谢。因妊娠中期和妊娠晚期孕妇的能量摄入增加，因此，维生素B_1和维生素B_2的摄入量应增加。中国营养学会建议妊娠期维生素B_1和维生素B_2的参考摄入量在妊娠中期和妊娠晚期分别为1.4 mg/d和1.5 mg/d。

（8）叶酸：孕妇叶酸摄入不足可增加低出生体重、胎盘早剥、神经管畸形和高同型半胱氨酸血症的风险。中国营养学会建议备孕妇女应每日额外补充400 μg叶酸，持续3个月，并维持至整个妊娠期，可有效预防神经管畸形的发生；妊娠早期、妊娠中期、妊娠晚期叶酸的推荐摄入量均为600 μg DFE/d。

（9）维生素C：孕妇维生素C摄入量长期不足可能导致胎儿早产和死胎率的增加，故孕妇应增加维生素C摄入量。我国营养学会建议妊娠中期和妊娠晚期膳食维生素C的推荐摄入量为115 mg/d。

（二）孕妇的合理膳食原则

孕妇合理膳食的原则在《中国居民膳食指南（2022）》的基础上，增加以下六条核心推荐。

1. 调整妊娠前体重至正常范围，保证孕期体重适宜增长。妊娠期体重的适宜增长有利于保证母婴的营养并获得良好的妊娠结局，适宜的体重增长值参见表3-3-1。

▼ 表3-3-1　妊娠期女性体重增长范围及妊娠中期和妊娠晚期每周体重增长值推荐表

妊娠前BMI/（kg·m^{-2}）	总增长值范围/kg	妊娠早期增长值范围/kg	妊娠中期和妊娠晚期每周体重增长值及范围/kg
低体重（BMI<18.5 kg/m^2）	11.0~16.0	0~2.0	0.46（0.37~0.56）
正常体重（18.5 kg/m^2 ≤ BMI<24.0 kg/m^2）	8.0~14.0	0~2.0	0.37（0.26~0.48）
超重（24.0 kg/m^2 ≤ BMI<28.0 kg/m^2）	7.0~11.0	0~2.0	0.30（0.22~0.37）
肥胖（≥28.0 kg/m^2）	5.0~9.0	0~2.0	0.22（0.15~0.30）

2. 常吃含铁丰富的食物，选用碘盐，合理补充叶酸和维生素D。

3. 孕吐严重者，可少食多餐，保证摄入含必需量碳水化合物的食物。孕吐是妊娠早期的正常生理现象，孕吐严重者应在医生指导下预防酮血症。在进食方面，不必过分强调平衡膳食和规律进餐，可选择清淡适口、容易消化的食物，少食多餐，尽可能多地摄入食物，特别是富含碳水化合物的谷薯类食物。

4. 妊娠中期和妊娠晚期适量增加奶、鱼、禽、蛋、瘦肉的摄入。妊娠中期和妊娠晚期胎儿体重增加迅速，为满足胎儿发育的需求，在优质蛋白、钙、铁等满足需求的基础上，建议每周吃1~2次动物血或肝脏，以保证动物性铁的需要。此外，建议每周食用2~3次鱼类，特别是深海鱼类，以增加n-3多不饱和脂肪酸的摄入，对胎儿大脑和视网膜功能发育有益。

5. 经常户外活动，禁烟酒，保持健康生活方式。为防止妊娠期体重过度增加，建议妊娠中期和妊娠晚期每日进行30分钟中等强度的身体活动。

6. 愉快孕育新生命，积极准备母乳喂养。

二、乳母的合理营养

（一）哺乳期的营养需要

乳母营养有两方面的要求，一是为泌乳提供物质基础和正常的泌乳条件，二是逐步补偿妊娠、分娩时的营养素损耗并促进各器官和系统功能的恢复。

1. 能量和宏量营养素的需要和参考摄入量

（1）能量：哺乳期母体对能量的需要量增加。因为乳母除要满足自身的能量需要以外，还要供给乳汁所含的能量和分泌乳汁过程本身需要的能量。中国营养学会建议，乳母每日膳食能量需要量在正常成年妇女的基础上每日增加2.09 MJ（500 kcal）。

（2）蛋白质：给乳母提供丰富的优质蛋白质是保证乳汁正常分泌的基本要求。中国营养学会建议乳母蛋白质的参考摄入量在正常成年妇女的基础上每日增加25 g，并要注意优质蛋白质的摄入。

（3）脂肪：脂类是新生儿和婴儿的主要能量来源，与中枢神经系统发育和脂溶性维生素吸收关系密切，特别是必需脂肪酸；因此，乳母的膳食中要含有适量的脂类，且动物性与植物性脂肪搭配合理。目前，建议脂肪供能占总能量的20%~30%为宜，其中饱和脂肪酸供能不宜超过8%。

2. 微量营养素的需要和参考摄入量

（1）矿物元素：乳中钙含量比较稳定，乳母每日通过乳汁分泌的钙约300 mg。乳母钙的需要量是维持母体钙平衡的量和乳汁分泌所需要的钙量之和。如果乳母膳食钙摄入量不能满足需要，乳母将动用骨骼中的钙来维持乳汁中钙含量的稳定，导致骨钙的流失。中国营养学会建议乳母膳食钙推荐摄入量比一般女性每日增加200 mg，总量达到1 000 mg/d。在日常膳食中需要增加奶类和奶制品的摄入，也可在医生的指导下补充适量钙剂，还应注意适量补充维生素D。

（2）维生素：增加膳食维生素A的摄入量，会提高乳汁中维生素A的含量，但当膳食维生素A增加到一定程度后，乳汁中含量则不再按比例增加。维生素D不能通过乳腺，人乳中维生素D含量很低，建议乳母适当多晒太阳。虽然多数水溶性维生素可通过乳腺进入乳汁，但乳腺可调控其含量，使乳汁含量达到一定程度后不再增加。中国营养学会建议乳母膳食维生素A的参考摄入量为1 300 μg RAE/d，维生素D为10 μg（400 IU）/d，维生素B_1为1.5 mg/d，维生素B_2为1.5 mg/d，维生素B_6为1.7 mg/d，维生素C为150 mg/d。

（二）乳母的合理膳食原则

1. 产褥期食物多样不过量，坚持整个哺乳期营养均衡。
2. 适量增加富含优质蛋白质及维生素A的动物性食物和海产品，选用碘盐，合理补充维生素D。
3. 家庭支持，愉悦心情，充足睡眠，坚持母乳喂养。
4. 增加身体活动，促进产后恢复健康体重。
5. 多喝汤和水，限制浓茶和咖啡，忌烟酒。

三、婴幼儿的合理营养

婴儿期是指从0~12月龄，是人类生长发育的第一高峰期。幼儿期是指1周岁到3周岁。在婴幼儿阶段，机体需要丰富的能量及各种营养素，以满足生理功能和生长发育的需要。

（一）婴幼儿的生理特点

1. **生长发育速度快**　婴儿期是人类生长发育的第一个高峰期，1周岁时体重约为出生体重的3倍。幼儿的生长速度与婴儿相比开始下降，但此时智力发育较快、语言和思维能量增强。

2. **消化和吸收功能**　婴幼儿的消化系统尚处在发育阶段，功能不够完善，因此，对食物中各种营养素的消化、吸收和利用不充分。

（二）婴幼儿的合理营养

婴幼儿期生长发育虽然旺盛，但是消化器官未发育成熟，胃容量小，消化功能差，不适当的喂养容易导致婴幼儿消化不良、营养缺乏或营养不平衡。

1. **婴幼儿的营养需要和膳食营养素参考摄入量**

（1）能量：婴儿期基础代谢活跃，所需要的能量约占总能量的60%，食物热效应消耗的能量占总能量的7%~8%，肌肉活动的能量需要相对较低，但生长发育所需的能量较高；由于婴儿的消化器官尚未发育成熟，因此食物在胃肠道的消化吸收不完全，排泄物中的能量约占基础代谢的10%。

婴幼儿每日能量摄入量为：0~6月龄0.38 MJ/kg[90 kcal/（kg·d）]，7月龄至1岁为0.33 MJ/kg[80 kcal/（kg·d）]。能量摄入长期不足，可导致生长发育迟缓或停滞；而能量摄入过量则可能导致超重或肥胖。

（2）蛋白质：婴幼儿期的生长发育旺盛，需要足量的优质蛋白质以维持机体蛋白质的合成和更新。膳食蛋白质供应不足时，婴幼儿可表现出生长发育迟缓或停滞、消化吸收障碍、抵抗力下降、腹泻和水肿等蛋白质-能量营养不良的症状。

中国营养学会建议婴幼儿蛋白质的推荐摄入量为：0~6月龄（AI）9 g/d，7~12月龄20 g/d，1~3岁幼儿为25 g/d。

（3）脂类：膳食脂肪是体内能量和必需脂肪酸的重要来源，摄入过多或过少都不利于婴幼儿的生长发育。必需脂肪酸对婴幼儿神经髓鞘的形成和大脑及视网膜光感受器的发育和成熟均具有非常重要的作用。婴幼儿期对必需脂肪酸的缺乏比较敏感，缺乏易导致婴幼儿皮肤干燥或脂溶性维生素缺乏。

中国营养学会建议，0~6月龄、7~12月龄、1~3岁婴幼儿膳食脂肪的适宜摄入量分别为占总能量的48%、40%、35%。

（4）碳水化合物：碳水化合物是主要的供能营养素之一，同时还是红细胞和神经细胞的供能物质。乳糖是母乳中的主要碳水化合物，婴儿体内乳糖酶活力比成人高，但3月龄以下婴儿体内淀粉酶缺乏，故不能消化淀粉。1~3岁幼儿碳水化合物占总能量的50%~65%。

（5）矿物质：婴幼儿时期容易缺乏的矿物质包括钙、铁和锌等。婴幼儿期钙的需要量较多，这些钙主要用于骨骼和牙齿发育。铁供应不足，易导致缺铁性贫血。缺铁除引起红细胞生成障碍外，还可影响婴幼儿智力发育，严重贫血可导致婴幼儿死亡。新生儿体内有一定的铁储存，可供3~4个月使用，母乳中铁含量较低，因此，4~6月龄后需从辅食中摄入铁。锌对机体免疫、激素分泌、细胞分化及味觉形成等过程有重要影响，婴幼儿缺锌可表现为食欲减退、生长停滞、味觉异常或异食癖、认知行为改变等。母乳喂养的婴儿一般不会引起明显的缺钙，但应该及时从膳食中补铁，否则易导致贫血，影响婴儿智力发育。婴儿矿物质参考摄入量见表3-3-2。

▼ 表3-3-2　婴幼儿矿物质推荐摄入量（RNI）或适宜摄入量（AI）

单位：mg/d

年龄/岁	钙	铁	碘	锌
0~	200（AI）	0.3（AI）	85（AI）	2.0（AI）
0.5~	250（AI）	10	115（AI）	3.5（RNI）
1~3	600（RNI）	9（RNI）	90（RNI）	4.0（RNI）

（6）维生素：几乎所有的维生素缺乏都可能影响婴幼儿的生长发育。维生素A摄入不足，主要表现为上皮组织角化、眼干燥症和夜盲症等；维生素D对婴幼儿生长发育尤其重要，维生素D缺乏可导致佝偻病，母乳和普通膳食中维生素D含量均较低，因此，应该多晒太阳，以满足婴幼儿维生素D的需要。维生素B_1和维生素B_2可促进婴幼儿的生长发育，而且是能量代谢过程中许多酶的辅酶成分，因此需要量随能量摄入的增加而增加。维生素的参考摄入量见表3-3-3。

2. 婴儿的喂养方式　包括母乳喂养、人工喂养和混合喂养三种方式。母乳喂养（breast feeding）是指一种在出生后前4~6个月内以母乳为食物，不添加任何其他辅助食品的喂养方式。

▼ 表3-3-3 婴幼儿维生素推荐摄入量（RNI）或适宜摄入量（AI）

年龄/ 岁	维生素A/ （μg RAE·d⁻¹）	维生素D/ （μg·d⁻¹）	维生素B₁/ （mg·d⁻¹）	维生素B₂/ （mg·d⁻¹）	维生素E/（mg α-TE·d⁻¹）	维生素B₁₂/ （μg·d⁻¹）	维生素C/ （mg·d⁻¹）	叶酸/（μg DFE·d⁻¹）
0~	300（AI）	10（AI）	0.1（AI）	0.4（AI）	3（RNI）	0.3（AI）	40（AI）	65（AI）
0.5~	350（AI）	10（AI）	0.3（AI）	0.5（AI）	4（RNI）	0.6（AI）	40（AI）	100（AI）
1~3	310（RNI）	10（RNI）	0.6（RNI）	0.6（RNI）	6（RNI）	1.0（RNI）	40（RNI）	160（RNI）

当母乳不足或产妇工作问题等原因不能按时给婴儿哺乳时，可采用合适的婴儿配方奶粉（infant formula）作为母乳的补充物，每日增加数次替代母乳喂养，称为混合喂养。当产妇患有严重疾病（如肝炎）需要每日服药或乳腺缺陷不能哺喂婴儿或新生儿先天缺陷不能吸吮母乳时，只能选用单一婴儿配方奶粉进行喂养的方式为人工喂养。

（1）母乳：是最适合婴儿的天然食物，世界卫生组织推荐的婴幼儿最佳喂养方式为从出生到6月龄的纯母乳喂养，此后继续母乳喂养至2岁或2岁以上，同时自婴儿6月龄开始，及时、合理、适量且安全地添加辅食和进行辅食营养补充，以满足婴幼儿的营养需求。母乳喂养的优点如下。

1）母乳营养素种类齐全，含量丰富，比例适当。一个健康的乳母每日分泌750 ml乳汁，所提供的能量、各种营养素的种类和质量均能满足6月龄内婴儿生长发育的全部营养需要，母乳最适合婴儿的消化、代谢能力，能满足婴儿全面营养需求，也不增加婴儿的肾脏负担。

2）母乳含有丰富的免疫物质，如分泌型免疫球蛋白（SIgA）、分泌型免疫球蛋白M（SIgM）、乳铁蛋白（lactoferrin）、溶菌酶（lysozyme）、白细胞、B和T淋巴细胞、吞噬细胞及双歧杆菌因子等，可以提高新生儿免疫力和抵抗致病菌及病毒侵袭的能力。

3）哺乳过程可增强母子间的情感交流，并使婴儿获得极大的安全感，是一个既有益于婴儿身心健康又有利于母体子宫收缩和恢复的行为。哺乳持续6个月以上将逐渐消耗妊娠期间作为能源储备的脂肪，防止产后肥胖等。

4）避免发生过敏。母乳喂养很少发生过敏现象，而其他方式喂养则易发生过敏。约有2%的婴儿对牛乳蛋白过敏，表现为湿疹、支气管哮喘及呕吐腹泻等胃肠道症状。

5）促进肠道发育。近年的研究发现，母乳中含有种类丰富的低聚糖（human milk oligosaccharides，HMOs），包括中性岩藻糖基化HMOs和3-岩藻糖基乳糖、中性非岩藻糖基化HMOs和乳糖-N-新四糖，以及酸性唾液酸化HMOs，是母乳中含量排名第三的固体物质，在支持婴幼儿肠道特征菌群建立和免疫发育方面具有特殊作用。

（2）配方奶粉：婴儿配方奶粉的成分大多是参照母乳组成成分和模式对牛奶的成分进行调整，进而配制成适合婴儿生理特点，并能很好满足婴儿生长发育所需的乳制品。由于婴儿生长发育的快速变化，不同月龄的婴儿营养需要也不同，所以婴儿配方奶粉一般分为两个阶段，即第一阶段（0~6月龄）和第二阶段（6~12月龄）。

3. 婴儿辅食添加　辅食又称断奶过渡期食物，婴儿满6月龄时是添加辅食的最佳时机。辅食添加的原则：每次只添加一种新的食物，由少到多、由稀到稠、由细到粗，循序渐进。逐渐增加食物种类，从一种到多种；逐渐从泥糊状食物过渡到颗粒状、半固体或固体食物。4月龄婴儿体内的铁几乎全部耗竭，母乳又是贫铁食物，所以开始添加肉泥、肝泥、强化铁的婴儿米粉等富铁的泥糊；从6~8月龄起，为促进乳牙的萌出，应向婴儿提供可咀嚼的食物，如磨牙的饼干等，10月龄后可再添加稠粥、面条、馒头、面包、碎菜和肉末等。应注意烹调过程中尽量少用或不用盐、糖且不添加味精等调味品，以清淡食物为主。

4. 幼儿的合理膳食　安排幼儿膳食是从乳类为主食逐渐过渡到以谷类为主，奶、蛋、鱼、肉、蔬菜及水果为辅的混合膳食。但对食物选择、加工烹调方法应与成人有别，以适应其消化系统功能与代谢的需要。

四、儿童青少年的合理营养

学龄前儿童通常指3~6岁儿童，该年龄段儿童活动能力和范围增加，除了遵循幼儿膳食原则外，食物的分量及品种（如粗杂粮）增加，应引导儿童养成良好的饮食习惯。学龄儿童和青少年期（简称"儿童少年期"）是由儿童发育到成人的过渡时期。学龄期是指6~12岁的儿童；青少年期指13~18岁阶段的少年。男、女生青春发育期开始的年龄是不同的，女生比男生早，一般从11~12岁开始，17~18岁结束；男生一般在13~14岁开始，22岁左右结束。儿童少年期是人生的第二个生长高峰期，也是体格和智力发育的关键时期。合理营养不仅满足其生长发育的需要，还维持儿童少年生理功能、学习活动。

（一）儿童青少年营养需要及营养素参考摄入量

1. 能量　能量需要与生长速度成正比，处于正平衡状态，男孩高于女孩。能量来源分别为碳水化合物50%~65%，脂肪20%~30%。

2. 宏量营养素的需要和膳食参考摄入量　学龄儿童处于生长发育阶段，基础代谢率高，体力和脑力活动量大，其能量的需要量接近或超过成人；青少年的能量需要量达到最大值。儿童青少年脂肪、碳水化合物可接受摄入量范围分别为总能量的20%~30%、50%~65%，其中添加糖提供的能量应<10%。膳食蛋白质摄入量充足可满足学龄儿童和青少年的正氮平衡，促进其生长发育。

3. 微量营养素的需要

（1）矿物质：7~10岁儿童钙的RNI为1 000 mg/d、11~13岁人群为1 200 mg/d，14~17岁人群为1 000 mg/d，UL为2 000 mg/d。铁缺乏除可引起贫血外，还可以导致学习、免疫和抗感染能力降低。青春期贫血是女生常见的疾病，需要特别值得关注。儿童少年缺锌的主要临床表现是食欲差，味觉迟钝甚至丧失，严重者可引起生长迟缓、性发育不良及免疫功能受损。在青少年期，碘缺乏的主要表现为甲状腺肿，青春期预防甲状腺肿尤为重要。

（2）维生素：儿童青少年维生素A缺乏率远高于成人。谷类加工过于精细导致的维生素B_1缺乏也已成为普遍关注的营养问题。紧张的学习生活，使青少年易发生维生素B_2缺乏症。

（二）儿童青少年合理膳食原则

1. 学龄前儿童合理膳食原则

（1）食物多样，规律就餐，自主进食，培养健康饮食行为。

（2）每日饮奶，足量饮水，合理选择零食。

（3）合理烹调，少调料少油炸。

（4）参与食物选择与制作，增进对食物的认知和喜爱。

（5）经常户外活动，定期体格测量，保障健康成长。

2. 儿童青少年合理膳食原则　儿童青少年合理膳食原则是在遵循《中国居民膳食指南（2022）》一般人群膳食指南的基础上，根据年龄段不同，进行特别推荐。

（1）主动参与食物选择和制作，提高营养素养。

（2）吃好早餐，合理选择零食，培养健康饮食行为。

（3）每日喝奶，足量饮水，不喝含糖饮料，禁止饮酒。

（4）多户外活动，少视屏时间，每日60分钟以上的中高强度身体活动。

（5）定期监测体格发育，保持体重适宜增长。

五、老年人的合理营养

随着年龄的增长，老年人的生理、生化代谢与功能也逐渐减退，如新陈代谢、各种细胞功能、体脂成分和体水分等方面发生了改变。合理营养有助于延缓衰老、减少一些营养相关性疾病，提高生活质量，达到延年益寿的目的。

（一）老年人的营养需要

1. 能量和宏量营养素的需要和参考摄入量

（1）能量与蛋白质：老年人由于生活方式和生活质量不同，对能量的需要有较大的差异。老年人机体蛋白质的分解代谢大于合成代谢，容易出现负氮平衡，体内蛋白质出现缓慢丢失；而且胃肠道、肝脏及胰脏等消化器官的功能逐渐减弱，对蛋白质的消化、吸收能力降低，对氨基酸和蛋白质的利用能力也降低。因此，老年人蛋白质的摄入量应该保证质优量足，且应以维持氮平衡为原则。建议老年人在一般情况下每日蛋白质摄入量在每千克体重1.0~1.2 g。一般认为，老年人膳食蛋白质的参考摄入量为65 g/d（男）和55 g/d（女），同时应提高膳食蛋白质的质量（动物蛋白或大豆蛋白等优质蛋白质应占一半）；另外，还应注意不宜过多摄入蛋白质，否则将加重肝脏、肾脏的代谢负担。

（2）脂类：由于老年人面临肥胖、高脂血症和动脉粥样硬化等疾病的威胁，再加上老年人体脂比例增加而瘦体重减少，使得控制脂肪摄入尤为重要。建议老年人膳食脂肪供能占总能量的20%~30%。

（3）碳水化合物：老年人应限制富含单糖和双糖等甜食的摄入，以避免引起血糖的较大波动；应以淀粉等多糖摄入为主，建议多吃富含膳食纤维的食物如水果和蔬菜等，以增强肠蠕动，防止便秘。膳食碳水化合物的摄入量以占总能量的50%~65%为宜。

2. 微量营养素的需要和参考摄入量

（1）钙：老年人机体骨吸收的速率大于骨形成，造成骨矿物质丢失。骨矿物质丢失速率越大，越容易导致骨质疏松症。中国营养学会建议钙的参考摄入量为1 000 mg/d，但过量补钙可以影响其他矿物质的吸收，引起肾结石和肾功能损害。老年人钙的UL为2 000 mg/d。

（2）铁：老年人缺铁性贫血患病率较高，这与胃酸分泌减少、胃肠功能减退、铁的吸收利用受阻、造血功能下降有关。老年人喜食清淡食物，动物性食物摄入减少，导致体内铁储存不足。中国营养学会建议老年人铁的参考摄入量为12 mg/d。

（3）维生素A：维生素A在促进老年人上皮细胞增生、提高免疫力、维持视觉功能、调节骨代谢及预防癌症方面有重要作用。我国老年人维生素A的推荐摄入量男性为800 μg RAE/d，女性为700 μg RAE/d，老年人应该多食用黄绿色的蔬菜和水果。

（4）维生素D：老年人户外活动减少，由皮肤形成的维生素D减少，而且经肝脏、肾脏转化为1, 25-(OH)$_2$D$_3$的能力下降，容易出现维生素D缺乏而发生骨质疏松症。老年人维生素D的推荐摄入量为15 μg/d。

此外，老年人还应注意补充维生素E和维生素C，推荐摄入量分别为维生素E 14 mg α-TE/d，维生素C 100 mg/d。

（二）老年人的合理膳食原则

1. 食物品种丰富，动物性食物充足，常吃大豆制品。
2. 鼓励共同进餐，保持良好食欲，享受食物美味。
3. 积极户外活动，延缓肌肉衰减，保持适宜体重。
4. 定期健康体检，测评营养状况，预防营养缺乏。

（余焕玲）

第四节 营养与相关疾病

平衡膳食、合理营养是保证健康的四大基石之一。随着社会经济的发展和生活方式的改变，我国疾病谱也发生改变。一方面，我国肥胖、糖尿病等慢性病的发生率上升，严重影响人群健康和社会生活；另一方面，蛋白质-能量营养不良等营养缺乏现象仍然存在，这些疾病的防控工作均面临着巨大挑战。膳食因素在营养相关疾病的发生中起着重要作用。合理的膳食结构和某些保护性食物对这些疾病有一定的防治作用，而膳食营养不合理会增加它们的发生率。因此，改善膳食结构，进行适宜的膳食调控，对防治疾病具有重要意义。

一、蛋白质-能量营养不良

蛋白质-能量营养不良（protein-energy malnutrition，PEM）是因为食物中蛋白质和/或能量不足或疾病等因素引起的营养不良。PEM是世界上常见的营养缺乏病，成人和儿童均有发生，生长发育期的儿童最为敏感，是全球5岁以下儿童死亡的重要原因。

（一）蛋白质–能量营养不良的分类

PEM在临床上可分水肿型（kwashiorkor）、消瘦型（marasmus）和混合型。

1. 水肿型PEM 是能量摄入基本满足而蛋白质严重不足的营养缺乏病，通常发生于饥荒或食物供应不足地区，主要累及年龄较大的婴幼儿，主要表现为水肿等。

2. 消瘦型PEM 是由于能量严重摄入不足的营养缺乏病，可发生于任何严重营养不良人群，但以婴幼儿为主。消瘦型PEM患者无水肿现象，主要表现为消瘦等。

3. 混合型PEM 以上两种情况并存即为混合型PEM，患者同时有严重的消瘦和水肿，并且经常发育迟缓。

PEM对生长发育期的儿童影响最为严重，儿童水肿型和消瘦型PEM的主要特征见表3-4-1。

▼ 表3-4-1　儿童水肿型和消瘦型蛋白质–能量营养不良（PEM）的特征

项目	水肿型PEM	消瘦型PEM
年龄	3~13岁儿童	小于2岁的幼儿
原因	蛋白质摄入不足	蛋白质、能量、维生素和矿物质严重缺乏或吸收功能受损
发病速度	发病快，急性PEM	发展缓慢，慢性PEM
体重下降	体重下降不明显	体重下降明显
肌肉、脂肪	肌肉部分消耗，保留部分体脂	严重的肌肉和脂肪消耗
体重	体重是同年龄儿童平均体重的60%~80%	体重小于同年龄儿童平均体重的60%
水肿	水肿	没有明显的水肿
肝脏	增大的脂肪肝	没有脂肪肝
情绪	焦虑、易激惹、易悲伤	焦虑、淡漠
食欲	没有食欲	可能有食欲
毛发	毛发干、脆、易脱落、颜色改变	毛发稀疏、细黄、干枯、脱发
皮肤	有毛损	皮肤干燥、弹性差

（二）蛋白质–能量营养不良发病原因

由于社会、自然、生理、病理等因素使能量和蛋白质摄入不足时，都可能导致PEM。常见的原因有以下方面。

1. 膳食因素 ① 食物摄入过少：由于贫穷、战争、自然灾害等原因造成的食物短缺，以及错误的健康理念等原因使食物摄入量过少。② 低蛋白质、低能量膳食：如婴幼儿喂养不当致蛋白质摄入较少，或母乳喂养时间短，临床患者长时间使用流质膳食、软食等。

2. 疾病因素 ① 胃肠道疾病：胃肠道疾病和胃肠切除是PEM常见的重要原因。② 体重严重降低：如过度节食等原因使体重低于理想体重10%以上，或6个月内体重降低超过10%。③ 高代谢状态：由于高热及恶性肿瘤等使蛋白质–能量代谢大大增强，或因病导致营养素丢失增加等。④ 慢性消耗性疾病：如糖尿病、心血管疾病等。⑤ 使用某些药物或治疗：如进行放疗、化疗的肿瘤患者。

（三）蛋白质–能量营养不良的诊断

除了病史、临床表现和实验室检查外，体格测量指标是重要的诊断依据。

1. 儿童　生长评价是评价儿童健康与营养状态的指标，体重不增或减轻是最早出现的症状。常用的指标有年龄别身高、身高别体重和年龄别体重。

2. 成人　① 体重指数：BMI < 18.5 kg/m² 为营养不良，BMI < 17.5 kg/m² 为中度营养不良，BMI < 16.5 kg/m² 为重度营养不良。② 体重改变：由于我国目前尚无统一的标准体重值，故采用体重改变作为指标更合理，并综合考虑体重变化的幅度与速度。

（四）蛋白质–能量营养不良的防治

1. 去除病因　积极查清病因，去除病因。

2. 营养治疗　PEM营养治疗方案应包括提供充足的蛋白质和能量，全面改善营养，纠正并发症，逆转病情发展。

（1）补充蛋白质和能量，全面改善营养：PEM患者摄入的蛋白质和能量应高于一般人群，每日需摄入优质蛋白质2~2.5 g/（kg·bw），能量500~625 kJ/（kg·bw）[120~150 kcal/（kg·bw）]；1岁以下的婴儿每日需蛋白质3.5 g/（kg·bw），能量625 kJ/（kg·bw）[150 kcal/（kg·bw）]。蛋白质和能量应同时、逐步补充。婴幼儿应尽量保证母乳喂养。可根据患者状态及其胃肠道功能等情况，选择适宜的营养补充途径。

（2）治疗并发症：PEM患者常伴发贫血、感染、水和电解质紊乱等，需要采取相应措施积极治疗。同时，应采取包括营养教育、社会政策措施等在内的综合措施进行PEM的干预。

二、营养与心血管疾病

（一）高血压

高血压（hypertension）是一种以体循环动脉收缩期和/或舒张期血压持续升高为主要特点的心血管疾病。高血压发病率高，致死致残率高，是需要特别关注的严重公共卫生问题。我国18岁以上成人高血压患病率为27.5%。高血压是脑卒中、冠心病、心功能衰竭和肾功能衰竭等的危险因素，也是心脑血管疾病的首位危险因素。

高血压的诊断和分级主要根据体循环动脉收缩压和/或舒张压的测量结果，当收缩压 ≥ 130 mmHg 和/或舒张压 ≥ 80 mmHg，即可诊断为高血压。目前我国对高血压的诊断与分级采用2022年修订的《中国高血压临床实践指南》的标准，见表3-4-2。

▼ 表3-4-2　高血压诊断与分级

单位：mmHg

类别	收缩压		舒张压
1级高血压	130~139	和/或	80~89
2级高血压	≥ 140	和/或	≥ 90

1. 膳食因素与高血压 高血压是一种遗传多基因与环境多危险因素相互作用而产生的慢性全身性疾病，通常认为遗传因素与环境因素分别占40%和60%，膳食因素是主要的环境因素。

（1）营养与高血压

1）钠：钠摄入过多可引起血压升高。钠的摄入量和成人、儿童血压水平与高血压患病率呈正相关。

2）钾：钾盐摄入量与血压水平呈负相关，膳食补充钾对高钠引起的高血压降压效果明显。膳食钠/钾比值与血压的相关性甚至更强。

3）钙：膳食钙摄入不足可使血压升高。钙摄入低时高血压危险性增加，低钙摄入还可使钠盐升高血压的作用增强。补充钙对钠敏感高血压患者的降压效果尤为显著。

4）镁：镁与高血压关系的研究资料有限，一般认为镁的摄入量与高血压发病呈负相关。

5）脂类：增加脂肪的供能比例可导致血压升高；增加PUFA和减少SFA的摄入有利于降低血压。

（2）食物与高血压的关系

1）高盐膳食：大量人群研究证实，高盐（钠）膳食增加高血压的发病风险。

2）油脂：补充鱼油可剂量依赖性地降低人群血压。在控制脂肪供能比的前提下，增加橄榄油摄入量可降低血压。

3）酒精：少量饮酒有扩张血管作用，但大量饮酒反而导致血管收缩。过量饮酒是高血压发病的危险因素，人群高血压患病率随饮酒量增加而升高。

4）其他因素：虾贝类及海藻摄入、经常饮茶有助于降血压。

2. 高血压的膳食调控原则 高血压的一级预防在于广泛的健康宣传教育，使大众对高血压有明确的认识，对与其密切相关的生活习惯、膳食行为等有充分的了解。生活方式改变包括减重、低盐低饱和脂肪酸低胆固醇饮食、有氧运动、摄入充足的膳食镁钾钙及戒烟、限酒等。营养治疗在高血压的防治中起重要作用。

（1）限制钠盐摄入量：目前，为防治高血压，推荐钠摄入量应减少至2 000 mg/d（约5 g氯化钠以下）。控制食盐摄入量的措施有减少烹调用盐、减少含钠盐的调味品用量、少食或不食含钠盐量较高的各类加工食品或使用含钾的烹调用盐。

（2）增加钾、钙、镁的摄入：高血压患者宜多进食含钾丰富的食物，推荐钾摄入目标为3 500~4 700 mg/d。水果和蔬菜是钾最好的来源，提倡多摄入富含钙和镁的食品。

（3）减少膳食脂肪摄入，增加优质蛋白质的摄入：脂肪摄入量占总能量的25%以下，保持良好的脂肪酸比例。蛋白质占能量的15%以上，多食大豆蛋白。

（4）高血压治疗膳食（dietary approaches to stop hypertension，DASH）：由美国国立卫生研究院，美国心脏、肺和血液研究所制定。该膳食特点为富含水果、蔬菜，包括全谷类、家禽、鱼类、坚果，其富含的营养素有钾、镁、钙和蛋白质，而总脂肪、饱和脂肪酸、胆固醇含量较低，富含膳食纤维。DASH可以降低轻度高血压患者的收缩压和舒张压，且与单独使用降压药的效果类似。

（5）限制饮酒：限制饮酒量可显著降低高血压的发病风险，高血压患者不应饮酒。

（6）克服不良饮食习惯：减少高能量密度食物的摄入。进餐应细嚼慢咽，避免进食过快、暴饮暴食。

（二）高脂血症

血脂高于正常值的上限称为高脂血症。高脂血症是血浆中脂质的量和质出现异常，一般表现为血浆中总胆固醇（total cholesterol，TC）、甘油三酯（triglyceride，TG）、低密度脂蛋白胆固醇（low-density lipoprotein cholesterol，LDL-C）水平升高，而高密度脂蛋白胆固醇（high-density lipoprotein cholesterol，HDL-C）水平降低，目前也称为血脂异常。

近30年我国高脂血症患病率明显增加。目前我国成人高胆固醇血症患病率为8.2%，成人血脂异常总体患病率高达35.6%。高脂血症的发生与营养密切相关。

1. 脂蛋白与高脂血症　脂质在血浆中必须与蛋白质结合，以脂蛋白的形式存在。因此，高脂血症实际上表现为高脂蛋白血症。

脂蛋白（lipoproteins）是脂类物质在体内转运的重要形式。根据脂蛋白的理化性质，采用密度离心法可将脂蛋白分为五类，即乳糜微粒（chylomicrons，CM）、极低密度脂蛋白（very low density lipoprotein，VLDL）、中间密度脂蛋白（intermediate-density lipoprotein，IDL）、LDL和HDL。此外，还有一种脂蛋白为脂蛋白（a）[lipoprotein（a），Lp（a）]。

各种脂蛋白在体内发挥的功能也不同（表3-4-3）。

▼ 表3-4-3　各种脂蛋白的主要功能

脂蛋白种类	来源	主要功能
乳糜微粒（CM）	小肠黏膜细胞合成	将食物中的甘油三酯和胆固醇从小肠转运至其他组织
极低密度脂蛋白（VLDL）	肝细胞合成	转运内源性总胆固醇至外周组织，经酯酶水解后释放游离脂肪酸
低密度脂蛋白（LDL）	极低密度脂蛋白和中间密度脂蛋白中总胆固醇经酯酶水解形成	转运胆固醇到全身组织被利用
高密度脂蛋白（HDL）	主要由肝脏和小肠合成	转运外周组织胆固醇到肝代谢和排出

2. 高脂血症的分类　高脂血症的分类复杂，有表型分类、病因分类和临床分类等。其中，最实用的是临床分类，将高脂血症分为高胆固醇血症、高TG血症、混合型高脂血症和低HDL-C血症。

3. 膳食因素与高脂血症　很多膳食成分对血胆固醇都有影响。

（1）营养与高脂血症

1）脂类：改变膳食中总脂肪、饱和脂肪酸和胆固醇的摄入量可改变血中胆固醇和脂蛋白水平。

① 饱和脂肪酸（SFA）：是导致血胆固醇升高的主要脂肪酸。碳链的长短不同对血脂的影响也不一样，如月桂酸（C12：0）、肉豆蔻酸（C14：0）和棕榈酸（C16：0）具有较强的升高血胆固醇作用，而短链脂肪酸（C6：0~C12：0）和硬脂酸（C18：0）则对血胆固醇影响较小。

② 单不饱和脂肪酸（MUFA）：橄榄油和茶油中含较多的MUFA，能降低血胆固醇浓度，且

主要表现为选择性地降低LDL-C和TG，而对HDL-C降低的程度相对较小。

③ 多不饱和脂肪酸（PUFA）：与SFA相比，长链多不饱和脂肪酸尤其是n-3和n-6系列PUFA均有降低血胆固醇的作用，此外n-3系列PUFA还能降低TG、血小板凝聚率和血压。由于PUFA易发生氧化，所以应避免过多摄入。

④ 反式脂肪酸：增加其摄入量，可升高LDL-C和Lp(a)、降低HDL-C。

⑤ 胆固醇：近期的多项队列研究发现，膳食胆固醇摄入不会直接导致血清胆固醇的升高。膳食胆固醇的吸收及其对血脂的影响因遗传和代谢状态而存在较大的个体差异，有15%~25%的人属于胆固醇敏感者，该人群摄入高胆固醇食物可引起血胆固醇升高。因此，虽然目前我国最新发布的膳食指南并未限制胆固醇的每日摄入量，对于本身有血脂紊乱、心血管病风险的个体，仍应适当限制胆固醇的摄入。

⑥ 磷脂：可使血胆固醇浓度降低，避免胆固醇在血管壁沉积。

2）蛋白质与氨基酸：不同蛋白质对血胆固醇水平的影响不同。一般而言，动物蛋白质升高血胆固醇的作用较明显。牛磺酸具有降血脂作用。

3）能量与碳水化合物：长期能量摄入大于消耗时，可影响血脂代谢。碳水化合物对血脂的影响与碳水化合物的种类、数量及人体的生理和病理状态有关。过多的葡萄糖在肝脏转化为TG，但膳食纤维有降低血TC和LDL-C的作用。

4）维生素：维生素E能降低血浆LDL-C而升高HDL-C水平。维生素C参与胆固醇代谢、增加胆固醇转变为胆酸的速率、使血液胆固醇水平降低；作为抗氧化剂，维生素C可防止USFA的过氧化并维持维生素E的抗氧化作用，从而有助于改善高脂血症。维生素B$_6$与动脉壁组织介质酸性黏多糖代谢和脂代谢有关；还参与亚油酸转化为花生四烯酸，后者是前列腺素合成的前体。叶酸、维生素B$_{12}$和维生素B$_6$缺乏时，血浆同型半胱氨酸浓度增加。维生素B$_{12}$、泛酸、维生素A和胡萝卜素等具有降低血脂和抑制体内脂质过氧化的作用。

5）矿物质

① 镁和钙：镁具有降低血胆固醇与降低冠状动脉张力、增加冠脉血流和保护心肌细胞完整性的功能；增加钙的摄入有利于降低血压，而动物缺钙可引起血胆固醇和TG升高。

② 钠：人群膳食钠摄入与高血压发病有关，而高血压与高脂血症的发生密切相关，因此减少钠摄入可预防高脂血症。

③ 硒：可减少活性氧自由基对心肌细胞和血管内皮细胞的损伤作用。缺硒可引起心肌细胞损伤，促进冠心病的发生；可增加动物心肌梗死的危险性，这些疾病都与高脂血症相关。

④ 其他：锰元素在保护心血管系统方面起一定作用。

6）植物化学物：植物固醇可抑制胆固醇的吸收，有效降低高脂血症患者血液中的TC和LDL-C水平，而不降低HDL-C水平。

（2）食物与高脂血症

1）全谷物（whole grain）：指未经精细加工或虽经碾磨、粉碎等处理但仍保留了完整谷粒及天然营养成分的全谷物。增加全谷物（如燕麦、大麦、小麦全谷物）摄入量（每日1~3份，30~90 g）

可通过降低血脂、血压，从而降低心血管疾病的发病风险。

2）蔬菜、水果：增加蔬菜、水果的摄入可降低心脑血管病发病率和死亡率。

3）动物性食物：过多摄入加工畜肉（烟熏、腌渍等）可增加心血管疾病的发病风险，增加鱼肉摄入可降低血管疾病和脑卒中的发病风险，奶类摄入与血管疾病的关系不明显。

4）大豆及其制品：尽管结果不完全一致，多项研究结果综合显示，增加大豆及其制品的摄入，有利于降低血 TC、LDL-C 和 TG 水平。

5）坚果类食物：多项研究表明，适量摄入坚果可改善成人血脂。

6）添加糖、含糖饮料：过多糖/含糖饮料的摄入（尤其是果糖）可增加人群血脂异常的风险。

7）茶、咖啡：饮茶可减少人和实验动物胆固醇在动脉壁沉积。增加饮茶和咖啡可降低人群血管疾病的发病风险。

8）其他食物：酒精与心血管疾病患病风险呈 J 形曲线关系。适量饮酒可升高 HDL-C 水平，保护心血管功能；但大量饮酒可导致脂代谢紊乱，升高 TG 和 LDL-C 水平。棕榈油摄入可增加血脂异常的风险。

9）合理膳食模式：合理膳食模式是血管疾病的保护因素，可降低脑卒中、血管疾病的发病风险。

4. 高脂血症的膳食调控原则

（1）控制总能量，保持适宜的体重。

（2）限制脂肪和胆固醇的摄入：限制总脂肪、饱和脂肪酸、胆固醇和反式脂肪酸的摄入量是防治动脉粥样硬化的重要措施。脂肪供能应为总能量的 20%~25%，饱和脂肪酸供能少于总能量的 10%；每日膳食胆固醇的摄入量小于 300 mg。少吃动物油脂，适当增加 MUFA 和 PUFA 的摄入。限制含胆固醇较高食物的摄入量。

（3）提高植物性蛋白质的摄入。

（4）调整碳水化合物的摄入：碳水化合物供能应占总能量的 50%~65%，以谷类、薯类和全谷物为主，应限制单糖和双糖的摄入，添加糖摄入不应超过总能量的 10%。

（5）保证充足的膳食纤维、维生素、适量的矿物质和抗氧化营养素的摄入。

（6）养成良好的饮食习惯。

三、营养与代谢性疾病

（一）肥胖

肥胖（obesity）是指体内脂肪堆积过多和/或分布异常、体重增加，是遗传因素、环境因素等多种因素相互作用所引起的慢性代谢性疾病。目前，肥胖的患病率在全球范围内快速增长。我国 18 岁及以上成人肥胖率为 16.4%，6~17 岁儿童青少年肥胖率为 10.4%。肥胖的防治不仅要关注体重、体脂的减少，还要兼顾降低相关的健康风险和促进健康。

1. 肥胖的分类　按照发生的原因，可将肥胖分为以下几类。

（1）单纯性肥胖（simple obesity）：是指单纯由于能量摄入大于能量消耗，造成全身性脂肪过量积累并在体内贮存所引起的肥胖。肥胖儿童中约99%以上属于该种类型的肥胖。

（2）继发性肥胖（secondary obesity）：是指由于下丘脑－垂体－肾上腺轴发生病变、内分泌紊乱或其他疾病、外伤引起的内分泌障碍而导致的肥胖。

（3）遗传性肥胖：主要指遗传物质（染色体、DNA）发生改变而导致的肥胖，这种肥胖比较罕见。

2. 肥胖的影响因素　目前认为，肥胖是由包括遗传和环境因素在内的多种因素相互作用的结果。环境因素主要是饮食和身体活动。

（1）环境因素

1）营养素不平衡：肥胖是能量、营养素摄入不平衡的表现，多余的能量会很快被机体转化为脂肪，以体脂的形式贮存在体内。

2）饮食行为：长期人量摄入高能量食品，人工喂养过量、添加固体辅食过早，进食速度快、食量大，偏食、喜食油腻和甜食，吃零食等均与肥胖密切相关。

3）身体活动减少：随着人们的身体活动减少，能量消耗也明显减少。

（2）遗传因素：人类肥胖存在较明显的家族性。近年来，发现与进食和肥胖有关的信号因子有20余种，如瘦素、解偶联蛋白、神经肽Y、黑色素和皮质素等。

3. 肥胖的诊断标准　目前已经建立的肥胖判定方法可大致分为人体测量法、物理测量法和化学测量法三类。

（1）人体测量法：人体测量法包括身高、体重等参数的测量。根据人体测量数据可以有许多不同的肥胖判定标准和方法，常用的有以下几种。

1）标准体重：常用标准体重计算公式有两个。

Broca改良公式：标准体重＝身高（cm）–105

平田公式：标准体重＝［身高（cm）–100］×0.9

判断标准：我国常用Broca改良公式计算标准体重。超过标准体重的10%为超重，超过标准体重的20%为肥胖。

2）体重指数（body mass index，BMI）：是目前应用较为普遍的指标，可用于衡量肥胖程度。但不同组织给出的标准稍有不同。BMI可用于衡量肥胖程度，具体判断标准见第三章第二节"四、营养调查及评价"的相关内容。

3）腰围：是诊断腹部脂肪积聚最重要的临床指标。体内脂肪分布的部位不同，对健康的影响不同。上身性肥胖（以腹部或内脏脂肪增多为主）患心血管疾病和糖尿病的危险性显著增加，同时死亡率亦明显增加。WHO规定男性腰围≥102 cm、女性腰围≥88 cm作为上身性肥胖的标准；腰臀比男性≥0.9、女性≥0.8作为上身性肥胖的标准，在我国腰围男性≥90 cm、女性≥85 cm可诊断为上身性肥胖。

（2）物理测量法：是指根据物理学原理测量人体成分，从而可推算出体脂的含量。这些方法包括全身电传导、生物电阻抗分析、双能X线吸收、计算机体层摄影和磁共振成像，但费用较昂贵。

（3）化学测量法：理论依据是中性脂肪不结合水和电解质，因此，机体的组织成分可用无脂的成分为基础来计算。若人体瘦体质的组成恒定，通过分析其中一种组分（如水、钾或钠）的量就可以估计瘦体质的多少，然后用体重减去瘦体质的重量就是体脂。

4. 膳食因素与肥胖 肥胖发生的根本原因是机体的能量摄入大于消耗。因此，膳食因素在肥胖发生的过程中发挥了非常重要的作用。

（1）营养与肥胖

1）生命早期营养对成年后肥胖发生的影响：生命早期（early life）是指胎儿期、哺乳期和断乳后的一段时间（一般指3岁以内，亦称"窗口期"）。此时机体对外界各种刺激敏感，并且会产生记忆，对成年后的肥胖及相关慢性病的发生、发展有重要影响。

2）膳食能量摄入过剩：肥胖发生的根本原因是机体的能量摄入大于能量消耗。

3）宏量营养素摄入对肥胖的影响：每一种宏量营养素摄入过多均会增加总能量摄入，从而导致肥胖。脂肪（尤其是动物脂肪）摄入增加是导致近年来世界各国肥胖率不断增加的重要原因；碳水化合物摄入对肥胖的影响尚不确定；在控制总能量时，高蛋白饮食对肥胖者有减轻体重的作用。

4）维生素和矿物质摄入与肥胖：目前尚无法确定某种微量营养素能影响肥胖的发生，因此尚需进一步确定。

5）膳食纤维摄入有助于控制肥胖：膳食纤维具有高膨胀性和持水性，使各种营养成分吸收减慢，它还能吸附脂类从而降低血浆胆固醇，具有防止肥胖的作用。

（2）食物与肥胖

1）全谷物：摄入全谷物有助于维持正常体重，减少体重增长。但是对于超重/肥胖人群，目前的随机对照试验结果并未证明全谷物干预能够减轻体重。

2）薯类：薯类与肥胖的关系与薯类烹调方式密切相关，其中油炸薯片和薯条的摄入可增加超重和肥胖的发病风险，而普通烹调方式的薯类对肥胖的作用研究较少，研究结果也不一致。

3）蔬菜和水果：目前蔬菜干预对减肥作用的人群研究结论不一致。水果摄入可减缓超重和肥胖成人的体重增长，但在儿童中未发现二者的关联。

4）畜肉：过多摄入畜肉可能增加肥胖的发病风险。

5）大豆及其制品：摄入大豆及其制品可以改善肥胖和超重人群的体重；大豆异黄酮和大豆纤维能减轻体重。

6）含糖饮料：过多摄入含糖饮料可增加超重或肥胖的发生风险。

7）合理膳食：合理膳食有助于预防和控制肥胖及相关慢性病的发生与发展，高脂肪膳食可增加肥胖发生的危险性或诱导肥胖发生。

5. 肥胖的膳食调控原则 肥胖防治应长期坚持控制能量摄入、增加能量消耗、促进体脂分解，不可急于求成。预防肥胖比治疗容易且更有意义。肥胖的治疗手段应包括营养治疗、身体活动、行为、药物和手术干预等。其中最有效的方法是改变包括饮食在内的生活行为。营养治疗的目的是通过长期控制总能量摄入，结合增加运动，从而减轻体重，同时又维持身心健康。

（1）控制总能量的摄入：肥胖的膳食调控首先是控制总能量的摄入。肥胖者的每日最低能量需要量须尽可能根据肥胖程度来考虑。能量控制一定要循序渐进。

（2）调整膳食模式和营养素的摄入：在控制总能量摄入的基础上，进一步对膳食模式和各种营养素摄入的比例进行调整，能够促进体重的降低，有效预防肥胖的发生。

1）调整宏量营养的构成比：常用的减肥膳食，在限制总能量的基础上，对各种宏量营养素的供能比也有一定的限制。研究发现，高蛋白膳食干预、短期低碳水化合物膳食干预有益于体重控制。建议多摄入优质蛋白质，限制含嘌呤高的动物内脏；选用不饱和脂肪酸丰富的油脂和食物，少食富含饱和脂肪酸的动物油脂和食物；碳水化合物的摄入应选择谷类食物，多选择粗杂粮，严格限制糖、巧克力、含糖饮料及零食。

2）保证维生素和矿物质的供应：减肥时，保证充足的维生素和矿物质的摄入不仅有助于减肥，还能改善代谢紊乱。应多摄入新鲜蔬菜和水果。食盐能引起口渴并刺激食欲和增加体重，不利于肥胖治疗，应加以控制。

3）增加膳食纤维的摄入：每日膳食纤维的供给量以25~30 g为宜。高膳食纤维食物包括粗粮、蔬菜、水果等。

4）补充某些植物化学物：异黄酮、皂苷等植物化学物在减肥和治疗代谢性疾病方面具有一定的效果。因此，可以适当补充作为辅助减肥的手段。

5）三餐合理分配及烹调：进食餐次因人而异，通常为三餐，鼓励少食多餐。三餐的食物能量分配可参照早餐：午餐：晚餐的比例为3：4：3进行调整。膳食的烹调方法则采用蒸、煮、烧及氽等，忌煎和炸。

（二）糖尿病

糖尿病（diabetes mellitus，DM）是一组由多病因引起的以慢性高血糖为特征的代谢疾病群，由胰岛素分泌缺陷和/或作用缺陷所引起。糖尿病主要特点是高血糖及尿糖，临床表现为多尿、多饮、多食及体重减轻（即"三多一少"）。随着糖尿病病程延长，体内碳水化合物、蛋白质及脂肪代谢紊乱可致多组织、多器官的慢性退行性病变，甚至危及生命。

近年来，糖尿病的患病率明显增加。目前我国糖尿病患病率为11.9%，较2015年相比，糖尿病患病率呈上升趋势。随着我国社会经济的发展，糖尿病的发病正呈现年轻化趋势。

1. 糖尿病的分类　按照目前国际上通用的WHO糖尿病专家委员会提出的病因学分型标准（1999），可将糖尿病分为四种类型。

（1）1型糖尿病（type 1 diabetes mellitus，T1DM）：约占已知糖尿病病例的5%~10%。其特征为胰岛素严重缺陷。1型糖尿病多发生于儿童和青少年，有家族聚集趋势。此型起病急、病情重，"三多一少"症状明显，需要给予外源胰岛素进行治疗。

（2）2型糖尿病（type 2 diabetes mellitus，T2DM）：约占已知糖尿病病例的90%~95%。其形成与胰岛素抵抗及胰岛β细胞代偿性胰岛素产生不足有关。2型糖尿病多发生于中年人。此型起病缓慢，病情较轻，"三多一少"症状不明显，常在体检或因治疗其他疾病时被确诊。一般不需外源性胰岛素，但有部分患者在应激情况下也需用胰岛素治疗。

（3）特殊类型糖尿病：如因内分泌疾病、药物及化学物品、感染等所导致的糖尿病。糖尿病前期是指餐后血糖在7.8~11.1 mmol/L（即糖耐量降低），或空腹血糖在6.1~7.0 mmol/L（即空腹血糖受损），是介于糖尿病和正常血糖之间的一种状态，被认为是糖尿病的必经途径。

（4）妊娠期糖尿病：是指在妊娠期间发生的糖代谢异常，在我国的发病率为14.8%~17.8%，大部分患者分娩后血糖可恢复正常。妊娠期糖尿病患者因病情不同对胰岛素的需要程度有差异。分娩后患者继发糖尿病的危险非常高，而适宜的营养、身体活动和某些药物可能会降低这种风险。

2. 糖尿病的危险因素　糖尿病的危险因素比较复杂，主要有以下六个方面的因素。

（1）遗传因素：糖尿病具有家族遗传易感性。国外研究报道25%~50%有家族史，双生子研究发现2型糖尿病中共显性达90%以上。

（2）体重因素：与正常体重者相比，超过理想体重50%者糖尿病发病率高出12倍。

（3）身体活动：适量的身体活动能减轻胰岛素抵抗，而身体活动缺乏是2型糖尿病发生的重要危险因素。

（4）生理因素：糖尿病发病率随年龄增长而上升，大多数患者发病年龄在50~70岁。

（5）社会环境因素：不良生活方式、生活节奏加快、竞争激烈、压力大、应激增多等也是糖尿病的危险因素。

（6）营养因素：长期不合理的"西方化"膳食可使血糖异常升高或发展为糖尿病。矿物质铬、镁、锌等缺乏，可导致或加重糖尿病。

3. 膳食因素与糖尿病

（1）营养与糖尿病

1）碳水化合物：糖尿病的主要表现是碳水化合物代谢紊乱，并引起全身性的代谢紊乱。糖尿病患者的碳水化合物摄入应适宜，如过高会使机体调节血糖的功能失控，而摄入不足时体内又需动员脂肪和分解蛋白质，易引起酮血症。

食物中碳水化合物的分子量及结构不同，致餐后血糖升高的快慢及幅度也不同，应综合考虑食物的血糖指数（GI）和血糖负荷（GL）。一般情况下，低GI/GL食物对血糖的影响较小。

2）脂肪：长期摄入高脂膳食可引起胰岛素抵抗和胰岛细胞的功能损害，增加糖尿病的发病风险。

不同脂肪酸对糖尿病的影响不同，膳食SFA、反式脂肪酸是糖尿病的危险因素；而PUFA，尤其是n-3系列PUFA能改善糖代谢和胰岛素抵抗。

3）蛋白质：蛋白质与糖尿病之间关系尚不确切，但当碳水化合物和脂肪代谢紊乱时，蛋白质的代谢也必然处于不平衡状态，同样可以引起胰岛素分泌量的变化，促进糖尿病的发生。

4）矿物质：铬是葡萄糖耐量因子的主要组成成分，膳食补充三价铬对预防和辅助治疗糖尿病有积极作用。适当补硒可延缓糖尿病病情，预防糖尿病并发症，改善预后。镁可调节葡萄糖的跨膜转运；糖尿病控制不好时尿镁排出增加，可导致低镁血症，增加胰岛素抵抗。矾、钴、铁及钾等可能通过激活胰岛β细胞，从而在维持正常血糖中发挥重要作用。

5）维生素：B族维生素（尤其是维生素B_1、维生素B_2、烟酸等）参与葡萄糖代谢，糖尿病控制不佳和多尿患者对B族维生素的需要量增加。叶酸和维生素B_{12}有利于降低糖尿病患者并发心血管病和死亡的危险。维生素C、维生素E等缺乏均可诱发或加重糖尿病及其慢性并发症的发生。

6）膳食纤维：膳食纤维摄入与2型糖尿病发病风险呈负相关，膳食纤维有降低空腹血糖、延缓碳水化合物吸收、降低餐后血糖及改善葡萄糖耐量的作用，还可降低胆固醇。所以糖尿病患者应增加富含膳食纤维食物的摄入。

（2）食物与糖尿病：食物不同种类、摄入水平及膳食模式可影响2型糖尿病的发生与发展。

1）全谷物：有助于降低或延缓血糖应答，与2型糖尿病存在非线性相关。

2）蔬菜和水果：摄入绿色叶菜可降低糖尿病的发病风险，且剂量–反应关系显著。增加水果的摄入量对许多慢性病有一级预防的作用。然而综合目前的研究结果，水果摄入与2型糖尿病发生之间并无明显关联。

3）畜肉：大量摄入畜肉可提高血清胆固醇及LDL–C水平，与多种慢性疾病发生风险之间存在一定关联。

4）酸奶：近些年有研究指出，酸奶对一些慢性病如代谢性疾病、心血管疾病等都有良好的预防作用。

5）含糖饮料：系统评价显示，与每月饮用少于1次或不饮用者相比，每日饮用1~2次者发生2型糖尿病的风险可增加1.26倍。

6）茶：饮茶有利于2型糖尿病风险人群的血糖控制，改善胰岛素敏感性、降低空腹血糖和糖化血红蛋白浓度。

7）咖啡：咖啡因可以加速人体新陈代谢，使人保持头脑清醒；绿原酸具有抗氧化、抗炎、抗菌、抗病毒等生物特性，有助于慢性病的防治。有研究显示，与不饮用咖啡者相比，每日饮用咖啡可将糖尿病发病风险降低25%~31%，并且此保护作用无地区、性别和种族差异。

8）素食饮食：素食饮食与2型糖尿病的发病风险呈显著负相关。

4. 糖尿病的膳食调控原则　糖尿病的治疗应为包括健康教育、营养治疗、运动疗法、药物治疗及自我监测等在内的综合治疗方法，其中营养治疗是控制血糖最基本、最有效的治疗措施之一。对于空腹血糖 ≤ 11.1 mmol/L 的患者来说，单纯采用营养治疗即可达到控制血糖的目的。糖尿病的膳食调控要求有效控制每日总能量的摄入，三大产能营养素的比例要适宜。食物应多样化，注意微量营养素的补充。食谱因人而异，膳食结构和餐次分配要合理。总之，要做到既要控制饮食又要合理营养。

（1）合理控制总能量摄入：是糖尿病营养治疗的首要原则。应根据患者具体情况确定总能量摄入量，以维持或略低于理想体重。

（2）适量的碳水化合物摄入：在合理控制总能量的基础上，糖尿病患者应摄入一定比例的碳水化合物，供给量以占总能量的45%~60%为宜。同时，应选择低 GI/GL 食物。糖尿病患者宜多食用粗粮和复合碳水化合物，少食用富含精制糖的甜点。若食用水果，应适当减少主食量。糖尿病患者应增加膳食纤维的摄入量，成人每日摄入量应 >14 g/1 000 kcal。

（3）控制脂类摄入：脂肪供能占总能量的20%~30%，如果是优质脂肪（如MUFA和n-3PUFA组成的脂肪），供能比可提高到35%。其中SFA的比例应小于10%，PUFA不宜超过总能量的10%；MUFA是较理想的脂类来源，宜大于总能量的12%。每日胆固醇摄入量应低于300 mg。

（4）合理的蛋白质摄入：糖尿病患者易出现负氮平衡，因此，应保证蛋白质的摄入量，其供能占总能量的15%~20%，并保证优质蛋白质占总蛋白的一半以上。但长期高蛋白饮食对糖尿病患者并无益处。有显性蛋白尿或肾小球滤过率下降的糖尿病患者蛋白质摄入应控制在每日0.8 g/（kg·bw）。

（5）充足的维生素摄入。

（6）适量的矿物质摄入。

（7）限制饮酒：不推荐糖尿病患者饮酒。

（8）合理的餐次制度：根据患者个人情况（用药、血糖情况和饮食习惯等），按三至五餐分配，至少一日三餐；定时、定量，三餐能量分配要合理。加餐量应从正餐的总量中扣除，做到加餐不加量。

四、营养与肿瘤

肿瘤是机体在各种致瘤因素作用下，局部组织的细胞在基因水平上失去对其生长的正常调控，导致细胞异常增生而形成的新生物。其生长与周围正常组织不相协调，表现为结构、功能和代谢的异常。

目前癌症仍然是危害人类健康和生命的重大问题。我国癌症死亡率为293.9/10万，仍呈现上升趋势。膳食和生活方式是导致肿瘤发展的最重要环境因素。应积极采取有效预防措施，实现癌症早发现、早诊断和早治疗。

（一）膳食因素与肿瘤

肿瘤的形成与发展是遗传因素、环境因素和精神心理因素等多因素相互作用的结果，不合理膳食、吸烟、饮酒分别占诱发癌症因素的35%、30%和10%。食物中既存在致癌因素，也存在抗癌因素，膳食、营养可以影响恶性肿瘤的启动、促进、进展各个阶段。

1. 营养与肿瘤

（1）脂肪：脂肪与癌症关系密切。高脂肪膳食地区、国家及人群中结肠、直肠癌及乳腺癌等发病率和死亡率高。膳食脂肪的种类与癌症的发生也有关系，SFA和动物油脂的摄入与肺癌、乳腺癌、结肠癌、直肠癌、子宫内膜癌等危险性增加有关。血清胆固醇水平在许多情况下与结肠癌发病相关。

（2）蛋白质：蛋白质摄入过少或过多均会促进肿瘤的生长。流行病学资料显示，食管癌、胃癌发病者蛋白质摄入量比正常人低。但常食用大豆制品者胃癌的相对危险度低于不常食用者。过多摄入动物性蛋白质，使一些癌症如结肠癌、乳腺癌和胰腺癌等危险性升高。

（3）碳水化合物：摄入高淀粉食物的人群胃癌和食管癌发病率较高。但膳食纤维可减少结肠癌、直肠癌的发病危险，对乳腺癌也有一定的预防作用。食用菌及海洋生物中的多糖（如蘑菇多糖、灵芝多糖等）有提高人体免疫力的作用，海参多糖有抑制肿瘤细胞生长的作用。

（4）矿物质：硒具有抑制癌症的作用。高钙膳食与结肠癌、直肠癌及乳腺癌的发病率呈负相关。锌的缺乏和过量都与癌症发生有关，过低会导致免疫功能减退，过高则会影响硒的吸收。高铁膳食可能增加肠癌和肝癌的风险。

（5）维生素：维生素A有抑癌作用。维生素C可用于治疗食管癌、胃癌等癌症。维生素E具有防癌抗癌的作用，摄入维生素E量高者患结肠癌、直肠癌、肺癌及子宫颈癌的危险性较低。B族维生素与前致癌物的致活或失活有关，维生素B_2对二甲基氨基偶氮苯所诱导的大鼠肝癌有保护作用。

（6）能量及其他相关因素：由高能量膳食和缺乏锻炼引起的高BMI可增加子宫内膜癌的危险性，在能量摄入过多引起的超重和肥胖患者中，罹患乳腺癌、结肠癌、胰腺癌等的机会高于体重正常人。定期体育锻炼可减少结肠癌，并有可能减少肺癌和乳腺癌的危险性。

（7）植物化学物：黄酮类化合物、含硫化合物、萜类等植物化学物也具有阻断癌症发生的作用，植物化学物在肿瘤预防和治疗中的作用不可忽视。

（8）食物中的致癌因素：食物中致癌因素研究比较多的有N-亚硝基化合物、黄曲霉毒素、多环芳烃类化合物和杂环胺类化合物等。食物中残留的某些农药、重金属、激素、抗生素、二噁英、氯丙醇、丙烯酰胺，食物容器包装材料中残留的某些小分子物质等具有一定的致癌作用。

2. 食物与肿瘤

（1）谷薯类：队列研究表明，全谷物可降低结直肠癌的发病风险。薯类摄入与结直肠癌发病无显著相关。

（2）蔬菜和水果类：蔬菜摄入增加可预防食管癌的发生，但与胃癌、肺癌、乳腺癌的发病及死亡风险无关。水果摄入量与食管癌、胃癌、结直肠癌的发病风险呈负相关。

（3）动物性食品：畜肉摄入过多可增加结直肠癌发病风险，禽肉摄入与结直肠癌发病风险无关；鸡蛋摄入与癌症的风险关系尚不明确；牛奶及其制品，特别是低脂奶类摄入可降低乳腺癌、结直肠癌发病风险。

（4）大豆及其制品：综合研究结果表明，大豆及其制品的消费可降低乳腺癌、胃癌的发病风险。

（5）茶：增加饮茶可降低胃癌和乳腺癌的发病风险。

（6）油脂：虽有研究提示食用油脂与癌症发病之间存在关联，脂肪摄入量高可能与某些癌症发生有关，某些油脂（如橄榄油）的摄入增加则可能降低乳腺癌的发病风险，但仍需要更多的研究证据来确定二者的因果关系。

（7）钠盐：综合研究显示，高盐（钠）摄入可增加胃癌发病风险。

（8）腌制和烟熏食品：我国人群研究表明，腌制植物性食品的摄入可增加乳腺癌、胃癌、食管癌的发病风险，而腌制动物性食品的摄入与上述癌症无明显关系；烟熏食品摄入增加乳腺癌、胃癌、食管癌的发病风险。

（9）合理膳食模式：合理膳食模式可降低结直肠癌、乳腺癌发病风险。

（10）素食：素食可降低全癌症的发病风险，机制尚不明确。

（二）肿瘤的膳食调控原则

1. 肿瘤的预防　预防肿瘤是控制肿瘤最经济、最长远的策略。降低肿瘤危险性的主要方法包括摄入适宜的膳食、避免接触致癌物。改善膳食结构是防治肿瘤的重要手段。在肿瘤的三级预防中，膳食调控都能发挥重要作用。

为了实现对肿瘤的一级预防，世界癌症研究基金会联合美国癌症研究所于1997年发布了《食物、营养、身体活动和癌症预防》报告，并于2018年5月发布了第3版报告，重新修订提出十条最权威的预防癌症建议。这十条建议不仅对预防癌症有意义，而且对预防一些慢性疾病也有重要意义。这十条建议是：① 保持健康体重。② 保持身体活跃。③ 吃富含谷物、蔬菜、水果和豆类的膳食。④ 限制摄入快餐和其他高脂肪、淀粉或糖的加工食品。⑤ 限制食用加工肉制品。⑥ 限制含糖饮料的摄入量。⑦ 限制饮酒。⑧ 不使用膳食补充剂来预防癌症。⑨ 坚持母乳喂养。⑩ 癌症诊断后，应遵循专业人士的建议。

2. 肿瘤营养疗法（cancer nutrition therapy，CNT）　是计划、实施、评价营养干预，以治疗肿瘤及其并发症或身体状况，从而改善肿瘤患者预后的过程，包括营养诊断（筛查/评估）、营养干预（包括营养教育和人工营养，后者又包括肠内营养和肠外营养）、疗效评价（包括随访）三个阶段。肿瘤营养疗法是肿瘤患者最基本、最必需的基础治疗措施。

中国抗癌协会肿瘤营养与支持治疗专业委员会提出营养不良的规范治疗应该遵循五阶梯治疗原则。营养不良干预的第一个阶梯是饮食+营养教育，根据患者营养不良的严重程度和患者的身体状况，依次向上晋级选择饮食+口服营养补充（oral nutritional supplements，ONS）、全肠内营养（total enteral nutrition，TEN）、部分肠内营养+部分肠外营养（partial parenteral nutrition，PPN）及全肠外营养（total parenteral nutrition，TPN）。参照欧洲肠外肠内营养学会（ESPEN）指南建议，当目前的阶梯不能满足60%目标能量需求达3~5日时，应该选择上一阶梯。

美国肠外肠内营养学会、欧洲肠外肠内营养学会、中华医学会肠外肠内营养学分会及中国抗癌协会肿瘤营养与支持治疗专业委员会，对肿瘤患者的营养治疗提出了指导性意见，可用于指导不同情况下的营养治疗。

肿瘤患者康复出院后应保持理想体重，控制能量摄入，非肥胖患者以体重不下降为标准，但切忌饥饿。要增加蛋白质的摄入量，控制红肉及加工肉的摄入。需增加水果、蔬菜摄入量，要求每日蔬菜和水果共摄入5份（蔬菜1份为100 g，水果1份为1个）。增加全谷物、豆类摄入。患者要改变生活习惯，限制饮酒，避免含糖饮品。避免过咸食物及盐加工食物（如腌肉、腌制蔬菜）。同时，患者要积极运动。

（侯绍英）

第五节　临床营养

临床营养（clinical nutrition）是研究人体处于各种病理状态下的营养需求和营养输注途径的科学。疾病的营养治疗是现代综合治疗的重要组成部分。目前营养的概念已经从膳食维度提升为一种医学治疗手段。患者进行治疗前，需对其进行营养筛查和评价，为确定营养治疗方案提供依据。合理的营养支持治疗可以提高患者生活质量，改善临床结局，具有非常高的公共卫生优势。

一、临床营养筛查与评价

高效的营养治疗始于精准的营养状况评价。2015年中国抗癌协会肿瘤营养与支持治疗专业委员会提出营养治疗的三级诊断。一级诊断为临床营养筛查，目的是发现营养不良风险；二级诊断为营养评估，目的是发现（诊断）营养不良及其严重程度；三级诊断为综合评价，目的是了解营养不良的原因、类型及后果。三级诊断法提高了营养诊断效率，规范了营养诊疗流程。

（一）营养筛查

1. 概述　营养筛查（nutritional screening）是采用合适工具、快速识别受试者是否存在营养不良风险的过程，对象为所有患者，尤其是住院患者。营养筛查是营养工作开始的第一步。有营养风险的患者不一定存在营养不良，但如果忽视营养风险，有可能进展为营养不良，进而影响预后。因此，对营养筛查阴性的患者，在一个治疗疗程结束后，再次进行营养筛查；对营养筛查阳性的患者，应该进行营养评估，同时制定营养治疗计划或进行营养教育。一般认为，营养风险的存在提示需要制定营养治疗计划，但并不是实施营养治疗的指征，应该进行进一步的营养评估以确定是否需要营养治疗。我国目前已经将营养筛查阳性（营养风险）列为肠外肠内营养制剂使用的前提条件。

2. 常用方法　目前常用的营养筛查方法有下列几种。

（1）营养风险筛查2002（nutritional risk screening 2002，NRS 2002）：是由欧洲肠外肠内营养学会（ESPEN）于2002年制定，是国际上第一个采用循证医学方法制定的营养风险筛查工具，NRS2002涵盖营养状态受损情况、疾病严重程度和年龄三个方面，评分≥3分提示存在营养风险。该方法是住院患者营养风险评定的首选工具，一般于患者入院后24小时内进行首次筛查。

（2）微型营养评定（mini nutritional assessment，MNA）：是专门为老年人开发的特异性营养筛查与评估工具，评价内容如下。① 人体测量：包括身高、体重及体重丧失；② 整体评定：包括生活类型、医疗及疾病状况（如消化功能状况等）；③ 膳食调查；④ 主观评定：对健康及营养状况的自我检测等。根据上述各项资料计算得到MNA评分。该方法兼具营养筛查和评估功能，与传统的人体营养评定方法及人体组成评定方法有良好的线性相关性，而且操作简单。

（二）营养评估

1. 概述　营养评估（nutritional assessment）是为确立营养诊断及进一步行动包括营养治疗提供依据的过程，对象为所有营养风险筛查阳性患者。通过营养评估将患者分为无营养不良、营养不良两类。对无营养不良的患者，不需营养干预。对营养不良的患者，应该进行严重程度分级，进一步实施综合评价，或同时实施营养治疗。无论是否营养不良，在原发病一个治疗疗程结束后，均应该再次进行营养评估。

2. 常用方法　营养评估主要有膳食调查、人体测量、临床检查、实验室生化检查等方法。以上方法既有主观检查，也有客观检查，一般同时进行，各部分间互相联系、互相验证，以便发现患者的营养问题并提出解决措施。临床上也可以使用主观全面评价（subjective global assessment，SGA）、MNA等工具进行营养评估。

SGA又称全面临床评价（global clinical assessment，GCA），是加拿大营养学家研究与发展的一种临床营养评估方法，也是目前临床营养评估的"金标准"。SGA通过询问病史和简单的临床检查来进行营养评估，不需要任何实验室生化检查，因此易于推广。

（三）综合评价

营养评估后，患者的营养不良及其严重程度已经明确，此时需要对其进行多维度的综合评价，以便了解营养不良的原因、类型及后果，即综合评价。

综合评价的内容包括膳食变化、能量水平、应激程度、炎症水平、代谢改变、器官功能、人体组成、心理状况等方面的多维度分析。一般来说，综合评价应该在入院后72小时内完成。

理论上，任何营养不良患者都应该进行综合评价，它是识别营养不良的重要手段，也是实施营养治疗和营养支持的前提。但是，在实际工作中，出于卫生经济学考虑，轻、中度营养不良患者可不常规进行综合评价，重度营养不良患者应该常规实施综合评价。

二、医院膳食

住院患者使用的膳食种类较多，概括起来可分为医院常规膳食、治疗膳食、诊断膳食和代谢膳食四大类，其中后三种膳食均是从医院常规膳食中派生而来的。

（一）医院常规膳食

医院常规膳食（routine hospital diet）是临床营养治疗的基础，是根据不同疾病的病理和生理需要，将各类食物改变烹调方法或改变食物质地而配制的膳食，根据膳食的质地、形态可分为普食、软食、半流质膳食和流质膳食。医院常规膳食要求做到"三准确，四必须"，"三准确"即为计划准确（按成本核算）、投料准确、数量准确。"四必须"即为必须按菜谱制作，必须遵守操作规程，必须色鲜、味美、形态正常，必须保温。

1. 普食　是医院膳食中最常见的膳食，占住院患者膳食的50%~65%。普食能满足一般患者对营养素的需要。

（1）适用范围：适用于无咀嚼及消化功能障碍、体温正常或接近正常、治疗上无特殊膳食要求、不需要限制任何营养素的住院患者或处于恢复期的患者。

（2）配制要求

1）膳食结构：符合平衡膳食的原则。

2）能量与营养素要求：应达到或接近我国成人轻体力活动者的参考摄入量。

3）餐次和能量分配：三餐能量一般按25%~30%、40%、30%~35%的比例分配。

4）食物选择：各种食物均可选择，与正常人饮食基本相同。食物品种应多样化，烹调方法应合理，以增进患者食欲。不宜用刺激性食物及有强烈辛辣刺激的调味品；尽量少用不易消化、过分坚硬、易产气及易引起过敏的食物等。

2. 软食（soft diet） 是普食和半流质膳食之间的过渡膳食，比普食更易消化，特点是质地软、少渣、易咀嚼。

（1）适用范围：适用于轻度发热、消化吸收功能障碍、口腔疾患、咀嚼不便等不能进食大块食物的患者，还适用于老年人和幼儿；也可用于痢疾、急性肠炎等恢复期患者及结肠、直肠术后患者。

（2）配制要求

1）膳食结构：符合平衡膳食原则。

2）能量与营养素要求：每日营养素的推荐摄入量达到或接近我国成人轻体力活动者的参考摄入量。

3）餐次：每日供应三餐或五餐（主餐外加两餐点心）。

4）食物选择：软食应细软、易咀嚼、易消化。主食可为米饭、面条等，但制作要比普食更软。肉类应选择细、嫩的肉，可以切成小块后焖烂或做成肉丝、肉丸、肉饼等。幼儿和眼疾患者最好不用整块、刺多的鱼。蛋类不宜煎炸。蔬菜类应选用嫩菜叶，切成小段后烹调。

不宜食用煎炸食品、过于油腻的食品如煎鸡蛋；不宜食用凉拌菜、含粗纤维多的蔬菜，如食用可煮烂或制成菜泥、水果羹；不宜食用硬果类食物如核桃、杏仁等，但可制成核桃酪、杏仁酪等后食用；不宜用整粒的豆类、硬米饭；忌用刺激性的调味品。

3. 半流质膳食 是流质膳食与软食或普食间的过渡膳食，比较稀软、易咀嚼吞咽、易消化吸收，呈半流体状。

（1）适用范围：适用于高热、体质虚弱、有消化道疾病、耳鼻喉咽部手术后、咀嚼吞咽不便者及手术后患者或刚分娩的产妇等。

（2）配制要求

1）膳食结构：符合平衡膳食原则。

2）能量与营养素要求：能量供给应适宜，术后早期或虚弱、高烧的患者不宜给予过高的能量，每日能量摄入量为6.25~7.5 MJ（1 500~1 800 kcal），蛋白质50~60 g，脂肪40~50 g，碳水化合物250 g左右。

3）餐次：应少食多餐，建议一日5~6餐，主食定量，每日不超过300 g。

4）食物选择：选用半固体食物，主食可选用面条、馄饨和稀饭等。副食中肉类宜选用瘦嫩的部分制成肉片、肉丸。蔬菜类可食用少量切碎的嫩菜叶，也可添加菜汁、果汁以弥补维生素和矿物质的不足。忌用生、冷、硬、粗、含粗纤维多的食物，禁用刺激性的调味品，不宜采用煎、炸及烧烤等方法烹调食物。

4. 流质膳食 是一种将全部食物制成流体或在口腔内能融化的饮食，较半流质膳食更易吞咽和消化。流质膳食又可分为普通流质、浓流质、清流质和冷流质、忌甜（忌胀气）流质膳食五种，可根据病情不同调整流质内容。此种膳食为不平衡膳食。

（1）适用范围：适用于高热、口腔咽部手术引起的咀嚼吞咽困难、急性消化道炎症、食管狭窄、急性传染病、大手术前后的患者及危重、极度衰弱的患者。

（2）配制要求

1）膳食结构：此种膳食为不平衡膳食。

2）能量与营养素要求：保证一定的能量和营养素供给。每日能量供给量为 3 347~6 695 kJ（800~1 600 kcal），蛋白质供给量为 20~40 g、脂肪 30 g，碳水化合物 130 g，其中浓流质膳食能量最高，清流质膳食能量最低。

3）餐次：流质膳食每日供应 6~7 次，每次 250 ml，总容量 2 000 ml 左右。

4）食物选择：清流质膳食选用不含任何渣滓及产气的液体食物，用过滤的肉汤、菜汤、米汤及薄藕粉等，禁用牛奶、豆浆及过甜食物。浓流质膳食常用吸管吸吮，以无渣较稠食物为宜，如较稠的藕粉、鸡蛋薄面、米糊、牛奶等。不胀气流质膳食即忌用甜饮食，除蔗糖、牛奶、豆浆等产气食品外，其余同普通流质膳食。

（二）医院治疗性膳食

医院治疗性膳食（therapeutic diet）是医院实施营养治疗的重要环节，是通过改变食物的质地、限制或补充某些营养素的手段帮助疾病治疗和恢复的特定膳食。医院治疗性膳食种类很多，常用的有高能量膳食、低能量膳食、高蛋白膳食、低蛋白膳食、低脂膳食、低盐膳食和少渣膳食等。

1. 高能量膳食（high energy diet） 是指能量供给量高于正常人标准的膳食。

（1）适应证：适用于甲状腺功能亢进症、结核病、肿瘤、严重烧伤或创伤、高热及贫血等；消瘦，营养不良；体力消耗明显增加，如运动员、重体力劳动者等。

（2）膳食配制要求

1）在平衡膳食原则的基础上，供给足够的能量和营养素：在保证能量、碳水化合物供应充足并保持适量脂肪供应的同时，相应增加维生素和矿物质的供给。能量的需要量根据患者病情而定，如成年烧伤患者每日约需能量 16.80 MJ（4 000 kcal），远高于正常人的 RNI；而一般患者以每日增加 1.25 MJ（300 kcal）左右为宜。一般建议选择富含必需氨基酸的优质蛋白质食物（如蛋、乳、鱼和瘦肉等），提高蛋白质生物利用率，避免出现负氮平衡。由于膳食中蛋白质的供给量增加，易出现负钙平衡，故应及时补充钙。

2）鼓励患者增加食物摄入量：应循序渐进地通过增加主食和调整膳食结构来增加能量供给，少食多餐。

3）一般无食物禁忌，常用高能量食物代替部分低能量食物。

2. 低能量膳食（low energy diet） 是指膳食所提供的能量低于正常需要量，达到减少体脂贮存、减轻体重、缓解机体能量代谢负担的目的。低能量膳食除限制能量供给外，必须满足机体对营养素的需要。

（1）适应证：适用于需要减轻体重的患者，如单纯性肥胖；为控制病情减少机体代谢负担的患者，如糖尿病、高脂血症、冠心病等患者。

（2）膳食配制要求

1）减少膳食总能量：应逐步减少能量供给，以利于机体动用并消耗贮存的脂肪并减少不良反应。成年患者每日能量摄入量比平时减少2.09~4.18 MJ（500~1 000 kcal），具体减少量应视患者病情而定，但每日总能量摄入不宜低于3.34~4.18 MJ（800~1 000 kcal），以防体脂动员过快而导致酮症酸中毒。

2）提供充足蛋白质：蛋白质供给不少于1 g/（kg·bw），应占总能量的15%~20%，其中优质蛋白质应占50%以上。

3）减少碳水化合物和脂肪摄入量：碳水化合物约占总能量的50%，尽量减少精制糖的摄入。限制脂肪尤其胆固醇的摄入，但保证必需脂肪酸的供给。

4）适当减少食盐摄入量：一般每日食盐摄入不超过5 g。

5）供应充足的矿物质和维生素：由于进食量减少，易出现矿物质和维生素的不足，必要时可用制剂补充。

6）适当增加膳食纤维：可采用富含膳食纤维的蔬菜和低糖水果，必要时可选用琼脂等食品，以产生饱腹感。

7）限量选用低脂肪、高蛋白质的食物：宜多选用粗粮、豆制品、蔬菜和低糖水果等，尤其是叶菜类。各类菜肴应清淡可口，忌用煎、炸等多油的烹调方法，忌用肥腻、甜食等高能量食物。

3. 高蛋白膳食（high protein diet） 是指蛋白质含量高于正常的膳食。为了使蛋白质更好地被机体利用，需同时适当增加能量摄入，以减少蛋白质被分解供能。

（1）适应证：适用于明显消瘦、营养不良、手术前后、烧伤或创伤患者，慢性消耗性疾病患者，如结核病、恶性肿瘤、贫血及溃疡性结肠炎等疾病，或其他消化系统炎症的恢复期。此外，孕妇、乳母和儿童也需要高蛋白膳食。

（2）膳食配制要求：高蛋白膳食通常不需单独制备，可在原有饮食的基础上添加富含蛋白质的食物。如在中、晚餐间增加全荤菜如炒牛肉1份，或在正餐外加餐，以增加高蛋白食物的摄入量。

1）蛋白质：每日供给量1.5~2.0 g/（kg·bw）。

2）碳水化合物和脂肪：应适当增加碳水化合物以保证蛋白质的充分利用，每日摄入量以400~500 g为宜。脂肪每日摄入量以60~80 g为宜。

3）增加钙供给：因高蛋白膳食可增加尿钙排出，长期摄入易出现钙的负平衡。故饮食中应增加钙的供给量，如选用含钙丰富的乳类和豆类。

4）增加维生素供给：长期高蛋白饮食，维生素A的需要量也随之增多；营养不良者肝脏中维生素A的贮存量多下降，故应及时补充。与能量代谢关系密切的B族维生素应充足，贫血患者还要注意补充富含维生素C、维生素K、维生素B_{12}、叶酸、铁和铜等食物。

5）增加摄入量应循序渐进，并根据病情及时调整。高蛋白膳食可与其他治疗膳食结合使用，如高能量高蛋白膳食等。

6）食物种类多样化，宜选择含高生物价蛋白质及含高碳水化合物的食物，并选择新鲜蔬菜和水果。

4. 低蛋白膳食（low protein diet） 是指蛋白质含量较正常膳食低的膳食种类，其目的在于减少体内含氮代谢物的产生，减轻病变器官的代谢负担。蛋白质或氨基酸在肝脏分解产生的含氮代谢产物须经肾脏排出。当肝脏、肾脏等器官严重有疾患时，机体代谢物因排泄障碍而在体内堆积，可对机体造成损害。

（1）适应证：适用于慢性肾炎、急性和慢性肾功能不全、肾功能不全失代偿、尿毒症及肝功能不全或肝性脑病前期等。

（2）膳食配制要求

1）调整蛋白质摄入量，一般不超过40 g，尽量选用优质蛋白质，以增加必需氨基酸含量。肝病患者应选择含支链氨基酸丰富而芳香族氨基酸含量低的大豆蛋白，少用产氨多的肉类等动物性食物。

2）蛋白质供给应根据病情随时调整，病情好转后要逐渐增加，否则不利于康复，尤其是对处于生长发育阶段的儿童。

3）充足的能量供给可减少蛋白质消耗，减少机体组织的分解。应根据病情决定能量摄入量。可采用麦淀粉、蛋白质含量低的薯类等部分代替主食以减少植物性蛋白质来源。若能量无法满足，可通过补液方式加以补充。

4）供给充足的矿物质和维生素：应满足机体需要。矿物质供给应根据病种与病情进行调整。

5）烹调时应注意食物的色、香、味、形和食物的多样化以促进食欲。

6）宜选择蔬菜类、水果类、食糖、植物油及麦淀粉、藕粉、马铃薯、芋头等低蛋白淀粉类食物。限用蛋白质含量丰富的食物。

5. 低脂膳食（low fat diet） 因机体脂肪酶分泌减少，对脂肪的分解消化能力减弱，或因病情需要而减少膳食中各种类型脂肪摄入量的膳食称为低脂膳食，又称限脂膳食或少油膳食。

（1）适应证：适用于I型高脂蛋白血症、急慢性胰腺炎、胆囊炎、胆结石、肠黏膜疾病、肥胖症、动脉粥样硬化及腹泻等。

（2）膳食配制要求

1）减少脂肪含量：① 严格限制脂肪膳食，脂肪供能应占总能量10%以下，相当于每日饮食总脂肪量 <15 g；② 中度限制脂肪膳食，脂肪占总能量20%以下，相当于每日脂肪摄入量不超过30 g；③ 轻度限制脂肪膳食，脂肪供能不超过总能量25%，相当于每日脂肪摄入量不超过50 g。

2）其他营养素供给均衡：可适当增加豆类及其制品、新鲜蔬菜和水果摄入量。脂肪泻易导致多种营养素的丢失，易与脂肪酸共价结合随粪便排出的矿物质有钙、铁、铜、锌及镁等。因此，应注意膳食中这些营养素的及时补充。病情好转后，脂肪摄入量要逐渐恢复。

3）烹调方法合适：除选择含脂肪少的食物外，还应减少烹调用油。禁用煎、炸、爆炒等加工方法，可选择蒸、煮、炖、煲、烩、烘、烤等。根据病情、脂肪限制程度来选择各种食物。限用含脂肪高的食物及其制品、坚果、蛋黄、油酥点心及各种煎、炸食品等。

6. 低盐膳食（low salt diet） 是指通过调整膳食中的钠盐摄入量来纠正水、钠潴留以维持机体水、电解质的平衡。

（1）适应证：适用于严重心肾功能不全、急性肾炎、肝硬化腹水、高血压、先兆子痫及原因不明的水肿等。

（2）膳食配制要求

1）限制钠摄入：烹调用盐限制在每日1~4g或酱油10~20ml，根据具体病情确定每日膳食中的具体食盐量，如水肿明显者每日食盐量为1g，一般高血压患者为4g。

2）改变烹调方法：限钠饮食味淡，应合理烹调以提高患者食欲。某些含钠高的食物如芹菜、菜心、豆腐干等，可用水煮或浸泡去汤的方法减少钠含量；用酵母代替小苏打或发酵粉制作馒头也可减少钠含量。此外，还可采用番茄汁、芝麻酱、糖醋等方法进行调味，必要时可适当选用市售的低钠盐或无盐酱油，但此类调味品以氯化钾代替氯化钠，故高血钾者不宜使用。

3）宜用食物：不加盐或酱油制作的谷类、畜肉、禽类、鱼类和豆类、乳类食品。

4）限用食物：各种盐或酱油制作或腌制的食品、盐制调味品等。

7. 少渣膳食 亦称低纤维膳食（low fiber diet），是指膳食纤维含量极少、易于消化的饮食。少渣膳食可以减少食物纤维对胃肠道的刺激与损伤，减慢肠蠕动，减少粪便量。

（1）适应证：消化道狭窄并有阻塞（如食管或肠狭窄、食管静脉曲张、肠憩室病、急慢性肠炎、痢疾、伤寒、肠肿瘤、肠手术前后及痔瘘等）。此类膳食是流质膳食、软食后向正常饮食过渡的一种膳食。

（2）膳食配制要求

1）限制膳食纤维的摄入：尽量少用富含膳食纤维的食物，如蔬菜、水果、粗粮、整粒豆及硬果等。选用的食物应细软、少渣，便于咀嚼与吞咽。

2）脂肪含量不宜过多：腹泻患者对脂肪的消化吸收能力减弱，易致脂肪泻，故应控制饮食脂肪量。

3）烹调方法：烹调时将食物切碎煮烂，做成泥状；忌用炸、煎的烹调方法。禁用烈性刺激性调味品。

4）少食多餐，注意营养素平衡：由于食物选择的限制，因此营养素难以平衡。因限制蔬菜和水果摄入量易导致维生素C和某些矿物质的缺乏，而某些果汁含量较多的有机酸易刺激肠蠕动等，所以必要时可补充维生素和矿物质制剂。

5）宜用精细米面制作主食，如粥、面包、软面条、饼干；切碎制成软烂的嫩肉，如动物内脏、鸡、鱼等；豆浆、豆腐脑；乳类、蛋类；菜汁，去皮的瓜类、番茄、胡萝卜、土豆等。限用各种粗粮、整粒豆、硬果、富含膳食纤维的蔬菜和水果、油炸与油腻食品、浓烈刺激性调味品。

（三）诊断和代谢膳食

诊断膳食是通过膳食的方法协助临床诊断，即在短期的试验期间，在患者膳食中限制或增添某种营养素，并结合临床检验和检查结果，以达到明确诊断的目的。代谢膳食是临床上用于诊断疾病、观察疗效或研究机体代谢反应等情况的一种方法，是一种严格的称重膳食。

1. 葡萄糖耐量试验膳食 是通过进食限量的碳水化合物，并测定空腹和餐后血糖来观察糖代谢的变化，以协助诊断糖尿病和糖代谢异常。该膳食适用于疑有糖尿病、血糖受损、糖耐量异常者。试验前3日维持正常饮食，试验前1日晚餐后禁食。试验当日清晨采空腹血，然后将75 g葡萄糖用300 ml水溶解，5分钟内口服。于服用后30、60、120和180分钟各采血一次，期间留取尿液样品，分别进行血糖和尿糖测定。

2. 纤维肠镜检查膳食 是通过给患者进食少渣和无渣膳食，减少膳食纤维和脂肪的摄入量以减少粪便量为肠镜检查做肠道准备。该膳食适用于原因不明的便血、疑有肠道肿瘤、结肠术后复查、结肠息肉等原因需做肠镜检查的患者。检查前3日，患者进食少渣软食和半流质膳食；检查前1日，进食低脂肪低蛋白的全流质膳食。检查前6~8小时禁食；检查后2小时，待麻醉作用消失后，方可进食。当日宜进少渣半流质膳食，若为行活检患者，最好在检查2小时后进食温牛奶，以后改为少渣半流质膳食并持续1~2日。

3. 氮平衡试验膳食 是通过计算蛋白质摄入量和排出氮量，观察体内的蛋白质营养状况。该膳食适用于需要评价蛋白质营养状况的患者。采用称重法准确记录和计算5~7日食物摄入量、蛋白质和其他途径摄入的含氮营养素的实际摄入量，同时测定尿中尿素氮量来计算氮的排出量。氮平衡（g/d）= 蛋白质摄入量（g/d）/6.25-（尿中尿素氮g/d+3.5 g）。

三、营养支持

（一）概述

凡由于各种原因不能进食而需要采用管饲或静脉输注补给营养，以满足患者营养需要的措施称为营养支持（nutritional support）。营养支持目前已成为一线治疗方法。根据输注途径不同，可分为肠内营养（enteral nutrition，EN）和肠外营养（parenteral nutrition，PN）。

肠内营养是指对于消化功能障碍而不愿或不能耐受正常饮食的患者，经胃肠道供给只需化学性消化或不需消化的、由中小分子营养素组成的流质营养制剂的治疗方法。肠内营养适应范围广，简便安全，方便高效，且能使消化道保持适当负荷，维持消化道功能，避免肠道黏膜失用性萎缩对全身免疫及营养代谢功能造成的危害。肠外营养是指无法经胃肠道摄取营养或摄取营养物不能满足自身代谢需要的患者，通过肠道外通路（即静脉途径）输注包括氨基酸、脂肪、碳水化合物、维生素及矿物质在内的营养素，提供能量，纠正或预防营养不良，改善营养状况，并使胃肠道得到充分休息的营养治疗方法。由肠外途径直接供给营养液，是不能经胃肠道吸收营养者的唯一营养途径，目前肠外营养已成为危重患者抢救工作中不可缺少的重要组成部分。

肠内营养和肠外营养的选择很大程度上取决于患者胃肠道功能和对营养供给方式的耐受程度。总之，在选择上关键是要严格控制适应证，精确计算营养支持的量和持续时间，合理选择营养支持途径。

长期进行肠外营养可导致胃肠道功能衰退，所以随着病情的好转，应循序渐进（一般为3~5日）过渡到肠内营养。由肠内营养完全过渡到普食或治疗膳食至少需要一周，且应根据病情给予食物，否则会加重病情或使病情复发。

（二）肠内营养

1. 分类 根据供给方式不同，可将肠内营养分为口服营养和管饲营养。

（1）口服营养（oral nutrition）：是指在非自然饮食条件下，口服由极易吸收的中小分子营养素配制的营养制剂。口服的肠内营养制剂不一定要求等渗。根据患者的喜好，可以冷饮、热饮、加调味剂或与其他饮料混合的方式给予。口服剂量应能满足营养素的需要并纠正已有的营养素缺乏。

（2）管饲营养（enteral tube feeding）：指对于上消化道通过障碍患者，经鼻-胃、鼻-十二指肠、鼻-空肠置管，或经颈食管、胃、空肠造瘘置管，输注肠内营养制剂的营养支持方法。

管饲营养根据供给次数和动力方式不同，可分为一次性推注、间歇性重力滴注和连续性经泵输入。采用何种方法取决于肠内营养制剂的性质、喂养管的类型和大小、管端的位置及营养制剂的需要量。肠内营养制剂的浓度、输注速度和输入量必须由低到高、由少到多逐渐增加，直至能满足机体的营养需要，避免不良反应。

2. 制剂 肠内营养制剂的分类方法很多，常见的分类有要素型、非要素型和组件型三类。

3. 适应证 凡不能经口满足营养需要，但又有一定的胃肠消化功能，能消化和吸收管饲营养物质的患者均适用管饲营养。具体指征如下。

（1）不能经口进食、摄食不足或有摄食禁忌

1）经口进食困难：因口腔、咽峡炎症、食管肿瘤术后、烧伤、化学性损伤等造成咀嚼困难或吞咽困难。

2）经口摄食不足：因疾病导致营养素需要量增加而摄食不足，如大面积烧伤、创伤、脓毒血症、甲状腺功能亢进及癌症化疗和放疗。

3）无法经口摄食：由于脑血管意外及咽反射丧失而不能吞咽，脑部外伤导致中枢神经系统紊乱、知觉丧失而不能吞咽。

（2）胃肠道疾病

1）短肠综合征。

2）胃肠道瘘。

3）炎性肠道疾病。

4）有吸收不良综合征、小肠憩室及各种疾病如艾滋病导致的顽固性腹泻等，适当应用肠内营养有助于疾病恢复和营养状况改善。

5）胰腺疾病：处理胰腺炎并发症而需要开腹时，或病情不严重的胰腺炎患者在麻痹性肠梗阻消退后，以及急性胰腺炎恢复期，适当采用空肠喂养可以有效减少胰腺分泌功能并补充营养素。

6）结肠手术与诊断准备：在进行结肠术前肠道准备或进行结肠镜检查与放射性照相时，应用无渣肠内营养制剂可降低菌群失调和感染，从而使手术危险性降低，检查结果更准确，术后护理更方便。

7）神经性厌食或胃瘫痪时，肠内营养制剂有利于短期内营养不良状况的改善和胃轻瘫恢复。

（3）胃肠道外疾病：包括术前、术后需要营养支持、进行肿瘤化疗和放疗辅助治疗、烧伤及创伤、肝肾功能衰竭、心血管疾病、先天性氨基酸代谢缺陷病，以及进行肠外营养的补充或过渡期。

4. 禁忌证 绝对禁忌证是肠梗阻。

下列情况不宜应用肠内营养：① 重症胰腺炎急性期；② 严重应激状态、麻痹性肠梗阻、上消化道出血、顽固性呕吐、严重腹泻或腹膜炎；③ 小肠广泛切除4~6周以内；④ 小于3月龄的

婴儿；⑤ 完全性肠梗阻及胃肠蠕动严重减慢；⑥ 胃大部切除后易产生倾倒综合征。

下列情况应慎用肠内营养：① 严重吸收不良综合征及长期少食衰弱；② 小肠缺乏足够吸收面积的空肠瘘；③ 休克、昏迷；④ 症状明显的糖尿病、糖耐量异常，接受高剂量类固醇药物治疗。

5. 并发症及处理 一般情况下，肠内营养的并发症并不常见，即使有也不严重。在严格掌握肠内营养适应证、加强监测、重视患者原发病处理的情况下，大多数并发症可以预防。

肠内营养的并发症主要有以下五个方面。

（1）胃肠道并发症

1）恶心、呕吐：原因较多。要素制剂中的氨基酸和短肽多有异味、营养液高渗透压导致胃潴留、输注速度过快、对乳糖不耐受、营养液中脂肪的比例和含量过高等，均会引起恶心或呕吐。预防方法：① 若滴注速度过快、胃内有潴留，则应减慢速度，降低渗透压；② 控制营养液温度和浓度；③ 对症处理，如给予止吐剂等。

2）腹泻：原因有全身情况改变或乳糖酶缺乏，影响人体肠道吸收能力；肠道吸收和分泌功能异常。预防方法：① 随时调整肠内营养液浓度，以改变渗透压；② 选用无乳糖的营养液，并给予患者胰酶；③ 营养液保持适宜的温度。

（2）代谢并发症：常见的有以下几种情况。

1）输入水分过多：应从小剂量、低速度开始，并加强监测。

2）脱水：最常见高渗性脱水。对于需要接受手术治疗的重症患者在围手术期应及早实施空肠内营养支持，不要一过性地应用高渗和高蛋白配方进行预防。脱水一旦发生，除适当在肠内营养液中加入水分外，更重要的是监测血浆电解质，并作相应的调整。

3）肝功能异常：某些患者实施肠内营养时会出现肝脏毒性反应，转氨酶升高。一旦停止肠内营养肝功能即可恢复。

4）高血糖：发生率可达10%～30%。此时应减慢输注速度或降低温度，可应用胰岛素使血糖接近正常。

5）血浆电解质和微量元素紊乱：应定期测定血中电解质和微量元素的含量，一旦缺乏，则应适当补充纠正。

6）维生素和必需脂肪酸缺乏：营养液配方中维生素K一般含量较低或无，长期食用易出现维生素K缺乏；长期应用含脂肪少的营养液易发生必需脂肪酸的缺乏。

（3）感染并发症

1）吸入性肺炎：营养液误吸可引起吸入性肺炎。为预防发生，可将患者置于半坐卧位，防止胃潴留和反流；若胃内潴留液体超过150 ml，应减慢速度，必要时停止滴注营养液；原有呼吸道病变时，可考虑行空肠造口术；必要时选用低渗性营养液。一旦发生误吸，应立即停止肠内营养；立即将气管内液体或食物颗粒吸出；即使少量误吸，也要鼓励患者咳出；如食物颗粒进入气管，应立即行气管镜检查并清除；用皮质激素消除肺水肿；适当用抗生素防治肺内感染。

2）营养液及输送系统器械管道污染所致感染：为避免此类污染发生，应注意及时清洗喂养管，控制营养液在空气中的暴露时间等，并注意肠内营养监测。

（4）精神心理并发症：包括鼻喉不适、焦虑、情绪低落等。

（5）机械损伤引起的并发症：包括机械损伤、鼻水肿、急性鼻窦炎和食管炎等。

6. 肠内营养监测　肠内营养并发症虽然较少，但在进行肠内营养时，仍然应对患者进行营养、代谢等方面的监测，使并发症减少到最低限度。可根据患者的具体情况确定监测的次数，一般在肠内营养初期应每日记录，以后每周一次即可。肠内营养监测的主要内容包括监测插管后导管的位置及与导管有关的感染、监测肠内营养制剂的浓度和滴注速度、监测营养及体液平衡、监测营养支持的效果和监测相关的并发症。

（三）肠外营养

肠外营养经中心静脉导管或周围静脉输入，在大多数情况下可满足患者全面的营养需求，可有效地改善并维持机体的营养状态。肠外营养与管饲营养有较大差别，管饲营养者具有胃肠道生理反应与调节能力，而肠外营养则是营养物质不通过肠道直接进入肝脏等组织器官，使胃肠道失去反应能力和调节作用；肠外营养比管饲营养对技术的要求更高。

1. 分类　根据患者营养需要的满足程度，可将肠外营养分为两类：① 完全肠外营养（total parenteral nutrition，TPN），是指患者需要的所有营养物质都由静脉途径输入。② 部分肠外营养（partial parentenal nutrition，PPN），是指患者需要的所有营养物质只是部分输入，其余部分可能通过经肠途径（口服或管饲）补充。

根据置管方式可将肠外营养分为以下两类：① 中心静脉营养（central parenteral nutrition），又称完全静脉营养（total parenteral nutrition），是指将全部营养素通过大静脉输入的方法。接受中心静脉营养的成人可以生存并恢复正常的营养状态。中心静脉营养适用于预计需肠外营养治疗2周以上的患者。因选择管径较粗、血流较快的上/下腔静脉作为营养输注途径，故可使用高渗溶液（>900 mOsm/L）和高浓度营养液。② 外周静脉营养（peripheral parenteral nutrition），是指将营养物质由外周静脉输入的方法，疗程一般控制在2周以内。其优点是对机体全身代谢的影响较小且并发症少。为避免对静脉造成损害，所用的营养素渗透压应小于900 mOsm/L（以600 mOsm/L以下为宜）；能量和营养素含量比中心静脉营养液相对较少，故对于需要限制液体量的患者而言，可能无法满足营养需要。

2. 制剂　无统一配方，但必须含人体所需的全部营养物质。应根据患者的情况进行制备。肠外营养液的成分均由小分子营养物质组成，包括蛋白质（氨基酸）、脂肪、糖类、维生素、微量元素、电解质和水等。可提供足够的水分，每日能量30~35 kcal/（kg·bw），以维持患者的营养需要。肠外营养制剂应无菌、无毒、无致热源，pH和渗透压适宜，相溶性好，使用方便、安全等。

碳水化合物是肠外营养能量的主要来源，占总能量的70%~80%。最易获得、经济、适于静脉输注且能被人体组织代谢利用的碳水化合物是葡萄糖。葡萄糖还是脑神经、骨髓细胞和红细胞等代谢必需的能量底物。故葡萄糖是肠外营养治疗的主要供能物质，一般葡萄糖每日供给200~300 g，占总能量的60%~70%。

脂肪乳剂是一种水包油性乳剂，主要由植物油、乳化剂和等渗剂组成，能量密度较高。脂肪乳剂渗透压与血液相似，对血管壁无刺激作用，临床应用脂肪乳剂的意义在于提供能量和必需脂肪酸、维持细胞结构和人体脂肪组织的恒定，当与葡萄糖合用时有节约蛋白质的作用。但脂肪产热比不应大于50%，否则易引起肥胖及高血脂。

氨基酸是肠外营养配方中的氮源，可帮助患者恢复并维持氮平衡或正氮平衡。复方氨基酸溶液品种繁多，大多按一定的模式配比而成。复方氨基酸溶液可归纳为两类：平衡型和不平衡型。平衡型复方氨基酸溶液除含必需氨基酸外，还含有一定量的非必需氨基酸，多用于单纯营养不良者的营养支持。不平衡型氨基酸溶液配方的设计往往以某一疾病的代谢特点为基础，如治疗肝昏迷时采用高支链氨基酸、低芳香族氨基酸比例的复方氨基酸溶液，而治疗肾功能衰竭时则采用必需氨基酸为主的复方氨基酸溶液等。

肠外营养一般只能提供生理需要量的维生素，有特殊营养需求的患者（如烧伤、肠瘘等）需要额外补充，否则可出现神经系统和心血管系统的损害、维生素缺乏症。商品化的复合维生素制剂包括水溶性维生素和脂溶性维生素，按每日推荐量配比而成。

肠外营养制剂精纯，正常饮食和短期完全肠外营养时一般不会出现矿物质缺乏，长期使用则可导致矿物质缺乏，应注意补充。预计患者较长时间不能恢复饮食时，应预防性补充矿物质。

3. 适应证

（1）严重肠功能障碍：如短肠综合征、严重的小肠疾病、肠梗阻、严重腹泻及顽固性呕吐、高位小肠瘘等。

（2）危重疾病：中、重症胰腺炎；重度颅脑损伤；广泛肠切除等。

（3）高代谢状态危重疾病：如大手术在围手术期、大面积烧伤、多发性创伤等。

（4）中度和重度营养缺乏、晚期肿瘤、颅内高压等。

（5）重要器官功能不全：如肝、肾、肺、心功能不全或衰竭等。

（6）大剂量化疗、放疗或接受骨髓移植。

（7）自身免疫性疾病并有肠绒毛萎缩。

4. 禁忌证

（1）胃肠功能正常，能获得足量营养。

（2）需急诊手术者，术前不宜强求肠外营养。

（3）临终或不可逆昏迷。

5. 并发症及处理 大多数并发症可以预防和治疗。对肠外营养并发症的认识和防治，直接关系其实施的安全性。根据并发症的性质和发生原因可分为四大类。

（1）导管相关并发症

1）机械性并发症：与放置中心静脉导管有关，常见的有气胸、血胸、动脉损伤、胸导管损伤、空气或导管栓塞及静脉血栓形成等。发生后需拔除导管，治疗并发症，并从其他静脉另行置管。

2）感染性并发症：主要是导管性败血症，是肠外营养最常见、最严重的并发症。可因穿刺时未严格执行无菌技术、导管护理不当、营养液细菌污染、导管放置时间过长或患者存有感染病灶等引起。发生后应立即拔除导管，进行血培养和导管头培养，改用外周静脉营养，若血培养阳性，则应根据药敏试验选用抗生素。

3）中心静脉导管拔除意外综合征：该并发症主要累及心、肺及中枢神经系统，出现难以解释的严重临床症状。

（2）代谢性并发症

1）糖代谢紊乱：如高血糖和高渗透性昏迷，往往因快速大量输入葡萄糖所致。预防措施是在输注4小时后密切监测血糖水平。

2）氨基酸代谢异常紊乱：以水解蛋白质为主要氮源时，易发生高血氨症；目前普遍使用结晶氨基酸作为氮源后已很少发生。

3）脂肪代谢紊乱：接受肠外营养治疗3~6周以上，若肠外营养液中不含脂肪，则可能发生必需脂肪酸缺乏症。预防的最好方法是每日补充脂肪乳剂，每周至少输注脂肪乳剂2次。

4）电解质及微量元素缺乏：实施肠外营养时，电解质需要量增加，如不注意及时补充则极易发生电解质缺乏症。

（3）肝胆系统并发症：肠外营养时易引起胆汁淤积性肝功能不全，可出现胆囊炎、胆石症、血清胆红素水平升高等，发生原因众多，其中长期能量过高、肠内长期没有含脂肪食物通过是主要原因，可通过调整营养液用量和配方加以纠正。

（4）胃肠系统并发症：长期禁食及使用不含谷氨酰胺的肠外营养液，可破坏肠黏膜正常结构和功能，导致黏膜上皮绒毛萎缩、变稀、黏膜皱褶变平、肠壁变薄而影响肠屏障功能，导致细菌易位，引起肠源性感染。

6. 注意事项

（1）营养液配制：配液过程中应严格按照无菌技术操作。严格执行"三查七对"制度，加药时要注意各种药物的加入顺序，设计最佳操作程序。配液完毕后用温开水清洁配制台内外，切断电源。

（2）营养液的输注：导管皮肤入口处每日换药1次，检查局部有无红、肿、热、压痛及渗出等炎症感染征象。检查留置导管体外长度，以便早期发现有无导管脱出。输液管道每日更换，更换时要夹闭静脉导管，以防空气进入管内。营养液输注时应巡视，及时调整输液速度，使营养液能恒速输入。输注营养液的中心静脉导管不应作抽血、输血、临时给药及测量中心静脉压等其他用途。经外周静脉进行肠外营养治疗时，宜选用粗血管，每日更换使用不同的静脉，减少静脉炎的发生机会。

（侯绍英）

第六节　食品安全

一、食品污染

食品安全是指食品不会对人体健康造成危害的状态；食品污染是指环境中的生物性、化学性或物理性污染物进入食品的过程。

（一）食品污染的概述

在食品的生产、加工、贮存、分配和制作等过程中，生物性、化学性和物理性的各类污染物均可能污染食品，致使食品的安全性或营养价值受到影响，导致食用价值降低或丧失，甚至危害食用者的健康。食品中的污染物按其性质可分为以下三类。

1. 生物性污染物 生物性污染包括微生物、寄生虫和昆虫污染，以微生物污染为主且危害较大，主要有细菌及其毒素、真菌及其毒素，以及病毒等污染。寄生虫和虫卵主要经患者、病畜的粪便通过水体、土壤等途径间接或直接污染食品。昆虫污染主要包括螨类、蛾类、谷象虫及蝇、蛆等。

2. 化学性污染物 化学性污染物来源广泛、种类繁多，主要有：① 来自生产、生活和环境中的污染物，如农药或兽药残留、有害金属、多环芳香族化合物、N-亚硝基化合物、二噁英等；② 从工具、容器、包装材料等溶入食品中的原料材质、单体及助剂等物质；③ 食品加工、储存过程中产生的有毒有害物质，如腌渍、烟熏、烘烤、油炸类食品中的亚硝胺、多环芳烃、杂环胺和丙烯酰胺；酒中甲醇、醛类等；④ 滥用食品添加剂。

3. 物理性污染物 物理性污染物主要有两类：① 食品在生产、加工、储藏、运输和销售过程中混入的其他成分，如晾晒谷物时混入了草粒、灰尘等；② 放射性的开采、冶炼、生产及在生活中的应用与排放。其中半衰期较长的放射性核素对食品污染的意义较大。

（二）黄曲霉毒素对食品的污染

1. 黄曲霉毒素的分类及理化特性 黄曲霉毒素（aflatoxin，AF）是一种是由黄曲霉与寄生曲霉中的产毒菌株产生的代谢产物，具有极强的肝毒性和致癌性。目前分离的黄曲霉毒素有20余种，分别为B、G系两大类，其基本结构为二呋喃环与香豆素，前者为基本的毒性结构，后者与致癌性有关。根据化学结构分别命名为黄曲霉毒素 B_1、B_2、G_1、G_2、M_1 和 M_2 等，毒性顺序为 $B_1 > M_1 > G_1 > B_2 > M_2$。在天然食品中以 B_1 型（图3-6-1）最为常见，毒性与致癌性也最强。因此，在食品卫生监测中常以 AFB_1 作为污染指标。

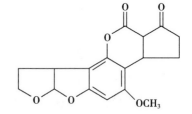

▲ 图3-6-1 黄曲霉毒素 B_1 的结构式

黄曲霉毒素难溶于水，易溶于油和一些有机溶剂如氯仿、甲醇、丙醇及乙醇等，在中性及酸性溶液中很稳定，在强酸溶液中可部分分解，强碱溶液中能迅速分解。黄曲霉毒素耐热性强，一般的食品加工温度很难将其破坏。此外，黄曲霉在天然基质培养基（如大米、玉米和花生粉）中生长时的产毒量高于在人工合成培养基生长时的产毒量。

2. 毒性 黄曲霉毒素是毒性极强的剧毒物，其毒性比氰化物强10倍，比砒霜强68倍，受损的靶器官为肝脏。动物急性中毒主要表现为食欲下降、便血、体重减轻和黄疸等症。黄曲霉毒素可引起人体急性中毒，临床表现以黄疸为主，伴随发热、呕吐和厌食，重者出现腹水、下肢水肿、肝脾肿大及肝硬化，甚至死亡。其慢性毒性可导致动物生长障碍，肝脏出现亚急性或慢性损伤，肝功能降低，出现肝硬化等，还可出现食物利用率下降、母畜不孕或产仔减少等。

3. 致癌性 黄曲霉毒素是目前公认最强的化学致癌物，主要诱导动物发生肝癌、胃癌和肾癌等。国际癌症中心（IARC）将黄曲霉毒素 B_1 列为人类致癌物。

4. 预防措施

（1）防霉：防霉处理是预防黄曲霉污染的最根本措施。在田间，要防倒伏、防虫；在收获期间，要及时剔除霉变部分；在收获后，应及时晾晒，迅速将水分含量降低至安全范围；仓储时，应注意控制温度与湿度；使用化学熏蒸剂防霉、γ 射线照射、选择抗霉良种也有利于食品防霉。

（2）去毒：采用挑去霉粒、碾压加工、加水搓洗、脱胚去毒、植物油碱炼去毒和物理吸附等方法将毒素去除或破坏毒素。

（3）加强食品卫生监督：是减少黄曲霉毒素对人体危害的重要管理措施。我国食品中黄曲霉毒素 B_1 的允许量标准是：玉米、玉米油、花生油、花生及制品不得超过 20 μg/kg，大米及其他食用油不得超过 10 μg/kg，其他粮食、豆类和发酵食品不得超过 5 μg/kg，婴儿代乳品不得超过 0.5 μg/kg。

（三）N-亚硝基化合物对食品的污染

N-亚硝基化合物（N-nitroso-compound）是一类有较强致癌作用的化学物质，可分为亚硝胺（nitrosamine）和亚硝酰胺（nitrosamide）两大类。食物和人体内的 N-亚硝基化合物主要由硝酸盐/亚硝酸盐与胺类在适宜条件下形成。

1. 理化特性 ① 亚硝胺：低分子量在常温下为黄色油状液体，高分子量则为固体。大多数亚硝胺不能溶于水，易溶于有机溶剂；在中性和碱性条件下较稳定，在酸性溶液及紫外线作用下可缓慢分解。亚硝胺是间接致癌物。② 亚硝酰胺：化学性质活泼，在酸性条件下可分解为相应的酰胺和亚硝酸，在碱性条件下可分解为重氮烷。亚硝酰胺类属于直接致癌物。

2. 污染与危害 食物中 N-亚硝基化合物的天然含量极微，但广泛存在其前体物质，在适宜条件可转换为亚硝基化合物。腌制蔬菜、肉类制品、发酵食品中可检出亚硝基化合物；人体自身也可合成亚硝胺。

（1）急性毒性：对称性烷基亚硝胺碳链越长，其急性毒性越低；损害的靶器官主要是肝脏，其次是骨髓和淋巴系统。

（2）致癌作用：N-亚硝基化合物为强致癌物，且可以通过胎盘引起子代肿瘤。对称性亚硝胺主要诱发肝癌，非对称性亚硝胺主要诱发食管癌。

（3）致畸、致突变作用：亚硝酰胺是一类直接致突变物，可使仔鼠产生脑、眼、肋骨和脊柱畸形，并存在剂量-效应关系，但亚硝胺致畸作用较弱。

3. 预防措施

（1）制定相应标准，加强食品卫生监督管理。严格执行食品安全国家标准中关于食品中硝酸盐、亚硝酸盐含量限制的规定。我国现行《食品安全国家标准食品添加剂使用标准》（GB 2760—2024）规定 N-亚硝胺限量为：肉类制品（肉类罐头除外）中 N-二甲基亚硝胺 ≤ 3 μg/kg；水产制品（水产罐头除外）中 N-二甲基亚硝胺 ≤ 4 μg/kg。

（2）采用适宜的食物贮存方法。低温贮存肉类、鱼贝类和蔬菜类，尽量减少腌制和酸渍食品的食用。

（3）改进食品加工工艺，减少加工过程中亚硝胺的产生。

（4）增加抗氧化营养素摄入。

（5）改善土壤环境提高栽培和育种技术。用钼肥代替氮肥，减少氮肥使用量；同时注意蔬菜采收和贮存，减少亚硝酸盐的产生。

（四）农药残留

农药（pesticides）是指用于预防、控制危害农业、林业病、虫、草、鼠和其他有害生物及有目的地调节植物、昆虫生长的化学合成，来源于生物、其他天然物质的一种物质或几种物质的混合物及其制剂。在农作物、土壤、水体及食品中残存的农药母体、衍生物、代谢物、降解物等，统称为农药残留（pesticide residue）。

1. 食品中农药残留的来源

（1）农田施药对农作物的直接污染。

（2）从污染的环境中吸收农药。

（3）通过食物链污染食物。

（4）其他：粮库、食品库使用熏蒸剂；农药厂未经处理的废水随意排放；禽、畜产品中的农药可来自饲料和畜舍的杀虫剂；食物在包装、运输中遭受农药的污染等。

2. 预防措施 为了防止农药对食品的污染，主要应在农作物保护工作中贯彻"预防为主、防治结合"的方针，避免单纯依靠农药的被动局面；同时，必须严格执行《中华人民共和国食品安全法》（2021年修订）的规定及相关食品安全标准。

（1）加强对农药管理：严格实施登记、注册管理、生产许可管理、经营管理和使用管理；同时，鼓励提高研发技术，发展高效低毒低残留新药，限制或停止使用高毒农药；严格执行食品中农药残留限量标准，加强食品安全监测。加强农药安全运输和保管工作。

（2）安全使用农药：农药须有专人、专库保管。喷洒农药须严格遵守安全间隔期，禁止食用因剧毒农药致死的各种禽畜。制定、完善和执行残留限量标准，加强食品安全监测，严格执行《食品安全国家标准 食品中农药最大残留限量》（GB 2763—2021）的规定。

（3）普及预防知识：减少农药使用量；提高种植、养殖技术，减少对农药的依赖；提高科学育种能力，培育抗病虫能力强的品种等。

二、食品添加剂及其安全性

（一）食品添加剂的概述

食品添加剂（food additives）是指为改善食品品质和色、香、味，以及为防腐、保鲜和加工工艺的需要而加入食品中的人工合成或天然物质。

按照来源不同，食品添加剂可分为两大类：一类是天然食品添加剂，是指利用动植物或微生物的代谢产物等为原料，经提取所获得的天然物质，一般认为此类添加剂毒性小且安全。另一类是人工合成的食品添加剂，是采用化学手段，元素或化合物通过氧化、还原、缩合、聚合、成盐等反应而得到的物质。其工艺性能好，品种齐全、价格低廉、使用量少，但毒性往往大于天然添加剂。

（二）食品添加剂的使用原则

食品添加剂的使用涉及人体的安全，必须防止滥用。食品添加剂的使用应局限于"必需"的要求，并尽可能使用最少量。

1. 食品添加剂使用时应符合以下原则

（1）经食品毒理学安全评价证明，使用限量内长期使用不应有任何健康损害。

（2）不影响食品的感官、性状和理化指标，不应降低食品本身的营养价值。

（3）食品添加剂应有国家卫生部门颁布并批准执行的使用卫生标准和质量标准。

（4）食品添加剂在应用中应有明确的检验方法。

（5）使用食品添加剂不得以掩盖食品本身或加工过程中的质量缺陷或以掺杂、掺假、伪造为目的。

（6）不得经营和使用无卫生许可证、无产品检验合格证及污染变质的食品添加剂。

（7）食品添加剂在达到一定使用目的后，能够经过加工、烹调或储存而被破坏或排除，不摄入人体则更为安全。

2. 在下列情况下可使用食品添加剂

（1）保持或提高食品本身的营养价值。

（2）作为某些特殊膳食用食品的必要配料或成分。

（3）提高食品的质量和稳定性，改进其感官特性。

（4）便于食品的生产、加工、包装、运输或贮藏。

3. 食品添加剂的带入原则　在下列情况下食品添加剂可以通过食品配料（含食品添加剂）带入食品中。

（1）根据食品添加剂使用标准，食品配料中允许使用的食品添加剂。

（2）食品配料中允许使用的添加剂的用量不应超过允许的最大使用量。

（3）应在正常生产工艺条件下使用这些配料，并且食品中该添加剂的含量不应超过由配料带入的水平。

（4）由配料带入食品中的添加剂的含量应明显低于直接将其添加到该食品中通常所需要的水平。

4. 复配食品添加剂使用时，要遵循以下基本要求

（1）不应对人体产生任何健康危害。

（2）在达到预期效果的情况下，应尽可能降低在食品中的用量。

（3）用于生产复配食品添加剂的各种食品添加剂，应符合《食品安全国家标准　食品添加剂使用标准》（GB 2760—2024）和卫生行政部门的相关公告及文件规定。

（4）用于生产复配食品添加剂的各种食品添加剂和辅料，其质量规格应符合相应的食品安全国家标准或相关标准。

（5）在生产过程中不应发生化学反应，不应产生新的化合物。

（三）食品添加剂滥用及其预防

食品添加剂的使用是为了食品加工的需要，有严格的使用原则和要求。食品添加剂大多数为化学合成物质，必须在规定的使用范围和使用剂量下使用，才能够在满足食品加工需要的同时不至于对消费者造成健康问题。随着食品添加剂被人们熟知，滥用食品添加剂现象也时有发生。

（1）使用未经国家批准使用或禁用的添加剂品种。

（2）添加剂使用超出规定限量。

（3）添加剂使用超出规定范围。

（4）使用工业级添加剂代替食品级的添加剂。

（5）以掩盖食品腐败或以掺杂、掺假、伪造为目的而使用食品添加剂。

要预防食品添加剂滥用，首先要做到有法可依，我们国家已经颁布了食品安全法，同时有《食品安全国家标准　食品添加剂使用标准》（GB 2760—2024）等规范性文件，食品生产者应依法生产。其次是执法必严和违法必究，执法部门严格执法，对违法行为及时给予处理。最后是普法教育，预防食品添加剂滥用。

（四）常见的食品添加剂种类

按照功能不同，食品添加剂可分为多种类别。我国将食品添加剂分为23个功能类别，名称（代码）为：酸度调节剂（01）、抗结剂（02）、消泡剂（03）、抗氧化剂（04）、漂白剂（05）、膨松剂（06）、胶基糖果中基础剂物质（07）、着色剂（08）、护色剂（09）、乳化剂（10）、酶制剂（11）、增味剂（12）、面粉处理剂（13）、被膜剂（14）、水分保持剂（15）、营养强化剂（16）、防腐剂（17）、稳定和凝固剂（18）、甜味剂（19）、增稠剂（20）、食品用香料（21）、食品工业用加工助剂（22）及其他（23）。

三、转基因食品及其安全性

（一）转基因食品的概述

转基因食品（genetically modified food，GMF）是指利用基因工程技术改变基因组构成的动物、植物和微生物生产的食品和食品添加剂，包括转基因动植物、微生物产品，转基因动植物、微生物的直接加工品与以转基因动植物、微生物或其直接加工品为原料生产的食品和食品添加剂等三大类。

（二）转基因食品的安全评价

我国在加大转基因食品研究力度的同时，加紧了对转基因食品的检测和安全评价研究。目前，国际上进行转基因食品的安全性评价时，有三个被普遍认可的原则，即危险性分析原则、实质等同原则和个案处理原则。

1. 危险性分析原则　危险性分析是国际食品法典委员会在1997年提出的用于评价食品、饮料、饲料中的添加剂、污染物、毒素和致病菌对人体或动物潜在副作用的科学程序，现已成为国际上开展食品危险性评价、制定标准和管理办法及进行危险性信息交流的基础和通用方法。危险性分析包括危险性评价、危害特征描述、暴露评估和危险性特征描述四个部分。

2. 实质等同原则 主要是指通过对转基因食品中的各种主要营养成分、主要的营养拮抗物质、毒性物质及过敏性物质等成分的种类和含量进行分析，并与传统的对应食品进行比较，若两者之间不存在明显的差异，则认为该转基因食品与传统食物在食用安全性方面具有实质等同性，不存在安全性问题。

3. 个案处理原则 主要内容与研究方法如下。

（1）根据每种转基因食品个体或相关生产原料、工艺、用途的不同特点，通过与相应或相似的既往评价案例进行比较，应用相关的理论和知识进行分析，提出潜在安全性问题的假设。

（2）通过制定有针对性的验证方案，对潜在安全性问题的假设进行科学论证。

（3）通过对验证个案的总结，为以后的评价和验证工作提供可借鉴的新案例。

（三）转基因食品的卫生和安全管理

对转基因食品管理的内容主要包括安全性评价和标识管理。我国涉及转基因食品的管理规定有《农业转基因生物安全管理条例》《农业转基因生物安全评价管理办法》（2016 年修订）、《农业转基因生物进口安全管理办法》（2017 年修订）及《农业转基因生物标识管理办法》（2017 年修订）等。

（王梅）

第七节 食源性疾病

一、食源性疾病概述

（一）食源性疾病的定义

食源性疾病（foodborne diseases）是指通过摄食而进入体内的各种致病因子引起的、通常具有感染性或中毒性的一类疾病。食源性疾病是世界上分布最广、最为常见的疾病之一，同样是对人类健康危害最大的疾病之一。

（二）食源性疾病的致病因子

引起食源性疾病的致病因子可分为生物性、化学性和物理性三大类。

1. 生物性致病因子 包括细菌及其毒素、真菌及其毒素、病毒和寄生虫等，是食源性疾病最常见的致病源，另外还包括有毒动物及其毒素和有毒植物及其毒素。

（1）细菌及其毒素：常见的有沙门菌属、蜡样芽孢杆菌、葡萄球菌肠毒素与肉毒梭菌毒素等。

（2）真菌及其毒素：常见的真菌毒素包括黄曲霉毒素、杂色曲霉素和岛青霉素等。

（3）病毒：如甲型肝炎病毒引起甲型肝炎流行等。

（4）寄生虫及其虫卵：主要指人畜共患的寄生虫病如姜片虫、旋毛虫及其虫卵等。

（5）有毒动物及其毒素：如河鲀体内的河鲀毒素、某些海鱼体内的雪卡毒素、贝类食品中的石房蛤毒素等，此外还包括食物储存时产生的毒性物质，如鱼类腐败产生的组胺等。

（6）有毒植物及其毒素：如苦杏仁及木薯中的氰苷类、粗制棉籽油中的棉酚、四季豆中的皂素、鲜黄花菜中的类秋水仙碱等。

2. 化学性致病因子 包括农药残留、重金属、多环芳烃类、N–亚硝基化合物污染物等，另外，还包括植物生长促进剂及食品加工过程中产生的有害物质，如丙烯酰胺、氨基甲酸乙酯等。

3. 物理性致病因子 来源于放射性物质的生产和使用过程。

（三）食源性疾病的特征

食源性疾病应具有三个基本的特征。

1. 在食源性疾病暴发或传播流行的过程中，食物是传播病原物质的媒介。

2. 引起食源性疾病的病原物质是食物中所含有的各种致病因子。

3. 食源性疾病的临床特征是急性中毒性表现或感染性表现。

引起食源性疾病暴发的原因通常与病原物质对食物的污染、在食品中增殖或残存等各种因素有关。引起人体感染或毒性反应所需的病原物质的最低含量或数量为最低感染剂量（minimum infective dose，MID）或最小中毒剂量（minimum intoxicating dose，MID）。

二、食物中毒

（一）食物中毒的概述

1. 定义 是摄入了含有生物性、化学性有毒有害的食品或将有毒有害物质当作食品摄入后所出现的非传染性、急性或亚急性疾病。食物中毒是食源性疾病的常见类型。

2. 食物中毒的发病特征

（1）与进食的食物有关，中毒者有食用同一食物史（同一来源、同一加工单位加工等），未食用者不发病，发病范围局限在食用该类有毒食物的人群中。

（2）发病潜伏期短，来势凶猛，呈暴发性。

（3）有相似的临床表现，最常见的是胃肠炎症状，如恶心、呕吐、腹痛和腹泻等，病程一般都较短。

（4）患者对健康人无传染性，停止食用有毒食品发病即停止。

3. 常见的食物中毒分类

（1）细菌性食物中毒（bacterial food poisoning）：细菌性食物中毒是最常见的食物中毒类型，指食用了被致病菌或其毒素污染的食物所引起的急性或亚急性疾病。该类食物中毒发病率较高，但病死率较低。

（2）真菌性食物中毒（fungi food poisoning）：是指食用了被产毒真菌及其毒素污染的食物而引起的食物中毒。此类食物中毒发病率和病死率均较高。

（3）动植物性食物中毒（animal food poisoning）：是指误食有毒动物和植物或摄入因加工、烹调不当未去除有毒成分的动物和植物而引起的中毒。该类食物中毒发病率较高。

（4）化学性食物中毒（chemical food poisoning）：是指误食有毒化学物质或食用被化学物质污染的食物而引起的中毒。该类食物中毒的发病率和病死率均较高。

（二）细菌性食物中毒

1. 概述 细菌性食物中毒是最常见的食物中毒。全年皆可发生，但在夏秋季多发。

（1）中毒原因：引起细菌性食物中毒的三个主要环节是食物被致病菌污染，食品贮存方式不当，食用前烹调加工方式不当。

（2）流行病学特点：① 发病季节性明显，夏秋季发病率最高；② 常见的细菌性食物中毒病程短、恢复快、预后好、病死率低；③ 引起细菌性食物中毒的主要食品为动物性食品。

（3）分类：根据细菌性食物中毒的发病机制，可分为感染型、毒素型和混合型三种。① 感染型：病原菌随食物进入肠道，在肠道内继续生长繁殖，靠其侵袭力附着于肠黏膜或侵入黏膜及黏膜下层，引起肠黏膜充血、白细胞浸润、水肿和渗出等炎性病理变化。② 毒素型：由于外毒素刺激肠壁上皮细胞，激活腺苷酸环化酶，在活性腺苷酸环化酶的催化下，细胞质中的三磷酸腺苷脱去二分子磷酸，而成为环磷酸腺苷（cAMP），cAMP作为第二信使，改变细胞分泌功能，使氯离子分泌亢进并抑制肠壁上皮细胞对Na^+与水的吸收，导致腹泻。③ 混合型：副溶血性弧菌等病原菌进入肠道，除侵入黏膜引起肠黏膜的炎性反应外，还可产生肠毒素引起急性胃肠道症状。这类病原菌引起的食物中毒是致病菌对肠道的侵入及其产生的肠毒素的协同作用，因此，其发病机制为混合型。

（4）临床表现：细菌性食物中毒常为集体突然暴发，发病率较高，但病死率较低（肉毒梭菌中毒除外）。

（5）诊断标准：① 流行病学调查资料，根据食物中毒的特点，确定是食物中毒而不是其他胃肠道疾病；结合细菌性食物中毒的流行病学特点等确定为细菌性食物中毒并查明引起中毒的具体病原体。② 患者的潜伏期和特有的中毒表现符合食物中毒的特征。③ 实验室检查，对疑似中毒食品或与中毒食品有关的物品或患者样品进行实验室检查。主要包括细菌学及血清学两个部分的检查。

（6）预防措施：从家庭和个人角度来说，需要针对细菌性食物中毒发生的原因进行个人防护，对于政府和集体单位的管理层面来说，需要针对上述发病原因，做好如下三个方面的工作。① 防止食物被细菌污染，应对污染源加强管理；做好食具、炊具等的清洗消毒工作，要生熟分开，防止交叉污染；食品企业、公共食堂要严格遵守饮食行业及炊事人员的个人卫生制度。② 控制细菌繁殖，引起食物中毒的细菌污染食品必须达到中毒量才会引起食物中毒，因此为控制其繁殖，可采用冷藏、冷冻和使用抑菌剂等方法。③ 杀菌或破坏其毒素，对污染食物中毒菌的食品进行杀菌或破坏其毒素，就可以防止食物中毒的发生。

2. 沙门菌属食物中毒 沙门菌属（*salmonella*）是引起食物中毒常见细菌之一，是预防食物中毒的重点。

（1）病原：沙门菌属为有鞭毛、能运动的革兰氏阴性杆菌。在自然界广泛存在。常见的有鼠伤寒沙门菌、猪霍乱沙门菌和肠炎沙门菌等。沙门菌不耐热，在水、肉类和乳类食品中能生存数周至数月，在冰冻的土壤中可安全过冬。

（2）流行病学特点：① 季节性，全年皆可发生，多见于夏秋季；② 中毒食品，主要是动物性食品，水产品可因水体污染而带菌。

（3）临床表现：沙门菌不产生外毒素，主要是食入大量活菌而引起食物中毒，属感染型食物中毒。临床表现有不同的类型，急性胃肠炎型多见。主要症状为恶心、呕吐、腹痛、腹泻、排黄绿色水样便，有时有恶臭，带脓血和黏液。病程3~7日，一般预后良好。

（4）治疗与预防：诊断与治疗需遵循《沙门氏菌食物中毒诊断标准及处理原则》（WS/T 13—1996）。大多数感染者无须治疗即可恢复健康。严重腹泻者，尤其是儿童和老年人，应该对症治疗，必要时，采用抗生素治疗。对于沙门菌食物中毒的预防可采取：① 防止食品被沙门菌污染；② 控制沙门菌繁殖；③ 杀灭病原菌。

3. 副溶血弧菌食物中毒

（1）病原：副溶血弧菌（*vibrio parahaemolyticus*）是一种嗜盐性细菌。不耐热，对醋酸敏感，常存在于近岸海水、海底沉积物和鱼、贝类等海产品中，夏秋季节海产品带菌率可高达90%以上。

（2）流行病学特点：① 地区分布，沿海、喜食海产品地区发病率较高；② 季节性，夏秋季节高发；③ 中毒食品，主要是海产品，其次为咸菜、熟肉类、禽肉、禽蛋类。

（3）临床表现：潜伏期多为11~18小时。主要症状为上腹部阵发性绞痛继而腹泻。重症者出现脱水，少数有意识不清、血压下降等，病程1~3日，一般预后良好。

（4）治疗与预防：诊断与治疗需遵循《副溶血性弧菌食物中毒诊断标准及处理原则》（WS/T 81—1996）。该类型食物中毒预后良好，治疗以补充水分、纠正电解质平衡为主。应注意食品的烹调加工方法，从防止污染、控制繁殖和加热灭菌三个方面进行预防：① 食品尤其是海产品类要煮熟煮透，低温保藏；② 海产品类冷荤菜置食醋内浸泡或在沸水中漂烫；③ 剩余食品不宜在室温下放置过久，食用前应彻底加热；④ 尽量不生吃海产品及盐腌不当的贝壳类。

4. 大肠埃希菌食物中毒

（1）病原：埃希菌属（*escherichia*）是一组革兰氏阴性杆菌，埃希菌属中大肠埃希菌（E.coli）引起的食物中毒最为严重。大肠埃希菌大多存在于人类和动物的肠道内，属于肠道的正常菌群，大多不具有致病性。目前已知的致病性大肠埃希菌有五种类型，包括肠产毒性大肠埃希菌（enterotoxigenic E.coli，ETEC）、肠侵袭性大肠埃希菌（enteroinvasive E.coli，EIEC）、肠致病性大肠埃希菌（enteropathogenic E.coli，EPEC）、肠出血性大肠埃希菌（enterohemorrhagic E.coli，EHEC）及肠聚集性大肠埃希菌（enteroaggregative E.coli，EAEC）。

（2）流行病学特点：① 季节性，全年皆可发生，但主要发生在夏秋季；② 中毒食品，引起大肠埃希菌食物中毒的食品与沙门菌相似，即多由动物性食品引起。

（3）临床表现：① ETEC，为毒素型中毒，是许多发展中国家儿童腹泻的常见病原菌，可产生大量肠毒素。临床症状为水样腹泻、腹痛、恶心、发热（一般体温在38~40℃）；② EIEC，为活菌及其内毒素感染型中毒，细菌具有侵袭性，破坏肠黏膜及其基底膜，出现黏膜溃疡，主要表现为血便、发热及痢疾样腹泻；③ EPEC，为活菌感染型中毒，是婴儿流行性腹泻的主要病原菌。该菌具有很强的传染性，可引起暴发流行，临床表现为水样腹泻、腹痛；④ EHEC，为毒素型中毒，前驱症状为腹部痉挛性疼痛和短时间的自限性发热、呕吐，后导致出血性结肠炎，主要表现为突发性剧烈腹痛、腹泻，先有水样便后为血便，有严重腹痛及便血；⑤ EAEC，国际上将其归属第五类致泻大肠埃希菌。主要引起婴儿持续性腹泻、脱水，偶有血便。

（4）治疗与预防：诊断与治疗需遵循《病原性大肠埃希氏菌食物中毒诊断标准及处理原则》（WS/T 8—1996）。预防措施与"沙门菌属食物中毒"基本相同。

5. 变形杆菌食物中毒

（1）病原：变形杆菌（*proteus*）为革兰氏阴性杆菌，属于肠杆菌科，为腐败菌，一般不致病。

（2）流行病学特点：① 季节性，全年皆可发生，多在夏秋季；② 中毒食品，主要以动物性食品为主，其次为豆制品和凉拌菜等。

（3）临床表现：潜伏期多数为5~18小时。症状以上腹部刀绞样痛和急性腹泻为主，有的伴以恶心、呕吐、头疼、发热，腹泻物多为水样便，伴黏液，有恶臭，一日数次至十余次。病程较短，一般1~3日可恢复，很少有死亡。

（4）治疗与预防：诊断与治疗需遵循《变形杆菌食物中毒诊断标准及处理原则》（WS/T 9—1996）。立即停止进食一切可疑中毒食物，根据患者症状及时抢救与对症治疗，较重者可用抗生素治疗。防治污染、控制繁殖和食用前彻底加热杀灭病原菌是预防变形杆菌食物中毒的主要环节。

6. 金黄色葡萄球菌食物中毒

（1）病原：金黄色葡萄球菌（*staphylococcus aureus*）广泛分布于空气、土壤、水、健康人的皮肤及鼻咽部。属革兰氏阳性厌氧菌，抵抗力较强，耐热。

（2）流行病学特点：① 季节性，全年皆可发生，多见于夏秋季；② 中毒食品，引起中毒的食品主要为奶类与制品、剩米饭、煎荷包蛋、糯米凉糕、肉制品等。③ 分布，金黄色葡萄球菌广泛分布于自然界，健康人带菌率为20%~30%，上呼吸道被金黄色葡萄球菌感染的患者鼻腔带菌率83.3%。

（3）临床表现：起病急，主要症状为恶心、剧烈而频繁的呕吐，同时伴有上腹部剧烈疼痛。腹泻为水样便。体温一般正常，病程短，预后良好。

（4）治疗与预防：诊断与治疗需遵循《葡萄球菌食物中毒诊断标准及处理原则》（WS/T 80—1996）。临床处理以对症治疗为主，一般不需用抗生素。预防的关键是防止葡萄球菌对食品的污染和肠毒素形成：① 首先应防止食品受到污染，尤其是肉类等动物性食品；② 对患有局部化脓性感染、上呼吸道感染的食品加工人员、饮食从业人员、保育员应暂时调离工作；③ 低温储藏食品，防止葡萄球菌繁殖和产生肠毒素；④ 食用前还应彻底加热以破坏毒素。

7. 肉毒梭菌食物中毒　肉毒梭状芽孢杆菌（*clostridium botulinum*），简称"肉毒梭菌"。肉毒梭菌食物中毒是由肉毒梭菌在食物中生长繁殖所产生的外毒素引起的神经型食物中毒。此类中毒发病急，病情重，病死率高。

（1）病原：肉毒梭菌是革兰氏阳性厌氧杆菌，存在于土壤、淤泥、尘土和动物粪便中，其芽孢对热的抵抗力极强。肉毒毒素是一种强烈的神经毒。

（2）流行病学特点：① 季节性，中毒多发生在冬春季；② 中毒食品，以植物性食品多见，如家庭自制的发酵食品及鱼类罐头等；③ 分布，与人们的饮食习惯密切相关，多以家庭或个体形式出现，很少集体暴发；④ 肉毒梭菌广泛分布于土壤、江河湖海淤泥沉淀物、尘埃及动物粪便中，粮谷豆类等食品受其污染的机会很多。

（3）临床表现：潜伏期6小时至半个月。前驱症状为全身疲倦无力、头晕、头痛、食欲缺乏及步态不稳等。随着症状进展表现为对称性脑神经损害症状如视力模糊、眼睑下垂、复视、斜视、眼球震颤，继之咽部肌肉麻痹，造成咀嚼和吞咽困难，如继续发展可出现呼吸肌麻痹症状，最后因呼吸功能衰竭而死亡。

（4）治疗与预防：诊断与治疗需遵循《肉毒梭菌食物中毒诊断标准及处理原则》（WS/T 83—1996）。临床治疗早期一般采用多价抗肉毒毒素血清，并及时采用支持疗法及有效的护理，以预防呼吸肌麻痹而窒息。预防措施：① 应防止污染，必须严格食品操作规程，减少食品原料污染；② 加工后的熟制品应低温保存；③ 肉毒梭菌毒素不耐热，对可疑食品应作加热处理。

（三）非细菌性食物中毒

常见的非细菌性食物中毒包括真菌毒素、有毒动物、有毒植物、化学物质等引起的食物中毒。与细菌性食物中毒相比，非细菌性食物中毒一般潜伏期较短，消化道症状不明显，有明显的神经系统症状，病死率较高，预后一般较差。

1. 真菌毒素和霉变食物引起的食物中毒　能够引起此类食物中毒的食品通常有两类，包括赤霉病麦及其制作的食品和霉变甘蔗。

（1）流行病学特点：赤霉病麦食物中毒多发生在下雨、水丰富、气候湿润地区的粮食收获季节。霉变甘蔗食物中毒多发生在我国北方地区，多见于儿童和青少年，病情通常比较严重。

（2）临床表现：赤霉病麦和霉变甘蔗引起的食物中毒潜伏期短，临床表现出明显的消化系统和神经系统症状。消化道症状包括恶心、呕吐、腹痛、腹泻、黑便。神经系统症状包括头晕、头痛、嗜睡、流涎、抽搐。

（3）治疗措施：赤霉病麦食物中毒预后良好，中毒症状一般可自行消失，可自愈，对呕吐严重的患者应补液。霉变甘蔗中毒后，应立即进行洗胃、灌肠，尽快排出毒物，并对症治疗。

（4）预防措施：① 做好防霉处理；② 制定标准，加强管理；③ 进行宣传教育。

2. 河鲀中毒　河鲀（globefish）所含主要有毒成分为河鲀毒素（tetrodotoxin，TTX）。TTX为无色针状结晶，微溶于水，理化性质稳定，是一种毒性极强的非蛋白类神经毒素。

（1）流行病学特点：每年春季2~5月为河鲀的生殖产卵期，此时毒性最强，故春季是河鲀中毒的高发季节。

（2）临床表现：河鲀中毒特点为发病急速而剧烈，潜伏期短，发病初期感觉全身不适并伴消化道症状；而后感觉神经麻痹，感觉减退；继而运动神经麻痹，舌发僵，语言不清，甚至全身麻痹瘫痪；严重者呼吸困难、血压下降、昏迷，最后死于呼吸和循环衰竭。一般认为，若由鱼类引起、从唇、舌、咽喉开始到肢体末端的进展性麻痹则应考虑河鲀中毒。

（3）治疗措施：目前尚无特效解毒剂，对患者应尽快排出毒物并进行对症处理。

（4）预防措施：应加强食品卫生监督，同时应大力开展宣传教育，使群众了解河鲀的毒性，并能识别其形状以防误食。

3. 毒蕈中毒　蕈类通称蘑菇，毒蕈即毒蘑菇、毒菌等，是指食用大型真菌的子实体后对人或畜、禽产生中毒反应的物种。我国已知毒蕈（toxic mushroom）有400多种，每年都有毒蘑菇中毒乃至致死事件的发生。

（1）流行病学特点：毒蕈中毒多发生在春季和夏季雨后，在我国多发生于云南、四川和广西等潮湿山区。

（2）临床症状：毒蕈的有毒成分十分复杂，毒蕈中毒的严重程度与毒蕈种类、进食量、加工方法及个体差异等有关。根据所含毒素及中毒临床表现，可将毒蕈中毒分为四种类型。

1）胃肠炎型：潜伏期最短，包括黑伞蕈属和乳菇属的某些菌株。有毒成分可能为刺激胃肠道的类树脂物质、胍啶或毒蕈碱等。主要症状为剧烈呕吐、腹痛、腹泻、水样便。病程短，预后良好。

2）神经精神型：潜伏期为0.5~4小时，包括毒蝇伞、豹斑毒伞和牛肝蕈等。主要为交感神经兴奋症状，有部分胃肠道症状，重症患者出现谵妄、精神错乱、幻视、幻听、狂笑和动作不稳等。此型中毒用阿托品类药物及时治疗，可迅速缓解症状。病程约12日，死亡率低。

3）溶血型：中毒潜伏期6~12小时，包括鹿花蕈素、马鞍蕈等。有毒成分为鹿花蕈素。鹿花蕈素有强烈的溶血作用，临床以恶心、呕吐、腹泻等胃肠道症状为主，后出现黄疸、肝脾肿大，严重时可引起死亡。给予肾上腺皮质激素治疗可很快控制病情。病程2~6日，一般死亡率不高。

4）脏器损害型：潜伏期6~24小时，包括毒伞属蕈（如毒伞、白毒伞、鳞柄小伞）、褐鳞伞蕈及秋生盔孢伞蕈等。有毒成分主要为毒伞七肽、毒伞十肽等毒素。此类毒素耐热、耐干燥，为剧毒。临床表现复杂，一般分5期：① 肠胃炎期；② 假愈期；③ 脏器损害期；④ 精神症状期；⑤ 恢复期。

（3）治疗措施：及时采取催吐、洗胃、导泻、灌肠等措施。应根据不同症状和毒素情况进行治疗。

（4）预防措施：宣传教育，防止误食，提高鉴别毒蕈的能力，可借鉴一些传统的经验进行识别，最根本的办法是切勿采摘不认识的蘑菇食用。

4. 亚硝酸盐食物中毒　亚硝酸盐进入人体后，在短时间内可将血中亚铁血红蛋白氧化成高铁血红蛋白，从而失去输送氧的功能，致使组织缺氧，出现青紫而中毒，又称肠源性青紫病或发绀症（acrocyanosis）。

（1）中毒原因：① 摄入较多的贮存过久的变质蔬菜、放置过久的煮熟蔬菜或腌制不久的蔬菜；② 用苦井水煮食物并在不洁容器中放置过夜；③ 儿童食用蔬菜过多时，若肠道功能低下则细菌将硝酸盐还原为亚硝酸盐；④ 腌肉加入过量的硝酸盐或亚硝酸盐；⑤ 误将亚硝酸盐当作食盐加入食品。

（2）临床表现：亚硝酸盐中毒后，轻者表现为头晕、头痛、乏力、胸闷、恶心、呕吐，口唇、耳郭、指/趾甲轻度发绀，血中高铁血红蛋白含量在10%~30%；重者眼结膜、面部及全身皮肤发绀，心率加快，嗜睡或烦躁不安，呼吸困难，血中高铁血红蛋白含量在30%~50%；严重者昏迷、惊厥、大小便失禁，可因呼吸衰竭导致死亡。

（3）治疗措施：迅速进行洗胃、灌肠等处理。特效治疗可采用1%小剂量亚甲蓝口服或缓慢静脉注射。亚甲蓝用量为1~2 mg/kg，以25%~50%葡萄糖液20 ml稀释后，静脉缓慢注射，1小时后如症状不好可重复注射1次。大剂量维生素C可直接还原高铁血红蛋白。亚甲蓝、维生素C和葡萄糖三者合用效果较好。

（4）预防措施：① 勿食存放过久的变质蔬菜，腌制的蔬菜需煮熟后食用；② 肉制品中硝酸盐、亚硝酸盐的用量应严格执行国家食品安全相关标准的限量规定；③ 苦井水勿用于煮粥，尤其勿存放过夜；④ 防止误食。

（四）食物中毒的调查与处理

1. 食物中毒的诊断标准总则　食物中毒的诊断主要以流行病学调查资料、潜伏期和中毒特有表现为依据，实验室诊断是为了确定中毒病因。总原则如下。

（1）中毒患者在相近时间内均食用过某种共同的中毒食品，停止食用中毒食品后，发病很快停止。

（2）潜伏期较短，发病急剧，病程亦较短。

（3）所有中毒患者的临床表现基本相似。

（4）一般无人与人之间的直接传染。

（5）食物中毒的确定应尽可能有实验室诊断资料。

2. 食物中毒的处理

（1）食物中毒的报告：发生食物中毒或疑似食物中毒事故的单位和接收食物中毒或疑似食物中毒患者进行治疗的单位，应及时向所在地卫生部门报告发生食物中毒事故的单位、地址、时间、中毒人数、可疑食物等有关内容。县级以上地方人民政府卫生行政部门接到食物中毒或疑似食物中毒事故的报告，应及时填写《食物中毒报告登记表》，并报告同级人民政府和上级卫生行政部门。

（2）食物中毒事件的控制和处理：在初步调查、确认疑似食物中毒后，调查人员应对可疑中毒食物及其有关工具、设备和现场采取临时控制措施，以防食物中毒蔓延、事态扩大。

（3）食物中毒的处罚：对造成食物中毒事故的单位和个人，由县级以上地方人民政府卫生行政部门按照《中华人民共和国食品安全法》（2021年修订）及其他有关规定，予以行政处罚；对造成严重食物中毒事故构成犯罪的或有投毒等犯罪嫌疑的，移送司法机关处理。

（4）信息发布：对食物中毒事件及其处理情况按规定由相关部门及时进行发布，并对可能造成的危害加以说明和解释。

（5）撰写调查报告：调查过程中，分别按要求撰写报告，调查工作结束，撰写食物中毒调查总结报告，按规定上报、留档。调查报告的内容一般包括事情经过、临床症状、流行病学特点、患者救治和预后情况、发病人数、控制措施、处理结果和效果评价等。

（五）食品安全保障体系

建立完善的食品安全保障体系是预防食品污染、预防食源性疾病的发生、保护人类生命健康的重要措施。

我国的食品安全体系以《中华人民共和国食品安全法》（2021年修订）为依据，包括食品安全法律体系、标准体系、监督管理体系、技术支撑体系和应急预警系统等，已相对完善。根据食品安全法的规定，相关部门构建了全程覆盖、运转高效的监管格局，对于预防食品安全事件的发生和处理食品安全事件具有重要意义。

三、食物过敏

（一）食物过敏概述

食物过敏（food allergy）是指食物进入人体后，机体对之产生异常免疫反应，导致机体生理功能紊乱和/或组织损伤，进而引发一系列临床症状。食物过敏反应的共同特点是必须有致敏原的预先接触及前接触，使机体处于致敏状态，当再次接触该致敏原时，才诱发变态反应。主要症状有口周红斑、唇肿、口腔疼痛、舌咽肿、恶心、呕吐等，严重者甚至出现过敏性休克而死亡。

（二）常见的过敏性食物

1. 鸡蛋　对鸡蛋过敏以未成年人常见，鸡蛋中的主要过敏原是卵类黏蛋白、卵白蛋白、卵转铁蛋白和溶酶菌。鸡蛋过敏主要表现为腹痛、恶心、呕吐、皮肤瘙痒及突然疲倦、胀气和失眠等。

2. 花生　花生过敏原主要是花生球蛋白和伴花生球蛋白，属于球蛋白家族，是一种种子贮藏蛋白，包括多种高度糖基化的蛋白质组分。花生过敏常会出现咽喉水肿、腹痛、荨麻疹、哮喘和过敏性休克等。花生过敏也是食物过敏中导致死亡人数最多的一种，90%因食物过敏引发的死亡都是花生导致的。

3. 牛乳　牛乳过敏是由牛乳中蛋白过敏原所引起的食物不良反应，与非过敏性食物不良反应（如乳糖不耐症）不同，它由免疫机制调节。牛乳过敏主要是IgE介导的变态反应。

4. 大豆　大豆过敏原含量高达26.7%。这类毒素受热后变性，可被破坏，大豆过敏比花生过敏的发生率要低。潜伏后期症状突然发作，表现出剧烈腹痛、呕吐、水泻、干渴等。

5. 小麦　小麦中的主要过敏原是贮藏蛋白、抗氧化蛋白、可溶性蛋白等，大多数具有酸性等特点。清蛋白和球蛋白也是小麦皮炎过敏患者的主要过敏原。小麦过敏会影响皮肤、内脏、呼吸道，引起运动激发过敏症、职业哮喘、鼻炎、接触性荨麻疹和乳糜泻肠炎等。小麦是被报道最多的一种食物依赖运动激发过敏症食物，其中不溶于水和盐的蛋白部分被认为是导致这种过敏症的最主要过敏原。

6. 坚果　坚果类食品蛋白质含量较高，多数为15%~30%，接近于干豆类。过敏后产生诸如面部红斑、刺痒难受、眼角充血、耳根部渗液等过敏症状。

7. 鱼贝类　鱼类过敏原是一种钙结合蛋白，为热稳定、水溶性糖蛋白。多种鱼类含硫胺素酶，能将维生素B_1水解而破坏，使肥大细胞释放组胺等过敏介质，产生过敏反应。贝类中的主要过敏原是原肌球蛋白。

8. 食品添加剂　食品添加剂过敏较为罕见，但亚硝酸盐、亚硫酸盐、色素、增稠剂等可能引起敏感人群胃肠不适或皮疹等症状。

9. 转基因食品　常见转基因食品如大豆、玉米等，可能因为引入外源基因增加其过敏原性。

（三）食物过敏反应的免疫学机制

食物过敏可分为IgE介导和非IgE介导两大类。

1. IgE介导的食物过敏反应　食物过敏引起的Ⅰ型变态反应包括食物过敏原的致敏阶段、激发阶段和效应阶段。在致敏阶段，机体接触过敏性食物后，产生反应性IgE抗体。IgE抗体的Fc段与肥大细胞或嗜碱性粒细胞表面的IgE受体结合，释放出组胺、5-羟色胺、白三烯、前列腺素及嗜酸性粒细胞趋化因子等大量活性介质，作用于效应组织和器官，引起局部或全身过敏反应。

2. 非IgE介导的食物过敏反应　食物过敏的临床表现中一系列胃肠道紊乱，包括食物蛋白刺激的结肠炎、过敏性嗜酸性粒细胞胃肠炎、乳糜泻等主要是非IgE介导的。

（四）食物过敏的主要影响因素

1. 遗传因素　遗传因素在过敏性疾病中起主要作用。

2. 喂养及辅食添加情况　母乳喂养时间过短和辅食添加不当与食物过敏关系密切。研究发现纯母乳喂养4个月以上和部分母乳喂养6个月以上的婴儿患哮喘、过敏性皮炎和过敏性鼻炎的危险性显著降低。

3. 孕产期情况　妊娠期摄入含有可致敏食物的膳食、吸烟均可增加新生儿发生食物过敏的危险性。

（五）预防措施

目前，治疗食物过敏唯一有效的措施是严格避免特定食物抗原的摄入。明确食物变应原的患者应禁食该种食物及含有该种食物成分的一切食品。有过敏史的家族中，妇女在妊娠期及哺乳期应注意限制饮食，少食容易引起过敏的食物。

为减少食物过敏的发生或减少其危害，许多国家相继出台相应的措施，包括通过法律强制要求食品生产经营商对含有过敏原的食品进行标注；通过食品加工消除已知食物过敏原；建立过敏原数据库，通过生物信息技术对可疑蛋白质的过敏性进行预测；对食物过敏原疾病进行预防和治疗；开发新型低过敏性食品替代过敏性食品等。

学习小结

营养素是指食物中能给人体提供能量、构成机体成分、修复组织及调节生理功能的化学成分。人体必需的营养素包括三大产能营养素（蛋白质、脂肪和碳水化合物）、维生素和矿物质。各种营养素的生物学功能、分类、吸收代谢、来源及膳食推荐摄入量不同，营养价值存在差异。不同生理状态的人群对营养素的消化、吸收和利用也存在差异，因而膳食营养素的参考摄入量也不同，但合理营养与平衡膳食是保证各年龄段人群健康的基本膳食原则。

营养相关疾病的发生与膳食因素密切相关。蛋白质–能量营养不良的营养防治应提供充足的蛋白质和能量，全面改善营养，纠正并发症，逆转病情发展。肥胖、糖尿病和高脂血症的营养防治强调长期的总能量摄入控制、充足的营养素供应、合理的膳食结构、适宜的身体活动。高血压的营养防治要限制钠盐，增加钾、钙及镁的摄入，减少脂肪、增加优质蛋白质，限制饮酒，克服不良饮食习惯等。在肿瘤三级预防中，膳食调控发挥着重要作用。对肿瘤患者根据具体情况采取适当的营养治疗。

实施营养治疗和营养支持的前提是进行临床营养筛查和评价。住院患者使用的膳食种类较多，包括医院常规膳食、治疗膳食、试验膳食和代谢膳食四大类，每类膳食有各自的适用对象和配制要求，可根据患者的病情及耐受性进行选择。营养支持已经成为一线治疗方法，营养支持分为肠内与肠外营养，需依据具体情况进行选择。

食品安全的主要问题包括食品中的化学物质、微生物、重金属等有害物质，以及食品加工、贮存、运输等环节中的污染和不卫生因素；食品安全的保障需要从头控制，包括农业生产、食品加工、运输、销售等环节；政府应加强对食品安全的监管和管理，加强食品安全法律法规的制定和执行，保障人民的食品安全权益。

食源性疾病是由于摄入受污染或处理不当的食物而引起的疾病。食源性疾病可由细菌、病毒、寄生虫、真菌、化学物质等引起，可以通过食物链的不同环节进行传播，如生产、加工、运输、贮储和烹饪等。食物中如果存在病原体或有毒物质，并且没有经过适当的处理或烹饪，就会增加发生食源性疾病的风险。

食物过敏是一种免疫系统异常反应，当身体接触到特定的食物成分时会出现过敏反应。食物过敏症状因人而异，可以涉及多个器官系统。

（王梅）

复习参考题

一、选择题

1. 肥胖营养治疗的首要原则是
   A. 控制总能量摄入
   B. 限制脂肪摄入
   C. 摄入足够膳食纤维
   D. 限制饮酒
   E. 限制碳水化合物摄入

2. 下列不符合平衡膳食原则的医院常规膳食是
   A. 普食
   B. 软食
   C. 半流质膳食
   D. 流质膳食
   E. 混合膳食

3. 食品中添加防腐剂主要用于
   A. 增加食品的口感
   B. 增加食品的颜色
   C. 增加食品的营养价值
   D. 延长食品的保质期
   E. 增加食品的香味

4. 食源性疾病是指由于食用或接触污染的食物或饮水而引起的疾病。以下不属于食源性疾病的是
   A. 流感
   B. 肠道感染
   C. 食物中毒
   D. 肠道寄生虫感染
   E. 肝炎

5. 食物过敏的治疗方法包括
   A. 避免接触过敏食物
   B. 使用抗过敏药物
   C. 进行免疫疗法
   D. 食用大量过敏食物
   E. 所有选项都正确

   答案：1. A；2. D；3. D；4. A；5. A

二、简答题

1. 简述食物蛋白质营养价值的主要评价方法及其优缺点。

2. 简述n-3与n-6系列多不饱和脂肪酸在食物来源和功能的差异。

3. 人体能量来源和消耗主要包括哪几个方面？三大产能营养素供能的适宜比例分别是多少？影响基础代谢的主要因素有什么？

4. 结合我国膳食构成特点，阐述钙和铁吸收的影响因素。

5. 糖尿病的分型及膳食调控原则是什么？

6. 高血压的膳食调控原则是什么？

7. 医院常规膳食的适用对象和配制要求分别是什么？

8. 肠内营养、肠外营养的适应证和禁忌证分别是什么？

9. 食品安全的风险评估方法有哪些？食品安全的法律法规有哪些？

10. 简述食品添加剂的分类；食品添加剂的监管有哪些措施？

11. 简述细菌性食物中毒的预防措施。

12. 食品中常见的污染物可分为哪几类？

职业环境与健康

04章

学习目标

知识目标	1. 掌握职业病的概念、特点和诊断原则；生产性毒物和职业中毒的概念；常见生产性毒物、粉尘和物理因素所引起相应职业病的机制、临床表现和处理原则。 2. 熟悉职业性有害因素的概念与分类；职业性损伤的种类；常见生产性毒物、粉尘和物理因素所引起的相应职业病的诊断标准。 3. 了解职业性损害的防治；针对常见生产性毒物、粉尘和物理因素所采取的相应防护措施。
能力目标	能够结合实际，运用职业卫生与职业医学的基本理论、基本知识和基本技能，从事和职业卫生与职业医学相关的实践工作。
素质目标	具备将三级预防策略运用到职业病和职业损害防治工作中的理念；具备大卫生、大健康和以预防为主的理念。

　　职业环境中存在着各种化学性、物理性、生物性职业有害因素，长期作用于人体会引起从业人员的健康损害，了解这些职业环境因素的产生过程、接触途径、作用机制及其健康效应，有助于创造更加安全、卫生、舒适和高效的工作环境，从而提高劳动者的健康水平和工作效率。

第一节　职业性有害因素与职业性损害

一、职业性有害因素

　　职业性有害因素（occupational hazards），是指与职业有关的作业人员因从事某些职业而引起健康损害的因素。职业性有害因素按其来源可分为三大类。

（一）生产过程中产生的有害因素

　　生产过程中产生的有害因素与生产工艺过程有关。按其性质可分为三类。

　　1. 物理因素　不良的物理因素包括异常气象条件（高温、高湿、低温、高气压、低气压等）、噪声及振动、非电离辐射（可见光、紫外辐射、红外辐射、射频辐射、激光等）和电离辐射（X射线、γ射线等）。不同物理因素造成的健康损害不同，如潜水员在快速减压后血管内空气栓塞所致的减压病，紫外线过度照射所致的雪盲等。

2. 化学因素 化学性有害因素是指生产过程中接触的原料、中间产品、成品及排放的工业三废（废气、废水及废渣），以粉尘、烟尘、雾、蒸气或气体的形态散布于车间空气中，主要经呼吸道进入体内，还可以经皮肤、消化道进入人体。常见的化学性有害因素包括：① 生产性毒物，如铅、汞、苯、氯、一氧化碳和有机磷农药等；② 生产性粉尘，如矽尘、煤尘、石棉尘、水泥尘及各种有机粉尘等。

3. 生物因素 生物性有害因素是指生产原料和作业环境中存在的致病微生物或寄生虫。生物性有害因素对职业人群的损害，除可直接引起法定职业病外，也是诱发哮喘、外源性过敏性肺泡炎和职业性皮肤病等疾病的重要危险因素，还可导致鼠疫、口蹄疫和矿工钩虫病等传染病，以及因接触各种生物性毒素引起的急性中毒性疾病。

（二）劳动过程中产生的有害因素

劳动过程中产生的有害因素与劳动过程有关，主要涉及针对生产工艺流程的劳动组织、生产设备布局、作业者操作体位和劳动方式，以及劳动过程中智力和体力的占比等。

1. 职业紧张因素 职业紧张（occupational stress）是指在某种职业条件下，工作需求超过个体应对能力而产生的生理和心理压力。随着经济的发展和现代技术的应用，工作节奏加快、竞争激烈，职业紧张已成为职业人群重要的健康问题之一。常见的职业紧张因素包括劳动组织制度不合理、劳动作息制度不合理、人际关系和组织关系紧张及不良工作条件等。

2. 职业工效学因素 人类工效学（ergonomics）是指以人为中心，研究人、机器设备和环境之间的相互关系，目的是实现人在生产劳动及其他活动中的健康、安全、舒适，同时提高工作效率。职业工效学（occupational ergonomics）是人类工效学应用的重要分支，以解剖学、心理学、生理学、人体测量学、工程学、社会学等多学科的理论知识为基础，以职业人员为中心，研究职业人员、机器设备和工作环境之间的相互关系，旨在实现作业者在工作中的健康、安全、舒适，同时保持最佳工作效率。工效学研究因素贯穿劳动的全部过程，研究劳动过程中的工效学因素不仅可以改善劳动效率，还能提高劳动者的身心健康水平。如果劳动工具与机器设备不科学、工作中不能合理用力、活动范围受限或长时间处于某种不良体位等，均可导致个别器官或系统过度紧张，对机体造成损伤。

（三）生产环境中的有害因素

生产环境是指职业人员从事操作、观察、管理生产活动所处的外环境，涉及作业场所建筑布局、卫生防护、安全条件和设施有关的因素。常见的生产环境中的有害因素如下。

1. 厂房建筑布局不合理 如将有害的工序、工种和无害的工序、工种等安排在同一车间内；工作场所缺乏卫生防护设施，如产生尘、毒的车间或岗位无除尘、排毒设施等。

2. 自然环境中的有害因素 如炎热季节的太阳辐射、冬季的低温、高原环境的低气压、深井的高温高湿等。

3. 由不合理生产过程或不当管理所致的环境污染。

在实际劳动生产过程和职业环境中，往往同时存在多种职业性有害因素，对职业人群的健康产生联合作用。

二、职业性损害

劳动是人类生存和发展的必要手段，良好的劳动条件能促进健康；反之，不良的劳动条件易导致健康损害，可引起职业病、工作有关疾病和工伤等职业性损害后果。

（一）职业病

职业病（occupational disease）是指职业性有害因素作用于人体的强度与时间超过机体的代偿功能，导致机体功能性或器质性损害，出现相应的临床症状，影响劳动能力等所致的疾病。2018年12月修订的《中华人民共和国职业病防治法》将职业病定义为"企业、事业单位和个体经济组织等用人单位的劳动者在职业活动中，因接触粉尘、放射性物质和其他有毒、有害因素而引起的疾病"。

1. 职业病的范围 广义的职业病泛指职业性有害因素引起的特定疾病。而法定职业病有一定的范围，只有符合法律规定的，并且需经由卫生行政部门授权、具有一定专门条件的单位诊断的疾病才能称为法定职业病。职业病的分类和目录由国务院卫生行政部门会同国务院劳动保障行政部门制定、调整并公布。2013年12月23日，国家卫生和计划生育委员会、人力资源社会保障部、安全监管总局、全国总工会等4部门联合印发《职业病分类和目录》，将职业病由原来的10类115种调整为10类132种。

2. 职业病的致病条件 职业病发病取决于3个主要条件。

（1）有害因素的性质：有害因素的理化性质和作用部位与职业病的发生密切相关。

（2）有害因素的浓度和强度：除生物因素进入人体的量无法估计外，物理和化学因素对人的损害都与浓度和强度有关。

（3）个体的健康状况与遗传因素：机体的健康状态、营养、生活习惯、体育锻炼、年龄和遗传等个体因素的差异导致不同职业人员在同一作业环境中的机体损害程度差异较大。

3. 职业病的特点 职业病具有下列5个特点。

（1）病因明确，在控制有害因素接触后可以降低或消除职业病的发生。

（2）病因大多可以检测，一般有接触水平（或剂量）–反应（或效应）关系。

（3）在接触同一因素的人群中常有一定的发病率，很少只出现个别病例。

（4）早期诊断、合理处理，预后较好；仅治疗患者，难以控制职业病在接触人群的高发。

（5）大多数职业病缺乏特效治疗，研究保护人群健康的预防措施意义更大。如尘肺患者的肺组织纤维化是不可逆的，只能用防尘措施、依法实施卫生监督管理、采取个人防护和健康教育，才能有效地控制尘肺的发生。

4. 职业病的诊断 职业病的诊断应当遵循科学、公正、公开、公平、及时、便民的原则。《中华人民共和国职业病防治法》第四十六条规定，职业病的诊断应当综合分析患者的职业史、职业病危害接触史和工作场所职业病危害因素情况、临床表现及辅助检查结果等，在没有证据否定职业病危害因素与患者临床表现之间的必然联系时，应当诊断为职业病。

（1）职业史：是职业病诊断的重要前提。即患者从事职业的种类及从事每种职业的时间，职业史包括现职工种、工龄、接触职业性有害因素的种类、生产工艺、操作方法、防护措施；既往工作经历，包括部队服役史、再就业史、务工史及兼职史等，以便初步判断患者接触职业性有害因素的可能性和严重程度。

（2）职业病危害接触史和工作场所职业病危害因素情况：是诊断职业病的重要参考依据。职业病危害接触史包括接触职业性有害因素的种类、浓度（剂量）及接触时间；工作场所职业病危害因素情况指患者所在岗位的生产工艺过程、劳动过程、职业性有害因素的强度、职业病防护设施运转状态及个人防护用品佩戴情况、同一接触条件下的其他作业人员是否受到伤害或有类似表现，以及工作场所毒物检测与分析结果。

（3）临床表现及辅助检查结果：临床表现包括患者的症状和体征，结合临床表现及以上两点，有针对性地进行实验室检查并作出相应分析，如职业病危害因素的作用与患者的临床表现是否相符，接触危害因素的浓度（强度）与疾病严重程度是否一致，接触危害因素的时间、方式与职业病发病规律是否相符，患者职业病的发病过程和/或病情进展或出现的临床表现与拟诊疾病的规律是否相符等，这些是职业病诊断的基本要素，任何职业病诊断都不得排除上述因素。

（二）工作有关疾病

工作有关疾病与职业病有所区别。职业病是指某一特异职业危害因素所致的疾病，具有立法意义；而工作有关疾病则指多因素相关的疾病，与工作有联系，也见于非职业人群中，因而不是每个病种和每个病例都必须具备职业史或接触史。一旦劳动者出现这一类疾病，随着职业接触，会使原有的疾病加剧、加速或复发，或劳动能力明显减退。

工作有关疾病包含三层含义：① 职业因素是该病发生和发展的诸多因素之一，但不是唯一的病因，一般也不是直接病因；② 职业因素影响了健康，促使潜在的疾病显露或加重已有疾病的病情；③ 改善工作条件，可使所患疾病得到控制或缓解。

（三）工伤

工伤是工人在从事生产劳动过程中，由于外部因素直接作用而引起机体组织的突发性意外损伤。工伤可以造成缺勤及残废，严重的甚至导致死亡。工伤性质的确定及伤残程度评定由国家指定机构作出。导致工伤的主要原因有生产设备本身有缺陷、防护设备缺乏或不全、劳动组织不合理或生产管理不善等；此外，还有个人因素、操作环境因素等。工伤与职业病有紧密的联系，所以不少国家逐步把职业病纳入到了"工伤"的范畴。例如，美国将"工作伤害"定义为"任何由工作引起并在工作过程中发生的（人受到的）伤害或职业病，即由工作活动或工作环境导致的伤害或职业病"。

三、职业性损害预防与控制

大部分职业性损害尤其是职业病属于无法根治的疾病，治疗费用高，严重影响劳动者的健康，甚至丧失生命，从而制约企业的生产经营和国家的经济发展。绝大多数职业性损害是可以预防的疾病，应针对职业性有害因素采取积极有效的预防和控制措施，杜绝职业性损害的发生。

职业性损害的综合预防工作，首先是卫生行政部门、劳动保障行政部门监督管理，其次是支持性科学研究、人力资源开发和健康教育，其工作过程应该遵循医学的三级预防原则。

（一）第一级预防

第一级预防（primary prevention）又称病因预防或源头预防，是指从根本上消除或最大限度减少对职业性有害因素的接触。主要包括：① 改进生产工艺和生产设备，加强作业场所卫生监测，降低职业性有害因素的浓度或强度；② 加强个体防护，合理利用防护设施及个人防护用品；③ 加强职工健康检查和职业禁忌证的筛查，凡有职业禁忌证者，禁止从事相关工作；④ 加强职业卫生管理和职业卫生标准、法规制定；⑤ 加强健康教育，控制已明确能增加发病危险的社会经济、健康行为和生活方式等个体危险因素。

（二）第二级预防

第二级预防（secondary prevention）又称临床前期预防，是指当第一级预防没有完全达到要求时，针对职业人群采取的早期检查、早期诊断、早期治疗等补救预防措施，如根据不同情况每隔一定时间（半年、一年或两年）对职业人群进行定期健康检查，以早期发现病损和诊断疾病，早期治疗和处理，防止健康损害进一步发展。

（三）第三级预防

第三级预防（tertiary prevention）又称临床（期）预防或康复性预防，是指在患病后，给予积极治疗和促进康复的措施。主要包括：① 对已有健康损害的接触者应调离原有工作岗位，并进行合理的治疗；② 根据接触者受到健康损害的原因，对生产环境和工艺过程进行改进，既能治疗疾病，又能加强第一级预防；③ 促进患者康复，预防并发症的发生和发展。

（王宏）

第二节　生产性毒物与职业中毒

生产性毒物（productive toxicant）是指在生产过程中产生的，存在于工作环境空气中的毒物。劳动者在生产劳动过程中由于接触生产性毒物而引起的中毒称为职业中毒（occupational poisoning）。生产性毒物是最重要的一类职业性有害因素，接触机会十分广泛，职业中毒是一类常见的职业病。

生产性毒物主要来源于工业生产的原料、辅助材料，生产过程中的中间产物、半成品、成品、副产品或废弃物，特别是在化工行业的生产过程中，化工原料的运输、包装、储存过程中的泄漏、使用过程中的散失及工业三废的排放等都是生产性毒物的主要来源。

生产性毒物主要以气态、液态、固态或气溶胶的形式存在于生产环境中。气态毒物指常温、常压下呈气态的物质，如氯气、氨气、一氧化碳、二氧化碳和硫化氢；蒸气指固体的升华或液体的蒸发或挥发而形成的气体，前者如磷蒸气，后者如苯蒸气。雾是指悬浮于空气中的液体微粒，蒸气冷凝或液体喷洒可形成雾，如镀铬作业时可产生铬酸雾，喷洒农药或喷漆作业时可产生雾。烟指悬浮于空气中直径小于0.1 μm的固体颗粒，金属熔融时产生的蒸气在空气中迅速冷凝、氧化可形成烟，如熔炼铅、铜时可产生铅烟和铜烟；粉尘是指能较长时间悬浮在空气中，其粒子为直径0.1~10 μm的固体微粒。飘浮在空气中的粉尘、烟和雾，统称为气溶胶（aerosol）。

一、金属与类金属毒物中毒

金属元素包括黑色金属（指铁、锰、铬及其合金）和有色金属（铅、汞、镉、镍、铝、铜等）。类金属是指化学元素周期表中位于金属和非金属之间过渡带的元素，包括硼、硅、硒、砷、碲等。除汞以外，金属在常温下都呈固态，多数有较高的熔点、比重和硬度，常有光泽、导电性和导热性，它们在体内不易被破坏，易在体内蓄积，导致慢性毒作用。在生产环境中呼吸道是最主要的接触途径，其次是经口摄入。金属和类金属及其化合物广泛应用于各种工业生产，已成为工农业生产、国防建设、科学技术发展及人民生活必不可少的材料。从矿物开采、运输、冶炼到加工及化合物的使用，都会对工作场所造成污染，给工人的健康造成潜在危害。

（一）铅

1. 理化特性 铅（lead，Pb）为灰白色重金属。原子量207.2，比重11.3，熔点327℃，沸点1 740℃，加热至400~500℃即有大量铅蒸气逸出，在空气中迅速氧化成氧化亚铅，并凝集成铅烟。随着熔铅温度的升高，可进一步生成氧化铅（密陀僧）、三氧化二铅（黄丹）、四氧化三铅（红丹）。除了铅氧化物外，常用的铅化合物还有碱式碳酸铅、铬酸铅、硅酸铅等，它们大多不溶于水，但可溶于酸。

2. 接触机会 职业性接触铅的行业主要有：① 铅矿开采及冶炼；② 蓄电池制造业；③ 交通运输业，如火车车轮轴承、挂瓦；④ 船舶修造业；⑤ 电力电子业，如电缆包铅、电子显像管制造。此外，还有颜料、油漆、陶瓷、橡胶、塑料、制药等行业。日常生活中接触铅的机会也很多，如饮用铅壶和铅锡壶烫过的酒；滥用含铅的药物治疗慢性疾病；误食铅化合物污染的食物等。

3. 毒理

（1）吸收：生产环境中的铅及其化合物主要以粉尘、烟或蒸气的形态经呼吸道进入人体，其次是消化道，铅及其无机化合物不能通过完整的皮肤吸收。

（2）分布：血液中90%以上的铅与红细胞结合，约10%存在于血浆中。血浆中的铅由两部分组成，一部分是活性较大的可溶性铅，主要为磷酸氢铅（$PbHPO_4$）和甘油磷酸铅，另一部分是血浆蛋白结合铅。血液中的铅初期主要分布于肝、肾、脑、皮肤和骨骼肌中，数周后由软组织转移到骨，以难溶的磷酸铅 $[Pb_3(PO_4)_2]$ 形式沉积下来。骨铅分为两部分，一部分处于较稳定状态，半衰期约为20年；另一部分具有代谢活性，半衰期约为19日，可迅速向血液和软组织中转移，骨铅与血液和软组织中的铅保持着动态平衡。

（3）代谢：铅在体内的代谢与钙相似。凡能影响钙在体内储存和排出的因素均可影响铅的代谢。高钙饮食有利于铅在骨内储存，而缺钙、感染、饥饿、饮酒、创伤、发热和服用酸性药物等造成体内酸碱平衡紊乱时，均可使骨铅向血液转移。

（4）排出：体内的铅主要经肾脏由尿排出，通过检查尿铅可以测知人体内铅的负荷状况。小部分铅也可通过粪便、唾液、毛发、汗液、乳汁和月经等排出。血铅还可以通过胎盘屏障，因此，孕妇和哺乳期妇女应及时脱离铅作业。

（5）毒作用机制：铅作用于全身各组织器官，主要累及神经系统、造血系统、消化系统、心血管系统及肾脏等。铅的中毒机制尚未完全阐明，目前认为，卟啉代谢障碍是铅对机体影响的较为重要和早期变化之一。铅通过抑制卟啉代谢过程中所必需的一系列酶的活性，导致血红蛋白合成障碍，见图4-2-1。铅主要抑制δ-氨基-γ-酮戊酸脱水酶（ALAD）、粪卟啉原氧化酶和血红蛋白合成酶。ALAD受抑制后，δ-氨基-γ-酮戊酸（ALA）形成卟胆原的过程受阻，血中ALA增加并由尿排出。血红素合成酶受抑制后，原卟啉Ⅸ不能与二价铁离子结合，使血红素合成障碍，同时红细胞游离原卟啉（FEP）增加，可与红细胞线粒体内的锌结合，导致锌原卟啉（ZPP）随之增多。铅还可抑制δ-氨基-γ-酮戊酸合成酶（ALAS）。尿中ALA及血液中的FEP和ZPP测定均可作为铅中毒的诊断指标。

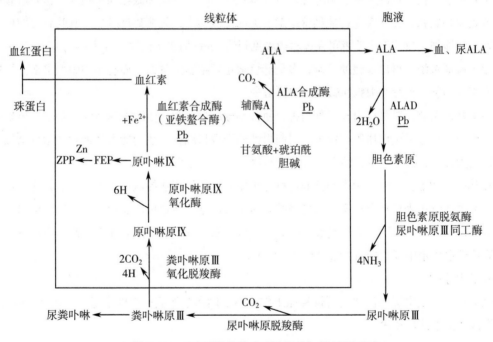

▲ 图4-2-1　血红素的生物合成及铅对合成过程的影响

铅对神经系统的影响除了其直接毒作用外，还由于血液中增多的ALA可通过血脑屏障进入脑组织，与γ-氨基丁酸（GABA）竞争突触后膜上的GABA受体，产生竞争性抑制作用而干扰神经系统功能，出现意识、行为及神经效应等改变。铅还能影响脑内儿茶酚胺代谢，使脑内和尿中高香草酸（HVA）和香草扁桃酸（VMA）显著增高，最终导致铅毒性脑病和周围神经病。铅还可损害周围神经细胞线粒体和微粒体，使神经细胞膜改变和脱髓鞘，表现为神经传导速度减慢。铅对消化系统的影响表现为铅可以抑制肠壁碱性磷酸酶和ATP酶的活性，使肠壁或小动脉壁平滑肌痉挛，引起腹绞痛。

4. 临床表现 工业生产中急性铅中毒已极为罕见，常见的是慢性铅中毒。早期表现为乏力、关节肌肉酸痛、胃肠道症状等，随着病情的进展可出现神经、消化、造血等系统表现。

（1）神经系统：主要表现为类神经症、周围神经病，严重者可出现中毒性脑病。类神经症是铅中毒早期和常见症状，主要表现为头痛、头晕、乏力、失眠、多梦及记忆力减退等，但亦有不少早期铅中毒患者上述症状并不明显。周围神经病可分为感觉型、运动型和混合型。感觉型表现为肢端麻木，四肢末端呈手套、袜套感觉障碍；运动型先出现握力减退，继之伸肌无力和麻痹，甚至出现"腕下垂""足下垂"；混合型表现为既有感觉障碍又有运动障碍。严重铅中毒可出现中毒性脑病，表现为头痛、恶心、呕吐、高热、烦躁、抽搐、嗜睡、精神障碍和昏迷等症状，在职业性中毒中已极其少见。

（2）消化系统：表现为口内金属味、食欲减退、恶心、腹胀、腹泻与便秘交替出现等。重者可出现腹绞痛，多为突然发作，常在脐周围，亦可在上下腹部，呈持续性绞痛，阵发性加剧。发作时患者面色苍白、烦躁不安、出冷汗，可伴有呕吐、血压升高和眼底动脉痉挛。检查时腹部常平软或腹壁稍紧张，按压腹部疼痛稍感缓解，无固定压痛点，无明显反跳痛，肠鸣音可减弱、正常或阵发性增强。口腔卫生差者可在齿龈边缘见到约 1 mm 的蓝灰色线，称为铅线（lead line）。

（3）血液系统：可出现轻度贫血，多呈低色素正常细胞型贫血，亦有小细胞型贫血。外周血可见网织红细胞、点彩红细胞和碱粒红细胞增多。

（4）其他系统：铅可以引起肾脏损害，使肾小球滤过率和内生肌酐的清除率降低，出现氨基酸尿、糖尿及低分子蛋白尿等。铅可以引起男性精子数目减少、活动能力降低和畸形率增加。女性对铅更为敏感，接触大量铅的女工可出现不孕、流产、死胎、胎儿畸形等。

5. 诊断 职业性慢性铅中毒的诊断原则是根据确切的铅职业接触史，以神经、消化、造血系统损害为主的临床表现和有关实验室检查结果为主要依据，结合现场职业卫生学调查资料，进行综合分析，排除其他原因引起的类似疾病后，方可诊断。我国现行的职业性慢性铅中毒诊断标准见《职业性慢性铅中毒的诊断》（GBZ 37—2015）。

6. 处理原则

（1）轻、中度中毒者治愈后可恢复原工作，不必调离铅作业；重度中毒者必须调离铅作业，并根据病情给予治疗和休息。

（2）治疗：治疗中毒患者应根据具体情况，使用金属络合剂进行驱铅治疗，如依地酸二钠钙（首选）、二巯丁二酸钠等注射，或二巯丁二酸口服，辅以对症治疗，并注意适当休息、合理营养、补充维生素等。

7. 预防 降低生产环境中空气铅浓度，使之达到卫生标准是预防的关键；同时，应加强个人防护。

（1）降低铅浓度：① 加强工艺改革，使生产过程机械化、自动化、密闭化；② 加强通风，设置吸尘排气罩，抽出烟尘需净化后再排出；③ 控制熔铅温度，减少铅蒸气逸出；④ 以无毒物或低毒物代替铅，如用激光或电脑排版代替铅字排版等。

（2）加强个人防护和卫生操作制度：铅作业工人应穿工作服，戴滤过式防尘、防烟口罩，严禁在车间内吸烟、进食；饭前洗手，下班后淋浴。坚持车间内湿式清扫制度，定期监测车间空气中铅浓度和设备检修。定期对工人进行体检，有铅吸收的工人应早期进行驱铅治疗。妊娠及哺乳期女工应暂时调离铅作业。

（3）职业禁忌证：凡患有贫血、神经系统器质性疾患、肝肾疾患、心血管器质性疾患等的工人，不能从事接触铅的作业。

（二）汞

1. 理化特性　汞（mercury，Hg）又称水银，为银白色液态金属，比重13.59，熔点-38.9℃，沸点356.6℃。汞在常温下即能蒸发，气温愈高蒸发愈快，汞蒸气比空气约重6倍，易沉积在空气的下方。汞不溶于水和有机溶剂，易溶于热硫酸、硝酸和类脂质。汞可与金、银等金属生成汞合金（汞齐）。金属汞表面张力大，溅洒到地面或桌面后立即形成小汞珠，增加蒸发表面积。汞蒸气易被粗糙的墙壁和地面、天花板、工作台、工具及衣服所吸附，成为持续污染空气的来源。

2. 接触机会

（1）汞矿开采及冶炼：尤其是火法冶炼，将矿石放在炉中焙烧分解出汞蒸气，再冷凝成金属汞。

（2）化学工业：用汞作阴极，如电解食盐生产烧碱和氯气，鞣革、印染、防腐、涂料等工业中用汞作辅剂。

（3）仪表行业：如温度计、气压计、血压计、流量计的制造、校验和维修。

（4）电气行业：如荧光灯、汞整流器、X线球管、石英灯、电子管等的生产和维修。

（5）其他行业：口腔医学用银汞合金充填龋齿；军工生产用雷汞作为发爆剂等。

3. 毒理

（1）吸收：金属汞主要以蒸气形态经呼吸道进入人体。汞蒸气具有高度弥散性和脂溶性，易透过肺泡壁被吸收，吸收率可达70%；空气中汞浓度增高时，吸收率也增加。金属汞经消化道吸收量极少，但汞盐及有机汞化合物易被消化道吸收。

（2）分布：汞进入机体后，最初分布于红细胞和血浆中，然后到达全身各器官组织中，肾脏含汞量最高，其次是肝脏、心脏和中枢神经系统。肾汞含量可达体内总汞量的70%~80%，主要分布在肾皮质，以近曲小管上皮组织内含量最多，导致肾小管重吸收功能障碍；汞可通过血脑屏障，并在脑中长期蓄积；也易通过胎盘进入胎儿体内，影响胎儿发育。

（3）排出：汞主要经肾脏排出，但排出较为缓慢；少量汞可随粪便、呼出气、乳汁、唾液、汗液及毛发等排出。汞在人体内半衰期约60日。

4. 临床表现

（1）急性中毒：短时间吸入高浓度汞蒸气（>1 mg/m³）或摄入可溶性汞盐可致急性中毒，多见于密闭空间内工作或意外事故。患者起病急骤，出现头痛、头晕、全身酸痛、乏力、寒战、发热等神经系统及全身症状；主要临床表现为：① 口腔-牙龈炎，如流涎、口内金属味、牙龈红肿、酸痛、糜烂、出血、牙根松动等；② 急性胃肠炎，表现为恶心、腹痛、腹泻、水样便或粪便带血等；③ 汞毒性皮炎，可于发病1~3日后出现，多为红色斑丘疹，四肢及头面部较多，可有融合倾向；④ 间质性肺炎，X线胸片检查可见广泛性不规则阴影；⑤ 肾功能损害，尿汞含量增高，尿中可出现蛋白、红细胞、管型，严重者则进展为急性肾功能衰竭。

（2）慢性中毒：慢性中毒较常见，是由于生产环境中长期接触汞蒸气所致。其典型临床表现为易兴奋症、震颤和口腔-牙龈炎。

1）神经系统：初期表现为类神经症，如头晕、头痛、乏力、健忘、失眠、多梦等，部分病例可有心悸、多汗等自主神经系统紊乱现象，病情进一步发展则会发生性格改变，如急躁、易怒、胆怯、害羞、多疑等。震颤是神经毒性的早期症状，主要为神经性肌肉震颤，最初为眼睑、舌、手指出现细小震颤，多在休息时发生；病情加重时向肢体发展，多为粗大的意向性震颤，即在集中注意力做精细动作时震颤明显，而在安静或睡眠时震颤消失；也可伴有头部震颤和运动失调。严重者出现动作迟缓、全身性震颤、步态不稳等综合征，类似帕金森病，后期出现幻觉和痴呆。部分患者出现周围神经病，表现为双下肢沉重、四肢麻木、烧灼感、四肢呈手套、袜套样感觉减退。慢性中毒性脑病以小脑共济失调表现多见，还可表现为中毒性精神病。

2）口腔-牙龈炎：表现为流涎、牙龈酸痛、红肿、压痛、溢脓、易出血、牙齿松动或脱落、口腔黏膜、舌肿胀及溃疡。口腔卫生不良者，可在龈缘出现蓝黑色汞线。

3）肾脏损害：少数患者可有肾脏损害。出现低分子蛋白尿、氨基酸尿、尿中管型、红细胞等。

4）其他：汞还可以引起胃肠功能紊乱和免疫功能障碍，生殖功能异常，如月经紊乱、不育、异常生育、性欲减退、精子畸形等。

5. 诊断　根据金属汞的职业接触史、相应的临床症状和体征及实验室检查结果，参考职业卫生现场调查资料，并排除其他病因后方可诊断。我国现行的职业性汞中毒诊断见《职业性汞中毒诊断标准》（GBZ 89—2007）。

6. 处理原则

（1）治疗原则

1）急性中毒治疗原则：① 迅速脱离现场，脱去污染衣服，静卧，保暖；② 驱汞治疗，用二巯丙磺钠或二巯丁二钠治疗；③ 对症处理与内科相同。但需要注意口服汞盐患者不应该洗胃，应尽快口服蛋清、牛奶或豆浆等，以使汞与蛋白质结合，保护被腐蚀的胃壁；也可用0.2%~0.5%的活性炭洗胃，同时用50%硫酸镁导泻。

2）慢性中毒治疗原则：① 调离汞作业及其他有害作业；② 驱汞治疗，用二巯丙磺钠或二巯丁二钠、二巯丁二酸治疗；③ 对症处理和内科相同。

（2）其他处理：① 对观察对象应加强医学监护，可进行药物驱汞；② 急性和慢性轻度汞中毒者治愈后可从事正常工作；③ 急性和慢性中度及重度汞中毒者治疗后不宜再从事接触汞及其他有害物质的作业；④ 如需劳动能力鉴定，按《劳动能力鉴定　职工工伤与职业病致残等级》（GB/T 16180—2014）处理。

7. 预防

（1）改革工艺及生产设备，控制工作场所空气汞浓度：用无毒或低毒物质代替汞；实现生产过程自动化、密闭化；加强通风排毒，如从事汞的灌注、分装应在通风柜内进行，操作台设置板孔下吸风或旁侧吸风；为防止汞污染和沉积，敞开容器的汞液面可用甘油或5%硫化钠液等覆盖，防止汞蒸气蒸发；车间地面、墙壁、天花板、操作台宜用光滑、不吸汞材料；建筑物表面可涂过氯乙烯漆，以减少汞蒸气渗透和吸附，而且便于清洗；操作台和地面应有一定倾斜度，以便清扫与冲洗，低处应有贮水的汞吸收槽；可用1 g/m³的碘加酒精点燃熏蒸，使空气中的汞生成不易挥发的碘化汞；对排出的含汞蒸气，应用碘化或氯化活性炭吸附净化后排放。

（2）加强个人防护，建立卫生操作制度：接汞作业应穿工作服，戴防毒口罩或用2.5%~10%碘处理过的活性炭口罩；工作服应定期更换、清洗除汞并禁止携出车间；下班后、饭前要洗手、漱口，严禁在车间内进食、饮水和吸烟。

（3）定期健康体检及就业前体检：汞作业工人应坚持每年健康体检，查出汞中毒的患者应调离汞作业并进行驱汞治疗。妊娠和哺乳期女工应暂时脱离汞作业。

（4）职业禁忌证：患有明显肝、肾和胃肠道器质性疾患、口腔疾患、精神神经性疾患等，均不宜从事汞作业。

二、有机溶剂中毒

苯及其同系物（甲苯、二甲苯、三甲苯、乙苯等）属单环芳香烃化合物，具有芳香味，溶于有机溶剂。近年来，随着我国工农业生产的迅速发展，有机溶剂中毒事件占职业性化学中毒的比例明显增长，已成为引发职业中毒的重要因素。其中以苯、甲苯、二甲苯中毒最为常见。

（一）苯

1. 理化特性　苯（benzene，C_6H_6）属芳香烃类化合物，纯苯为无色透明具有特殊芳香气味的液体，分子量78 Da，沸点80.1℃，极易挥发，蒸气比重为2.77，易沉积在车间空气的下方。苯易燃、易爆，微溶于水，易溶于酒精、乙醚、氯仿、汽油、丙酮和二硫化碳等有机溶剂。

2. 接触机会　苯广泛应用于工农业生产中。

（1）作为有机化学合成的原料：如制造苯乙烯、苯酚、药物、农药、合成橡胶等。

（2）作为溶剂、萃取剂和稀释剂：用于油漆、喷漆、皮鞋、橡胶、油墨、生药提取和药物重结晶。

（3）苯的制造：如煤焦油提炼、石油裂化重整或用乙炔人工合成。

（4）作为燃料：如工业汽油中苯的含量可高达10%以上。

3. 毒理

（1）吸收：苯在生产环境空气中以蒸气状态存在，主要经呼吸道进入人体，经皮肤吸收的很少，虽经消化道吸收完全，但没有实际意义。

（2）分布：进入体内的苯主要分布在含类脂质较多的组织和器官中。一次吸入高浓度的苯，主要分布在大脑、血液与肾上腺中；中等量或少量长期吸入时以骨髓、脂肪和脑组织中含量较多。

（3）代谢：吸收进入人体的苯约50%以原形经呼吸道排出，约10%以原形储存在体内组织中，约40%在肝脏微粒体上的细胞色素P450作用下被氧化成环氧化苯，然后进一步羟化形成氢醌或邻苯二酚。环氧化苯不经酶作用可转化为酚，在环氧化物水化酶作用下则转化为二氢二醇苯，或被谷胱甘肽-S-环氧化物转移酶转化成谷胱甘肽结合物。二氢二醇苯可再转化为邻苯二酚。邻苯二酚再经氧化断环形成反-反式粘糠酸，然后大部分再分解为水和二氧化碳，经肾和肺排出。酚类等代谢产物可与硫酸根或葡萄糖醛酸结合随尿排出，环氧化苯及小量苯可直接与乙酰半胱氨酸结合成苯硫醇尿酸由肾排出。尿酚含量反映苯的吸收情况，应在工作时或下班后立即收集尿样检测。含量超过 10 mg/L 时，提示为苯吸收。

4. 临床表现

（1）急性中毒：短时间吸入大量苯蒸气可致急性苯中毒。主要表现为神经系统麻醉症状。轻者出现兴奋、欣快感、步态不稳，以及头晕、头痛、恶心、呕吐、轻度意识模糊等；重者神志模糊加重，由浅昏迷进入深昏迷状态或出现抽搐。严重者导致呼吸、心跳停止。实验室检查可见尿酚和血苯含量增高。

（2）慢性中毒：长期接触低浓度苯可引起慢性中毒，主要临床表现如下。

1）神经系统：早期多数患者出现头晕、头痛、记忆力减退、失眠、乏力等类神经症状；有的患者伴有自主神经功能紊乱，如心动过速或过缓，皮肤划痕反应阳性；个别病例有四肢末端麻木和痛觉减退。

2）造血系统：慢性苯中毒主要损害造血系统。轻度中毒者无自觉症状，但血象检查可出现异常；重度中毒者常因感染发热，齿龈、鼻腔、黏膜与皮下常见出血，眼底视网膜出血。最早和最常见的血象异常表现是持续性白细胞计数减少，主要是中性粒细胞减少，白细胞分类中淋巴细胞相对值可增加 40% 左右。血液涂片见白细胞有较多的毒性颗粒、空泡、破碎细胞等。电镜检查见血小板形态异常；中度中毒者可见红细胞计数偏低或减少；重度中毒者红细胞、血红蛋白、白细胞（主要是中性粒细胞）、血小板、网织红细胞都明显减少，淋巴细胞百分比相对增高；严重中毒者骨髓造血系统明显受损，甚至出现再生障碍性贫血，骨髓增生异常综合征，少数可转化为白血病。

慢性苯中毒的骨髓象主要表现：① 不同程度的生成降低，前期细胞明显减少；轻者限于粒细胞系列，较重者累及巨核细胞，重者三个系列都减低，骨髓有核细胞计数明显减少，呈再生障碍性贫血表现；② 形态异常，粒细胞见到毒性颗粒、空泡、核质疏松、核浆发育不平衡，中性粒细胞分叶过多、破碎细胞较多等；红细胞有嗜碱性颗粒、嗜碱红细胞、核浆疏松、核浆发育不平衡等；巨核细胞减少或消失，成堆血小板稀少；③ 分叶中性粒细胞由正常的 10% 增加到 20%～30%，结合外周血中性粒细胞减少，表明骨的释放功能障碍。此外，约有 15% 的中毒患者，一次骨髓检查呈不同程度的局灶性增生活跃。

苯可引起各种类型的白血病，国际癌症研究中心（IARC）已确认苯为人类致癌物。

3）其他：经常接触苯时，手的皮肤可因脱脂而变得干燥甚至皲裂，严重者可出现湿疹样皮疹、脱脂性皮炎等。苯还可以损害生殖系统，接触苯女工月经血量增多、经期延长，自然流产率和胎儿畸形率增高。苯对免疫系统也有影响，接触苯工人血 IgG、IgA 明显降低。此外，接触苯的工人染色体畸变率可明显增高。

5. 诊断 急性苯中毒的诊断是根据短期内吸入大量苯蒸气职业史，以意识障碍为主的临床表现，结合现场职业卫生学调查，参考实验室检测指标，进行综合分析，并排除其他疾病引起的中枢神经系统损伤，方可诊断。慢性苯中毒的诊断是根据我国《职业性苯中毒诊断标准》（GBZ 68—2022）进行诊断。主要依据较长时期密切接触苯的职业史，以造血系统损害为主的临床表现，结合现场职业卫生学调查，参考实验室检测指标，进行综合分析，并排除其他原因引起的血象和骨髓象改变，方可诊断。

6. 处理原则

（1）急性中毒：应迅速将中毒患者移至空气新鲜处，立即脱去被苯污染的衣服，用肥皂水清洗被污染的皮肤，注意保暖。急救原则与内科相同，忌用肾上腺素。待病情恢复后，轻度中毒恢复原工作，重度中毒原则上调离原工作。

（2）慢性中毒：无特殊解毒药，根据造血系统损害所致的血液疾病进行相应处理。一旦确诊，应立即调离苯及其他有毒物质作业的工作。

7. 预防 由于苯是肯定的人类致癌物，应予以严格管理，以做到零级预防。制造苯和苯用作化学合成原料应控制在大型企业，避免苯外流到中小企业，以限制作为溶剂和稀释剂的使用。此外，还应加强以下工作。

（1）生产工艺改革和通风排毒：生产过程密闭化、自动化和程序化；安装有充分效果的局部抽风排毒设备，定期维修，使空气中苯的浓度保证低于国家卫生标准（6 mg/m³，TWA；10 mg/m³，PC-STEL）。

（2）以无毒或低毒的物质取代苯：如在油漆及制鞋工业中，以汽油、二乙醇缩甲醛、环己烷等作为稀薄剂或黏胶剂；以乙醇等作为有机溶剂或萃取剂。

（3）卫生保健措施：对苯作业现场进行定期职业卫生调查，监测空气中苯的浓度。作业工人应加强个人防护，进行就业前和定期体检。女工妊娠期及哺乳期必须调离苯作业以免对胎儿产生不良影响。

（4）职业禁忌证：血象指标低或接近正常值下限者；各种血液病；严重的全身性皮肤病；月经过多或功能性子宫出血。

（二）甲苯和二甲苯

1. 理化特性 甲苯（toluene）、二甲苯（xylene）均为无色透明、带芳香气味、易挥发的液体。甲苯沸点110.4℃，蒸气比重3.90。二甲苯有邻、间和对位三种异构体，理化特性相近；沸点138.4~144.4℃，蒸气比重3.66。两者均不溶于水，可溶于乙醇、丙酮和氯仿等有机溶剂。

2. 接触机会 甲苯和二甲苯用作化工生产的中间体，作为溶剂或稀释剂常用于油漆、喷漆、橡胶、皮革等工业，也可作为汽车和航空汽油中的添加成分。

3. 毒理 甲苯、二甲苯可经呼吸道、皮肤和消化道吸收。主要分布在含脂丰富的组织，以脂肪组织、肾上腺最多，其次为骨髓、脑和肝脏。80%~90%的甲苯可被氧化成苯甲酸，与甘氨酸结合生成马尿酸，少量（10%~20%）为苯甲酸，与葡萄糖醛酸结合，随尿排出。二甲苯60%~80%在肝内氧化，主要产物为甲基苯甲酸、二甲基苯酚和羟基苯甲酸等；其中，甲基苯甲酸与甘氨酸结合为甲基马尿酸，随尿排出。3.8%~24.8%吸入甲苯以原形经呼吸道呼出，二甲苯经呼吸道呼出的比例较甲苯小。

4. 临床表现

（1）急性中毒：主要表现为中枢神经系统功能障碍和皮肤黏膜刺激症状。轻者表现为头痛、头晕、步态蹒跚和兴奋，呼吸道和眼结膜刺激症状。重者出现恶心、呕吐、意识模糊、躁动、抽搐，以至昏迷，呼吸道和眼结膜出现明显刺激症状。

（2）慢性中毒：表现为不同程度的头晕、头痛、乏力、睡眠障碍和记忆力减退等症状。轻度、暂时性外周血象改变，脱离接触可恢复正常。可致慢性皮炎、皮肤皲裂等。

5. 诊断　根据甲苯或二甲苯职业接触史、神经系统损害为主的临床表现及劳动卫生学调查综合分析，排除其他类似疾病方可诊断。我国甲苯中毒诊断见《职业性急性甲苯中毒的诊断》（GBZ 16—2014）。

6. 处理原则

（1）急性中毒：迅速将中毒患者移至新鲜空气处，按内科处理原则急救。给葡萄糖醛酸或硫代硫酸钠以促进甲苯的排泄。病情恢复后，一般休息3~7日可恢复工作，较重者可适当延长休息时间，痊愈后可恢复原工作。

（2）慢性中毒：主要是对症治疗。轻度中毒患者治愈后可恢复原工作；重度中毒患者应调离原工作岗位，并根据病情恢复情况安排休息或工作。

7. 预防

（1）降低空气中的浓度：通过工艺改革和密闭通风措施，将空气中甲苯、二甲苯浓度控制在国家卫生标准以下（50 mg/m³，TWA；100 mg/m³，PC-STEL；二者相同）。

（2）加强对作业工人的健康检查：做好就业前和定期体检工作。

（3）卫生保健措施：与苯相同。

（4）职业禁忌证：神经系统器质性疾病、明显的神经衰弱综合征、肝疾病。

三、苯氨基和硝基化合物中毒

苯及其同系物苯环上的氢原子被一个或几个氨基（—NH_2）或硝基（—NO_2）取代后，即形成苯的氨基和硝基化合物，又称为芳香族氨基和硝基化合物。氨基或硝基可单独存在，也可和卤族元素（最主要是氯）或烃基（甲基、乙基）一起将苯环不同位置上的氢原子取代，形成种类繁多的衍生物。常见的有苯胺、苯二胺、联苯胺、二硝基苯、三硝基甲苯、硝基氯苯等。苯胺和硝基苯为上述化合物的主要代表。

1. 理化性质　该类化合物大多属沸点高、挥发性低的固体或液体，难溶或不溶于水，易溶于乙醚、乙醇、苯、氯仿等有机溶剂。

2. 接触机会　苯的氨基和硝基化合物广泛应用于油漆、油墨、香料、染料、涂料、农药、炸药、塑料、橡胶、合成树脂、合成纤维等工业中。如苯胺除应用于染料工业外，还广泛应用于橡胶促进剂、抗氧化剂、光学白涂剂、照相显影剂等。

3. 毒理 本类化合物大多能经皮肤吸收，在生产过程中直接或间接污染皮肤是引起中毒的主要原因。在生产条件下，该类化合物主要以粉尘或蒸气的形式存在于空气中，可经呼吸道和完整皮肤吸收，也可经消化道吸收，但职业卫生意义不大。进入体内经氧化还原代谢后，大部分最终代谢产物从肾脏随尿排出。该类化合物主要引起血液及肝、肾等损害，但由于各种衍生物的结构不同，其毒性作用特点也有所不同。如苯胺形成高铁血红蛋白较快，硝基苯对神经系统作用明显，三硝基甲苯对肝脏和眼晶状体有明显损害。

4. 临床表现

（1）急性中毒：短期内接触大量该类化合物可发生急性中毒。如短时间内吸收大量苯胺可表现为高铁血红蛋白（MetHb）血症引起的缺氧症状，发绀最先见于口唇、指端、耳垂等部位，与一般缺氧所见的暗紫色不同，呈蓝灰色，称为化学性发绀。

（2）慢性中毒：长期低浓度接触该类化合物，可损害肝脏、眼晶状体、血液、神经系统及生殖器官等。

1）中毒性肝损害：有些苯的氨基和硝基化合物如三硝基甲苯、硝基苯、二硝基苯等所致的肝损害最常见。患者出现乏力、食欲减退、恶心、呕吐、厌油等症状，体格检查可发现肝脾肿大，肝区压痛、叩痛，肝功能试验异常，严重者可进展至肝硬化。

2）中毒性白内障：三硝基甲苯、二硝基酚、二硝基邻甲酚可致晶状体白内障。其发病特点有：① 低浓度即可发病，甚至其浓度低于最高容许浓度时仍可发病；② 发病具时相性，起初出现晶状体周边点状、楔形或环状浑浊，楔形多数尖向内、底向外，此时中央部透明，不影响视力，随着病情进展，晶状体浑浊逐渐向中央部发展、融合，出现盘状浑浊，此时视力下降明显；③ 一般接触0.5~3年即可发病，工龄越长，发病率越高，且病情愈加严重；④ 晶状体损害一旦形成，即使脱离接触，病变当时检查未发现白内障，但数年后仍可发现晶状体浑浊改变；⑤ 白内障与中毒性肝病发病不平行，可伴发或单独存在。

3）血液系统改变：该类化合物可引起血红蛋白、血小板和中性粒细胞减少，有贫血表现，红细胞中出现赫恩小体，皮肤出现湿疹、皮炎等，严重者可发展为再生障碍性贫血。

4）神经系统损害：主要表现为头昏、头痛、失眠、乏力、多梦等中毒性神经衰弱样症状。

5）生殖功能影响：接触该类化合物的男工可出现性功能低下，如性欲降低、早泄、阳痿，精液量减少，精子活动度降低及精子形态异常等检出率增加，血清睾酮含量显著降低。女工则表现为月经周期异常、月经过多或过少、痛经等。

6）其他：接触该类化合物的工人可有皮肤改变，表现为面色苍白，口唇、耳郭青紫色；身体裸露部位皮肤产生过敏性皮炎、黄染。部分工人可出现心肌及肾损害，尿蛋白含量明显增高。

5. 诊断 有接触该类化合物的职业史，出现以高铁血红蛋白血症产生的缺氧和发绀为主的临床表现，结合现场职业卫生学调查和实验室检查结果，排除其他因素引起的类似疾病，即可确诊。急性中毒根据国家《职业性急性苯的氨基、硝基化合物中毒的诊断》（GBZ 30—2015）进行诊断及分级。我国目前尚无统一的职业性苯的氨基、硝基化合物慢性中毒的诊断标准。

6. 处理原则

（1）迅速脱离现场，清除皮肤污染，立即吸氧，严密观察。

（2）高铁血红蛋白血症用高渗葡萄糖、维生素C、小剂量亚甲蓝治疗。

（3）溶血性贫血主要采用对症和支持治疗，重点保持肝肾功能，碱化尿液，适量应用肾上腺糖皮质激素，严重者应输血治疗，必要时采用换血疗法或血液净化疗法。

（4）肝肾功能损害主要是对症处理，严重者可采用血液净化疗法。

四、有害气体中毒

有害气体是指对人或动物的健康产生不利影响，或对人和动物的健康虽无影响，但使人或动物感到不舒服，影响人或动物舒适度的气体。主要包括刺激性气体和窒息性气体。

（一）刺激性气体

1. 概述　刺激性气体（irritant gases）是指对眼、呼吸道黏膜和皮肤具有刺激作用，引起机体以急性炎症、肺水肿为主要病理改变的一类气态物质。此类气态物质多具有腐蚀性，生产中常因不遵守操作规程，容器或管道等设备被腐蚀，发生跑、冒、滴、漏等现象污染作业环境，在化学工业生产中最容易发生。刺激性气体种类很多，但常见的有氯、氨、氮氧化物、光气、氟化氢、二氧化硫和三氧化硫等。

（1）毒理：刺激性气体通常以局部损害为主，其特点是引起眼、呼吸道黏膜及皮肤不同程度的炎性病理反应，刺激作用过强时可引起喉头水肿、肺水肿及全身反应。病变程度主要取决于吸入刺激性气体的浓度、速率和作用时间；病变的部位与毒物水溶性有关，水溶性高的毒物接触到湿润的眼和上呼吸道黏膜局部，易产生刺激作用，引起眼和上呼吸道炎症；而其作用部位与浓度有关，低浓度时只侵犯眼和上呼吸道，如氯、二氧化硫，而高浓度时则可侵犯全呼吸道。水溶性低的毒物，通过上呼吸道时溶解少，故对上呼吸道刺激性较小，但易进入呼吸道深部，对肺组织产生刺激和腐蚀，常引起化学性肺炎或肺水肿。

（2）临床表现

1）急性刺激作用：吸入较高浓度刺激性气体引起眼和急性呼吸道刺激性炎症，如中毒性咽喉炎、气管炎、支气管炎和肺炎；吸入高浓度的刺激性气体可引起喉痉挛或水肿，喉痉挛严重者导致窒息死亡。

2）中毒性肺水肿（toxic pulmonary edema）：是吸入高浓度刺激性气体后所引起的以肺泡内及肺间质过量的体液潴留为特征的病理过程，最终可导致急性呼吸功能衰竭，是刺激性气体所致的最严重的危害和职业病常见的急症之一。中毒性肺水肿的发生主要决定于刺激性气体的毒性、浓度、作用时间、水溶性及机体的应激能力。易引起肺水肿较常见的刺激性气体有光气、二氧化氮、氨、氯、臭氧、硫酸二甲酯、羰基镍、氧化镉、溴甲烷、氯化苦、甲醛、丙烯醛等。

刺激性气体引起的肺水肿，临床过程分为四期：① 刺激期，吸入刺激性气体后表现为上呼吸道炎或合并支气管肺炎，在短时间内出现呛咳、气急、流涕、咽干、咽痛、胸闷、呼吸困难及全身症状，如头痛、头晕、乏力、恶心、呕吐等症状。② 潜伏期（又称诱导期），此期长短取决于毒物的毒性及浓度，一般为2~6小时，患者自觉症状减轻，病情相对稳定，但肺部病变仍在发展，本期末出现轻度气短、胸闷，肺部出现少许干啰音，胸部X片可见肺纹理增多、模糊不清等，此期临床表现虽不突出，但病情转归具有重要作用，须抓紧防治或减轻肺水肿发生。③ 肺水肿期，潜伏期之后，症状突然加重，出现剧烈咳嗽、胸闷气憋、烦躁不安、大汗淋漓、咳大量粉红色泡沫样痰，可见口唇、指端明显发绀、两肺满布湿啰音、血压下降、血液浓缩、白细胞增加、心率剧增，可见低氧血症。胸部X线检查显示早期为间质性肺水肿期，肺透光度降低、肺纹理增粗、紊乱和外延，随着肺水肿的形成和加重，两肺散在1~10 mm大小不等的片絮状阴影，边缘不清，有时出现由肺门向两侧肺野呈放射状的蝴蝶形阴影，此期病情在24小时内变化最剧烈，若控制不力，有可能进入急性呼吸窘迫综合征（acute respiratory distress syndrome，ARDS）期。④ 恢复期，如无严重并发症，治疗得当，肺水肿一般在3~4日症状体征减轻，X线变化约在1周内消失，7~11日基本恢复，多无后遗症。

3）急性呼吸窘迫综合征（ARDS）：刺激性气体中毒、创伤、休克、烧伤、感染等心源性以外的各种肺内外致病因素所导致的急性、进行性呼吸窘迫、缺氧性呼吸衰竭。其临床可分为四个阶段：① 原发疾病症状；② 原发病后24~48小时，出现呼吸急促，发绀；③ 出现呼吸窘迫，肺部有水泡音，胸部X线检查显示散在浸润阴影；④ 呼吸窘迫加重，出现意识障碍，胸部X线检查显示广泛磨玻璃影。以上过程大体与中毒性肺水肿相似，但其在疾病程度上更为严重，有明显的呼吸窘迫、低氧血症，呼吸频率 >28次/min，胸部X线检查显示两肺广泛多数呈融合的大片状密度均匀的阴影。

4）慢性影响：长期接触低浓度刺激性气体可引起慢性结膜炎、鼻炎、咽炎、支气管炎、牙齿酸蚀症等，同时，常伴有类神经症和消化系统等全身症状。

（3）治疗原则

1）现场处理：立即脱离现场，注意保暖。用清水或中和剂彻底清洗眼部、皮肤污染灼伤处。出现刺激反应者应严密观察，并予以对症治疗，必要时给予预防性治疗药物。

2）保持呼吸道通畅：尽早雾化吸入4%碳酸氢钠或2%硼酸或醋酸以中和毒物，可适量加入抗生素、糖皮质激素、支气管解痉剂等。雾化吸入去泡沫剂1%二甲硅油，必要时施行气管切开术。

3）合理使用氧疗：重视合理氧疗，维持水和电解质平衡，给予对症及支持治疗，并预防肺水肿和并发症。

4）中毒性肺水肿的治疗：① 迅速纠正缺氧，轻症可鼻导管或鼻塞给氧，重症应用间歇正压给氧或应用呼气末正压通气疗法，呼气末压力宜在0.5 kPa（5 cmH_2O）左右；② 降低毛细血管通透性，改善微循环，应尽早、足量、短期使用糖皮质激素；③ 保持呼吸道通畅，可吸入去泡沫剂二甲硅油，控制液体入量，纠正电解质失衡；④ ARDS的治疗原则与肺水肿大体相似，应尽快改善缺氧，使用呼气末正压通气，早期、大量、短程、冲击使用糖皮质激素。

2. 氯气

（1）理化特性：氯气（chlorine，Cl_2）为黄绿色、具有异臭和强烈刺激性的气体。在高压液化为液态氯。分子量为70.91 Da，比重2.488，沸点-34.6℃，易溶于水和碱溶液及二硫化碳、四氯化碳等有机溶剂；氯气溶于水可生成次氯酸和盐酸，次氯酸不稳定，又可分解为氯化氢和新生态氧。氯气在高温条件下与一氧化碳作用，生成毒性更大的光气。

（2）接触机会：用于制造杀虫剂、漂白剂、消毒剂等；还用于制药、造纸、皮革、印染业及塑料、合成纤维等。

（3）毒理：氯气吸入后即溶于呼吸道黏膜的水生成盐酸和次氯酸。低浓度吸入主要引起上呼吸道黏膜损伤，高浓度吸入则损伤深部小气道和肺泡。氯气的损伤作用主要通过盐酸和次氯酸，尤其是后者可通过膜细胞，破坏其完整性、通透性及肺泡壁的气-血、气-液屏障，大量浆液渗透至组织，引起眼、呼吸道黏膜炎性水肿、充血，甚至坏死，重者形成肺水肿。

（4）临床表现

1）急性中毒：发病及病情变化较快，可立即出现眼及上呼吸道黏膜刺激症状，如畏光、流泪、咽痛、咳嗽等，然后出现剧烈咳嗽、胸闷、气急、呼吸困难或哮喘样发作等症状。有的伴有头晕、头痛、烦躁或恶心、呕吐、腹胀等症状。严重者出现肺水肿，表现为呼吸频率加快、口唇发绀、咳大量白色或粉红色泡沫痰。两肺可闻干、湿啰音或哮鸣音，X线可见两肺纹理增粗、模糊或散在点状、网状、片状阴影。

2）慢性作用：长期接触低浓度氯气可引起上呼吸道、眼结膜及皮肤刺激症状，慢性支气管炎、支气管哮喘、肺气肿等疾病的发病率增高。还可以出现神经衰弱症状和胃肠功能紊乱及牙齿酸蚀症等。

（5）诊断：职业性急性氯气中毒的诊断原则是根据短期内吸入较大量氯气后迅速发病，结合临床症状、体征、胸部X线表现，参照现场劳动卫生学调查结果，综合分析，排除其他原因引起的呼吸系统疾病，方可诊断。诊断及分级标准依据《职业性急性氯气中毒诊断标准》（GBZ 65—2002）进行。

（二）窒息性气体

窒息性气体（asphyxiating gases）是指被机体吸入后，可使氧气（O_2）的供给、摄取、运输和利用发生障碍，使全身组织细胞得不到或不能利用氧，而导致组织细胞缺氧窒息的一类有害气体的总称。窒息性气体中毒表现为多系统受损害，但首先是神经系统受损最为突出。

根据作用机制可将其分为两类：单纯窒息性气体和化学窒息性气体。常见的窒息性气体有一氧化碳（carbon monoxide，CO）、硫化氢（hydrogen sulfide，H_2S）等。

1. 一氧化碳

（1）理化特性：一氧化碳为无色、无臭、无刺激性气体。分子量28.01 Da，密度0.967 g/L，沸点-190℃，微溶于水，易溶于氨水。易燃、易爆，与空气混合的爆炸极限为12.5%~74%。

（2）接触机会：生产中接触一氧化碳的作业不少于70种。主要有炼焦、炼钢、炼铁、锻造、铸造等；化学工业用一氧化碳合成氨、丙酮、光气、甲醇、甲酸、甲醛等；用煤、重油或天然气制取生产氮肥等；工业高炉、煤气发生炉及建材业中各种窑炉、焙烧炉等。

（3）毒理：CO吸收入血后，80%~90%与血红蛋白可逆性结合，形成碳氧血红蛋白

（HbCO）。CO与血红蛋白的亲和力比氧与血红蛋白的亲和力高250~300倍，而解离速度HbCO比氧合血红蛋白（HbO$_2$）慢3 600倍，HbCO的存在还影响HbO$_2$的解离。此外，CO还可以直接引起细胞缺氧，并在中毒机制中起重要作用。因为血液中的CO有10%~15%与血管外的血红蛋白（如肌红蛋白）、细胞色素氧化酶等结合。CO与细胞色素氧化酶结合后解离缓慢，影响氧从毛细血管向细胞内线粒体弥散，损害线粒体功能。特别是由于一氧化碳能与线粒体中细胞色素a$_3$结合，可阻断电子传递链，抑制组织呼吸，导致细胞内窒息。

（4）临床表现

1）急性中毒：轻度中毒以脑缺氧反应为主要表现，出现头痛、头晕、无力、恶心、呕吐、心悸、步态不稳等，有轻至中度意识障碍，但无昏迷。中度中毒在轻度中毒的基础上，出现面色潮红、多汗、脉率快、口唇和皮肤黏膜呈樱桃红色、浅至中度昏迷。重度中毒因并发脑水肿，而进入深度昏迷或去大脑皮层状态，常见瞳孔缩小、对光反射迟钝、四肢肌张力增高、大小便失禁等。

2）急性CO中毒迟发脑病：部分急性CO中毒患者意识障碍恢复后，经2~60日的"假愈期"，又出现严重的神经精神和意识障碍症状，称为急性CO中毒迟发脑病。

3）慢性影响：CO是否可引起慢性中毒尚有争论。有人认为，缺乏CO引起慢性中毒的依据，接触者除有碳氧血红蛋白轻度增高外，很少有客观体征。有些人认为，可出现神经系统和心血管系统损害。

（5）诊断：根据吸入较高浓度CO的接触史和急性发生的中枢神经损害的症状和体征，结合血中HbCO及时测定的结果，现场卫生学调查及空气中CO浓度测定资料，并排除其他病因后，可诊断为急性CO中毒。诊断标准见《职业性急性一氧化碳中毒诊断标准》（GBZ 23—2002）。

（6）治疗原则

1）迅速将患者移离现场至通风处，解开衣领，注意保暖，密切观察其意识状态。

2）及时急救与治疗，轻度中毒者可给予吸氧及对症治疗，中度和重度中毒者应积极给予常压口罩吸氧或高压氧治疗。重度中毒者视病情应给予消除脑水肿、维持呼吸和循环功能、纠正酸中毒、促进脑血液循环等对症及支持治疗，并应加强护理、积极防治并发症。

3）迟发脑病者除高压氧治疗外，可用糖皮质激素、血管扩张剂或抗帕金森病药物及其他对症与支持治疗。

中度及重度急性一氧化碳中毒患者昏迷清醒后，应观察2个月，观察期间宜暂时脱离一氧化碳作业。

（7）预防

1）加强宣传教育，普及防护知识，认真执行安全生产制度和操作规程。

2）经常检修煤气发生炉和管道等设备，防止管道和阀门泄漏。

3）生产场所应加强通风，加强对CO的监测，设立CO报警器。

4）严格执行CO职业卫生标准。

5）加强个人防护，进入CO浓度较高的环境须戴供氧式防毒面具。

2. 硫化氢

（1）理化特性：硫化氢（H_2S）为无色、易燃、具有腐败臭鸡蛋味的气体。分子量34.08 Da，蒸气比重1.19，沸点–60.7℃，易溶于水生成氢硫酸，也溶于乙醇、汽油、煤油和原油等石油溶剂，呈酸性反应；能与大部分金属反应形成黑色硫酸盐；对各类织物吸附性很强。

（2）接触机会：硫化氢很少用作工业原料，多为生产过程中产生的废气、废水及有机物腐败后的产物。与硫化氢接触的常见作业有：石油开采、提炼和加工；从含硫矿石提炼铜、镍、钴等金属；皮革鞣制、硫化染料、造纸等过程中原料腐败发酵；疏通下水道、清理阴沟、污物处理时亦可接触。

（3）毒理：硫化氢主要经呼吸道进入机体，消化道也可吸收，经皮肤吸收很缓慢。硫化氢吸入后可很快被上呼吸道黏膜表面液体所溶解形成氢硫酸，并与体液中的钠离子结合形成硫化钠，对黏膜和组织产生刺激和腐蚀作用。吸收入体的硫化氢主要分布在脑组织、肝脏、肾脏和小肠。大部分被氧化为无毒的硫酸盐和硫代硫酸盐，或甲基化生成低毒的甲硫醇和甲硫醚。其代谢产物主要随尿排出，一部分以硫化氢原形从呼吸排出，亦可经唾液、胃液、汗液排出少量；硫化氢在体内无蓄积作用。硫化氢可抑制细胞呼吸酶的活性，与金属离子具有很强的亲和力。进入体内的硫化氢如未能及时被氧化解毒，则与氧化型细胞色素氧化酶中的三价铁或二硫键结合，使之失去传递电子的能力，造成组织细胞缺氧导致"内窒息"。硫化氢还可以与体内谷胱甘肽中巯基结合使谷胱甘肽失活，影响体内生物氧化过程，加重组织缺氧。高浓度硫化氢可作用于颈动脉窦和主动脉体的化学感受器，引起反射性呼吸抑制，并可直接作用于延髓的呼吸血管运动中枢，使呼吸麻痹，引起死亡。

（4）临床表现

1）急性中毒：以中枢神经系统、眼和呼吸系统损害为主，轻者出现头痛、头晕、乏力、眼胀痛、畏光、恶心、呕吐、咳嗽等症状。检查可见眼结膜充血，肺部呼吸音粗糙，可闻及干啰音，胸部X线显示肺纹理增强。较重者还可出现胸闷、心悸、轻度意识障碍、视物模糊、眼结膜水肿及角膜溃疡等，肺部可闻干啰音或湿啰音。重症者可出现昏迷、肺水肿、脑水肿、呼吸循环衰竭，最后因呼吸麻痹而死亡。硫化氢浓度达900 mg/m³以上时，可直接抑制呼吸中枢，导致呼吸心搏骤停，发生所谓的"电击型"死亡。

2）后遗症：部分严重中毒患者经治疗后可留有后遗症，如头痛、失眠、记忆力减退、自主神经功能紊乱、紧张、焦虑、智力障碍、平衡和运动功能障碍、周围神经损伤等，头颅CT显示轻度脑萎缩等。

3）慢性危害：长期接触低浓度硫化氢可引起眼及呼吸道慢性炎症，甚至角膜糜烂或点状角膜炎。还可出现类神经症、中枢性自主神经功能紊乱。

（5）诊断：根据短期内吸入较大量硫化氢的职业接触史，出现中枢神经系统和呼吸系统损害为主的临床表现，参考现场劳动卫生学调查，综合分析，并排除其他类似表现的疾病，方可诊断，其诊断标准见《职业性急性硫化氢中毒诊断标准》（GBZ 31—2002）。

（6）治疗原则

1）迅速脱离现场，吸氧，保持安静，卧床休息，严密观察病情变化。

2）积极防治脑水肿、肺水肿，早期、足量、短程使用肾上腺皮质激素，中度以上中毒应尽快进行高压氧治疗。

3）对呼吸、心搏骤停者立即进行心肺复苏，呼吸、心跳恢复后应尽快进行高压氧治疗，并积极给予对症和支持治疗。

（7）预防

1）加强安全管理，制定并严格遵守安全操作规程和各项安全生产制度。

2）生产实行密闭化，定期检修设备，防止跑、冒、滴、漏。

3）加强通风排毒及净化措施，设置自动报警器。

4）加强个人防护用品的应用。

5）对疏通阴沟、下水道等有可能产生H_2S的密闭环境，进入前须强制性充分通风换气，佩戴供氧式防毒面具，并有专人监护方可进入工作。

6）加强职业卫生安全教育，增强自我保护意识。

五、农药中毒

农药（pesticides）是指用于预防、消灭或控制危害农业、林业的病、虫、草和其他有害生物及有目的地调节植物、昆虫生长的化学合成或来源于生物、其他天然物质的一种物质或几种物质的混合物及其制剂。目前，我国使用农药已近千种，制剂产品已达3 000种。

农药按照用途可分为杀虫剂、杀菌剂、除草剂、植物生长调节剂、杀鼠剂；按化学性质可分为有机磷类、有机氯类、氨基甲酸酯类、拟除虫菊酯类、甲脒类、有机氟类等。近年来，由于害虫对许多农药产生了耐药性，使用者应用混配农药增多，故混配农药中毒人数有增长的趋势。

（一）有机磷酸酯类农药

有机磷酸酯类农药（organophosphorus pesticide）是我国目前生产、使用最多的一类农药，除单剂外，也是许多多元混剂的一个成分。我国每年农药中毒者中有机磷农药中毒约占70%以上。

1. 理化特性　有机磷农药纯品为白色结晶，工业品为淡黄色或棕色油状液体，多数有类似大蒜或韭菜的特殊臭味。有机磷农药的沸点很高（少数例外），比重多大于1，一般挥发性较强，难溶于水，易溶于芳烃、乙醇、丙酮、氯仿等有机溶剂。

2. 毒理　有机磷农药可经呼吸道、消化道、皮肤和黏膜吸收。经呼吸道和消化道吸收较为迅速完全，经皮吸收是职业性中毒的主要途径。有机磷被机体吸收后，随血液及淋巴循环迅速分布到全身各器官组织，以肝脏含量最高，肾、肺和脾次之，大脑含量较低，具有氟、氰基团的有机磷透过血脑屏障的能力较强，还可通过胎盘屏障到达胎儿体内。有机磷农药在体内的生物转化主要有氧化和水解两种形式，一般氧化产物毒性增强，水解产物毒性降低。有机磷农药在人体内的代谢过程与其毒性有密切关系。一般来说，经代谢转化后毒性降低，但也有部分品种进入体内先氧化后水解。有机磷农药在体内经代谢转化后排出很快，代谢产物主要经肾脏排出，少量的也可随粪便排出，有的品种在呼出气中可有微量排出。

有机磷农药毒作用的主要机制是抑制胆碱酯酶（cholinesterase，ChE）的活性，使之失去分解乙酰胆碱（acetylcholine，ACh）的能力，导致乙酰胆碱在体内的聚集，而产生相应的功能紊乱。

3. 临床表现

（1）急性中毒：农药在生产和使用过程中发生的中毒多为急性中毒。经皮肤吸收中毒者潜伏期较长，可在12小时内发病，但多在2～6小时开始出现症状。呼吸道吸收中毒时潜伏期较短，通常发病越快，病情越重。中毒的症状体征可分为以下三类。

1）毒蕈碱样症状：早期表现如下。

① 腺体分泌亢进，口腔、鼻、气管、支气管、消化道等处腺体及汗腺分泌亢进，多汗、流涎、口鼻分泌物增多及肺水肿等；② 平滑肌痉挛，气管、支气管、消化道及膀胱逼尿肌痉挛，呼吸困难、恶心、呕吐、腹痛、腹泻及大小便失禁等；③ 瞳孔缩小，因动眼神经末梢乙酰胆碱堆积引起虹膜括约肌收缩使瞳孔缩小，重者瞳孔小如针尖；④ 心血管抑制，心动过缓、血压偏低及心律失常。

2）烟碱样症状：全身紧束感，动作不灵活、胸部压迫感，胸部、上肢和颈、面等部位肌束震颤，语言不清，心跳加速、血压升高，严重者可出现呼吸肌麻痹。

3）中枢神经系统症状：早期出现头晕、头痛、倦怠、乏力等，随后可出现烦躁不安、言语不清及不同程度的意识障碍。严重者可发生脑水肿，出现癫痫样抽搐、瞳孔不等大，甚至呼吸中枢麻痹死亡。

4）其他症状：严重者可出现许多并发症状，如中毒性肝病、急性坏死性胰腺炎、脑水肿等。

（2）慢性中毒：症状一般较轻，主要表现为类神经症，部分人出现毒蕈碱样症状，偶有瞳孔缩小和肌束震颤等。慢性中毒全血胆碱酯酶活性明显抑制，但症状与体征较轻，甚至全血胆碱酯酶活性降至10%以下，症状仍不明显。

（3）致敏作用和皮肤损害：有些品种有致敏作用，可引起支气管哮喘、过敏性皮炎等。

4. 诊断 参照《职业性急性有机磷杀虫剂中毒诊断标准》（GBZ 8—2002），根据短时间接触较大量有机磷杀虫剂的职业史，以自主神经、中枢神经和周围神经系统症状为主的临床表现，结合血液胆碱酯酶活性测定，参考作业环境的劳动卫生学调查资料，进行综合分析，排除其他类似疾病后，方可诊断。

5. 处理原则

（1）急性中毒处理原则

1）清除毒物：患者脱离中毒现场，脱去污染的衣服，用肥皂水彻底清洗污染的部位；眼部污染用清水或2%碳酸氢钠溶液冲洗。

2）应用特效解毒剂：特效解毒剂有抗胆碱剂（阿托品）和肟类复能剂（氯解磷定、解磷定）。轻度中毒可单独给予阿托品，中度或重度中毒合用阿托品与胆碱酯酶复能剂，但应适当减量。用阿托品治疗急性中毒有机磷农药中毒的原则是早期、足量、重复给药，尽快达到阿托品化。当达到阿托品化或毒蕈碱样症状消失时酌情减量，延长用药间隔，并维持用药数日。

3）对症支持治疗：原则参见相关教材。中度和重度中毒患者临床表现消失后应观察数日，以防病情突变。迟发性神经病的治疗同神经内科，可给予中西医对症和支持治疗及运动功能的康复训练。

4）劳动能力鉴定：① 观察对象，应暂时调离有机磷作业1~2周，并复查全血胆碱酯酶活性，有症状者可适当对症处理；② 急性中毒，治愈后3个月内不宜接触有机磷农药。有迟发性神经病变者，应调离有机磷农药作业环境。

（2）慢性中毒处理原则：应脱离接触，积极治疗，主要采取对症和支持疗法。

（二）氨基甲酸酯类农药

氨基甲酸酯类（carbamates）是继有机氯和有机磷酸酯类之后发展起来的一类合成农药，具有速效、残留期短及对人畜毒性较低的特点。常用品种有西维因、味哺丹、速灭威、混灭威、涕灭威、残杀威等。

1. 理化特性 大多数品种为白色结晶、无特殊气味、易溶于有机溶剂、难溶于水。熔点多在50~150℃，对光、热及酸性物质稳定，遇碱易分解。

2. 毒理 不同品种的毒性存在明显差别，大部分品种经口属中等毒性，经皮肤属低毒性。该类农药可通过呼吸道、消化道、皮肤吸收，但多数品种经皮肤吸收缓慢、吸收量低。进入机体后，很快分布到全身组织和器官中，如肝、肾、脑、脂肪和肌肉等。这类农药生物转化的基本形式为水解、氧化和结合，由于其代谢迅速，一般在体内无蓄积。主要从尿排出，少量经肠道排出。该类农药急性毒作用机制是抑制体内的胆碱酯酶，与有机磷农药不同之处：① 该类农药进入体内后大多不经代谢转化而直接抑制酶活性；② 与乙酰胆碱酯酶的结合是可逆的；③ 多数品种对红细胞胆碱酯酶的亲和力明显大于血浆胆碱酯酶；④ 肟类复能剂可以影响氨基甲酰化胆碱酯酶复能。

3. 临床表现 急性中毒以毒蕈碱样症状为主，临床表现与有机磷中毒相似，通常发病较急、病情较轻、病程较短、恢复较快。轻度中毒时有轻度的中枢神经和毒蕈碱样症状，有的病例可伴有肌束震颤等烟碱样症状，但持续时间较短。中度中毒表现为癫痫、昏迷、肺水肿、脑水肿或呼吸衰竭等。该类农药无慢性中毒，有些品种，如杀灭威等可引起接触性皮炎。

4. 诊断 诊断及分级标准见《职业性急性氨基甲酸酯杀虫剂中毒诊断标准》（GBZ 52—2002）。

5. 治疗原则 迅速离开中毒现场，脱去污染的衣服，用肥皂和温水彻底清洗污染的皮肤、头发和指甲。轻度中毒者可不用特效解毒药物，必要时可口服或肌内注射阿托品，但不必阿托品化。重度中毒者依病情应用阿托品，并尽快达到阿托品化。一般认为单纯氨基甲酸酯杀虫剂中毒不宜用肟类复能剂，因其可增加氨基甲酸酯的毒性，并降低阿托品疗效。但目前临床经验提示，适当使用肟类复能剂有助于治疗。

（王宏）

第三节　生产性粉尘与职业性肺部疾患

一、生产性粉尘的健康危害与控制

生产性粉尘（industrial dust）是指在生产活动中产生的能够较长时间漂浮于生产环境中的固体颗粒物。

（一）生产性粉尘的来源

1. 固体物质的破碎和加工　常见于矿石开采、粉碎、冶炼；隧道开凿；爆破筑路；凿岩；铸造工艺；耐火材料、玻璃等工业原料的加工；粮谷脱粒等过程。

2. 物质的不完全燃烧　煤炭不完全燃烧的烟尘、烃类热分解产生的炭黑。

3. 蒸气的冷凝或氧化　如铅熔炼时产生的氧化铅烟尘。

（二）生产性粉尘的分类

按粉尘的化学性质可分为三类。

（1）无机粉尘（inorganic dust）：包括矿物性粉尘，如石英、石棉、滑石、煤等；金属性粉尘，如铝、铅、锰、铁、铍、锡等及其化合物；人工合成的无机粉尘，如水泥、玻璃纤维、金刚砂等。

（2）有机粉尘（organic dust）：包括动物性粉尘，如皮毛、丝、骨、角质等；植物性粉尘，如棉、麻、谷物、甘蔗、烟草、木、茶等；人工有机粉尘，如合成染料、合成树脂、合成橡胶、合成纤维、有机农药等。

（3）混合性粉尘（mixed dust）：在生产环境中大部分生产性粉尘是以两种或两种以上混合形式存在的，称为混合性粉尘，如煤矽粉尘、混合性皮毛粉尘。

（三）生产性粉尘的理化特性及其卫生学意义

1. 粉尘的化学成分　粉尘的化学成分是决定其对机体危害作用的最主要因素。粉尘的化学成分不同，其对机体作用性质也不同，可导致组织器官出现纤维化、中毒、过敏、刺激及癌症的发生。

2. 粉尘浓度与接触时间　粉尘浓度和接触时间也是决定其对人体危害严重程度的重要因素。生产环境中的粉尘浓度越高，暴露时间越长，进入人体内的粉尘剂量越大，对人体的危害就越大。

3. 粉尘的分散度　分散度是指物质被粉碎的程度，以粉尘粒径大小的数量或质量组成百分比表示。以粒径大小的数量百分比表示的分散度称为粒子分散度，粒径较小的颗粒所占百分比越高，粒子分散度越高；以质量组成百分比表示的分散度称为质量分散度，粒径较小的颗粒占总质量百分比越大，质量分散度越高。粉尘粒子分散度越高，在空气中飘浮的时间越长，沉降速度越慢，吸入的机会越大；而且，分散度越高，比表面积越大，越易参与理化反应，对人体危害越大。此外，分散度还可影响粉尘在呼吸道中的阻留部位和阻留率，粒径 <15 μm 的粉尘可进入呼吸道，称为可吸入性粉尘（inhalable dust）；粒径在 10~15 μm 的粉尘主要沉积于上呼吸道；粒径 <5 μm 的粉尘可达人体呼吸道深部和肺泡，称为呼吸性粉尘（respirable dust）。

4. 粉尘的硬度　硬度越大的粉尘，对呼吸道黏膜和肺泡的物理损伤越大。

5. 粉尘的溶解度　某些有毒粉尘，如含有铅、砷等的粉尘可在上呼吸道溶解吸收，其溶解度越高，对人体毒作用越大；石英尘很难溶解，在体内持续产生危害作用。

6. 粉尘的荷电性　固体物质在粉碎和流动过程中相互摩擦或吸附空气中离子而带电。同性电荷相斥，增强了空气中粒子的稳定程度；异性电荷相吸，使尘粒撞击、聚集并沉降。一般来说，荷电尘粒在呼吸道内易被阻留。

7. 粉尘的爆炸性　可氧化的粉尘如煤、面粉、糖、亚麻、硫黄和铝等，在适宜的浓度下（如煤尘 35 g/m³；面粉、铝、硫黄 7 g/m³；糖 10.3 g/m³）一旦遇到明火、电火花或放电时，可发生爆炸。

（四）生产性粉尘对人体健康的影响

生产性粉尘由于种类和理化性质的不同，可引起不同的病理损害。

1. 尘肺（pneumoconiosis）　是由于在生产环境中长期吸入生产性粉尘而引起的以肺组织纤维化为主的疾病。尘肺是职业性疾病中影响面最广、危害最严重的一类疾病。按所接触粉尘的性质将尘肺分为五类：① 硅沉着病（silicosis），由于长期吸入游离二氧化硅含量较高的粉尘引起；② 硅酸盐肺（silicatosis）：由于长期吸入含有结合二氧化硅的粉尘（如石棉、滑石、云母等）引起；③ 炭尘肺（carbon pneumoconiosis）：由于长期吸入煤、石墨、炭黑、活性炭等粉尘引起；④ 混合性尘肺（mixed dust pneumoconiosis）：由于长期吸入含游离二氧化硅粉尘和其他粉尘（如煤尘等）引起；⑤ 金属尘肺（metallic pneumoconiosis）：由于长期吸入某些致纤维化的金属粉尘（如铝尘）引起。

《职业病分类和目录》中共列入 12 种有具体病名的尘肺，即硅沉着病、煤工尘肺、石墨尘肺、炭黑尘肺、石棉肺、滑石尘肺、水泥尘肺、云母尘肺、陶工尘肺、铝尘肺、电焊工尘肺和铸工尘肺，以及根据《尘肺病诊断标准》和《尘肺病理诊断标准》可以诊断的其他尘肺病。

2. 局部作用　粉尘对呼吸道黏膜可产生局部刺激作用，引起鼻炎、咽炎、气管炎等。

3. 全身中毒作用　吸入含有铅、锰、砷等毒物的粉尘，可在呼吸道黏膜很快溶解吸收，引起中毒。

4. 变态反应　吸入棉、大麻、亚麻等粉尘可引起棉尘病（byssinosis）；吸入霉变枯草尘、禽类排泄物和含异体血清蛋白的动、植物性粉尘等可引起以肺泡变态反应为主的职业性变态反应性肺泡炎（occupational allergic alveolitis），如农民肺、蔗渣尘肺、禽类饲养工肺等。

5. 肿瘤　吸入二氧化硅（结晶型，石英或方石英）、石棉、放射性矿物质、镍、铬酸盐尘等可致肺部肿瘤或呼吸系统其他部位肿瘤。

（五）生产性粉尘危害控制

尘肺仍是我国最主要的职业病。我国政府对粉尘控制工作一直很重视，在防止粉尘危害和预防尘肺发生方面做了大量的工作，并总结出尘肺综合性预防的"革、水、密、风、护、管、教、查"八字防尘经验。

1. 法律措施　我国陆续颁布了一系列的法律法规防止粉尘危害。如 1987 年 2 月颁布了《中华人民共和国尘肺防治条例》和修订的《粉尘作业工人医疗预防措施实施办法》。2002 年 5 月 1 日开始实施《中华人民共和国职业病防治法》，并于2011年12月、2016年7月、2017年11月、2018年12月对该防治法进行了四次修订，修订后的法律更加充分体现了职业病预防为主的方针，为控制粉尘危害和防治尘肺病提供了明确的法律依据。

2. 组织措施 主要体现在加强领导和宣传教育，使用人单位和劳动者都能正确认识粉尘危害，以保证防尘设备的维护管理和防尘管理制度的落实。

3. 技术措施 采取"革、水、密、风"等综合措施，做好防尘、降尘工作，是防治尘肺的最根本措施。

4. 个人防护措施 个体防护是防尘技术措施的重要补充，它是在技术措施难以使粉尘浓度降低到国家卫生标准以下时，采用佩戴防尘用具等办法，保护接尘工人健康。

5. 健康监护 包括粉尘作业人员就业前、在岗期间及离岗时的医学检查及职业健康信息管理。

二、游离二氧化硅粉尘与硅沉着病

硅沉着病（silicosis）是由于在生产过程中长期吸入游离二氧化硅粉尘而引起的以肺部弥漫性纤维化为主要病变的全身性疾病。我国硅沉着病病例占尘肺总病例的40%左右，是尘肺中危害最严重的一种。

（一）矽尘和矽尘作业

在自然界中，游离二氧化硅（SiO_2）分布广泛，95%以上的矿石含有游离二氧化硅。含游离二氧化硅的粉尘，俗称为矽尘。石英（quartz）中的游离二氧化硅达99%，故常以石英尘作为矽尘的代表。一般将接触含游离二氧化硅10%以上的粉尘作业称为矽尘作业。常见的矽尘作业有：矿山采掘作业中的凿岩、掘进、爆破、运输等；修建公路、铁路、水利电力工程等；玻璃厂、陶瓷厂、石粉厂及耐火材料等工厂生产过程中的原料破碎、研磨、筛分、配料等；机械制造业中铸造车间的砂型调制、清砂、喷砂等作业。

（二）影响硅沉着病发病的主要因素

硅沉着病发病一般比较缓慢，多数在持续接触矽尘5~10年后发病，有的长达15~20年。少数由于持续吸入高浓度、高游离二氧化硅含量的粉尘，经过1~2年即发病者，称为"速发型硅沉着病"（acute silicosis）。有些接尘者，虽接触较高浓度矽尘，但在脱离粉尘作业时X线胸片未发现明显异常，或发现异常但尚不能诊断为硅沉着病，在脱离接尘作业若干年后被诊断为硅沉着病，称为"晚发型硅沉着病"（delayed silicosis）。

粉尘中游离二氧化硅含量越高，发病时间越短，病变越严重。各种不同石英变体的致纤维化能力依次为鳞石英＞方石英＞石英＞柯石英＞超石英；游离二氧化硅晶体结构不同，致纤维化能力各异，依次为结晶型＞隐晶型＞无定型。

（三）硅沉着病发病机制

硅沉着病的发病机制十分复杂，石英致肺组织纤维化涉及多种细胞和多种生物活性物质参与的炎症、免疫反应、异物反应、细胞毒作用、组织修复等。虽然国内外学者先后提出了机械刺激、化学中毒、免疫学说及硅酸聚合等多种学说，但均不能圆满地解释其发病过程。近年来，在探讨石英致肺巨噬细胞的功能改变、崩解、死亡和造成肺泡结构及其细胞受损破坏，最终导致肺组织发生弥漫性纤维化病变等方面，取得了一些进展。

（四）硅沉着病病理改变

硅沉着病的基本病理改变是矽结节（silicotic nodule）形成和弥漫性间质纤维化。矽结节是硅沉着病的特征性病理改变。硅沉着病病理形态可分为四种类型：结节型、弥漫性间质纤维化型、矽性蛋白沉积型和团块型。

（1）结节型硅沉着病：由于长期吸入游离二氧化硅含量较高的粉尘而引起的肺组织纤维化，典型病变为矽结节。典型的矽结节横断面似葱头状，外周是由多层同心圆状排列的胶原纤维构成，其中心或偏侧有闭塞的小血管或小支气管。

（2）弥漫性间质纤维化型硅沉着病：见于长期吸入的粉尘中游离二氧化硅含量较低，或虽游离二氧化硅含量较高，但吸入量较少的病例。

（3）矽性蛋白沉积型硅沉着病：又称急性硅沉着病，多见于短期内接触高浓度、高分散度石英尘的年轻工人。其病理特征为肺泡内有大量蛋白分泌物，称为矽性蛋白，随后可伴有纤维增生，形成小纤维灶乃至矽结节。

（4）团块型硅沉着病：是上述类型硅沉着病进一步发展，病灶融合而成。矽结节增多、增大、融合形成团块状。多见于两肺上叶后段和下叶背段。

（五）硅沉着病的临床表现

（1）症状和体征：肺具有很强的代偿能力，即使胸部X线片已呈现典型的硅沉着病影像，患者也可能无明显自觉症状。随着病情进展，特别是有合并症时，可出现胸痛、胸闷、气短、咳嗽、咳痰等症状，并逐渐加重，但症状的轻重与胸片改变并不一定平行。

（2）胸部X线片表现：比较典型的有类圆形、不规则形小阴影（small opacity）及大阴影（large opacity），这是硅沉着病诊断的重要依据。胸部X线片上其他影像，如肺门变化、肺气肿、肺纹理和胸膜变化，对硅沉着病诊断也有参考价值。

1）圆形小阴影：类圆形小阴影是硅沉着病最常见和最重要的一种X线表现形态，其病理基础以结节型硅沉着病为主，呈圆形或近似圆形，边缘整齐或不整齐，直径小于10 mm，按直径大小分为p（<1.5 mm）、q（1.5~3.0 mm）、r（3.0~10 mm）三种类型。

2）不规则形小阴影：病理基础主要是肺间质纤维化，表现为粗细、长短、形态不一的致密阴影。阴影之间可互不相连，或杂乱无章地交织在一起，呈网状或蜂窝状；致密度多持久不变或缓慢增高。按其宽度可分为s（<1.5 mm）、t（1.5~3.0 mm）、u（3.0~10 mm）三种类型。

3）大阴影：指长径超过10 mm的阴影，为晚期硅沉着病的重要X线表现。形状有长条形、圆形、椭圆形或不规则形，病理基础是团块状纤维化。

4）胸膜变化：胸膜粘连增厚，先在肺底部出现，可见肋膈角变钝或消失；晚期膈面粗糙，由于肺纤维组织收缩和膈胸膜粘连，呈"天幕状"阴影。

5）肺气肿：多为弥漫性、局限性、灶周性和泡性肺气肿，严重者可见肺大疱。

6）肺门和肺纹理变化：早期肺门阴影扩大，密度增高，边缘模糊不清，有时可见淋巴结增大，包膜下钙质沉着呈蛋壳样钙化，肺纹理增多或增粗变形；晚期肺门上举外移，肺纹理减少或消失。

（3）肺功能改变：随着病变进展，肺组织纤维化逐渐加重，肺弹性下降，则可出现肺活量及肺总量降低。当肺泡大量损害、毛细血管壁增厚时，可出现弥散功能障碍。

（4）并发症：肺结核是硅沉着病最为常见和危害最大的并发症。

（六）尘肺（硅沉着病）的诊断与治疗

1. 诊断原则和方法　根据可靠的生产性粉尘接触史、现场劳动卫生学调查资料，以技术质量合格的X线高千伏摄影或数字化摄影（DR）后前位胸片表现作为主要依据，结合工作场所职业卫生学、尘肺流行病学调查资料和职业健康监护资料，参考临床表现和实验室检查，排除其他肺部类似疾病后，对照尘肺诊断标准片作出尘肺的诊断和X线分期。劳动者临床表现和X线胸片检查符合尘肺的特征，在没有证据否定其与接触粉尘之间存在必然联系的情况下，可由有诊断资质的诊断组诊断为尘肺。

2. 诊断分期

（1）尘肺一期：有下列表现之一者。① 有总体密集度1级小阴影，分布范围至少达到2个肺区；② 接触石棉粉尘，有总体密集度1级小阴影，分布范围只有1个肺区，同时出现胸膜斑；③ 接触石棉粉尘，小阴影总体密集度为0，但至少有2个肺区小阴影密集度为0/1，同时出现胸膜斑。

（2）尘肺二期：有下列表现之一者。① 有总体密集度2级的小阴影，分布范围超过4个肺区；② 有总体密集度3级的小阴影，分布范围达到4个肺区；③ 接触石棉粉尘，有总体密集度1级的小阴影，分布范围超过4个肺区，同时出现胸膜斑并已累及部分心缘或膈面；④ 接触石棉粉尘，有总体密集度2级的小阴影，分布范围达到4个肺区，同时出现胸膜斑并已累及部分心缘或膈面。

（3）尘肺三期：有下列表现之一者。① 有大阴影出现，其长径不小于20 mm，短径大于10 mm；② 有总体密集度3级的小阴影，分布范围超过4个肺区并有小阴影聚集；③ 有总体密集度3级的小阴影，分布范围超过4个肺区并有大阴影；④ 接触石棉粉尘，有总体密集度3级的小阴影，分布范围超过4个肺区，同时单个或两侧多个胸膜斑长度之和超过单侧胸壁长度的1/2或累及心缘使其部分显示蓬乱。

3. 治疗　尘肺的治疗原则：患者应及时脱离粉尘作业，并根据病情需要进行综合治疗，积极预防和治疗肺结核及其他并发症，减轻临床症状、延缓病情进展、延长患者寿命、提高生活质量。

三、硅酸盐尘与硅酸盐肺

硅酸盐（silicate）是由二氧化硅、金属氧化物和结晶水组成的矿物，按其来源可分天然和人造两种。天然硅酸盐广泛存在于自然界中，如石棉、滑石、云母等。人造硅酸盐由石英和碱类物质焙烧而成，如玻璃纤维、水泥等。硅酸盐有纤维状（如石棉）和非纤维状（如水泥、云母等）之分。一般认为，纤维是指纵横径之比 >3∶1 的粉尘。直径 <3 μm，长度 ≥5 μm 的纤维称为可吸入性纤维

（respirable fibers）；直径 ≥ 3 μm，长度 ≥ 5 μm的纤维为非可吸入性纤维（non respirable fibers）。

长期吸入硅酸盐尘所致的尘肺统称为硅酸盐尘肺。我国现行法定职业病名单中列有石棉肺、滑石尘肺、云母尘肺和水泥尘肺。

（一）硅酸盐尘肺的共同特点

（1）病理改变主要表现为弥漫性肺间质纤维化。组织切片中可见含铁小体，如石棉小体、滑石小体、云母小体等，但其数量多少与肺组织纤维化程度不一定呈平行关系，仅可作为吸入硅酸盐尘的指标。

（2）胸部X线片表现以不规则小阴影为主。

（3）患者自觉症状和体征一般较明显。肺功能损害出现较早，早期以气道阻塞和进行性肺容量降低为主要表现，晚期可出现"限制性综合征"及气体交换功能障碍。

（4）并发症以气管炎、肺部感染、胸膜炎为多见。肺结核合并率较硅沉着病低。

（二）石棉肺

石棉是一种具有纤维结构的硅酸盐矿物，含铁、镁、钙、铝等氧化物和结合型二氧化硅；石棉可分为蛇纹石类和闪石类两大类。蛇纹石类主要为温石棉，为银白色片状结构，呈中空的管状纤维丝，其纤维质地柔软，具可织性，工业用途大。闪石类石棉纤维为链状结构，质硬而脆，包括青石棉、铁石棉、直闪石、透闪石、阳起石和角闪石。在闪石类石棉中以青石棉和铁石棉的开采和使用量为大。

石棉肺（asbestosis）是在生产过程中长期吸入石棉粉尘所引起的以肺部弥漫性纤维化改变为主的疾病。其特点是全肺弥漫性纤维化，是弥漫性纤维化型尘肺的典型代表，不出现或极少出现结节性损害。石棉肺是硅酸盐尘肺中最常见、危害最严重的一种。

1. 主要接触作业和影响石棉肺发病因素　接触石棉的主要作业是石棉矿的开采、选矿和运输；石棉加工厂的开包、扎棉、梳棉；石棉布、绳及石棉瓦等石棉制品的制作；造船、建筑等行业的保温、耐火材料的制造、维修及旧建筑拆除及其他石棉制品的检修等均可产生大量石棉粉尘，其中以石棉加工厂开包、扎棉、梳棉工序产生石棉粉尘最多。

石棉种类、纤维直径和长度、纤维浓度、接尘时间（工龄）、个体差异、防护措施及工作场所是否混有其他粉尘等均是影响石棉肺发病的主要因素。

2. 石棉的理化特征及其卫生学意义　石棉是一组天然的纤维性晶形含水硅酸盐矿物，具有抗拉性强、不易断裂、耐火、隔热、耐酸碱和绝缘性能好等特点。石棉纤维粗细随品种而异，其粒径由大到小依次为直闪石 > 铁石棉 > 温石棉 > 青石棉。粒径越小，则沉积在肺内的量越多，对肺组织的穿透力也越强，故青石棉致纤维化和致癌作用都最强，而且出现病变早，形成石棉小体（asbestos body）多。温石棉富含氧化镁，在肺内易溶解，因而在肺内清除比青石棉和铁石棉快。动物实验发现，不同粉尘的细胞毒性由大到小依次为石英 > 青石棉 > 温石棉。

3. 发病机制　目前尚不清楚。根据近年来的研究报道，将其发病机制归纳如下。

（1）物理特性：石棉的致纤维化作用可能与其所共有的物理特性，即纤维性、坚韧性和多丝结构有关。

（2）细胞毒性作用：近年的研究表明，温石棉纤维的细胞毒性作用似乎强于闪石类纤维。当温石棉纤维与细胞膜接触时，纤维表面的镁离子及其正电荷与巨噬细胞膜性结构相互作用，形成离子通道，使钾钠泵功能失调，细胞膜的通透性增高和溶酶体酶释放，造成巨噬细胞崩解，引起肺组织纤维化。

4. 病理改变　石棉肺的病变特点是肺间质弥漫性纤维化，可见石棉小体及脏层胸膜肥厚和在壁层胸膜形成胸膜斑。肉眼观察，早期仅两肺胸膜轻度增厚，并丧失光泽。随着病变进展，两肺切面出现粗细不等的灰黑白色弥漫性纤维化索条和网架，为石棉肺的典型特征。晚期病例，两肺明显缩小、变硬，切面为典型的弥漫性纤维化伴蜂房样变。

胸膜对石棉纤维的反应包括胸膜斑、胸膜渗出和弥漫性胸膜增厚。胸膜斑是指厚度 >5 mm 的局限性胸膜增厚，是由玻璃样变的粗大胶原纤维束在胸膜壁层和/或脏层局部所形成的纤维斑片，以壁层多见。胸壁下后方的外侧面和脊柱旁及膈肌的中心腱为常发部位，可为单侧或双侧。胸膜斑呈乳白色或象牙色，表面光滑，境界清楚，形似胼胝体或软骨，有的可伴钙化。胸膜斑也被看作接触石棉的一个病理学和放射学标志，它可以是接触石棉者的唯一病变，可不伴有石棉肺。

5. 临床表现

（1）症状和体征：患者自觉症状出现较硅沉着病早，主要表现为咳嗽和呼吸困难。

石棉肺特征性体征是双侧下肺区在吸气时可闻及捻发音，随病情加重，捻发音可扩展至中、上肺区，其声音也由细小变粗糙。晚期患者可出现杵状指/趾等体征，伴肺源性心脏病者，可有心肺功能不全的症状和体征。

（2）肺功能改变：患者肺功能改变出现较早，在胸部X线片尚未显示石棉肺影像之前，肺活量即开始降低。肺活量进行性降低是石棉肺肺功能损害的特征，弥散量改变是发现早期石棉肺的最敏感指标之一。

（3）胸部X线片表现：主要表现为不规则小阴影和胸膜改变。不规则小阴影不仅是石棉肺胸部X线片的主要表现，也是石棉肺诊断的主要依据。石棉肺早期多在两侧肺下区近肋膈角出现密集度较低的不规则小阴影，随着病情进展，小阴影增多、增粗，呈网状并向中、上肺区扩展。有的石棉肺患者胸部X线片上也可出现圆形小阴影，多见于石棉矿开采工，此表现与所接触的石棉尘中混有游离二氧化硅有关。

胸膜改变包括胸膜增厚、胸膜斑和胸膜钙化。胸膜斑是我国石棉肺诊断分期的指标之一。胸膜斑分布多在双下肺侧胸壁第6~10肋间，也可发生于膈胸膜和心包膜。弥漫性胸膜增厚的X线影像呈不规则形阴影，以中、下肺区明显，有时可有点片或条状钙化影。晚期石棉肺可因纵隔胸膜增厚并与心包膜及肺组织纤维化交错重叠，致使心缘轮廓不清，甚至可形成"蓬发状心影"（shaggy heart），此影像是三期石棉肺的主要诊断依据之一。

（4）并发症：石棉肺晚期患者并发呼吸道及肺部感染较硅沉着病多见，但石棉肺并发结核较硅沉着病少，由于反复感染，往往可致心力衰竭。石棉肺患者并发肺源性心脏病的概率较硅沉着病患者多，且较为严重。肺癌和恶性间皮瘤是石棉肺的严重并发症。

四、煤矿粉尘与煤工尘肺

（一）煤矿粉尘

在煤矿生产和建设过程中所产生的各种岩矿微粒统称为煤矿粉尘，主要是岩尘和煤尘，但由于地质构造复杂多变，煤层和岩层常交错存在，所以在采煤过程中常产生大量煤岩混合尘，称为煤矽尘。

1. 煤矿粉尘的来源 煤矿地下开采过程中的凿岩、爆破、装载、喷浆砌碹、运输、支柱、井下通风等均可产生粉尘，主要是矽尘、煤尘、水泥尘等。岩石掘进过程中，使用风钻打眼、机械割煤和放炮产生的粉尘量最大，在无防护措施的情况下，空气中粉尘浓度在 1 000 mg/m^3 以上，使用电钻打眼和装车时次之。露天开采在剥离岩层和采掘煤层过程中都会产生大量的粉尘，剥离岩层、煤炭装卸、破碎、筛选或淘汰、水洗、浮选、设备维护岗位存在生产性粉尘。

2. 煤矿粉尘的理化特性 煤矿粉尘的化学成分与沉积岩层密切相关。煤矿粉尘是一种混合物，含有碳、各种黏土矿物和含量不等的石英。不同的岩石类型使不同煤矿和同一煤矿不同部位的粉尘成分也不相同。煤本身的游离 SiO_2 含量较低，通常低于10%，但可能有少量伴生矿物。

（二）煤工尘肺

1. 概念 煤工尘肺（coal worker pneumoconiosis，CWP）是指煤矿作业工人长期吸入生产性粉尘所引起的尘肺的总称。在煤矿开采过程中由于工种不同，工人可分别接触煤尘、煤矽尘和矽尘，从而引起肺的弥漫性纤维化，统称为煤工尘肺。煤工尘肺包括三种类型。

（1）硅沉着病：掘进工种，包括凿岩工及其辅助工、装渣工、放炮工等接触含游离二氧化硅10%以上的岩石粉尘，所患尘肺应称为硅沉着病，病理上有典型的矽结节改变，发病工龄10~15年，病变进展快，危害严重。

（2）煤肺病（anthracosis）：采煤工种，包括电钻打眼工、采煤机手、回采工、煤仓装卸工等，主要接触单纯性煤尘，煤尘中游离二氧化硅含量在5%以下，其所患尘肺为煤肺，病理学上有典型的煤尘灶或煤尘纤维灶及灶周肺气肿，发病工龄多在20年以上，病情进展缓慢，危害较轻。

（3）煤矽肺（anthracosilicosis）：既在掘进工种也在采煤工种工作过的工人，既接触过煤尘，也接触过矽尘或长期接触煤矽尘，所患尘肺在病理学上兼有硅沉着病和煤肺病的特征，这类尘肺称为煤矽肺，是我国煤工尘肺最常见的类型，发病工龄多在15~20年。病情发展较快，危害较重。

2. 病理改变 煤工尘肺的病理改变因吸入的矽尘与煤尘的比例不同而有所差异，除凿岩工所患硅沉着病外，多兼有肺间质性弥漫纤维化型和结节型的特征。主要病理改变如下。

（1）煤斑：又称煤尘灶，是煤工尘肺最常见的原发性特征性病变，也是病理诊断的基础指标。肉眼观察呈灶状，色黑，质软，直径2~5 mm，圆形或不规则形，境界不清，多在肺小叶间隔和胸膜交角处，呈网状或条索状分布。

（2）灶周肺气肿：是煤工尘肺病理的又一个特征。常见的灶周肺气肿有两种：一种是局限性肺气肿，为散在分布于煤斑旁的扩大气腔，与煤斑共存；另一种是小叶中心性肺气肿，在煤斑的中心或煤尘灶的周边，有扩张的气腔，居小叶中心，称为小叶中心性肺气肿。

（3）煤矽结节：肉眼观察呈圆形或不规则形，大小为2~5 mm或稍大，黑色，质坚实。

（4）弥漫性纤维化：在肺泡间隔、小叶间隔、小血管和细支气管周围及胸膜下，出现程度不同的间质细胞和纤维增生，并有煤尘和尘细胞沉着，间质增宽、增厚，晚期形成粗细不等的条索和弥漫性纤维网架，肺间质纤维增生明显。

（5）大块纤维化：又称进行性块状纤维化（progressive massive fibrosis，PMF），是晚期煤工尘肺的表现之一，呈致密的黑色块状病变，多分布在两肺上部和后部，右肺多于左肺。

3. 临床表现

（1）症状、体征和肺功能改变：煤工尘肺早期一般无症状，当病变进展，特别是发展为大块纤维化或合并感染时，才会出现呼吸系统症状和体征，如气短、胸痛、胸闷、咳嗽、咳痰等。在合并肺部感染、支气管炎时，才可检查到相应体征。

（2）胸部X线片影像：煤工尘肺不论是煤矽肺还是煤肺病，X线检查主要表现为圆形小阴影、不规则形小阴影和大阴影，还有肺纹理和肺门阴影的异常变化。

1）圆形小阴影：煤工尘肺X线表现以圆形小阴影为主者较为常见，多为p类和q类圆形小阴影。圆形小阴影的病理基础是矽结节、煤矽结节和煤尘纤维灶。

2）不规则形小阴影：多呈网状，有的密集呈蜂窝状，其病理基础为煤尘灶、弥漫性间质纤维化、细支气管扩张、肺小叶中心性肺气肿。

3）大阴影：晚期煤工尘肺患者胸片上可见到大阴影，多由小阴影增大、密集、融合而成；也可由少量斑片、条索状阴影逐渐相连并融合呈条带状。

五、有机粉尘及其所致肺部疾患

有机粉尘（organic dust）是指以有机物质为主要成分的粉尘，包括动物性粉尘、植物性粉尘和人工合成有机粉尘。动物性粉尘是指动物皮毛、毛纺、羽毛、骨质、蚕丝等加工过程中及动物饲养、屠宰中所产生的粉尘；植物性粉尘多见于棉、麻、木材、烟草、谷物加工及蘑菇栽培等作业；人工有机粉尘可见于有机染料、塑料、合成橡胶、合成纤维等生产、储运及使用等过程。

（一）棉尘病

棉尘病（byssinosis）是长期接触棉、麻等植物性粉尘引起的、具有特征性的胸部紧束感和/或胸闷、气短等症状，并有急性通气功能下降的呼吸道阻塞性疾病。患者主要表现为在休息24小时或48小时后，第一日上班接触棉麻粉尘数小时后，出现胸部紧束感、气急、咳嗽、畏寒、发热等症状，又称"星期一症状"。上述症状多在第二个工作日后逐渐减轻或消失。接尘工人发病工龄一般在10年以上，但所接触的粉尘浓度高且棉质差，也可在4年左右发病。随工龄延长，发病逐渐频繁，持续时间也延长，特别是在接尘10~20年后，发病更加频繁。棉尘病晚期可出现慢性呼吸道阻塞症状，并发支气管炎、支气管扩张及肺气肿等，肺功能出现慢性通气功能损害，但患者肺部无类似尘肺的纤维化病变。

（二）职业性变态反应性肺泡炎

职业性变态反应性肺泡炎（occupational allergic alveolitis）是指在生产过程中吸入某些具有抗

原性的有机粉尘所引起的以肺泡变态反应为主的呼吸系统疾病。职业性变态反应性肺泡炎是一组病理改变基本相同的疾病，基本病理特征为肺组织间质细胞浸润和肉芽肿形成。目前认为职业性变态反应性肺泡炎的发病是Ⅲ型、Ⅳ型变态反应共同起作用的结果。职业性变态反应性肺泡炎属我国法定职业病。其诊断按《职业性过敏性肺炎的诊断》（GBZ 60—2014）进行。其治疗主要为对症处理，暂时脱离接触，重症患者宜尽早使用糖皮质激素。

（唐云锋）

第四节　物理因素及其对健康的影响

工作和生产环境中与健康密切相关的物理因素包括气象条件（气温、气湿、气流、气压）、噪声、振动、非电离辐射和电离辐射等。这些物理因素大多数为自然界存在的因素，具有特定的物理参数，且有明确的来源。物理因素对人体的危害程度与物理参数不呈直线相关关系，在正常范围内有些物理因素（如气温、可见光）不仅对机体无害，反而是人体生理活动或从事生产劳动所必需的，高于或低于这一范围才对人体会产生不良影响。因此针对物理因素健康危害采取预防措施时不是设法消除或替代这些因素，也不是将其减少到越低越好，而是采取措施将其控制在"正常范围"或"适宜范围"内。因此，对物理因素所致损伤或疾病的治疗，一般不采用"驱除"或"排出"的方法，而主要是针对人体损害组织器官的病变特点和程度采取相应的治疗措施。

一、高温

（一）生产环境中的气象条件

生产环境中的气象条件主要指空气温度、湿度、风速和热辐射，这些因素构成了工作场所的微小气候（microclimate）。

1. 气温　生产环境中的气温除取决于大气温度外，还受太阳辐射、生产性热源和人体散热等的影响。热源通过传导和对流，加热生产环境的空气，并通过辐射加热四周的物体，形成二次热源，扩大了直接加热空气的面积，使空气温度进一步升高。

2. 气湿　生产环境中的气湿以相对湿度（relative humidity）表示。相对湿度在80%以上为高气湿，低于30%为低气湿。高气湿多由于生产过程中水分蒸发或释放蒸汽所致，见于纺织、印染、造纸、制革、缫丝、屠宰和潮湿的矿井、隧道等作业；低气湿常见于冬季高温车间中的作业。

3. 气流　生产环境中的气流除受自然界风力的影响外，还与作业场所中的热源有关。热源使空气加热而上升，致使室外的冷空气从厂房门窗空隙或通风处进入室内，造成空气对流。室内外温差愈大，产生的气流也愈强。

4. 热辐射　物体由于具有温度而以电磁波的形式向外散发热量的现象称为热辐射（thermal

radiation），其形式主要是红外线及一部分可见光。太阳和生产环境中的各种熔炉、火焰和熔化的金属等热源均能产生大量热辐射。红外线不直接加热空气，但可使受照物体或人体加热升温。当周围物体表面温度超过人体表面温度时，周围物体向人体传递热辐射而使人体受热，称为正辐射（positive radiation）。相反，当周围物体表面温度低于人体表面温度时，人体表面则向周围物体辐射散热，称为负辐射（negative radiation）。热源辐射的能量大小取决于辐射源的温度和表面积等，热源温度愈高，表面积愈大，辐射能量也愈大。

生产环境中的微小气候除随大气气象条件的变化而改变外，还受到生产场所中厂房建筑、生产工艺、生产设备、通风及空调设备、热源的数量和距离等条件的影响。因此，在不同的地区或季节，生产环境的气象条件差异很大；而同一工作场所在一日内的不同时间和工作地点的不同高度和距离，气象条件也会有显著的变化。由于各种气象条件都可影响机体的生理功能，故在卫生学评价和制定预防措施时必须综合考虑多种因素。自20世纪初以来，已基于气象因素、生理和心理反应等研制了一系列生产环境微小气候的综合评价指标。例如，实感温度，亦称有效温度（effective temperature，ET），可反映温度、湿度和气流等气象各因素对人体热感觉的影响，但未包括热辐射的作用。湿球黑球温度（wet-bulb globe temperature，WBGT）指数，是湿球、黑球和干球温度测定值加权相加的数值，可综合反映温度、湿度、气流和热辐射的影响。

（二）高温作业主要类型与职业接触

高温作业（work/job under heat stress）是指有高气温或有强烈的热辐射，或伴有高气湿异常气象条件，其工作地点WBGT指数≥25℃的作业；或指工作场所有生产性热源，以本地区夏季室外平均温度为参照基础，工作地点的气温高于室外2℃及2℃以上的作业。

高温作业按其气象条件的特点通常分为三种类型。

1. 高温、强热辐射作业　其气象特点是气温高、热辐射强度大，而相对湿度较低，形成干热环境。如冶金工业的炼焦、炼铁、轧钢等车间；机械制造工业的铸造、锻造、热处理等车间；陶瓷、玻璃、搪瓷、砖瓦等工业的炉窑车间；火力发电厂和轮船的锅炉间等。

2. 高温、高湿作业　其气象特点是高气温、高气湿，而热辐射强度不大，形成湿热环境。高湿度的形成，主要是由于生产过程中产生大量水蒸气或生产上要求车间内保持较高的相对湿度所致。例如，印染、缫丝、纺织、造纸等工业中液体加热或蒸煮时，车间气温可达35℃以上，相对湿度常达90%以上；潮湿的深矿井内气温可达30℃以上，相对湿度达95%以上，如果通风不良就容易形成湿热环境。

3. 夏季露天作业　夏季的农田劳动、建筑、搬运等露天作业，除受太阳的直接辐射外，还受到周围二次辐射源（如高温的地面和周围物体等）的加热作用。露天作业中的热辐射强度虽较强热辐射车间作业低，但持续时间较长，加之中午前后气温较高，常形成高温与热辐射的联合暴露。

（三）高温作业对机体的影响

1. 高温环境下机体生理功能的调节　高温作业时，机体可出现一系列生理功能的调节变化，主要为体温调节、水盐代谢、循环系统、消化系统、神经系统和泌尿系统等方面的适应性变化。

但当生理功能的改变超过一定限度时，则可影响机体健康，甚至引起中暑等疾病。

（1）体温调节：下丘脑是人体的体温调节中枢，环境的热刺激信号，主要通过皮肤的温度感受器和血液温度传入下丘脑，产生体温调节信号，通过调节机体的产热和散热活动，来维持机体体温的相对恒定。高温作业时，人体的体温调节受生产环境的气象条件和劳动强度的共同影响。高温环境本身和劳动涉及的肌肉与精神活动均增加代谢产热。皮肤是散热的主要部位，高温环境中，人体可通过汗液蒸发进行散热。一般每蒸发 1 g 的汗液，可散失 2.41 kJ 的热量，蒸发散热是最重要而有效的散热方式。另外，气象因素可以影响人体热平衡，如风（气流）增强可加强对流和蒸发，而高湿度则抑制蒸发散热。当人体进行较大劳动强度作业时，由于机体代谢率增加，体温调节的极限值将大幅度降低。当机体产热和获得的热量超过体温调节的生理极限时，就会使热在体内蓄积，导致体温调节失调并出现不同程度的体温升高。一般认为中心体温（通常用直肠温度表示）38℃是高温作业工人生理应激范围的上限值。

（2）水盐代谢：出汗是高温环境中机体的重要散热途径，汗液的主要成分是水和盐，还含有 K^+、Ca^{2+}、尿素氮、葡萄糖、乳酸、氨基酸、维生素等。高温劳动者一个工作日出汗量可达 3 000~4 000 g，经汗排出盐达 20~25 g，故大量出汗可使体内水分、无机盐和可溶性维生素大量流失，导致水和电解质平衡紊乱。环境温度愈高，劳动强度愈大，人体出汗则愈多。出汗量是高温劳动者受热程度和劳动强度的综合指标，一个工作日出汗量 6 L 为生理最高限度，失水不应超过体重的 1.5%。

（3）循环系统：高温作业时，由于出汗丧失大量水分及体液转移至肌肉，致使有效血容量减少，血液浓缩。同时心脏要向高度扩张的皮肤血管网输送大量血液，末梢循环血量增加，以便有效地散热；为适应劳动需求，又要向工作肌输送足够的血液，以保证工作肌活动，而且要维持适当的血压。这种供求矛盾使得循环系统处于高度应激状态，增加心脏负担，心率代偿性加快，长期高温劳动者可出现心脏代偿性肥大。

（4）消化系统：高温作业时，机体血液重新分配，消化系统供血减少，导致消化液分泌减弱，消化酶活性和胃液酸度降低，胃肠道收缩和蠕动减弱，吸收和排空速度减慢，引起食欲减退和消化不良，胃肠道疾患增多。同时大量饮水使胃液稀释，进一步加重消化道负担，引起高温作业工人消化功能障碍。

（5）神经系统：高温作业可使中枢神经系统出现抑制，肌肉工作能力降低，机体产热量因肌肉活动减少而下降，热负荷减轻，此过程是机体的保护性反应。但由于注意力、肌肉工作能力、动作的准确性与协调性及反应速度降低，不仅导致工作效率的降低，且易发生工伤事故。

（6）泌尿系统：高温作业时，大量水分经汗腺排出，造成肾血流量和肾小球过滤率下降，经肾脏排出的尿液大量减少，尿液浓缩。如不及时补充水分，由于血液浓缩使肾脏负担加重，可致肾功能不全，尿中出现蛋白、红细胞、管型等。

2. 热适应与热习服　热适应（heat adaptation）是指机体对于长期热环境刺激产生的耐热性提高的生理性适应过程，多见于世居热环境人群，具有可遗传性。热习服（heat acclimatization）是指个体耐受热强度渐进性增强的生理适应过程。热适应与热习服是两个不同的概念，但习惯上也常用热适应来代替热习服的概念。热习服是后天获得的，一般在高温环境劳动数周即可产生，具体表现为体温调节能力增强，机体产热减少，出汗增加，汗液蒸发散热增强；皮肤温度和中心体温下降，心率减低，血压稳定；水盐代谢明显改善，汗液中矿物质成分减少。近年研究发现机体受热时及出现热习服后可诱导细胞合成热休克蛋白（heat shock proteins，HSPs），可保护机体免受一定范围高温的致死性损伤。热习服者对热的耐受能力增强，可提高高温作业的劳动效率，且有助于防止中暑。但是，热习服状态并不稳定，脱离热环境1~2周后出现迅速消退，并可在1个月左右返回到适应前的状况，即脱习服（deacclimatization）。人体对热环境的适应能力有一定限度，超出限度仍可引起生理功能紊乱。

3. 中暑（heat stroke） 是高温环境下由于热平衡和/或水盐代谢紊乱等而引起的一种以中枢神经系统和/或心血管系统障碍为主要表现的急性热致疾病。环境温度过高、湿度大、强辐射、风速小、劳动强度过大、劳动时间过长是中暑的主要致病因素，过度疲劳、未产生热适应、睡眠不足、年老、体弱及肥胖等都是中暑的诱发因素。

（1）发病机制与临床表现：中暑按发病机制可分为三种类型，即热射病（heat stroke）、热痉挛（heat cramp）和热衰竭（heat exhaustion）。这种分类是相对的，临床上往往难以严格区分，亦可多种类型并存，我国职业病名单统称为中暑。

1）热射病：又称日射病，是由于在高温环境下，机体散热途径受阻，体内大量蓄热，体温调节机制失调所致，多发生于强干热型或湿热型高温作业。其临床特点为突然发病，体温升高可达40℃以上，开始时大量出汗，继而出现"无汗"，可伴有皮肤干热及意识障碍、嗜睡、昏迷等中枢神经系统症状。热射病属于重症中暑，如抢救不及时，患者可因循环、呼吸衰竭而死亡，即使救治及时，仍有20%~40%的患者死亡。

2）热痉挛：由于大量出汗，体内钠、钾过量丢失，导致水和电解质平衡紊乱，引起神经肌肉产生自发性冲动，出现肌肉痉挛，多见于干热型高温作业。临床表现主要为明显的肌肉痉挛，伴有收缩痛。痉挛以四肢肌肉及腹肌等经常活动的肌肉多见，尤以腓肠肌最常见。痉挛常呈对称性，时而发作，时而缓解。患者神志清醒，体温多正常。

3）热衰竭：在高温环境下，机体外周血管扩张和大量出汗导致循环血量减少，使脑部供血不足而出现晕厥。一般起病迅速，先有头昏、头痛、心悸、出汗、恶心、呕吐、皮肤湿冷、面色苍白，继而血压短暂下降、晕厥，体温不高或稍高。通常休息片刻即可清醒，一般不引起循环衰竭。

（2）中暑的诊断与治疗：根据《职业性中暑诊断标准》（GBZ 41—2019）进行诊断和分型。根据高温作业人员的职业史及体温升高、肌痉挛或晕厥等临床表现，结合辅助检查结果，参考工作场所职业卫生学调查资料，综合分析，排除其他原因引起的类似疾病，方可进行诊断。

对热射病患者要快速降温，持续监测体温，保护重要脏器功能，呼吸、循环支持，改善微循环，纠正凝血功能紊乱，对出现肝肾功能衰竭、横纹肌溶解者，早期予以血液净化治疗。对热痉挛和热衰竭患者，注意纠正水和电解质紊乱，扩充血容量，防止休克，并注意监测体温。

知识链接 | **防暑降温措施**

多年来，我国总结了一套综合性防暑降温措施，对保护高温作业劳动者的健康起到积极作用。

1. 技术措施　① 合理设计工艺流程：改进生产设备和操作方法是改善高温作业劳动条件的根本措施。生产自动化可使劳动者远离热源，并减轻劳动强度。② 隔热：隔热是防止热辐射的重要措施。可以利用水或导热系数小的材料进行隔热，如水幕、隔热水箱或隔热屏等。③ 通风降温：可采用自然通风和机械通风进行通风降温。

2. 保健措施　① 供给饮料和补充营养：高温作业劳动者应补充与出汗量相等的水分和盐分，最好方式是供给含盐饮料。② 个人防护：按不同作业的需要，供给工作服、防护眼镜、面罩、手套、鞋盖、护腿等个人防护用品。③ 加强医疗预防工作：对高温作业劳动者应进行就业前和入暑前体格检查。

3. 组织措施　关键在于加强领导，改善管理，严格遵照国家有关高温作业卫生标准做好防暑降温工作。根据地区气候特点，适当调整夏季高温作业劳动和休息制度。休息室或休息凉棚应尽可能设置在远离热源处，必须有足够的降温设施和饮料。大型厂矿可专门设立具备空气调节系统的劳动者休息公寓，保证高温作业劳动者在夏季有充分的睡眠与休息，这对预防中暑有重要意义。

二、噪声

噪声是一种常见的职业性有害因素，接触噪声的人数众多，行业面广。长期暴露一定强度的噪声，会损伤机体的听觉系统和非听觉系统功能，所导致的噪声聋（noise-induced deafness）是我国法定职业病。

（一）基本概念

物体受到振动后，振动能在弹性介质中以波的形式向外传播，到达人耳引起的音响感觉称为声音。物体每秒振动的次数称为频率，用"f"表示，单位是赫兹（Hz）。人耳能够感受到的声音频率在20~20 000 Hz，称为声波。频率小于20 Hz的声波称为次声波，大于20 000 Hz的声波称为超声波。人们语言交流的频率大多在500~20 000 Hz，称为语言频率。

从卫生学意义上讲，凡是使人感到厌烦、不需要或有损健康的声音都称为噪声（noise）。噪声是声音的一种，具有声音的基本物理特性。

（二）生产性噪声

在生产过程中产生的，其频率和强度没有规律，听起来使人感到厌烦的声音，称为生产性噪声或工业噪声。生产性噪声除了影响劳动者外，也是常见的环境噪声来源之一。按照来源，生产性噪声可以分为：

1. 机械性噪声　由于机械的撞击、摩擦、转动所产生的噪声，如电锯、粉碎机、冲压机、打磨机等发出的声音。

2. 流体动力性噪声　由于气体压力或体积的突然变化，或液体流动所产生的声音，如通风机、空气压缩机、汽笛等发出的声音。

3. 电磁性噪声 由电磁设备内部交变力相互作用而产生的声音，如变压器、发电机等发出的声音。

（三）噪声对人体健康的影响

长期接触一定强度的噪声，不仅对听觉系统产生不良影响，也可影响心血管系统、神经系统等其他全身组织器官，因此噪声对人体的作用可分为特异性作用（听觉系统）和非特异性作用（非听觉系统）。

1. 听觉系统 噪声引起听觉器官的损伤，一般都经历由生理变化到病理改变的过程，即先出现暂时性听阈位移，逐渐发展为永久性听阈位移。听觉系统的损害是噪声危害评价及噪声标准制定的主要依据。

（1）暂时性听阈位移（temporary threshold shift，TTS）：指人或动物接触噪声后引起听阈水平变化，脱离噪声环境后，经过一段时间听力可以恢复到原来水平。暂时性听阈位移包括听觉适应和听觉疲劳两个阶段。

1）听觉适应：短时间暴露在强烈噪声环境中，机体听觉器官敏感性下降，听阈可提高10~15 dB，脱离噪声接触后对外界的声音有"小"或"远"的感觉，离开噪声环境数分钟之内即可恢复，此现象称为听觉适应（auditory adaptation）。听觉适应是机体的一种生理性保护现象。

2）听觉疲劳：较长时间停留在强噪声环境中，引起听力明显下降，听阈提高超过15~30 dB，离开噪声环境后，需要数小时甚至数十小时听力才能恢复，称为听觉疲劳（auditory fatigue）。通常以脱离接触后到第二日上班前的间隔时间为限，如果在这段时间内听力不能恢复，继续接触噪声，听觉疲劳则逐渐加重，可能发展为永久性听阈位移。

（2）永久性听阈位移（permanent threshold shift，PTS）：是指由噪声或其他因素引起的不能恢复到正常听阈水平的听阈升高。永久性听阈位移的大小是评判噪声对听力系统损伤程度的依据，也是诊断职业性噪声聋（occupational noise-induced deafness）的重要依据之一。国际上对由职业噪声暴露引起的听觉障碍，通称为"职业性听力损失"。

噪声引起的永久性听阈位移早期常表现为高频听力下降，听力曲线在3 000~6 000 Hz（多在4 000 Hz）出现"V"形下陷。此时患者主观无耳聋感觉，交谈和社交活动能够正常进行。随着病损程度加重，除了高频听力继续下降以外，语言频段（500~2 000 Hz）的听力也受到影响，出现语言听力障碍，主观感觉听力障碍，正常谈话时表现为耳聋。

职业性噪声聋（occupational noise-induced deafness）：是指劳动者在工作过程中，由于长期接触噪声而发生的一种渐进性感音性听觉损伤，属于我国法定职业病。职业性噪声聋的诊断原则：根据我国《职业性噪声聋的诊断》（GBZ 49—2014），职业性噪声聋的诊断需要有明确的连续3年以上职业性噪声作业史，出现渐进性听力下降、耳鸣等症状，纯音测听为感音神经性聋，结合职业健康监护资料和现场卫生学调查进行综合分析，排除其他原因所致的听力损害，方可进行诊断。

爆震性耳聋（explosive deafness）：在某些特殊条件下，如进行爆破，由于防护不当或缺乏必要的防护设备，可因强烈爆炸所产生的冲击波造成急性听觉系统外伤，引起听力丧失，称为爆震性耳聋。爆震性耳聋因损伤程度不同，可伴有鼓膜破裂，听骨破坏，内耳组织出血等，还可伴有脑震荡等。患者主诉耳鸣、耳痛、恶心、呕吐、眩晕，听力检查结果为听力严重障碍或完全丧失，严重损伤者可致永久性耳聋。

2. 非听觉系统 听觉器官感受噪声后，可引起一系列神经系统反应，可表现为头痛、头晕、睡眠障碍和全身乏力等类神经症，有的表现为记忆力减退和情绪不稳定，如易激怒等；噪声可引起自主神经调节功能紊乱，表现为心率加快或减慢，血压变化早期表现不稳定，长期接触强噪声可以引起血压持续性升高；噪声还可影响消化系统的功能，表现为胃肠功能紊乱、食欲缺乏、胃液分泌减少等变化，还可引起人体脂代谢障碍，血胆固醇升高。长期接触噪声可使交感神经活动增强，肾上腺皮质激素分泌增加，尿中儿茶酚胺排出量增多，全身免疫功能下降；接触噪声的女工有月经不调、流产率增高、胚胎发育不全等现象。噪声对日常生活和工作都会产生影响，人会感到烦躁，注意力不能集中，反应迟钝，不仅影响工作效率，而且降低工作质量。在车间或矿井等作业场所，由于噪声的影响，掩盖了异常的声音信号，容易发生各种事故，造成人员伤亡及财产损失。

（四）影响噪声对机体作用的因素

1. 噪声的强度和频谱特性 噪声强度越大、危害越大。长期接触85 dB以上的噪声，主诉症状和听力损失程度均随声级增加而增加。接触强度相同的情况下，高频噪声对人体的影响比低频噪声大。

2. 接触时间和接触方式 同样强度的噪声，接触时间越长对人体影响越大。接触噪声人员噪声性耳聋的发病率与接触噪声的工龄有直接相关关系。实践证明，连续接触噪声比间断接触对人体影响更大，缩短接触时间可以减轻噪声的危害。

3. 噪声的性质 经常变化的脉冲噪声比稳态噪声危害大，暴露脉冲噪声的劳动者耳聋、高血压及中枢神经系统功能异常等发病率均较接触稳态噪声者高。

4. 其他有害因素共同存在 振动、高温或某些有毒物质（CO、苯等）共同存在时，可加大噪声的不良作用，对听觉器官和心血管系统等方面的影响比噪声单独作用更为明显。

5. 个人敏感性与个体防护 在同样条件下，对噪声敏感的个体或有某些疾病的人，特别是耳病患者，对噪声比较敏感，可加重噪声的危害程度。个体防护是预防噪声危害的有效措施之一，在较强的噪声环境中工作，是否使用个体防护用品（耳塞、耳罩等）及使用方法是否正确与噪声危害程度有着直接的关系。

（五）控制噪声危害的措施

1. 执行工作场所噪声接触限值 我国现阶段执行的《工业场所有害因素职业接触限值第2部分：物理因素》（GBZ 2.2—2007）规定，噪声职业接触限值为每周工作5日，每日工作8小时，稳态噪声限值为85 dB（A），非稳态噪声等效声级的限值为85 dB（A）；每周工作不足5日，需计算40小时等效声级，限值为85 dB（A）。

2. 控制噪声源 根据具体情况采取不同的技术措施来减少噪声源产生的噪声，采用无声或低声设备代替发出强噪声的机械，如用无声液压代替高噪声的锻压，自动化生产代替人工操作，尽可能将噪声源设置在室外或隔离于特定的区域内等。

3. 控制噪声传播　应用隔声、吸声和消声等技术，增加噪声源与接受者之间的距离，以及设立屏障，如建立绿化带等，可以获得较好的效果。

4. 加强个体防护和健康监护　当生产场所的噪声强度不能得到有效控制时，佩戴个人防护用品是保护劳动者听觉器官的一项有效措施，应按照《护听器的选择指南》（GB/T 23466—2009）的要求为作业人员配备耳塞、耳罩、帽盔等。定期对接触噪声人员进行健康检查，特别是听力检查，以便早期发现听力损伤，及时采取有效的防护措施。

5. 管理措施　主要内容包括掌握噪声危害现况，制定噪声危害控制计划并组织实施；噪声控制设备的维护与管理；高噪声区域设置警示标识；减少噪声区域人员数量和停留时间；合理安排劳动和休息等。

三、振动

振动是自然界中常见的一种运动形式，广泛存在于人们的生产和生活中，也是一种常见的职业有害因素，在一定条件下可以危害作业者身心健康，引起职业病。

（一）基本概念和参数

振动（vibration）是指质点或物体在外力作用下，沿直线或弧线围绕平衡位置（或中心位置）作往复运动或旋转运动。由生产或工作设备产生的振动称为生产性振动。振动物体离开平衡位置的最大距离称为振幅，单位为厘米（cm）。单位时间内完成的振动次数称为频率，单位为赫兹（Hz）。振动物体在单位时间内的运动速度变化值称为加速度，单位为 m/s^2。振动频率、加速度和振幅是决定振动对机体健康危害程度的基本参数。

（二）生产性振动分类和主要接触机会

根据振动作用于人体的部位和传导方式，可将生产性振动划分为全身振动和手传振动。

全身振动（whole body vibration）是指工作地点或座椅的振动，人体足部或臀部接触振动，通过下肢或躯干传导至全身。在交通工具上作业如驾驶拖拉机、收割机、汽车、火车、船舶和飞机等，或在作业台如钻井平台、振动筛操作台、采矿船上作业时，作业劳动者主要受全身振动的影响。

手传振动（hand-transmitted vibration）亦称作手臂振动（hand-arm vibration）或局部振动（segmental vibration），是指生产中使用手持振动工具或接触受振工件时，直接作用或传递到人的手臂的机械振动或冲击。常见接触手传振动的作业有使用风动工具（如风铲、风镐、风钻、凿岩机、气锤、捣固机或铆钉机）、电动工具（如电钻、电锯、电刨等）和高速旋转工具（如砂轮机、抛光机、钻孔机等）。

有些作业如摩托车驾驶等，可同时接触全身振动和手传振动。

（三）振动对机体的影响

适宜的振动有益于身心健康，具有增强肌肉活动能力，解除疲劳，减轻疼痛，促进代谢，改善组织营养，加速伤口恢复等功效。在生产条件下，作业人员接触的振动强度大、时间长，对机体可以产生不良影响，甚至引起疾病。

1. **全身振动** 全身振动一般为低频率大振幅振动，适宜的全身振动对健康是有益的，但在生产过程中，工人接触的全身振动的强度大，时间长，可产生多器官、多系统的不良影响。

人体的各个器都有各自的固有频率，当外来振动的频率与人体某器官的固有频率一致时，会引起共振，对该器官影响也最大。人体接触振动最敏感的频率范围：对垂直方向的振动（与人体长轴平行）为 4~8 Hz；对水平方向的振动（垂直于人体长轴）为 1~2 Hz。大强度剧烈的振动可引起内脏移位或某些机械性损伤，如挤压、出血，甚至撕裂，但这类情况并不多见。低频率（2~20 Hz）的垂直振动可损害腰椎，如工龄较长的各类司机中腰背痛、椎间盘突出、脊柱骨关节病变的检出率增加。低频率、大振幅的全身振动，如车、船、飞机等交通工具的振动，可引起运动病（motion sickness），也称晕动病，是振动刺激前庭器官发生的急性反应疾病，常见表现为面色苍白、头痛、眩晕、出冷汗、恶心、呕吐等，脱离振动环境后经适当休息可以缓解。

全身振动的长期作用还可使交感神经处于紧张状态，出现血压升高、心率加快、心排血量减少；可抑制机体胃肠蠕动和分泌功能，食欲减退，胃下垂患病率增高；内分泌系统调节功能紊乱，月经周期紊乱及子宫下垂，流产及异常分娩率增高。

2. **手传振动** 手传振动可以引起外周循环功能改变，外周血管痉挛，表现为皮肤温度降低，冷水负荷试验时皮温恢复时间延长，接触手传振动的主要危害是手臂振动病（hand-arm vibration disease）。手臂振动病是长期从事手传振动作业而引起的以手部末梢循环障碍、手臂神经功能障碍为主的疾病，并可引起手、臂骨关节、肌肉的损伤。手臂振动病属于我国法定职业病，典型表现为振动性白指（vibration-induced white finger，VWF）。

手臂振动病早期表现多为手部症状和类神经症，其中以手麻、手痛、手胀、手僵等较为普遍。类神经症常表现为头痛、头昏、失眠、乏力、记忆力减退等，也可出现自主神经功能紊乱表现。检查可见皮肤温度降低，振动觉、痛觉阈值升高，前臂感觉和运动神经传导速度减慢和远端潜伏期延长，肌电图检查可见神经源性损害。VWF 又称职业性雷诺现象（occupational Raynaud's phenomenon），是诊断本病的重要依据。其发作具有一过性特点，一般是在受冷后，患指出现麻、胀、痛，并由灰白变苍白，由远端向近端发展，界限分明，可持续数分钟至数十分钟，再逐渐由苍白变潮红，恢复至常色。白指常见的部位是示指、中指和无名指的远端指节，严重者可累及近端指节，以至全手指变白。白指可在双手对称出现，亦可在受振动作用较大的一侧手发生。手部受冷尤其是全身受冷时容易发生白指，每次发作时间不等，轻者 5~10 分钟，重者 20~30 分钟。白指在振动作业工龄长者中明显多见，发作次数也随病情加重逐渐增加。该病还可引起手臂骨关节-肌肉的损伤，振幅大、冲击力强的振动，往往引起骨、关节的损害，主要改变在上肢，出现手、腕、肘、肩关节局限性骨质增生，指关节变形，骨刺形成，囊样变和无菌性骨坏死；亦可见手部肌肉萎缩、掌挛缩病等。

手臂振动病的诊断依据《职业性手臂振动病的诊断》（GBZ 7—2014），根据 1 年以上连续从事手传振动作业的职业史，以手部末梢循环障碍、手臂神经功能障碍和/或骨关节肌肉损伤为主的临床表现，结合末梢循环功能、神经-肌电图检查结果，参考作业环境的职业卫生学资料，综合分析，排除其他病因所致的类似疾病，方可诊断。

手臂振动病目前尚无特效疗法，基本原则是根据病情进行综合性治疗。可应用扩张血管及营养神经的药物，改善末梢循环，也可采用活血化瘀、舒筋活络类的中药治疗并结合物理疗法、运动疗法等，促使病情缓解。必要时进行外科治疗。患者应加强个人防护，注意手部和全身保暖，减少白指的发作。

（四）影响振动对机体作用的因素

1. 振动的频率与振幅　振动频率与人体器官固有频率一致时，可产生共振，使振动强度加大，作用加强，加重器官损伤。一般认为，低频率（20 Hz以下）、大振幅的全身振动主要作用于前庭、内脏器官。低频率、大强度的手传振动，主要引起手臂骨–关节系统的障碍，并可伴有神经、肌肉的变化。频率一定时，振幅越大，对机体的危害越大。

2. 接触振动的强度和时间　振动的加速度越大危害越大，手臂振动病的患病率和严重程度取决于接触振动的强度和时间。

3. 环境条件　环境温度和湿度是影响振动危害的重要因素，低气温、高气湿可以加速手臂振动病的发生和发展，尤其全身受冷是诱发VWF的重要条件。

4. 操作方式和个体因素　人体对振动的敏感程度与作业时的体位及姿势有很大关系，如立位时对垂直振动比较敏感，卧位则对水平振动比较敏感。有些振动作业需要采取强迫体位甚至胸腹部直接接触振动工具或物体，更容易受到振动的危害。工作体位、劳动负荷、技术熟练程度等均能影响作业时的姿势、用力大小和静态紧张程度，进而影响振动的危害。

（五）振动危害的预防措施

1. 控制振动源　改革工艺过程，采取技术革新，通过减振、隔振等措施，减轻或消除振动源的振动，是预防振动职业危害的根本措施。

2. 限制作业时间和振动强度　通过研制和实施振动作业的卫生标准，限制接触振动的强度和时间，可有效地保护作业者的健康，是预防振动危害的重要措施。

3. 改善作业环境，加强个人防护　合理配备和使用个人防护用品，如防振手套、减振座椅等，能够减轻振动危害。加强作业过程或作业环境中的防寒、保温措施，控制作业环境中的噪声、毒物和气湿等，对预防振动职业危害也有一定作用。

4. 加强健康监护和日常卫生保健　依法对振动作业劳动者进行就业前和定期健康体检，早期发现，及时处理患病个体。加强健康管理和宣传教育，提高劳动者保健意识。长期从事振动作业的劳动者，尤其是手臂振动病患者应加强日常卫生保健。

四、非电离辐射

电磁辐射是电磁波以能量的形式在空间向四周辐射传播，电磁辐射在介质中的波动频率，以"赫"或"赫兹"（Hz）表示，常采用千赫（kHz）、兆赫（MHz）和吉赫（GHz）。非电离辐射与电离辐射均属于电磁辐射。

量子能量较低的电磁辐射不足以引起生物体电离，称为非电离辐射（non-ionizing radiation），如紫外线、可见光、红外线、射频及来源于可见光的激光等。紫外线的量子能量介于非电离辐射与电离辐射之间。一般而言，波长短，频率高，辐射能量大的电磁辐射，作用生物体产生的效应强；反之，生物学效应作用弱。

（一）射频辐射

射频辐射（radiofrequency radiation），也称无线电波，指频率在100 kHz~300 GHz的电磁辐射，波长范围为1 mm~3 km。根据波长划分为高频电磁场（high-frequency electromagnetic fields）和微波（microwave）（表4-4-1），是电磁辐射中量子能量较小、波长较长的频段。

▼ 表4-4-1 射频电磁场波谱的划分

项目	高频电磁场				微波		
波段	长波	中波	短波	超短波	分米波	厘米波	毫米波
频谱	低频 （LF）	中频 （MF）	高频 （HF）	甚高频 （VHF）	特高频 （UHF）	超高频 （SHF）	极高频 （EHF）
波长	3 km~	1 km~	100 m~	10 m~	1 m~	10 cm~	1 cm~1 mm
频率	30 kHz~	300 kHz~	3 MHz~	30 MHz~	300 MHz~	3 GHz~	30~300 GHz

1. 接触机会　高频电磁场和微波已广泛应用于工业、国防、科研领域乃至家庭，如工业加热的高频感应（表面淬火、金属熔炼、热轧工艺、钢管焊接）、高频介质加热（塑料热合、木材加热、粮食干燥与种子处理，纸张、布匹、皮革、棉纱及木材烘干）；导航、测距、探测雷达、卫星通信、食品加工和烹饪等方面，医学上的微波理疗使用也较普遍。

2. 对人体的影响　长期接触较强强度的射频辐射可对神经系统、内分泌系统和心血管系统造成不良影响，具体表现为头痛、头晕、疲劳、乏力、记忆力减退等类神经症的症状；自主神经功能紊乱所引起的心动过缓、血压下降、心前区疼痛和压迫感；微波辐射还可引起眼晶状体浑浊，少数接触大功率微波辐射者，甚至可发展为白内障。

3. 防护措施　主要防护措施有屏蔽辐射源、距离防护（加大辐射源与作业点的距离）、合理的个人防护。严格执行《工作场所有害因素职业接触限值第2部分：物理因素》（GBZ 2.2—2019）规定中相应的职业接触限值。

（二）红外辐射

红外辐射（infrared radiation），即红外线辐射，亦称热射线辐射。按波长可分为长波红外线（远红外线）、中波红外线及短波红外线（近红外线）。凡温度高于绝对零度（−273℃）以上的物体都能发射红外线。物体温度越高，辐射强度越大，其辐射波长越短（即近红外线成分越多）。

1. 接触机会　自然界的红外线辐射源以太阳最强。在生产环境中，主要红外线辐射源包括熔炉、熔融态金属和玻璃、强红外线光源及烘烤和加热设备等。职业性损伤多发生于使用弧光灯、电焊、氧乙炔焊的操作工。

2. 对人体的影响　红外辐射对机体的危害主要是红外线的致热作用所引起的皮肤和眼睛的损伤。红外线照射皮肤时，大部分可被吸收引起皮肤烧灼感。较大强度短时间照射，皮肤局部温度升高，血管扩张，出现红斑反应，停止照射后红斑消失。反复照射，局部可出现色素沉着。长期暴露于低能量红外线下，可致眼的慢性损伤，常见为慢性充血性睑缘炎、角膜虹膜损伤、白内障和视网膜损伤。短波红外线能被角膜吸收产生角膜的热损伤，并能透过角膜伤及虹膜，而白内障多见于工龄长的工人。波长 <1 μm 的红外线可损伤视网膜黄斑区。

3. 防护措施 生产过程实现机械自动化，使工人远离红外线源作业，或采用密闭红外线源及隔热等防护措施。此外接触红外线的作业工人可穿戴红外线防护服和防护镜。严格执行《工作场所有害因素职业接触限值第2部分：物理因素》（GBZ 2.2—2019）规定中相应的职业接触限值。

（三）紫外辐射

波长范围在100~400 nm 的电磁波辐射称为紫外辐射（ultraviolet radiation），又称紫外线（ultraviolet ray，UV）。凡物体温度达1 200℃以上时，辐射光谱中即可出现紫外线。随着温度升高，紫外线的波长变短，强度增大。

1. 接触机会 太阳辐射是紫外线的最大天然源。冶炼炉、电焊、气焊、电炉炼钢等工作场所均可接触紫外辐射。

2. 对人体的影响 紫外辐射对机体的影响主要是皮肤和眼。皮肤对紫外线的吸收，随波长而异。强烈紫外线辐照可引起皮炎，表现为红斑、水疱、水肿和色素沉着。长期接触紫外辐射可致皮肤皱缩和老化，甚至诱发皮肤癌。

波长为250~320 nm 的短波紫外线可被角膜和结膜上皮大量吸收，引起急性角膜结膜炎，称为"电光性眼炎"，多见于电焊作业人员和焊接辅助作业人员。在阳光照射的冰雪环境下作业时，会受到大量反射的紫外线照射，引起急性角膜、结膜损伤，称为雪盲症。

3. 防护措施 屏蔽辐射源和增大与辐射源的距离，合理佩戴个人防护用品，如电焊工及其辅助工必须佩戴专门的面罩和防护眼镜，以及适宜的防护服和手套。严格执行《工作场所有害因素职业接触限值第2部分：物理因素》（GBZ 2.2—2019）规定中相应的职业接触限值。

（四）激光

激光是在物质的原子或分子体系内，因受激发使辐射的光得到放大的一种人工制造的特殊光源（light amplification by stimulated emission of radiation，LASER）。

1. 接触机会 激光具有高亮度、方向性和相干性好等优异特性，在工业、农业、国防、医疗和科学研究中都得到广泛应用，如工业上的激光通信、激光打孔、切割、焊接等；在军事和航天事业上用于激光雷达、激光通信、激光测距、激光制导、激光瞄准等；医学上用于眼科、外科、皮肤科、肿瘤科等多种疾病的治疗；在生命科学、核物理学等领域的研究中，也都有广泛应用。

2. 对人体的影响 激光伤害人体的靶器官主要为眼和皮肤。其中，激光所致眼（角膜、晶状体、视网膜）损伤为法定职业病。长波紫外和短波红外激光主要损伤晶状体，可导致白内障的发生；目前大多数激光器发射的激光，以500 nm 以下波长的可见光波段危害最大，损伤的典型表现为视网膜烧伤，黄斑部损伤，最后导致中心盲点和瘢痕形成，视力急剧下降。

激光对皮肤轻度损伤表现为红斑和色素沉着，随照射量的增加，可出现水疱，皮肤褪色、焦化和溃疡形成。250~320 nm的紫外激光可使皮肤产生光敏作用。

3. 防护措施 对激光的防护应采取针对激光器、工作环境及个体防护的综合防护措施。激光器应设置防光封闭罩，工作室围护结构应用吸光材料制成，室内不得有反射、折射光束的用具和物件。激光作业的人员应佩戴安全防护目镜，穿防燃工作服。严格执行《工作场所有害因素职业接触限值第2部分：物理因素》（GBZ 2.2—2019）规定中相应的职业接触限值。

五、电离辐射

电离辐射（ionizing radiation）是指量子能量达到一定水平对生物体有电离作用的辐射，包括X射线、γ射线、宇宙射线及α、β、中子、质子等粒子辐射。电离辐射来自自然界的宇宙射线及地壳岩石层的铀、钍、镭等，也可来自各种人工辐射源。

（一）接触机会

1. 核工业系统 放射性矿物的开采、冶炼和加工，以及核反应堆、核电站的建立和运转。

2. 射线发生器的生产和使用 加速器、X射线和γ射线的电工设备。

3. 放射性核素的生产、加工和使用 核素化合物、药物的合成及其在实验研究及诊疗上的应用。

4. 天然放射性核素伴生或共生矿生产 如稀土矿、钨矿等开采和加工。

5. 医用射线装置的使用 X射线诊断、临床核医学、放射肿瘤学、放射治疗及介入放射学等。

6. 科学研究 科研工作中广泛应用放射性物质。除了原子能利用的研究单位以外，金属冶炼、自动控制、生物医学等研究部门都有涉及放射性方面的课题和试验。

（二）电离辐射对机体的影响

电离辐射以外照射和内照射两种方式作用于人体。外照射的特点是只要脱离或远离辐射源，辐射作用即减弱或停止。内照射是由于放射性核素经呼吸道、消化道、皮肤或注射途径进入人体后，对机体产生作用。电离辐射可致人体发生全身性或局部性放射损伤，按效应的类型可分为大剂量照射的急性效应、低剂量长期照射的慢性效应及受照射后发生的远期效应等。① 全身性放射性疾病，如急、慢性放射病；② 局部放射性疾病，如急、慢性放射性皮炎，放射性白内障；③ 远期危害，电离辐射可诱发白血病、甲状腺癌、支气管肺癌等恶性肿瘤，贫血及胚胎效应等。

（三）放射病

放射病（radiation disease）指由一定剂量的电离辐射作用于人体所引起的全身性或局部性放射损伤。放射性疾病属我国法定职业病。

1. 外照射急性放射病（acute radiation sickness from external exposure） 是指人体一次或短时间（数日）内受到多次全身电离辐射，吸收剂量达到1 Gy（Gy，戈瑞，吸收剂量的国际制单位）以上所引起的全身性疾病，多见于核爆炸和核事故。核武器爆炸、核试验、核事故，如核反应堆、核燃料回收装置、放射源及其他辐射装置发生事故，以及在处理放射性事故中，会引起大量人员受到不同剂量的外照射而引起急性放射病。根据其临床表现和病理改变分为骨髓型、肠型、脑型。

（1）骨髓型急性放射病（1~10 Gy）：这类放射病最为多见，主要以骨髓造血组织损伤为基本病变，临床表现为白细胞明显下降、恶心、呕吐、感染、出血。

（2）肠型急性放射病（10~50 Gy）：以胃肠道损伤为基本病变，临床表现为频繁呕吐、腹泻、腹痛，并伴有腮腺肿痛、高热等。

（3）脑型急性放射病（>50 Gy）：本病以脑组织损伤为基本病变，以意识障碍、定向力丧失、共济失调、肌张力增强、抽搐、震颤、休克等中枢神经系统症状为特殊临床表现。

根据明确的大剂量照射史，结合临床表现、血象检查结果和受照剂量的估算，依据《职业性外照射急性放射病诊断》（GBZ 104—2017）进行诊断。对急性放射病的治疗，主要包括应用抗放射药物、改善微循环、防感染、防治出血、造血干细胞移植和应用细胞因子等。

2. 外照射亚急性放射病（subacute radiation sickness from external exposure） 是指人体在较长时间（数周到数月）内受电离辐射连续或间断较大剂量外照射，累积剂量大于 1 Gy 时所引起的一组全身性疾病。造血功能障碍是外照射亚急性放射病的基本病变，临床上以造血功能再生障碍为主，可见全血细胞减少及与之有关的症状。诊断须依据受照史、受照剂量、临床表现和实验室检查，并结合健康档案综合分析，排除其他疾病，方可诊断。治疗原则是保护和促进造血功能恢复，改善全身状况，预防感染和出血等并发症。

3. 外照射慢性放射病（chronic radiation sickness from external exposure） 是指放射工作人员在较长时间内连续或间断受到超当量剂量限值（0.05 Sv）的外照射，达到一定累积当量剂量后引起的以造血组织损伤为主并伴有其他系统改变的全身性疾病。早期临床症状主要为无力型神经衰弱综合征，表现为头痛、头昏、睡眠障碍、疲乏无力、记忆力下降等，伴有消化系统障碍、性功能减退、白内障和放射性皮肤病等。外照射慢放射病目前尚无特异性诊断指标，必须根据照射史、个人剂量档案、受照累积当量剂量、临床表现、实验室检查并结合健康档案，依据《职业性外照射慢性放射病诊断》（GBZ 105—2017）进行诊断。治疗的原则是尽早脱离接触，增强患者信心，改善全身健康状况。采取中西医结合的治疗措施促进患者造血功能的恢复，是外照射慢性放射病治疗的主要环节。

4. 内照射放射病（internal radiation disease） 是指大量放射性核素进入体内，在体内作为放射源对机体持续辐射而引起的全身性疾病。内照射放射病比较少见，临床工作中见到的多为放射性核素内污染所致。内照射放射损伤的特点是放射性核素在体内持续作用，新旧反应或损伤与修复同时并存，而且随时间迁延，造成临床上无典型的分期表现，内污染也可造成远期效应。依靠明确的职业接触史，结合相关临床表现、实验室检查、体内放射性核素测定，并推算出污染量及内照射剂量，依据《内照射放射病诊断标准》（GBZ 96—2011）进行诊断。放射性核素内污染所致疾病，除了一般治疗与外照射急性放射病相同外，主要通过减少放射性核素的吸收，加速放射性核素的排出，治疗"沉积器官"的损伤。

5. 放射性皮肤疾病（radiation skin disease） 是指由于放射线（主要是X射线、β射线、γ射线）照射引起的皮肤损伤。人体受到照射时，皮肤最先受到损伤。目前一般见于X射线、^{60}Co源、加速器操作事故；反应堆、核燃料后处理的意外照射；X射线医务工作者及X射线透视下取异物及骨折复位等。根据不同的照射情况和临床表现可分为急性放射性皮肤损伤、慢性放射性皮肤损伤和放射性皮肤癌。

6. 放射性复合伤（radiation combined injury）　是指在战时核武器爆炸及平时核事故发生时，人体同时或相继出现以放射损伤为主的复合烧伤、冲击伤等的一类复合伤。放冲复合伤的诊断及处理可参考《放冲复合伤诊断标准》（GBZ 102—2007）。

（四）放射防护

2002年制定的《电离辐射防护与辐射源安全基本标准》（GB 18871—2002）是我国现行放射防护标准。

1. 放射防护的基本原则　执行放射防护三原则，即任何照射必须具有正当理由、辐射防护应当最优化、应当遵守个人剂量限值的规定，是放射防护体系的基础。

2. 辐射防护措施　通过时间防护、距离防护和屏蔽防护措施减少外照射接触，采取防止核素进入体内及对摄入放射性核素的医学促排的措施减少内照射的接触。

3. 辐射监测　是指为估算公众及工作人员所受辐射剂量而进行的测量，它是辐射防护的重要组成部分。分为个人剂量监测和放射性场所监测。

4. 放射工作人员的健康检查　对从事放射工作人员进行健康检查，健康检查包括岗前检查、岗中的定期检查、离岗检查和后续的随访。用人单位应建立放射工作人员个人健康档案。

（燕贞）

第五节　职业性致癌因素与职业性肿瘤

一、职业性致癌因素

（一）职业性致癌因素的定义

职业性致癌因素（occupational carcinogen）是指在一定条件下能使正常细胞转化为肿瘤细胞，且经过较长时间的潜伏期能发展为可检出肿瘤的与职业有关的致病因素。职业性致癌因素包括化学因素、物理因素和生物因素，其中化学性因素最常见且最多见。

（二）职业性致癌因素的识别和确认

预防职业性肿瘤，首先要识别、鉴定职业性致癌因素。识别和判定职业因素的致癌作用主要通过临床观察、实验研究和流行病学调查三种途径。

1. 临床观察　通过肿瘤的临床诊断和观察，分析探索肿瘤发生的环境因素，这是识别和判定职业性致癌因素的重要方法。许多职业性肿瘤的发现都是来自临床观察和病例分析的结果，例如，1775年英国外科医生Pott揭示出阴囊癌与扫烟囱工人间的关系；1895年德国外科医生Rehn报告从事生产品红的工人膀胱癌多发，并认为与苯胺有关。临床观察结果可为肿瘤病因的探索提供第一条线索，但往往带有偶然性，因此不能成为确定病因的依据，还需进一步进行实验研究和流行病学调查。

2. 实验研究

（1）动物实验：良好的动物实验能获得可靠的实验结果，用以判定某种因素是否对被试动物具有致癌性。但将动物致癌实验资料推及人的时候，需注意种属差异，能使动物致癌的化学物质是否也能引起人类癌症，使动物致癌的剂量是否对人也同样致癌。例如，DDT可诱发动物肿瘤，但人群至今尚未见有关病例报道；流行病学已证实苯对人有致癌作用，而动物实验多年来诱发肿瘤未获得成功。但是动物实验阳性结果必须高度重视，例如，氯乙烯、氯甲甲醚、煤焦沥青所致的职业性肿瘤都是经动物实验得到肯定结果，然后通过接触人群的流行病学调查得到了证实。

（2）体外试验：指用体外试验的方法，不需要长期观察或随访就可检测某些化学物质是否具有致突变或诱导染色体损伤的能力，从而推断其致癌性。其优点是快速、花费少。用这类试验判断和识别致癌物的依据是：DNA突变能引起肿瘤，故可以用短期试验检测化学物是否具有致突变性，如有致突变性则可认为该化学物有致癌的可能性。至于该化学物是否确能致癌，尚需进一步用动物实验加以验证。

3. 流行病学调查　识别和判定职业性致癌因素，仅靠临床观察和实验研究尚显不足。流行病学调查的研究对象是人群，可弥补动物实验结果外推所带来的不确定性，对于识别和判定某种因素对人类的致癌性可提供最强有力的证据。职业肿瘤流行病学是研究职业性肿瘤流行规律的学科，探索职业性肿瘤的人群分布及与致癌因素间的关系，从群体角度寻找肿瘤发生的原因和规律。

根据流行病学研究和动物实验结果，职业致癌物可分为三类。

（1）确认致癌物：流行病学调查及动物实验都有明确、充分的证据表明对人有致癌性的理化物质和生产过程。

（2）可疑致癌物：有两种情况。一是动物实验证据充分，但人群流行病学调查结果有限；二是动物致癌实验阳性，特别是与人类血缘相近的灵长类动物中致癌实验阳性，对人类致癌性很大，但缺少对人类致癌的流行病学证据。可疑致癌物是目前肿瘤流行病学研究的重点。

（3）潜在致癌物：动物实验已获阳性结果，而人群中尚无流行病学调查资料表明对人有致癌性，如钴、铅和硒等。

二、职业性肿瘤

职业性肿瘤（occupational tumor）是指在工作环境中长期接触致癌因素（carcinogen），经过较长的潜隐期而发生的某种特定肿瘤，也称为职业性癌（occupational cancer）。

我国2013年修订颁布的《职业病分类和目录》中规定的职业性肿瘤包括：① 石棉所致肺癌、间皮瘤；② 联苯胺所致膀胱癌；③ 苯所致白血病；④ 氯甲醚、双氯甲醚所致肺癌；⑤ 砷及其化合物所致肺癌、皮肤癌；⑥ 氯乙烯所致肝血管肉瘤；⑦ 焦炉逸散物所致肺癌；⑧ 六价铬化合物所致肺癌；⑨ 毛沸石所致肺癌、胸膜间皮瘤；⑩ 煤焦油、煤焦油沥青、石油沥青所致皮肤癌；⑪ β-萘胺所致膀胱癌等。另外还包括职业性放射性疾病中的放射性肿瘤（含矿工高氡暴露所致肺癌）。

（一）职业性肿瘤的特征

1. 病因明确　职业性肿瘤病因明确，都可以找到明确的致癌因素和致癌因素的接触史。如苯致白血病，石棉、砷、焦炉逸散物致肺癌，石棉致间皮瘤和肺癌。若除去这些病因，相应的肿瘤就会明显下降或不发生。

2. 潜隐期　从接触致癌物到出现确认的职业性肿瘤的间隔时间称为潜隐期。不同的致癌因素有不同的潜隐期，例如，接触苯所致白血病最短时间仅4~6个月，石棉诱发间皮瘤最长可达40年以上。大多数职业性肿瘤的潜隐期为12~25年。由于职业性致癌因素接触强度一般都较高，所以职业性肿瘤的发病年龄比非职业性同类肿瘤提前，职业性肿瘤的潜伏期一般较非职业性同类肿瘤短。

3. 剂量阈值　对于大多数毒物来说其毒性作用存在阈值或阈剂量，即超过这个剂量时才可引起健康损害。但是对职业性致癌物来说，是否存在阈值尚有争论。但大量动物实验和流行病学调查研究证明，多数致癌物都明显存在剂量-反应关系，即暴露于同一致癌物剂量较大的人群比接触剂量小的人群肿瘤发病率和死亡率都高。

4. 好发部位　职业性肿瘤一般都有比较固定的好发部位或范围，多在致癌因素作用最强烈、最经常接触的部位发生或直接作用的靶器官。由于皮肤和肺是职业性致癌物进入机体的主要途径和直接作用的器官，故职业性肿瘤多见于呼吸系统和皮肤。

5. 病理类型　职业性致癌因素种类不同，各自导致的职业性肿瘤具有不同的特定病理类型，例如，铀矿工肺癌大部分为未分化小细胞癌、铬暴露多致肺鳞状细胞癌、家具木工和皮革制革工的鼻窦癌大部分为腺癌。一般认为，接触强致癌物及高浓度接触致癌物引发的肿瘤多为未分化小细胞癌，反之则多为腺癌。但是上述病理学特点不是绝对的，仅供与非职业性肿瘤作鉴别时参考。

6. 致癌条件　职业性肿瘤都有明确的致癌因素接触史，但人体接触职业性致癌因素后不一定都发生职业性肿瘤。职业性肿瘤要在一定条件下才能发生，主要与职业性致癌因素的理化特性、强度、作用方式等有关，还与接触者的健康状况、个体易感性、行为与生活方式等有关。

（二）常见职业性肿瘤

职业性肿瘤占全部肿瘤的比例为2%~8%，肺癌、恶性间皮瘤和膀胱癌是职业性肿瘤中最常见的类型。在职业性肿瘤中，呼吸道肿瘤占极高比例。我国现行的《职业病分类和目录》中，可引起职业性呼吸系统肿瘤的职业性有害因素包括石棉、氯甲醚、二氯甲醚、砷及其化合物、焦炉逸散物、六价铬化合物、毛沸石。

1. 石棉所致肺癌、间皮瘤　肺癌是威胁石棉工人健康的主要疾病，占石棉工人总死亡的20%。从接触石棉至发病的潜伏期约为20年，并呈明显的接触水平-反应关系。石棉致癌作用的强弱与石棉种类及纤维形态有关。此外，石棉还可致胸、腹膜间皮瘤，70%以上的间皮瘤与长期接触石棉有关。

2. 氯甲醚所致肺癌　双氯甲醚（bis-chloro-methyl-ether）和氯甲甲醚（chloro-methyl-methyl-ether）均为无色液体，具高度挥发性。氯甲甲醚遇水或其气体与水蒸气相遇，水解后还能合成双氯甲醚。双氯甲醚较稳定，在空气中存留时间长。在实际生产中，两者难以严格区分，统称为氯甲醚，多用于生产离子交换树脂，对于呼吸道黏膜均有强烈刺激作用。所引起的肺癌多为燕麦细胞（未分化小细胞）型肺癌，恶性程度高。

3. 联苯胺、β-萘胺所致膀胱癌   职业性膀胱癌在职业性肿瘤中占有重要地位，主要致膀胱癌的物质为芳香胺类，高危职业有生产萘胺、联苯胺的化工行业；以萘胺、联苯胺为原料的染料、橡胶添加剂、颜料等制造业；使用芳香胺衍生物作为添加剂的电缆、电线行业等。

联苯胺是一种白色或淡红色的粉状或片状晶体，联苯胺及其盐类可经呼吸道、胃肠道、皮肤进入人体。1895年Rehn发现德国苯胺染料厂的工人膀胱癌发病率异常增高，1987年IARC将联苯胺列为确定的人类致癌物。

β-萘胺是一种重要的染料中间体，接触人群为生产β-萘胺的化工行业，以β-萘胺为原料的染料、橡胶添加剂、颜料等生产行业。急性中毒可以导致高铁血红蛋白血症或急性出血性膀胱炎。长期接触β-萘胺可发生膀胱肿瘤，潜隐期平均15~20年。

4. 苯所致白血病   苯引起白血病多见于长期、高浓度接触作业者。据文献报道，接触苯后白血病发病最短者为4个月，长者可达23年，个别作业者停止接触多年仍可发生苯中毒所致造血异常。因为慢性苯中毒对骨髓的影响首先是刺激骨髓细胞增殖，然后抑制细胞分裂，引起核型异常或多倍体，最终发展为白血病。即可先形成再生障碍性贫血、骨髓增生异常综合征，后发展为白血病，这也可能是疾病发展不同阶段的表现。

三、职业性肿瘤预防策略与措施

职业性肿瘤属于职业病的范畴，病因明确，是一类人为的疾病，应按疾病的三级预防原则预防和控制。职业性肿瘤第一级预防，应针对致癌因素采取相应的措施，或将其危险度控制在最低水平；第二级预防的定期体检、早期发现、及时诊断治疗是已被证明行之有效的措施，应作为职业性致癌因素接触者的确定预防制度；第三级预防重点是积极合理地进行临床治疗和康复治疗，减缓肿瘤的进展，促进功能恢复。

（一）加强对职业性致癌因素的控制和管理

对已明确的致癌物质应尽可能予以消除、取代。对不能立即消除，也无法取代者应从工艺改革着手，提高机械化、密闭化、管道化程度，杜绝跑、冒、滴、漏，防止污染环境，并辅以个人防护，减少接触。对致癌物采取严格管理措施，必须建立致癌物的管理登记制度。对环境中致癌物浓度进行经常性定期监测，使其浓度或强度控制在国家规定的阈限以下，并尽最大可能使之降低到最低量。

（二）建立健全健康监护制度

健康监护是通过作业环境评价和医学监护（健康检查）、分析和评价有害因素对接触者健康的影响及其程度，掌握作业者的健康状况和发现健康损害征象，以便采取相应的预防措施，防止有害因素所致疾患的发生和发展。健康监护是实现"早期发现、早期诊断、早期治疗"的有效手段，属于二级预防。职业性健康监护结合生产环境监测和流行病学分析，有利于研究职业危害在人群中发生、发展的规律，了解接触-效应（反应）关系，评价防护措施的效果，为制定、修订作业环境卫生标准及应采取相应的控制措施提供科学的依据。

（三）加强宣传教育，提高自我防护能力

加强职业健康教育，努力普及职业卫生知识，提高劳动者对职业病危害的认识，增强劳动者的自我保护意识和能力，使从业人员认识到其行为和生活方式对健康的重要影响，依从健康检查、养成良好的卫生习惯、正确使用个人防护用品的重要性等。劳动者应当注意加强个人防护，严格执行安全卫生的操作规程；同时要注意生活规律，锻炼身体，提高自身免疫力，增加机体防癌抗癌的能力。

（四）开展致癌风险评估，做好职业肿瘤的化学预防

致癌风险评估主要是结合实验室的证据和人群流行病学调查的资料，运用合理的数学模型，对职业性有害因素对人类的致癌危险性进行评估。对生产过程中使用和接触的职业有害因素进行准确的致癌风险评估和预测，对有效管理致癌因素、加强职业性肿瘤的预防具有重要作用。

肿瘤化学预防是指用化学物预防肿瘤发生或诱导肿瘤细胞分化逆转、凋亡，从而达到预防恶性肿瘤的目的。目前公认的肿瘤化学预防最好的方法是抑制癌前病变演变成肿瘤或使其逆转成正常细胞。由于癌前病变演变是一个相当缓慢的过程，为化学预防提供了可能性。如目前已发现的具有抗癌效果的化合物包括维生素A、维生素C、维生素E、硒和钼类化合物、胡萝卜素、异硫氰酸脂类、萜类化合物、酚类抗氧化剂等。

学习小结

职业环境中存在着各种化学性、物理性、生物性职业有害因素。职业性有害因素包括生产过程中产生的有害因素、劳动过程中产生的有害因素和生产环境中的有害因素，当职业性有害因素作用于人体的强度与时间超过机体的代偿能力时将导致职业病的发生。常见的生产性毒物作用于机体可引起职业中毒。生产性粉尘所引起的职业性肺部疾患以尘肺病最为严重。超过一定限度的物理因素作用于机体可引起相应的职业病。职业性致癌因素作用于机体可引起职业性肿瘤。

（燕贞）

复习参考题

一、选择题

1. 下述职业中毒预防措施中采取的措施最为得力的是

A. 改革生产工艺，消除有毒物质

B. 采取密闭措施，防止毒物逸散

C. 采取通风措施，降低空气中毒物浓度

D. 加强个人防护，防止毒物进入体内

E. 增强体质，提高抗病能力

2. 预防刺激性气体急性中毒的要点是
   A. 加强自然通风
   B. 密闭通风
   C. 个人防护
   D. 加强设备检修，防止跑、冒、滴、漏
   E. 配备必要急救设备

3. 在法定职业病种类与名单中，以下不属于尘肺的是
   A. 石墨尘肺
   B. 炭黑尘粉
   C. 石棉肺
   D. 农民肺
   E. 水泥肺

4. 噪声性耳聋的初期表现为
   A. 低频段听力下降
   B. 听力曲线上在4 000 Hz（3 000～6 000 Hz）处呈现V形下陷
   C. 听觉疲劳
   D. 语言听力下降
   E. 听力曲线上在1 000～2 000 Hz处听力明显下降

5. 职业性肿瘤诊断原则中最重要的是
   A. 不超出我国职业性肿瘤的诊断范围
   B. 明确的职业性致癌因素接触史
   C. 确切的病理组织学检查结果
   D. 相应的临床症状及体征
   E. 作业场所致癌因素浓度测定结果

   答案：1. A；2. D；3. D；4. B；5. C

二、简答题

1. 简述工作有关疾病与职业病的区别。
2. 试述急、慢性苯中毒的临床表现有何不同？
3. 生产性粉尘危害控制措施是什么？
4. 噪声对听觉系统的损害作用有哪些？
5. 如何识别职业性致癌因素？

社会、心理因素与健康

05章

学习目标

知识目标	1. 掌握社会决定因素、健康相关行为、身体活动和心身疾病的概念；心理行为因素对健康的影响，个体化运动处方制定的注意事项。 2. 熟悉健康相关行为的分类、身体活动的分级方法、运动伤害。 3. 了解社会、心理、行为因素与健康的关系。
能力目标	1. 从社会–心理–行为的角度辨别健康的影响因素，进而促进个体和群体健康，提高健康教育和健康促进的能力和水平。 2. 运用身体活动理论为个体制定运动处方。 3. 对社会心理刺激进行评估，进而进行心身疾病的健康指导。
素质目标	具备精准的疾病预防的理念。

随着社会的发展及对医学研究的不断深入，社会因素和心理因素在疾病发生、发展与转归过程中发挥的作用越来越不可忽视。社会因素既可以直接作用于人的身体，也可作为应激源引起人的心理活动变化及行为的改变，进而影响人们的健康状况和生活质量。个体在生产生活适应过程中，由于环境要求与自身应对能力不平衡所表现的身心紧张状态，常导致人们发生心身疾病。

第一节 社会因素与健康

社会因素是指社会的各项构成要素的总和，包括人类的一切活动，如经济、制度、文化、人口、教育、社会关系、卫生服务等。健康的社会决定因素（social determinants of health，SDH）是指对健康产生影响的社会因素，即在那些直接导致疾病的因素之外，由人们的社会地位和所拥有资源所决定的生活和工作的环境及其他对健康产生影响的因素，包括人们从出生、成长、生活、工作到衰老的全部社会条件和社会环境特征。社会因素对健康的影响具有广泛影响性、恒常性与累积性、交互作用的特点。

一、社会经济因素与健康

经济发展是人类社会发展的主要形式，是社会进步和社会生活的基础，它的发展是人类生存和健康得以保障、人群健康水平得以提高的决定力量，它的发展也必须以人群健康为前提条件。良好的社会经济环境不但能够推动地区卫生状况的改善，提高人群的健康水平；反过来，人群健康水平的提高同样可以进一步推动社会经济的发展。社会经济发展与人群健康关系是辩证统一的关系，二者相互影响，互相促进，社会经济是影响个体健康和期望寿命最主要的因素之一。

1. **经济发展对健康的促进作用**　经济发展可以创造出更多更丰富的物质财富，为人们采取维护和增进健康的行为提供重要的物质基础。经济发展通过多渠道综合作用影响人们健康状况。经济发展改善了人类的生活和居住环境，使国家和地方政府有能力完善基础设施的建设，提高生活质量；可以使人们建立和完善社会医疗保障机制，减少死亡，延长寿命；经济发展亦有利于卫生投资，促进医疗卫生事业发展，对居民健康状况产生重要影响；经济发展为人们提供了受教育的机会，有利于提高人们的健康知识水平，使之采取健康行为，促进健康水平的提高；社会经济发展为居民提供更丰富的食品、安全的饮用水，有利于人们健康水平的提高。经济发展促进了人们衣食住行和生活方式的正向改变，从而社会经济发展在一定程度上提高了人们的健康水平。反而，经济水平低下影响人们的收入和开支、营养状况、居住条件、教育状况等，形成特定的社会不良环境。在此条件下，人们的器官功能状态、身体及社会行为方面容易失去平衡，继而引起疾病的发生。

2. **经济发展对健康的消极影响**　社会经济的发展在提高人们健康水平的同时，也促进了一些不利于健康的因素的发生发展。工业化和现代化的进程不断加快，人类生态环境受到了严重的污染和破坏，由此产生的健康问题和潜在危害广泛存在。生活水平的提高，使人们进食过多工业化精制食品，天然食品摄入减少，营养素失去平衡，超重和肥胖者所占比重增加，心脑血管疾病和某些肿瘤发病率上升，社会疾病经济负担加重；由于劳动条件和生活条件的改善，体力劳动的时间减少，强度减轻，越来越多的人久坐不动，导致生理功能退化，这也是心脑血管疾病增多的原因之一；经济发展、社会生活节奏加快，生活紧张使不良适应行为增多，如导致现代社会高血压和精神类疾病的增加，严重影响人类的健康。

二、社会制度与健康

社会制度是一定历史条件下一定组织在某种活动领域中各种基本行为规范的总称，包括反映社会形态或社会结构的各种制度。不同的社会制度决定不同的分配制度、社会卫生工作方针，进而影响人们的生活方式和行为习惯，而生活方式和行为习惯与健康息息相关。

1. **分配制度影响人类的健康水平**　威尔金森（Wilkinson）指出，决定社会经济状况对健康的影响程度的并不是收入的绝对水平，而是一个社会中收入的公平性。他对平均期望寿命与社会分配制度之间的研究发现，人均国内生产总值总体水平不高但是分配制度平等程度高、贫富差距小的国家平均期望寿命更高。近年来我国居民收入的差距呈扩大的趋势，重视社会分配制度对健康的影响十分必要。此外，卫生资源分配不合理也是影响人群健康水平的主要原因之一。

2. **社会制度对卫生政策的导向作用影响人类的健康水平**　人群健康水平的提高，经济是基础，政策导向是决定因素，社会制度对卫生政策及人群健康影响最广泛、最深远的是政治制度。

如卫生保健应面向大众，才能有效提高居民的健康水平。《"健康中国2030"规划纲要》强调要把健康融入所有政策，实现全民、全方位、全生命周期的健康服务，这就是卫生策略对健康影响的最好例证，也充分体现了社会制度的优越性。

3. 社会制度对人类健康状况的约束和影响　　社会制度实质上是一种社会规范，对人们的行为具有广泛的影响和调节作用。社会制度通过规定行为模式，提倡或禁止某些行为方式，保持和促进社会协调发展，促进人们的健康。我国社会制度的健康效应是显而易见的，如国家计划免疫政策、强制性戒毒、控制烟草、规范食品生产加工和销售等对维护和促进人群健康具有深远意义。

三、社会文化因素与健康

文化，广义是指物质文化和精神文化的总和，是人类创造的一切物质产品和精神产品的总和；狭义的义化是指精神文化，是包括意识形态在内的人类一切精神财富的总和，包括信仰、思想意识、价值观、行为规范、历史传统、风俗习惯、生活方式等。文化对行为的影响有无形性、本源性、软约束、稳定性等特征。社会文化对人类健康的影响主要体现在以下几个方面。

（一）风俗习惯对健康的影响

风俗是特定地域的特定人群在长期日常生产、生活中自然形成的、世代沿袭与传承的习惯性行为模式和风尚，是一种最普遍、最广泛的行为规范。风俗习惯用邻里相望和习俗传承影响人们的衣食住行、卫生、体育和文娱等，一旦形成，便根植于人们的生活，是与人群健康联系最为密切的文化范畴，对健康有正负两方面的影响。如我国人民长期以来遵从的优良习俗"黎明即起，洒扫庭除，要内外整洁"等。但习俗中有部分是不利于身心健康的，如我国太行山地区居民常年摄入含亚硝胺的家庭自制酸菜，广西、湖南部分人群有长期嚼槟榔的习惯等，这些行为严重危害了人群的健康。所以，应该分清良莠，通过卫生政策或健康教育等综合措施，促使人们自觉地摒弃不良习俗，维护和促进健康。

（二）思想意识对健康的影响

思想意识是人们对客观世界认识的理性化产物，即客观物质世界在人们头脑中的反映，表现为观点、信念等，其核心是世界观。思想意识对人类健康的影响机制在于通过认知过程作用于个体的意识倾向，进而影响需要、动机和行为。每个人的生活经历和实践经历不同，其思想意识也有很大的差异，对健康的认识和理解及采取的生活方式也各不相同。积极的、健康的思想意识会引导人们采取健康的生活方式和健康的生活行为，一个有着崇高理想和明确生活目标、朝气蓬勃、积极进取、乐观向上、敢于承担责任与义务，不怕困难与挫折的人，常常选择有利健康的生活行为并身体力行。相反，精神颓废、意识混乱、急功近利、缺乏理想、没有追求的人往往会倡导和追求利己主义、享乐主义和虚无主义，其生活中也会采取许多危害健康的行为，如吸毒、性乱、赌博、自杀等。可见，加强思想教育，帮助人们树立科学的世界观、价值观、人生观，形成积极、健康的思想意识，对于一个人身心健康和推进人类的健康文明与进步都是十分必要的。

（三）法规对健康的影响

法规是国家制定认可，并由国家强制力保证其实施的社会行为规范。法规首先规定了行为模式，即人们在一定的条件下可以做什么事情、必须做什么事情和不准做什么事情；其次规定了行为后果，即人们的行为在符合行为模式时的肯定性后果，以及违反行为模式时的否定性后果。法规通过教育、威慑、惩罚作用来制约人的行为，因此它是调节和控制人们行为的最强有力的手段。如我国的卫生法规对于我国人民采取促进健康的行为、维护和提高健康水平发挥了积极而重要的作用。

（四）道德舆论对健康的影响

道德是以善恶和荣辱观念来评价和调节人们的社会行为的一种社会规范。作为一种行为规范，道德的社会作用主要是通过对人的行为提出善与恶、正义与非正义、公正与偏私、诚实与虚伪的评价舆论而对社会成员的行为发生导向和制约功能。如在公共场所禁止吸烟就是通过道德舆论作用约束人的吸烟行为。道德对行为的影响范围比法规制度广泛，其作用程度比风俗习惯更强。不良的社会道德和观念可带来某些社会病态现象和健康问题。

（五）教育对健康的影响

教育指一切增进人们知识技能、身体健康及形成和改变人们思想意识的活动，即人们社会化的过程和手段。教育水平的高低不仅与一个国家的民族文化素质相关，而且与人群的健康水平有着密切的关系。在经济水平比较一致的情况下，受教育水平不同的人可能会采取不同的行为与生活方式，由此对健康产生的影响也不相同。受教育程度高的人，不仅有良好的健康知识理论基础，由于其获取信息的渠道多、获取健康知识的能力强，采取健康生活的能力和方式也会更加自觉，其理性化也会高，更注重自我保健和养成良好的生活方式，如注意孕期保健、讲究膳食营养、戒除不良嗜好等；利用已有的医疗卫生服务设施如定期体检、免疫接种、及时就医等，来预防疾病，促进健康。相反，受教育水平低的人则获取的健康知识相对匮乏，健康意识低下，缺乏自我保护的意识与能力；甚至养成一些不良的生活习惯与行为；又受到经济水平的制约，往往病入膏肓才去就医。据世界卫生组织疾病监测中心统计，教育程度越高，结核病、流感、肝炎等传染病的患病率，以及糖尿病、脑血管疾病、冠心病等常见病的死亡率越低。

四、社会关系与健康

人生活在由一定社会关系构成的社会群体之中，包括家庭、邻里、朋友、工作团体等，这些基本的社会群体编织成社会网络。人在社会网络中的相互关系是否协调，是否相互支持，不仅是健康的影响因素，而且是健康的基础。

（一）人际关系与健康

人际关系是指人与人之间相互联系与作用的过程中形成的人与人之间直接的角色关系。人际关系主要包括婚姻关系、血缘关系、同事关系、朋友关系及居住关系等。人际关系不仅影响到人们的工作和学习效率及事业的发展，还直接影响人们的身心健康。缺乏必需的社会交往会导致人的心理负荷增加，大量的研究证实离群独居会让人产生孤独感、焦虑感，甚至可以导致人的心理障碍。人际关系紧张使人缺乏安全感，影响情感的满足；与人发生冲突会使人心理蒙上阴影，导致情绪紧张，影响心理健康。人际关系紧张还可以通过刺激影响下丘脑引起内分泌的紊乱，进一步引起一系列的生理变化，引起心身疾病，如冠心病、消化性溃疡、甲状腺功能亢进、月经失调、癌症的发生，都与情绪波动、心理遭受强烈刺激有关。而人际关系好的人群，彼此之间的感情融洽，形成和谐、愉悦的社会心理环境，有利于增加人们的安全感和力量感，提高人们的心理稳定性，有助于心身健康。显然良好的人际关系能够使人获得情感的满足，感受到生活的乐趣，进而促进健康。

（二）家庭关系对健康的影响

家庭是以婚姻和血缘关系为基础的人类社会生活的基本群体，是社会的细胞，是人们日常活动的主要场所，是将生物人转化为社会人的第一个社会基本单位。家庭是人们休息、娱乐、寻求感情交流和安慰的主要场所，主要有养育子女、赡养老人、生产和消费、提供休息和娱乐环境的功能。这些功能与社会生活的各个方面息息相关，也与每个人的发育成长、事业爱好、生老病死息息相关，对个体的成长及身心健康有着深刻的影响。家庭结构、功能和关系处于完好状态有利于增进家庭成员的健康。家庭关系、家庭功能协调，有利于家庭成员的身心处于稳定状态，促进健康。反之，家庭关系、家庭功能失调，会使人心理状态改变，情绪紧张，引起内分泌系统、免疫系统和中枢神经系统的反应，长期的紧张状态必然会导致健康的损害。家庭也是健康影响因素的汇集之处，除遗传因素外，家庭环境通过交互作用成为影响家庭成员健康的重要因素。几种重要的健康相关问题（吸烟、饮食习惯、体育锻炼等）都存在家庭聚集的现象。

五、社会人口与健康

人口不仅是社会存在和发展最基本的要素，而且与人类健康息息相关。人口包括数量、质量、构成、分布、流动和发展等方面。人口的规模、结构、分布变化等人口变量会对一个国家和地区的卫生系统及其体制带来长远的影响。

（一）人口规模对健康的影响

人口规模对健康的影响体现在两个方面：一方面，人口规模较大的地区，人们主动参与竞争的精神和意识也较强，容易产生人口聚集的积极效应，加上这些地区的社会组织程度较高、传播媒介效率较高等条件，有助于人群健康水平的提高。另一方面，人口数量过大，劳动力不能与生产资料完全结合，即造成了"人口过剩"，从而加重社会、教育及卫生事业负担，导致人们平均消费水平下降，使人们缺乏适当资源，以致不能或不愿采取促进健康行为，影响人群的健康和生活质量；加重教育及卫生事业的负担，影响人口素质；加重环境污染和破坏，环境污染不仅影响人类的健康，而且是影响人类社会可持续发展的重大问题。

（二）人口素质对健康的影响

人口素质是身体素质、文化素质和思想道德素质的综合体现，人口素质的提高对健康促进的正向效应是不容忽视的。身体素质是人口素质提高的基础，表现为人群健康整体水平提高。文化素质是人口素质的重要基础，具有较高科学文化素质的人群对健康有更深入的理解和重视，自我保健、家庭保健意识高的人群，越能够自觉地选择健康的生活方式、杜绝不利于健康的行为生活方式，从而有更高的健康水平。思想道德素质是我国全面建成小康社会不可缺少的因素，提高公民思想道德素质，有利于在全社会形成良好的互助合作网络，有利于提高全社会人群身心健康的整体水平。

（三）人口流动对健康的影响

人口流动是任何社会都普遍存在的一种社会现象，人口在地理空间位置上的流动和阶层职业上的变动，可促进经济和社会的发展，给居民的健康也带来了积极的影响。但是在某种程度上，人口流动也对人的身心健康带来了不利影响。由于人口的流动，很容易在医疗保健及疾病控制管理上出现盲区，给疾病监测、计划免疫、优生优育等卫生服务工作带来困难和压力，使这个群体成员的保健意识不强，出现不健康或不安全的行为，危害健康。另外，近年来在我国流动人口规模不断扩大的同时，流动人口的结构也发生了很大变化。最显著的结构变化之一就是流动人口的家庭化，即流动人口中儿童的比例越来越高。这些儿童的教育、营养和医疗卫生等各方面难以得到保障，严重影响了他们的生长发育和身心健康。

六、社会卫生服务与健康

卫生服务是保障人类健康的重要方式，是由卫生相关部门向居民提供的预防、医疗、保健、康复、健康指导等一系列卫生保健活动的总称。卫生服务的目标是整个人群的健康，服务对象是整个社会人群，包括患者和健康人。卫生服务的质量与水平，公益性与公平性，以及可及性是保障人群具有一定健康水平的重要前提条件。健全的医疗卫生机构、完善的卫生政策、完备的服务网络、充足的卫生经费投入及合理的卫生资源配置，均对人群健康具有促进作用。卫生系统及其卫生人员的服务能力，对其服务辖区内居民的生活质量、健康水平和寿命长短有深刻的影响。如果卫生事业发展滞后，人民的健康得不到基本的保障，不仅直接影响经济发展，还会因疾病造成人力、物力和财力的巨大损失，甚至影响社会稳定。

（薛玲）

第二节　心理行为因素与健康

一、心理因素与健康

社会心理因素（social psychosocial factors）可概括为一组与健康和疾病相关的心理现象，这些心理现象直接或间接与个体所生活和工作的环境密切相关。与健康密切相关的社会心理因素包括个性、情绪、心理社会应激等。社会心理因素通过刺激中枢神经系统、内分泌系统和免疫系统对机体产生一定的作用，从而影响健康。

（一）个性心理特征与健康

所谓个性心理特征，就是个体在社会活动中表现出来的比较稳定的成分，包括能力、气质和性格。

1. **气质与健康**　气质是指人相对稳定的个性特点和风格气度，主要表现为个体心理活动的速度和稳定性、心理过程的强度及心理活动的指向性。气质通常分为胆汁质、多血质、黏液质、抑郁质四种类型。研究表明，气质会影响个体的行为，也会间接导致个体情绪等身心因素的变化，从而也会影响身心健康。不同的气质类型对人的身心健康有不同影响。有研究显示：心理障碍与气质类型有一定的相关性，心理健康的人，其气质类型大多为多血质型，神经症患者大多是黏液质型气质，人格障碍患者（尤其是边缘性人格障碍）大多属于胆汁质，精神疾病患者（包括抑郁症）大多为抑郁质。

2. 性格（人格）与健康　性格（人格）是指人对现实的态度和相应的行为方式中表现出来的比较稳定的、具有核心意义的个性心理特征。性格不但决定了一个人对现实的认识、看法、情感反应和处理问题的方法，同时也决定了个人对生活事件的易患性差异。

20世纪中期，有学者提出，共患某种疾病的人的性格有相似之处。研究较为成熟的与健康、疾病有关的性格有四种类型，即A、B、C和D型性格。A型性格的人一般急躁好胜，研究提示85%的心血管疾病与A型性格有关；B型性格的人往往遇事想得开，长寿老人中B型性格的占83%；C型性格属于忍气吞声型，该种性格者患癌症的危险性比一般人高3倍；D型性格的人常孤僻寡言，这种类型的人反复发生心绞痛或心肌梗死的概率为52%，而同年龄组非D型性格的发生率仅12%，因此，D型性格是心脏病反复发作的一个危险因素。

（二）情绪、情感与健康

情绪和情感也是一种心理过程，是人对客观事物是否符合自己需要而产生的态度体验。

情感和情绪在一定环境中发生发展，在人的健康促进过程中具有重要作用。愉快积极情绪可对人体的生理功能起良好的作用，可以提高人的活动能力，充实人的体力和精力，发挥人的潜在能力，有益于身心健康。而不愉快、消极的情绪可使人的心理失去平衡，如果反复出现或强度过高或持续时间过长时，还会导致神经系统功能紊乱和机体病变。流行病学及医学实验研究证明消极情绪与多种族病密切相关，如临床上常见的高血压、冠心病、恶性肿瘤、糖尿病、消化性溃疡、哮喘、偏头痛等多种疾病都与不良情绪有关；急性的情绪变化被认为是心肌梗死、脑出血、精神病等发作的重要诱因。

（三）应激与健康

应激是个体面临或察觉（认知、评价）到环境变化（应激源）对机体有威胁或挑战时作出的适应和应对。应激过程是一种强烈的能量代谢过程，可促使神经内分泌系统释放多种应激激素，以适应急剧变化的环境刺激。过强或持续时间较长的应激可导致能量过度消耗和激素分泌紊乱，影响心身健康。心理社会应激是研究最为广泛的心理社会因素，大量流行病学研究发现心理社会应激是许多不良结局的致病因素，包括各种慢性躯体性疾病、危害健康行为，如吸毒和自杀等。

（四）心理防御机制与健康

心理防御机制是人们在面临挫折或冲突的紧张情境时，在其内部心理活动中具有的自觉或不自觉地解脱烦恼、减轻内心不安，所采用的一种潜意识的心理适应性应对策略。人在面对挫折时，心理平衡往往遭到破坏。在多数情况下，人会感到困扰、不适应，体验到痛苦的折磨。出于人的自我保护本能，会自发地唤起心理防御机制的作用，以达到缓冲心理挫折、减轻焦虑情绪的作用，并且可为寻找战胜挫折的办法提供时机。某些心理不健康的人是消极心理防御机制过度使用的结果。如心身疾病患者明显过多地使用自恋心理防御机制、神经性心理防御机制和不成熟防御机制，并有着过度掩饰内在情感思维内容的倾向，这些不良心理社会因素在性格缺陷的基础上所造成的心理压力、心理紧张不能及时得到宣泄和逐步消除，这时就引起体内平衡调节系统的崩溃，诱发某些肿瘤或导致不良预后，危害健康，甚至危及生命。

二、行为因素与健康

（一）行为与生活方式

行为是人类为了维持个体的生存和种族的延续，在适应不断变化的复杂环境时所做出的反应。生活方式是指人们长期受一定民族习俗、规范及家庭影响所形成的一系列生活意识和习惯，是个人和社会的行为模式。行为和生活方式均可明显地影响人类的健康。

（二）健康相关行为

健康相关行为（health-related behavior）是指个体或群体与健康和疾病有关的行为。按照行为者对自身和他人健康状况的影响，一般将健康相关行为分为两大类：促进健康的行为（health-promoted behavior）和危害健康的行为（health-risky behavior）。

1. 促进健康的行为　促进健康行为指个体或团体的客观上有利于自身或他人健康的行为。主要特点有有利性、规律性、和谐性、一致性和适宜性。

促进健康行为可分为五大类。① 日常健康行为：指日常生活中一系列有益于健康的基本行为，如合理营养、平衡膳食、积极锻炼、积极的休息与适量睡眠等。② 预警行为：指预防事故发生和事故发生以后正确处置的行为，如使用安全带，溺水、车祸、火灾等意外事故发生后的自救和他救行为即属此类健康行为。③ 保健行为：指正确、合理地利用卫生保健服务，以维护自身身心健康的行为，如定期体检、预防接种、发现患病后及时就诊、咨询、遵从医嘱、配合治疗、积极康复等。④ 避开环境危害：这里的环境危害是广义的，包括人们生活和工作的自然环境与心理社会环境中对健康有害的各种因素。主动地以积极或消极的方式避开这些环境危害属于健康行为，如离开污染的环境、采取措施减轻环境污染、积极应对引起人们心理应激的紧张生活事件等都属此类行为。⑤ 戒除不良嗜好：不良嗜好指的是日常生活中对健康有危害的个人偏好，如吸烟、酗酒与滥用药品等。戒烟、不酗酒与不滥用药品就属于戒除不良嗜好这类健康的行为。

2. 危害健康的行为　危害健康的行为指的是偏离个人、他人乃至社会的健康期望，客观上不利于健康的一组行为。危害健康行为的特点是危害性、稳定性和习得性。

危害健康行为可分为以下4类。

（1）不良生活方式与习惯：一组习以为常的、对健康有害的行为习惯，包括能导致各种成年期慢性退行性病变的生活方式，如吸烟、酗酒、缺乏运动锻炼、高盐饮食、高脂饮食、不良进食习惯等。不良的生活方式与肥胖、心血管系统疾病、早衰、癌症等的发生关系密切。

（2）致病行为模式：致病行为模式是导致特异性疾病发生的行为模式，国内外研究较多的是A型行为模式和C型行为模式。

A 型行为模式（type A behavioral patten，TABP）是一种与冠心病密切相关的行为模式，其特征往往表现为雄心勃勃、争强好胜、富有竞争性和进取心。一般对工作十分投入，工作节奏快，有时间紧迫感。这种人警戒性和敌对意识较强，具有攻击性，对挑战往往是主动出击，而一旦受挫就容易恼怒。有研究表明，具有 A 型行为者冠心病的发生率、复发率和死亡率均显著地高于非A 型行为者。

C 型行为模式（type C behavioral patten，TCBP）是一种与肿瘤发生有关的行为模式，其核心行为表现是情绪过分压抑和自我克制，爱生闷气。研究表明，C 型行为者宫颈癌、胃癌、结肠癌、肝癌、恶性黑色素瘤的发生率高出其他人 3 倍左右。

（3）不良疾病行为：疾病行为指个体从感知到自身有病，到疾病康复全过程所表现出来的一系列行为。不良疾病行为可能发生在上述过程的任何阶段，常见的行为表现形式有疑病、恐惧、讳疾忌医、不及时就诊、不遵从医嘱、迷信，乃至自暴自弃等。

（4）违反社会法律、道德的危害健康行为：吸毒、性乱等危害健康的行为属于此类行为，这些行为既直接危害行为者个人健康，又严重影响社会健康与正常的社会秩序。如吸毒可直接产生成瘾的行为，导致吸毒者身体的极度衰竭，静脉注射毒品，还可能感染乙型肝炎和艾滋病；而混乱的性行为可能导致意外怀孕、性传播疾病和艾滋病。

（三）行为和生活方式对健康的影响

众所周知，影响健康的因素可以分为行为生活方式、环境因素、卫生保健服务因素和生物学因素四类。WHO 对影响健康的因素分析发现，在影响的健康因素中，60% 为生活方式因素、15% 为遗传因素、10% 为社会因素、8% 为医疗因素及 7% 为气候因素。不健康的生活行为方式，如不合理膳食、吸烟酗酒、身体活动不足等已成为直接导致中国人群疾病负担的主要原因。有研究显示，当吸烟与其他环境因素并存时，某些疾病死亡的相对危险度为不吸烟者的 1.7 倍；吸烟者平均期望寿命比不吸烟者缩短 5~6 年，且吸烟缩短期望寿命的多少与开始吸烟年龄、每日吸烟量均有密切关系。酗酒可引起消化道炎症、溃疡，肝硬化，动脉粥样硬化、高血压病和心律失常，以及慢性酒精中毒和行为障碍。饮食方式不良与许多疾病有一定联系，如动脉粥样硬化、高血压病、肥胖症、肿瘤等。研究证明冠心病、高血压病、肥胖症都与缺乏体育锻炼有关。可见健康的生活方式是促进健康、获得更长期望寿命的重要保障。

（薛玲）

第三节　身体活动促进

国内外大量研究证实，缺乏身体活动（如久坐不动）已经成为全球范围内造成死亡的第四位主要危险因素。身体活动不足会影响儿童身体发育；会与其他不健康的生活习惯（如不健康饮食、吸烟、饮酒等）叠加，构成很多慢性病（如心脑血管疾病、癌症、慢性呼吸系统疾病、糖尿病等）共同的危险因素；会影响心理状况、认知、睡眠质量和骨骼健康。

一、身体活动概述

身体活动（physical activity，PA）也称为体力活动，是指由于人体骨骼肌收缩导致机体能量消耗明显增加的各种活动。身体活动不同于体育锻炼，后者通常是指人们在闲暇时间为了增进健康水平或增强体质而特意进行的活动，体育锻炼包含在身体活动之中。

身体活动包括所有类型、各种强度、各种范畴的活动，按照世界卫生组织的分类，身体活动可分为4类：职业性活动，也就是工作时的身体活动；交通出行，如步行、骑行之类的身体活动；家务劳动；休闲活动，如业余时间游泳、跑步、打球等。

《中国人群身体活动指南（2021）》（以下简称"《指南》"）建议人们要减少静态行为，每天保持身体活跃状态。《指南》要求国人进行适度身体活动的重要原则为：动则有益，多动更好，适度量力，贵在坚持；减少静态行为，每天保持身体活跃状态；身体活动达到推荐量；安全地进行身体活动。针对不同年龄人群，建议的活动量见表5-3-1。

▼ 表5-3-1 不同年龄段人群身体活动推荐量

年龄/岁	身体活动推荐量
≤ 2	能独立行走的幼儿每天进行至少3小时的身体活动；静态行为时间每次不超过1小时；不建议看各种屏幕。
3~5	每天要进行至少3小时的身体活动，其中包括1小时的活力玩耍，鼓励多做户外活动；每次静态行为不超过1小时；每天视屏时间累计不超过1小时。
6~17	每天进行至少1小时中等强度到高强度的身体活动，且鼓励以户外活动为主；每周至少进行3天肌肉力量练习和强健骨骼练习；减少静态行为，每次静态行为持续不超过1小时，每天视屏时间累计少于2小时。
18~64	每周累计进行2.5~5小时中等强度有氧活动，或75~150分钟高强度有氧活动，或等量的中等强度和高强度有氧活动组合；每周至少进行2天肌肉力量练习；保持日常身体活动，并增加活动量。
≥65	成人的身体活动推荐同样适用于老年人；坚持平衡性、灵活性和柔韧性练习；如果身体不允许每周进行2.5小时的中等强度身体活动，那么应尽可能地增加各种力所能及的身体活动。

二、身体活动与健康

（一）身体活动对健康的积极效应

身体活动对健康的影响取决于它的类型、强度、时间、频度和总量。大多数身体活动促进相关的政策、指南和建议均推荐中等强度作为有益健康的身体活动水平。每周8~10梅脱·小时（身体活动总量指标，是个体身体活动强度、频度和每次活动持续时间的综合度量，其数值上等于上述3个变量的乘积）的身体活动总量可以增进心肺功能、降低血压和血糖、增加胰岛素的敏感性、改善血脂、调节内分泌系统、提高骨密度、保持或增加瘦体重、减少体内脂肪蓄积、控制不健康的体重增加、缓解焦虑和抑郁症状、延缓老年人认知功能下降等。适宜的身体活动总量可以使冠心病、脑卒中、2型糖尿病、乳腺癌和结肠癌的发病风险降低20%~30%；且身体活动总量增加到每周300分钟中等强度或150分钟高强度（总量16~20梅脱·小时），可以获得更多的健康效益。已有充分的研究证据表明，30分钟中等强度身体活动，如4~7 km/h的快走和小于7 km/h的慢跑，可以降低心血管病、糖尿病、结肠癌和乳腺癌等慢性病的风险和病死率。

（二）身体活动伤害

身体活动有助于促进健康、预防疾病，但是，身体活动的风险与效益是并存的。个人体质不同，所能承受的运动负荷也不同。科学研究证明，有益健康的身体活动必须适度，制定适合自己的活动计划，减少运动风险，预防身体活动伤害是非常必要的。

1. 运动伤害的定义　运动伤害（sport related injuries）指身体活动中或活动后发生，造成的人体组织或器官在解剖上的破坏或生理上的紊乱，最常见的是运动损伤和急性心血管事件。运动损伤除了与个体自身的身体素质有关外，还多与体育运动项目及动作特点密切相关，如动作是否规范，活动的强度、频率、持续时间，以及运动环境和条件、是否合理。运动伤害一旦发生，将对个体的躯体健康造成影响，甚至还会影响到其心理健康。

2. 身体活动所致的运动损伤　运动虽然有益于身心健康，但运动是要有科学性的，要遵循生命的基本规律，适度运动是关键。运动不当，很容易出现意外损伤。人的体重越大，跑步时对身体关节、韧带的损伤就会越大。如体重过重的人在跑步时，会进行屈膝、伸膝的过程，导致膝关节负重压力增大，运动损伤常见的有肌肉拉伤/挫伤、关节韧带扭伤、疲劳性骨膜炎、骨折、神经损伤等。有研究显示，因为日常锻炼造成损伤而就医的患者达到60%，主要以中老年群体为主，普遍问题是关节和腰部的损伤。还有热爱健身的年轻人，常见损伤的部位是踝关节、肩周，以及腰部肌肉拉伤等；喜欢极速运动的儿童青少年，在玩平衡车、轮滑时，因防护措施不到位伤及下颌部位、上下肢骨折的情况亦较为多见。

3. 身体活动对心血管系统的影响　规律性的身体活动可以减少冠心病事件的发生，但是较大强度的活动却能骤然增加隐匿的或确诊患有心脏疾患的人发生心脏性猝死和急性心肌梗死的风险。成人发生与运动相关的心血管事件的致病诱因中，无体征、无症状的冠状动脉疾病占主导地位。成人发生与运动相关的心血管事件与个体年龄、性别、运动时间及频率等因素有关。研究发现，与运动相关的心血管事件常发生于参加竞技运动的年轻个体及参加较大强度运动的成人。有研究发现，与体力活动最少的男性相比，体力活动最多的男性发生心脏停搏的风险是其11倍。

（三）身体活动不足

世界卫生组织发布的《2022年全球身体活动状况报告》称，估计全球14亿成人没有达到指南推荐的身体活动水平，约占全球成年人口的27.5%；我国也有20%左右的居民身体活动不足。身体活动不足与一系列慢性非传染性疾病和过早死亡有关。

根据国际身体活动量表，可将人群身体活动分为三个水平。

1. 身体活动高度活跃（physical high activity）　指每周5次，60 min/d中等强度有氧运动或3次/周，50 min/d的高强度有氧运动，以及中等强度和高强度相结合的身体活动。

2. 身体活动中度活跃（physical medium activity）　指每周5次，30 min/d中等强度有氧运动或

3次/周，20 min/d的高强度有氧运动，以及中等强度和高强度相结合的身体活动。

3. 身体活动不足（physical low activity） 指未达到以上两种标准的身体活动水平。

静态生活方式（sedentary behavior）是指在工作、家务、交通行程期间或在休闲时间内，不进行任何体力活动或仅有非常少的体力活动，也属于身体活动不足。静态行为的时间越长，对健康影响越大。由于静态行为与身体活动对健康的影响是独立存在的，并非此消彼长的关系。因此，即使身体活动达到活跃水平，也应该尽量减少静态行为，以产生更多的健康效益。

三、临床场所身体活动指导

《健康中国行动（2019—2030年）》明确指出，建立针对不同人群、不同环境、不同身体状况的运动促进健康指导方法，推动形成"体医结合"的疾病管理与健康服务模式。专业医生开出的"运动处方"是解决运动的安全性、有效性和可持续性的有效方案，是连接健身与健康之间的关键桥梁。

（一）运动处方的定义

运动处方（exercise prescription）是指对从事运动锻炼者或患者，根据医学检查资料（包括运动测试与体适能测试），按其健康、体适能及心血管功能状况，结合生活环境条件和运动爱好等个体特点，用处方的方式规定适当的运动类型、强度、时间及频度，并指出运动中的注意事项，以便有计划地经常性锻炼，达到健身或治疗的目的。

（二）个体化运动处方的制定

在制定运动处方前，作为医护人员要充分注意以下几个问题：① 客观了解个人和环境信息，具有针对性、个体化；② 科学制定阶段性运动目标；③ 合理选择搭配运动的形式，兼顾有效性和安全性；④ 适度可行的运动强度时间；⑤ 循序渐进的运动计划进度；⑥ 合理预防运动意外和伤害。

针对个人身体活动的指导包括五个方面：① 评估个人健康状况；② 评估个人身体活动能力和体质；③ 制定个人身体活动目标和计划；④ 制定身体活动安全措施；⑤ 运动反应评估和调整身体活动计划。

制定个体化运动处方时，应注意以下几点。

1. 运动前风险评估 风险评估用以决定个体身体活动或运动项目是否需要在必要的医学检查和医学监督下开展，以及是否需要进行运动测试等，包括自我评估和专业评估。① 自我评估：应用身体活动准备问卷，对个人健康史、当前疾病情况、症状/体征、危险因素、当前身体活动习惯、运动环境及用药情况进行评估；② 专业评估：由经过培训的专业人员对患者的心血管、呼吸系统和代谢性疾病危险因素及症状/体征进行评估，结合上述自我评估的结果对个体进行低危、中危、高危三个类别的危险分层，并对是否有必要进行医学检查和运动测试给出合理建议。

2. 确定身体活动目标量 身体活动目标量的确定参照FITT原则，即确定身体活动的频度（frequency）、强度（intensity）、时间（time）和类型（type）。

3. 确定活动进度 在充分考虑患者体质、健康状况、年龄、身体活动量的基础上，以日常身体活动水平为基础，循序渐进地增加活动量、强度、时间和频度。

4. 预防意外　为降低意外情况的风险，应结合活动的实际情况制定预防和采取应急处理的措施，做好防护，防止意外的发生。

四、人群身体活动的促进

由于城市化、现代化，以及代步工具的普及化，居民的生活方式发生较大变化，缺乏体力活动的现象已相当普遍。人群中有11%~24%的人属于静坐生活方式，还有31%~51%的人体力活动不足。《中国居民营养与慢性病状况报告（2020年）》显示，我国成年居民身体活动不足率为22.3%，6~17岁儿童青少年身体活动不足率高达86.0%。有研究显示，身体活动不足是导致全球过早死亡的主要风险因素之一，8.7%的全因死亡率可以归因于每周中等强度身体活动水平的时间少于150分钟。因此，减少静坐生活方式、增加人们的体力活动及体育锻炼应成为慢性病防治的一个重点。

根据国家体育总局2014年全民健身活动状况调查，我国城乡居民经常锻炼率处于较低水平，且心肺耐力、柔韧性、肌肉力量、肌肉耐力、身体成分等指标亦不容乐观，多数居民在参加体育活动时还有很大的盲目性。2019年7月9日，健康中国行动推进委员会印发《健康中国行动（2019—2030年）》（以下简称"《行动》"），其中，推行全民健身运动作为第三重大行动内容，旨在通过定期适量的身体活动有助于达到预防和改善超重和肥胖及高血压、心脏病、脑卒中、糖尿病等慢性病的发病率，同时促进精神健康、提高生活质量和幸福感。

《行动》主要对健康成人、老年人、单纯性肥胖患者及以体力劳动为主的人群，分别给出个人身体活动指导建议，要求广大居民：① 增强身体活动意识，将身体活动融入日常生活，培养运动习惯，保持健康体重，同时科学运动，避免运动风险。② 鼓励每周进行3次以上、每次30分钟以上中等强度运动，或累计150分钟中等强度或75分钟高强度身体活动。日常生活中要尽量多动，达到每天6 000~10 000步的身体活动量。吃动平衡，让摄入的多余能量通过运动的方式消耗，达到身体各机能的平衡。③ 提倡老年人选择与自身体质和健康相适应的运动方式；在重视有氧运动的同时，重视肌肉力量练习和柔韧性锻炼，适当进行平衡能力锻炼，强健骨骼肌肉系统，预防跌倒。④ 特殊人群，建议在医生和运动专业人士的指导下进行运动；以体力劳动为主的人群，要注意劳逸结合，避免"过劳"。

同时在居民身体活动促进策略中，《行动》还强调了社会和政府的责任：① 弘扬健身文化；② 建立健全健身组织；③ 推进基本公共体育服务体系建设；④ 构建科学健身体系，建立针对不同人群、不同环境、不同身体状况的运动促进健康指导方法，推动形成"体医结合"的疾病管理与健康服务模式；⑤ 制定实施特殊人群的体质健康干预计划；⑥ 鼓励将国民体质测定纳入健康体检项目。

《行动》提出，通过全民健身行动的推行，到2030年，城乡居民达到《国民体质测定标准》合格以上的人数比例不少于92.17%；经常参加体育锻炼（每周参加体育锻炼频度3次及以上，每次体育锻炼持续时间30分钟及以上，每次体育锻炼的运动强度达到中等及以上）人数比例达到40%及以上；学校体育场地设施开放率超过90%；人均体育场地面积分别达到2.3 m² 及以上；城市慢跑步行道绿道的人均长度持续提升；每千人拥有社会体育指导员不少于2.3名；农村行政村体育设施覆盖率基本实现全覆盖和覆盖率100%。

（薛玲）

第四节　心身疾病

一、心身疾病概念与特点

（一）概念

随着社会的不断发展，医学模式已经发生了改变，由生物医学模式转变为"生物-心理-社会"医学模式，健康的影响因素不仅包括生物医学因素，如人们熟知的病毒、细菌、遗传因素，还包括心理因素、自然和社会因素等。现代医学研究证明，很多疾病都能找到其致病的心理因素。心身疾病（psychosomatic diseases）又称为心理生理疾病，是一组与心理社会因素密切相关，但以躯体症状表现为主的疾病，包括躯体器质性疾病和躯体功能性障碍。随着疾病死亡谱的改变及现代医学模式和多因素发病理论的推进，心身疾病已日益受到医学界的重视，已成为并列于躯体疾病和精神疾病的第三类疾病。

（二）心身疾病的特点

1. 心身疾病的发病原因是心理社会因素或主要是心理社会因素。

2. 心身疾病必须具有与躯体症状相关的体征，有明确的器质性病理过程和已知的病理生理过程。

3. 心身疾病通常涉及的是自主神经系统所支配的系统或器官。

4. 遗传和个性特征与心身疾病的发生有一定的关系，不同个性特征的人易罹患某一种"靶器官"的心身疾病。

5. 同等强度、相同性质的因素，不同的人作出的反应不同。一般人只引起正常范围内的生理反应，而某些对刺激有高敏感性的人则可引起病理生理反应。

6. 有些患者可以提供较准确的心理社会因素致病过程，但大部分患者不了解心理社会因素在发病过程中的作用，却因某种心理因素加重自己的病情。

二、心身疾病的分类

常见的心身疾病有消化性溃疡、类风湿关节炎、支气管哮喘和冠心病等。近年来，心身疾病的范围有所扩大，几乎涵盖了所有躯体疾病，如糖尿病、肥胖症等，甚至癌症亦被纳入心身疾病范畴。

按各器官和学科来分，心身疾病分类如下。

1. 心血管系统疾病　冠心病、原发性高血压、神经性心绞痛、心肌梗死、阵发性心动过速及心律不齐等。

2. 消化系统疾病 胃及十二指肠溃疡、溃疡性结肠炎、肠道易激惹综合征及神经性厌食等。

3. 呼吸系统疾病 支气管哮喘、神经性咳嗽及过度换气综合征等。

4. 内分泌系统疾病 甲状腺功能亢进症、肥胖症及糖尿病等。

5. 神经系统疾病 紧张性头痛、偏头痛、痉挛性斜颈及自主神经功能失调等。

6. 泌尿生殖系统疾病 性功能障碍、月经失调及经前期紧张症等。

7. 肌肉骨骼系统疾病 类风湿关节炎、腰背疼痛及颈肩臂综合征等。

8. 皮肤病 荨麻疹、神经性皮炎、过敏性皮炎及皮肤瘙痒症等。

9. 其他 口腔黏膜溃疡、原发性颞下颌关节紊乱、系统性红斑狼疮及恶性肿瘤等。

二、心身疾病的危险因素及预防

（一）心身疾病的危险因素

1. 心理因素 人的心理活动通常与情绪活动如愤怒、忧郁、悲伤、恐惧、焦虑及痛苦等相关联，虽然是适应环境的一种反应，但持续时间过长或强度过大，都会使人的心理活动失去平衡，导致神经系统功能失调，对健康产生不良影响。如果这些消极情绪反复出现，引起长期或过度的精神紧张，还可产生内分泌失调、神经功能紊乱、血压持续升高等，从而导致疾病。

2. 生理因素 是指心身疾病患者在患病前的生理特点（亦称生理始基）。同样的心理社会刺激，只有其中的少数人发生心身疾病，如有人患高血压，有人患冠心病，有人却患溃疡病，这主要是由于患者的生理特点不同，使他们对不同心身疾病有不同的易患性。例如，在溃疡病的发病过程中，胃蛋白酶活性的增高起重要作用。实际上患者在患病前蛋白酶的前体——胃蛋白酶原的水平就已经比一般人高。因此，这种胃蛋白酶原的增高可称为溃疡病的生理始基。然而，有溃疡病生理始基并不一定就会有溃疡病，因为人群中有相当多的人具有这一特征，而其中只有一部分人发病。溃疡病患者是由于社会心理刺激对他们起了"扳机"作用。说明只有生理始基和社会心理刺激同时存在的情况下，才会有溃疡病的发生。

（二）心身疾病的预防

心身疾病是多种心理、社会和生物学因素长期综合作用的结果。因而心身疾病的预防也应同时兼顾心、身两方面；心理社会因素大多需要相当长的时间作用才会引起心身疾病，故心身疾病的心理学预防应从早做起。心身疾病的预防包括心身疾病的发现、治疗和处理，也包括预防不良行为的发生及如何增进个体的心理健康水平，提高人们对社会生活的适应能力。

1. 一级预防 防止心理社会因素长期反复刺激并导致心理失衡。心理社会因素对机体造成的健康影响总是通过生理变化起作用。所以，培养比较健全的健康心理素质，提高应对危险因素的能力是预防心身疾病的基础。在心理社会因素刺激的情况下，不断进行自我调适，保持心理平衡，增强对社会的适应能力，使个体保持生理、心理和社会适应的健全状态。如对具有明显心理上有弱点的人，如有易暴怒、抑郁、孤僻及多疑倾向者应及早通过心理指导加强其健全个性的培养；对于有明显行为问题者，如吸烟、酗酒、多食、缺少运动及A型行为等，应利用心理学技术指导其进行矫正等。心身疾病的心理社会方面的预防工作是多层次、多侧面的，这其实也是心理卫生工作的重要内容。

2. 二级预防　防止心理社会因素引起心理失衡阶段发展成为功能失调阶段。早期发现、早期诊断、早期治疗是心身疾病二级预防的核心。对心身疾病的治疗应从生物、心理和社会各方面进行综合治疗。一方面，要采用有效的生物医学手段在躯体水平处理存在的病理过程；另一方面，要通过心理咨询和治疗，努力帮助患者消除致病的心理社会因素，及早帮助和指导患者恢复失衡的心理，调整患者的功能失调，阻断病情向躯体疾病方向转化。主要方法有心理治疗、环境治疗和精神药物治疗。

3. 三级预防　针对患者在经历心理失衡、功能失调进入躯体疾病阶段情况下防止病情恶化的重要措施。这个阶段不仅依靠有效的药物，还应充分估计心理咨询和心理治疗的作用。心理咨询和心理治疗工作要求医生有较高的医德修养，较广的医学知识，较娴熟的医学技能，医患之间建立起相互信任和相互合作的亲密关系。现代医学对心身疾病的治疗大致分为心理治疗、生物反馈和行为治疗、环境治疗、精神药物治疗。

四、心理社会刺激的评估

心理社会因素的刺激能否产生应激状态而影响健康与许多因素有关，如心理社会因素刺激量的大小、作用的方式、持续的时间等。只有刺激达到一定的量、持续一定的时间才可能致病，且刺激的质不同，导致不良结果的量也有所不同。即使同质、同量的刺激对不同的个体产生的结果也可能是不同的。这与个体自身的素质和条件有关。因此，评估心理社会因素的刺激既要考虑刺激本身的质和量，也要考虑个体自身的易感性和抵抗力。

心理社会因素的刺激所引起的心理反应必须累积到一定程度，超过个体自我调节的能力才会导致疾病。张明圆等编制的生活事件量表（life events scale，LES），列出了65种中国人在日常生活中最可能遭到的生活事件，包括职业、学习、婚姻和恋爱、家庭和子女、经济、司法、人际关系等方面的生活事件，并建立了不同年龄正常中国人生活事件的常模，可根据受测者的年龄算出相应的生活事件单位（life event unit，LEU）。该量表简单实用，为评价生活事件刺激的质和量提供了一定的参考依据，可以用来评估社会心理刺激的质和量。

不同的个体对同一种心理社会因素刺激的反应大小不同。这与个体的身体素质、人格特点、神经类型、认识水平、生活经验、价值观念及信仰等有关，并且还与个体出现心理压力时的心理应对机制有关。此外，并非所有的人在遭受生活事件后都会生病，即使生了病也并非所有的人都会发展成同一种疾病。因此，在考虑生活事件对疾病的影响时，除了考虑个体的认知评价、应对方式、社会支持、个性特征等心理社会因素外，还不能忽略遗传基因、感染、肥胖、吸烟、接触有害化学物质等生物因素的影响。

学习小结

　　人类的健康既受自然环境的影响，同时还要受到社会环境中诸多因素的影响。本章介绍了社会、心理、行为因素对健康的影响，包括经济、政治、文化（风俗习惯、思想意识、宗教、法律法规、道德舆论、教育）、人口、社会关系、卫生服务、心理、行为与生活方式，以及身体活动等因素，随着社会经济的发展和社会进步，社会因素对健康的影响会越来越明显。且随着现代医学模式的改变和多因素发病理论的推进，心身疾病对人类健康构成了严重的威胁，已成为并列于躯体疾病和精神疾病的第三类疾病。所以，在维护和促进人类健康的过程中，要熟悉社会心理因素影响健康的机制，这样有利于制定行之有效的预防干预措施，真正提高人们的健康水平和生活质量。

（薛玲）

复习参考题

一、选择题

1. 有关社会文化与健康的关系描述，正确的是
   A. 法规是一种最普遍、最广泛的行为规范，约束着人的行为，进而影响人的健康
   B. 风俗习惯根植于人们的生活，是与人群健康联系最为密切的文化范畴，对健康有正负两方面的影响
   C. 加强思想教育，对于一个人的身心健康和推进人类的健康文明与进步并不是十分必要的
   D. 道德对行为的影响范围比法规制度小，其作用程度比风俗习惯弱
   E. 教育对于人们对卫生服务的利用不能产生影响

2. 有关社会网络和社会支持的描述错误的是
   A. 社会网络不仅是健康的影响因素，而且是健康的基础
   B. 社会支持对健康的影响主要体现在人际关系、社会网络和社会凝聚力三个方面
   C. 部分青少年吸烟就是为了获得群体成员的认同和支持，这样的社会关系不利于健康
   D. 人们仅可以从社会网络中获取精神帮助，而无法获得物质上的支持
   E. 健全及合理的社会网络可促使人们采取健康的行为或完成不健康行为的转变

3. 下述有关心身疾病的描述错误的是
   A. 心身疾病是一组与心理社会因素密切相关，但以躯体症状表现为主的疾病
   B. 发病原因是心理社会因素或主要是心理社会因素
   C. 必须具有与躯体症状相关的体征，有明确的器质性病理过程和已知的病理生理过程
   D. 心身疾病的发生与遗传无关
   E. 心身疾病已成为并列于躯体疾病和精神疾病的第三类疾病

4. 促进健康的行为是
    A. 积极地休息和睡眠
    B. 体育锻炼
    C. 积极的应对方式
    D. 合理营养和平衡膳食
    E. 以上都是
5. 身体活动与健康的关系，正确的描述是
    A. 身体活动对健康的影响取决于它的类型、强度、时间、频度和总量

B. 中等强度活动每周至少5天或高强度活动至少每周3天，可以获得更多的健康效益
C. 静态生活方式也属于身体活动不足
D. 身体活动总量是决定健康效应的关键
E. 以上描述均正确

答案：1.B；2.D；3.D；4.E；5.E

二、简答题
1. 影响健康的社会心理因素有哪些？
2. 简述健康相关行为的定义及其内涵。
3. 基于身体活动与健康的关系，如何开展临床场所身体活动的指导工作？
4. 简述心身疾病的危险因素及预防措施。

第二篇
人群健康研究的医学统计学方法

第六章　医学统计学的基本内容

学习目标

知识目标　掌握同质与变异、总体与样本、参数与统计量、概率与频率、误差等统计学基本概念。

能力目标　能够运用所掌握的基本概念，明确统计资料的类型，根据资料性质进行有效转换，并进行统计分析。

素质目标　培养统计学思维，针对临床科研进行合理设计。

　　预防医学研究的核心是环境与人群健康的关系，需要运用统计学方法去观察及分析不同环境因素对人群健康的影响及其发生发展的规律。统计学（statistics）是运用概率论和数理统计的基本原理，研究数据的收集、整理、分析的一门工具性学科。医学统计学（medical statistics）是统计学原理在医学领域中的应用，是结合医学实际，研究医学资料和信息的收集、整理、分析的一门学科。由于在医疗卫生研究领域的重要性，医学统计学正展现出蓬勃的生命力和广阔的应用空间。医学统计学方法对医学科学研究和疾病防治工作有重要意义，是医学生必须掌握的基本知识。

第一节　医学统计学基本概念

一、同质与变异

　　同质（homogeneity）是指观察单位之间观察指标的影响因素相同。但在人群健康的研究中有些影响因素是难以控制的，甚至是未知的，因此，在实际工作中，观察指标的主要影响因素达到

213

相同或基本相同就可以认为是同质。如在测定患者的血压时，要求将对血压影响较大的因素（如年龄、性别、测定时间、情绪、环境温度等）控制在相同的条件下，而其他对血压影响较小的因素可以忽略。

变异（variation）是指在同质基础上的各观察单位之间的差异。如同窝别的小白鼠，用同样的饲料喂养，经过一段时间观察，每只小鼠的体重增重是不等的，这种变异来源于一些已知或未知的，甚至不可控制的因素所导致的随机误差。变异是生物医学研究领域普遍存在的现象。

二、总体与样本

总体（population）是指根据研究目的而确定的同质观察单位的全体。更确切地说，总体是同质的所有观察单位某个变量观察值的集合。例如，调查某地某年7岁正常男童的身高，该地某年全体7岁正常男童的身高值就构成一个总体，该总体的同质基础是同一地区、年份、年龄的正常男童。总体又分为有限总体和无限总体。这里的总体明确规定了时间、空间、人群范围的有限个观察单位，称为有限总体；在另一些情形下，总体的概念是设想的或抽象的，没有时间和空间范围限制，其观察单位的全体数只是理论上存在，因而视为"无限"，称为无限总体。在许多情况下，医学研究的总体通常是无限总体，要直接观察总体的情况是不可能的。即使对有限总体来说，若包含的观察单位过多，要花费很大的人力、物力、财力，有时也是不必要的和不可能的。所以在实际工作中，经常是采取从总体中按照某种抽样方法抽取一定数量的样本，根据样本信息推断总体特征，即采用抽样研究的方法来实现。

样本（sample）是指从总体中随机抽得的部分观察单位。从总体中抽取部分观察单位的过程称为抽样。该样本中所包含的观察单位数就称为该样本的样本含量或样本大小或样本例数。比如上述例子中，该地某年全体7岁正常男童是一个总体，研究者从其中随机抽取的110名男童则是样本。值得注意的是，获取样本仅仅是手段，而研究目的是通过样本信息来推断总体特征。

三、变量与变量值

确定总体后，研究者应对每个观察单位的某些特征进行测量和观察，这种特征称为变量（variable），变量就是观测单位的某种特征或属性，变量的观察结果或测量值称为变量值（value of variable）或观察值（observed value）。如判断急性冠脉综合征患者的疗效，血压、血脂、肌酸激酶同工酶、肌钙蛋白、心电图等都可视为变量。变量的观察结果可以是定量的，如血压值，也可以是定性的，如性别。

四、参数与统计量

参数（parameter）是指描述总体某种特征的统计指标，通常用希腊字母表示。如 μ 表示总体均数，σ 表示总体标准差，π 表示总体率等，通常情况下参数的确切值未知。统计量（statistic）是指描述样本某种特征的统计指标，通常用字母表示，如 $\bar{x}$ 表示样本均数，S 表示样本标准差，P 表示样本率等。统计工作的重要内容就是用样本统计量估计或推导总体参数。例如，欲了解某地

2019年某高校20岁健康男性大学生的身高情况，假如该高校共有3 000名20岁男性大学生，可以把每个人的身高测量出来以后，得出平均身高是175 cm，175 cm可以说明该高校2019年20岁健康男性大学生的平均身高，这就是参数；但在实际工作中，通常是从该总体中随机抽取一部分观察单位构成样本，如抽取了100人，平均身高是174 cm，174 cm是说明样本的平均身高情况，就是统计量，可以用100人的平均身高174 cm（统计量）去推导和估计全校男生的平均身高（参数）。

五、误差

误差（error）是指实际测量值和真实值之差。常见的误差有系统误差、随机测量误差、抽样误差和过失误差。

系统误差（systematic error）是由于在观察过程中仪器、试剂等未经校准，观察方法、判断标准不统一或观察者主观偏见等原因，使观察结果倾向性的偏大或偏小。系统误差有共同的特点，一般具有方向性，即在条件不变的情况下重复观察，测量值统一偏大或偏小。系统误差是可以避免也是必须要避免的。

随机测量误差（random measurement error）是排除了系统误差后还存在的测量方面的误差。随机测量误差没有倾向性且不可避免，但对于这种误差应该采取相应的措施，将其控制在一定的允许范围内。

抽样误差（sampling error）是由抽样所引起的样本统计量与总体参数的差别或两个样本统计量之间的差别。由于总体中的个体间存在变异，而抽取的样本只是总体中的一部分观察单位，所以对于抽样研究而言，抽样误差是不可避免的，但是可以估计出抽样误差的大小。随机测量误差和抽样误差都属于随机误差。

过失误差（gross error）是指各种失误所导致的误差。如数据记录误差、仪器失灵等。这类误差应通过认真核查等措施予以避免。

六、概率与频率

概率（probability）是指度量某一随机事件A发生可能性大小的一个数值，记为$P(A)$，$P(A)$越大，说明A事件发生的可能性越大。随机事件概率的大小介于0与1之间，即$0 \leqslant P \leqslant 1$。$P=1$表示事件必然发生，称为必然事件；$P=0$表示事件不可能发生，称为不可能事件。习惯上将$P \leqslant 0.05$或$P \leqslant 0.01$称为小概率事件，表示在一次实验或观察中该事件发生的可能性很小，可视为几乎不发生。

频率（frequency）是指在相同条件下，独立地重复n次实验，随机事件A出现f次，f/n即为随机事件A出现的频率。例如，投掷一枚硬币，结果不外乎出现"正面"和"反面"两种情况，如果投掷100次硬币，"正面"朝上出现46次，频率即为46/100。

（王文军）

第二节 统计资料的类型

研究者对每个观察单位的某项特征进行观察和测量，所得的各种变量及其变量值构成了数据或资料（data）。医学统计资料按研究指标的性质可分为三种类型：定量资料、定性资料和等级资料。不同类型的统计资料有相应的统计指标和分析方法。因此，进行统计分析时，首先须分清资料的类型，才能决定采用何种分析方法。

一、数值变量资料

数值变量资料（numerical variable data）亦称定量资料（quantitative data）或计量资料（measurement data），是指对每个观察单位用定量的方法测量某项指标数值大小所得的资料。其观察值是定量的，表现为数值大小，有度量衡单位。根据观测值取值是否连续，又可分为连续型变量和离散型变量两类，前者可任意取值，后者只能取整数值。如调查某地7岁女童的身体发育状况，每个人的身高（cm）、体重（kg）、血压（kPa）等均属定量资料。定量资料可以比较大小，如A比B高多少厘米，A家庭比B家庭多几个人等。

二、分类变量资料

分类变量资料（categorical variable data）又称定性资料（qualitative data），是将观察单位按某种属性、类别或性质分组，然后清点各组观察单位数目多少所得的资料。其变量值是定性的，表现为互不相容的类别或属性。如观察某人群的血型，结果分为A型、B型、O型和AB型，计数所得该人群的各血型组的人数为定性资料。

三、等级资料

等级资料（ordinal data）是指将观察单位按测量结果的某种属性的不同程度分组，所得各组的观察单位数组成的资料。等级资料具有计数资料的特性，同时又兼有半定量资料的性质。它在分组后进行计数的观察结果，具有分类变量的性质，但在数据之间存在程度、等级、顺序之间的区别，类似于定量资料，所以也称为半定量资料。如临床化验结果，可分－、＋、＋＋、＋＋＋、＋＋＋＋五级，计数的每组患者的数量，就是等级资料。

四、统计资料类型间的相互转化

各种统计指标和统计分析方法的选用与资料类型有密切联系。因此，正确划分资料类型是十分重要的。但变量的类型也不是一成不变的，在专业理论指导下，资料可以转化，以满足不同统计分析方法的要求。例如，测定3岁儿童血红蛋白含量，属计量资料，若只考虑儿童是否贫血，可参考临床正常值范围，将儿童分为两类，即贫血和无贫血，此时该资料属定性资料；如分析贫血发生的严重程度，也可将该资料整理成无贫血、轻度贫血、中度贫血，又转化为等级资料。

观察指标是选择定量指标、定性指标或等级指标，应考虑指标的客观性和敏感性，一般用定量指标描述个体特征是最好的。因此在医学科研中，根据研究目的确定研究指标首先应选择定量指标，用定量资料的统计方法进行分析。

（王文军）

第三节　医学统计工作的基本步骤

医学统计工作包括设计、收集资料、整理资料和分析资料四个步骤。这四个步骤紧密相连，缺一不可。任何一个步骤的缺陷都会影响后续步骤，使统计分析的结果不可靠。

一、设计

医学科研设计（design）是医学统计工作的首要环节，包括专业设计和统计设计两个方面。统计设计是在事前对研究过程中统计学方面的内容作出周密、高效的整体考虑和安排。其主要内容包括研究方法的选择，研究对象的确定，随机抽样和随机分配方案的制定，样本含量的估计，如何控制误差及如何进行资料的收集、整理和统计分析等。统计设计着重于保证按研究目的要求，获得可靠的研究结果。统计设计是科研过程中最关键的一环，将在医学科研设计中进行详细的介绍。

二、收集资料

收集资料（data collection）是根据研究设计的目的要求，及时获取准确、完整、可靠的原始数据，这是统计分析的基础，是统计分析结果是否可靠的重要保证。在资料的收集过程中，必须进行质量控制。医学统计资料的主要来源包括统计报表和报告卡、日常医疗卫生工作记录、专题调查或实验等。收集资料需要明确：① 选择收集资料的地点、人员、时间；② 资料收集人员的培训方案；③ 拟定预调查或预实验方案；④ 资料收集记录；⑤ 调查表的拟定和制作；⑥ 调查或实验仪器试剂的准备；⑦ 调查资料的抽样复核比例和方法；⑧ 收集资料过程所需的经费。资料的收集要遵循准确、完整、及时的原则。资料的收集可以通过直接观察、采访、填表、通信等。

三、整理资料

整理资料（data sorting）的目的是将原始数据条理化、系统化，便于进一步统计分析。资料整理的主要过程如下。

1. 原始数据的检查与核对　① 统计数据的常规检查。如检查核对原始数据有无错漏重复，予以必要的补充、修正与剔除；调查项目是否按要求或填表说明填写；统计表格的行栏合计是否与总计相符。② 数据的取值范围检错。可利用频数分布表检查是否有异常值出现，进行分析，有足够理由时，可予以纠正。③ 数据间的逻辑关系检错。逻辑检查是为了查明资料项目间是否有矛盾，例如，乙型肝炎病史和乙型肝炎血清标志物检查结果是否矛盾。

2. 设计分组　按照研究的目的、资料的性质和特征将原始数据合理分组。① 质量分组，即将观察单位按属性、类别、性质分组，如按性别、职业、治疗效果等分组，适用于分类变量资料。② 数量分组，即将观察单位按数值的大小分组，如按年龄的大小、药物剂量的大小、血压高低等分组，适用于数值变量资料。在实际工作中两种分组常结合使用，一般在质量分组基础上进行数量分组。如先按照性别分组，再按不同年龄分组。

3. 按分组要求设计整理表格，归纳汇总　可以通过划记法或分卡法进行手工汇总，但在数据量较大时，常先在计算机上对数据建立数据库，然后用统计软件进行整理汇总。

四、分析资料

分析资料（data analysis）即按照设计的要求，根据研究目的，结合资料的类型、分布特征，对整理出的基础数据作进一步的计算分析和统计处理，并用适当的统计图表表达出来，阐明事物的内在联系和规律，从而对所作的研究作出科学的结论。统计分析包括统计描述和统计推断两方面。统计描述是指用恰当的统计图、统计表、统计指标（如平均数、标准差、率、构成比等）来描述与刻画资料的基本特征及分布规律。统计推断包括参数估计和假设检验两个方面。参数估计是指用样本统计量来推断总体参数，假设检验是用样本统计量对总体参数或分布的特征进行检验，进而对该假设的成立与否作出推断。例如，用样本的指标估计总体均数的置信区间或用样本的信息推断两个总体均数是否相等。

学习小结

临床医务工作者在疾病诊断、治疗和预后等各种临床问题的科学研究时，可以运用医学统计分析方法将临床上散在的资料进行整理分析，透过众多的偶然因素，分析事物客观规律，从而得出正确结论，并且针对工作中发现的问题，制定防治措施，以提高工作的质量。医学研究工作有四个步骤，即设计、收集资料、整理资料及分析资料。这四个步骤相互联系、环环相扣。科学、严谨的科研设计是收集准确、可靠资料的保证，准确、完整、及时地收集资料和恰当地整理资料是统计分析的基础，选择正确的方法分析和表达资料才能确保得到科学的结论。

（王文军）

复习参考题

一、选择题

1. 在统计学中参数是指
   A. 变量
   B. 参与研究的数目
   C. 研究样本的统计指标
   D. 描述总体的统计指标
   E. 与统计研究有关的变量

2. 为了由样本推断总体，样本应该是
   A. 总体中任意的一部分
   B. 总体中的典型部分
   C. 总体中有意义的一部分
   D. 总体中有价值的一部分
   E. 总体中有代表性的一部分

3. 小概率事件是指 P 值在多少以下
   A. 5
   B. 0.5
   C. 0.05
   D. 0.03
   E. 0.02

4. 抽样误差是指
   A. 总体参数与总体参数间的差异
   B. 个体值与样本统计量间的差异
   C. 总体参数间的差异
   D. 样本统计量与总体参数间的差异
   E. 个体与总体参数间的差异

5. 以下属于数值变量的是
   A. 性别
   B. 白细胞计数
   C. 血型
   D. 疗效
   E. 某病感染人数

答案：1. D；2. E；3. C；4. D；5. B

二、简答题

1. 同质与变异的区别与联系是什么？

2. 产生抽样误差的原因是什么？是否可以避免抽样误差？如果无法避免，如何减少抽样误差？

3. 医学统计学工作的基本步骤有哪些？

第七章

统计表与统计图

学习目标

知识目标	1. 掌握统计表基本结构和基本要求，常用统计图及其适用条件。 2. 熟悉统计表编制和统计图绘制的注意事项。
能力目标	能够选用合适的统计图与统计表，形象直观地描述数据指标的特征及分析结果。
素质目标	从统计学角度，科学地归纳整理数据及简洁直观地展示统计结果。

统计表和统计图是对数据特征和分析结果进行统计描述的重要工具，它以形象直观、简单明了、清晰易懂的方式对数据的基本特征进行描述，可以代替冗长的文字叙述，使人们对所要研究的数据有一个整体上的直观的印象。

第一节　统计表

统计表（statistical table）是把统计资料和结果用表格的形式加以表达，其目的是简洁、清晰、直观、方便地对比与阅读。统计表的制作应该有选择性地对重点要表达的数据进行表达。合理的统计表可简明正确地反映统计数据和分析结果。

一、统计表基本结构和基本要求

统计表可由标题、标目（包括横标目、纵标目）、线条、数字和备注5部分构成。

1. 标题　是统计表总名称，放在表的上方中间位置，简明扼要地表明表的主要内容，包括时间、地点和研究内容。若有多张表格，标题前应加上标号，以方便引用，见表7-1-1。如果表中所有数据指标的度量衡单位一致，可将其放在标题后面，放于括号内。

2. 标目　用来说明表内数据含义的文字。横标目位于表格的左侧说明各行数据的意义，如表7-1-1中"试验组""对照组"。纵标目位于表格的上端，如表7-1-1中"例数""有效例数"等，纵标目的总标目是对纵标目内容的概括，如表7-1-2中的"对照组""试验组"。

组别	例数	有效例数	无效例数	有效率 /%
试验组	113	85	28	75.22
对照组	108	20	88	18.52
合计	221	105	116	47.51

3. 线条　统计表一般采用"三线表"的格式，即一张表格以三条线为基础，根据内容需要可以适当增加1~2条细线。表的顶线和底线把表的主要内容与标题分隔开，中间一条线把纵标目与数据分隔开，不宜使用竖线和斜线。

4. 数字　用阿拉伯数字表示，位数对齐，小数位数一致。表内不留空格，无数字用"−"表示，缺失数字用"…"表示。若数字是"0"，则填写"数字0"。

5. 备注　表中数据区一般不插入文字或其他说明，需要说明时可用"*"号标出，将说明文字写在表格的下面。

二、统计表种类

根据标目层次复杂程度，统计表可分为简单表和复合表。

1. 简单表　简单表的标目只有一个层次，一般用作横标目，而纵标目为统计指标名称，见表7-1-1。

2. 复合表　复合表的标目有两个以上层次。复合表有两个或三个分组标志，一般把其中主要的或分项较多的一个作为横标目，而其余的则安排在纵标目与总标目上。如表7-1-2中，将试验的不同医院和两种不同治疗结合起来分组，可以表达不同医院、不同处理组别的有效率，从两个不同方面进行分析和对比。

▼ 表7-1-2　试验药与对照药治疗脑卒中的多中心临床试验结果

医院	对照组			试验组		
	例数	有效例数	有效率 /%	例数	有效例数	有效率 /%
医院1	36	6	16.67	38	30	78.95
医院2	31	4	12.90	36	25	69.44
医院3	41	10	24.39	39	30	76.92
合计	108	20	18.52	113	85	75.22

三、编制统计表的注意事项

统计表的编制需要重点突出、层次清楚、简单明了，能够清晰地表达数据结果，实际应用中应注意以下几方面的问题。

1. 统计表不一定是唯一的，同一数据经过标目重排或分解组合，可以根据需要构造不同形式的统计表，通常将要比较的主体放在表格最左边，右边则是相应的统计学指标和实验数据，左右位置不宜颠倒，但有时也要视具体情况决定。

2. 一张表只包含一个中心内容，标目的安排及分组要层次分明，重点突出，符合专业逻辑；避免内容混杂，表达不清，结构混乱。若标目层次多于三个，统计表就会变得烦冗，因此尽量少用。

（王学梅）

第二节　统计图

统计图（statistical chart）是指用点的位置、直条的长短、线段的升降、面积的大小等形式表达统计资料，直观、形象地呈现事物的数量关系和统计分析结果。

一、绘制统计图的基本要求

统计图应具有自明性，图中的术语、缩略语、符号和单位等须与正文保持一致。需根据资料的性质、分析目的选用适当的统计图。一个图通常只表达一个中心内容和一个主题，即一个统计指标。

1. 选图　根据资料的性质和分析目的选用适当的统计图。

2. 标题　每个图应有标题，一般位于图体的正下方，简明概括统计图被研究事物的主要内容，必要时注明资料来源的时间和地点。若有两张以上的统计图，则每张统计图的标题前应加图号，如图7-2-1和图7-2-2。

3. 标目　纵轴和横轴应有标目，即纵标目和横标目，分别表示纵轴和横轴所代表的事物，并注明单位。

4. 比例　图的纵横比例一般为7:5或5:7。

5. 尺度　纵轴和横轴都有尺度时，横轴尺度自左向右，纵轴尺度自下而上，数值一律由小而大。

6. 图例　比较不同事物和对象时，宜选用不同的线条或颜色表示，并附图例加以说明。图例通常放在图的右上角的空隙处，或放在图下方的适当位置。

二、常用统计图

医学中常用的统计图有直条图、百分比条图、圆图、普通线图、半对数线图、直方图和散点图等。

1. 直条图（bar chart）　是用等宽直条的长短表示相互独立的指标数值大小和它们之间的对比关系，可用以表示绝对数、也可用以表示相对数或平均数。常用的有单式直条图和复式直条图两种，单式直条图是按一个统计指标、一个因素分组的，如图7-2-1；复式直条图是按一个统计指标、两个因素分组的，如图7-2-2，按疾病分组，每组有四个直条，分别代表四个不同地区。

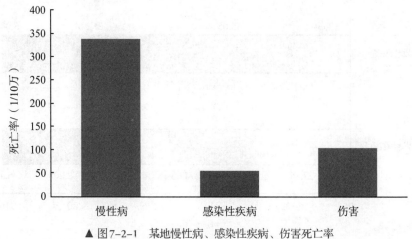

▲ 图7-2-1 某地慢性病、感染性疾病、伤害死亡率

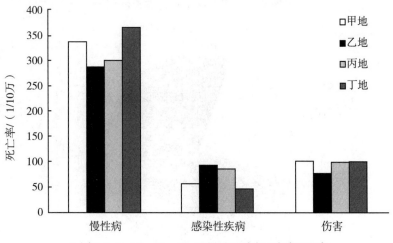

▲ 图7-2-2 甲、乙、丙、丁四地三种常见疾病死亡率

2. 百分比条图（percent bar chart） 是用矩形直条的长度表示100%，用其中分割的各段表示各构成部分的百分比。竖条形的百分条图中横坐标是组别，纵坐标是构成比；横条形的百分比条图中纵坐标是组别，横坐标是构成比。图7-2-3是两组构成比的横条形百分比条图，直观描述了某药物治疗不同类型高血压疗效的差异。例如，原发性高血压的治愈率高于继发性高血压的治愈率，但是继发性高血压的显效率也高于原发性高血压的显效率。

3. 圆图（pie chart） 是把圆的总面积作为100%，表示事物的全部，圆内各扇形面积用来表示全体中各部分所占的比例，见图7-2-4。

4. 普通线图（line chart） 是用线段的升降来表示指标（变量）的连续变化情况，某事物在时间上的变化趋势，或某现象随另一现象变化的情况。相邻两点用直线连接。有时可以将两个或几个意义相同的线图放在同一坐标系中，以利于直观比较它们的变化趋势。图7-2-5呈现出白喉死亡率比伤寒、副伤寒死亡率下降速度快。

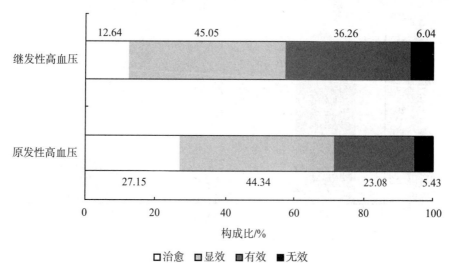

▲ 图7-2-3 某药物治疗高血压疗效比较

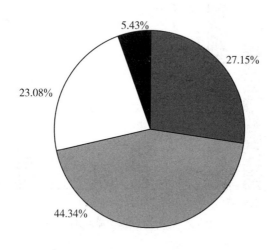

▲ 图7-2-4 某药物治疗原发性高血压疗效

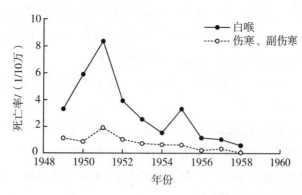

▲ 图7-2-5 某地1949—1958年白喉与伤寒、副伤寒死亡率线图

5. 半对数线图（semi-logarithmic line graph） 普通线图横纵坐标都是算术尺度，半对数线图是一种特殊的线图。这种图形可以用来比较事物之间相对的变化速度。半对数线图的绘制方法是将纵坐标变量取对数，横坐标变量不变作线图。图7-2-6是用图7-2-5的数据绘制的半对数线图，可以看出，白喉死亡率与伤寒、副伤寒死亡率变化快慢速度相差不大。

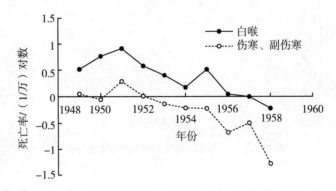

▲ 图7-2-6 某地1949—1958年白喉与伤寒、副伤寒死亡率半对数线图

6. 直方图（histogram） 是用直条矩形面积代表各组频数，各矩形面积总和代表频数的总和。用于表示连续变量频数分布情况，从图7-2-7可看出该地区7岁男孩身高主要分布在118 cm左右，两侧对称逐渐下降。

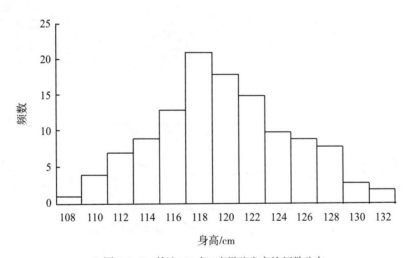

▲ 图7-2-7 某地120名7岁男孩身高的频数分布

7. 散点图（scatter chart） 是以平面坐标中点的密集程度和分布趋势来表达两个变量间的相关关系和数据依存关系。绘制方法与线图相同，只是点与点之间不用线段连接。图7-2-8可以看出随着体重的增加，研究对象肺活量也呈上升趋势。

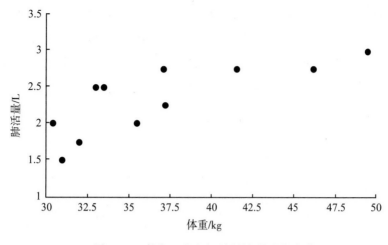

▲ 图7-2-8　某校11名女生肺活量与体重的关系

8. 箱式图（**box-plot**）　又称为盒式图或箱线图，主要用于反映原始数据分布的特征（集中趋势和离散趋势），还可以进行多组数据分布特征的比较。箱子的上下两端分别是P_{75}和P_{25}，中间横线是中位数M，两端连线分别是除异常值外的最大值和最小值。箱体越长，表示数据的变异程度越大；反之箱体越短，表示数据的变异程度越小。中间横线在箱体中央，表明数据对称分布（图7-2-9）；反之，中间横线偏上或偏下，表明数据为偏态分布。

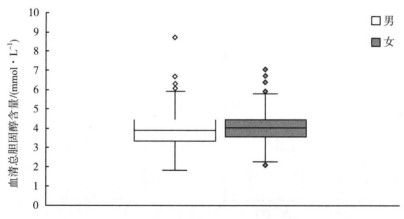

▲ 图7-2-9　某市160名高血压患者血清总胆固醇水平

三、常用统计图种类及注意事项

统计图一般应根据资料的性质和分析目的来进行选择。以下仅介绍在医学研究中常用统计图的种类及注意事项。

1. 直条图　适用于比较和分析独立的或离散变量的多个组或多个类别的统计指标。绘制直条图时应注意：一般以横轴为基线，表示各分组，纵轴表示各分组相应的值；纵轴尺度必须从"0"开始，而且要等距；直条的宽度要相等，各直条（或各组直条）间的间隙应相等，其宽度一般与直条的宽度相等或为直条宽度的一半；为便于比较，一般将被比较的指标按大小顺序排列。

2. 百分比条图与圆图　都属于构成图，常用于描述分类变量资料各类别所占的构成比，表示全体中各部分的比重。绘制圆图时应注意：圆图的起点位置一般为"9点"或"12点"处，顺时针按圆心角度数大小或自然顺序排列各个扇形。

3. 线图　用线段的升降来表示某变量随另一个变量的变化而变化的趋势，适用于连续型资料。绘制线图时应注意：纵轴和横轴尺度都可以不从"0"开始，但纵横尺度比例要恰当，避免给人以夸大或缩小的印象，一般以5∶7为宜；用短线一次将相邻各点连接即得线图，不应将折线描成光滑曲线。半对数线图适用于双变量计量资料，常用于比较事物之间相对的变化速度。半对数线图可以减小数据的离散程度，在比较速度变化时，特别几组数据相差悬殊时，采用半对数线图来描述数据结果更加准确。

4. 直方图　主要用于表示连续变量频数分布情况。绘制直方图时应注意：纵轴的刻度必须从"0"开始，横轴的刻度按实际范围指定。各矩形的高度为频数或频率，宽度为组距。如组距相等，各矩形等宽。组距不相等时，矩形的高度与频数不成正比例，需换算成等距后再绘图，矩形高度＝组段频数／组距。

5. 散点图　常用于描述观察值严格对应的双变量计量资料间的关系。绘制时应注意：横轴和纵轴各代表一个变量，横轴代表自变量，纵轴代表因变量。每组观察值有两个数值，一个是自变量，一个是因变量，二者在图中由一点表示，在坐标系中画出每一组观察值所在的位置，但点与点之间不能用直线连接。

6. 箱式图　常用于两组或多组计量资料的分布比较，主要适用于描述偏态部分的资料。

学习小结

在医学研究中，常采用统计表和统计图直观、形象地呈现事物的数量关系和统计分析结果。统计表是指用表格的形式表达统计资料和结果，统计表由标题、标目、线条、数字和备注5部分组成。常用的统计图有直条图、百分比条图、圆图、普通线图、半对数线图、箱式图、散点图等，这些统计图所适用的数据类型、绘图目的和有关说明见下表。

统计图的绘制目的和注意事项

图形类型	适用数据类型	主要目的	绘制注意事项
条图	计量/计数	比较各组统计指标的差别	纵轴刻度必须从"0"开始，且要求等距
百分比条图	计数	描述或比较计数资料的构成比	其中一个坐标轴为构成比，刻度为0~100%；必须使用图例来区分各个部分
圆图	计数	描述计数资料的构成比	没有坐标轴；必须使用图例区分各个部分
线图	计量	描述两个变量之间的关系	纵横尺度比例要恰当；不可将折线描成光滑的曲线

续表

图形类型	适用数据类型	主要目的	绘制注意事项
半对数线图	计量	同上	因变量变异较大时使用，其他同上
直方图	计量	反映数据分布特点	纵轴刻度必须从"0"开始，且如果各组段的组距不同要调整各矩形的高度，矩形高度＝组段频数/组距
散点图	计量	描述两个变量之间的关系	两个变量的观察值不严格对应；横轴为自变量，纵轴为因变量
箱式图	计量	比较多组计量资料的分布	方箱宽度为四分位数间距，包含样本中50%的数据

（王学梅）

复习
参考题

一、选择题

1. 统计表的主要作用是
   A. 便于形象描述和表达结果
   B. 客观表达实验的原始数据
   C. 减少论文篇幅
   D. 容易进行统计描述和推断
   E. 代替冗长的文字叙述和便于分析对比

2. 绘制下列统计图纵轴坐标刻度必须从"0"开始的有
   A. 圆图
   B. 百分条图
   C. 线图
   D. 半对数线图
   E. 直方图

3. 描述某现象频数分布情况可选择
   A. 圆图
   B. 百分条图
   C. 箱式图
   D. 误差条图
   E. 直方图

4. 对比某种清热解毒药物和对照药物的疗效，单项指标为口渴、身痛、头痛、咳嗽、流涕、鼻塞、咽痛和发热的有效率，应选用的统计图是
   A. 圆图
   B. 百分条图
   C. 箱式图
   D. 复式条图
   E. 直方图

5. 某研究者打算比较1996—2012年两种疾病的死亡率的变化趋势。从收集的资料看，死亡率的变异较大，那么统计图宜采用
   A. 半对数线图
   B. 圆图
   C. 线图
   D. 直方图
   E. 箱图

   答案：1. A；2. E；3. E；4. D；5. A

二、简答题

1. 简述统计表的基本结构及要求。

2. 简述各种统计图的使用目的及要求。

3. 普通线图和半对数线图的区别是什么?

4. 试根据下表资料绘制适当的统计图形。

甘油三酯	例数
0.10 ~	29
0.40 ~	168
0.70 ~	165
1.00 ~	92
1.30 ~	78
1.60 ~	40
1.90 ~	26
2.20 ~	12
2.50 ~	7
2.80 ~	3
合计	—	620

定量资料的统计分析

08章

学习目标

知识目标	1. 掌握描述数据集中趋势、离散趋势的统计指标及应用；t检验及方差分析的适用条件及步骤。
	2. 熟悉频数分布表编制原则和方法；假设检验基本思想及步骤。
	3. 了解正态分布特征及其应用；了解标准误的概念及应用；了解t分布的特征及应用。
能力目标	1. 采用合适的统计指标对临床实际应用中的定量资料进行描述。
	2. 描述定量资料后，选用恰当的统计方法解决临床工作中遇到的健康相关问题。
素质目标	从统计学角度通过局部看整体，客观描述定量资料，科学地对定量资料进行推理和判断。

定量资料的统计分析包括两方面：一是统计描述，主要是运用一些统计指标及统计表和统计图等对数据的数量特征及其分布规律进行客观的描述和表达；二是统计推断，即在一定的置信度或概率保证下，根据样本信息去推断总体特征。统计推断通常包括参数估计和假设检验。

第一节 定量资料的统计学描述

统计描述（statistical description）是指运用统计指标和统计图表等对资料的特征及其分布规律进行描述的统计方法，其目的是使数据表达清楚并便于分析。

一、定量资料的频数分布

（一）频数分布表的编制

收集到定量资料的原始数据后，可通过编制频数分布表来了解其分布的范围、数据最集中的区间及分布的形态。在对原始数据分段后，计数不同组段观察值的个数，就得到数据的频数分布，将其用统计表的形式呈现就是频数分布表（frequency table），简称"频数表"。

例8-1-1 某医生欲了解某市健康成年男子的心率，随机抽查了该市成年男子130名，测量心率（次/min），数据见表8-1-1，试编制频数表并观察频数分布情况。

▼ 表8-1-1 某地130名健康成年男子心率

单位：次/min

75	76	72	69	66	72	57	68	71	72	69	72	73
82	80	82	67	69	73	64	74	58	70	64	60	77
66	77	64	67	76	75	75	71	65	62	76	72	71
60	67	75	75	73	79	66	69	79	78	70	72	70
72	78	72	67	72	80	68	70	61	70	73	72	71
81	70	66	75	71	63	77	74	76	68	65	77	69
77	75	79	64	79	73	76	61	80	64	69	70	73
69	68	65	70	69	66	81	63	64	80	74	78	76
84	66	70	73	60	76	82	73	64	65	73	73	63
80	68	76	70	79	77	64	72	66	69	73	78	76

频数分布表的编制步骤如下。

（1）求极差：极差（range）又称全距，即最大值和最小值之差，记作 R。本例数据中的最大值为84，最小值为57，$R=84-57=27$（次/min）。

（2）确定组段数：适宜的分组数与观察值个数的多少有关。组数过多会使资料过于分散，分布的规律性不能明显地表示出来，但组数太少会导致信息损失，一般以8~15组为宜。本资料共130例，拟分为10组。

（3）确定组距：组距≈极差/组段数，本例组距 $i=27/10=2.7≈3$。

（4）确定各组段的上下限：每个组段的起点称为该组的下限（lower limit），终点称为上限（upper limit），上限=下限+组距。第一组段必须包含最小值，本例最小值为57，故取56为第一组段的下限，其上限=56+3=59。值得注意的是，各组段不能重叠，故每一组段均为半开半闭区间，只写下限，不写上限。最末组段的上限应大于最大值，并要同时写上、下限。本例最大值为84，故最末组段上限取85。

（5）列表划记：统计出各组段内的数据个数（频数）。频数分布表中的各组频数之和为总例数，将各组的频数除以总例数所得的比值被称作频率。频率描述了各组频数在全体中所占的比重，各组频率之和应为100%。某个指定值以下的数据频数或频率被称为累计频数或累计频率。累计频数等于该组段及前面各组段的频数之和，累计频率等于累计频数除以总例数，见表8-1-2。

▼ 表8-1-2 130名健康成年男子心率（次/min）的频数分布表

组段	组中值	频数（f）	频率/%	累计频数	累计频率/%
56~	57.5	2	1.54	2	1.54
59~	60.5	5	3.85	7	5.38

组段	组中值	频数（f）	频率/%	累计频数	累计频率/%
62~	63.5	12	9.23	19	14.62
65~	66.5	15	11.54	34	26.15
68~	69.5	25	19.23	59	45.38
71~	72.5	26	20.00	85	65.38
74~	75.5	19	14.62	104	80.00
77~	78.5	15	11.54	119	91.54
80~	81.5	10	7.69	129	99.23
83~85	84.5	1	0.77	130	100.00
合计	—	130	100.00	—	—

（二）频数分布图

将表8-1-1的资料编成频数表后，可以看出数据的分布情况，若绘制成直方图则更直观。如将表8-1-2资料绘制直方图，见图8-1-1。

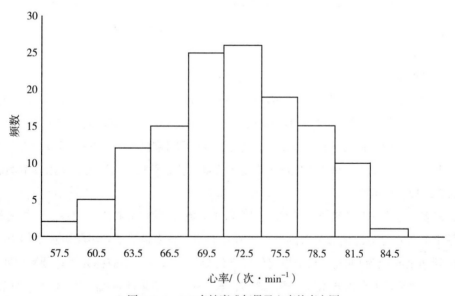

▲ 图8-1-1　130名健康成年男子心率的直方图

绘制直方图的频数表资料一般为等距分组，对于不等距资料应先将不等距的各组频数折算为等距频数，然后再作图。

（三）频数分布表的用途

1.作为描述资料的形式，可以代替原始资料，便于进一步分析。

2. 频数分布表可揭示资料的分布类型　医学研究中常见的资料分布类型可分为对称分布和偏态分布两大类。在对称分布资料中，正态分布（normal distribution）是一种非常重要的分布类型，其特征是中间组段的频数最多，两侧的频数分布对称，并按一定的规律下降。根据集中位置偏的方向，又可将偏态分布分为正偏态和负偏态，如果频数分布的高峰向左侧偏移，长尾向右侧延伸称为正偏态分布，相反则称为负偏态分布。在统计分析时常需要根据资料的分布形式选择相应的统计分析方法，因此对数据分布形式的判定非常重要。

3. 描述频数分布的特征　由频数分布表可以看到频数分布的两个重要特征，即集中趋势和离散趋势。如身高的测量值向中央部分集中，以中间部分人数居多，为集中趋势；从中央部分向两侧频数分布逐渐减少，为离散趋势。

4. 便于发现某些特大或特小的可疑值　若在频数表的两端，连续出现几个组段的频数为0后，又出现一些特大或特小值，则怀疑这些数值是否正确，需要进一步检查和核对，如有错，应予以纠正。

5. 当样本含量比较大时，可用各组段的频率作为概率的估计值。

通过频数分布表和直方图，可以大致看出观察资料的形态和特征。如果需要进一步用数字概括、明确地描述频数分布的特征，则应使用统计指标描述的方法。

二、描述集中趋势的统计指标

描述计量资料集中趋势或平均水平的统计指标称为平均数（average），常作为一组数据的代表值用于分析和进行组间比较。平均数有很多种，常用的有算术均数、几何均数和中位数等。

（一）算术均数

算术均数（arithmetic mean）简称"均数"（mean），总体均数用希腊字母 μ 表示，样本均数用 $\overline{X}$ 表示。

1. 计算方法

（1）直接法：将所有原始观察值 x_1，x_2，$\cdots$，x_n 直接相加再除以总观察例数。其计算公式为：

$$\overline{X} = \frac{x_1 + x_2 + \cdots + x_n}{n} = \frac{\sum X}{n} \qquad （式8-1-1）$$

式中，$\overline{X}$ 为样本均数；$\sum$ 为求和的符号；n 为样本观察例数。当观察例数不多，或应用统计软件时，可选择直接法。对例8-1-1的数据用上面公式计算，可算得130名健康成年男子心率的均数为：

$$\overline{X} = \frac{75 + 76 + 72 + \cdots + 78 + 76}{130} = 71.32（次/min）$$

（2）加权法：当观察例数较多时，资料通常要分组编成频数表，对已经编成频数表的资料，可以把各组的组中值视为各组观察值的代表值，分别乘以各组的频数得到各组观察值之和，然后将它们相加得到观察值的总和再除以总例数。用公式表示为：

$$\overline{X} = \frac{f_1x_1 + f_2x_2 + \cdots + f_kx_k}{n} = \frac{\sum fx}{n} \qquad (\text{式}8\text{-}1\text{-}2)$$

式中k表示频数表的组段数，f_1, f_2, $\cdots$, f_k及x_1, x_2, $\cdots$, x_k分别表示1至k组的频数及组中值；组段的组中值 =（本组段下限 + 本组段上限）/2，如"56~"组段的组中值为（56 + 59）/2 = 57.5，余类推。

将表8-1-2的数据代入式8-1-2，有：

$$\overline{X} = \frac{2 \times 57.5 + 5 \times 60.5 + 12 \times 63.5 + \cdots + 10 \times 81.5 + 1 \times 84.5}{130} = 71.62（次/min）$$

由此可见，在样本例数较多的情况下，加权法与直接法算得的结果相差不大。

2. 均数的应用　均数的意义容易理解，且结果也较稳定，因而应用极为广泛。但主要适用于对称分布或偏度不大的资料，尤其适合正态分布资料。大多数正常人的生理和生化指标，如身高、体重及胸围等都适宜用均数表达其平均水平。由于在计算均数时用到了每一个观察值，对于偏态分布资料，均数容易受到频数分布尾端极大或极小值的影响，不能真正地反映分布的集中位置，此时可根据资料的特点选用下面介绍的两种平均数指标。

（二）几何均数

几何均数（geometric mean）用G表示。多用于经对数转换后呈对称分布的资料，或观察值呈倍数关系的资料。如抗体滴度、细菌计数、血清凝集效价、某些物质浓度等。

1. 计算方法

（1）直接法：当观察例数不多时采用，可求每个观察值对数的算术均数，再求其反对数，计算公式为：

$$G = \lg^{-1}\left(\frac{\lg x_1 + \lg x_2 + \cdots + \lg x_n}{n}\right) = \lg^{-1}\left(\frac{\sum \lg x}{n}\right) \qquad (\text{式}8\text{-}1\text{-}3)$$

例8-1-2　测得8个人的血清凝集效价分别为1∶5, 1∶10, 1∶20, 1∶40, 1∶80, 1∶160, 1∶320, 1∶640，求平均凝集效价。

$$G = \lg^{-1}\left(\frac{\lg 5 + \lg 10 + \lg 20 + \lg 40 + \lg 80 + \lg 160 + \lg 320 + \lg 640}{8}\right) = 56.57$$

即这8个人的平均凝集效价为1∶57。

（2）加权法：当观察例数很多时，可通过加权法计算几何均数。

计算公式为：

$$G = \lg^{-1}\left(\frac{f_1\lg x_1 + f_2\lg x_2 + \cdots + f_n\lg x_n}{\sum f}\right) = \lg^{-1}\left(\frac{\sum f\lg x}{\sum f}\right) \qquad (\text{式}8\text{-}1\text{-}4)$$

例8-1-3　测69例类风湿关节炎患者血清EBV-VCA-IgG抗体滴度见表8-1-3，试计算其平均抗体滴度。

▼ 表8-1-3　69例类风湿关节炎患者血清EBV-VCA-IgG抗体滴度

抗体滴度	例数	抗体滴度	例数
1∶10	4	1∶160	11
1∶20	3	1∶320	15
1∶40	10	1∶640	14
1∶80	10	1∶1 280	2

$$G = \lg^{-1}\left(\frac{4\lg10 + 3\lg20 + \cdots + 2\lg1\,280}{69}\right) = \lg^{-1}\left(\frac{150.277\,8}{69}\right) \approx 151$$

即69名类风湿关节炎患者血清EBV-VCA-IgG抗体平均滴度为1∶151。

2. 几何均数的应用　几何均数在医学研究领域多用于血清学和微生物学中。有些明显呈偏态分布的资料经过对数变换后呈对称分布，也可以采用几何均数描述其平均水平，但要注意观察值中不能有0或负数，否则在作对数变换之前需要加一个常数。同一组观察值的几何均数总是小于它的算术均数。

（三）中位数

中位数（median）用M表示，指把一组观察值从小到大排序，位置居中的数值或居于中间两个数的均数。适用于各种分布类型的资料，尤其适用于偏态分布、一端或两端无确定数值和分布情况不清楚的资料。

1. 计算方法

（1）直接法：当观察例数不多时采用。将观察值从小到大排序，当样本含量为奇数时，位置居中的数值就是M，当样本含量为偶数时，位置居中的两个数值的均数就是M。

例8-1-4　某医师采用改良手术治疗10例肾上腺肿瘤患者，患者的术后生存时间（月）从低到高依次为1、2、2、4、5、7、10、12、≥19、≥25，求平均生存时间。

$$M = 5（个月）$$

（2）频数表计算法：观察例数较多时采用，可先将观察值编制成频数表，再通过百分位数法计算中位数。百分位数（percentile，P_x）是将原始数据从小到大排序，分成100等份，各等份含1%的观察值，分割界限上的值就是百分位数。那么，理论上有$x\%$的观察值小于P_x，有$1-x\%$的观察值大于P_x。第50百分位数P_{50}就是中位数。第25、75、95百分位数记为P_{25}、P_{75}、P_{95}。

百分位数P_x计算公式为：

$$P_x = L + \frac{i}{f_x} \times \left(nx\% - \sum f_L\right) \qquad （式8-1-5）$$

式中，L为P_x所在组段的下限，i为该组段的组距，f_x为该组段的频数，n为总频数，$\sum f_L$为P_x所在组段之前各组段的累计频数。

需要注意：根据频数表数据计算出的百分位数P_x是近似值，实际计算中可以由计算机直接根据原始数据求出其准确值。

例8-1-5 计算例8-1-1的百分位数P_{25}、P_{50}、P_{75}。

中位数，即P_{50}，在频数分布表的"71~"组段。

$$M = P_{50} = 71 + \frac{3}{26} \times (130 \times 50\% - 59) = 71.69 \text{（次/min）}$$

第25百分位数，在频数分布表的"65~"组段。

$$P_{25} = 65 + \frac{3}{15} \times (130 \times 25\% - 19) = 67.70 \text{（次/min）}$$

第75百分位数，在频数分布表的"74~"组段。

$$P_{75} = 74 + \frac{3}{19} \times (130 \times 75\% - 85) = 75.97 \text{（次/min）}$$

2. 中位数和百分位数的应用 对于任何分布的资料都可以用中位数反映平均水平，中位数不受个别特大或特小值的影响，只受位置居中的观察值波动的影响。若资料呈正态分布，理论上讲，中位数应和算术均数相等，当数据经对数转化后呈正态分布时，理论上中位数等于几何均数。

三、描述离散趋势的统计指标

平均水平指标描述了一组数据的集中趋势，可以作为总体的一个代表值。由于变异的客观存在，需要一类指标描述观察值间的变异程度或偏离集中位置的程度，即资料的离散趋势。衡量变异程度大小的指标有很多种，但大体可分为两类：一类是按间距计算，有极差和四分位数间距；另一类则按平均差距计算，有方差、标准差和变异系数等。

（一）极差

极差（range）也称作全距，用R表示，是一组资料最大值与最小值之差。极差越大，离散程度越大。该指标计算简便，但不稳定，易受极端值的影响。通常仅用于粗略地说明变量的变动范围。

（二）四分位数间距

四分位数间距（interval of quartile）用Q表示，是上四分位数Q_U（P_{75}）和下四分位数Q_L（P_{25}）之差，其值越大，说明变异程度越大。例8-1-5中求得P_{25}=67.70（次/min），P_{75}=75.97（次/min），$Q=P_{75}-P_{25}$=8.27（次/min），说明有50%的健康成年男子心率在67.70次/min和75.97次/min之间，其四分位数间距为8.27次/min。它常与中位数一起使用，描述偏态分布资料的集中趋势和离散程度。四分位数间距可用于各种分布的资料，与极差相比不易受极端值的影响。

（三）方差和标准差

为了利用每一个观察值的信息，可以计算各观察值偏离平均数的平均差距，方差（variance）是将总体内所有个体与总体均数差值平方之和（离均差平方和）除以观察例数；方差相当于平均每个数据的离均差平方的和，故方差可用于不同样本含量数据离散程度的比较。方差越大，数据分布离散程度越大。总体方差用σ^2表示，计算公式为：

$$\sigma^2 = \frac{\sum (X - \mu)^2}{N} \tag{式8-1-6}$$

样本方差的计算公式为：

$$S^2 = \frac{\sum(x - \bar{x})^2}{n-1} \qquad （式8-1-7）$$

总体标准差（standard deviation）用σ表示，样本标准差用S表示。标准差是反映计量资料离散趋势的统计指标，总体标准差反映每一个观察值与均数的平均离散程度，是方差的平方根。其单位与原测量单位相同，变量与均数的距离越大，均数代表性越差，反之亦然。

（1）直接法

$$S = \sqrt{\frac{\sum(x-\bar{x})^2}{n-1}} = \sqrt{\frac{\sum x^2 - \left(\sum x\right)^2 / n}{n-1}} \qquad （式8-1-8）$$

例8-1-6 计算例8-1-1的前10个数据75，76，72，69，66，72，57，68，71，72的标准差。

$$n = 10，\quad \sum x = 75 + 76 + \cdots + 72 = 698，$$

$$\sum x^2 = 75^2 + 76^2 + \cdots + 72^2 = 48\,984$$

$$S = \sqrt{\frac{48\,984 - 698^2 / 10}{10 - 1}} = 5.41（次/min）$$

（2）加权法

$$S = \sqrt{\frac{\sum fx^2 - \left(\sum fx\right)^2 / n}{n-1}} \qquad （式8-1-9）$$

式中x和f分别为各组段的组中值及出现的频数。

例8-1-7 根据表8-1-2的频数分布表资料，计算健康成年男子心率的标准差。计算结果如下：

心率组段	组中值（x）	频数（f）	fx	fx^2
56~	57.5	2	115.0	6 612.5
59~	60.5	5	302.5	18 301.3
62~	63.5	12	762.0	48 387.0
65~	66.5	15	997.5	66 333.8
68~	69.5	25	1 737.5	120 756.3
71~	72.5	26	1 885.0	136 662.5
74~	75.5	19	1 434.5	108 304.8
77~	78.5	15	1 177.5	92 433.8
80~	81.5	10	815.0	66 422.5
83~85	84.5	1	84.5	7 140.3
合计	—	130	9 311.0	671 354.5

$$S = \sqrt{\frac{671\,354.5 - 9\,311.0^2/130}{130-1}} = 5.89 \ (\text{次}/\text{min})$$

（四）变异系数

变异系数（coefficient of variation）用 CV 表示，常用于比较度量单位不同或均数相差悬殊的两组（多组）资料的变异程度。计算公式为：

$$CV = \frac{S}{\bar{X}} \times 100\% \tag{式8-1-10}$$

变异系数描述了相对于算术均数而言的标准差的大小，它描述的是数据分布的相对离散程度。变异系数没有度量衡单位，因此，不同资料的变异系数可以直接比较。

四、正态分布及其应用

（一）正态曲线

医学研究中许多变量的频数分布以均数为中心，表现为越接近均数频数分布越多，离均数越远频数分布越少，且左右两侧基本对称。由第一节图8-1-1可见130名健康成年男子心率的频数分布就是以均数为中心，左右基本对称的。若将图8-1-1的纵轴由表8-1-2中的频数转换为频率，即可得到130名健康成年男子心率频率分布图（图8-1-2）。虽然两个图的纵坐标含义各异，但图的形状却完全相同。可以设想，当样本含量逐渐增加，且组段不断细分时，图中直条将变窄，就会表现出中间高、两侧逐渐降低（图8-1-3A、图8-1-3B）。将频数分布图各直条的中点连线，就形成一条接近于光滑的曲线（图8-1-3C），这条曲线形态呈钟形，两头低、中间高，左右对称，近似于数学上的正态曲线。在处理资料时，我们就把它看成是正态分布。

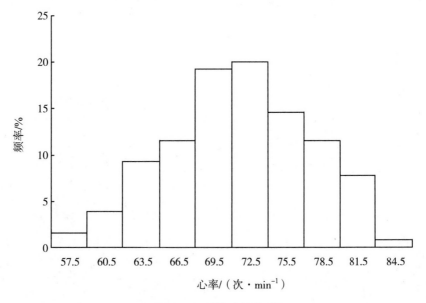

▲ 图8-1-2 频率分布示意图

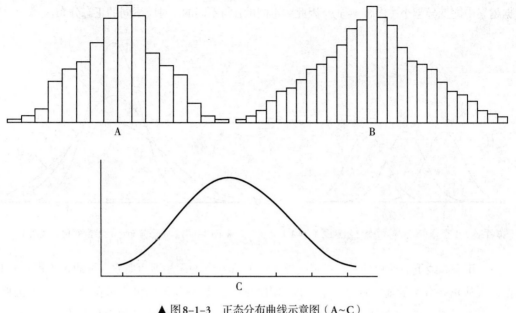

▲ 图8-1-3　正态分布曲线示意图（A~C）

（二）正态分布的特征

如果随机变量X的分布服从概率密度函数：

$$f(X) = \frac{1}{\sigma\sqrt{2\pi}} e^{-\frac{1}{2}\left(\frac{X-\mu}{\sigma}\right)^2} \quad (-\infty < X < +\infty) \tag{式8-1-11}$$

和概率分布函数：

$$F(X) = \frac{1}{\sigma\sqrt{2\pi}} \int_{-\infty}^{X} e^{-\frac{1}{2}\left(\frac{X-\mu}{\sigma}\right)^2} dx \quad (-\infty < X < +\infty) \tag{式8-1-12}$$

则称连续型随机变量X服从正态分布，记为$X \sim N(\mu, \sigma^2)$，式中π和e是两个常数，分别为圆周率（$\pi = 3.141\,592\cdots$）和自然对数的底值（e近似等于2.718 28），μ和σ为正态分布的两个参数，其中μ为X的总体均数，σ为X的总体标准差，X的取值范围理论上没有边界（$-\infty < X < +\infty$），X离μ越远，函数$f(X)$值越接近于0，但不会等于0。

正态分布具有如下几个主要特征：

（1）正态分布是单峰分布，以$X=\mu$为中心，左右完全对称，正态曲线以X轴为渐近线，两端与X轴不相交。

（2）正态曲线在$X=\mu$处有最大值，其值为$f(\mu) = 1/(\sigma\sqrt{2\pi})$；$X$越远离$\mu$，$f(X)$值越小，在$X=\mu\pm\sigma$处有拐点，呈现为钟形。

（3）正态分布完全由两个参数μ和σ决定，μ是位置参数，描述正态分布的平均水平，决定正态曲线在X轴上的位置；σ是形态参数，描述正态分布的变异程度，决定着正态曲线的分布形状。若σ固定而改变μ，曲线沿着X轴平行移动，其形状不变，改变的只是位置（图8-1-4）；若μ固定而改变σ，σ越大曲线越"矮胖"，表示数据越分散即变异越大，σ越小曲线越"瘦高"，表示数据越集中即变异越小（图8-1-5）。因此，不同的μ与不同的σ对应不同的正态分布。

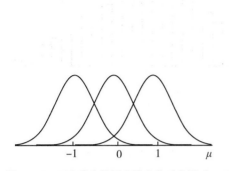

▲ 图8-1-4　正态分布位置参数变化示意图（$\sigma=1$）

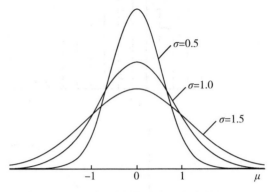

▲ 图8-1-5　正态分布形状参数变化示意图（$\mu=0$）

（4）正态曲线下的面积分布有一定的规律：① 曲线下的面积即为概率，可通过（式8-1-12）求得，服从正态分布的随机变量在某一区间内的曲线下面积与该随机变量在同一区间上的概率相等（图8-1-6）；② 曲线下的总面积为1或100%，以μ为中心左右两侧面积各占50%，越靠近μ处曲线下面积越大，两边逐渐减少；③ 所有正态曲线，在μ左右的任意个标准差范围内面积相同：区间$\mu\pm\sigma$范围内的面积约为68.27%，区间$\mu\pm1.64\sigma$范围内的面积约为90.00%，区间$\mu\pm1.96\sigma$范围内的面积约为95.00%，区间$\mu\pm2.58\sigma$范围内的面积约为99.00%（图8-1-7）。

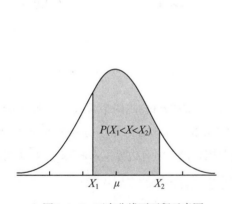

▲ 图8-1-6　正态曲线下面积示意图

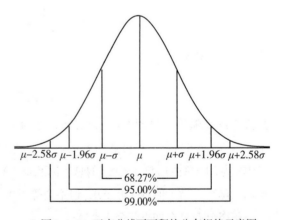

▲ 图8-1-7　正态曲线下面积的分布规律示意图

（三）标准正态分布

正态分布曲线是一簇曲线，两个参数μ和σ共同确定正态分布曲线的位置与形状。为了应用方便，对任意一个服从$X\sim N(\mu, \sigma^2)$分布的随机变量X，经式8-1-13变换都可转换为$\mu=0$、$\sigma=1$的标准正态分布，记为$X\sim N(0, 1)$。

$$z = \frac{X-\mu}{\sigma} \tag{式8-1-13}$$

在实际应用中，经Z变换可把求解任意一个正态分布曲线下面积的问题，转化成标准正态分布曲线下相应的面积问题（标准正态分布曲线下面积关系见图8-1-8）。只需制定标准正态曲线下面积分布表，对于服从正态分布的指标，均可借助标准正态分布表估计任意（$x_1 \sim x_2$）范围内的频数比例。标准正态分布界值表中列出了标准正态曲线下从 $-\infty$ 到Z范围内的面积 $\Phi(z)$ 值。对于任意两值 $z_1 \sim z_2$，求标准正态曲线下（$z_1 \sim z_2$）范围内的面积，可以先查标准正态分布界值表（附表1），分别求从 $-\infty$ 到 z_1 与 $-\infty$ 到 z_2 的面积，然后两者相减，即可获得所要求的面积。标准正态分布界值表仅列出曲线下从 $-\infty$ 到 $z \leq 0$ 范围内的面积。对于 $z > 0$ 时，可利用正态分布的对称性求得曲线下从 $-\infty$ 到Z范围内的面积，即 $\Phi(z) = 1 - \Phi(-z)$。

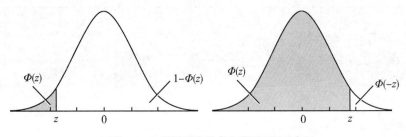

▲ 图8-1-8　标准正态分布曲线下面积示意图

例8-1-8　若 $X \sim N(\mu, \sigma^2)$，试计算X取值在 $\mu \pm 1.96\sigma$ 上的概率。

先做标准化转换，求X所对应的Z值，根据式8-1-13计算：

$$z_1 = \frac{x_1 - \mu}{\sigma} = \frac{(\mu - 1.96\sigma) - \mu}{\sigma} = -1.96$$

$$z_2 = \frac{x_2 - \mu}{\sigma} = \frac{(\mu + 1.96\sigma) - \mu}{\sigma} = 1.96$$

查标准正态分布界值表，得：

$$P(-1.96 < z < 1.96) = \Phi(1.96) - \Phi(-1.96) = \left(1 - \Phi(-1.96)\right) - \Phi(-1.96)$$
$$= 1 - 2\Phi(-1.96) = 1 - 2 \times 0.025 = 0.95$$

即X取值在 $\mu \pm 1.96\sigma$ 上的概率为95%。

例8-1-9　例8-1-1的130名健康成年男子心率资料的均数和标准差分别为：71.32与5.89次/min；在正态分布假定下，试估计心率在65~75次/min者占该地健康成年男子总数的百分比。

$$Z_1 = \frac{65 - 71.32}{5.89} = -1.07, \quad Z_2 = \frac{75 - 71.32}{5.89} = 0.62$$

查标准正态分布界值表，得：

$$\Phi(-1.07) = 0.142\ 3, \quad \Phi(0.62) = 1 - \Phi(0.62) = 1 - 0.267\ 6 = 0.732\ 4$$

$$\Phi(0.62) - \Phi(-1.07) = 0.732\ 4 - 0.142\ 3 = 0.590\ 1 = 59.01\%$$

故心率在65~75次/min者占该地健康成年男子总数的59.01%。

（四）正态分布的应用

正态分布是一种很重要的连续型随机变量分布，是很多统计处理方法的基础。医疗卫生领域中常利用正态分布估计频数分布、制定参考值范围及进行质量控制。

1. 确定医学参考值范围　医学参考值范围（medical reference range）又称为正常值范围，是指绝大多数正常人的各种生理、生化数据，组织代谢产物含量等的取值范围。确定医学参考值范围的方法有两种，表8-1-4给出了两种方法90%、95%和99%范围的计算公式。

▼ 表8-1-4　医学参考值范围的正态分布法和百分位数法计算公式

概率/%	正态分布法			百分位数法		
	双侧	单侧		双侧	单侧	
		下限	上限		下限	上限
90	$\overline{X}\pm1.64S$	$\overline{X}-1.28S$	$\overline{X}+1.28S$	$P_5\sim P_{95}$	P_{10}	P_{90}
95	$\overline{X}\pm1.96S$	$\overline{X}-1.64S$	$\overline{X}+1.64S$	$P_{2.5}\sim P_{97.5}$	P_5	P_{95}
99	$\overline{X}\pm2.58S$	$\overline{X}-2.33S$	$\overline{X}+2.33S$	$P_{0.5}\sim P_{99.5}$	P_1	P_{99}

（1）正态分布法：对服从正态分布的指标，可根据正态曲线下面积的分布规律进行医学参考值范围的计算，具体步骤为：① 对资料进行正态性检验。② 若资料服从正态分布且样本量足够大（如$n\geq100$），需计算均数$\overline{X}$与标准差S。③ 按式8-1-14计算参考值范围。

$$\overline{X}\pm Z_{\alpha/2}S（双侧），\overline{X}+Z_\alpha S或\overline{X}-Z_\alpha S（单侧）\qquad（式8-1-14）$$

例8-1-10　利用例8-1-1的130名健康成年男子心率资料，心率的均数、标准差分别为71.32与5.89次/min，求该地求健康成年男子心率95%参考值范围。

图8-1-1显示心率资料近似服从正态分布，因心率过高或过低均为异常，故按双侧估计95%参考值范围。

下限：$\overline{X}-Z_{0.05/2}S=71.32-1.96\times5.89=59.78$（次/min）

上限：$\overline{X}+Z_{0.05/2}S=71.32+1.96\times5.89=82.86$（次/min）

该地95%的健康成年男子心率在59.78~82.86次/min范围内。

（2）百分位数法　当分析指标例数n较大时分布趋于稳定，若不满足正态分布可采用百分位数法计算参考值范围，计算公式见表8-1-4。

例8-1-11　随机抽取某地578名50~60岁正常女性的血清高密度脂蛋白胆固醇（HDL-C）含量，见表8-1-5，试估计血清HDL-C含量的95%参考值范围。

▼ 表8-1-5　某地578名50~60岁正常女性的血清HDL-C含量频数表

高密度脂蛋白胆固醇/（mmol·L⁻¹）	频数	累计频数	累计频率/%
0.15~	13	13	2.25
0.40~	123	136	23.53

高密度脂蛋白胆固醇/（mmol·L⁻¹）	频数	累计频数	累计频率/%
0.65~	198	334	57.79
0.90~	122	456	78.89
1.15~	68	524	90.66
1.40~	28	552	95.50
1.65~	14	566	97.92
1.90~	8	574	99.31
2.15~	0	574	99.31
2.4~2.65	4	578	100.00

HDL–C含量过低属于异常情况，且根据频数表可知该资料为偏态分布，所以应用百分位数法计算单侧参考值下限P_5。

$$P_5 = 0.4 + \frac{0.25}{123} \times (578 \times 5\% - 13) = 0.432 \text{ mmol}/\text{L}$$

50~60岁正常女性血清HDL–C含量的95%参考值范围为大于0.432 mmol/L。

2. 质量控制　医学研究中的许多指标，若影响某一变量的随机因素很多，而每个因素所起的作用不太大时，则这个指标往往服从正态分布，其随机波动属于随机误差。相反，如果除随机误差外，还存在某些影响较大的因素导致的误差（系统误差），这时指标的波动就不再服从正态分布。利用这一原理，可以进行测量过程的质量控制。可根据正态分布的特征，常以$\bar{x} \pm 2s$作为上、下警戒线，以$\bar{x} \pm 3s$作为上、下控制线。若某一次测量的指标超过了上、下警戒线，甚至上、下控制线时，则有理由认为该指标的波动不仅仅是由随机测量误差引起的，可能存在某种非随机的系统性误差。

3. 正态分布　是许多统计方法的理论基础，许多统计分析方法是在正态分布的基础上建立起来的，如t检验、方差分析等；另外，当样本含量足够大时，有许多分布都近似于正态分布，可用正态近似的统计分析方法处理。

（王学梅）

第二节　定量资料的统计学推断

如果一组数据是整个总体的观察结果，统计描述即可得出明确的结论，但更多情况是数据来自随机抽取的样本，这时还需要使用统计推断方法。统计推断（statistical inference）指由样本数据的特征推断总体特征的方法，包括参数估计和假设检验。

一、均数的抽样误差

了解总体特征的最好方法是对总体的每一个体进行观察或实验，但这在医学研究中往往是不可行的，只能借助于抽样研究，通过样本信息来推断总体特征。但由于个体存在差异，即使严格遵守随机化的原则，抽得的样本均数不太可能恰好等于总体均数。因此用样本推论总体时会存在一定的误差，如样本均数 $\overline{X}$ 往往不等于总体均数 μ，这种由抽样造成样本统计量与总体参数的差异称为抽样误差（sampling error）。对于抽样研究，抽样误差是不可避免的，因为其产生的根本原因是生物个体的变异性；但抽样误差分布具有一定的规律性，可以用统计方法来计算或估计其大小。

理论上可以证明：若从正态总体 $X \sim N(\mu, \sigma^2)$ 中，反复多次随机抽取样本含量固定为 n 的样本，那么这些样本均数 $\overline{X}$ 也服从正态分布，即 $\overline{X}$ 的总体均数仍为 μ，样本均数的标准差为 $\sigma/\sqrt{n}$。则根据中心极限定理：从任意均数等于 μ，方差等于 σ^2 的一个总体中抽取样本量为 n 的简单随机样本。在样本含量 n 很大的情况下（如 $n>50$），无论总体分布形态如何，样本均数 $\overline{X}$ 的抽样分布都近似服从正态分布 $X \sim N(\mu, \sigma^2/n)$。

统计学中为了区别个体观察值之间变异的标准差与反映样本均数之间变异的标准差，将后者称为均数的标准误（standard error of the mean）。显然标准误小于原始测量值的标准差，标准误越小说明估计越精确，因此可以用均数的标准误表示均数抽样误差的大小。均数的标准误用符号 $\sigma_{\overline{x}}$ 表示，计算公式为：

$$\sigma_{\overline{x}} = \frac{\sigma}{\sqrt{n}} \qquad\qquad （式8-2-1）$$

由式 8-2-2 可见，在样本含量一定的情况下，均数的标准误与标准差成正比，说明当总体中各观测值变异较小时，抽到的样本均数 $\overline{X}$ 与总体均数 μ 可能相差较小，用 $\overline{X}$ 估计 μ 的可靠程度较高。均数的标准误与样本含量的平方根 $\sqrt{n}$ 成反比，说明在同一总体中随机抽样，样本含量 n 越大标准误越小。可通过适当增加样本含量来减少均数的标准误，从而降低抽样误差。均数的标准误反映了样本均数间的离散程度，也反映了样本均数与总体均数的差异。

在实际工作中，由于总体标准差 σ 常未知，而用样本标准差 S 来估计。因此，均数标准误的估计值为：

$$S_{\overline{x}} = \frac{S}{\sqrt{n}} \qquad\qquad （式8-2-2）$$

例8-2-1 某社区医生随机抽查了 50~60 岁男子 100 人，得收缩压均数为 123.6 mmHg，标准差为 6.85 mmHg，计算其标准误。

$$S_{\overline{x}} = \frac{S}{\sqrt{n}} = \frac{6.85}{\sqrt{100}} = 0.685 \text{ mmHg}$$

二、t 分布

在正态分布总体中进行抽样，t 值即 $\dfrac{\overline{x} - \mu}{S/\sqrt{n}}$，服从自由度 $v = n-1$ 的 t 分布，主要用于总体均数的区间估计和 t 检验。

1. *t*分布的特征　*t*分布是一簇曲线，其曲线形态变化与自由度$v=n-1$的有关。自由度v不同时，曲线的形状不同，参见图8-2-1。

（1）单峰分布，以0为中心，左右对称分布。

（2）自由度v越小，*t*值越分散，*t*分布的峰部越矮而尾部翘得越高。

（3）随着自由度v的增大，*t*分布逐渐越来越接近于标准正态分布曲线；当$v \to \infty$时，*t*分布的极限分布就是标准正态分布，故标准正态分布是*t*分布的特例。

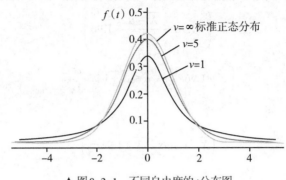

▲ 图8-2-1　不同自由度的*t*分布图

2. *t*界值　*t*分布曲线和横轴之间的面积为1，*t*取值某个区间的概率*P*相当于横轴上该区间与曲线所夹面积。*t*界值表（附表2）给出了*t*分布曲线下单侧和双侧尾部面积所对应的界值。在*t*界值表中，横标目为自由度v，纵标目为概率*P*。一侧尾部面积称为单侧概率或单尾概率，两侧尾部面积之和称为双侧概率或双尾概率，由于*t*分布以0为中心左右对称，表中只列出了正*t*值，故查表时，不管*t*值正负均用绝对值查表得概率*P*值。

例如，由*t*界值表查出双侧$t_{0.05/2,11}=2.201$，表示从正态总体中随机抽取12例作为样本，其*t*值服从$v=n-1=12-1=11$的*t*分布，理论上*t*取值于$(-\infty, -2.201)$和$(2.201, \infty)$的概率之和为0.05。

三、总体均数置信区间估计

统计推断包括参数估计和假设检验两部分内容。参数估计是指用样本统计量推断总体参数，有点估计和区间估计两种方法。

点估计（point estimation）是指用样本统计量直接作为其总体参数的估计值，方法简单，但未考虑抽样误差的大小。

区间估计（interval estimation）是指按预先给定的概率（$1-\alpha$）所确定的包含未知总体参数的一个范围。该范围称为参数的可信区间或置信区间（confidence interval，*CI*）；预先给定的概率（$1-\alpha$）称为可信度或置信度，常取95%或99%，如没有特殊说明，一般取双侧95%。置信区间通常由两个数值界定的可信限（confidence limit）构成，其中数值较小的一方称为置信下限，数值较大的一方称为置信上限。总体均数估计的95%置信区间表示该区间包括总体均数的概率为95%，即若作100次抽样算得100个置信区间，则平均有95个置信区间包括μ，只有5个置信区间不包括μ。

总体均数μ置信区间的计算公式可以利用$\overline{X}$的抽样分布获得。实际中，总体均数置信区间的计算方法根据总体标准差σ是否已知，以及样本量n的大小而有所不同。

（一）σ已知

如果变量X服从均数为μ、标准差为σ的正态分布，则：

$$Z = \frac{\overline{X} - \mu}{\sigma / \sqrt{n}} \qquad （式8-2-3）$$

服从标准正态分布。按照标准正态分布规律，95%的Z值在-1.96和1.96之间，即：

$$\left(-1.96 \leqslant \frac{\overline{X} - \mu}{\sigma / \sqrt{n}} \leqslant 1.96 \right) \qquad （式8-2-4）$$

$$\left(\overline{X} - 1.96 \frac{\sigma}{\sqrt{n}} \leqslant \mu \leqslant \overline{X} + 1.96 \frac{\sigma}{\sqrt{n}} \right)$$

从而得到95%置信区间：

$$\left(\overline{X} - 1.96 \sigma_{\overline{x}}, \ \overline{X} + 1.96 \sigma_{\overline{x}} \right) \qquad （式8-2-5）$$

更一般的情况：

$$\left(\overline{X} - Z_{\alpha/2} \sigma_{\overline{x}}, \ \overline{X} + Z_{\alpha/2} \sigma_{\overline{x}} \right) \qquad （式8-2-6）$$

其中$Z_{\alpha/2}$为标准正态分布的双侧界值。若取$1-\alpha=0.95$，则为总体均数95%置信区间，或取$1-\alpha=0.99$，则为总体均数99%置信区间。

（二）σ未知

事实上，总体标准差σ通常是未知的，这时可以用其估计量S代替σ，但在这种情况下，$\dfrac{\overline{X} - \mu}{S / \sqrt{n}}$已不再服从标准正态分布，而是服从$t$分布。

计算置信区间的原理与σ已知情况完全相同，仅仅是两侧概率的界值不同。按t分布规律，$100\% \times (1-\alpha)$的t值在$-t_{\alpha/2,v}$和$t_{\alpha/2,v}$之间，即：

$$P\left(-t_{\alpha/2,v} \leqslant \frac{\overline{X} - \mu}{S / \sqrt{n}} \leqslant t_{\alpha/2,v} \right) = 1 - \alpha \qquad （式8-2-7）$$

将上式写成置信区间：

$$\left(\overline{X} - t_{\alpha/2,v} S_{\overline{x}}, \ \overline{X} + t_{\alpha/2,v} S_{\overline{x}} \right) \qquad （式8-2-8）$$

例8-2-2 某医生测得25名非酒精性脂肪性肝病患者血清总胆固醇含量的均数为3.15 mmol/L，标准差为1.40 mmol/L，试计算该类患者血清总胆固醇含量总体均数的95%置信区间。

本例$n=25$，$\overline{X}=3.15$，$S=1.40$，$v=n-1=25-1=24$，$\alpha=0.05$，查t值表$t_{0.05/2,24}=2.064$，按式8-2-8计算得：

下限：$\overline{X} - t_{\alpha/2,v} S_{\overline{x}} = 3.15 - 2.064 \times 1.40 / \sqrt{25} = 2.57 \,(\text{mmol} / \text{L})$

上限：$\overline{X} + t_{\alpha/2,v}S_{\overline{x}} = 3.15 + 2.064 \times 1.40 / \sqrt{25} = 3.73 \, (\text{mmol}/\text{L})$

根据该资料计算得到，非酒精性脂肪性肝病患者血清总胆固醇含量总体均数的95%置信区间为2.57~3.73 mmol/L。

（三）大样本资料

在大样本情况下（如 $n > 50$），无论变量 X 是否服从正态分布，按照中心极限定理 $\overline{X}$ 都服从正态分布，同时 t 分布逼近正态分布，置信区间可以用下式近似计算：

$$\left(\overline{X} - Z_{\alpha/2}S_{\overline{x}}, \ \overline{X} + Z_{\alpha/2}S_{\overline{x}} \right) \tag{式8-2-9}$$

例8-2-3 试计算例8-1-1中该地健康成年男子心率总体均数95%置信区间。

本例 $n = 130$，属于大样本，可采用正态近似的方法计算置信区间。$n - 130$，$\overline{X} = 71.32$，$S = 5.89$，$\alpha = 0.05$，95%置信区间为

下限：$\overline{X} - z_{\alpha/2}S_{\overline{x}} = 71.32 - 1.96 \times 5.89 / \sqrt{130} = 70.31 \, (\text{次}/\text{min})$

上限：$\overline{X} + z_{\alpha/2}S_{\overline{x}} = 71.32 + 1.96 \times 5.89 / \sqrt{130} = 72.33 \, (\text{次}/\text{min})$

根据该资料计算估计该地健康成年男子心率总体均数的95%置信区间为70.31~72.33次/min。

（四）单侧置信区间

前面涉及的都是双侧置信区间。但有些情况下，我们所关心的仅仅是单侧的可信限。例如，对2型糖尿病患者进行治疗，一般患者接受治疗后可以使空腹血糖降低1 mmol/L，现提出一种新的治疗方法，研究者仅对此疗法是否优于标准疗法感兴趣，为此有100名患者接受了这种新疗法，得到的数据显示空腹血糖平均降低1.27 mmol/L，空腹血糖治疗前后变化的标准差为0.56 mmol/L，能否说新疗法优于标准疗法（$\alpha = 0.05$）？为此可以计算单侧置信区间，其中只需关心置信区间的下限，即如果下限值高于1 mmol/L，就有理由得出新疗法优于标准疗法的结论。

单侧置信区间与双侧置信区间的计算公式基本相同，只需将式8-2-8和式8-2-9中的抽样分布的双侧界值换成单侧界值，同时只取下限或上限。本例95%置信区间下限为

$$\overline{X} - t_{0.05,99}S_{\overline{x}} = 1.27 - 1.66 \times 0.56 / \sqrt{100} = 1.18 \, (\text{mmol}/\text{L})$$

即有95%的把握推断新药平均降血糖至少为1.18 mmol/L，优于标准疗法。

四、假设检验的基本思想与步骤

假设检验（hypothesis test）是统计推断的另一个重要内容，目的是比较总体参数之间有无差别。

（一）基本思想

在抽样研究中，即使是随机样本，观测到的样本均数与已知总体均数或两样本均数间差异也可能并不代表总体真实情况。出现这种差异，其原因有二：① 可能是总体均数不同；② 可能是总体均数相同，但差别仅仅是抽样误差造成的。

假设检验是根据"小概率事件在一次实验中一般不会发生"的原理和反证法的思想，首先对所需要比较的总体提出一个无差别假设，然后通过样本数据去推断是否拒绝这一假设。假设检验的实质是判断观察到的"差别"是由抽样误差引起还是总体上的不同，目的是评价两种不同处理

引起效应不同的证据有多强，这种证据的强度用概率 P 度量和表示。除 t 分布外针对不同的资料还有其他各种检验统计量及分布，如 F 分布、χ^2 分布等，应用这些分布对不同类型的数据进行假设检验的步骤相同，其差别仅仅是需要计算的检验统计量不同。

例8-2-4 某项研究欲评估二甲双胍和西格列药物的联合使用对 2 型糖尿病患者的治疗作用，30 例患者治疗前后的空腹血糖差值为（1.22 ± 0.34）mmol/L，问治疗后空腹血糖是否有改善？

对上面问题可以作如下考虑：如果治疗前后空腹血糖没有改善，则前后变化差值的总体均数 $\mu_d = 0$，但观察发现样本差值均数 $\overline{d} = 1.22$，其差别可能由两种原因引起。① 药物没有作用，只是生物变异性波动：$\mu_d = 0$，二甲双胍和西格列药物的联合使用对患者的空腹血糖水平没有影响，但有抽样误差；② 药物作用：$\mu_d \neq 0$，二甲双胍和西格列药物的联合使用对患者的空腹血糖水平有影响，不完全是抽样误差的原因。要直接判断是否 $\mu_d \neq 0$ 很难，但可利用反证法思想，从对立面 $\mu_d = 0$ 出发间接判断是否 $\mu_d \neq 0$。

（二）基本步骤

1. 建立检验假设，确定检验水准

H_0：$\mu = \mu_0$，即原假设，常称为零假设

H_1：$\mu \neq \mu_0$，即备择假设，常称为对立假设

对于原假设，需要注意的是：

（1）H_0 和 H_1 是相互联系、对立，且缺一不可；

（2）H_0 通常假定某两个（或多个）总体参数相等；

（3）H_1 的内容直接反映了检验的单双侧。单双侧检验首先根据专业知识确定，其次根据所要解决的问题确定。一般认为双侧检验较稳妥。

（4）建立假设的同时，还必须给出检验水准。检验水准亦称显著性水准。记为 α，是预先规定的拒绝域的概率值，它确定了发生小概率事件标准。在实际工作中常取 $\alpha = 0.05$ 或 $\alpha = 0.01$，且可根据不同研究目的给予不同设置。显然，取 α 值越大越容易得出有差别的结论。

2. 计算检验统计量 根据变量和资料类型、研究设计方案、统计推断的目的、方法的适用条件等选择适当的检验方法和计算公式。如成组设计两样本均数的比较可根据资料特点选用两独立样本均数 t 检验并计算统计量 t 值。需要注意的是：所有的检验统计量都是在 H_0 成立的前提条件下计算出来的。

3. 确定 P 值，作出推断结论 查表得到检验用的临界值，然后将算得的统计量与拒绝域的临界值作比较，确定 P 值。如对双侧 t 检验 $|t| \geq t_{\alpha/2}$，则 $P \leq \alpha$，按 α 检验水准拒绝 H_0，接受 H_1，差异有统计学意义（统计结论），可认为……不同（专业结论）；若 $P > \alpha$，则不能拒绝 H_0，差异无统计学意义（统计结论），尚不能认为……不同（专业结论）。P 值是假设检验下结论的主要依据，其含义是指在原假设成立的条件下，观察到的样本差别是由于机遇所致的概率。因此，P 值越小越有理由拒绝原假设，认为总体之间有差别的统计学证据越充分。需要注意：不拒绝 H_0 不等于支持 H_1 成立，仅表示现有样本信息不足以拒绝 H_0。

五、t检验和Z检验

计量资料两组均数的比较可采用t检验和Z检验，根据研究设计、资料的性质及样本量的不同可分为单样本t检验、配对样本t检验、两独立样本t检验及Z检验。t检验的理论依据是t分布和假设检验原理。

t检验的应用条件：σ未知且n较小时，要求样本来自正态分布总体；两样本均数比较时还要求两样本所属总体的方差相等。

Z检验的应用条件：σ未知但n足够大（如$n>100$）或σ已知。

（一）单样本t检验

单样本t检验又称单样本均数t检验，适用于样本均数$\overline{X}$与已知总体均数μ_0的比较，其比较目的是检验样本均数$\overline{X}$所代表的总体均数μ是否与已知总体均数μ_0有差别。已知总体均数μ_0，一般为标准值、理论值或经大量观察得到的较稳定的指标值。

单样本t检验用于总体标准差σ未知的资料，其统计量t值按式8-2-10计算：

$$t = \frac{\overline{X} - \mu_0}{S_{\overline{X}}} = \frac{\overline{X} - \mu_0}{S/\sqrt{n}}, \ \nu = n - 1 \qquad （式8-2-10）$$

其中S为样本标准差，n为样本含量。

例8-2-5 既往通过大规模调查已知某地新生儿平均出生身长为50.4 cm。从该地早产儿中随机抽取36名新生儿作为研究样本，平均出生身长为48.5 cm，标准差为0.4 cm，该地早产儿出生身长与一般新生儿身长有无差异？

本例总体均数$\mu_0=50.4$ cm，但总体标准差σ未知，$n=36$，为小样本，$\overline{X}=48.5$ cm，$S=0.4$ cm，故选用单样本t检验。

（1）建立检验假设，确定检验水准

H_0：$\mu=\mu_0$，该地早产儿与一般新生儿平均出生身长相同

H_1：$\mu \neq \mu_0$，该地早产儿与一般新生儿平均出生身长不同

$\alpha=0.05$

（2）计算检验统计量

在$\mu=\mu_0$成立的前提条件下，计算统计量为

$$t = \frac{\overline{X} - \mu_0}{S_{\overline{X}}} = \frac{\overline{X} - \mu_0}{S/\sqrt{n}} = \frac{48.5 - 50.4}{0.4/\sqrt{36}} = -28.5, \ \nu = n - 1 = 35$$

（3）根据P值，作出推断结论

查t界值表，得$t_{0.05/2,35}=2.030$，因为$|t|=28.5>t_{0.05/2,35}$，故$P<0.05$，按$\alpha=0.05$检验水准，拒绝H_0，接受H_1，差异有统计学意义，可以认为该地早产儿与一般新生儿平均出生身长不同，早产儿的出生身长较低。

（二）配对样本t检验

配对样本t检验，又称非独立两样本均数t检验，适用于配对设计计量资料均数的比较，比较目的是检验两相关样本均数所代表的未知总体均数是否有差别。配对设计是将受试对象按某些

重要特征相近的原则配成对子，每对中的两个个体随机地给予两种处理。应用配对设计可以减少实验误差和控制非处理因素，提高统计处理效率。配对设计有两种情况：① 同源配对，同一受试对象或同一标本的两个部分，随机分配接受两种不同处理。② 异源配对，为消除混杂因素的影响，将两个同质受试对象配对分别接受两种处理，如把同窝、同性别和体重相近的动物配成一对，或把同性别、年龄相近及病情相同的患者配成一对。

配对设计的资料具有对子内数据——对应的特征，研究者应关心对子的效应差值而不是各自的效应值。因此，进行配对 t 检验时，首先应计算各对数据间的差值 d，将 d 作为变量计算均数。将该检验理解为差值样本均数 $\bar{d}$ 与已知总体均数 $\mu_d=0$ 比较的单样本 t 检验，其检验统计量为

$$t = \frac{\bar{d} - \mu_d}{S_{\bar{d}}} = \frac{\bar{d} - 0}{S_{\bar{d}}} = \frac{\bar{d}}{S_d / \sqrt{n}}, \ \nu = n - 1 \qquad （式8-2-11）$$

式中，d 为每对数据的差值，$\bar{d}$ 为差值的样本均数，S_d 为差值的标准差，$S_{\bar{d}}$ 为差值样本均数的标准差，即差值样本的标准误，n 为配对样本的对子数。

例8-2-6 某实验室为建立一种检测水中硝酸盐氮的新方法，对12份不同类型的水样分别采用传统方法和新方法进行比较测定，结果见表8-2-1。两种方法的测定结果（mg/L）是否有差别？

▼ 表8-2-1 水中硝酸盐氮的浓度

单位：mg/L

编号	传统方法	新方法	差值	编号	传统方法	新方法	差值
1	9.72	6.75	2.97	7	4.73	4.58	0.15
2	6.23	7.69	-1.46	8	5.80	4.33	1.47
3	7.05	5.78	1.27	9	7.89	8.65	-0.76
4	5.38	4.96	0.42	10	6.15	5.56	0.59
5	8.15	8.75	-0.60	11	9.93	8.76	1.17
6	9.90	8.30	1.60	12	7.00	8.02	-1.02

（1）建立检验假设，确定检验水准

H_0：$\mu_d=0$，两种方法的测定结果相同

H_1：$\mu_d \neq 0$，两种方法的测定结果不同

$\alpha=0.05$

（2）计算检验统计量

$$t = \frac{\bar{d} - \mu_d}{S_{\bar{d}}} = \frac{\bar{d} - 0}{S_{\bar{d}}} = \frac{\bar{d}}{S_d / \sqrt{n}} = \frac{0.483}{1.293 / \sqrt{12}} = 1.295$$

（3）根据 P 值，作出推断结论

本例自由度 $\nu=12-1=11$，查表 $t_{0.05/2,11}=2.201$，本例 $t=1.295<2.201$，故 $P>0.05$，按 $\alpha=0.05$ 水准，不拒绝 H_0，差异无统计学意义，尚不能认为两种方法的测定结果不同。

（三）两独立样本 t 检验

两独立样本 t 检验，又称成组检验，它适用于完全随机设计的两样本均数的比较，其目的是检验两样本所来自总体的均数是否相等。完全随机设计是将受试对象随机地分配到两组中，每组对象分别接受不同的处理，一般把这样获得的两组资料视为代表两个总体的两个独立样本，分析比较两组的处理效应。

两独立样本 t 检验要求两样本所代表的总体分别服从正态分布 $N(\mu_1, \sigma_1^2)$ 和 $N(\mu_2, \sigma_2^2)$ 且两总体方差 $\sigma_1^2 = \sigma_2^2$，即方差齐性。若两者总体方差不齐，可采用检验变量变换或用秩和检验方法处理。

当两总体方差相等，即 $\sigma_1^2 = \sigma_2^2$ 时，两样本均数比较 t 检验的检验统计量按下式计算：

$$t = \frac{\overline{x_1} - \overline{x_2}}{\sqrt{\dfrac{s_1^2(n_1-1) + s_2^2(n_2-1)}{n_1 + n_2 - 2}\left(\dfrac{1}{n_1} + \dfrac{1}{n_2}\right)}}, \quad \nu = n_1 + n_2 - 2 \qquad （式8-2-12）$$

例8-2-7 为研究高密度脂蛋白胆固醇对缺血性脑卒中的临床意义，测得12名正常人和15名缺血性脑卒中患者血清高密度脂蛋白胆固醇的含量（mmol/L）。患者和正常人高密度脂蛋白胆固醇含量是否不同？

正常人（mmol/L）：0.57　1.64　1.05　0.34　2.46　1.06　0.52　0.77　0.58　0.47　1.73　0.28

缺血性脑卒中患者（mmol/L）：0.67　0.47　0.70　1.09　0.84　0.74　1.23　1.28　0.80　0.78　1.14　0.69　0.39　0.68　0.87

（1）建立检验假设，确定检验水准

H_0：$\mu_1 = \mu_2$，患者和正常人高密度脂蛋白胆固醇含量相同

H_1：$\mu_1 \neq \mu_2$，患者和正常人高密度脂蛋白胆固醇含量不同

$\alpha = 0.05$

（2）计算检验统计量

$$\overline{x_1} = 0.83, \ s_1 = 0.26, \ \overline{x_2} = 0.96, \ s_2 = 0.67$$

$$t = \frac{\overline{x_1} - \overline{x_2}}{\sqrt{\dfrac{s_1^2(n_1-1) + s_2^2(n_2-1)}{n_1 + n_2 - 2}\left(\dfrac{1}{n_1} + \dfrac{1}{n_2}\right)}}, \quad \nu = n_1 + n_2 - 2$$

$$t = \frac{0.83 - 0.96}{\sqrt{\dfrac{0.26^2(15-1) + 0.67^2(12-1)}{15 + 12 - 2}\left(\dfrac{1}{15} + \dfrac{1}{12}\right)}} = -0.698$$

（3）根据 P 值，作出推断结论

本例自由度 $\nu = 15 + 12 - 2 = 25$，查表 $t_{0.05/2,25} = 2.060$，因 $|t| = 0.698 < 2.060$，故 $P > 0.05$，按 $\alpha = 0.05$ 水准，不拒绝 H_0，差异无统计学意义，尚不能认为患者和正常人高密度脂蛋白胆固醇含量不同。

（四）两样本均数Z检验

用于成组设计大样本资料两均数的比较。应用条件为n_1和n_2较大，t分布接近标准正态分布。用下式计算统计量Z值。

$$Z = \frac{\overline{x_1} - \overline{x_2}}{\sqrt{\left(\dfrac{s_1^2}{n_1} + \dfrac{s_2^2}{n_2}\right)}}$$ （式8-2-13）

例8-2-8 某地区抽样调查健康成人红细胞数，其中男性400人，均数为4.55×10^{12}/L，标准差为0.56×10^{12}/L，女性300人，均数为4.17×10^{12}/L，标准差为0.25×10^{12}/L。该地区男女平均红细胞数有无差别？

（1）建立检验假设，确定检验水准

H_0：$\mu_1 = \mu_2$，该地区男性和女性红细胞数相同

H_1：$\mu_1 \neq \mu_2$，该地区男性和女性红细胞数不同

$\alpha = 0.05$

（2）计算检验统计量

由于两样本含量均比较大，可用Z检验

$$Z = \frac{\overline{x_1} - \overline{x_2}}{\sqrt{\left(\dfrac{s_1^2}{n_1} + \dfrac{s_2^2}{n_2}\right)}} = \frac{4.55 - 4.17}{\sqrt{\left(\dfrac{0.56^2}{400} + \dfrac{0.25^2}{300}\right)}} = 12.06$$

（3）根据P值，作出推断结论

因$Z_{0.01/2} = 2.58$，本例$Z = 12.06 > 2.58$，故$P < 0.01$，按$\alpha = 0.01$检验水准，拒绝H_0，接受H_1，差异有统计学意义，可以认为地区男性和女性红细胞数不同。

六、方差分析

在研究中，将全部观察对象随机分为k个组，每个组给予不同的处理，当$k = 2$时，两组总体均数是否存在差别的假设检验可采用前面介绍的t检验，但对于多于两组（$k > 2$）时，即检验两组以上总体均数是否存在差别，t检验已不能满足要求，方差分析（analysis of variance，ANOVA）则是解决上述问题的重要方法。方差分析由R.A.Fisher（1923）首先提出，故又称为F检验。

（一）方差分析的基本思想

1. 基本思想　根据实验设计的类型，将全部变异，即测量值总的离均差平方和及其自由度分解为两个或多个部分，除随机误差作用外，每个部分的变异可由某个因素的作用加以解释，如组间变异$SS_{组间}$可由处理因素的作用加以解释。通过比较不同变异来源的均方，借助F分布作出推断，从而推论各种研究因素对实验结果的影响。

例8-2-9 某医生研究不同方案治疗中性粒细胞减少症的效果，选取30名中性粒细胞减少症患者随机分为3组，每组10例，分别给予甲、乙、丙三种方法治疗，一个月后测量患者中性粒细胞的升高数（$\times 10^9$/L）（表8-2-2），请比较三种治疗方法的效果。

单位：$\times 10^9/L$

统计值	甲疗法	乙疗法	丙疗法	合计
	2.72	3.71	2.50	
	2.96	3.75	2.24	
	2.89	3.39	2.36	
	2.92	3.54	1.98	
	2.86	3.63	1.89	
	2.80	3.74	2.16	
	2.78	3.89	2.20	
	2.56	3.91	2.35	
	2.89	3.50	2.46	
	2.82	3.67	2.24	
n_i	10	10	10	30
$\bar{x}_i$	2.82	3.67	2.24	2.91 $(\overline{X})$
S_i	0.115 8	0.164 9	0.194 5	0.619 4 (S)

2. 变异分解　表8-2-2中的30个数据各不相同，可以分为三种变异。

（1）总变异（total variation）：30名患者中性粒细胞升高数各不相同，这种变异称为总变异，可以用离均差平方和表示，记为$SS_{总}$。它反映所有测量值之间总的变异程度，该变异既包含三种疗法的作用，又包含随机误差。计算公式为：

$$SS_{总} = \sum (x - \bar{x})^2 = \sum x^2 - C,\ 其中\ C = \frac{\left(\sum x\right)^2}{N} \qquad （式8-2-14）$$

（2）组间变异（variation between groups）：三组患者由于接受疗法不同，各组患者中性粒细胞升高数样本均数$\bar{x}_i$也各不相同，这种变异称为组间变异，记为$SS_{组间}$。该变异既包含不同处理组对实验结果的影响，也包含随机误差。计算公式为：

$$SS_{组间} = \sum n_i \left(\bar{x}_i - \bar{x}\right)^2 = \sum \frac{\left(\sum x_i\right)^2}{n_i} - C \qquad （式8-2-15）$$

（3）组内变异（within group variance）：在同一处理组中，虽然每个受试对象接受的处理相同，但中性粒细胞升高数仍各不相同，这种变异称为组内变异，记为$SS_{组内}$。它反映随机误差的影响，计算公式为：

$$SS_{组内} = SS_{总} - SS_{组间} \qquad （式8-2-16）$$

三种变异自由度计算公式为：

$$\nu_{总}=N-1, \quad \nu_{组间}=k-1, \quad \nu_{组内}=N-k \quad\quad （式8-2-17）$$

总变异、总自由度均被分解为：

$$SS_{总}=SS_{组间}+S_{组内} \quad\quad （式8-2-18）$$
$$\nu_{总}=\nu_{组间}+\nu_{组内} \quad\quad （式8-2-19）$$

离均差平方和受观察值个数多少的影响。因此，各部分离均差平方和不能直接比较，须将各部分离均差平方和除以相应的自由度，其比值称为均方（mean square，MS）。

组间均方和组内均方的计算公式为：

$$MS_{组间}=SS_{组间}/\nu_{组间} \quad\quad （式8-2-20）$$
$$MS_{组内}=SS_{组内}/\nu_{组内} \quad\quad （式8-2-21）$$

组间均方与组内均方的比值称为F统计量。

$$F=MS_{组间}/MS_{组内} \quad\quad （式8-2-22）$$

F分布有两个自由度：分子自由度$\nu_{组间}$和分母自由度$\nu_{组内}$。查F界值表（附表3），若根据实验结果计算的F值大于相应的界值，则$P \leqslant 0.05$，拒绝H_0，接受H_1，说明各样本来自不全相同的总体，即认为各总体均数不全相等。$P>0.05$，不拒绝H_0，尚不能认为各总体均数不全相等。

（二）方差分析的步骤

1. 完全随机设计资料的方差分析　完全随机设计（complete randomized design）是采用完全随机化的分组方法，将全部实验对象分配到k个处理组，各组分别接受不同的处理，研究结束后比较各组均数之间的差别有无统计学意义，推论处理因素的效应。完全随机设计资料方差分析表，见表8-2-3。

▼ 表8-2-3　完全随机设计资料的方差分析表

变异来源	离均差平方和（SS）	自由度（ν）	均方（MS）	F
总变异	$\sum(x-\bar{x})^2$	$N-1$		
组间变异	$\sum n_i(\bar{x_i}-\bar{x})^2$	$k-1$	$SS_{组间}/\nu_{组间}$	$MS_{组间}/MS_{组间}$
组内变异	$SS_{总}-SS_{组间}$	$N-k$	$SS_{组内}/\nu_{组内}$	

以例8-2-9为例，检验步骤如下。

（1）建立检验假设，确定检验水准

H_0：$\mu_1=\mu_2=\mu_3$，即三种疗法治疗中性粒细胞减少患者的中性粒细胞升高数相同

H_0：μ_1，μ_2，μ_3不全相同，即三种疗法治疗中性粒细胞减少患者的中性粒细胞升高数不全相同

$\alpha = 0.05$

（2）计算检验统计量

$$C = \frac{\left(\sum x\right)^2}{N} = 254.101$$

$$SS_{总} = \sum\left(x - \bar{x}\right)^2 = \sum x^2 - C = 11.124$$

$$SS_{组间} = \sum n_i\left(\overline{x_i} - \bar{x}\right)^2 = \sum\frac{\left(\sum x_i\right)^2}{n_i} - C = 10.419$$

$$SS_{组内} = SS_{总} - SS_{组间} = 0.706$$

$$\nu_{总} = N - 1 = 29 \quad \nu_{组间} = k - 1 = 2 \quad \nu_{组内} = N - k = 27$$

$$MS_{组间} = SS_{组间}/\nu_{组间} = 5.209$$

$$MS_{组内} = SS_{组内}/\nu_{组内} = 0.026$$

$$F = MS_{组间}/MS_{组内} = 199.286$$

方差分析结果见表8-2-4。

▼ 表8-2-4　完全随机设计资料的方差分析表

变异来源	离均差平方和（SS）	自由度（ν）	均方（MS）	F
总变异	11.124	29		
组间变异	10.419	2	5.209	199.286
组内变异	0.706	27	0.026	

（3）确定P值，作出统计推断：F分布有两个自由度，分子自由度$\nu_{组间}$，分母自由度$\nu_{组内}$，查F界值表，$F_{0.05(2,27)} = 3.35$，本例$F = 199.286 > 3.25$，故$P < 0.05$，按$\alpha = 0.05$水准，拒绝H_0，接受H_1，差异有统计学意义，可以认为三种疗法治疗中性粒细胞减少患者的中性粒细胞升高数不全相同。至于多个总体均数中两两均数之间的差别，可用多个均数间两两比较的方法。

2. 随机区组设计资料的方差分析　随机区组设计（randomized block design）又称配伍组设计，是指配对设计的扩展。具体做法是：先将受试对象按性质相同或相近配成b个区组，再分别将各区组内的受试对象随机分配到k个处理组或对照组。随机区组设计方差分析既要考察处理因素的作用，又要考察区组的作用，故又称为双向方差分析（two way ANOVA）。由于区组内的个体特征比较一致，减少了个体间差异对研究结果的影响，一般而言，较完全随机设计更容易检验出处理间的差别，提高了研究效率。

变异分解：实验数据有四个不同的变异。

（1）总变异（$SS_{总}$）：反映所有测量值之间的变异。

（2）处理间变异（$SS_{处理}$）：由处理因素不同水平作用和随机误差产生的变异。

（3）区组间变异（$SS_{区间}$）：由不同区组作用和随机误差产生的变异。

（4）误差变异（$SS_{误差}$）：完全由随机误差产生的变异。

对总变异和自由度的分解，

$$SS_{总} = SS_{处理} + SS_{区间} + SS_{误差} \qquad （式8-2-23）$$

$$v_{总} = v_{处理} + v_{区间} + v_{误差} \qquad （式8-2-24）$$

随机区组设计资料方差分析表见表8-2-5。

▼ 表8-2-5 随机区组设计资料的方差分析表

变异来源	离均差平方和（SS）	自由度（v）	均方（MS）	F
总变异	$\sum(x - \bar{x})^2$	$N-1$		
处理组	$\sum n_i(\bar{x_i} - \bar{x})^2$	$k-1$	$SS_{处理}/v_{处理}$	$MS_{处理}/MS_{误差}$
区组	$\sum n_j(\bar{x_j} - \bar{x})^2$	$b-1$	$SS_{区组}/v_{区组}$	$MS_{区组}/MS_{误差}$
误差	$SS_{总} - SS_{处理} - SS_{区组}$	$v_{总} - v_{处理} - v_{区组}$ $= (k-1)(b-1)$	$SS_{误差}/v_{误差}$	

例8-2-10 为探讨某药物对小鼠血清中小鼠谷丙转氨酶（ALT）浓度的影响，将15只小白鼠按窝别相同、性别相同、体重相近分为5个区组，每个区组的3只小白鼠随机分到三种不同的处理组，即高剂量组、低剂量组、对照组（蒸馏水）。连续灌胃18天后分别检测血清中ALT浓度。试比较三组小鼠的血清ALT浓度有无差异？

▼ 表8-2-6 三种方案处理后小鼠血清ALT浓度（UI/L）

区组号	对照组	低剂量组	高剂量组	$\bar{x_j}$
1	22.1	23.1	24.9	23.37
2	22.4	23.6	24.1	23.37
3	22.6	22.6	23.8	23.00
4	21.6	23.0	24.6	23.07
5	21.9	22.9	25.1	23.30
$\bar{x_i}$	22.12	23.04	24.50	23.22（$\bar{x}$）

随机区组设计资料方差分析的检验步骤如下。

（1）建立检验假设，确定检验水准

处理组：

H_0：三个总体均数相同，即三种方案对小鼠血清ALT浓度影响相同

H_1：三个总体均数不全相同，即三种方案对小鼠血清ALT浓度影响不全相同

区组：

H_0：五个总体均数相同，即五个区组的小鼠血清ALT浓度相同

H_1：五个总体均数不全相同，即五个区组的小鼠血清ALT浓度不全相同

$\alpha = 0.05$

（2）计算检验统计量

将数据代入表8-2-5的公式中，得到方差分析的结果，见表8-2-7。

▼ 表8-2-7　随机区组设计资料的方差分析表

变异来源	离均差平方和（SS）	自由度（v）	均方（MS）	F
总变异	16.744	14		
处理组	14.404	2	7.202	29.16
区组	0.364	4	0.91	3.68
误差	1.976	8	0.247	

（3）确定P值，作出统计推断

$F_{处理}$有两个自由度：分子自由度$v_{处理}$和分母自由度$v_{误差}$，查F界值表，$F_{0.05(2,8)}=4.46$，本例$F_{处理}=29.16>4.46$，故$P<0.05$，按$\alpha=0.05$水准，拒绝H_0，接受H_1，差异有统计学意义，可以认为三种方案对小鼠血清ALT浓度影响不全相同。$F_{区组}$有两个自由度：分子自由度$v_{区组}$和分母自由度$v_{误差}$，查F界值表，$F_{0.05(4,8)}=3.84$，本例$F_{处理}=3.68<3.84$，故$P>0.05$，按$\alpha=0.05$水准不拒绝H_0，差异无统计学意义，尚不能认为区组的小鼠血清ALT浓度不全相同。至于多个总体均数中两两均数之间的差别，需要用多个均数间两两比较进一步分析。

（三）多样本均数的两两比较

当方差分析的结果为拒绝H_0，接受H_1时，只说明k个总体均数不全相等。若想进一步了解哪两个总体均数不等，需进行多个样本均数间的两两比较或称多重比较。但应注意，若用前面介绍的两样本均数比较的t检验进行多重比较，将会加大犯Ⅰ型错误的概率。常用的多重比较的方法是LSD-t检验、Dunnett-t检验、SNK-q检验、Tukey法等，各种方法的适用范围参见表8-2-8。

▼ 表8-2-8　多个样本均数两两比较方法选择策略

选择方法	适用范围
LSD-t检验	多个组中，根据专业，仅进行某一对或某几对在专业上有特殊探索价值的均数间的两两比较
Dunnett-t检验	多个试验组与一个对照组均数差别的比较
SNK-q检验	任意两两组间均数均进行比较，各比较组样本含量可不相等
Tukey法	任意两两组间均数均进行比较，要求各比较组样本含量相同

（四）方差分析的前提条件和数据变换

1. 方差分析的前提条件

（1）各样本是相互独立的随机样本，均服从正态分布。

（2）相互比较的各样本的总体方差相等，即满足方差齐性。

2. 数据变换　对非正态分布或方差不齐的资料，通常有两种处理方式：一是通过某种形式的数据变换以达到正态分布或方差齐性的要求；二是采用非参数统计方法，如秩和检验。常用的数据变换方式如下。

（1）对数变换：将原始数据取自然对数或常用对数。其变换形式为$X'=\ln X$或$X'=\ln(X+1)$，用X'作为原始数据进行统计推断分析。适用于：① 对数正态分布资料，如抗体滴度、疾病潜伏期、果蔬中的农药残留量等；② 标准差与均数成比例，或变异系数接近于某一常数。

（2）平方根变换：将原始数据的算术平方根作为分析的数据，其变换形式有：$X'=\sqrt{X}$或$X'=\sqrt{X+0.05}$。适用于方差与均数成比例的资料，如服从$Poisson$分布的资料。

（3）平方根反正弦变换：将原始数据的平方根取反正弦，其变换形式为：$p'=\sin^{-1}\sqrt{p}$。适用于百分比的数据资料。

七、假设检验应注意的问题

1. Ⅰ型错误和Ⅱ型错误　Ⅰ型错误（type Ⅰ error）是拒绝了实际上成立的H_0，是"弃真"的错误，大小用α表示。α可取单尾或双尾。假设检验时，研究者可根据不同研究目的来确定α值的大小。Ⅱ型错误（type Ⅱ error）是"接受"了实际上不成立的H_0，是"取伪"的错误，其概率大小用β表示。β只取单尾，β值的大小一般未知。

从图8-2-2中可看出，样本含量一定时，α越小，β越大，反之亦然。Ⅰ型错误确定条件下，若要减小Ⅱ型错误，唯一的方法就是增加样本含量n。

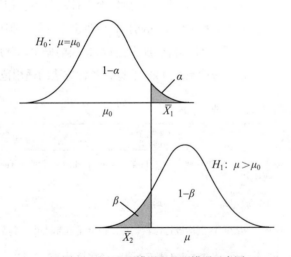

▲ 图8-2-2　Ⅰ型错误和Ⅱ型错误示意图

2. 科学严谨的研究设计是假设检验的前提　组间要均衡，保证均衡性的方法主要是从同质总体中随机抽取样本，或随机化分组。

3. 不同的资料选用不同的检验方法　应根据研究目的、资料类型及研究设计、样本含量大小等选用适当的检验方法。

4. 正确理解 P 值含义　P 值越小，拒绝零假设的理由越充分，故结论越可靠。所以，既不能把 P 值理解为总体均数相同的可能性，也不能认为 P 值越小总体均数的差别越大。

5. 正确理解统计推断的结论　不能绝对化，因统计结论具有概率性质，故"肯定""一定""必定"等词不要使用。在报告结论时，最好列出检验统计量的值，尽量写出具体的 P 值或 P 值的确切范围，以便读者与同类研究进行比较。

6. 正确理解统计"显著性"与医学/临床/生物学"显著性"　统计"显著性"对应于统计结论，而医学/临床/生物学"显著性"对应于专业结论。假设检验是为专业服务的，统计结论必须和专业结论有机地结合，才能得出恰如其分的、符合客观实际的最终结论。

学习小结

定量资料的统计分析包括统计描述与统计推断。统计描述是指运用统计指标和统计图表等对资料的特征及其分布规律进行描述的统计方法，是统计分析的基础。通过本章的学习，应重点掌握指标的计算及应用条件。还需要掌握正态分布概念、特征、应用及曲线下面积分布规律。

统计推断包括参数估计和假设检验。参数估计中重点介绍了标准误的概念与应用及用样本均数推断总体均数的方法。假设检验是根据"小概率事件在一次实验中一般不会发生"的原理和反证法的思想为基础进行的统计推断。通过学习本章课程，应掌握如何根据变量和资料类型、研究设计方案、统计推断的目的、方法的适用条件等选择适当的检验方法和计算公式。

（王学梅）

**复习
参考题**

一、选择题

1. 关于正偏态分布资料的描述，说法错误的是
   A. 变量值的频数分布不对称
   B. 大多数变量值集中在小的一端
   C. 绘成的曲线高峰偏右，长尾向左侧
   D. 不宜用算术均数表示其平均水平
   E. 可考虑运用中位数指标来描述其集中位置

2. 下列关于 t 分布与正态分布的关系，正确的是
   A. 均以 0 为中心，左右对称

B. 总体均数增大，曲线变得瘦长

C. 曲线下两端5%的面积对应的分位点为 ±1.96

D. 随样本含量增大，t分布逼近标准正态分布

E. 样本含量无限增大，两者分布完全一致

3. 关于置信区间，正确的说法是

A. 置信区间是总体中大多数个体值的估计范围

B. 95%置信区间比99%置信区间更好

C. 不管资料呈什么分布，总体均数的95%的置信区间计算公式是一致的

D. 置信区间也可用于回答假设检验的问题

E. 置信区间仅有双侧估计

4. 下列关于均数的标准误的叙述，错误的是

A. 是样本均数的标准差

B. 反映样本均数抽样误差大小

C. 与总体标准差成正比，与$\sqrt{n}$成反比

D. 增加样本含量可以减少标准误

E. 其值越大，用样本均数估计总体均数的可靠性越好

5. 完全随机设计的多个样本均数比较，经方差分析，若$P \leq \alpha$，则结论为

A. 各样本均数全相等

B. 各样本均数全不相等

C. 至少有两个样本均数不等

D. 至少有两个总体均数不等

E. 各总体均数全相等

答案：1. C；2. D；3. D；4. E；5. D

二、简答题

1. 简述用于描述集中趋势及离散趋势的统计指标及其适用条件。

2. 简述正态分布特征及曲线下面积分布规律。

3. 简述标准差与标准误的联系和区别。

4. 简述t分布和正态分布的区别和联系。

5. 一位研究者对两个正态分布方差齐的资料进行两独立样本资料的t检验得到$P<0.001$，$\alpha=0.05$，所以研究者认为这两个样本的均数相差很大，这样认为正确吗？为什么？

第九章　定性资料的统计分析

学习目标

知识目标	1. 掌握常用相对数的概念、计算方法及使用条件；x^2 检验的步骤及应用条件。 2. 熟悉率的标准化；总体率的区间估计。 3. 了解常用相对数的意义及应用的注意事项；行 × 列列联表资料 x^2 检验的注意事项。
能力目标	1. 运用常见相对数对定性资料进行统计描述，正确合理地陈述和表达研究结果。 2. 运用 x^2 检验从样本数据中揭示出总体之间的差异和关联关系，为决策提供科学依据。
素质目标	能基于数据的性质或特征对客观资料进行准确的判断和正确的分析，培养重视客观、探索求真的科学素养。

在医学研究中，除了前述的定量数据，还有如阴性和阳性、有效和无效、治愈和未治愈、生存和死亡及各种疾病分类等类型的定性数据。对这些数据的整理往往是先将研究对象按其性质或特征分类，再分别计数每一类的例数。描述定性数据的数据特征，通常需要计算相对数。根据不同的研究目的，采用常用率、构成比、相对比等指标来进行统计描述。

第一节　定性资料的统计描述

定性资料（qualitative data）是指先将观察对象的观察指标按性质或类别进行分组，然后计数各组该观察指标的数目所得的资料。常见的数据形式是绝对数，但绝对数通常不具有可比性，因此，需要在绝对数基础上计算相对数（relative number）。常用的相对数指标包括率、构成比和相对比。

例9-1-1　某医院某月住院患者数及死亡人数见表9-1-1。

疾病类型 （1）	患者数 （2）	病死人数 （3）	死亡构成比/% （4）	病死率/‰ （5）
呼吸系统	620	25	23.81	40.32
循环系统	1 030	35	33.33	33.98
消化系统	540	20	19.05	37.04
恶性肿瘤	300	25	23.81	83.33
合计	2 490	105	100	42.17

一、常用相对数

（一）率

率（rate）表示在一定空间或时间范围内某现象的发生数与可能发生的总数之比，说明某现象出现的强度或频率。计算公式为：

$$率 = \frac{实际发生某现象的观察单位数}{同期可能发生该现象的观察单位总数} \times K \qquad （式9-1-1）$$

式中的比例基数 K 可以取百分率（%）、千分率（‰）、万分率（1/万）或十万分率（1/10万）等，比例基数的选择主要根据习惯用法（如人口统计中出生率常采用千分率）和使计算结果保留1~2位整数，以便阅读。总体率用 π 表示，样本率用 p 表示。需要注意的是，率在更多情况下是一个具有时间概念的指标，即用于说明某一段时间内某现象发生的强度或频率，如出生率、死亡率、发病率等，这些指标通常是指在1年时间内发生的频率。

在例9-1-1中，某医院某月住院患者数及死亡人数中，该医院某月住院患者呼吸系统疾病病死率为：

$$呼吸系统疾病病死率 = \frac{25}{620} \times 1\,000‰ = 40.32‰$$

（二）构成比

构成比（proportion）表示事物内部某一部分的观察单位数与该事物各部分观察单位数的总和之比，用来说明各组成部分在总体中所占的比重，主要用于多分类定性资料。计算公式为：

$$构成比 = \frac{该事物内部某一组成部分的观察单位数（例数）}{某事物内部的所有观察单位之和（例数之和）} \times 100\% \qquad （式9-1-2）$$

构成比通常用来表示病例数（或死亡数）的分布情况，只能说明某部分所占的比重，不能表示其发生频率或严重程度，在应用中需注意与率的区别。构成比之和应为100%，某一构成部分的增减会影响其他构成部分相应的减少或增加；而某一部分率的变化并不影响其他部分率的变化，且其平均率不能简单地将各率相加后平均求得。这里需要注意的是，死因构成比只能说明某病死亡人数在总死亡人数中所占比重，如果需要描述其致死的严重程度，则要计算病死率。

在例9-1-1中，某医院某月住院患者数及死亡人数中，该医院某月住院患者呼吸系统疾病病死人数的构成比为

$$呼吸系统疾病病死人数的构成比 = \frac{25}{105} \times 100\% = 23.81\%$$

由表9-1-1中的第（3）与第（4）栏可看出，循环系统死亡人数最多、所占比例最大，消化系统死亡人数最少，所占比例最小。

（三）相对比

相对比（ratio）简称"比"，是以比值的形式反映两个有关指标间的数量关系。相互比较的两个指标可以是性质相同或不同的指标，也可以是相对数或平均数等。常用的相对比有性别比、变异系数（CV）、体重指数（BMI）、相对危险度（RR）等。计算公式为：

$$相对比 = \frac{甲指标}{乙指标} \qquad （式9-1-3）$$

1. 两类别例数之比　如我国2021年人口普查结果显示，男性人口数为72 311万人，女性人口数为68 949万人，则：

$$男女性别相对比 = \frac{72\,311万人}{68\,949万人} = 1.049$$

即男性人口数是女性人口数的1.049倍。

2. 相对危险度（relative risk，RR）　是流行病学前瞻性研究中常用的指标，表示在两种不同条件下某疾病发生的概率之比，反映暴露组发病或死亡的危险是非暴露组的多少倍，说明疾病与暴露之间的关联强度。其计算公式为：

$$RR = \frac{P_1}{P_0} \qquad （式9-1-4）$$

其中P_1为暴露组的发病率或患病率，P_0为非暴露组的发病率或患病率。

例9-1-2　某地区在非吸烟的女性中，饮酒者和不饮酒者的肺癌发病资料见表9-1-2。

▼ 表9-1-2　某地区非吸烟女性饮酒者和不饮酒者的肺癌发病资料

饮酒与否	发病数	观察人年数	发病率/（1/10万人年）
是	6	12 965.2	46.3
否	265	660 291.4	40.1

相对危险度为：

$$RR = \frac{46.3}{40.1} = 1.15$$

说明该地区非吸烟女性中，饮酒者的肺癌发病率是不饮酒者的1.15倍。

3. 比值比（odds ratio，OR）　又称优势比，常用于分析流行病学中的病例–对照研究资料，

表示病例组和对照组中的暴露比例与非暴露比例的比值之比，是反映疾病与暴露因素之间关联强度的指标。OR的计算公式为：

$$OR = \frac{P_1/(1-P_1)}{P_0/(1-P_0)}$$ （式9-1-5）

其中P_1为病例组的暴露比例，P_0为对照组的暴露比例。

例9-1-3 母亲妊娠期是否有发热或感冒病史与婴儿神经血管畸形关系的病例对照研究的资料见表9-1-3。试计算母亲妊娠期是否有发热或感冒病史引起婴儿神经血管形的比值比。

▼ 表9-1-3 母亲妊娠期是否有发热或感冒史与婴儿神经血管畸形关系

发热或感冒史	神经血管畸形组	对照组	合计
有	40（a）	20（b）	60
无	112（c）	203（d）	315
合计	152（$a+c$）	223（$b+d$）	375

病例组中的暴露比例与非暴露比例分别为：

$$P_1 = \frac{a}{a+c}, \ 1-P_1 = \frac{c}{a+c}$$

对照组的暴露比例与非暴露比例分别为：

$$P_0 = \frac{b}{b+d}, \ 1-P_0 = \frac{d}{b+d}$$

由式9-1-5可以得出：

$$OR = \frac{P_1(1-P_1)}{P_0(1-P_0)} = \frac{\left[a/(a+c)\right]/\left[c/(a+c)\right]}{\left[b/(b+d)\right]/\left[d/(b+d)\right]} = \frac{ad}{bc}$$ （式9-1-6）

本例：

$$OR = \frac{40 \times 203}{20 \times 112} = 3.63$$

即母亲妊娠期是否有发热或感冒病史引起婴儿神经血管畸形的OR为3.63。

（四）率的标准化

在比较两不同人群的患病率、发病率、死亡率等资料时，为消除其内部构成（如年龄、性别、工龄病程长短病情轻重等）对率的影响可以使用标准化率（standardized rate）。

例9-1-4 甲、乙两医院治愈率比较的资料见表9-1-4。

▼ 表9-1-4 甲、乙两医院治愈率的比较

科室	甲医院			乙医院		
	入院人数	治愈人数	治愈率/%	入院人数	治愈人数	治愈率/%
内科	1 500	975	65.0	500	315	63.0
外科	500	470	94.0	1 500	1 365	91.0
传染病科	500	475	95.0	500	460	92.0
合计	2 500	1 920	76.8	2 500	2 140	85.6

从表9-1-4可以看出，对于任何一个科室，甲医院的治愈率均高于乙医院，但甲医院的总治愈率却低于乙医院，这种偏差源于两医院科室内部构成不同，即甲医院内科人数较多而导致总治愈率偏低。若将两医院治愈率直接进行比较，结果显然是不合理的。为了正确比较两医院治愈率的大小，统计学上常用标准化的方法来消除内部构成的影响，即先将两医院科室的构成按照统一的标准进行校正，计算出校正的标准化治愈率后再进行比较。

常用的标准化法包括直接标准化法和间接标准化法，根据已有资料的实际情况，可以采用其中一种方法。本节仅介绍常用的直接标准化法。

1. 标准化直接法 计算公式：

$$P' = \frac{N_1P_1 + N_2P_2 + \cdots + N_kP_k}{N} = \frac{\sum N_iP_i}{N} \qquad （式9-1-7）$$

式中P'为标准化率，N_1，N_2，$\cdots N_k$为某一影响因素标准构成的每层例数，P_1，P_2，$\cdots$，P_k为原始数据中各层的率，N为标准构成的总例数。上式也可写成：

$$P' = C_1P_1 + C_2P_2 + \cdots + C_kP_k = \sum C_iP_i \qquad （式9-1-8）$$

式中$C_i = N_i/N$为标准构成比。

2. 标准构成的选取 标准化法计算的关键是选择统一的标准构成，选取标准构成的方法通常有下面三种。

（1）选取有代表性的、较稳定的、数量较大的人群构成为标准构成，如全国范围或全省范围的数据作为标准构成。

（2）选择用于比较的各组例数合计作为标准构成。

（3）从比较的各组中任选其一作为标准构成。

例9-1-5 试根据表9-1-4资料计算甲、乙两个医院的标准化率。

将比较各组的例数合计作为标准构成，即将两医院各科室的人数之和作为标准构成，根据两医院各科室的治愈率，计算两医院各科室的预期治愈数，最后得到两组标准化后的预期治愈数，其计算结果见表9-1-5。

科室	标准构成人数	甲医院		乙医院	
		原治愈率/%	预期治愈数	原治愈率/%	预期治愈数
内科	2 000	65.0	1 300	63.0	1 260
外科	2 000	94.0	1 880	91.0	1 820
传染病科	1 000	95.0	950	92.0	920
合计	5 000	—	4 130	—	4 000

按式9-1-7计算得到甲医院标准化后的总治愈率为：

$$P'_{甲} = \frac{4\ 130}{5\ 000} \times 100\% = 82.6\%$$

乙医院标准化后的总治愈率为：

$$P'_{乙} = \frac{4\ 000}{5\ 000} \times 100\% = 80.0\%$$

由上可见，甲医院标准化后的总治愈率高于乙医院标准化后的总治愈率。需要注意：标准化率只代表相互比较的各组间的相对水平，而不能反映实际情况；另外，选用的标准不同，得到的标准化率可能不同。

二、应用相对数时的注意事项

1. 不要混淆构成比和率　构成比用以说明事物内部各组成部分所占比重，并不说明某现象发生的频率或强度。实际工作中，由于计算率的分母不容易得到，经常会出现将构成比按率的概念去解释的错误。

2. 正确计算率　计算率时分母应有足够数量，因为例数较少时会使的波动较大，例数较少情况下最好直接用绝对数表示；计算观察单位数不等的几个率的合计率或平均率，应将各个率的分子之和除以分母之和来求得。

3. 注意资料的可比性　在比较相对数时，除了要对比的因素外，其余的影响因素应尽可能相同或相近，如研究对象同质、研究方法相同，以及时间、地区等客观条件一致。若两组资料的年龄、性别等构成不同，可以分别进行同年龄、同性别的小组率比较或对合计率进行标准化后再作比较。

4. 由样本推断总体应进行假设检验　比较两个（或多个）样本率（或样本构成比）时，不能仅凭数字大小下结论，应考虑抽样误差，对于样本之间的差异应作假设检验，见本章第三节。

（宁传艺）

第二节 定性资料总体率的区间估计

一、率的抽样误差和标准误

（一）率的抽样误差

率与均数一样，也存在抽样误差。从同一总体中抽取若干样本量相同的样本，各样本率之间往往不同，且与总体率之间也存在差异，这种由于抽样所造成的差异称为率的抽样误差（sampling error of rate）。

（二）率的标准误

样本率的标准差称为率的标准误（standard error of rate），可用来描述样本率抽样误差的大小。率的标准误越小，则率的抽样误差越小；率的标准误越大，则率的抽样误差越大。现记总体率参数为 π，样本率为 p；在 n 次独立重复试验中出现的"阳性"次数记为 X，则样本率为：

$$p = \frac{X}{n} \qquad\qquad （式9-2-1）$$

样本率 p 的总体方差为：

$$\sigma_p^2 = \frac{\pi(1-\pi)}{n} \qquad\qquad （式9-2-2）$$

p 的标准差（即率的标准误）为：

$$\sigma_p = \sqrt{\frac{\pi(1-\pi)}{n}} \qquad\qquad （式9-2-3）$$

在一般情况下，总体率 π 往往是未知的，此时可用样本率 p 来估计总体率 π，则 σ_p 的估计值为：

$$S_p = \sqrt{\frac{p(1-p)}{n}} \qquad\qquad （式9-2-4）$$

无论是均数的标准误还是率的标准误，都是抽样分布的重要特征之一，它可用于参数的区间估计和不同组之间参数的比较。

二、总体率的置信区间估计

与总体均数的估计相似，总体率估计也包括点估计和区间估计。

1. 总体率的点估计　点估计指直接用样本率 p 作为总体率 π 的估计值。点估计简单方便，但未考虑抽样误差的大小，难以反映参数的估计值对其真值的代表性，因此，报告总体率时需结合区间估计。

2. 总体率的区间估计　区间估计是指通过样本率来推断包含总体率的可能范围。根据样本含量 n 和样本率 p 的大小不同，分别采用下列两种方法。

（1）大样本率的区间估计　当样本含量 n 足够大，且样本率 p 和 $1-p$ 均不太小，如 np

和 $n(1-p)$ 均 $\geqslant 5$ 时，样本率 p 的抽样分布近似正态分布，总体率的 $1-\alpha$ 置信区间的计算公式为：

$$p \pm z_{\alpha/2}S_p \qquad\qquad (式9-2-5)$$

其中 $S_p = \sqrt{p(1-p)/n}$。当 $\alpha = 0.05$ 时，$z_{\alpha/2} = 1.96$。

例9-2-1 某地区217例初治涂阳肺结核患者强化期末痰菌转阴152人，试估计该地区初治涂阳肺结核患者强化期末痰菌转阴率的95%置信区间。

$$n=217, \quad p=152/217=0.7, \quad z_{\alpha/2}=1.96$$

$$S_p = \sqrt{p(1-p)/n} = 0.031$$

$$p - z_{\alpha/2}S_p = 0.7 - 1.96 \times 0.031 = 0.639$$

$$p + z_{\alpha/2}S_p = 0.7 + 1.96 \times 0.031 = 0.761$$

该地区初治涂阳肺结核患者强化期末痰菌转阴率的95%置信区间为63.9%~76.1%。

（2）小样本率的区间估计 当样本含量 n 较小，如 $n \leqslant 50$，特别是 p 接近0或1时，可根据阳性数 X 和阴性数 $n-X$ 查专用统计表获得总体率的置信区间。

例9-2-2 2020年某医院重症监护病房收治艾滋病重症患者38人，其中死亡14人，求艾滋病重症病死率的95%置信区间。查百分率的置信区间表，在 $n=38$，$X=14$ 的纵横交叉处的数值上行22-54，下行18-59，即艾滋病重症病死率95%的置信区间为22%~54%。

注意：百分率的置信区间表中的 X 只列出 $X \leqslant n/2$ 部分，当 $X > n/2$ 时，应以 $n-X$ 值查表然后用100减去查表得到的数值，即为所求的置信区间。

（宁传艺）

第三节　定性资料的假设检验——χ^2 检验

χ^2 检验（Chi-square test）由英国统计学家 Karl Pearson（1857—1936）于1900年首次提出，是一种用于分析分类变量数据的假设检验方法。可用于两个及两个以上独立样本率或构成比的比较，配对设计两样本率的比较，两分类变量间关联性分析等，应用范围广泛。

一、四格表资料的 χ^2 检验

例9-3-1 某消化科医生欲比较甲、乙两种药物治疗成人上消化道出血的效果，将病情、病程相近且满足试验筛选标准的92例上消化道出血患者随机分为两组，一组采用甲药治疗，另一组采用乙药治疗，一个疗程后观察结果，结果见表9-3-1。问两种药物治疗成人上消化道出血的有效率是否有差异？

药物	有效	无效	合计	有效率/%
甲	29（a）	16（b）	45	64.44
乙	37（c）	10（d）	47	78.72
合计	66（$a+c$）	26（$b+d$）	92	71.74

本例为两样本率比较的资料，表中的数字a、b、c、d表示该表的四个基本数据进而可以计算出各行列周边的合计数和两组的有效率，对此称之为四格表（fourfold table）资料。四格表资料一般用于两组处理结果的比较，且每组在接受处理后只产生相互对立的两种结果，如生存与死亡、有效与无效、阳性与阴性等。

（一）四格表χ^2检验的基本思想

对于四格表资料，χ^2检验的基本公式为：

$$\chi^2 = \sum \frac{(A-T)^2}{T}$$

（式9-3-1）

式中，A为实际频数（actual frequency），即四格表中每个格子的实际发生数；T为理论频数（theoretical frequency），是H_0为真的条件下推算出来的。

$$T_{RC} = \frac{n_R n_C}{n}$$

（式9-3-2）

式中，T_{RC}为第R行（row）第C列（column）格子的理论频数。n_R为第R行合计数；n_C为第C行合计数；n为总例数。

例9-3-1中，根据检验假设H_0：$\pi_1=\pi_2$，即假设两种药物治疗有效率相同，则可推算出理论频数T_{RC}，本例算得理论上的两种药物平均有效率为$66/92 \times 100\% = 71.74\%$。服用甲药45例上消化道出血患者中的理论有效人数应为$45 \times 71.74\% = 32.28$人；同理，服用乙药47例上消化道出血患者中的理论有效人数应为$47 \times 71.74\% = 33.72$人。

可见χ^2值的大小反映了实际频数和理论频数吻合的程度。若检验假设H_0成立，实际频数与理论频数的差值应该较小，即χ^2值也应该较小；反之，若检验假设H_0不成立，实际频数与理论频数就会相差较大，则χ^2值也会较大。

统计量χ^2值会随着格子数的增加而变大，即χ^2值的大小不仅与实际频数和理论频数的偏离程度有关，还与自由度有关。χ^2检验的自由度是指在周边合计固定不变的条件下，表内全部格子数据中可以自由取值的格子数，自由度$\nu = (R-1)(C-1)$。四格表自由度为1。

现以例9-3-1为例说明χ^2检验的步骤。

1. 建立检验假设，确定检验水准

H_0：$\pi_1=\pi_2$，两种药物的总体有效率相同

H_1：$\pi_1 \neq \pi_2$，两种药物的总体有效率不同

$\alpha = 0.05$

2. 计算统计量 将A值和T值代入式9-3-1进行计算：

$$\chi^2 = \frac{(29-32.28)^2}{32.28} + \frac{(16-12.72)^2}{12.72} + \frac{(37-33.72)^2}{33.72} + \frac{(10-13.28)^2}{13.28} = 2.31$$

$$\nu = (2-1)(2-1) = 1$$

3. 确定P值，作出推断结论 按$\nu=1$查χ^2界值表（附表4），得$0.25<P<0.1$，按$\alpha=0.05$水准，不拒绝H_0，尚不能认为两种药物治疗成人上消化道出血有效率有差异。

（二）四格表资料χ^2检验的专用公式

在对两样本率比较时，当总例数$n\geqslant40$且所有格子的$T\geqslant5$时，可用χ^2检验的通用公式（式9-3-1）。实际应用时，为省去计算理论频数的步骤，简化计算公式，常用四格表资料χ^2检验的专用公式（也称Pearson专用公式）计算检验统计量χ^2值，即：

$$\chi^2 = \frac{(ad-bc)^2 n}{(a+b)(c+d)(a+c)(b+d)} \qquad （式9-3-3）$$

式中，a、b、c、d分别为四格表中的四个实际频数，n为总例数。将例9-3-1数据代入专用公式，得：

$$\chi^2 = \frac{(29\times10-16\times37)^2\times92}{45\times47\times66\times26} = 2.31$$

结果与通用公式（式9-3-1）计算的结果相同。

（三）四格表资料χ^2检验的校正公式

χ^2界值表中的χ^2值是根据连续型变量的理论分布计算所得，但定性资料的原始数据是离散型的，由此得到的χ^2值也是离散的。为改善四格表资料样本含量较小时χ^2值的连续性，统计学家Yates（1934）建议对χ^2值进行校正，称为连续性校正（continuity correction），也称Yates校正（Yates's correction）。在四格表资料分析时，当$n\geqslant40$，但$1<T<5$时，建议计算连续性校正χ^2值。校正χ^2值的公式见式9-3-4和式9-3-5。

$$\chi_c^2 = \sum\frac{(|A-T|-0.5)^2}{T} \qquad （式9-3-4）$$

$$\chi_c^2 = \frac{(|ad-bc|-n/2)^2 n}{(a+b)(c+d)(a+c)(b+d)} \qquad （式9-3-5）$$

例9-3-2 某医生用甲、乙两种药物治疗糖尿病患者，患者不良反应发生情况见表9-3-2，两种药物不良反应发生率是否相同？

▼ 表9-3-2　两种药物治疗糖尿病的不良反应发生情况比较

药物	发生不良反应	未发生不良反应	合计	不良反应发生率/%
甲	2	26	28	7.14
乙	5	9	14	35.71
合计	7	35	42	16.67

方法步骤如下。

H_0: $\pi_1 = \pi_2$，两种药物总体不良反应发生率相同

H_1: $\pi_1 \neq \pi_2$，两种药物总体不良反应发生率不相同

$\alpha = 0.05$

本例因为有 $1 < T < 5$ 情况，总例数 $n = 42 > 40$，故需用校正公式计算 χ^2 值。

$$\chi_c^2 = \frac{(|ad-bc|-n/2)^2 \, n}{(a+b)(c+d)(a+c)(b+d)} = \frac{(|2\times9-26\times5|-42/2)^2 \times 42}{28\times14\times7\times35} = 3.62$$

$$\nu = (2-1)(2-1) = 1$$

按 $\nu = 1$ 查 χ^2 界值表，得 $0.05 < P < 0.1$，按 $\alpha = 0.05$ 水准，不拒绝 H_0，差异无统计学意义，尚不能认为两种药物的不良反应发生率有差异。

需要特别注意的是，校正的 χ^2 检验仅适用于 $n \geq 40$，但有格子 $1 < T < 5$ 的情形；若 $T \leq 1$ 或 $n < 40$，则需改用 Fisher 确切概率法。

（四）四格表资料的 Fisher 确切概率法

四格表资料中比较中，当 $n < 40$ 或 $T \leq 1$，或用其他检验方法所得的概率接近检验水准时，应改用四格表资料的确切概率法（exact probabilities）。确切概率法不属于 χ^2 检验的范畴，但可作为四格表资料 χ^2 检验应用的补充。

Fisher 确切概率法的基本思想：在四格表周边合计频数固定不变的条件下，变动 4 个格子内的实际频数，列出所有可能组合的四格表。可按式 9-3-6 计算任一组合四格表的概率。

$$P_{(i)} = \frac{(a+b)!(c+d)!(a+c)!(b+d)!}{a!\,b!\,c!\,d!\,n!} \qquad (式9\text{-}3\text{-}6)$$

其中，a、b、c、d 为该组合四格表的实际频数；n 为总例数；$\sum P_i = 1$，"!" 为阶乘符号，$0! = 1$。

例9-3-3 为了解甲、乙两种药物治疗抑郁症的效果，将 23 名抑郁症患者随机分成两组。问两种药物治疗的有效率是否有差别？

▼ 表9-3-3 两种药物治疗抑郁症有效率比较

药物	有效	无效	合计	有效率/%
甲	7	5	12	58.33
乙	3	8	11	27.27
合计	10	13	23	43.48

方法步骤如下。

H_0: $\pi_1 = \pi_2$，两种药物的总体有效率相同

H_1: $\pi_1 \neq \pi_2$，两种药物的总体有效率不同

$\alpha = 0.05$

本例 $n < 40$，宜选用确切概率法。四格表资料概率总和为

$$P = \frac{(12)!(11)!(10)!(13)!}{7!5!3!8!23!} = 0.21$$

按 $\alpha = 0.05$ 水准，不拒绝 H_0，差异无统计学意义，尚不能认为两种药物的总体有效率有差异。

二、配对设计资料的 χ^2 检验

配对设计的四格表资料，常用于对同一观察单位采用两种方法检测或处理，然后按两分类变量计数结果。

$$\chi^2 = \frac{(b-c)^2}{b+c} \qquad \nu = 1 \qquad\qquad （式9-3-7）$$

$$\chi^2 = \frac{(|b-c|-1)^2}{b+c} \qquad \nu = 1 \qquad\qquad （式9-3-8）$$

应注意，式9-3-7适用于 $b+c \geq 40$ 时；当 $25 \leq b+c < 40$ 时，需做连续性校正，使用式9-3-8；当 $b+c < 25$ 时，应采用确切概率法。

例9-3-4 现有175份临床标本同时接种于甲、乙两种培养基；培养结果见表9-3-4，试比较两种培养基的培养效果是否有差别？

▼ 表9-3-4　甲、乙两种培养基的培养结果

甲培养基	乙培养基		合计
	阳性	阴性	
阳性	55	42	97
阴性	10	68	78
合计	65	110	175

方法步骤如下。

H_0：$\pi_1 = \pi_2$，两种培养基的阳性检出率相同

H_1：$\pi_1 \neq \pi_2$，两种培养基的阳性检出率不同

$\alpha = 0.05$

本例 $b+c \geq 40$，代入式9-3-7进行计算：

$$\chi^2 = \frac{(b-c)^2}{b+c} = \frac{(42-10)^2}{42+10} = 19.69$$

$$\nu = (2-1)(2-1) = 1$$

按 $\nu = 1$ 查 χ^2 界值表，$P < 0.05$，按 $\alpha = 0.05$ 水准，拒绝 H_0，接受 H_1，差异有统计学意义，可认为两种培养基的阳性检出率不同，且甲培养基阳性检出率高于乙培养基。

三、行×列列联表资料的 χ^2 检验

$R \times C$ 列联表（contingency table）资料的 χ^2 检验用于多个样本率或多个构成比的比较。上述两个率的比较，是最简单的一种 $R \times C$ 列联表。

$R \times C$ 列联表的 χ^2 检验与四格表检验的原理相同，即通过实际频数与理论频数相比较得到 χ^2 值，只是计算公式中需要有 $R \times C$ 个比较项。$R \times C$ 列联表资料 χ^2 检验的专用公式为：

$$\chi^2 = n\left(\sum \frac{A^2}{n_R n_C} - 1\right)$$

（式9-3-9）

式中，n 为总例数，A 为每个格子的实际频数，n_R 和 n_C 分别为与 A 值相对应的行合计和列合计。

例9-3-5 呼吸道合胞病毒（RSV）是世界范围内婴儿急性呼吸道感染的最重要病原。某研究员为了解 RSV 在不同性质肺炎中的感染情况，收集了某儿童医院578名三种性质肺部感染儿童的资料，见**表9-3-5**。请问不同性质肺炎的 RSV 阳性率有无差别？

▼ 表9-3-5　三种肺炎儿童的RSV感染情况

病种	阳性	阴性	合计	阳性率/%
毛细支气管炎	150	86	236	63.56
间质性肺炎	58	135	193	30.05
支气管肺炎	57	92	149	38.26
合计	265	313	578	45.85

本例为三个样本率的比较，是 3×2 列联表资料，方法步骤如下。

H_0：$\pi_1 = \pi_2 = \pi_3$，不同性质肺炎的 RSV 阳性率相同

H_1：π_1、π_2、π_3 不全相同，不同性质肺炎的 RSV 阳性率不全相同

$\alpha = 0.05$

本例 $n = 578$，代入式9-3-9进行计算：

$$\chi^2 = 578 \times \left(\frac{150^2}{236 \times 265} + \frac{86^2}{236 \times 313} + \frac{58^2}{193 \times 265} + \frac{135^2}{193 \times 313} + \frac{57^2}{149 \times 265} + \frac{92^2}{149 \times 313} - 1\right) = 52.68$$

$$\nu = (3-1)(2-1) = 2$$

按 $\nu = 2$ 查 χ^2 界值表，$P < 0.05$，按 $\alpha = 0.05$ 水准，拒绝 H_0，接受 H_1，差异有统计学意义，可认为不同性质肺炎的 RSV 阳性率不全相同。

$R \times C$ 列联表资料 χ^2 检验的注意事项如下：

1. 一般认为不应有 1/5 以上的格子理论频数大于1小于5，或不应有一个格子的理论频数小于1，否则容易导致分析结果产生偏性。可采取以下方法解决：适量增加样本含量，使理论频数增大；或按专业知识考虑，将理论频数太小的行（或列）的实际频数与性质相近的邻行（或邻列）进行合理合并；或考虑删除理论频数太小的行或列；或采用确切概率法。

2. 当假设检验结果为拒绝 H_0 时，只能说明多个总体率不全相等或各组构成分布不全相同，

但并不能说明组间分布彼此都有差别。若要明确哪两组间不同，需进一步进行多重比较。

3. 分类变量间的关联性分析仅适用于双向无序交叉分组的列联表资料。而对于单向有序资料，若目的是比较各处理组效应是否有差别，宜选用非参数检验等。

学习小结

根据不同的研究目的，常用率、构成比、相对比等指标来对定性资料进行统计描述。应注意不能混淆构成比和率；在计算相对数时分母不宜过小；在比较总率时，要注意资料的可比性；样本率或构成比的比较还应进行假设检验。

由于生物个体差异，在抽样中造成的差异称为抽样误差；样本率的标准差称为率的标准误，可用来描述样本率抽样误差的大小，率的标准误越小，则率的抽样误差越小。总体率估计包括点估计和区间估计，其中区间估计根据样本含量n和样本率p的大小不同，分为大样本率和小样本率的区间估计。

χ^2检验可用于两个及两个以上独立样本率或构成比的比较，配对设计两样本率的比较，两分类变量间关联性分析等。χ^2值的大小反映实际频数和理论频数吻合的程度。其自由度$\nu = (R-1)(C-1)$，四格表自由度为1。两独立样本四格表资料分析时，当总例数$n \geqslant 40$且$T \geqslant 5$时，可用χ^2检验通用公式；当$n \geqslant 40$，但$1 < T < 5$时，应计算校正χ^2值；当$n < 40$或$T \leqslant 1$，或用其他检验方法所得的概率接近检验水准时，应改用Fisher确切概率法。配对设计资料的χ^2检验，当$b+c \geqslant 40$时，可用配对专用公式进行计算；当$25 \leqslant b+c < 40$时，需做校正；当$b+c < 25$时，应采用确切概率法。$R \times C$列联表的χ^2检验用于多个样本率或多个构成比的比较。

（宁传艺）

复习参考题

一、选择题

1. 描述定性资料的主要统计指标是
   - A. 平均数
   - B. 相对数
   - C. 变异系数
   - D. 相关系数
   - E. 以上都不对
2. 相对数表示的是
   - A. 数值资料平均水平的指标

   - B. 数值资料变异程度的指标
   - C. 事物相对关系的指标
   - D. 事物相关程度的指标
   - E. 动态分析指标
3. 以下统计分析方法中，不属于参数统计分析方法的是
   - A. t检验
   - B. 均数的区间估计

C. 方差分析

D. F检验

E. Wilcoxon秩和检验

4. 两样本率的比较，其检验假设是

　A. $p_1 = p_2$

　B. $\mu_1 = \mu_2$

　C. $\pi_1 = \pi_2$

　D. $\overline{X_1} = \overline{X_2}$

E. 以上都不对

5. $R \times C$列联表的自由度是

　A. $R-1$

　B. $C-1$

　C. $R \times C$

　D. $(R-1) \times (C-1)$

　E. $n-1$

答案：1. B；2. C；3. E；4. C；5. D

二、简答题

1. 应用相对数时需要注意的问题有哪些？

2. χ^2检验的类型及其应用条件？

第十章 基于秩的非参数检验（秩和检验）

学习目标

知识目标	1. 掌握配对设计符号秩检验、数值变量资料两独立样本及多个独立样本比较的秩和检验步骤及适用条件。 2. 熟悉非参数检验的概念及基本思想；有序分类变量资料两独立样本及多个独立样本比较的秩和检验。 3. 了解多个独立样本及随机区组设计资料的两两比较。
能力目标	运用非参数检验对任意分布型资料进行统计分析，准确解释检验结果和研究发现。
素质目标	培养对数据处理的统计思维和实践能力，能从数据分析中探索事物的本质和规律。

如果实际资料不满足参数检验的应用条件，则常会用到一类不依赖总体分布类型的统计方法。非参数检验（non-parametric test）就是不对总体分布作明确限定，对两个及两个以上样本是否来自同一分布总体进行假设检验的一种方法。非参数检验方法的优点是适用范围广，受限条件少，稳健性好。但由于这种方法只是利用了数据的秩次信息，因此当数据满足参数检验的条件时，应首选参数检验，否则可能导致检验效能降低；当数据不满足参数检验的条件时，才应选择非参数检验方法。非参数统计方法很多，本章主要介绍常用的、理论相对完善的非参数秩检验（rank test）。

第一节 配对设计的 Wilcoxon 符号秩检验

配对设计符号秩检验由 Wilcoxon 提出，又称 Wilcoxon 符号秩和检验（Wilcoxon signed-rank sum test），当配对设计资料不满足正态分布假设时，可对差值的总体中位数是否等于零进行假设检验。

一、方法步骤

例10-1-1 用传统方法和新方法测定水样的硝酸盐氮含量（mg/L），结果见表10-1-1第（2）、（3）栏。分析两种方法的测定结果是否有差异？

▼ 表10-1-1 两种方法测定10份水样硝酸盐氮含量结果

水样编号 （1）	传统方法 （2）	新方法 （3）	差值 d（传统法－新法） （4）	正差值秩次 （5）	负差值秩次 （6）
1	4.18	4.42	−0.24		3
2	4.01	4.17	−0.16		2
3	4.36	3.14	1.22	6	
4	3.01	2.94	0.07	1	
5	1.66	1.20	0.46	4	
6	10.31	7.96	2.35	9	
7	5.92	9.80	−3.88		10
8	2.50	1.43	1.07	5	
9	5.98	3.97	2.01	8	
10	6.56	4.83	1.73	7	
$n=10$				$T_+ = 40$	$T_- = 15$

1. 建立检验假设，确定检验水准

H_0：两种方法的测定结果相同，即差值总体中位数等于零

H_1：两种方法的测定结果不同，即差值总体中位数不等于零

$\alpha = 0.05$

2. 计算检验统计量 T

（1）编秩方法：按差值绝对值从小到大编秩，并按差值的正负给秩次加上正负号。编秩时若差值等于零，舍去不计，并从观察单位数中减去此对子数。若差值绝对值相等，符号相同，仍按顺序编秩；符号不同，则取平均秩次（mean rank）。本例先求各对数据差值见表10-1-1第（4）栏；按差值绝对值从小到大编秩次，并分列两栏，见表10-1-1第（5）、（6）栏。

（2）求秩和：T_+ 表示差值为正的秩和，T_- 表示差值为负的秩和，T_+ 与 T_- 之和等于 $n(n+1)/2$，其中 n 为对子数。本例 $T_+ = 40$，$T_- = 15$，其和为55，即，$n(n+1)/2 = 10(10+1)/2 = 55$。任取 T_+ 或 T_- 作为检验统计量 T，本例取 $T=40$。

3. 确定 P 值，作出推断结论 当 $n \leq 50$ 时，查符号秩检验用 T 界值表（附表5），若 T 落在秩和 $T_{a,n}$ 界值范围上或外，则 $P < \alpha$；若 T 在 $T_{a,n}$ 界值范围内，则 $P > \alpha$。本例 $n=10$，$T=40$，查 T 界值表，$T_{0.05,10} = (8 \sim 47)$，$P > 0.05$，按 $\alpha = 0.05$ 水准，不拒绝 H_0，差异无统计学意义，尚不能认为两

种方法的测定结果有差异。

需要注意：当$n>50$时，无法查表，可利用秩和分布的近似正态法进行检验。

二、基本思想

假定两处理效应相同，则差值的总体中位数为0，且差值为正或为负的秩和理论上应该是相等的，以其平均秩和为中心呈对称分布；由于抽样误差的影响，差值为正或为负的秩和不一定恰好相等，但其偏离平均秩和较远的可能性也应比较小。假设检验中，若T_+或T_-偏离平均秩和较远，超出抽样误差允许的范围，即$P \leq \alpha$，则可按$\alpha = 0.05$水准，拒绝H_0，接受H_1，认为差值的总体中位数不为0，即两种方法处理的效应不同。

（宁传艺）

第二节　两独立样本比较的 Wilcoxon 秩和检验

两独立样本比较的Wilcoxon秩和检验（Wilcoxon rank sum test）是由Mann、Whitney和Wilcoxon 3人共同提出的。可对数值变量资料和有序分类变量资料的两独立样本进行假设检验，比较两总体的分布位置有无差异，即两总体的中位数是否相等。

一、数值变量资料两独立样本的比较

两独立样本比较的t检验，要求样本资料的总体服从正态分布，当资料不满足该条件时，可采用两独立样本的秩和检验。

例10-2-1　某实验室观察局部温热治疗小鼠移植性肿瘤的疗效，以生存日数作为观察指标，实验结果见表10-2-1，局部温热是否有疗效？

▼ 表10-2-1　某实验室局部温热治疗小鼠移植性肿瘤的生存日数

实验组		对照组	
生存日数	秩次	生存日数	秩次
10	9.5	2	1
12	12.5	3	2
15	15	4	3
15	16	5	4
16	17	6	5

实验组		对照组	
生存日数	秩次	生存日数	秩次
17	18	7	6
18	19	8	7
20	20	9	8
23	21	10	9.5
90以上	22	11	11
		12	12.5
		13	14

方法步骤如下。

1. 建立检验假设，确定检验水准

H_0：实验组与对照组生存时间总体中位数相同

H_1：实验组与对照组生存时间总体中位数不同

$\alpha = 0.05$

2. 计算检验统计量秩和 T

（1）编秩：将各组观察值由小到大排列，统一编秩：相同的观察值位于不同组应取平均秩次。

（2）求各组秩和：当 $n_1 \neq n_2$ 时，以样本量较小者为 n_1，其秩和 T_1 作为统计量 T。当 $n_1 = n_2$ 时，可任选取一组的秩和作为统计量 T。本例 $n_1 = 10$，$n_2 = 12$，检验统计量 $T = 170$。

3. 确定 P 值，作出推断结论

（1）查表法：$n_1 \leq 10$，且 $n_2 - n_1 \leq 10$ 时，可查两独立样本比较 T 界值表（附表6），若 T 在 $T_{\alpha/2\,(n_1, n_2-n_1)}$ 界值范围外，或恰好等于其界值，则 $P < \alpha$；若 T 在界值 $T_{\alpha/2\,(n_1, n_2-n_1)}$ 范围内，则 $P > \alpha$。

本例 $n_1 = 10$，$n_2 - n_1 = 2$，$T = 170$，双侧 $P < 0.01$，按 $\alpha = 0.05$ 水准，拒绝 H_0，接受 H_1，差异有统计学意义，可认为实验组与对照组的生存时间不同。

（2）正态近似法：若 n_1 或 $n_2 - n_1$ 超出 T 界值表所列范围，可采用正态近似 z 检验，按下式计算 z 值。

$$z = \frac{\left| T_1 - n_1(n+1)/2 \right| - 0.5}{\sqrt{n_1 n_2(n+1)/12}} = \frac{\left| T_2 - n_2(n+1)/2 \right| - 0.5}{\sqrt{n_1 n_2(n+1)/12}} \qquad （式10-2-1）$$

式中，$n = n_1 + n_2$，0.5 为连续性校正数。式10-2-1可在无相持情况下使用；在相持较少时，可求得近似值；若相持较多时（超过25%），尤其是在等级资料中，式10-2-1计算的 z 值偏小，需用式10-2-2校正。

$$z_c = \frac{Z}{\sqrt{c}} \qquad （式10-2-2）$$

式中，$c=1-\dfrac{\sum(t_j^3-t_j)}{n^3-n}$；$t_j$ 为第 j 次相持的个数。

二、有序分类变量资料两独立样本的比较

有序分类变量资料，又称等级资料，指按顺序尺度测量的类别或程度归类的资料，如临床疗效分为治愈、显效、好转、无效，临床检验结果分为 –、+、++、+++，疼痛等症状的严重程度分为 0（无疼痛）、1（轻度）、2（中度）、3（重度）等。有序分类变量资料两独立样本的比较，若采用 $R \times C$ 列联表的 χ^2 检验，可以反映两组疗效构成分布的差别，但没有利用疗效等级所提供的信息；而秩和检验充分利用了等级顺序的信息，更适合单向有序资料的比较。

例10-2-2 某医生研究两种药物治疗心绞痛的效果，观察结果见表10-2-2，试比较两药物疗效是否有差异。

▼ 表10-2-2　两种药物治疗心绞痛疗效比较

疗效	人数		合计	秩次范围	平均秩次	秩和	
	A药	B药				A药	B药
(1)	(2)	(3)	(4)	(5)	(6)	(7)=(2)×(6)	(8)=(3)×(6)
显效	62	35	97	1~97	49	3 038	1 715
有效	18	31	49	98~146	122	2 196	3 782
无效	5	14	19	147~165	156	780	2 184
加重	3	4	7	166~172	169	507	676
合计	88 (n_2)	84 (n_1)	172	—	—	6 521 (T_2)	8 357 (T_1)

方法步骤如下。

1. 建立检验假设，确定检验水准

H_0：两种药物治疗心绞痛疗效的总体中位数相同

H_1：两种药物治疗心绞痛疗效的总体中位数不同

$\alpha = 0.05$

2. 计算检验统计量

（1）编秩：本例为等级资料，先计算不同药物疗效两种患者总数，见第（4）栏。再确定秩次范围，计算平均秩次，如"显效"等级共97例，其秩次范围为1~97，平均秩次为（1+97）/2=49。

（2）求秩和：用第（6）栏分别乘以第（2）、（3）栏人数，相加即得两组的秩和，见第（7）、（8）栏。$n_1=84$，$n_2=88$，检验统计量 $T_1=8\,357$。由于 $n_1=84$，超过界值表所列范围，代入式10-2-1求 z 值。因观察值中相同秩次较多，按式10-2-2作校正。

$$z=\frac{\left|8\,357-84\times(172+1)/2\right|-0.5}{\sqrt{84\times88\times(172+1)/12}}=3.341$$

$$c = 1 - \frac{(97^3 - 97) + (49^3 - 49) + (19^3 - 19) + (7^3 - 7)}{172^3 - 172} = 0.796$$

$$z_c = \frac{3.341}{\sqrt{0.796}} = 3.744$$

3. 确定 P 值，作出推断结论　查 z 界值表可知，$z_{0.001/2} = 3.2905$，$P < 0.001$，按 $\alpha = 0.05$ 水准，拒绝 H_0，接受 H_1，差异有统计学意义，可认为两药治疗心绞痛的疗效不同。由于 A 药组平均秩次为 $6521/88 = 74.1$，B 药组为 $8357/84 = 99.5$，故 A 药疗效优于 B 药。

三、两独立样本 Wilcoxon 秩和检验基本思想

若 H_0 成立，则当 n_1 与 n_2 确定后，样本含量 n_1 组的秩和 T_1 与平均秩和 $n_1(n+1)/2$ 不应相差太大；样本含量 n_2 组的秩和 T_2 与平均秩和 $n_2(n+1)/2$ 不应相差太大。若相差悬殊，且超出了按 α 水准所列界值范围，则拒绝 H_0，接受 H_1，可认为两总体分布不同，或两总体中位数不相等。

（宁传艺）

第三节　多个样本比较的 Kruskal–Wallis H 检验

多组独立样本计量资料比较时，若数据不满足方差分析的条件或为等级资料时，可选用 Kruskal–Wallis H 检验（Kruskal–Wallis H test），利用多个样本的秩和来推断其总体位置是否有差别。

一、数值变量资料多个独立样本的比较

例10-3-1　将 15 名中晚期肝癌患者随机分为 3 组，甲疗法治疗 5 例，乙疗法治疗 5 例，丙疗法治疗 5 例，观察治疗后三组患者的生存时间。观察结果见表 10-3-1 第（1）、（3）、（5）栏，三种疗法的效果是否有差异？

▼ 表10-3-1　三种疗法干预后中晚期肝癌患者生存月数

甲疗法		乙疗法		丙疗法	
生存月数 （1）	秩次 （2）	生存月数 （3）	秩次 （4）	生存月数 （5）	秩次 （6）
13	3.5	14	5	10	1
15	6.5	26	12	11	2
16	8	28	13	13	3.5
17	9.5	32	14	15	6.5
18	11	35	15	17	9.5

甲疗法		乙疗法		丙疗法	
生存月数 （1）	秩次 （2）	生存月数 （3）	秩次 （4）	生存月数 （5）	秩次 （6）
R_i	38.5		59		22.5
n_i	5		5		5
$\overline{R}_i$	7.7		11.8		4.5

方法步骤如下。

1. 建立检验假设，确定检验水准

H_0：三种疗法干预中晚期肝癌生存月数总体中位数相同

H_1：三组疗法干预中晚期肝癌生存月数总体中位数不全相同

$\alpha = 0.05$

2. 计算检验统计量H值

（1）编秩：将各组观察值统一按从小到大顺序编秩，不同组的相同观察值取平均秩次，如第（1）、（5）栏中的13日，应取平均秩3.5。

（2）求秩和：将各组秩次相加，得各组秩和R_i，代入公式计算H值：

$$H = \frac{12}{n(n+1)} \sum \frac{R_i^2}{n_i} - 3(n+1) \qquad （式10-3-1）$$

其中R_i为各组秩和，n_i为各组例数，总例数$R = \sum n_i$

本例$H = \frac{12}{15\times(15+1)} \times \left(\frac{38.5^2}{5} + \frac{59^2}{5} + \frac{22.5^2}{5} \right) - 3\times(15+1) = 6.695$

本例相同秩次较多，使用校正公式更加准确，即：

$$H_c = \frac{H}{1 - \dfrac{\sum\left(t_j^3 - t_j\right)}{n^3 - n}} \qquad （式10-3-2）$$

其中，t_j为第j个相同秩次（即平均秩次）的个数。

本例有3处需要计算平均秩次，分别是第（1）、（5）栏中13的平均秩次为3.5，第（1）、（5）栏中15的平均秩次为6.5，第（1）、（5）栏中17的平均秩次为9.5，故需要进行校正，其中$t_1 = 2$、$t_2 = 2$、$t_3 = 2$。

$$H_c = \frac{6.695}{1 - \dfrac{(2^3-2)+(2^3-2)+(2^3-2)}{15^3-15}} = 6.727$$

3. 确定P值，作出推断结论

若$k=3$，每组例数$n_i \leqslant 5$，查H界值表（附表7），确定P值。

若组别$k=3$，且最小样本例数$n_i > 5$，或$k > 3$，H统计量近似服从$\nu = k-1$的χ^2分布，可查χ^2界

值表得到P值。详见本节例10-3-2解析。

本例$k=3$，$n_i=5$，$\nu=k-1=3-1=2$，查H界值表，得$0.01<P<0.05$，按$\alpha=0.05$水准，拒绝H_0，接受H_1，差异有统计学意义，总的来说三组生存时间总体中位数不全相同，应进一步进行多重比较。

用Kruskal–Wallis H检验时，当推断拒绝H_0，接受H_1时，只能得出各总体分布不全相同的结论，但不能说明甲疗法与乙疗法、甲疗法与丙疗法、乙疗法与丙疗法治疗中晚期肝癌生存月数总体中位数分布不同。若要对每两个总体分布作出有无不同的推断，需要进一步进行两两比较，也称多重比较，判断哪些组间的差别具有显著性。这里采用扩展的t检验法。

方法步骤如下。

1. 建立检验假设，确定检验水准

H_0：任两种疗法干预后，中晚期肝癌生存月数总体中位数相同

H_1：任两种疗法干预后，中晚期肝癌生存月数总体中位数不全相同

$\alpha=0.05$

2. 计算检验统计量

$$\text{扩展}\quad t=\frac{H\left|\overline{R_A}-\overline{R_B}\right|}{\sqrt{\dfrac{n(n+1)(n-1-H)}{12(n-k)}\left(\dfrac{1}{n_A}+\dfrac{1}{n_B}\right)}}\,,\quad \nu=n-k \qquad（式10-3-3）$$

其中，n_A、n_B为对比组的样本量；$\overline{R_A}$、$\overline{R_B}$为任两个对比组的平均秩和；k为处理组别；n为总样本量；H为检验统计量。见表10-3-2。

▼ 表10-3-2　三种疗法干预后中晚期肝癌患者生存月数多重比较

对比组 （1）	n_A （2）	n_B （3）	$\overline{R_A}$ （4）	$\overline{R_B}$ （5）	扩展t （6）	P （7）
甲与乙	5	5	7.7	11.8	1.862	$0.05<P<0.10$
甲与丙	5	5	7.7	4.5	1.453	$0.10<P<0.20$
乙与丙	5	5	11.8	4.5	3.315	$0.005<P<0.01$

如对比甲疗法与乙疗法，代入式10-3-3

$$\text{扩展}\quad t=\frac{|7.7-11.8|}{\sqrt{\dfrac{15(15+1)(15-1-6.727)}{12\times(15-3)}\left(\dfrac{1}{5}+\dfrac{1}{5}\right)}}=1.862$$

3. 确定P值，作出推断结论

按$\nu=n-k=12$，根据表10-3-2第（6）栏扩展t值，查t界值表，得P值见表10-3-2第（7）栏。按$\alpha=0.05$水准，甲疗法与乙疗法、甲疗法与丙疗法比较，均不拒绝H_0，尚不认为甲疗法干预后的生存期与乙疗法、丙疗法有差别；而乙、丙两疗法比较，拒绝H_0，接受H_1，可认为乙疗法、丙疗法干预后生存月数有差别，乙疗法干预后的生存期长。

二、有序分类变量资料多个独立样本的比较

多个独立样本计量资料比较时，若数据不满足方差分析的条件，可以使用本节介绍的Kruskal Wallis秩和检验（Kruskal-Wallis test）又称为K-W检验或H检验，这种方法主要用于推断多个独立样本计量资料或多组有序资料的总体分布位置有无差别。

例10-3-2 为研究三种不同培训方法的培训效果，将90名培训对象随机分为三组，分别采用不同的培训方法进行培训，每种方法都被培训对象评估为差、中、好三个等级。结果见表10-3-3，三种培训方法的效果是否有差别？

▼ 表10-3-3　3种培训方法的效果比较

效果等级	人数			合计	秩次范围	平均秩次	秩和		
	方法A（1）	方法B（2）	方法C（3）	（4）	（5）	（6）	方法A（7）	方法B（8）	方法C（9）
差	10	8	12	30	1~30	15.5	155	124	186
中	5	12	7	24	31~54	42.5	212.5	510	297.5
好	15	10	11	36	55~90	72.5	1 087.5	725	797.5
合计	30	30	30	90	—	—	1 455	1 359	1 281

方法步骤如下。

1. 建立检验假设，确定检验水准

H_0：三组培训效果的总体分布相同

H_1：三组培训效果的总体分布位置不全相同

$\alpha = 0.05$

2. 计算检验统计量H值 编秩，确定各等级的合计人数、秩次范围和平均秩次；分别计算各组的秩和R_i；最后代入式10-3-1计算检验统计量H值：

$$H = \frac{12}{90 \times (90+1)} \times \left(\frac{1\,455^2}{30} + \frac{1\,359^2}{30} + \frac{1\,281^2}{30} \right) - 3 \times (90+1) = 0.74$$

本例相同秩次较多，使用校正公式（式10-3-2）更加准确，即：

$$H_c = \frac{0.74}{1 - \frac{(30^3 - 30) + (24^3 - 24) + (36^3 - 36)}{90^3 - 90}} = 0.84$$

3. 确定P值，作出推断结论 本组$k=3$，各组例数均大于5，按$\nu = k-1 = 2$，查χ^2界值表得$P < 0.005$，按$\alpha = 0.05$水准，拒绝H_0，接受H_1，差异有统计学意义，总的来说三种培训方法的效果不全相同，应进一步进行多重比较。多重比较的方法可参考照式10-3-3。

三、注意事项

非参数检验方法的主要优点是放宽了 t 检验和方差分析的正态分布条件。但是如果满足参数检验的条件却使用非参数方法，会降低检验效能。另外，由于两样本秩和检验对总体分布的形状差别不敏感，对于总体均数相同、方差不等的正态分布，不能对其分布的形状进行推断，故备择假设 H_1 不能为总体分布不同，而只能写为总体分布的位置不同，其含义是两组数据的大小不同。实际上在两总体方差不相等时，已经不能按照设定的检验水准进行正确的检验。因此，对于两组或多组独立样本，如果各组总体方差不同，同样不适合进行非参数检验。

（宁传艺）

第四节　随机区组设计资料比较的秩和检验

随机区组设计也称配伍组设计，当随机区组设计资料不满足方差分析条件时，多个样本均数的比较，可采用随机区组设计的秩和检验，即 Friedman M 检验（Friedman's M test）。

一、方法步骤

例10-4-1　为研究酵解作用对血糖浓度（mmol/L）的影响，从8名健康人中抽血并制成血滤液。每个受试者的血滤液被分成三份，再随机地把三份血滤液分别放置0分钟、45分钟、90分钟，测定其血糖浓度（表10-4-1），试问放置不同时间的血糖浓度有无差异？

▼ 表10-4-1　血滤液放置不同时间的血糖浓度（mmol/L）

区组号	0分钟	45分钟	90分钟
1	5.27（2.5）	5.27（2.5）	4.94（1）
2	5.27（3）	5.22（2）	4.88（1）
3	5.88（3）	5.83（2）	5.38（1）
4	5.44（3）	5.38（2）	5.27（1）
5	5.66（3）	5.44（2）	5.38（1）
6	6.22（2.5）	6.22（2.5）	5.61（1）
7	5.83（3）	5.72（2）	5.38（1）
8	5.27（3）	5.11（2）	5.00（1）
R_i	23	17	8

方法步骤如下。

1. 建立检验假设，确定检验水准

H_0：三种放置时间的血滤液血糖浓度总体中位数相同

H_1：三种放置时间的血滤液血糖浓度总体中位数不全相同

$\alpha = 0.05$

2. 计算检验统计量 M 将每个区组内观察值从小到大编秩（见括号内数字），如观察值相同，取平均秩次；求各处理组秩和 R_i，见表 10-4-1，代入公式计算 M 值：

$$M = \frac{12}{bk(k+1)} \sum R_i^2 - 3b(k+1) \qquad （式 10-4-1）$$

式中，b 为区组数；k 为处理组数。本例 $b=8$，$k=3$，$R_1=23$，$R_2=17$，$R_3=8$，代入式 10-4-1：

$$M = \frac{12}{8 \times 3 \times (3+1)} \times (23^2 + 17^2 + 8^2) - 3 \times 8 \times (3+1) = 14.25$$

3. 确定 P 值，作出推断结论 根据区组数 b 与处理组数 k，查 Friedman 检验 M 界值表，$M_{0.01(8,3)} = 9.00$，得 $P < 0.01$，按 $\alpha = 0.05$ 水准，拒绝 H_0，接受 H_1，差异有统计学意义，总的三种放置时间的血滤液血糖浓度有差异。若区组数超出 M 界值表时，M 统计量近似服从 $\nu = k-1$ 的 χ^2 分布。

二、随机区组设计资料的两两比较

随机区组设计资料经 Friedman 检验拒绝 H_0，接受 H_1，认为多个总体分布位置不全相同时，若要进一步推断是哪两个总体分布位置不同，可进一步作两两组间比较的 q 检验，以例 10-4-1 为例。

方法步骤如下。

1. 建立检验假设，确定检验水准

H_0：任两种放置时间血滤液的血糖浓度的总体中位数相同

H_1：任两种放置时间血滤液的血糖浓度的总体中位数不相同

$\alpha = 0.05$

根据各组的秩和由小到大排位次，并注明原组别及秩和

位次号	1	2	3
组别	90 分	45 分	0 分
秩和	8	17	23

由此确定任两个对比组范围内包含的组数 a，求各组对比组秩和之差 $R_A - R_B$，列入表 10-4-2 第（2）、（3）栏。

对比组 （1）	组数 a （2）	R_A-R_B （3）	q值 （4）	P （5）
1与3	3	15	5.303	<0.01
1与2	2	9	3.182	0.01<P<0.05
2与3	2	6	2.121	>0.05

2. 计算检验统计量 q 值

$$q = \frac{R_A - R_B}{\sqrt{\dfrac{bk(k+1)}{12}}}$$

（式10-4-2）

式中，R_A-R_B 为两对比组的秩和之差；分母为其标准误；b 为区组数；k 为处理组数；计算 q 值见第（4）栏。

3. 确定 P 值，作出推断结论　以 a 和 $\nu = \infty$，查 q 界值表（附表8），得 P 值见第（5）栏。按 $\alpha = 0.05$ 水准，放置0分钟和放置45分钟不拒绝 H_0，差异无统计学意义，尚不能认为放置0分钟与放置45分钟的血滤液的血糖浓度存在差异；其他组间均拒绝 H_0，接受 H_1，差异有统计学意义，可认为放置90分钟与放置0分钟、45分钟的血滤液的血糖浓度差异有统计学意义，放置90分钟的血滤液的血糖浓度低于放置0分钟、45分钟的血滤液的血糖浓度。

学习小结

非参数检验是用来检验数据资料是否来自同一个总体的统计检验方法，是对平均位置间的比较，而非参数间的比较。它不依赖于总体分布形式，适用范围广。根据设计类型，包括配对设计符号秩检验、两独立样本与多个独立样本比较的秩和检验、随机区组设计资料比较的秩和检验等。编秩、求和略有不同，检验统计量各异。对于多个样本资料的比较，得出差异有统计学意义的结论时，尚应进一步两两比较。

（宁传艺）

一、选择题

1. 对医学计量资料成组比较，相对参数检验来说，非参数秩和检验的优点是
   A. 适用范围广
   B. 检验结果更准确
   C. 检验效能高
   D. 充分利用资料信息
   E. 不易出现假阴性错误

2. 以下检验方法中，不属于非参数统计方法的是
   A. t检验
   B. H检验
   C. χ^2检验
   D. z检验
   E. 以上都不是

3. 配对资料的符号秩和检验的无效假设是
   A. 两总体分布相同
   B. 两总体分布位置相同

   C. 两总体均数相同
   D. 两组配对的差值均数为零
   E. 两组配对的差值中位数为零

4. 三组比较的秩和检验，样本例数均为5，确定P值应查
   A. χ^2检验
   B. H界值表
   C. T界值表
   D. 三者均可
   E. 以上均不可

5. 在配对设计Wilcoxon符号秩检验中，如果有两个观察值的差值为0，则
   A. 对正秩和有0.5和1，对负秩和有 −0.5和 −1
   B. 对正秩和有2，对负秩和有 −2
   C. 对正秩和有3，对负秩和有 −3
   D. 对正秩和有1.5，对负秩和有 −1.5
   E. 0舍弃不计

   答案：1. A；2. A；3. E；4. B；5. E

二、简答题

1. 非参数检验的适用范围是什么？
2. 参数检验和非参数检验的区别及各有何优缺点？

第十一章　直线相关与回归

学习目标

知识目标	1. 掌握线性相关的基本概念和相关系数的意义、计算与假设检验；线性回归的概念、直线回归方程的求法、回归系数的意义与假设检验；线性相关与回归的区别与联系。 2. 熟悉线性相关和线性回归分析的应用和 Spearman 秩相关。 3. 了解回归问题的区间估计：总体均数的置信区间、个体 Y 值的预测区间和决定系数。
能力目标	1. 应用相关与回归解决学习和工作中遇到的实际问题。 2. 应用相关与回归的方法为实际工作中解决疾病与具体指标的关系，为防治疾病提供参考依据。
素质目标	具有在实际统计学分析中正确使用相关与回归的知识解决问题的素养。

前面各章介绍的统计方法都只涉及单一变量，即描述某一变量的统计特征或对某一变量进行两组间或多组间差别的比较。当两个变量反映了研究对象的不同特征时，如体重与肺活量、年龄与舒张压等，描述一个变量（如肺活量）随着另一个变量（如体重）的变化而变化，在统计学中通常是用相关与回归的方法来研究不同变量之间的这种相互依存和互为消长的关系。相关与回归的种类较多，本章仅介绍其中最简单的直线相关与直线回归，简称"相关与回归"。

相关分析是描述两个变量间是否有直线关系，是一种互依关系。回归分析是用方程来描述两个变量间数量关系，是一种依存关系。相关与回归既有区别又有联系，表达不同事物或现象间相互关系的密切程度宜用相关系数；说明一个变量依另一变量的消长而变动的规律用回归方程。本章主要从这4个方面来展开：直线相关，直线回归分析，直线相关与线性回归区别与联系，等级相关（秩相关）。

第一节　线性相关

一、线性相关的概念

对两个变量间关系的研究，有时并不要求由 X 估计 Y（或先不考虑这个问题），而关心的是两个变量间是否确有直线相关关系。例如，为了研究微量元素锌在肝脏糖原合成中的作用，探讨大鼠肝脏中糖原含量和锌含量之间是否存在直线关系；这种关系表现为随着锌含量的增加，糖原的含量是增加还是减少。像这类判断两个数值变量之间有无直线相关关系，并回答相关的方向和相关程度如何时，可采用相关分析。在进行相关分析之前，需要先绘制散点图，以观察两个变量间是否呈线性变化趋势。就本例而言，以锌含量为横坐标，糖原的含量为纵坐标绘制散点图。

直线相关（linear correlation）又称简单相关（simple correlation），用于双变量正态分布（bivariate normal distribution）资料，一般说来，要求两个变量都是定量的随机变量，变量不区分主次，处于同等地位。直线相关的性质可由散点图直观地说明。如图11-1-1中，散点呈椭圆形分布，若两个变量X、Y同时增大或减小，变化趋势是同向的，称为正相关（positive correlation）；反之X、Y间呈反向变化，称为负相关（negative correlation），如预防接种率高，传染病发病率降低。散点在一直线上，若X、Y是同向变化，称为完全正相关（perfect positive correlation）；反之，X、Y呈反向变化，称为完全负相关（perfect negative correlation）。散点分布为圆形等一些形状，两个变量间没有直线相关关系，称为零相关（zero correlation）。

正相关或负相关并不一定表示一个变量的改变是另一个变量变化的原因，有可能同受另一个因素的影响。因此，相关关系并不一定是因果关系。零相关多见于X不论增加或减少，Y的大小不受其影响；反之亦然，此时$r=0$。另外，须注意有时虽然各点密集于一条直线，但该直线与X轴或Y轴平行，即X与Y的消长互不影响，这种情况仍为零相关。非线性相关多见于图中各点的排列不呈直线趋势，却呈某种曲线形状，此时$r≈0$，类似这种情况称为非线性相关。

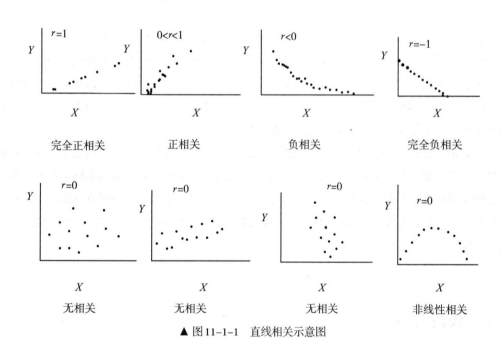

▲ 图11-1-1　直线相关示意图

二、线性相关系数的计算

线性相关系数（r）是用于表示两个变量间直线相关关系大小及相关方向的统计指标。r没有单位，在$-1\sim+1$范围内变动，其绝对值越接近于1，表示两个变量间的相关关系越密切；相关系数的绝对值越接近于0，表示两个变量间的相关关系越不密切。$r=1$时，为完全正相关，说明两个变量同向变化且散在分布在同一直线上；$r=-1$时，为完全负相关，说明两个变量变化相反且散在分布在同一直线上；$r=0$时，为零相关，说明两个变量的相互消长不受影响。相关系数若为正，说明一个变量随另一个变量增减而增减，方向相同；若为负，表示一个变量增加、另一个变量减少，即方向相反，但它不能表达直线以外（如各种曲线）的关系。

相关系数（correlation coefficient）又称Pearson积差相关系数，是用于定量描述两个变量间的直线相关方向与直线相关密切程度的统计指标。样本相关系数用符号r表示，总体相关系数用ρ表示。r的计算公式为：

$$r = \frac{\sum(X-\overline{X})(Y-\overline{Y})}{\sqrt{\sum(X-\overline{X})^2\sum(Y-\overline{Y})^2}} \qquad （式11-1-1）$$

样本含量相等时，r绝对值越接近1，表示两个变量相关关系越密切。在生物界由于影响因素众多，因此完全正相关或完全负相关很少见。需要注意的是，相关系数不能表达直线以外（如各种曲线）的关系。这里的r实际上是相对于总体相关系数（ρ）来说的，r是ρ的估计值。

例11-1-1 某医生欲了解白细胞介素-6（IL-6）对急性脑血管病诊断和预后的价值，测得10例蛛网膜下腔出血（SAH）患者第一日血清IL-6（pg/ml）和脑脊液IL-6（pg/ml）（表11-1-1），据此回答两个变量是否有关联？其方向与密切程度如何？

▼ 表11-1-1　10例SAH患者的血清IL-6和脑脊液IL-6

单位：pg/ml

指标	1	2	3	4	5	6	7	8	9	10
血清IL-6	22.4	51.6	58.1	25.1	65.9	79.7	75.3	32.4	96.4	85.7
脑脊液IL-6	134.0	167.0	132.3	80.2	100.0	139.1	187.2	97.2	192.3	199.4

首先在平面直角坐标系中绘制散点图，见图11-1-2。

由公式分别算得，$l_{XX}=6\,014.664$；$l_{YY}=16\,242.101$，$l_{XY}=7\,201.698$，

按式11-1-1，有：$r = \dfrac{l_{XY}}{\sqrt{l_{XX}l_{YY}}} = \dfrac{7\,201.698}{\sqrt{(6\,104.664)\times(16\,242.101)}} = 0.723$

三、线性相关的假设检验

从同一总体抽出的不同样本会得到不同的样本相关系数，所以要判断X、Y间是否确有直线相关关系，就要检验r是否来自$\rho \neq 0$的总体。因为即使从$\rho=0$的总体做随机抽样，由于抽样误差

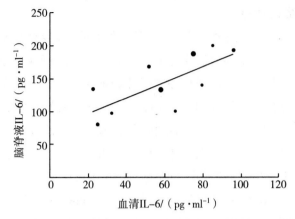

▲ 图11-1-2　SAH患者血清IL-6和脑脊液IL-6散点图及回归线

的影响，所得r值也常不等于零。因此计算出r值后，它是否来自总体相关系数$\rho=0$的总体，仍需要进行相关系数的假设检验。

相关系数检验方法有两种。

（1）t检验

$$t_r = \frac{r-0}{S_r} = \frac{r}{\sqrt{\dfrac{1-r^2}{n-2}}}, \quad \nu = n-2 \qquad\qquad （式11-1-2）$$

式中S_r为r的标准误。求得t值后，查t界值表得P值，按所取检验水准，作出推断结论。

（2）查表法：求得r后，按$\nu=n-2$查相关系数r界值表（附表9）得P值，按所取检验水准，作出推断结论。

例11-1-1题中SAH患者血清IL-6和脑脊液IL-6相关系数的假设检验如下。

H_0：$\rho=0$，即SAH患者血清IL-6和脑脊液IL-6间无直线相关关系

H_1：$\rho \neq 0$，即SAH患者血清IL-6和脑脊液IL-6间有直线相关关系

$\alpha=0.05$，$n=10$，$r=0.723$

$$t_r = \frac{r-0}{S_r} = \frac{r}{\sqrt{\dfrac{1-r^2}{n-2}}} = 2.960, \quad \nu = n-2 = 8$$

查t界值表得，$0.01<P<0.02$，按$\alpha=0.05$水准，拒绝H_0，接受H_1，可认为SAH患者血清IL-6和脑脊液IL-6呈正的直线相关关系；或以$r=0.723$，$\nu=8$直接查相关系数r界值表，仍得$0.01<P<0.02$，结论同前。

注意：① 同一双变量资料，回归系数和相关系数的假设检验是等价的，即$t_b=t_r$，结论一致；② Pearson相关用于双变量正态分布资料，如果资料不服从双变量正态分布或总体分布未知或等级资料，宜选用秩相关（Rank correlation）分析两个变量间相关关系的方向与密切程度，如Spearman秩相关。

注意：对本例同样可求得$t_b=0.723=t_r$。即对同一份数据，对总体相关系数作假设检验的t值与总体回归系数作假设检验的t值相等，这不是偶然的。对既可以作回归又可以作相关的同一样本，理论上二者的假设检验等价。实际应用中通过查r界值表（附表9）代替对β的假设检验可能更简便。

四、直线相关分析应用中应注意的问题

1. 进行直线相关分析前应先绘制散点图 散点图能直观地显示两个变量间有无线性关系并发现可能存在的离群点（outlier）。当散点有线性趋势时，才能进行相关分析。

2. Pearson积差相关系数的统计推断要求两个随机变量均服从正态分布 若某一变量是人为选定而非随机变量，如研究大鼠某项生理指标与不同给药剂量的关系，给药剂量通常是研究者人为控制的非随机变量，不服从正态分布，则不宜进行直线相关分析。

3. 出现离群点时慎用相关 图11-1-3（a）中可见一个明显远离主体数据的离群点，计算时是否包含某离群点可分别得到负相关或正相关两种不同结论。对离群点的处理需认真核实数据的收集和录入过程，或进行重复观察。

4. 相关关系不一定是因果关系 相关关系有可能是伴随关系。例如，测量某小学各年级学生的右手长度及其算术计算能力，可能会得到这两个变量有统计学意义的相关关系，但显然两者并非因果关系，可能是学生年龄分别与右手长度和算术计算能力都存在关联，从而造成了这种假象。因此，进行两个变量因果分析时，还需结合专业知识和其他研究方法。

5. 分层资料不可盲目合并 图11-1-3（b）显示，将无相关性的两样本合并后造成正相关的假象；图11-1-3（c）显示，将原本具有相关性的分层资料合并后得出无相关性。

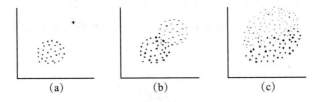

（a） （b） （c）

▲ 图11-1-3 误用相关的几种情况（a~c）

（余艳琴）

第二节 线性回归

一、线性回归的概念

计算出相关系数后，如果r显著，且又需要进一步了解两个变量中一个变量随着另一个变量而变动的规律时，则可进行回归分析。"回归"是借用已久因而相沿成习的名称。若某一个变

量（Y）随另一个变量（X）的变动而变动，则称X为自变量（independent variable），Y为因变量（dependent variable）。这种关系在数学上被称为Y是X的函数，但在医学领域里，自变量与因变量的关系和数学上的函数关系有所不同。

例11-2-1 某医生欲了解白细胞介素-6（IL-6）对急性脑血管病诊断和预后的价值，测得10例蛛网膜下腔出血（SAH）患者第一日血清IL-6（pg/ml）和脑脊液IL-6（pg/ml），试求脑脊液IL-6对血清IL-6的直线回归方程。

为了直观地分析SAH患者血清IL-6和脑脊液IL-6的关系，以血清IL-6为横轴，脑脊液IL-6为纵轴，描出10对数据的散点图（scatter plot）。由图可见散点呈线性趋势（并非所有散点都在一条直线上，不同于两个变量间严格对应的函数关系），即脑脊液IL-6有随血清IL-6增加而增加的趋势。统计上把分析一个变量（如脑脊液IL-6）与另一个变量（如血清IL-6）线性依从关系的方法称为直线回归（linear regression）。

二、直线回归方程的建立

在SAH患者血清IL-6和脑脊液IL-6的关系中，将血清IL-6看作自变量（independent variable），用X表示，脑脊液IL-6看作因变量（dependent variable），用Y表示。直线回归的任务就在于建立一个描述因变量随自变量变化而变化的直线方程，称为直线回归方程。

总体中因变量（Y）依赖自变量（X）的直线回归方程总体中，Y依赖X的直线回归方程为：

$$\mu_{Y|X} = \alpha + \beta X \qquad （式11-2-1）$$

其中$\mu_{Y|X}$表示X取某一固定值时，相应Y的总体参数，α和β是决定直线回归方程的两个系数，其中α为截距参数，β为斜率参数，称为回归系数（regression coefficient）。

直线回归分析的任务就是建立一个描述因变量依自变量变化而变化的直线方程，并要求各点与该直线纵向距离的平方和为最小。按这个要求计算回归方程的方法称为最小平方法或最小二乘法（least square method）。

样本直线回归方程的表达式为：

$$\hat{Y} = a + bX \qquad （式11-2-2）$$

式中，$\hat{y}$表示X取某定值时相应Y总体均数的估计值，a表示X取值为0时Y平均水平的估计值；b为回归系数估计值，其统计学意义为自变量X每增加一个单位，因变量Y平均改变量的估计值。若回归系数为正值，说明Y随X增加而增加；若回归系数为负值，说明Y随X增加而减少。

三、回归方程的估计

1. 回归方程估计的最小二乘法 从散点图来看，不同的a和b对应不同的直线，求解a、b实际上就是如何能合理地找到一条能最好地代表数据点分布趋势的直线，使得每个实测值Y_i与这条"理想"的回归直线的估计值$\hat{Y}_i$最接近。由于各点的$Y_i - \hat{Y}_i$有正有负，故通常取各点的$Y_i - \hat{Y}_i$平方和最小。统计学上将各点距回归直线的纵向距离平方和最小这一原则称为"残差平方和最小"。

2. 回归系数的估计方法　按照最小二乘法，当 $Y_i-\hat{Y_i}$ 取得最小值时直线回归方程 $\hat{Y}=a+bX$ 要保证各实测点距所求直线的纵向距离平方和 $\sum(Y-\hat{Y})^2$ 最小，由此可见的回归系数 b 和截距 a 的算式如下：

$$b=\frac{l_{XY}}{l_{XX}}=\frac{\sum(X-\overline{X})(Y-\overline{Y})}{\sum(X-\overline{X})^2}=\frac{\sum XY-(\sum X)(\sum Y)/n}{\sum X^2-(\sum X)^2/n} \qquad （式11-2-3）$$

$$a=\overline{Y}-b\overline{X} \qquad （式11-2-4）$$

式中 l_{XY} 为 X 与 Y 的离均差交叉乘积和，简称"离均差积和"，可按式11-2-3计算：$l_{XY}=\sum XY-(\sum X)(\sum Y)/n$，式中 n 为样本含量。

3. 直线回归方程的计算　利用式11-2-3、式11-2-4计算回归方程。

例题11-2-1直线回归分析的步骤如下。

（1）有原始数据及散点图（11-1-2），初步分析SAH患者血清IL-6和脑脊液IL-6两个变量间有线性趋势。

（2）求 $\sum X$、$\sum X^2$、$\overline{X}$、$\sum Y$、$\sum Y^2$、$\overline{Y}$、$\sum XY$

$\sum X=592.6$，$\sum X^2=41\,222.14$，$\overline{X}=\dfrac{\sum X}{n}=\dfrac{592.6}{10}=59.26$

$\sum Y=1\,428.7$，$\sum Y^2=220\,360.47$，$\overline{Y}=\dfrac{\sum Y}{n}=\dfrac{1\,428.7}{10}=142.87$，$\sum XY=91\,866.46$，

（3）求 l_{XX} 和 l_{XY}

$$l_{XX}=\sum X^2-(\sum X)^2/n=41\,222.4-(592.6)\times(592.6)/10=6\,104.664$$

$$l_{XY}=\sum XY-(\sum X)(\sum Y)/n=91\,866.46-(592.6)\times(1\,428.7)/10=7\,201.698$$

（4）求回归系数 b 和截距 a

$$b=\frac{l_{XY}}{l_{XX}}=\frac{7\,201.698}{6\,104.664}=1.180$$

$$a=\overline{Y}-b\overline{X}=142.87-1.179\,7\times59.26=72.961$$

本例计算的回归系数 $b=1.180$，表示SAH患者脑脊液IL-6随血清IL-6增加而增加，且血清IL-6每增加1 pg/ml，估计脑脊液IL-6平均增加1.180 pg/ml。

（5）写出回归方程

$$\hat{Y}=72.961+1.180X$$

4. 回归方程的图示　为直观地表示两个变量的直线关系，求出直线回归方程，经假设检验，所求直线回归方程有统计学意义时，可图示回归直线，见图11-1-2。注意：所绘直线必须经过点 $(\overline{X},\overline{Y})$。另外，所绘直线应以自变量的实测值范围为限，不能随意延长。

5. 直线回归方程的应用

（1）利用回归方程进行预测和估计：预测即是将自变量 X 代入回归方程对因变量 Y 进行估计，求得直线回归方程后，经回归系数的假设检验，认为两个变量间直线关系存在时，则两个

变量间依存变化的数量关系可用直线回归方程来描述，并基于回归方程进行预测和估计。如例11-2-1中求得直线回归方程 $\hat{Y} = 72.961 + 1.180X$，就是根据SAH患者血清IL-6预测脑脊液IL-6的定量表达式。

（2）利用回归方程，用容易测定的指标估计不易测定的指标：这是回归方程的重要应用之一。如体重与体表面积的关系，体重是较容易测量的指标，而体表面积是不易准确测量的指标。根据一组实测资料建立体表面积（因变量 Y）与体重（自变量 X）的直线回归方程，即可根据某人的体重来估计其表面积的大小。

（3）利用回归方程获得较精细的医学参考值范围：若已知年龄与血压存在直线关系，实际应用中可利用直线回归方程来估计不同年龄段，血压的医学参考值范围（即容许区间，具体方法可参考其他统计学专著），后者比前者要精细实际，指导意义更大。

（4）利用回归方程进行统计控制：统计控制是利用回归方程进行逆估计。如要求因变量 Y 在一定范围内波动，可以通过控制自变量 X 的取值来实现。如已知胰岛素水平（X）与血糖（Y）之间具有直线关系，为使糖尿病患者的血糖维持在某一范围，如何控制胰岛素水平？这样的问题可根据已建立的由胰岛素估计血糖的直线回归方程，将已知的 Y 值代入回归方程，解出 X 值，通过调整 X 值达到控制 Y 的目的。

四、线性回归方程的假设检验

求得回归方程后，首先要考虑回归方程是否成立。与其他统计量如样本均数 $\overline{X}$、样本率 P 等一样，样本回归系数 b 也存在抽样误差，即使总体回归系数 β 等于零，由于抽样误差，其样本回归系数 b 也不一定全为零。因此求得一个样本回归系数后，研究者还需推断相应总体中这种回归关系是否确实存在，即推断 Y 的总体条件均数是否随 X 的变化而呈线性变化。总体回归方程形式如下：

$$Y_i = u_{\frac{x}{y}} + \varepsilon_i = a + \beta X_i + \varepsilon_i \qquad （式11-2-5）$$

式中，a 和 β 是前述 a 和 b 所对应的总体参数；$u_{\frac{x}{y}}$ 为对应于各 X 值的 Y 值的总体均数，即总体条件均数；ε_i 为误差项或残差。

由式11-2-5可见，当总体回归系数 $\beta = 0$ 时，Y 的总体均数为常数 a，此时两个变量无直线回归关系，但由于抽样误差的存在，样本回归系数不一定为零，故推断总体中两个变量是否存在回归关系，还须对总体回归系数 β 是否等于0进行统计推断。

1. 方差分析 理解回归系数假设检验中方差分析的基本思想，需要对因变量 Y 的离均差平方和作分解，见图11-2-1。

图11-2-1中，任意一点 P 的纵坐标被回归直线与均数 $\bar{y}$ 截成三段，其中：$y - \bar{y} = (\hat{y} - \bar{y}) + (y - \hat{y})$。由于点 P 是散点图中任取的一点，若将全部数据点都按上法处理，并将等式两端平方后再求和，则有：

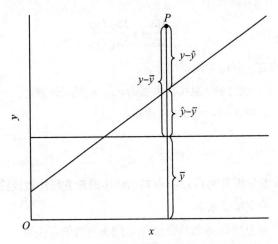

▲ 图11-2-1 因变量的离均差平方和分解示意图

$$\sum (Y-\hat{Y})^2 = \sum (\hat{y}-\overline{y})^2 + \sum (y-\hat{y})^2 \qquad （式11-2-6）$$

上式也可表示为：

$$SS_{总} = SS_{回} + SS_{残} \qquad （式11-2-7）$$

$SS_{总}$即$\sum (Y-\hat{Y})^2$，称为总离均差平方和，即y的总变异。

$SS_{回}$即$\sum (\hat{y}-\overline{y})^2$，称为回归平方和。在其成分$(\hat{y}-\overline{y})$中，由于无论回归关系如何，特定样本的均数$\overline{y}$不变，故此部分变异是由于直线上$\hat{y}$的不同造成的，而$\hat{y}$的不同正是由于假设两个变量存在回归关系$\hat{Y}=a+bX$所导致的。因此$SS_{回}$反映了在$y$的总变异中可以用$y$与$x$的回归关系所解释的部分，即在$y$的总变异中由于$y$与$x$的回归关系而使$y$的总变异减少的部分。$SS_{回}$越大，说明回归效果越好。

$SS_{残}$即$\sum (y-\hat{y})^2$，称为残差平方和。它反映了除x对y的回归关系影响之外的一切因素对y的变异的作用，也即在总平方和中无法用回归关系解释的部分，表示考虑回归关系之后y的随机误差。在散点图中，各实测点离回归直线越近，$SS_{残}$越小，说明直线回归的估计误差越小。

上述3个平方和相应的自由度v之间的关系为：

$$v_{总}=n-1 ；\ v_{回}=1 ；\ v_{残}=n-2 \qquad （式11-2-8）$$

$$v_{总}=v_{回}+v_{残} \qquad （式11-2-9）$$

由式11-2-8及式11-2-9离均差平方和及其自由度的分解可见，当β接近于0时，更可能出现较小的$SS_{回}$和较大的$SS_{残}$（极端情况为$SS_{残}=SS_{回}$，而$SS_{残}=0$，回归直线与横坐标平行）；而β远离0时，更可能得到较大的$SS_{回}$和较小的$SS_{残}$（极端情况$SS_{回}=SS_{总}$，而$SS_{残}=0$，所有数据点都在回归直线上）。故相对于随机误差$SS_{残}$而言，回归的变异$SS_{回}$越大，越有理由认为$\beta \neq 0$。或可认为不考虑回归时，随机误差是y的总变异$SS_{总}$，而考虑回归后，由于回归的贡献使原来的随机误差减小为$SS_{残}$。如果两个变量间总体回归关系确实存在，回归的贡献应大于随机误差，大到何种程度时可以认为差异有统计学意义，可根据$SS_{残}$与$SS_{回}$的关系构造F统计量，对回归系数进行假设检验：

$$F = \frac{MS_{\text{回}}}{MS_{\text{残}}} = \frac{SS_{\text{回}} / v_{\text{回}}}{SS_{\text{残}} / v_{\text{残}}}$$ （式11-2-10）

式中，$MS_{\text{回}}$为回归均方，$MS_{\text{残}}$为残差均方。

在H_0为$\beta = 0$的假设下，统计量F服从自由度为$v_{\text{回}}$、$v_{\text{残}}$的F分布。

实际计算时，也可以利用式11-2-10直接求得：

$$SS_{\text{回}} = bl_{xy} = \frac{l_{xy}^2}{l_{xy}} = b^2 l_{xy}$$ （式11-2-11）

例11-2-2 试用方差分析对例11-2-1资料的样本回归方程作假设检验。

（1）建立检验假设，确定检验水准

H_0：$\beta = 0$，即SAH患者血清IL-6和脑脊液IL-6间无直线依存关系

H_1：$\beta \neq 0$，即SAH患者血清IL-6和脑脊液IL-6间有直线依存关系

$\alpha = 0.05$

（2）计算检验统计量

$$SS_{\text{总}} = \sum (Y - \hat{Y})^2 = l_{xx} = 610.664$$

由式11-2-11可得，$SS_{\text{回}} = bl_{xy} = 3\,232.151$

由式11-2-7可得，$SS_{\text{残}} = SS_{\text{总}} - SS_{\text{回}} = 2\,872.513$

由式11-2-9可得，$F = \dfrac{MS_{\text{回}}}{MS_{\text{残}}} = \dfrac{SS_{\text{回}} / v_{\text{回}}}{SS_{\text{残}} / v_{\text{残}}} = 9.002$

$$v_{\text{回}} = 1 \; ; \; v_{\text{残}} = n - 2 = 10$$

（3）确定P值，作出统计推断

按$v_1 = 1$；$v_2 = 12$，查F界值表，$F_{a\,(v_1, v_2)} = F_{0.01\,(1,9)} = 10.56$。

得$P < 0.05$，按$\alpha = 0.05$的检验水准，拒绝H_0，接受H_1，回归方程有统计学意义，可以认为SAH患者血清IL-6和脑脊液IL-6之间有直线关系。

2. t检验

$$t_b = \frac{b - 0}{S_b} = \frac{b}{S_{YX} / \sqrt{l_{XX}}}$$ （式11-2-12）

$$v = n - 2$$

式中，S_b为样本回归系数b的标准误，S_{YX}为剩余标准差，表示扣除X的影响后Y之间的变异。计算公式为：

$$S_{YX} = \sqrt{\frac{\sum (Y - \hat{Y})^2}{n - 2}}$$ （式11-2-13）

式中，$\sum (Y - \hat{Y})^2$为Y的剩余平方和，即散点图中各实测点距回归直线的纵向距离的平方和，计算公式为：

$$\sum (Y - \hat{Y})^2 = l_{YY} - \frac{l_{XY}^2}{l_{XX}} = \sum (Y - \overline{Y})^2 - \frac{\left[\sum (X - \overline{X})(Y - \overline{Y}) \right]^2}{\sum (X - \overline{X})^2} \qquad (\text{式} 11\text{-}2\text{-}14)$$

例11-2-3 检验例11-2-2求得的直线回归方程是否成立。

H_0：$\beta = 0$，即SAH患者血清IL-6和脑脊液IL-6间无直线依存关系

H_1：$\beta \neq 0$，即SAH患者血清IL-6和脑脊液IL-6间有直线依存关系

$\alpha = 0.05$，$n = 10$，$b = 1.180$，$l_{XX} = 6\ 014.664$；$l_{XY} = 7\ 201.698$；$l_{YY} = 16\ 242.101$

$$\sum (Y - \hat{Y})^2 = l_{YY} - \frac{l_{XY}^2}{l_{XX}} = 7\ 746.227$$

$$S_{YX} = \sqrt{\frac{\sum (Y - \hat{Y})^2}{n-2}} = 31.117$$

$$S_b = \frac{S_{YX}}{\sqrt{l_{XX}}} = \frac{31.117}{\sqrt{6\ 104.664}} = 0.398$$

$$t_b = \frac{b}{S_b} = \frac{1.180}{0.398} = 2.965$$

$$v = n - 2 = 8$$

查t界值表，得$0.01 < P < 0.02$，按$\alpha = 0.05$水准，拒绝H_0，接受H_1，可认为SAH患者血清IL-6和脑脊液IL-6之间有直线关系，所求直线回归方成立。

3. 总体回归系数β的置信区间 由例11-2-1计算得到的样本回归系数$b = 1.180$，只是总体回归系数β的一个点估计值。类似于总体均数的置信区间的估计，β的双侧（$1 - \alpha$）置信区间可由式11-2-15计算：

$$b \pm t_{\frac{\alpha}{2}, (n-2)} S_b \qquad (\text{式} 11\text{-}2\text{-}15)$$

式中，S_b为样本回归系数b的标准误；$t_{\frac{\alpha}{2}, (n-2)}$是自由度$v = n - 2$的双侧$t$界值。

例11-2-4 试估计例11-2-2资料的总体回归系数β的95%置信区间。

由例11-2-1得$b = 1.180$，$S_b = 0.147\ 309$，$v = 8$，查t界值表得$t_{0.05/2,8} = 2.306$。按式11-2-15求得β的95%置信区间为：

$$(1.180 - 2.306 \times 0.147，1.180 + 2.306 \times 0.147) = (0.841，1.519)$$

该区间不包括0，按$\alpha = 0.05$水准同样可得到总体回归系数不为0的结论，即用区间估计回答假设检验的问题。

4. 决定系数 回归平方和$SS_{回}$与总离均差平方和$SS_{总}$之比称为决定系数（coefficient of determination），记为R^2。

$$R^2 = \frac{SS_{回}}{SS_{总}} \qquad (\text{式} 11\text{-}2\text{-}16)$$

R^2取值在$0 \sim 1$，无单位。它反映了回归贡献的相对程度，即在因变量Y的总变异中，用Y与

X的回归关系所能解释的比例。在实际应用中，常用决定系数来反映回归拟合的实际效果。如例11-1-1，$R^2=0.529$，说明SAH患者血清IL-6和脑脊液IL-6之间的线性依存关系能够解释因变量即SAH患者脑脊液IL-6的52.9%变异，还有剩余47.1%的信息需通过血清以外的其他因素来加以解释。

决定系数除了作为反映回归拟合效果的统计量，还可用来对回归拟合效果作假设检验。此拟合优度检验等价于对总体回归系数的假设检验，检验统计量为：

$$F = \frac{R^2}{\frac{1-R^2}{n-2}} = \frac{\frac{SS_{回}}{v_{回}}}{\frac{SS_{残}}{v_{残}}} = \frac{MS_{回}}{MS_{残}}$$ （式11-2-17）

五、线性回归的应用条件

1. 线性（linear） 即自变量X和因变量Y间呈线性关系。通过绘制(X, Y)的散点图，观察散点的分布是否有线性趋势，来判断线性关系是否成立。如果Y与X成非线性关系，应该使用后文介绍的非线性回归分析方法

2. 独立性（independent） 即n个观察单位间必须是独立的或每个个体观察值之间相互独立。通常利用专业知识来判断这一项条件是否满足，即任意两个个体的观察值之间不应该有关联性。如果该条件不满足，表面上有n对个体的资料，实际上提供的信息却没有那么多，导致回归分析的估计值不够准确和精确。

3. 正态性（normal） 即在一定范围内给定X后，对应的随机变量Y均服从正态分布，且均数就是回归线上对应于X值的点。利用专业知识来判断这项条件是否满足或也可以用后面将介绍的残差的散点图来判断，或有条件时通过预实验测定任意给定X值对应的一系列Y值，再通过正态性检验方法来判断。如果数据不满足正态性检验，首先考虑对数据Y进行变化，使其正态化。

4. 等方差（equal variance） 即不同X值所对应的随机变量Y的分布具有相同的方差，换句话说，Y的方差与X无关。

通常利用(X, Y)的散点图或后文介绍的残差的散点图来判断等方差性。如果数据不满足等方差性条件，可试用变量变换使其方差齐性后再进行线性回归分析，或采用加权回归的办法。

若将上述线性回归模型适用条件的四个关键英语单词的首字母连在一起，恰好为"LINE"便于记忆。

（余艳琴）

第三节 线性相关和线性回归区别与联系

一、线性相关与线性回归的区别

1. 资料要求 进行直线相关分析的两个变量，若X为选定的，则对应于每个X的Y值要求服从双变量正态分布，二者无主次之分；直线回归分析要求在给定某个X取值时，Y服从正态分布，Y的均数随X变化而变化，而X是可以精确测量和严格控制的变量。

2. 应用 说明两个变量间的相互关系用直线相关分析，此时两个变量的关系是平等的；而说明两个变量的数量依存关系用直线回归分析，表明Y如何依赖于X而变化。

3. 意义 相关系数r说明具有直线关系的两个变量间相互关系的方向与密切程度；回归系数b表示X每改变一个单位所引起的Y的平均改变量。

4. 计算公式不同 $r = \dfrac{l_{XY}}{\sqrt{l_{XX}l_{YY}}}$，$b = \dfrac{l_{XY}}{l_{XX}}$

5. 取值范围不同 $-1 \leqslant r \leqslant 1$；$-\infty < b < \infty$

6. 单位 r没有单位，b有单位。

7. 分析目的不同 相关分析的目的是把两个变量间直线关系的密切程度及方向用同一统计指标表示出来，不能估计推算具体数值。回归分析的目的则是把自变量与因变量间的关系用函数公式定量表达出来，用自变量数值推算因变量的估值。

8. 应用 说明两个变量线性依存的数量关系用回归（定量分析），说明两个变量的相关关系用相关（定性分析）。

回归方程的适用范围有其限度，一般仅适用于自变量X的原数据范围内，而不能任意外推。因为并不知道在这些观察值的范围之外，两个变量间是否也呈同样的直线关系。很重要的一点，变量之间是否存在"真实相关"，是由变量之间的内在联系所决定的。通过相关分析和回归分析，虽然可以从数量上反映变量之间的联系形式及其密切程度，但是无法准确判断变量之间内在联系的存在与否，也无法判断变量之间的因果关系。因此，在具体应用过程中，一定要始终注意把定性分析和定量分析结合起来，在准确的定性分析的基础上展开定量分析。

二、线性相关与线性回归的联系

1. 对于服从双变量正态分布的同一组数据，既可作直线相关分析又可作直线回归分析，回归系数（b）与相关系数（r）的正负号一致。$r>0$时，$b>0$，均表示两个变量X、Y同向变化；$b<0$时，$r<0$，均表示两个变量X、Y反向变化。

2. 回归系数b与相关系数r的假设检验等价。即对同一双变量资料，$t_b = t_r$。由于相关系数r的假设检验较回归系数b的假设检验简单，故在实际应用中，常以r的假设检验代替b的假设检验。

3. 对于服从双变量正态分布的同一组资料，其相关系数r和回归系数b可以相互换算：$r = \dfrac{bS_X}{S_Y}$。

4. 相关分析是回归分析的基础和前提，回归分析则是相关分析的深入和继续。相关分析需要依靠回归分析来表现变量之间数量相关的具体形式，而回归分析则需要依靠相关分析来表现变量之间数量变化的相关程度。

5. 用回归可以解释相关。决定系数（R^2）$= \dfrac{SS_{回}}{SS_{总}}$，为相关系数的平方。它反映了回归贡献的相对程度，即在 Y 的总变异中用 Y 与 X 的回归关系所能解释的比例。故当 $SS_{总}$ 固定时，$SS_{回}$ 的大小决定了相关的密切程度。$SS_{回}$ 越接近 $SS_{总}$，则相关系数和决定系数都越接近 1，说明引入回归效果越好。

只有当变量之间存在高度相关时，进行回归分析寻求其相关的具体形式才有意义。如果在没有对变量之间是否相关及相关方向和程度做出正确判断之前，就进行回归分析，很容易造成"虚假回归"。与此同时，相关分析只研究变量之间相关的方向和程度，不能推断变量之间相互关系的具体形式，也无法从一个变量的变化来推测另一个变量的变化情况，因此，在具体应用过程中，只有把相关分析和回归分析结合起来，才能达到研究和分析的目的。

三、应用直线回归与相关应注意的问题

1. 作回归与相关分析要有实际意义　任意取 n 对数据都能求出一个直线回归方程或相关系数，应从专业知识的角度充分考虑，不能把毫无关联的两种现象作回归、相关分析。如儿童身高的增长与小树的增长，作相关分析是没有实际意义的，如果计算由儿童身高推算小树高的回归方程则更无实际意义。即使算得的 r、b 是显著的，也是没有意义的。

2. 对相关分析的作用要正确理解　相关分析只是以相关系数来描述两个变量间相互关系的密切程度和方向，并不能阐明两个事物或现象间存在联系的本质。而且相关并不一定就是因果关系，切不可单纯依靠相关系数或回归系数的显著性"证明"因果关系之存在。

3. 在进行回归与相关分析之前，应首先绘制散点图。

4. 直线回归方程的适用范围一般以自变量的取值范围为限，超出自变量取值范围所计算的值称为外延。

5. 相关分析时，双变量小样本经检验只能推断两个变量间有无直线关系，而不能推断其相关的密切程度。

6. 两个变量的直线关系不一定是因果关系，也可能是伴随关系，即两个变量的变化可能同受另一个因素的影响。

适合作相关和回归分析的资料通常有两种资料：① 一个变量 X 是选定的，另一个变量 Y 是从正态分布的总体中随机抽取的，宜作回归分析。② 两个变量 X、Y（或 X_1、X_2）都是从正态分布的总体中随机抽取的，即是正态双变量中的随机样本。这时，若需要由一个变量推算另一个变量可作回归分析；若只需说明两个变量间的相互关系可作相关分析。如果变量（一个或两个）呈明显偏态时，须经过适当的变量代换（如对数代换等），使资料接受正态分布后再做相关与回归分析，或者采用秩相关分析。

（余艳琴）

第四节　等级相关

前述直线相关适用于二元正态分布资料，对于下列资料类型：① 不服从双变量正态分布而不宜做积差相关分析，这一点从原始数据的基本统计描述或直观的散点图从中可以看出；② 总体分布未知，如限于仪器测量精度，个别样品的具体数值无法读出而出现"超限值时"（如 $X<0.001$）；③ 原始数据用等级表示的资料，都不宜用Pearson积差相关系数来分析相关性，此时可采用秩相关（rank correlation）或称等级相关，是用双变量等级数据作直线相关分析，这类方法对原变量分布不作要求，属于非参数统计方法。秩相关分析中最常用的统计量是Spearman秩相关系数（Spearman's rank correlation coefficient）（r_s），又称等级相关系数，其值在 [-1, 1] 之间，无单位，$r_s<0$ 为负相关，$r_s>0$ 为正相关，$|r_s|=1$ 为完全相关，$r_s=0$ 为零相关。

一、等级相关系数的计算

Spearman秩相关类似前述积差相关，它是用等级相关系数 r_s 来说明两个变量间直线相关关系的密切程度与相关方向。其基本思想是将 n 对观察值 X_i、Y_i（$i=1,2,\cdots,n$）分别由小到大编秩（遇到相同观察值取平均秩值），然后代入公式（上文Pearson积差相关系数的计算公式，式11-1-1）计算秩次的Pearson积差相关系数。另外还可考虑用 P_i 表示 X_i 的秩，Q_i 表示 Y_i 的秩，P_i 与 Q_i 之差来反映 X、Y 两个变量秩排列一致性的情况。令 $d_i=P_i-Q_i$，由于 d_i 可正可负，$\sum d_i$ 就不能真实反映 P_i 与 Q_i 差值的大小，故取 $\sum d_i^2 = \sum (P_i-Q_i)^2$。在 n 为一定时，当每对 X、Y 的秩完全相等为完全正相关，此时 $\sum d_i^2$ 有最小值0；当每对 X、Y 的秩完全相反为完全负相关，此时 $\sum d_i^2$ 有最大值：$\sum d_i^2 = \sum (P_i-Q_i)^2 = \sum \left[(n+1-i)-i \right]^2 = \dfrac{n(n^2-1)}{3}$。$\sum d_i^2$ 从0到其最大值的范围内的变化，描述了 X、Y 两个变量的相关程度。为了与积差相关系数 r 表示相关程度与方向的形式一致，按式11-4-1计算Spearman等级相关系数：

$$r_s = 1 - \frac{6\sum d^2}{n(n^2-1)} \qquad （式11-4-1）$$

等级相关系数 r_s 的计算也可以按照式11-4-2计算：式中 X、Y 分别代表每对观察值的秩次。

$$r_s = \frac{\sum (X-\overline{X})(Y-\overline{Y})}{\sqrt{\sum (X-\overline{X})^2 \sum (Y-\overline{Y})^2}} \qquad （式11-4-2）$$

例11-4-1　某省调查了1995年到1999年当地居民18类死因的构成及每种死因导致的潜在工作损失年数（WYPLL）的构成，结果见表11-4-1。以死因构成为 X，WYPLL构成为 Y，计算等级相关系数。

死因类别 (1)	死因构成/%		WYPLL构成/%		d (6)=(3)-(5)	d^2 (7)=(6)^2
	X (2)	P (3)	Y (4)	Q (5)		
1	0.03	1	0.05	1	0	0
2	0.14	2	0.34	2	0	0
3	0.20	3	0.93	6	−3	9
4	0.43	4	0.69	4	0	0
5	0.44	5	0.38	3	2	4
6	0.45	6	0.79	5	1	1
7	0.47	7	1.19	8	−1	1
8	0.65	8	4.74	12	−4	16
9	0.95	9	2.31	9	0	0
10	0.96	10	5.95	14	−4	16
11	2.44	11	1.11	7	4	16
12	2.69	12	3.53	11	1	1
13	3.07	13	3.48	10	3	9
14	7.78	14	5.65	13	1	1
15	9.82	15	33.95	18	−3	9
16	18.93	16	17.16	17	−1	1
17	22.59	17	8.42	15	2	4
18	27.96	18	9.33	16	2	4
合计	—	171	—	171	—	92

本例题可通过两种思路计算等级相关系数 r_s：

将两个变量 X_i、Y_i 成对的观察值分别从小到大编秩，以 P 表示 X_i 的秩次，Q 表示 Y_i 的秩次，分别见表11-4-1中第（3）、（5）列，观察值相同的取平均秩；将 P、Q 直接替换式（上文 Pearson 相关系数计算公式，式11-1-1）中的 X 和 Y，即用秩次作为分析变量值，直接计算 Pearson 积差相关系数：

$$r_s = \frac{l_{PQ}}{\sqrt{l_{PP}l_{QQ}}} = 0.905$$

将两个变量 X、Y 的实测值分别从小到大编秩（即秩变换），用 P 和 Q 表示，见表11-4-1第（3）、（5）列，每个变量中若有观察值相同则取平均秩。求每对秩的差值 d、d_2、$\sum d_i^2$。见第（6）、（7）栏，按式11-4-1计算：

$$r_s = 1 - \frac{6\sum d^2}{n(n^2-1)} = 1 - \frac{6\times(92)}{18\times(18^2-1)} = 0.905$$

根据上述计算结果，$r_s > 0$，可初步判定 X、Y 呈正相关，即死因构成占比越高，则该种死因导致的 WYPLL 构成越高。

样本秩相关系数 r_s 是总体秩相关系数 ρ_s 的估计值。然而，科学研究中常采用抽样调查，由于抽样误差的存在，无法直接判断样本秩相关系数是否来自 $\rho = 0$ 的总体，因此判断由样本算得的秩相关系数是否有统计学意义，也应作假设检验。

二、等级相关系数的假设检验

总体秩相关系数 ρ_s 的假设检验可用以下方法进行推断：当 $n \leqslant 50$ 时，可查等级相关系数界值表，若超过临界值，则拒绝 H_0；当 $n > 50$ 时，则采用式 11-4-3 计算检验统计量 u，查 u 界值表确定 P 值。

$$u = r_s\sqrt{n-1} \qquad\qquad （式11-4-3）$$

例11-4-2 以死因构成为 X，WYPLL 构成为 Y，进行等级相关分析。

（1）建立检验假设，确定检验水准

H_0：$\rho = 0$，即死因构成和 WYPLL 构成之间无直线相关关系

H_1：$\rho \neq 0$，即死因构成和 WYPLL 构成之间有直线相关关系

$\alpha = 0.05$

（2）计算检验统计量

$$r_s = \frac{l_{PQ}}{\sqrt{l_{PP}l_{QQ}}} = 0.905$$

（3）确定 P 值，作出统计推断：本例 $n = 18$，查 r_s 界值表（附表 10），得 $P < 0.001$，按 $\alpha = 0.05$ 水准，拒绝 H_0，接受 H_1，可认为当地居民死因的构成和各种死因导致的 WYPLL 构成存在正相关关系。

当然，本例也可以通过式 11-4-1 计算：

$$r_s = 1 - \frac{6\sum d^2}{n(n^2-1)} = 1 - \frac{6\times(92)}{18\times(18^2-1)} = 0.905$$

$n = 18$，查 r_s 界值表，得 $P < 0.001$，按 $\alpha = 0.05$ 水准，拒绝 H_0，接受 H_1，可认为当地居民死因的构成和各种死因导致的 WYPLL 构成存在正相关关系。

使用式 11-4-1 需要注意的是，X 与 Y 分别排秩时，若相同秩较多，宜用式 11-4-4 计算校正 r_s'：

$$r_s' = \frac{\left[(n^3-n)/6\right] - (T_X + T_Y) - \sum d^2}{\sqrt{\left[(n^3-n)/6\right] - 2T_X}\sqrt{\left[(n^3-n)/6\right] - 2T_Y}} \qquad （式11-4-4）$$

式中 T_X（或 T_Y）$= \sum(t^3-t)/12$，t 为 X（或 Y）中相同秩的个数。显然当 $T_X = T_Y = 0$ 时，式 11-4-1 与式 11-4-4 相同。

学习小结

相关分析是一种用来度量两个或多个变量之间线性相关程度的方法。直线相关适用于二元正态分布资料。相关程度可以用相关系数来表示，取值范围是$-1 \leqslant r \leqslant 1$；相关系数有大小和方向。

相关系数分为：① 皮尔逊（Pearson）积差相关系数，用来度量两个连续变量之间的线性相关程度，要求数据服从正态分布或近似正态分布。② 斯皮尔曼（Spearman）等级相关系数，用来度量两个定序变量之间的单调相关程度，不要求数据服从正态分布。

秩相关或称等级相关的适用条件：① 不服从双变量正态分布；② 总体分布未知；③ 原始数据用等级表示的资料。用Spearman秩相关系数r_s，又称等级相关系数表示，其值在[1，1]之间，无单位，$r_s<0$为负相关，$r_s>0$为正相关，$|r_s|=1$为完全相关，$r_s=0$为零相关。

回归分析是一种用来建立一个或多个自变量（解释变量）和一个因变量（被解释变量）之间函数关系的方法。线性回归的适用条件：① 线性；② 独立性；③ 正态性；④ 等方差性。

回归分为：① 简单线性回归，用来建立一个连续因变量和一个连续自变量之间的线性函数关系，要求数据服从正态分布或近似正态分布；② 多元线性回归，用来建立一个连续因变量和多个连续自变量之间的线性函数关系，要求数据服从正态分布或近似正态分布。

（余艳琴）

复习参考题

一、选择题

1. 直线回归中，如果自变量X乘以一个不为0或1的常数，则有
   A. 截距改变
   B. 回归系数改变
   C. 两者都改变
   D. 两者都不改变
   E. 以上情况都有可能

2. 如果直线相关系数$r=1$，则一定有
   A. $SS_总 = SS_残$
   B. $SS_残 = SS_回$
   C. $SS_总 = SS_回$
   D. $SS_总 > SS_回$
   E. 以上都不正确

3. 相关系数r与决定系数R^2在含义上是有区别的，下面的几种表述中，最准确的是
   A. r值的大小反映了两个变量之间是否有密切的关系
   B. r值接近于零，表明两个变量之间没有任何关系
   C. r值接近于零，表明两个变量之间有曲线关系
   D. R^2值接近于零，表明直线回归的贡献很小
   E. R^2值大小反映了两个变量之间呈直线关系的密切程度和方向

4. 不同地区水中平均碘含量与地方性甲状腺肿患病率的资料如下。

项目	1	2	3	4	……	17
碘含量 / 单位	10.0	2.0	2.5	3.5	……	24.5
患病率 /%	40.5	37.7	39.0	20.0	……	0.0

研究者欲通过碘含量来预测地方性甲状腺肿的患病率，应选用

    A. 相关分析

    B. 回归分析

    C. 等级相关分析

    D. χ^2 检验

    E. t 检验

5. 利用直线回归估计 X 值所对应 Y 值的均数置信区间时，下列可减小区间长度的是

    A. 增加样本含量

    B. 令 X 值接近其均数

    C. 减小剩余标准差

    D. 减小可信度

    E. 以上都可以

答案：1. B；2. C；3. D；4. B；5. E

二、简答题

1. 简述直线回归分析的用途和分析步骤。

2. 简述直线相关与直线回归的联系和区别。

第十二章　医学科研设计

学习目标

知识目标	1. 掌握实验性研究的基本原则和设计类型；样本含量的影响因素；调查研究步骤和抽样方法。 2. 熟悉对照类型、样本量估计；调查表的设计过程。 3. 了解随机化方法、调查研究的调查方法。
能力目标	1. 运用所学知识正确完成样本量估计。 2. 运用严密的科学方法，在科研设计中选择合适的方法，完成医学科研设计环节，顺利开展研究并取得可靠结果。
素质目标	具备严谨求实的科研素养。

科学研究（scientific research）简称"科研"，是运用严密的科学方法，有目的、有计划、系统地探索未知的自然现象和自然规律的活动过程。医学科研的基本任务是揭示生命规律及疾病发生、发展的过程，即医学科研是探索人类的生命本质及疾病与健康关系的科学，以人为研究对象是医学科学研究的重要特点。医学科研的主要步骤包括研究设计、组织实施、结果分析三个环节。其中研究设计是否合理是医学科研能否顺利开展且获得科学可靠研究结果的前提。

根据研究者是否给予干预措施，医学科研可以分为实验性研究和观察性研究两类。实验性研究是指研究者人为地对研究对象施加干预措施的研究，也称为干预性研究。观察性研究是指研究者在研究对象"完全自然"的状况下进行观察、记录和分析的研究，也称为调查性研究或非实验性研究。

第一节　实验性研究的主要内容

一、基本要素

在实验性研究的设计中，确定受试对象、处理因素、实验效应这三个基本要素是十分重要的，其准确与否直接关系到实验结果的科学性与可靠性。

（一）受试对象

设计具体的实验观察内容和方法，必然要考虑以什么客体作为实验对象或者试验观察对象，

308

又称受试对象。受试对象是指研究者根据科学研究施加研究因素的客体，可以是人、动物、微生物，也可以是离体的器官、组织和细胞等。一般而言，以人为受试对象的研究称为试验，以动物、微生物、器官、组织、细胞等为受试对象的研究称为实验。下文中将所有的试验或实验统称为实验。受试对象需要制定明确、统一的纳入标准和排除标准来保证其同质性，且需满足对处理因素敏感和反应稳定这两个基本要求。在选择动物为受试对象时除了需要注意动物的种类、品系外，还应注意动物的个体条件，如性别、年龄、体重、窝别、健康状况等；在选择病例或健康人为受试对象时，除对样本量有一定要求外，还要考虑依从性、年龄、性别等的一致性，以消除非处理因素的影响。

（二）处理因素

处理因素指外加于受试对象，在实验中需要观察并阐明其处理效应的因素，又称研究因素。自然界中很多因素会对动物和人体产生影响，这些因素只要参与实验过程，都有可能成为处理因素。但处理因素是可以被研究者有意识施加、去除和控制的。在实验设计阶段确定处理因素时，需要注意以下问题。

1. 分清处理因素和非处理因素　处理因素是研究者根据研究目的向受试对象主动施加的干预措施，如研究者向受试对象施加的药物、毒物等。非处理因素是指非研究者主动施加，但能对受试对象产生实验效应的因素，又称混杂因素或干扰因素。例如，二甲双胍联合利拉鲁肽治疗2型糖尿病的效果，其中药物是处理因素，受试对象的饮食摄入、运动情况等就是非处理因素，即干扰因素。

2. 抓住主要的处理因素　任何实验效应都是由多种因素（包括已知和未知的）共同作用引起的，在设计时只需要抓住最主要的、关键性的因素加以研究。

3. 处理因素应当标准化　处理因素要以统一的条件贯穿整个实验过程，即处理因素的标准化，如处理因素的作用时间、频率等。实验设计时要制定使处理因素标准化的具体、明确的措施和方法，以保证实验结果的准确性。

（三）实验效应

实验效应是处理因素作用于受试对象的反应和结果，一般通过观测指标来体现。实验指标的选择应注意以下几点。

1. 尽量选择客观指标　实验指标有主观指标和客观指标，应尽量选用真实性和可靠性较好的客观指标，少用或不用具有随意性和偶然性的主观指标。

2. 指标要尽量精确　指标的精确性包括准确度和精密度两个方面。实验指标要求既准确又精密，但准确度是首要的。越接近真实情况准确度越高，因此准确度差的指标不可取，并且准确度差的指标精密度也不会高。

3. 兼顾指标的灵敏度和特异度　灵敏度高能更好地显示实验效应，反应检出的真阳性；特异度高可以更好地鉴别真阴性，不易受混杂因素的影响。因此，选择的观测指标应能反应处理因素的效应本质，尽量选用高特异度、高灵敏度的指标。

二、实验的质量控制

在实验性研究进展过程中，误差可能会影响实验的各个阶段。研究者在设计阶段应该预先估计可能出现的误差，并制定相应的应对措施，以保障研究的真实、可靠。

误差包括了随机误差和系统误差。随机误差是指在同一测量条件下大量重复测量同一对象，测量结果出现的无规则的变化。随机误差是不可避免的，但可通过选择个体差异小的研究对象、合适的样本量、恰当的 α 和 β 范围等方法去减小随机误差的发生范围。系统误差又称偏倚，是指在同一测量条件下，测量结果出现的规律性变化，使得研究结果和真实情况出现偏差。偏倚包括了选择偏倚、信息偏倚、混杂偏倚（具体参见本书第三篇相关章节）。

三、样本量估计

实验性研究样本量估计须事先确定检验水准、检验效能、容许误差、变异程度四个因素。检验水准 α 是假设检验时所允许的犯 I 型错误的概率，通常 α 越小所需样本含量越多。检验效能 $(1-\beta)$ 是指按 α 水准发现两总体确实有差别时的能力，通常 $1-\beta$ 越大，所需样本含量越多。容许误差是指所比较的两总体参数的差值或样本均数与总体均数相差所允许的限度，一般用 δ 表示，通常容许误差越小，所需样本含量越大。变异程度，也称为总体标准差 σ，可通过预实验获得的样本标准差 S 来进行估计，也可凭经验进行估计，通常 σ 越大，所需样本含量越多。

（1）样本均数与总体均数比较（或配对比较）：按式12-1-1计算。

$$n=[(Z_{\alpha}+Z_{\beta})S/\delta]^2 \qquad (式12-1-1)$$

式中，n 为所需样本含量，S 为总体标准差的估计值，δ 为容许误差，Z_{α} 和 Z_{β} 由界值表查得，Z_{α} 有单侧双侧之分，Z_{β} 只取单侧。也可以用查表法估计样本含量，通过直接查表确定配对比较（t 检验）时所需样本含量（此表也可用于样本均数与总体均数的比较），参见相关书籍。

例12-1-1 欲研究某地区患甲型 H_1N_1 的成人与未患病的健康成人白细胞计数的水平差异。据调查已知该地健康成人白细胞计数为 $(5.03 \pm 0.42) \times 10^9/L$，若要求容许误差不超过 $0.1 \times 10^9/L$，取 $\alpha=0.05$，$1-\beta=0.9$，应检测多少名患病成人？

已知 $Z_{\alpha}=1.96$，$Z_{\beta}=1.28$，$S=0.42 \times 10^9/L$，$\delta=0.1 \times 10^9/L$，代入式12-1-1得：

$$n=[(1.96+1.28) \times 0.42/0.1]^2 \approx 185.18$$

即本次研究至少需检测186名患病的成人。

（2）成组设计两样本均数的比较：按式12-1-2计算。

$$n_1=n_2=2 \times [(Z_{\alpha}+Z_{\beta})S/\delta]^2 \qquad (式12-1-2)$$

式中，n_1 和 n_2 分别为两样本所需含量，一般假设其相等；S 为两总体标准差 σ 的估计值，一般假设其相等，如不相等则取两个中大的一个；δ 为两均数的差值；Z_{α} 和 Z_{β} 的意义同前。也可用查表法估计样本含量，直接查表获得两样本均数比较（t 检验）时所需样本含量，来确定样本例数。

例12-1-2 某研究者欲采用完全随机设计研究氯沙坦和缬沙坦降低血尿酸的临床效果。经初步实验已知氯沙坦平均可降低血尿酸水平 178 μmol/L，缬沙坦平均可降低血尿酸水平 145 μmol/L。

假设标准差均为 50 μmol/L，取 α 单侧 =0.05，β=0.1，每组需要多少受试对象?

已知 Z_α=1.645，Z_β=1.28，S=50 μmol/L，δ=178 μmol/L−145 μmol/L=33 μmol/L，代入式 12-1-2 得:

$$n_1 = n_2 = 2 \times \left[(1.645 + 1.28) \times 50/33 \right]^2 \approx 39.28$$

即氯沙坦组和缬沙坦组均需要纳入 40 名受试对象。

（3）两样本率比较：按以下公式计算。

$$n = (Z_\alpha + Z_\beta)^2 2P(1-P) / (P_1 - P_2)^2 \tag{式 12-1-3}$$

式中，n 为两组样本含量相等时每组所需的样本例数，P_1 和 P_2 分别为两总体率的估计值，P 为两样本合并率的估计值，$P = (P_1 + P_2)/2$，Z_α 和 Z_β 为 $\nu = \infty$ 时，由界值表中查得的 t 值。也可用查表法估计样本含量，直接查表两样本率比较时所需样本含量，来确定样本例数，参见相关书籍。

例 12-1-3 某研究者欲比较某新药和常规药物的疗效。常规药物的有效率为 50%，若新药需提高 20% 才有意义，那么取 α=0.05，β=0.1 时，每组应纳入多少名受试对象?

已知 Z_α=1.96，Z_β=1.28，P_1=0.70，P_2=0.50，P=0.60

$$n = (1.96 + 1.28)^2 \times 2 \times 0.60 \times (1 - 0.60) / (0.70 - 0.50)^2 \approx 125.97$$

即每组至少应纳入 126 名受试对象。

（周远忠）

第二节　实验性研究的基本原则

在医学科研设计中，为了获得可靠信息，减少非处理因素对实验结果的影响，保证医学科研的准确性，应当遵循以下三项原则，即对照原则、随机化原则和重复原则。

（一）对照原则

对照原则是第一原则。科学研究中会受到一些非处理因素（如自然环境、实验条件及生物变异等）的影响，设立对照能够更好地消除或控制混杂因素对实验效应的影响，凸显处理因素的实验效应。设立对照时要满足均衡性原则，即所比较的各组之间除处理因素不同外，其他因素应尽可能相同，以减少非处理因素所带来的影响，从而正确地评价处理因素的作用。合理的对照还要求对照组与实验组的样本例数相等或相近，这样实验的效率最高。常见的对照形式主要有空白对照、安慰剂对照、实验对照、标准对照、相互对照、自身对照。

1. 空白对照（blank control）　即对照组不施加任何干预措施，是动物实验或实验室研究中常用的对照方法。因空白对照可能涉及伦理问题，且实施过程中因空白对照组没有任何干预可能导致不同组间的心理差异从而影响实验结果，所以在临床试验中较少使用。当处理因素特殊、安慰剂对照无法或难以执行，或当处理手段反应特殊，安慰剂对照意义不大时，才考虑使用空白对照。

2. 安慰剂对照（placebo control） 安慰剂对照能减少由心理作用导致的偏倚。安慰剂是与试验药物相近，但不含试验药物有效成分及无药理作用的仿制药，一般由淀粉、乳糖、生理盐水等制成。安慰剂对照一般用于评价试验组药物是否有效，或所研究的疾病尚无有效的治疗药物，或使用安慰剂后不会因延误治疗而致使病情加重等情况。

3. 实验对照（experimental control） 实验对照指的是向对照组施加某种与处理因素有关的实验因素。如观察锌制剂和维生素 D 治疗儿童佝偻病的作用，对照组儿童用维生素 D 补充剂治疗，实验组儿童在对照组治疗基础上增加补充锌制剂治疗。这里两组除了是否添加锌制剂之外，其余条件一致，以凸显和分析锌制剂的作用。

4. 标准对照（standard control） 是以现有标准方法或常规方法作为对照组，是临床试验最常用的一种对照方式。应注意标准对照组必须是代表当时水平的疗法，切不可用降低标准的办法来提高实验效应。标准对照法一般用于新方案是否可替代旧方案的研究中。

5. 相互对照（cross-reference） 指不单独设立对照组，两个或多个实验组互为对照，以评价各干预组之间效果是否存在差别。如研究 N-苄苯乙烯胺对妊娠期高血压模型大鼠的影响，低剂量组注射 5 mg/kg N-苄苯乙烯胺，高剂量组注射 10 mg/kg N-苄苯乙烯胺，两组之间互为对照。

6. 自身对照（own control） 指对同一群受试对象干预前后的结果进行对比，在个体实验中也可以在同一受试对象身上进行对照与干预。如临床试验中患者用药前后的比较或患者先用 A 药物后用 B 药物的对比均属于自身对照，但后者需要注意排除时间因素的影响；动物实验中对同一只动物的不同部位使用不同的药物或干预手段，如对大白兔的左耳和右耳分别涂抹不同的致敏原观察致敏反应。

（二）随机化原则

在实验研究中，处理组和对照组的选择及受试对象的实验顺序都应随机化。随机化分组是指每个受试对象以概率均等的原则，随机地分配到处理组与对照组。医学实验中要求处理组与对照组的基本条件要均衡，即两组除了处理因素不同外，其他条件均保持齐同，以保证两组间的可比性。

随机化是保证处理组与对照组之间、处理组与处理组之间齐同性和均衡性的重要方法。随机化需贯穿于实验性研究的全过程，包括：① 随机抽样，即符合条件的受试对象有同等的机会被抽取入组；② 随机分配，即每个受试对象被分配到试验组或对照组的机会同等；③ 实验顺序随机，即每个受试对象接受处理的顺序机会相等，使得实验顺序对结果的影响处于均衡。

随机化的方法有多种，包括抽签法、随机数字表法、随机化分组表法。抽签法简便易行，但不适用于样本含量大或多组分配的情况。随机数字表和随机化分组表都是按随机化原理编制而成的，在实际中广泛应用。

例12-2-1 为了解不同饲料对大鼠生理机能的影响，现将 15 只健康大鼠随机分配到甲、乙、丙三组。

先将这 15 只健康大鼠按体重从 1~15 编号，再从随机数字表中任取一个位置获得随机数，本例从随机数字表中第 10 行最左端数字开始向右依次取 15 个 2 位数字。取好后，按随机数大小进行排列，如遇相同数字则将编号小的取为小（表12-2-1）。排序的随机数字中，前1~5为甲组，6~10为乙组，11~15为丙组。分组结果：甲组包括编号为5、6、8、12、14的大鼠，乙组包括编号为4、7、9、10、15的大鼠，丙组包括编号为1、2、3、11、13的大鼠。

▼ 表12-2-1　15只大鼠完全随机分组结果

编号	1	2	3	4	5	6	7	8	9	10	11	12	13	14	15
随机数	58	71	96	30	24	18	46	23	34	27	85	13	99	24	44
排序	11	12	14	7	4	2	10	3	8	6	13	1	15	5	9
组别	丙	丙	丙	乙	甲	甲	乙	甲	乙	乙	丙	甲	丙	甲	乙

（三）重复原则

重复是指研究者在相同的实验条件下多次观察受试对象，以提高实验的可靠性和科学性，是消除非处理因素影响的重要手段。实验观察单位的例数越多或实验的重复次数越多，则越能反映偶然变异的客观情况。但如果实验例数太多或重复次数过多，不仅使实验条件难以控制，也会造成浪费。为此，必须在保证实验结果具有一定可靠性的前提下，确定最少的实验例数。因此在科研设计中，要对实验例数进行科学的估计，才能在满足统计数据处理要求和保证研究重复稳定性的同时，又达到经济可行的目的。

（周远忠）

第三节　常用实验研究设计类型

研究者可以根据研究目的、处理因素多少并结合专业要求选择适宜的研究设计类型。本节主要介绍完全随机设计、配对设计、随机区组设计、正交设计、重复测量设计这几种常用的实验研究设计。

一、完全随机设计

完全随机设计（complete randomized design）是一种单因素设计方法，是使用随机化方法将受试对象分配到处理组或对照组中，或随机地从不同的总体中随机抽取受试对象接受不同处理，最终比较实验结果的一种研究方法。这种设计能使实验结果受非处理因素的影响保持基本一致，真实地反映出实验的处理效应。该设计中受试对象的随机化分组方法有多种，如随机数字表法、随机化分组表法等。完全随机设计可以是两个样本的比较，也可以是多个样本的比较。各组样本含量可以相等，也可以不相等，但在样本含量相等时其效率更高。

完全随机设计简单易行，统计分析简单，可选用t检验、方差分析或秩和检验，也可选用χ^2

检验。缺点是要求实验观察单位要具有较好的同质性，若同质性差，则需观察较多的样本例数。

二、配对设计

配对设计（paired design）是指按某种属性将受试对象配成 n 个对子，再将每对中的两个受试对象随机分配到处理组和对照组。受试对象配对并非随机化，而是按照某种可能影响实验结果的非处理因素进行配对。例如，在动物实验中，常将种属、品系、性别相同，年龄、体重、窝别相近的两动物配成对子；人群试验中，则将除处理因素以外的其他因素，如健康状况、性别、年龄、生活条件、工作条件等相似的两人配成对子。配对设计有两种情况，一种是自身配对设计，另一种是异体配对设计。

配对设计能够严格控制非处理因素对实验结果的影响，受试对象间具有较好的均衡性，因此可提高实验效率。与完全随机设计相比较，配对设计可以降低因受试对象间的个体差异带来的偏差，从而减少样本量的需求。配对设计所取得的实验数据可根据资料的性质与特点，选择配对 t 检验、随机区组方差分析或配对设计 Wilcoxon 符号秩和检验等方法进行统计学处理。

三、随机区组设计

随机区组设计（randomized block design）也称配伍组设计，是配对设计的扩大。它是指将受试对象按某种特征（如性别、年龄、体重等）相同或相近者组成若干个区组（block），每个区组包含的受试对象例数与实验的处理组例数相等，再将同一区组中的受试对象按随机化方法分配到不同的处理组中（每个处理组分配 1 例）。随机区组设计中同一区组内受试对象之间的非处理因素的差异小于不同区组间。随机区组设计不但可以比较处理因素的作用，也可以分析区组所带来的影响，从而提高实验效率。

随机区组设计可使得各实验组与对照组除实验因素不同外其他因素均保持一致或相近，因此，该方法具有更强的齐同性和可比性，但是需要注意匹配过度的问题。这种设计不能分析交互作用，并且当某个区组的受试对象发生意外情况时，则只好放弃整个区组。

四、正交设计

正交设计（orthogonal design）是一种研究多因素多水平的设计方法，是根据正交性挑选出具备了"均匀分散，齐整可比"特点的点进行实验。正交设计主要工具是正交表。实验者可根据实验的因素数、因素的水平数及是否具有交互作用等需求查找相应的正交表，再依托正交表的正交性从全面实验中挑选出部分有代表性的点进行实验，可以实现以最少的实验次数达到与大量全面实验等效的结果。正交表的基本性质包括正交性、代表性和综合可比性。

五、重复测量设计

重复测量设计（repeated measures design）是指在相同实验条件下，将一组或多组受试对象先后重复施加不同的实验处理或施加某种处理后在不同场合和时间点被测量至少两次情况的一种实验设计方法。根据实验效应的资料性质，重复测量设计可分为定量资料重复测量设计和定性资料重复测量设计。按照实验中重复测量因素的个数和实验中总的处理因素的个数，可将重复测量设计分为单因素重复测量设计和多因素重复测量设计。

重复测量设计的特点：① 同一受试对象在不同的 p 个时间点接受 p 次某指标的重复测量；② 重复测量设计时需要考虑处理因素和重复测量两个因素；③ 同一受试对象的某项观测指标在不同的时间点的测量值存在一定的相关性，并非彼此独立；④ 重复测量的各时间点间隔可以是等距的，也可以是不等距的。这些特点决定了重复测量资料统计分析的复杂性，研究者还需注意区别重复测量设计与随机区组设计。

（周远忠）

第四节　临床试验设计

一、临床试验的特点

临床试验是指在人为条件控制下，以特定人群为受试对象（患者或健康志愿者），以发现或证实干预措施（药物、特殊检查、特殊治疗手段）对特定疾病的防治、诊断的有效性（包括药物的作用、吸收、分布、代谢和排泄）和安全性（不良反应）。临床试验为比较两种或多种诊断或治疗措施提供基础；为诊断或治疗结果的正确性提供最大程度的可信度；为观察结果的差异提出具有参考意义的结论。目的是改进疾病的诊断、治疗和预防，或确定试验药物的有效性与安全性。

临床试验是前瞻性的，必须对研究对象随访观察一段时间。临床试验并非要求所有研究对象都从同一日加入研究，而是从一个明确的时点开始观察，作为试验基线。临床试验必须主动地施加一种或数种干预措施。这些干预可以是预防、诊断或治疗疾病的药物、方法或器械等。

临床试验必须具有可以与试验组相比较的对照组。在试验基线，对照组和试验组的相关方面，应具有可比性，如研究对象的年龄、性别和疾病状况等均应高度相似，以便在分析结果时，了解干预措施对疾病所产生的影响。在多数研究中，干预措施可与目前最好的标准疗法进行比较。如果无此标准疗法，可与非主动的干预措施进行比较。非主动干预措施是指对照组接受的是安慰剂或完全未接受任何干预。

临床试验与以实验动物和实验样品为研究对象的实验不同，前者是以人体为研究对象。因此在试验设计和试验过程中，必须考虑受试对象的安全性问题。同时还应注意人的社会性和心理因素对试验的影响，充分认识到实施临床试验的困难。

二、临床试验的基本原则

临床试验设计仍属于实验设计的范畴，除必须遵循实验设计的基本原则——随机化、对照、重复外，还需要遵循盲法的原则。

盲法（blind method）是指按照试验方案，使参与研究的受试者、研究者，以及其他相关人员均不知道受试者所接受的是何种处理，从而避免人为因素对试验结果产生干扰。根据设盲程度，临床试验分为双盲、单盲和开放试验。

双盲试验是指在临床试验中，受试者与试验者双方都不知道受试者的分组情况。采用双盲试验是为了减少偏见或无意识的暗示对试验结果的影响，对受试者的随机分配是双盲试验中至关重要的一点。单盲试验指除了受试者本人不知道以外，其他参与试验的人员都知道受试者接受的是何种处理。开放试验是一种不设盲的试验，即所有与试验相关的人都知道受试者接受的是何种处理。如条件许可，应采用双盲试验，尤其在试验的主要指标易受主观因素干扰时。如果双盲不可行，则应考虑单盲试验；而在有些情况下，只有开放试验才可行或符合伦理。

在阳性药物对照试验中，阳性对照药物通常选用已知的标准药物。由于用上市药品作为阳性对照药物时不允许改变其原有的制剂、外观，如果试验药物与阳性对照药物在色、香、味、形、包装等方面相同、不易分辨，则容易实行盲法；而如果两药在外观、剂型等方面不一致，很容易被区分，则难以进行盲法试验。此时，可采用双盲双模拟法。由申办者制备一个与试验药物完全相同的安慰剂，称为试验药物的安慰剂；再制备一个与对照药物外观相同的安慰剂，称为对照药物的安慰剂。按编码结果，如果一个受试者属于试验组，则服用试验药物加上对照药物的安慰剂；如属于对照组，则服用对照药物加上试验药物的安慰剂。各药和其安慰剂服用方法相同。从整个用药情况来看，每个入组受试者所服用的药物、每日次数、每次片数都是一样的，由此保证了双盲法的实施。

三、临床试验设计类型

不同的研究目的和研究条件决定了不同的临床试验设计类型，而不同的设计类型，其样本量计算方法、统计分析方法、研究过程等均不相同。

（一）平行组设计

平行组设计（parallel group design）是目前临床试验中最常见的设计类型，即试验仅仅考虑一个处理因素，该因素分为若干水平，将受试对象随机地分配到各个水平组中进行试验，各组同时进行、平行推进。平行组设计可以为试验药物设置一个或多个对照组，试验药物也可以设置多个剂量组。

平行组设计设计简单，易于实施，由于贯彻随机化的原则，有效地避免了非处理因素的影响，增强了试验组和对照组的均衡可比性，控制了试验误差，更重要的是满足了统计学假设检验的要求。

（二）交叉设计

交叉设计（cross-over design）是一种特殊的自身对照设计，使每个受试者随机地在两个或多个不同试验阶段分别接受指定的处理。两个试验阶段之间需要一定的洗脱期，确保前一个给药阶段中所用的治疗作用不会被带入下一个试验阶段。如果在 q 个不同给药阶段中有 p 种治疗顺序，那么可以将其称为 $p \times q$ 交叉设计。

由于每个受试对象均接受多次处理，多倍地使用了受试对象，故交叉设计可以节约样本量，还能控制个体差异和时间对处理因素的影响。同时，由于同一个受试者可能需要接受多种处理和经历多个洗脱期，导致研究周期过长，受试者无法坚持而退出试验。如果受试对象出现治愈、死亡等结局，则无法实施下一阶段的处理。因此，交叉设计不适合有自愈倾向或病程较短的疾病的治疗研究。

（三）析因设计

析因设计（factorial design）是将两个或多个处理因素的不同水平进行组合，对各种可能的组合都进行试验。它不仅可检验每个因素各水平间的差异，而且可以检验各因素间的交互作用。当交互作用存在时，表示各因素不是相互独立的，而是当一个因素的水平有改变时，另一个或几个因素的效应也相应有所改变；反之，若不存在交互作用，则表示各因素具有独立性。最简单的析因设计为 2×2 析因设计，即两因素两水平析因设计。

析因设计全面高效，可以均衡地对各因素的不同水平全面进行组合，同时可以获得各因素间交互作用，但工作量较大，统计分析复杂。

（四）成组序贯设计

成组序贯设计（group sequential design）是指每一批受试者完成试验后，及时对主要指标（包括有效性和安全性）进行分析，一旦可以得出结论就停止试验。采用这种设计，在整个临床试验期间可以进行多次统计分析，一旦信息累计经过检验达到统计学差异，即能做出早期停止试验的决定。这样既可以避免盲目加大样本而造成浪费，又不至于因样本过小而得不到应有的结论，常用于大型的、观察期较长的或事先不能确定样本量的临床试验。

（五）动态设计

动态设计（adaptive design）是与传统设计对应的一系列统计设计方法。所谓动态设计，是指在一个正在进行的临床试验中，根据不断累积的数据进行期中分析，然后根据期中分析的结果，在试验过程中对试验的设计、运作和分析进行完善，包括判断是否提前结束试验、样本量再估计等，且所有调整都需要在设计之初考虑好并在试验方案中判定。

相对于传统设计，这种调整可及时发现或更正试验设计之初一些不合理的假设，更客观准确地估计下一步试验的诸多参数，最大限度地纠正设计之初估计的偏倚。能尽可能早地终止试验并减少随机化临床试验中受试者总数，减少研究成本。依据部分试验结果调整后续试验方案，尽可能多地将受试者分配给治疗效果好的处理组，既能使受试者最大限度受益，又可缩短研究周期，使有效药物尽早扩大应用，及早淘汰无效或疗效较差的药物。

（周远忠）

第五节 调查性研究设计

一、调查设计的意义与分类

调查性研究设计是指客观地观察、记录调查对象实际情况，从而获得调查对象的某些特征和现象，如调查对象的患病情况、个人基本情况等。调查性研究属于观察性研究，因此不对调查对象施加或去除任何人为的干预措施。

调查设计（design）是指拟定在现场提问、观察、测试收集研究资料等调查方式的行动纲领，包括收集、整理和分析全过程的统筹安排。调查设计是调查工作取得成功的前提和保障，也是调查工作得以开展的先导和依据。拟定调查设计时，必须以调查目的为根据，有预见性地全面考虑调查过程中可能出现的各种问题，做到统筹安排，采取相应措施以保证调查结果的科学性与可靠性。

调查是指根据研究目的有计划、有组织地搜集统计资料的工作过程。调查的种类很多，按照调查的范围可以分为全面调查、抽样调查和典型调查等；按照用途和应用领域可以分为统计学调查、社会调查、流行病学调查等；按照调查的性质可以分为定性调查和定量调查等。医学科学研究中常用的调查有居民健康状况调查、流行病学调查、卫生学调查、病因学调查及临床远期疗效观察等。

二、调查性研究设计的主要内容

调查性研究设计是对整个调查研究工作的统筹安排，完整的调查设计包括调查计划、组织实施计划、资料整理计划和统计分析计划。调查设计各个方面的内容紧密联系，前后呼应形成一个整体。这里仅介绍调查计划。

1. 明确调查目的　调查目的是研究欲达到的结果，即通过调查能解决什么疑难或阐明什么问题。调查目的过多容易分散人力、物力和财力，所以一项调查只确定一个调查目的，并以此为中心展开调查工作。调查目的明确后，再根据调查目的确定调查内容和调查指标。

2. 确定调查对象和观察单位　根据调查目的，确定该项调查的调查对象和观察单位，即向谁调查。需要确定调查总体，明确总体的同质范围。可选定目标总体中的全部或部分观察单位作为调查对象，不在总体范围内的个体不应作为观察单位。

3. 确定调查范围　调查设计中要明确该项调查的范围，包括空间范围（调查哪个地区）、时间范围（调查什么时间的事物或现象）。调查范围的大小依调查目的和调查方法而定。

4. 拟订调查表　把所有调查项目通过问题的形式有机地组合在一起收集调查对象反馈的表格就是调查表，又称调查问卷。调查表是调查目的的具体体现，调查目的在调查表上被展开为调查项目。所以，调查表的拟订实际上就是调查项目的设计。

调查表上的调查项目分为分析项目和备考项目两大类。分析项目是整理、分析资料时所必需的项目，是调查的主要项目，需要具备完整性、准确性和可行性。分析项目要全面满足调查目的的需要，并且是直接用于计算的调查项目，因此需要选择客观性好、特异性高、针对性强的项目作为分析项目，且项目的表述要明确且容易理解，不会产生误解和歧义。备考项目一般不直接用于资料的分析，是为了便于资料的审查核对，防止原始资料的遗漏与错误而设置的，如调查者的姓名、家庭住址等。

5. 选择调查方法　调查方法有普查、抽样调查和典型调查，此外还有病例对照调查、定群调查等流行病学调查方法，可根据研究设计的目的而进行选择。

6. 估算样本含量　样本含量估计是保证抽样调查结果可靠的前提下所需要的最少样本例数。

三、调查方法

医学科学研究中常用的调查方法有普查、典型调查、抽样调查、病例对照调查、定群调查等。以下介绍较为常见的三种调查方法。

（一）普查

普查又称全面调查，是对一定时间内研究目标总体中所有观察单位进行调查，如人口普查。普查所获得的资料内容丰富，准确性高，理论上不存在抽样误差，而且能直接获得总体参数。但因普查的范围过广，往往会导致非抽样误差。

（二）典型调查

典型调查是根据调查目的，在对研究对象总体进行全面分析的基础上，有意识地从中选取若干个总体单位进行系统周密调查研究的一种非全面调查。一般可以选择个人、家庭、社区、某个机构等作为典型单位。在选择典型单位时并不遵循随机化原则，而是有目的地挑选。

（三）抽样调查

抽样调查是指按照随机化原则从目标总体中抽取一定数量的观察单位组成样本进行调查，用样本信息推断总体特征。抽样调查存在抽样误差。抽样误差的大小取决于多种因素，其中是否按随机化原则抽样是影响抽样误差大小的重要因素之一。以下介绍几种常用的随机抽样方法。

1. 单纯随机抽样　亦称简单随机抽样，是指按等概率原则从目标总体中抽取部分观察单位组成样本的抽样方法，该方法能保证抽签时总体中每个个体被抽到的机会是均等的，如抽签法、抓阄法及随机数字表法等即属于此类方法。

单纯随机抽样易于计算标准误和均数等，适合于总体中个体之间的差异比较均匀的小型调查或实验研究。当总体包括的个体观察单位数过多时，单纯随机抽样往往难以实施。

2. 机械抽样　亦称为系统抽样或间隔抽样，是指按照某种顺序机械地每隔若干观察单位抽取一个观察单位组成样本的抽样方法。研究者对总体中的观察单位按一定顺序机械地编号，用抽签法决定抽样开始的方向，在决定方向上随机抽取一个观察单位作为第一个调查个体，然后依次用相等间隔抽取若干个观察单位组成样本。如调查某校某年级学生患近视的情况，具体做法是先将20个班级按顺序编号，若需抽取5个班进行调查，则抽样间隔20/5＝4，在1至4之间随机确定一个数字，如3，则抽取样本的编号为3,7,11,15,19。如果研究者对总体的观察单位分布有所了解，并且这种分布是随机的，宜使用机械抽样。

机械抽样简便易行，所产生的抽样误差一般小于单纯随机抽样。但当总体中的观察单位按顺序呈周期性变化或有单调增（或减）的趋势时，机械抽样可能会产生偏倚。

3. 分层抽样　又称分类抽样，是指将总体中的观察单位按性质或特征分为若干组别、类型或区域（通常称为层），再从每层中随机抽取一定数量观察单位组成样本的抽样方法。如调查某中学近视患病情况，可以分为三个年级，再从每个年级随机抽取规定数量的调查对象进行调查。使用分层抽样时须事先了解总体内各层的个体情况，若层内变异小，层间变异大，分层抽样的效果较好。

分层抽样样本的代表性好，且由于总体中的观察单位被分为若干层以后，各层内观察单位的同质性增强，故分层抽样的抽样误差较小。在统计分析阶段，还可以对不同层的样本进行独立分析。

4. 整群抽样　是指将目标总体划分为若干"群"，每个"群"包含一定量的观察单位，再用随机方法抽取出 k 个"群"，将这 k 个"群"内所有观察单位组成样本的抽样方法。如调查某县的慢性肝炎患病率，可将每个乡镇或村庄划分为一个"群"，再从其中随机抽取若干个"群"，由被抽取到的"群"内所有的人组成样本。

整群抽样便于组织实施，节省人力、物力、财力，适用于群间变异小而群内变异大的总体。但若群间变异大，则抽样误差也较大。样本量一定时，整群抽样的抽样误差大于单纯随机抽样。

5. 混合抽样　根据实际情况，将抽样调查分为多阶段过程，每个阶段使用一种或多种上述抽样方法，以使抽样误差降低到最低。例如，分层抽样时结合使用单纯随机抽样，或先整群抽样再分层抽样等。

四、样本含量估计

在观察性研究中，样本量估计需满足三个条件：① 置信度 $1-\alpha$，该值越大证明可靠性越好，所需样本量越大；② 总体标准差 σ，该值越大所需样本量也越大；③ 容许误差 δ，该值越小所需样本含量越大。但是抽样方法也会影响样本含量的估计，因此以下将介绍单纯随机抽样、分层随机抽样、整群随机抽样的估计方法。

（一）单纯随机抽样

1. 无限总体

（1）估计总体均数所需样本量

$$n = \left(\frac{Z_{\alpha/2}\sigma}{\delta} \right)^2 \qquad （式12-5-1）$$

n 为研究所需样本量，$Z_{\alpha/2}$ 为标准正态分布右侧面积为 $\alpha/2$ 时的 Z 值，σ 为总体标准差，δ 为容许误差。

（2）估计总体率所需样本量

$$n = \left(\frac{Z_{\alpha/2}}{\delta} \right)^2 \times \pi(1-\pi) \qquad （式12-5-2）$$

n 为研究所需样本量，$Z_{\alpha/2}$ 为标准正态分布右侧面积为 $\alpha/2$ 时的 Z 值，δ 为容许误差，π 为总体率。

2. 有限总体

$$n_c = \frac{n}{1 + n/N} \qquad （式12-5-3）$$

n_c为有限总体所需要的样本量，n为式12-5-1计算出来的无限总体所需的样本量，N为有限总体的总数量。

（二）分层随机抽样

（1）估计总体均数所需样本量

$$n = \left(\frac{Z_{\alpha/2}\sigma}{\delta}\right)^2 \qquad （同式12-5-1）$$

n为研究所需样本量，$Z_{\alpha/2}$为标准正态分布右侧面积为$\alpha/2$时的Z值，σ为总体标准差，δ为容许误差。

（2）估计总体率所需样本量

$$n - \left(\frac{Z_{\alpha/2}}{\delta}\right)^2 \times \pi(1-\pi) \qquad （同式12-5-2）$$

n为研究所需样本量，$Z_{\alpha/2}$为标准正态分布右侧面积为$\alpha/2$时的Z值，δ为容许误差，π为总体率。

$$n_i = n \times \left(\frac{n_w}{N}\right) \qquad （式12-5-4）$$

n_i为每层的样本量，n_w为各层的数量，N为总体的数量。

（三）整群随机抽样

1. 无限总体样本量

（1）估计总体率所需样本量

$$M = \frac{Z_{\alpha/2} \times \sum C_i \times (\pi_i - \pi)}{(k-1) \times \bar{c}^2 \delta^2} \qquad （式12-5-5）$$

M为无限总体下研究需抽取的群数，$Z_{\alpha/2}$为标准正态分布右侧面积为$\alpha/2$时的Z值，C_i为调查群体中第i群调查人数，π_i为调查群体中第i群时间的发生频率，π为平均发生频率，k为预想调查的群数，$\bar{c}$为平均调查人数，δ为容许误差。

（2）估计总体均数所需样本量

$$M = Z_{\alpha/2} \times \left(\frac{\sum C_i^2 \times \left(\overline{X^2} - \overline{X}\right)^2}{(k-1) \times \bar{c}^2 \delta^2}\right) \qquad （式12-5-6）$$

M为无线总体下研究需抽取的群数，$Z_{\alpha/2}$为标准正态分布右侧面积为$\alpha/2$时的Z值，C_i为调查群体中第i群调查人数，$\overline{X}_i$为第i群某指标的均数，$\overline{X}$为欲调查群数观察指标的均数，k为欲调查的群数，$\bar{c}$为平均调查人数，δ为容许误差。

2. 有限总体样本量

$$M_0 = M - \left(\frac{M^2}{k}\right) \qquad （式12-5-7）$$

M_0为有限总体调查群数，M为无限总体调查群数，k为欲调查的群数。

五、调查表的设计

调查表是在观察性研究中调查时常用的测量工具，主要分为一览表和单一表，前者是指一张表格可以记录、填写多个观察单位的测量值，适用于调查项目较少的研究，后者是指每张表上只能记录、填写一个观察单位的测量值，适用于调查项目和/或观察单位较多的情况。单一表上的资料整理方便，适合计算机处理，因此实际应用较多。以下介绍单一表的设计过程。

1. 调查表的基本结构　调查表一般包括封面信、指导语、调查项目、编码等几个部分。

2. 封面信　是调查者写给被调查者的一封短信，一般放在调查表的最前面。封面信的内容主要包括调查者的身份介绍，调查目的、意义、调查主要内容和结果应用等。封面信字数不宜过多，要通俗易懂，口气和蔼亲切，庄重朴实，以取得被调查者的认可与支持。

3. 指导语　是调查表的填写说明，即对如何回答填写调查表中的项目和问题作出明确的说明，对表中某些问题中的概念和名词等给予通俗易懂的解释，必要时还可举例说明。指导语中还应把填表的要求、地点、时间、注意事项等逐一解释清楚。

4. 调查项目　调查项目是调查表的主体内容。如前所述，调查项目可以分为备考项目和分析项目。备考项目及封面信、指导语等都是为填写调查项目服务的。

5. 编码　是指将调查表中的信息转换为能够被计算机识别的数码。调查表中的各个项目可以按照一定的规则转换成数字，编上编码，使计算机能够识别、处理，以便统计分析。

在研究中，常用效度和信度来评价调查表的质量。效度是指调查表的有效性和准确性，即所用的调查表能反应欲测量结果的程度。信度是指调查表的可靠性和一致性，即所用的调查在相同条件下测量结果的一致性。一般情况下，好的调查表兼顾了效度和信度，这样才能保证研究能得到一个较为真实、可靠的结果。

学习小结

医学科学研究是探索人类的生命本质及其疾病与健康关系的科学，以人为研究对象是医学科研的重要特点。通过学习实验性研究基本原则和设计类型、调查步骤和方法、抽样方法、调查表设计等内容，获得熟练的科研能力，才能提出合理的科学假设，设计出有效的试验方法，科学地分析数据，揭示医学现象的本质规律。随着对医学知识不断深入的学习，医学生们更应该熟练地掌握医学科研设计的知识，在以后的工作中将其融入卫生医疗工作中。

（周远忠）

一、选择题

1. 下列属于信息偏倚的是
    A. 入院率偏倚
    B. 无应答偏倚
    C. 检出症候偏倚
    D. 回忆偏倚
    E. 奈曼偏倚

2. 实验性研究的基本原则是
    A. 对照原则
    B. 随机化原则
    C. 重复原则
    D. 以上都不对
    E. 以上都对

3. 属于配对设计的是
    A. 完全随机设计
    B. 自身对照设计

    C. 随机区组设计
    D. 正交设计
    E. 重复测量设计

4. 不属于临床试验的基本原则的是
    A. 随机化原则
    B. 对照原则
    C. 患者依从性原则
    D. 重复原则
    E. 盲法原则

5. 不属于抽样调查的是
    A. 普查
    B. 单纯随机抽样
    C. 机械抽样
    D. 分层抽样
    E. 整群抽样

答案：1. D；2. E；3. B；4. C；5. A

二、简答题

1. 什么是实验性研究？如何控制实验中可能产生的偏倚？

2. 常见的实验研究设计类型有哪些？如

何在工作中选择正确的设计类型？

3. 针对不同的群体该选择什么样的调查方法？

第三篇
人群健康研究的流行病学方法

第十三章　　流行病学概述

学习目标

知识目标	1. 掌握流行病学的定义和研究方法。 2. 熟悉流行病学发展史。 3. 了解流行病学的进展。
能力目标	能够选择正确的流行病学设计方法解决临床工作中遇到的健康相关问题。
素质目标	在医学实践和科学研究中应具备正确的流行病学思维和循证理念。

　　流行病学（epidemiology）是公共卫生与预防医学领域的核心学科，也是临床医学领域的基础学科，在人类探索疾病病因、开展疾病防治、促进人群健康、制定公共卫生政策等方面发挥着重要作用。

第一节　流行病学概念及发展史

一、流行病学定义

　　流行病学的定义随着人类对疾病和健康的认识不断发生变化，内涵和外延也不断丰富。苏联出版的《流行病学总论教程》（1936 年）中将流行病学定义为"关于流行的科学，它研究流行发生的原因、规律及扑灭的条件，并研究与流行作斗争的措施"，表明这一时期流行病学的主要任务是防治传染病。

随着经济社会发展，传染病发病率和死亡率大幅下降，慢性非传染性疾病成为人类面临的主要卫生问题，流行病学的研究范畴也从传染病扩大到非传染性疾病。MacMahon（1970年）提出："流行病学是研究人类疾病的分布及疾病频率决定因子的科学"。Lilienfeld（1980年）提出："流行病学是研究人群群体中疾病表现形式（表型）及影响这些表型的因素"。Last在1983年主编的《流行病学辞典》中将流行病学定义为："流行病学是研究在人群中与健康有关状态和事件的分布及决定因素，以及应用这些研究以控制健康相关问题"。

目前我国学者应用较多的定义为：流行病学是研究人群中疾病与健康状况的分布及其影响因素，并研究防治疾病及促进健康的策略和措施的科学。

二、流行病学发展简史

流行病学起源于19世纪欧洲，是人类在与多种疾病作斗争的实践中逐渐形成和发展起来的。其学科发展史大致可以分为三个阶段，即学科形成前期（或萌芽期）、学科形成期和学科发展期。

（一）学科形成前期

18世纪以前，人类缺乏对疾病病因的正确认识。随着时代发展，逐渐认识到疾病是由外界因素引起的，意识到疾病可以传播并且可以预防，开始产生了防病的要求。现代医学之父、古希腊著名的医师希波克拉底（公元前460—公元前377年）出版了专著《空气、水及土壤》，系统描述了自然环境与健康和疾病的关系，对流行病学的学科形成作出了巨大贡献，流行（epidemic）一词也是同期在他的著作中出现的。

（二）学科形成期

18世纪末至20世纪初，西方工业革命开始，城市化进程加速，传染病大规模流行频发，人类健康和生命受到极大威胁。为了预防和控制传染病，流行病学这一学科随之诞生。

1747年，英国海军外科医生James Lind开展了维生素C缺乏病（坏血病）的病因调查和治疗效果的研究，开创了流行病学临床试验的先河。1796年英国医生Jenner发明了接种牛痘疫苗预防天花，为传染病的预防控制开创了主动免疫的先河。1854年英国著名医生、现代流行病学之父John Snow在伦敦开展霍乱流行病学调查，创造性地使用了标点地图法描述病例的地区分布，首次提出了"霍乱是介水传播"的假说，并通过干预措施成功控制了霍乱的进一步流行，成为流行病学现场调查、分析与控制的经典实例。1850年第一个流行病学学会在伦敦成立，标志着流行病学学科的形成。

思政案例13-1　　　　　　　　　　**防疫先驱伍连德**

1910年10月，我国东北地区出现鼠疫流行，疫情最早出现于满洲里，随后沿中东铁路传播，至次年1月已蔓延至东北全境乃至京冀鲁地区，短时间内造成5万余人因病死亡。1910年12月，伍连德被任命为全权总医官，奔赴哈尔滨开展疫情调查工作。

伍连德抵达疫区后，开展了流行病学调查，从患者器官和血液中发现了鼠疫杆菌，并确定此次流行的是肺鼠疫。同时，他派人到满洲里查明肺鼠疫的疫源来自旱獭，通过人与人之间呼吸道飞沫传播，因此制定了通过隔离疑似患者防治肺鼠疫的全新策略。伍连德发明了一种用棉纱制作的"伍氏口罩"，有效地阻断了鼠疫疫情人际传播。在地方官员的配合下，伍连德征用了学校、客栈、教堂、公共浴室、茶楼、剧院等场所作为临时医院，还向铁路部门租借车厢对有咳嗽、发热等症状的人员和接触者进行隔离观察。此外，伍连德还组织地方当局向民众宣传防疫常识，纠正错误行为，严格规定"家里若有鼠疫感染者必须送医隔离，疫死之人必须消毒掩埋，对于不肯照章办理者进行惩罚。"伍连德还发现，病死者的尸体是重要的传染源，他冲破世俗禁锢，顶住社会舆论压力，对鼠疫死者的尸体进行集体焚烧，彻底消除传染风险。

在伍连德的指挥下，东北鼠疫很快得到控制。历时4个月，一场数百年不遇的鼠疫大流行，被以中国人为主的防疫队伍彻底消灭。百年前的东北鼠疫防控战为世界传染病防控提供了中国经验，我们有必要追忆伍连德，汲取历史经验，弘扬中华民族的民族精神。

（三）学科发展期

学科发展期大约从第二次世界大战后至今，这一时期又可以分为三个阶段。

第一阶段：20世纪40年代至50年代。在这一时期，威胁人类健康的主要公共卫生问题由传染病转向慢性非传染性疾病，流行病学的研究内容也从以传染病为主逐步扩展到其他疾病。代表性的实例包括英国Doll和Hill开展的吸烟与肺癌的关联研究，开创了生活方式的研究领域和慢性病病因学研究的新局面。另一个经典实例是1948年美国开始实施的Framingham心血管病队列研究，该研究通过对同一批人群的长期随访观察，分析心血管病的发生发展及其影响因素。经过几代研究者的共同努力，确定了心脏病、卒中等疾病的重要危险因素，为进一步的临床研究和干预提供了资料。1954年，美国开展的脊髓灰质炎疫苗（Salk疫苗）现场试验涉及百万儿童，这一大规模的流行病实验研究不仅证实了疫苗的保护效果，也为人类实现消灭脊髓灰质炎的目标奠定了基础。这一时期，统计学的应用促进了流行病学理论和方法的发展，如1951年Cornfield提出了相对危险度、比值比等指标，1959年Mantel和Haenszel提出了著名的分层分析法。

第二阶段：20世纪60年代至80年代。该阶段是流行病学病因研究和分析方法快速发展的时期，匹配、偏倚、混杂和交互等概念陆续出现，计算机的应用促进了人群大规模数据分析技术的发展。Cornfield在1962年提出了多变量分析方法。MacMahon主编的《流行病学原理和方法》（*Epidemiology-Principles & Methods*）（1970年）、Lilienfeld主编的《流行病学基础》（*Foundations of Epidemiology*）（1976年）、Rothman主编的《现代流行病学》（*Modern Epidemiology*）（1986年）和Last主编的《流行病学词典》（*A Dictionary of Epidemiology*）（1983年）等著名流行病学教材相继出版。

第三阶段：20世纪90年代至今。20世纪90年代以来，随着分子生物学技术的发展，流行病学的应用领域也不断扩大，与分子生物学学科交叉形成了分子流行病学。分子流行病学是阐明人群和生物群体中医学相关生物标志的分布及其与疾病、健康的关系和影响因素，并研究防治疾病、促进健康的策略与措施的科学。分子流行病学从微观水平阐明暴露-疾病/健康状态的分子机制，打破传统流行病学研究的"黑箱"过程，为解释疾病的"冰山现象"提供了科学依据。

这一阶段，临床流行病学得到迅速发展。1982年，在美国洛克菲洛基金会的支持下，建立了国际临床流行病学网（International Clinical Epidemiology Network，INCLEN）。同时，在美国、加拿大和澳大利亚等国家建立了国际临床流行病学资源和培训中心（International Clinical Epidemiology Resource and Training Center，CERTC），为许多国家培训了大量的临床流行病学专业人才，大力推动了临床流行病学的发展。1983年，我国在华西医科大学、上海医科大学和广州中医学院建立了三个"设计、测量、评价"（design，measurement and evaluation，DME）的国家培训中心。1989年建立了中国临床流行病学网（China Clinical Epidemiology Network，CHINACLEN）。1993年中华医学会成立了临床流行病学分会。

1992年，基于长期的临床流行病学实践基础，David Sackett教授首次提出循证医学（evidence-based medicine，EBM）的基本概念。证据是循证医学的基石，因此，对临床证据及其质量的认识是理解循证医学的核心。所谓高质量的证据不是传统意义上的权威专家意见、教科书的条文，而是指来自无偏倚、真实可靠的临床研究。循证医学的发展，改变了传统经验医学的认识和实践模式，现已成为临床疾病诊断、药物治疗的重要思想指南和实践工具。

（王建明）

第二节　流行病学研究方法

流行病学研究方法的分类有多种，从流行病学研究的性质来分，主要分为观察性研究（观察法）、实验性研究（实验法）和理论性研究三大类（图13-2-1）。

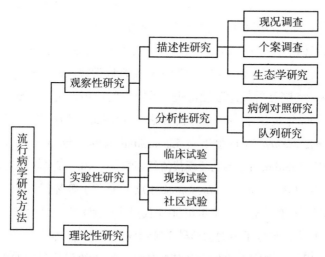

▲ 图13-2-1　流行病学研究方法的分类

一、观察性研究

流行病学研究的对象是人群，由于伦理和资源的限制，研究者不能全部掌握或控制研究对象的暴露或其他条件，大多数情况下只能进行观察性研究。观察性研究（observational study）主要用于观察疾病的分布及疾病与暴露因素之间的联系，根据研究开始时是否设置对照组，可将其进一步区分为描述性研究和分析性研究。

（一）描述性研究

通过调查、观察或检测等方法对疾病或临床事件的各种特征进行如实的描述，一般包括以下几种方法。

1. 横断面研究（cross-sectional study） 又称现况调查，是在某一健康相关事件发展的过程中某一时点或某一期间进行的调查，目的是将事件调查当时的情况展示出来，它所反映的是事件从过去发展到当时的累积现象，如果是对疾病开展的调查，则反映调查当时存活的新老病例的总和。

2. 个案调查（individual survey） 是对个别病例及周围环境进行的调查研究，目的是查明该疾病的来龙去脉，从而找到发生该事件的原因和影响因素，为避免类似事件再次发生或为促进健康提供线索。对于传染性疾病，个案调查是追溯传染源和传播途径，防止疾病蔓延的重要方法。

3. 生态学研究（ecological study） 是以群体为观察和分析的单位，通过描述不同人群中某因素的暴露状况与疾病的频率，分析该暴露因素与疾病之间的关系。生态学研究是从许多因素中探索病因线索的一种相关性研究方法，然而其提供的信息是不完全的，只是一种粗线条的描述性研究。

（二）分析性研究

一般来说是在描述性研究所形成的病因假设基础上，进一步探讨疾病发生的原因和规律，验证所提出的假设正确与否。由于设计严谨、规范并设有对照组，其论证强度高于描述性研究。分析性研究可分为病例对照研究和队列研究两类。

1. 病例对照研究（case-control study） 是根据研究目的选择一批有代表性的病例作为病例组，再选择与之可比的无相应疾病者为对照组，调查并比较病例组和对照组在发生所研究结局之前的暴露情况，从而推论该暴露因素与疾病或健康相关事件是否有关。

2. 队列研究（cohort study） 是按照可疑致病因素将特定人群分为暴露组与非暴露组，随访并比较两组人群疾病发生情况，从而确定该因素是否与疾病或健康相关事件的发生有关。

二、实验性研究

实验性研究（experimental study）又称干预试验（interventional trial），是研究者在一定程度上控制实验条件，主动给予研究对象某种干预措施，通过比较人为给予干预措施后的实验组与对照组的结局，判断干预措施的效果。实验性研究与观察性研究的根本区别在于所研究的因素是否是人为施加的。根据研究对象及分组单位和方法的不同，实验性研究可进一步分为临床试验、现场试验和社区试验。根据是否将研究对象进行随机分组，可以分为随机对照试验（randomized controlled trials，RCT）和非随机对照试验（non-randomized controlled trials）。

（一）临床试验

临床试验（clinical trial）是以患者为研究对象，遵循随机、对照、盲法、重复的原则，评价和比较某种药物或治疗方法的效果。它是某一新药在毒理、药理等基础研究完成之后，在一定范围和条件之下在人群中进行的系列试验，是新药上市前必须开展的研究。

（二）现场试验

现场试验（field trial）是将研究对象分为两组，一组给予干预措施，一组作为对照，通过一定时间的随访观察，比较这两组研究对象中所观察的结局有无差异，从而判断干预措施的效果。现场试验中接受处理因素或某种预防措施的基本单位是个人，而不是群体或亚人群，是试验当时未患所研究疾病的个体。

（三）社区试验

社区试验（community trial）又称社区干预试验（community intervention trial），是以未患所研究疾病的社区人群作为整体进行试验观察，常用于对某种预防措施或方法的效果进行考核或评价。社区试验接受干预的基本单位是整个社区，有时也可以是某一人群的亚群，如某学校的班级、某工厂的车间或某城市的街道等。与现场试验的区别在于实施干预措施的基本单位是群体还是个体。

（四）类实验

一个完整的实验性研究应具备设立对照、随机分组、人为干预、前瞻追踪等特点。如果一项实验研究缺少其中一个或几个特征，但性质又属于实验性研究，这种实验就称为类实验（quasi-experiment）。实际工作中的类实验多指没有设立对照组，或设立了对照组但没有随机分配的实验研究。

三、理论性研究

理论性研究（theoretical research）又称理论流行病学（theoretical epidemiology）或数学流行病学（mathematical epidemiology），是采用数学模型或计算机模拟，从理论上研究疾病发生、发展与转归的规律。此外，理论性研究也包括流行病学本身的理论和方法的研究。有些教科书将传统的理论性研究也列入观察性研究的范畴。

（王建明）

第三节　流行病学特征

流行病学与其他学科比较，既有相同点，也有区别其他学科的特征。

一、群体特征

流行病学是从宏观和群体的角度认识疾病和健康状态，研究疾病的发生及动态分布，这是流行病学区别于其他医学学科最显著的特点之一。

二、对比特征

有比较才有鉴别。队列研究中的暴露组和非暴露组，病例对照研究中的病例组和对照组，临床试验中的试验组和对照组等研究设计均贯穿着比较的观点。通过比较可以发现疾病发生的原因或线索，科学评价临床药物或治疗方案的效果。

三、概率论特征

流行病学极少用绝对数表示疾病或健康状况的分布情况，在进行群体间比较时多使用发病率和死亡率等频率指标。在疾病病因研究时，也是从概率论的角度分析暴露于某因素后发生某疾病的概率与未暴露者相比是否存在差异。

四、社会医学特征

人不仅具有生物属性，同时具有社会属性。人体健康与疾病不仅受自然环境的影响，而且受社会因素的制约。社会环境是社会政治、经济、文化、教育、家庭等的综合，包括社会制度、经济体制、风俗习惯等，是人类赖以生产和生活的必需条件。在研究疾病的病因和流行因素时，应全面考察研究对象的生物、心理和社会生活状况。

五、多病因论特征

无论是传染病还是慢性非传染病，其病因都不是单一的，而是由遗传因素与环境因素等多种因素综合作用的结果。

（王建明）

第四节　流行病学的应用与进展

一、流行病学用途

流行病学是一门应用性很强的医学科研方法学，随着学科发展，其应用范围不断扩展，具体可概括为以下几个方面。

（一）描述疾病或健康相关问题的分布及特点

采用描述性研究方法，可以把疾病或健康相关问题在不同时间、空间和人群的分布及其特点展示出来。这些分布特征的描述可以为疾病的防控提供重要依据，也为分析流行病学研究提供了病因线索，因此描述分布是流行病学研究工作的起点。

（二）寻找疾病的病因

明确病因是找到针对性防治对策的关键步骤，这在许多疾病的预防和控制实践中已经得到证实。当临床医师在医疗事件或从个案报道中发现病因线索后，形成病因假说，通过一系列的病因学研究方法对假设加以验证，最终确定所研究因素与疾病的因果关系。有时，真正的病因虽未完全被阐明，而诸多危险因素已被发掘出来，据此开展疾病防控仍可收到很好的效果。因此流行病学工作不拘泥于找到确切病因，若识别一些关键的危险因素或因子，也能在很大程度上解决防病的问题，这是流行病学应用中的一大特点。

（三）认识疾病的自然史，提高诊断和鉴别诊断水平

应用流行病学方法可观察到各种类型的病例，从而可以了解个体和群体疾病发生发展的过程和结局。许多疾病的临床症状表现差异较大，轻型患者很少到医院就诊，临床医师往往会将医院内常见到的"重症表现"错误作为疾病的"典型表现"。如果了解疾病的流行病学特点，就可以帮助鉴别诊断，提高诊断的准确性。对筛检试验、诊断试验等进行真实性和可靠性评价，将有助于正确选用筛检或诊断方法，科学地解释结果。

（四）用于疾病治疗与防治效果的评价

传统的临床疗效判断或治疗方法的选择，多为借鉴他人的治疗经验或在他人经验的基础上结合自己经验的积累。但这些证据并不完全可靠，预防和控制疾病的任何干预措施的效果，都应当在人群的基础上进行科学检验。没有经过流行病学考核的防治方法或干预措施是不能轻易地应用于人群的。

（五）应用于医疗、卫生、保健服务的决策和评价

卫生决策包括政府有关部门制定各种法规及防治疾病、保障健康的策略和措施，也包括临床医师在处理疫情和具体疾病诊治方案时作出正确的判断。对临床诊断、治疗、管理措施的合理性、有效性进行评估和分析，有助于作出最佳决策、提高决策水平。如确定疾病最合理的住院期限，选择最为经济有效的治疗方案，评价疾病防控措施的效果等。

二、流行病学进展

流行病学与相关学科的融合不断加深，研究领域不断扩大，开拓出许多新的研究热点。随着分子流行病学和遗传流行病学特别是人类基因组研究的兴起，越来越多的流行病学研究和疾病监测活动会涉及个体的遗传信息，相关的伦理学问题日益复杂。循证医学的思想逐渐深入到流行病学研究领域，针对不同流行病学研究类型制定的报告规范不仅提高了流行病学研究报告的质量，还促进了研究成果的交流、共享和再利用。

在"大健康""大数据""人工智能"等时代背景下，流行病学正面临着前所未有的发展机遇与挑战。传染病领域的新工程与不断涌现的新技术令人振奋，同时病原体变异的环境影响因素需得到更多重视。慢性病领域需更加重视老年人群共病问题；感染性诱发因素、人体菌群在慢性病发生发展过程中的作用逐渐被揭示。系统流行病学是现代流行病学的新兴分支与重要补充，对实现精准预防具有重要意义。实施性研究是连接医学基础科研与公共卫生实践的桥梁，将为健康中

国行动计划的有效落实提供证据支持。健康医疗大数据的发展以数字化公共卫生为基础，为流行病学提供广阔的科研平台和丰富的数据资源，也将推动公共卫生服务管理模式的根本转变。

学习小结

流行病学不仅是预防医学的一门基础学科，而且也是现代医学的一门基础学科或指导性学科。在临床科研和实践中，涉及专题问题的调查设计、资料的获取和数据的分析与解释，都要以流行病学理论和方法为基础。学习流行病学首先应当明确它的定义、研究对象、研究内容、研究目的和研究方法。

（王建明）

复习参考题

一、选择题

1. 关于流行病学描述正确的是
   A. 从个体的角度研究疾病和健康状况及其影响因素
   B. 只研究传染病的流行特征和防治措施
   C. 只研究慢性病的危险因素
   D. 研究人群中疾病和健康状况的分布及其影响因素
   E. 只研究疾病的防治措施

2. 以下选项不是流行病学特征的是
   A. 群体的特征
   B. 以分布为起点的特征
   C. 以治疗疾病为主的特征
   D. 对比的特征
   E. 预防为主的特征

3. 流行病学研究的观察法与实验法的根本区别在于
   A. 是否设立对照组

   B. 是否存在偏倚
   C. 是否人为控制研究的条件
   D. 是否进行盲法
   E. 是否进行统计学检验

4. 流行病学的研究对象是
   A. 患者
   B. 非患者
   C. 人群
   D. 个体
   E. 病原携带者

5. 流行病学研究的起点和基础是
   A. 描述性研究
   B. 分析性研究
   C. 实验性研究
   D. 理论性研究
   E. 前瞻性研究

   答案：1. D; 2. C; 3. C; 4. C; 5. A

二、简答题

1. 简述流行病学的主要特征。

2. 简述流行病学设计的类型。

第十四章

疾病分布

学习目标

知识目标	1. 掌握描述疾病分布常用的测量指标；疾病时间分布的四种类型；疾病流行强度指标。 2. 熟悉疾病地区分布及人群分布的特点。 3. 了解年龄分布的分析方法。
能力目标	1. 运用疾病的三间分布特征探索病因，提出问题或假设的线索。 2. 分析疾病分布规律和决定因素，为合理制定疾病防治措施和预防保健对策提供科学依据。
素质目标	具备运用三间分布描述疾病的流行特征的理念。

　　疾病分布（distribution of disease）是指通过描述疾病在群体水平的发生、患病和死亡状态，综合分析疾病在地区、时间和人群分布的流行特征，了解疾病的流行规律和探索疾病的致病因素，为确定人群健康问题和发现疾病高危人群提供基础数据，为制定和评价预防控制疾病和促进健康的策略和措施提供科学依据。描述疾病的分布特征既是流行病学研究工作的起点和基础，也是研究疾病流行规律和病因的重要组成部分。

第一节　研究疾病分布常用测量指标

一、发病指标

（一）发病率

1. 定义　发病率（incidence rate）是指一定时期内，一定范围人群中某病新病例出现的频率。

$$发病率 = \frac{一定时期内某人群中某病新病例数}{同时期该人群暴露人口数} \times K \qquad （式14-1-1）$$

$$K = 100\%，1\ 000‰ \cdots\cdots 100\ 000/10万$$

2. 应用　用于描述疾病的分布状态，反映疾病流行强度，测量疾病发病的危险度，探讨疾病发生的危险因素，评价预防控制措施的效果。

3. 注意事项

（1）观察时间的确定：计算发病率时可根据研究目的与研究问题选择时间单位，一般多以年为观察时间单位。

（2）分子的确定：指一定时期内新发病人次数。若在观察期内只能发病一次（如麻疹、脊髓灰质炎等），可以明确地将观察期内的新发病例计入分子中；若在观察期间某人多次发病（如流行性感冒和感染性腹泻等），在计算该病发病率时，应计为多个新发病例；若发病时间很难判定，可以用初次诊断时间作为发病时间，以便判断是否为新发病例。

（3）分母的确定：理论上只有存在发病风险的人群才能作为发病率计算的分母，如计算0~5岁儿童乙型肝炎发病率时，接种过乙型肝炎疫苗或已感染乙型肝炎病毒者不能计入分母，但在实际工作中很难将不具有发病风险的人从观察人群中分离出来。因此，观察人数较多时，一般用该人群某时期内的平均人口数作为分母，即该地与分子同质的年初人数和年末人数之和除以2，也可用该年年中人口数作分母。

（4）发病专率及率的标准化：发病率的高低受人群的年龄、性别、职业、民族、种族等因素影响，可按上述特征分别计算发病率，称为发病专率。在对不同地区发病率进行比较时，应考虑年龄、性别等因素构成对发病率的影响，需要进行率的标准化。

（5）其他因素的影响：疾病诊断标准的变化、发现患者的方法（如普查、筛检等）不同、漏报率和随访率的差异等都会对发病率估计产生一定影响。

（二）罹患率

1. 定义 罹患率（attack rate）是指小范围人群短时期内某病新病例出现的频率。

$$罹患率 = \frac{观察期间内新发病例数}{同期暴露人口数} \times K \qquad （式14-1-2）$$

$$K = 100\% 或 1\ 000‰$$

与发病率类似，罹患率也是反映人群新病例出现的频率。与发病率最主要的区别是观察范围小、时间短，可以根据暴露程度精确地测量发病概率。计算罹患率时一般以日、周、旬、月或一个流行期为时间单位。

2. 应用 常用于局部地区疾病的暴发调查，如食物中毒、职业中毒、传染病暴发等疾病流行强度的描述和探讨疾病发生的原因。

3. 注意事项 应用时应注意分子、分母的准确性，注明观察的时间长短。

（三）续发率

1. 定义 续发率（secondary attack rate）即二代发生率，是指在一个相对封闭的环境中，易感接触者受到感染后，在该传染病的最短潜伏期至最长潜伏期之间的发病人数占易感接触者总人数的百分比。

$$续发率 = \frac{潜伏期内易感接触者中发病人数}{易感接触者总人数} \times 100\% \qquad （式14-1-3）$$

2. 应用 用于衡量传染病的传染力强弱，分析传染病流行因素，评价卫生防疫措施的效果。

3. 注意事项 分子为二代病例数，即易感者与原发病例接触后，在该传染病的最短潜伏期至最长潜伏期间发病者。因此，在计算续发率时原发病例、短于最短潜伏期发病者或长于最长潜伏期发病者均不能计入分子。

（四）患病率

1. 定义 患病率（prevalence rate）是指一定时期内某特定人群中某病患者（包括新病例和旧病例）所占的比例。一般以年为观察的时间单位，也可以根据研究需要计算期间患病率和时点患病率。

$$时点患病率 = \frac{某一时点一定人群中某病新旧病例数}{该时点人口数（被观察人数）} \times K \qquad （式14-1-4）$$

$$期间患病率 = \frac{某一观察期间一定人群中某病新旧病例数}{同期的平均人口数（被视察人数）} \times K \qquad （式14-1-5）$$

$$K = 100\%，1\,000‰，10\,000/万，100\,000/10万$$

2. 应用 用于描述病程较长的慢性病患病状态或流行情况，判断疾病对人群健康的影响程度，评价医疗卫生工作水平和卫生资源配置状况，如医院床位周转率、卫生设施和人力资源的供需状况等。

3. 注意事项

（1）分子是一定时期内的新、旧病例数。

（2）期间患病率的时间范围较长，通常超过1个月，但一般不超过1年。年患病率以1年为观察单位。时点患病率观察时间一般不超过1个月。

（3）在对不同地区患病率进行比较时，应考虑年龄、性别等构成的影响，进行率的标准化。

（4）患病率取决于两个因素，即发病率和病程。在两者均稳定的情况下，患病率等于发病率乘以病程。所有影响人群中新发病例和现患病例数量增减的因素均可导致患病率的变化。

如图14-1-1所示，患病率如同一个蓄水池，当流出量一定，水源（发病率）流入量大时，蓄水池水量增高，则患病率增高；若流入量（发病率）减少时，则患病率降低。当流入量一定，流出量增大（如死亡增加或痊愈及康复增快）时，则蓄水量（患病率）降低。可见患病率水平（所有病例）是随着发病率（新病例）增高而增高，并随着疾病恢复或死亡加速而下降。

4. 影响患病率高低的因素 使患病率升高的主要因素：① 新病例的增加；② 病程延长；③ 患者寿命延长；④ 病例迁入；⑤ 健康者迁出；⑥ 易感人口迁入；⑦ 诊断水平提高；⑧ 报告率提高。使患病率降低的主要因素：① 新病例减少；② 病程缩短；③ 治愈率提高；④ 病死率增高；⑤ 病例迁出；⑥ 健康者迁入。

（五）感染率

1. 定义 感染率（infection rate）是指某时期内所检查的人群中某病现有感染者所占的比例。

$$感染率 = \frac{受检者中感染人数}{受检人数} \times 100\% \qquad （式14-1-6）$$

▲ 图14-1-1　患病率与发病率的关系

2. 应用　感染率的性质与患病率相似，可以通过病原学或血清学方法检测感染者。用于评价人群健康状况，研究某些传染病特别是隐性感染为主的疾病（如结核病、甲型病毒性肝炎、乙型病毒性肝炎、蛔虫病等）的流行情况，评价预防控制措施的效果，预测疾病的流行趋势。

3. 注意事项　感染者的判断需要应用血清学或分子生物学等检测手段，准确识别出所研究疾病病原体的感染者。

二、死亡指标

（一）死亡率

1. 定义　死亡率（mortality rate）是指在一定时期内某人群中死亡者所占的比例。

$$死亡率 = \frac{某时期内死亡总数}{同时期平均人口数} \times K \qquad （式14-1-7）$$

$$K = 100\%，1\,000‰，10\,000/万，100\,000/10万$$

2. 应用　死亡率是测量人群死亡危险大小的指标。用于衡量一个地区居民健康状况和人群死亡风险，评价卫生保健工作水平和疾病防治措施的效果，探索疾病病因。

3. 注意事项

（1）死亡专率的应用：死亡率可按病种、年龄、性别、种族、职业等分别计算，即为死亡专率（specific death rate）。对于病死率高的疾病（如狂犬病、胰腺癌等），可用死亡专率代替发病率。

（2）分子分母同质：计算死亡率时分母必须是与分子对应的人口。如计算某地区40岁以上男性肺癌死亡率，分子为该地区40岁以上男性肺癌死亡人数，分母为该地区40岁以上男性人口数。

（3）死亡率的标准化：当对不同地区死亡率进行比较时，因不同地区人口构成不同，需要对死亡率进行标准化。经过标准化的死亡率称为调整死亡率（adjusted mortality rate）或标化死亡率。它仅供相互比较使用，不能反映实际死亡水平。

（二）病死率

1. 定义　病死率（fatality rate）是指一定时期内患某病人群中因该病而死亡的频率。常以百分率表示。

$$病死率 = \frac{某时期内因某病死亡人数}{同期患某病的患者数} \times 100\%$$　　　　（式14-1-8）

2. 应用　病死率多用于急性病，较少用于慢性病。用于衡量疾病的严重程度或反映医院诊断与治疗水平。

3. 注意事项

（1）用病死率评价不同级别医院的医疗水平时，要注意不同级别医院间基础设施、医院规模、病源结构等数据的可比性问题。

（2）病死率分母中患者情况不同，指标的意义亦不同。以医院为基础的病死率，分母为该病的住院患者数；以人群为基础的病死率，分母为目标人群中所有该病的患病人数。因此，不能用医院的病死率代表所在地区的病死率。

（三）生存率

1. 定义　生存率（survival rate）是指接受某种治疗的患者或患某病的人群，经过一段时间随访后，尚存活患者所占的比例。

$$生存率 = \frac{随访满 n 年尚存活的病例数}{随访满 n 年的病例数} \times 100\%$$　　　　（式14-1-9）

2. 应用　生存率用于评价病程较长的慢性病，如肿瘤、心脑血管病和慢性传染病等疾病的严重程度和远期疗效。

3. 注意事项　计算生存率时，应明确起、止时间。一般以确诊日期、治疗或手术日期、出院日期作为观察起始时间，随访时间通常以1年、3年、5年、10年等计算。

三、疾病负担指标

（一）潜在减寿年数

1. 定义　潜在减寿年数（potential years of life lost，PYLL）是指某病某年龄组人群死亡者的期望寿命与实际死亡年龄之差的总和，即死亡所造成的寿命损失。

$$PYLL = \sum_{i=1}^{e} a_i d_i$$　　　　（式14-1-10）

式中，e 为预期寿命（岁），i 为年龄组（通常计算其年龄组中值），a_i 为剩余年龄，$a_i = e - (i + 0.5)$，意义为当死亡发生于某年龄（组）时，至活到 e 岁时，还剩余的年龄。由于死亡年龄通常以上一个生日计算，故应加上一个平均值0.5岁。d_i 为某年龄组的死亡人数。

2. 应用

（1）潜在减寿年数是评价疾病对人群健康的危害程度，衡量疾病负担，评价人群健康水平的重要指标。用于分析不同疾病或不同年龄组因死亡导致的寿命损失，评价某病所致死亡对预期寿命的影响。

（2）用于分析不同时期和不同病种造成潜在寿命损失的变化趋势，可筛选和确定影响人群健康及寿命的重点疾病，是用于确定卫生问题的重要指标之一。

（3）用于预防控制措施效果的评价和卫生决策分析。

3. 注意事项

（1）在进行不同人群总潜在寿命损失年的比较时，由于不同人群基数和人口构成的不同，其总潜在寿命损失年存在不可比的问题，应注意总潜在寿命损失年的相对数转换，可计算每千人、万人或十万人的寿命损失年。

（2）某种疾病的平均死亡年龄不同，潜在减寿年数的值会有所不同。

（3）在对同一种疾病的死因构成与潜在减寿年数构成进行比较时，其顺位也常有差异。

（二）伤残调整寿命年

1. 定义　伤残调整寿命年（disability adjusted life year，DALY）是指从发病到死亡所损失的全部健康寿命年，是早死所致的寿命损失年（years of life lost，YLL）和疾病导致伤残引起的健康寿命损失年（years lived with disability，YLD）两部分之和，用于定量分析不同疾病对健康造成健康损失的综合指标。

$$DALY = YLL + YLD \qquad （式14-1-11）$$

2. 应用

（1）用于衡量不同地区和不同病种的疾病负担，确定人群健康核心问题和健康寿命损失的高危人群。

（2）用于跟踪全球、一个国家或某个地区疾病负担的动态变化，判断人群健康状况是否改善及改善程度，评价预防控制措施效果。

（3）进行卫生经济学评价，即成本-效用分析，比较不同干预策略和措施降低DALY的成本和获得的效果，以求采用最佳干预措施防治重点疾病。

PYLL和DALY是测量疾病负担的常用指标，另外还有质量调整寿命年（quality adjusted life year，QALY）、无残疾期望寿命（life expectancy of free disability，LEFD）、活动期望寿命（activity life expectancy，ALE）、健康寿命年（healthy life year，HeaLY）等，可根据调查研究的目的选用适宜指标，此处不再赘述。

（马莉）

第二节　疾病分布

疾病的三间分布是描述疾病在地区、时间和人群的存在状态，通过疾病三间分布的描述，揭示疾病的流行特征，提出病因假设。疾病的三间分布是描述性研究的核心，是分析性研究的基础。

一、疾病地区分布

疾病发生频率的高低存在明显的地区性差异，这种差异与自然环境和社会环境密切相关。因此，研究疾病的地区分布（distribution by place）可为探讨疾病流行因素和病因提供重要线索，为制定预防控制对策和分配卫生资源提供重要依据。不同地区疾病的分布不同，反映了致病因子在这些地区的作用不同。不同地区的特殊地理位置、地形与地貌、气象条件等自然环境因素，当地人群的生活习惯和社会文化背景等社会环境因素，均会影响疾病的地区分布。

研究疾病的地区分布时，地区范围层面可以按行政区划分，在世界范围内可按洲、区域、国家等分类，在一个国家内可按省、市、县、乡等分类。也可以按地理条件或自然环境划分，如山区、平原、湖泊、草原、森林等。两者各有利弊，可以根据研究目的和具体情况确定区域的划分。

（一）国家间和国家内分布

1. 疾病在国家间的分布　有些疾病遍布全世界，但分布并不均匀，其发病率和死亡率存在很大的差别，如黄热病主要分布于南美洲和非洲，古典生物型霍乱多见于印度。有些非传染病也如此，如欧洲、亚洲和北美洲的肺癌死亡率高于其他洲；胃癌死亡率以日本、智利等国家较高，澳大利亚、美国较低；肝癌则多见于亚洲、非洲；乳腺癌、肠癌多见于欧洲、北美洲。慢性呼吸系统疾病、心血管疾病和糖尿病死亡率在不同国家也存在很大差异。

2. 疾病在同一国家不同地区的分布　同一国家的不同地区疾病的病种顺位有所不同，同一疾病在不同地区的发病率和死亡率也存在明显差异，如我国血吸虫病仅限于在长江以南的一些省份流行，长江以北则未见此病，这主要与血吸虫致病因素钉螺的分布密切相关。鼻咽癌多见于广东省，食管癌以河南、河北、山西三省交界的太行山地区的患病率最高，肝癌主要分布于东南沿海，原发性高血压发病率则北方高于南方。

（二）城乡分布

由于城乡间人口密度、自然环境、卫生环境、生活条件、经济水平、人口流动性的不同，疾病的发病率和死亡率都表现为明显的城乡差异。城市因人口稠密、居住面积狭小、交通拥挤、人口流动性大等因素，呼吸道传染病易于传播。城市环境污染较严重，与大气污染相关的肺癌发病率和死亡率高于农村。

农村地区由于人口密度低、卫生条件差、交通不便等因素，肠道传染病较易流行。农村的虫媒传染病，如疟疾、流行性出血热等发病率高于城市。呼吸道传染病在农村不易流行，但一旦有传染源进入，便可迅速蔓延，甚至可能引起暴发。城乡接合部往往具备城市与农村两方面特征，在疾病防治上应特别予以重视。由于我国经济水平的提高和城镇化的推进，城市和农村的疾病谱差异逐渐缩小。2017年中国城乡居民死因别死亡率及其顺位见表14-2-1。

疾病名称	城市		农村	
	死因别死亡率（1/10万）	位次	死因别死亡率（1/10万）	位次
传染病和寄生虫病	6.2	9	7.5	9
肿瘤	162.3	2	157.9	2
血液、造血器官及免疫疾病	1.3	16	1.2	1
内分泌、营养和代谢疾病	20.5	5	16.3	5
精神和行为障碍	2.7	11	2.8	1
神经系统疾病	7.8	7	7.6	7
循环系统疾病	276.0	1	318.5	1
呼吸系统疾病	67.2	3	78.6	3
消化系统疾病	14.5	6	14.4	6
肌肉骨骼和结缔组织疾病	2.3	12	1.8	1
泌尿生殖系统疾病	6.7	8	7.6	8
妊娠、分娩和产褥期并发症	0.1	17	0.1	1
起源于围生期的疾病	1.6	14	1.9	1
先天畸形、变异和染色体异常	1.5	15	1.7	1
诊断不明	2.2	13	2.1	1
其他疾病	6.0	10	6.0	1
损伤和中毒	36.3	4	52.9	4

（三）地方聚集性

某病的发病率或死亡率明显高于周围地区的情况，称为地方聚集性。疾病的地方聚集性可提示某个感染或中毒等致病因素的存在，对探讨病因及采取相应的预防策略和控制措施具有重要意义。疾病的地区分布并非恒定不变，如埃尔托生物型霍乱1961年5月前仅局限于印度尼西亚的苏拉威西岛，1961年5月由于至今未知的原因传播出该岛，并很快造成霍乱第7次世界大流行。

（四）地方性疾病

由于自然环境和社会因素的影响，一些疾病无须从外地输入传染源并局限于某一特定地区，称为地方性疾病，简称地方病。

判断一种疾病是否属于地方性疾病的依据：① 该地区的各类居民发病率均较高；② 其他地区的相似人群发病率较低，甚至不发病；③ 迁入该地区的人群经一段时间后，其发病率与当地居民一致；④ 人群迁出该地区后，发病率降低或疾病症状减轻或自愈；⑤ 除人之外，当地的易感动物也发生同样的疾病。

二、疾病时间分布

随着时间的推移，病因的种类或分布、环境状况和人群的易感性会发生变化，疾病的流行特征也会发生变化。研究疾病的时间分布可为病因研究提供重要线索，为预防策略的制定提供依据，通过干预措施实施前后疾病发病频率的变化评价预防控制措施的效果。疾病时间分布的描述包括短期波动、季节性、周期性和长期趋势。

（一）短期波动

短期波动与暴发含义相近，两者区别在于暴发用于人数少，范围小的疫情；而短期波动用于人数多，范围大的疫情。传染病和非传染病均可表现为短期波动，如食物或水源受污染等引起的疫情。多数病例发生于该病的最短潜伏期与最长潜伏期之间。流行的高峰相当于该病的平均潜伏期，因此，可以根据发病时间推算出潜伏期，进而推算暴露时间，找出导致短期波动的原因，为疫情的控制提供重要依据。

（二）季节性

季节性是指疾病每年在一定季节内呈现发病率或死亡率升高的现象。疾病有以下两种季节性特点。

1. **严格的季节性**　某些传染病发病仅集中于一年中的某几个月内，其他月份则无病例发生。如疟疾、流行性乙型脑炎的发病和流行仅见于夏秋季，该流行特征与导致疾病传播的虫媒的生活周期有关。

2. **季节性升高**　许多疾病一年四季均可发病，但不同的疾病发病率升高的季节不同，如肠道传染病在夏秋季高发，呼吸道传染病则在冬春季高发。非传染病发病率也有季节性升高的流行特征，如花粉热多发生于春夏之交；克山病在东北、西北地区的发病多集中出现在冬季，而在西南地区却以6~8月为高峰；脑出血多发生于冬季。

（三）周期性

周期性是指疾病的发生每间隔一定时期出现一次高峰的现象，其间隔时间可以是1~2年或数年。某些呼吸道传染病常呈现较规律的周期性流行，我国1965年大规模接种麻疹疫苗前，城市中每隔1年发生1次麻疹流行。通过对易感人群普遍接种麻疹疫苗，不仅麻疹的发病率明显降低，而且其周期性的流行规律不复存在。百日咳3~4年发生1次流行，流行性感冒每隔10~15年出现1次世界性的大流行。

周期性流行的主要原因与人群免疫水平、感染后免疫持续时间、易感人口的累积、病原体的变异等密切相关。

（四）长期趋势

长期趋势又称长期变异，是指经过相当长的时间，疾病发生的频率、顺位、临床表现、分布特征和流行强度等出现的变动趋势。如近50年来，我国传染病发病率明显下降，但近年来部分传染病又有上升趋势。中国人群糖尿病患病率增长趋势显著。

通过疾病长期变异的观察与分析，一方面根据疾病顺位的变化明确影响人群健康的主要病种，为制定疾病预防策略及措施提供重要的科学依据；另一方面说明影响疾病长期变异的各种因素发生了变化，如病原体的变异、致病因素的变化、机体免疫水平的改变、医疗和预防控制水平的提高、报告和登记制度的完善等。

三、疾病人群分布

疾病人群分布（population distribution of disease）是对疾病的不同性别、年龄、职业、民族、种族、家庭和行为生活方式等分布状态的描述，分析人群特征对发病率、患病率和死亡率的影响，为发现疾病的高危人群、探讨病因和制定预防控制对策提供依据。

（一）年龄

1. 年龄与疾病的关系　年龄是影响疾病与健康状态在人群中分布最重要的因素之一，几乎所有疾病的发病和死亡都与年龄有关。不同类型的疾病可有不同的年龄表现，如慢性病存在随着年龄增长发病率增加的趋势，急性传染病的发病率则随着年龄的增长而降低。

2. 年龄分布的分析方法　疾病年龄分布的分析方法有横断面分析（cross sectional analysis）和出生队列分析（birth cohort analysis）。

（1）横断面分析：主要描述同一时期不同年龄组或不同年代各年龄组疾病的发病率、患病率或死亡率，多用于某时期传染病或潜伏期较短疾病的年龄分布的描述。慢性病由于从暴露到发病之间的时间间隔较长，致病因素在不同时间的暴露强度也可能发生变化，横断面分析很难说明不同年代出生者的发病趋势，因此，不能准确地显示致病因素与年龄的关系。为揭示同时期出生或不同时期出生的人群其疾病发生频率与年龄增长的动态变化关系，可应用出生队列分析方法揭示年龄与疾病的内在关系。

（2）出生队列分析：同一时期出生的一组人群称为出生队列，对其随访若干年，以观察发病情况，这种利用出生队列资料将疾病年龄分布和时间分布结合起来描述的方法称为出生队列分析。该方法能正确显示致病因素与年龄的关系，有助于了解发病或死亡随年龄的变化趋势和不同出生队列的暴露特点对发病或死亡的影响。

美国开展的一项针对肺癌的5次横断面研究结果显示（图14-2-1）：肺癌的发病率随着年龄的增加均呈上升趋势，同时随着调查时间的推移，同一年龄组的人群肺癌发病率也明显增加，提示导致肺癌发生的病因作用在持续增强，但肺癌发病率在70~74岁组达到高峰后又均呈明显下降趋势。

以不同年代（1900年、1905年、1910年、1915年、1920年及1925年）出生的人群作为出生队列（图14-2-2），观察到各年代出生人群的肺癌年龄别发病率均随年龄的增加呈上升趋势；与出生年代早的人群相比，出生年代晚的人群在同一年龄段肺癌发病率高，而且发病年龄高峰提前。图14-2-2中的6个出生队列显示70~74岁以上人群肺癌发病率均没有下降的趋势，而是随年龄增长肺癌发生率呈上升趋势，说明横断面研究结果不能揭示同年代出生或不同年代出生人群致病因素的暴露在年龄上累积作用。

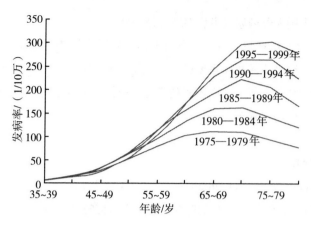

▲ 图 14-2-1　美国 1975—1999 年肺癌发病率（1/10 万）

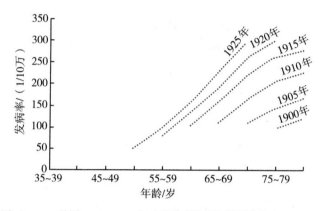

▲ 图 14-2-2　美国 1900—1925 年出生队列肺癌年龄别发病率（1/10 万）

3. 疾病年龄分布差异的原因

（1）免疫水平的不同：由于 6 个月内的新生儿可以得到来自母体胎盘或乳汁中的抗体，获得被动免疫，很少发生麻疹、白喉、百日咳及水痘，而这些疾病在学龄前儿童发病率较高。流感、腹泻等病后免疫力不巩固的疾病，在各年龄段发病率趋于一致，没有明显差异。

（2）暴露病因的机会不同：不同年龄阶段暴露于病因的机会和暴露水平不同，导致同一疾病或不同疾病在不同年龄组的发病率、死亡率和患病率等有所不同，如肺炎表现为 0~5 岁和老年人群高发，森林脑炎以青壮年男性人群高发。某些疾病的发生需要致病因素长期积累和持续作用才可导致疾病发生，其发病率或死亡率显示为随年龄增加而升高，如食管癌随着年龄增加发病率和死亡率也随之升高；某些慢性病通常发病年龄较晚，如女性 30 岁开始乳腺癌发病率随年龄增加而升高。

（3）有效的预防接种：由于预防接种改变了某些疾病固有的发病特征，如计划免疫全面实施后，麻疹发病的年龄分布发生了很大的变化，多见于大龄儿童、少年及 20 岁以上的成人。

（二）性别

某些疾病频率存在明显的性别差异，如恶性肿瘤的发病率存在性别差异（表 14-2-2），而有些疾病的患病率如地方性甲状腺肿、胆石症、胆囊炎则女性高于男性。

▼ 表14-2-2 中国2016年男性和女性恶性肿瘤发病率（1/10万）

男性 肿瘤部位	发病率 （1/10万）	女性 肿瘤部位	发病率 （1/10万）
肺	49.78	乳腺	29.05
肝	26.65	肺	23.70
胃	25.14	甲状腺	15.81
结直肠	21.65	结直肠	14.58
食管	16.81	子宫颈	11.34
前列腺	6.72	胃	10.31
白血病	5.77	肝	8.65
膀胱	5.71	子宫体	6.64
脑	5.26	脑	5.87
胰腺	5.14	食管	5.60

疾病分布出现性别差异的原因如下。

1. 男性和女性的解剖、生理和内分泌代谢等生物学特性不同 如宫颈癌只发生于女性，前列腺癌只发生于男性，这是由不同性别的解剖生理特征所决定的；又如冠心病和高血压在50岁以下各年龄组患病率男性高于女性，50岁以上年龄组则显示女性患病率高于男性，这与女性雌激素水平有关。

2. 接触致病因素的机会不同 如钩端螺旋体病、血吸虫病的发病率往往男性高于女性，这与男性参加农田劳动多，接触疫水的机会多有关。某些职业中毒和意外跌落男性发病率远高于女性，这与男性从事危险性职业更多有关。

3. 男性和女性生活习惯、嗜好不同 如与不安全性行为有关的HIV感染率和性传播疾病男性青壮年的发病率高于女性。与吸烟有关的肺癌死亡率男性高于女性。

（三）职业

某些疾病频率与职业密切相关，由于职业性质的不同，所处环境和暴露因素不同，使得疾病的种类和危害程度在不同职业有不同的表现。

疾病职业分布不同的主要原因如下。

1. 暴露于致病因素的机会或种类不同 如制鞋工人接触苯易患白血病，煤矿工人易患硅沉着病，皮毛加工和畜牧工作者易患炭疽，接触化学物品联苯胺的工人易患膀胱癌等。

2. 不同职业所处环境和劳动条件、体力劳动强度、精神紧张程度和社会经济地位不同 如脑力劳动者高血压和冠心病的患病率高于体力劳动者，意外跌落高发于建筑工人，硅沉着病主要发生在接触粉尘的职业人群。

（四）民族和种族

不同民族和种族的人群因受遗传因素、地理环境、宗教信仰、风俗习惯和生活方式等影响，疾病的发病率和死亡率有明显差别。如美国不同民族和种族人群的恶性肿瘤发病率和死亡率差异较大，亚裔癌症的发病率和死亡率均低于其他民族。

（五）婚姻与家庭

婚姻和家庭对个人的健康有明显的影响。婚姻状况和家庭生活压力事件是导致成人发病率和死亡率增高的重要因素。有研究证实，离婚者全因死亡率最高，未婚及单身者次之，已婚者最低。在家庭矛盾和离婚事件者中自杀率和暴力事件发生率明显增高，可见离婚和家庭生活压力事件对人的精神、心理会产生很大的影响，并产生不良后果和导致疾病的发生。近亲婚配使得先天性畸形和遗传性疾病发生率增加，严重影响出生人口素质。

（六）行为与生活方式

许多疾病与不良行为和生活方式有关，有研究表明，恶性肿瘤、心脑血管疾病、糖尿病等慢性病的发生原因中，60%~70%是由于不健康的行为和生活方式及各种社会因素造成的。研究疾病的行为与生活方式分布特征有助于探索病因，并针对性地制定预防控制措施。

常见的不良行为有吸烟、酗酒、吸毒、缺乏体力活动、偏食挑食、不安全性行为等。研究显示，吸烟可导致肺癌、口腔癌、咽癌、喉癌、肺癌、食管癌和膀胱癌，且相关癌症的发生与吸烟存在显著的剂量-反应关系。吸烟、肥胖和缺乏体育锻炼是代谢性疾病（高血压和糖尿病等）的致病因素。

（七）流动人口

流动人口是指离开户籍所在地的县、市或市辖区，以工作、生活为目的异地居住的人员。由于具有流动性的特点，其居住和生活环境相对较差，人群免疫水平较低。因此，该人群中的疾病谱和疾病发病状态与一般人群有所不同。该人群在某些疾病的传播中起着重要作用，是疾病防控需要重点关注的人群。

（马莉）

第三节　疾病流行强度

疾病流行强度是指某病在某地区一定时期内疾病频率的变化及其特征。描述疾病流行强度的常用术语有散发、流行、大流行、暴发。

一、散发

散发（sporadic）是指在一定地区的发病率呈历年的一般水平，即某病的发病人数不多，且病例间无明显的相互传播关系。一般以当地前3年该病的发病率水平作为参考，未明显超过既往的一般水平时，即可称为散发。

导致疾病散发的原因如下。

（1）病后免疫力持久或大范围预防接种使群体免疫水平得以提高的疾病。如大规模接种麻疹疫苗后，人群免疫水平提高及易感人群减少，使麻疹的发病呈现散发状态。

（2）隐性感染为主的疾病，常呈现散发状态，如脊髓灰质炎、乙型脑炎等。

（3）传播机制不容易实现的疾病常表现为散发，如斑疹伤寒、炭疽等。

（4）长潜伏期的传染病也通常表现为散发，如麻风。

二、流行

流行（epidemic）是指某地区某病的发病率显著超过了历年的平均水平。在疾病预防控制的实际工作中，应根据不同病种、不同时期和不同历史情况作出判断。

三、大流行

大流行（pandemic）是指某病的发病率远远超过该病流行的水平。其显著特点是传播迅速、波及面广，常超越省界、国界，甚至洲界。如流行性感冒、霍乱曾多次形成全球性大流行，2019年底开始出现的新型冠状病毒感染也迅速形成了全球性大流行。

四、暴发

暴发（outbreak）是指在集体单位或局部、小范围人群中，短时间内突然出现许多症状相同的病例。其特点是情况突然，罹患率高。当传染病暴发时，大多数患者有相同的传染源和传播途径，病例常同时出现在该病的最短和最长潜伏期之间，如托幼机构的麻疹、手足口病、腮腺炎、甲型肝炎的暴发。

学习小结

流行病学是从群体的角度来研究疾病发生、发展和消退规律，因此描述疾病或健康状况的人群、地区（空间）及时间分布（也称三间分布）特征是流行病学研究的起始点。正确描述疾病的分布，有助于认识疾病的群体现象、分布规律及其影响因素，从而为临床诊断和治疗决策提供依据，为进一步探讨病因提供线索，并有助于政府确定卫生服务的工作重点，为合理制定疾病防治策略和措施提供科学依据。

（马莉）

复习参考题

一、选择题

1. 某地区在一周内进行了高血压病的普查，可计算当地高血压病的
   - A. 患病率
   - B. 罹患率
   - C. 发病率
   - D. 病死率
   - E. 家庭续发率

2. 下列因素不会影响发病率变化的是
   - A. 致病因素的作用明显加强和减弱
   - B. 患病率的升高或下降
   - C. 疾病诊断水平的提高或下降
   - D. 诊断标准的变化
   - E. 防疫措施的有效与否

3. 疾病的三间分布是指
   - A. 年龄分布、性别分布、职业分布
   - B. 年龄分布、性别分布、季节分布
   - C. 季节分布、人群分布、地区分布
   - D. 时间分布、地区分布、人群分布
   - E. 年龄分布、性别分布、地区分布

4. 描述疾病流行强度的指标包括
   - A. 散发、暴发、流行、大流行
   - B. 散发、继发、流行、大流行
   - C. 流行、续发、续发、暴发
   - D. 暴发、继发、流行、大流行
   - E. 续发、继发、散发、暴发

5. 描述疾病时间分布的特征不包括
   - A. 短期波动
   - B. 季节性
   - C. 间断性
   - D. 周期性
   - E. 长期趋势

   答案：1. A；2. B；3. D；4. A；5. C

二、简答题

1. 描述疾病发病、死亡与疾病负担的指标有哪些？
2. 疾病的地区分布、时间分布和人群分布包括哪些内容？
3. 疾病年龄分布的分析方法有几种？
4. 如何描述疾病的流行强度？

第十五章　常用流行病学研究方法

学习目标

知识目标	1. 掌握现况研究、病例对照研究、队列研究、实验流行病学的定义、特点、主要类型、主要指标的流行病学意义、优点与局限性；诊断试验的概念、设计要点与评价；疾病预后研究的概念与常用方法；循证医学的概念、要素和实施的基本步骤；偏倚的概念和主要类型。 2. 熟悉现况研究、病例对照研究、队列研究、实验流行病学的用途、设计与实施基本步骤；提高诊断试验效率的方法；疾病预后的影响因素和评价标准；偏倚的控制方法；循证医学信息服务模式演进过程。 3. 了解各研究类型样本含量的计算方法和影响因素；疾病自然史和疾病病程；循证医学证据等级划分标准。
能力目标	1. 运用常用流行病学方法解决临床研究方案设计中常见的问题。 2. 根据不同的研究目的开展疾病预后的研究和评价。 3. 运用恰当的控制方法控制偏倚对研究结果的影响。 4. 根据循证医学实施的基本步骤，解决临床工作中遇到的问题。
素质目标	具备在实践中结合最佳证据、临床经验和患者意愿的理念。

第一节　描述性研究

描述性研究（descriptive study）是指根据专门设计的调查或常规记录所获得的资料，按照不同地区、不同时间的人群特征分组，将人群中疾病或健康状况及其影响因素的分布特征真实地展示出来，为进一步的流行病学研究提供基础资料的一种观察性研究。描述性研究的主要方法有现况研究、生态学研究、筛检、个案调查、暴发调查、病例报告、病例系列分析等。

一、现况研究

（一）概念与应用

现况研究是指收集特定时点（或时期）和特定范围内人群的有关特征、疾病及健康状态的资料，并对资料的分布、疾病与因素的关系进行描述，从而为进一步的研究提供病因线索。由于现况研究所获得的描述性资料是在某一时点或在一个短暂的时间内收集的，并客观地反映了该时点的疾病分布及人群某些特征与疾病之间的关联，犹如时间维度的一个断面，故又称为横断面研究（cross-sectional study）。此外现况调查所用指标主要为患病率，故又称为患病率调查（prevalence survey）。现况研究常是进一步开展病例对照研究与队列研究的基础，尤其是在疾病的患病率调查和人群、地区等分布特征研究中应用最为广泛。例如，2010年开展的全国第五次结核病现况调查为我国结核病的防治和卫生决策的制定提供了第一手资料。

现况研究的主要应用范围如下。

1. 描述疾病或健康状况的分布 描述目标人群疾病的年龄、性别、时间、地区等的分布状况，从而为制定防治对策提供参考依据。

2. 提出病因线索 研究疾病分布的不同影响因素，从而提出病因线索，有助于下一步开展流行病学研究及探讨因果关联。

3. 确定高危人群 通过普查或筛检等手段，可以检出患者、可疑患者和病原携带者，从而确定高危人群，达到早期发现、早期诊断和早期治疗的目的。

4. 评价防治效果 在疾病监测、预防接种的实施过程中，通过不同阶段开展重复的现况调查比较患病率、感染率等相关指标的差异，对防治策略、措施的效果进行评价。

（二）分类与特点

现况研究根据涉及研究对象的范围可分为普查和抽样调查。

1. 普查 普查（census）是指在特定时间对特定范围内的全体人群（总体）进行的全面调查。普查的目的：① 早期发现、早期诊断和早期治疗某些疾病，如很多地区开展的妇女宫颈癌普查；② 了解慢性病的患病及急性传染病的分布情况，如高血压普查和对疫区开展某种传染病的普查；③ 了解总体健康状况，如居民膳食与营养状况调查；④ 了解人体各类生理生化指标的正常值范围，如青少年的身高、体重的调查。普查代表性较好，但相对费时费力，质量控制较难。

2. 抽样调查 抽样调查（sampling survey）实际中更加常用，是指在特定时间从特定范围内的全体成员（总体）中抽取具有代表性的部分人群（样本）进行的调查。同普查相比，抽样调查是以小窥大，以部分估计总体的调查方法，省时间、省人力、省经费、省材料，并且调查覆盖面大而工作量小、调查工作易做得细致、调查质量易得到保证，适用于调查疾病发生频率较高的疾病。然而，抽样调查的设计、实施和资料分析较为复杂，调查重复和遗漏不易发现，不适用患病率低的疾病和变异过大资料的调查。常用的随机抽样方法有单纯随机抽样、系统抽样、整群抽样、分层抽样和多级抽样，具体可参照本书第三篇第十二章第五节。

在实际的调查工作中，普查与抽样调查往往是相对的，如整群抽样时，在被抽中的基层单位内实际上是进行了普查，但总体上却是抽样调查。在规模较大的现况研究中，多种抽样方法常相互结合，同时运用。

一项设计良好的现况研究不仅可以准确描述疾病或健康状况在某一人群中的分布，还可以同时探讨多个暴露因素与多种疾病之间的关系。因此，现况研究具有不同于其他研究的显著特点。

1. 现况调查的时间是特定时点或期间，一般不设立对照组　现况研究在设计实施阶段，往往根据研究目的确定研究对象，然后查明该研究对象中每一个体在某一时点上的暴露和疾病状态，在资料分析阶段，根据暴露的状态或是否患病分组后进行比较，或探讨这一时点上不同变量之间的关系。

2. 现况研究在确定因果关联时受到限制　由于所调查的疾病或健康状况与某些特征或因素是同时存在的，不能确定疾病或健康状况与某些特征或因素之间的时序关系，故在现况调查中常采用相关性分析，结果只能为病因研究提供线索。

3. 一般不用于病程较短的疾病　现况调查是在短时间内完成的，如果所调查疾病的病程过短，在调查期间有多数人已经痊愈或死亡，这样纳入的对象往往是病程或存活期较长的患者，与疾病有统计学关联的因素可能是影响存活的因素，而不是影响发病的因素。

4. 现况研究定期重复进行可以获得发病率资料　在同一人群定期重复开展横断面调查可获得发病率、新发感染率、转归等资料。

（三）设计与实施

现况研究的规模一般都比较大，涉及的调查人员和调查对象也较多，因此有一个良好的设计实施方案是保证研究成功的前提。

1. 确定研究目的　确定研究目的是现况研究的第一步。明确需要调查的疾病、健康状况或卫生事件等，并确定疾病诊断标准及有关定义或规定。根据研究所期望解决的问题，明确本次调查的目的，如是为了了解某疾病或健康状况的人群分布情况还是开展群体健康检查，是考核防治措施的效果还是探索病因或危险因素等。

2. 明确研究的类型　根据具体的研究目的来确定采用普查还是抽样调查，此时需要充分考虑两种研究类型的优缺点，以便在有限的资源下取得预期的研究结果。

3. 确定研究对象　根据调查目的确定研究的总体，选择研究对象。选择合适的研究对象是顺利开展研究的关键环节，依据研究目的对调查对象的三间分布设置明确的界定，并结合实际情况明确在目标人群开展调查的可行性。如果为了进行疾病的"三早"预防，则可选择高危人群；如果为了研究某些相关因素与疾病的关联，则要选择暴露人群或职业人群；如果是为了获得疾病的三间分布资料或确定某些生理生化指标的参考值，则要选择能代表总体的人群；如果为了评价疾病防治措施的效果，则要选择已经实施了该预防或治疗措施的人群。

4. 估计样本含量　抽样研究中，影响现况研究样本含量的因素主要有：① 预期现患率（P）或标准差（S）：即欲调查的某疾病患病率，若预期患病率低或标准差大，则所需样本量要大，反之，样本量要小；② 调查结果的精确性：即以容许误差（d）表示，d愈大，样本量越小；③ 显著性水平（α）：α值越小，其样本量越大。若抽样调查的分析指标为定性资料，其样本含量可用下式估计。

$$n = Z_\alpha^2 PQ / d^2 \qquad （式15\text{-}1\text{-}1）$$

式中，n为样本含量，Z_α为正态分布确定α后的Z值，P为某病的患病率，$Q=1-P$，d为容许误差。现况研究中常用的抽样条件：通常α取0.05，$d=0.1P$，则式15-1-1可以简化为：

$$n=400 \times Q/P \qquad (式15-1-2)$$

若分析指标为定量资料，则应按定量资料的样本估计公式来计算：

$$n=Z_a^2 S^2/d^2 \qquad (式15-1-3)$$

式中，n、d 含义同前，S 为标准差。当 $\alpha=0.05$ 时，式15-1-3简化为：

$$n=4S^2/d^2 \qquad (式15-1-4)$$

单纯随机抽样、系统抽样、分层抽样的样本含量均可按上述公式计算。整群抽样由于抽样误差较大，需要增大样本含量来减少抽样误差，因而样本含量在按照以上公式计算的基础上增加50%。

5. 资料的收集 所收集的资料信息因研究目的不同而有所差异，通常包括个人基本情况（如年龄、性别、文化程度等）、疾病或健康状态、行为特征、环境资料等。现况研究目的确定后，需要将待研究的问题转化成一系列可测量的研究变量，设计成调查问卷。相关资料可从临床和实验室检查、调查询问和常规资料记录中获得。资料收集过程中要注意，暴露（特征）的定义和疾病的诊断标准均要明确和统一。所有参与检测人员及调查员都必须经过培训，统一调查和检测标准。同时建立科学有效的质量控制措施，以保证调查工作的质量。在调查中应该注意调查对象的"无应答"率，一般认为调查的"无应答"率不得超过30%，否则会影响结果的真实性。

（四）资料整理与分析

现况研究所获得的资料，要做好数据检查工作，保证资料的完整性与数据的准确性。必要时可将资料重新分组、归纳、编码，使原始数据系统化和条理化，在此基础上计算各项指标。定性资料常用的指标有患病率、感染率、阳性检出率等；定量资料常用的指标有均数、中位数、标准差、四分位数间距等；同时，为了控制混杂偏倚和便于比较，常计算标化率。

根据研究目的对经过统计学分析所得的结果进行解释。若目的是了解疾病分布，可以根据三间分布的特征结果，再结合有关因素来解释疾病的分布特点；若目的是提供病因线索，则可以将描述性资料进行对比分析，寻找规律，为分析流行病学研究建立假设提供依据。

（五）优点与局限性

1. 优点 ① 现况研究可对特定时点人群的疾病或健康状态进行描述，且短时间内能获得结果；② 可信度较高，既能对疾病和暴露分布特征进行描述，其研究结果有较强的推广意义；又能在一定程度上对暴露与疾病的关联作出分析，使结果具有可比性；③ 能同时调查多种疾病和多种暴露因素之间的关系，可为病因学研究提供线索。

2. 局限性 ① 现况研究不能得出确切的因果关系，因难以确定暴露与疾病发生的时间顺序；② 调查获得的是某一时点是否患病的情况，不能获得发病率资料；③ 易低估人群患病水平，由于调查时间短，对一些潜伏期和缓解期长的疾病，有可能把潜伏期与缓解期病例错划为非病例。

二、筛检

（一）概念与目的

如能尽早地使用一种或几种检测方法检测出疾病临床前期出现的一些可识别的异常特征，如肿瘤早期标志物，血脂、血糖、血压升高等，并在此基础上，进一步对异常或可疑异常的人进行临床诊断、治疗，就可以在疾病早期阻止或延缓疾病的进展，筛检就是在此背景下提出的。筛检（screening）是运用快速简便的检验、检查或其他措施在健康人群中将可能有病或有缺陷但表面健康的人同真正无病的人区别开来。筛检流程见图15-1-1，首先应用筛检试验将受检人群分为两部分，结果阴性者和阳性者；结果阳性者作进一步诊断，确诊患者接受治疗；非患者与筛检试验阴性者进入随访和下一轮筛检。

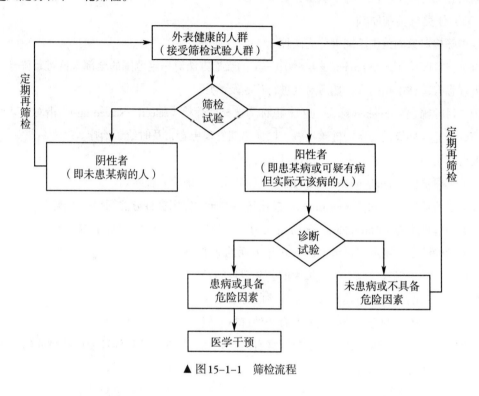

▲ 图15-1-1　筛检流程

需要注意，筛检和诊断是疾病防治过程中的不同环节。筛检是在"健康"人群中将处于临床前期但表面健康的患者同真正无病的人区别开来。诊断一般是对临床期的可疑患者进行检查，是为了确定某人是否患有某病，要尽量避免漏诊和误诊。筛检试验和诊断试验的区别见表15-1-1。

▼ 表15-1-1　筛检试验和诊断试验的区别

区别点	筛检试验	诊断试验
目的不同	区分可能患病的个体与可能未患病者	区分患者与可疑有病但实际无病的人
对象不同	表面健康的人或无症状的患者	患者或筛检阳性者
要求不同	快速、简便，无创易于接受，有高灵敏度，尽可能地发现所有可能的患者	复杂、灵敏度和特异度高，结果具有更高的准确性和权威性
结果不同	阳性（疑似病例）/阴性（可能无病）	病例/非病例
费用不同	经济、廉价	一般花费较高
处理不同	阳性者须进一步作诊断试验以确诊	阳性者要严密观察和及时治疗

筛检的主要目的：① 早期发现可疑患者，做到早诊断、早治疗，提高治愈率，实现疾病的二级预防。② 发现高危人群，以便实施相应的干预，降低人群的发病率，实现疾病的一级预防。③ 了解疾病的自然史，揭示疾病的"冰山现象"。④ 指导合理分配有限的卫生资源，如利用高危评分的方法，筛检出孕妇中的高危产妇，将其安排到条件较好的县市级医院分娩，而危险性低的产妇则留在当地乡卫生院或村卫生室分娩。

（二）分类与实施原则

根据筛检对象的范围不同可分为两种。

（1）整群筛检（mass screening）：指用一定的筛检方法对一定范围的全部人群进行筛检，找出其中可疑患有某种疾病的人，然后对其进行诊断及治疗。

（2）目标筛检（targeted screening）：也称为选择性筛检（selective screening），指对有某种暴露的人群或高危人群等进行定期健康检查，以便早期发现患者，及时给予治疗。

根据所用筛检方法的数量，筛检也可分为3种

（1）单项筛检（single screening）：指用一种筛检试验筛检一种疾病。

（2）多项筛检（multiple screening）：指在筛检中同时应用多种方法筛检一种疾病。

（3）多病种筛检（multiphasic screening）：指同时在一个人群中开展多种疾病筛查。

一项筛检计划的制定应该考虑以下10个方面的原则。

1. 被筛检的疾病或缺陷是当地重大的公共卫生问题。

2. 对被筛检的疾病或缺陷有进一步确诊的方法与条件。

3. 对发现并确诊的患者及高危人群有条件进行有效的治疗和干预。

4. 被筛检的疾病或缺陷或某种危险因素有可供识别的早期症状和体征或可测量的标志物。

5. 了解被筛检疾病的自然史，包括从潜伏期发展到临床期的全部过程。

6. 筛检试验必须要快速、简便、经济、可靠、安全、有效及易被群众接受。

7. 有保证筛检计划顺利完成的人力、物力、财力和良好的社会环境条件。

8. 有连续而完整的筛检计划，能按计划定期进行。

9. 要考虑整个筛检、诊断和治疗的成本和收益问题。

10. 筛检计划应能被目标人群接受，有益无害，尊重个人的隐私权，制定保密措施；公正、公平、合理地对待每一个社会成员。

（三）设计与评价

筛检试验设计与评价的核心思想是对比。首先选择一个金标准，依据金标准确定患有和未患有某种疾病的研究对象，再用待评价的筛检方法对这些研究对象进行检测，将获得的结果与金标准的诊断结果进行比较，评价该筛检试验的筛查价值。由于筛检和诊断试验评价的原理相同，且诊断试验的评价在临床应用相对较多，因此筛检设计与评价的具体思路和方法可参照本章第四节。

（丁国永）

第二节 分析性研究

分析性研究也称为分析流行病学（analytical epidemiology），主要用于探讨疾病或事件的危险因素，检验疾病病因假设。病例对照研究和队列研究是最常用的两种分析流行病学研究方法。

一、病例对照研究

（一）概念与应用

病例对照研究（case-control study）是以确诊有某种疾病的患者为病例组，以不患该病但具有可比性的个体为对照组，调查两组人群过去暴露于某种或某些可疑危险因素的比例或水平，通过比较各组之间暴露比例或水平的差异判断研究因素与所研究疾病是否有关联及其关联程度大小的一种观察性研究方法。若病例组有暴露史的比例或暴露程度高于对照组，且存在统计学意义，则可认为该暴露与此疾病存在关联，见图15-2-1。

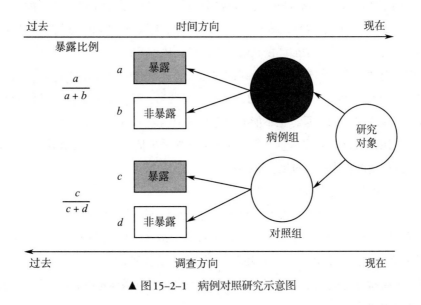

▲ 图15-2-1 病例对照研究示意图

病例对照研究具有省时、省力、出结果快的特点，特别适用于罕见病的病因或危险因素研究，在实际工作中主要应用如下。

1. 提出病因假设和线索 在病因不明确、范围局限时，可用病例对照研究广泛筛选相关因素，经过分析提出病因假设和线索。

2. 初步检验病因假设 将可疑危险因素作为暴露因素，通过比较病例组与对照组暴露比例或水平的差别，检验病因假设是否成立。如描述性研究提出吸烟是肺癌的可疑危险因素，病例对照研究中通过比较肺癌组与非肺癌组香烟暴露率的差异，判断吸烟与肺癌有无关联。

3. 提供进一步研究的线索 病例对照研究的结果为进一步开展队列研究或实验流行病学研究提供线索。

4. 评价预防策略和措施的效果 通过比较病例组与对照组中接受某干预措施的比例或水平，判断干预措施有无作用。

（二）分类与特点

病例对照研究可分为非匹配病例对照研究和匹配病例对照研究两大类。

1. 非匹配病例对照研究 在所研究的病例与对照人群中随机抽取一定数量的研究对象，仅要求对照组人数等于或多于病例组人数。

2. 匹配病例对照研究 匹配（matching）或称配比，即要求对照在某些因素或特征上与病例保持一致，目的是对两组进行比较时排除匹配因素的干扰，提高研究效率。根据匹配的方式不同，匹配分为频数匹配与个体匹配。

（1）频数匹配（frequency matching）：要求匹配变量所占比例在病例组与对照组中基本相同的匹配称为频数匹配。如在病例对照研究中，若病例组中男女各半，男女各年龄层比例一定，则对照组中也应男女各半，且男女各年龄层比例与对照组的一致或相近。

（2）个体匹配（individual matching）：以病例和对照的个体为单位进行的匹配称为个体匹配。一个病例可以匹配1个及以上对照，即1∶1、1∶2、1∶3、1∶4……1∶R，其中1∶1匹配又称配对。由于超过1∶4匹配时研究效率增加缓慢且增加工作量，故一般R≤4。

如果病例和对照的来源都较充分，则以配对为佳；如果病例少而对照相对易得，则可采用一个病例匹配多个对照的办法。匹配因子的选择一定要恰当，某因素或特征一旦作为匹配因子后，就不能分析它与疾病之间的关系，也不能分析它与其他因素之间的交互作用。如果把不必要的因素列入匹配，企图使病例与对照尽量一致，就可能陡然丢失信息，增加工作难度，结果反而降低了研究效率，这种情况称为匹配过度（over-matching）。

病例对照研究的基本特点可概括如下。

1. 只是收集研究对象的暴露情况而不给予任何干预措施，为一种观察性研究方法。

2. 要追溯研究对象既往可疑危险因素的暴露史，是一种回顾性研究方法，是由"果"到"因"的，因此其验证因果关联的能力有限，论证强度不及队列研究。

3. 是按有无疾病分为病例组与对照组，其研究因素可根据需要选择，因而可以观察一种疾病与多种因素之间的联系。

（三）设计与实施

1. 明确研究目的 明确研究需要解决的具体问题，如广泛探索病因，初步验证病因假设，或两者兼有。依据已掌握的疾病分布特点和已知的相关因素，在广泛阅读相关文献的基础上，根据研究目的提出病因假设。

2. 确定对照形式 依据研究目的选择对照形式，如目的为广泛探索病因，可采用非匹配或频数匹配的方法；依据实际情况选择对照形式，如所研究的是罕见病例或获得的合格病例数极少，可采用个体匹配的方法，因匹配比不匹配的统计学检验效率高。

3. 确定研究对象 研究对象均应是其总体的随机样本。病例与对照人群的基本来源有两个。一个来源是医院的现患病例、门诊病例或已出院的既往病例等，在此来源的人群中开展的设计称为以医院为基础的病例对照研究；另一个来源是社区，可源于社区监测、普查资料、抽查资料等，在社区人群中开展的设计称为以社区为基础的病例对照研究。

选择病例时需要考虑以下几个方面。

（1）疾病的诊断标准：制定疾病标准时应注意以下问题。① 尽量采用国际通用或国内统一的诊断标准；② 需自订标准时，应注意均衡诊断标准的假阳性率及假阴性率；③ 有时研究因素的暴露程度与疾病严重程度有关，或病因只与某种病理型别有关等，而在这种情况下，还需要明确规定疾病的分期、分型。

（2）病例的类型：根据病例的确诊时间可以分为新发病例、现患病例和死亡病例。由于新发病例刚刚发现，还未接受任何干预措施，加之与调查的时间较近，回忆的信息会比较准确且全面，应作为病例的首选。现患病例已经接受干预措施，且其确诊前的行为习惯可能已经改变，加之时间久远，回忆的信息可能不准确甚至漏掉许多重要的信息。死亡病例需从医学记录或他人处获得信息，误差更大。

（3）病例的代表性：在病例对照研究中，要求在所有符合条件的病例人群中随机抽取一定量的样本。这要求不仅在所研究疾病方面有代表性，同时在人口学特征（如年龄、性别、种族等）、社会环境、生活环境等与疾病发生有关的诸多方面也有代表性。以社区来源的病例代表性最好，但实施难度大，费用高，获得的信息可能不完整或不准确；以医院来源的病例容易获得并且愿意合作，得到的信息较完整准确，费用少，但容易发生选择偏倚。

对照的选择在整个研究中尤为关键，对照应是病例来源的人群中未患所研究疾病的人。对照选择时需考虑以下几个方面。

（1）选择原则：对照是来源于病例源人群中经与病例相同的诊断技术确定的未患该病的人。

（2）代表性：对照是从符合标准的人群中随机抽取一定数量的研究对象，即病例来源的总体中未患该病人群的一个随机样本。在以医院为基础的病例对照研究中，病例来源于医院，对照应该从在医院就诊的未患该病的所有人中选取。

（3）可比性：除了研究因素之外，其他与疾病发生有关的因素在病例与对照中要均衡可比。还应注意对照不应患有与所研究因素有关的其他疾病，如吸烟与肺癌及慢性支气管炎均有关，在研究吸烟与肺癌关系的病例对照研究中，对照就不能选择慢性支气管炎的患者。

根据研究设计的需要，对照多来源于同一个或多个诊疗机构中确诊的其他病例；社区中未患该病的人；病例的家属、同事、邻居等未患该病的人。不同来源的对照说明的问题不同，邻居对照可均衡社会经济地位、居住环境等，同胞对照可均衡遗传因素等。不同的对照各有优缺点，实际中可以选择多重对照，如同时选择社区和医院对照，以弥补各自的不足。

4. 计算样本含量　病例对照研究多是研究某病与多个因素之间的关联，比较的指标可能既有暴露剂量也有暴露率，这种情况多用暴露率来估计样本含量，这是因为分类变量资料所需样本量大于数值变量资料。影响样本含量的因素有：① 研究因素在对照组中的暴露率（P_0）；② 相对危险度（RR）或暴露的比值比（OR）；③ 显著性水平（α）；④ 检验的把握度（$1-\beta$）。

病例对照研究设计不同，所需的样本含量计算公式不同，这里介绍非匹配且病例组与对照相等及1:1匹配病例对照研究样本含量的计算方法。

（1）非匹配且病例组与对照组相等的病例对照研究样本含量，按下式计算：

$$n_1 = n_2 = \frac{2\overline{P}(1-\overline{P}) \times (Z_\alpha + Z_\beta)^2}{(P_1 - P_0)^2} \qquad （式15-2-1）$$

其中，$P_1 = \frac{P_0 RR}{1 + P_0(RR-1)}$，$\overline{P} = \frac{P_0 + P_1}{2}$

式中，P_1为病例组的暴露率，P_0为对照组的暴露率，Z_α与Z_β分别为α与β对应的标准正态分布的Z值。

（2）1:1匹配病例对照研究样本含量按下式计算：

$$m = \frac{\left[Z_\alpha/2 + Z_\beta\sqrt{P(1-P)}\right]^2}{(P-0.5)^2} \qquad （式15-2-2）$$

其中，$P = OR/（1+OR）\approx RR/（1+RR）$

式中，m为暴露状况不一致的对子数，再按下式求需要调查的总对子数（M）：

$$M = \frac{m}{P_0(1-P_1) + P_1(1-P_0)} \qquad （式15-2-3）$$

5. 收集资料 研究对象确定以后，按事先设计好的研究内容进行资料收集。注意用同样的方法收集病例与对照组的资料，如相同的调查表、相同的环境、相同的提问方式等，以免产生不必要的信息偏倚。

（四）资料整理与分析

对原始资料进行整理、核查和计算机录入，在必要的数据转换后，首先要检验病例组与对照组是否具有均衡性，即在研究因素以外的其他主要特征方面有无可比性。如果组间比较差异无统计学意义，提示两组的可比性较好。然后对所研究的暴露因素进行逐项整理统计，计算OR和其他指标；若存在混杂因素则应进行分层分析，涉及多因素者则需进行多因素分析。在此基础上，对被研究因素和疾病的关系得出结论。

1. 成组病例对照研究资料的分析 成组比较法适用于非匹配及频数匹配病例对照研究资料的分析。成组法资料整理的四格表见表15-2-1。

▼ 表15-2-1 成组病例对照研究结果整理

分组	暴露史		合计
	有	无	
病例组	a	b	$a+b$
对照组	c	d	$c+d$
合计	$a+c$	$b+d$	N

（1）χ^2检验：分析暴露与疾病之间是否有统计学关联，采用四格表χ^2检验，计算方法参照本书第二篇第九章第三节。

（2）计算比值比（odds ratio，OR）：病例对照研究计算的是两组暴露率之间的比值，也称为优势比、比数比或交叉乘积比。所谓比值（odds）是指某事物发生的可能性与不发生的可能性之比。OR计算公式为：

$$OR = \frac{\dfrac{a}{a+b}}{\dfrac{c}{c+d}} \Bigg| \frac{\dfrac{b}{a+b}}{\dfrac{d}{c+d}} = ad/bc \qquad （式15-2-4）$$

OR表示暴露者患某种疾病的危险性较无暴露者高的程度。OR与RR的含义近似，当OR大于1时，说明暴露因素与该疾病呈正向关联，疾病的危险度增加，OR越大，危险性越大；OR小于1时，说明暴露因素与该疾病呈负向关联，疾病的危险度减小，OR越小，保护作用越强；当OR等于1或接近1时说明暴露因素与患病之间无联系。在患病率和发病率不同的情况下，RR与OR是有区别的。仅当发病率小于5%时，RR与OR较接近。

2. 配对病例对照研究资料的分析　成组资料中的数字表示的是病例组和对照组的人数，而配对资料中的数字则表示对子数。对于1∶1的配对资料来说，表格中的数字表示1个病例和1个对照，若为1∶2的配对资料，则表示1个病例和2个对照，在分析资料时，以对子数为基础，不拆开进行分析，最为常用的1∶1配对的病例对照研究资料整理见表15-2-2。

▼ 表15-2-2　配对病例对照研究资料整理

对照	病例		合计
	有暴露史	无暴露史	
有暴露史	a	b	$a+b$
无暴露史	c	d	$c+d$
合计	$a+c$	$b+d$	N

（1）χ^2检验：分析暴露与疾病之间是否有统计学关联，采用配对四格表χ^2检验，计算方法参照本书第二篇第九章第三节。

（2）计算OR：匹配病例对照研究中OR是指病例组有暴露而对照组无暴露的对子数与病例组无暴露而对照组有暴露的对子数之比。

$$OR = \frac{c}{b} \qquad （式15-2-5）$$

（五）优点与局限性

1. 优点　① 所需的研究对象数量少，花费较少，容易组织，能在较短时间内得出结果；② 适用于罕见病的研究，在某些情况下是研究罕见病的唯一选择；③ 应用范围广，可以同时研究一种疾病与多种因素的关系，不仅适用于病因探索，还可用于如暴发调查、疫苗免疫效果评估等；④ 伦理问题少，该研究开始时疾病已发生，不对研究对象采取任何干预措施。

2. 局限性　① 不适用于研究人群中暴露率很低的可疑危险因素，因需要的样本量大；② 选择研究对象时，无法避免选择偏倚，获取既往信息时，难以避免回忆偏倚；③ 难以判断暴露与疾病的时间先后，因此论证因果关系的能力不强；④ 不能计算发病率、死亡率等，因此不能直接计算相对危险度（*RR*）。

二、队列研究

（一）概念与应用

队列研究（cohort study）是依据特定范围内的人群是否暴露于某因素及其暴露程度分为两组或不同暴露水平的亚组，随访观察一段时间内结局的发生情况，比较两组或不同亚组之间结局频率的差异，从而判定暴露因素与结局之间有无因果关联及关联强度的一种观察性研究，见图15-2-2。

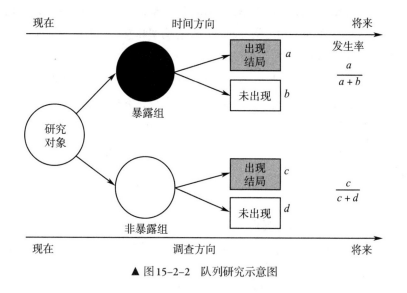

▲ 图15-2-2　队列研究示意图

暴露（exposure）是指研究对象接触过某种因素或具有某种特征（如年龄、性别等）或行为（如吸烟）。这些因素、特征或行为被称为暴露因素或研究变量。暴露既可以是有害的，也可以是有益的。

队列（cohort）是指具有共同经历或有共同暴露特征的一组人群，分为固定队列和动态队列。固定队列指人群在某一固定时间或较短时间内进入队列，或指一个相对稳定或相对大的人群，在随访观察的整个过程中不再加入或基本上不加入新队员，即在观察期内队列相对固定；动态队列是确定某一队列后，原有队列成员可以随时退出，新的观察对象也可以不断进入队列。

危险因素（risk factor）是指能引起某特定不良结果（如疾病）发生，或使其发病率升高的因素，常被泛称为病因，包括个人行为、生活方式和环境等多方面的因素；保护因素是指影响人群发病率降低的内外环境因素。

队列研究的主要应用如下。

1. 检验病因假设　队列研究检验病因假设的能力较强，可深入检验某个或某些病因假设。

2. 评价自发的预防效果　某些情况下，有些暴露因素有预防疾病的效应。例如，前瞻性观察吸烟致肺癌的效应时，有一部分吸烟者会自动戒烟，结果发现戒烟人群较不戒烟人群的肺癌发病率有所降低。

3. 研究疾病的自然史　观察人群病的自然史，人群暴露于某因素后，观察疾病的发生、发展，直至结局（死亡、痊愈或残疾）的全过程。队列研究既可以观察个体疾病的自然史，也可以了解全人群疾病的发展过程。

4. 新药的上市后监测　在新药进行临床应用后，进行严格的新药上市后监测可被认为是大规模的队列研究，这样就弥补了Ⅲ期临床试验的不足。

（二）分类与特点

队列研究依据研究对象进入队列时间及终止观察时间的不同分为三种研究类型，即前瞻性队列研究、历史性队列研究和双向性队列研究。

1. 前瞻性队列研究（prospective cohort study）　为队列研究的基本形式，指研究对象的确定和分组是依据研究开始时的暴露状况而定，结局的获得需要追踪观察一段时间。前瞻性队列研究有时间先后顺序，这增强了因果推断的可信度，而且研究者可直接获得暴露与结局的第一手资料，因而资料偏倚较小，结果可信，同时可计算发病率。

2. 历史性队列研究（retrospective cohort study）　研究对象的确定和分组是依据研究开始时研究者掌握的有关研究对象在过去某时刻暴露情况的历史资料进行的，不需要随访；研究的结局从已掌握的历史资料中获得。尽管搜集暴露与结局资料的方法是回顾性的，但其性质是属于前瞻性观察，是从因到果的。该法具有省时、省力、出结果快的特点，因而适用于诱导期长和潜伏期长的疾病研究。其缺点是资料积累时未受到研究者的控制，并需要足够完整可靠的过去某段时间有关研究对象的暴露和结局的历史记录或档案材料，影响暴露与结局的混杂因素难以控制，因而影响暴露组与非暴露组的可比性。

3. 双向性队列研究（ambispective cohort study）　也称混合性队列研究，在历史性队列研究的基础上，继续进行一段时间的前瞻性队列研究。它是将前瞻性队列研究与历史性队列研究结合在一起的一种研究，兼有两种研究的优点，在一定程度上弥补了两者的不足。

根据队列研究的概念，可以归纳出队列研究的四个特点。

1. 属于观察法　队列研究的暴露在研究之前是客观存在的，这是队列研究与实验研究的根本区别。

2. 设立对照组　对照组人群可以与暴露组来自同一人群，也可与暴露组不同。

3. 由"因"推"果"　队列研究中，在探求暴露因素与疾病的因果关系上，先确定"因"，再纵向观察"果"，这与病例对照研究方法相反。

4. 能判断暴露与结局的因果联系　研究者能确切地掌握研究对象的暴露情况和结局的发生，并能准确地计算出结局的发生率，因而能判断其因果关系。

（三）设计与实施

1. 确定研究目的与研究因素　确定是否开展队列研究，应认真考虑：① 是否有明确的假设供检验，检验的因素是否已经找准；② 所研究疾病的发病率或死亡率高低；③ 是否规定了明确的暴露因素，暴露资料能否完整获得；④ 是否规定了明确的结局变量，有无简便可行的手段获得结局材料；⑤ 有无足够的研究人群；⑥ 随访人、财、物有无保证及随访依从性如何等。

队列研究是一项费时、费力、费钱的研究。研究因素的确定至关重要，直接关系到研究的成败，故一定要有足够的科学依据。研究因素通常是在描述性研究提供的病因线索和病例对照研究初步检验病因假设的基础上确定的。除了要确定主要暴露因素外，还应确定需要同时收集的其他相关因素，包括研究对象的人口学特征和各种可疑的混杂因素，以利于对研究结果进行深入分析，排除混杂偏倚对结果的影响。

2. 确定研究结局　随访观察中将出现的预期结果事件被称为结局变量（outcome variable），也称结果变量，简称"结局"。结局是队列研究观察的自然终点。结局不局限于发病、死亡，也包括某种健康状态和生命质量变化；可以是最终结局（如发病或死亡），也可以是中间结局（如分子或血清的变化）；既可以是定性的（如发病等），也可以是定量的（如血清抗体滴度、尿糖及血脂等）。测量结局变量应有明确的、统一的标准，并在全过程中严格遵循。由于一种疾病可能有多种表现形式，因此，结局变量的测定既可按照国际或国内统一的判断标准，又可按照自定的判断标准。

一次队列研究可以同时收集多种结局资料，因此，可研究一种因素与多种疾病的关系，所以，在确定主要结局的同时，还可收集多种可能与暴露有关的结局，从而提高研究效率。

3. 确定研究现场与研究人群　队列研究需较长的随访时间，故研究现场的选择不仅要考虑其代表性、现场是否有足够数量的符合条件的研究对象，还要考虑当地交通、人文情况、医疗状况，并能够得到当地领导重视和群众支持。研究人群包括暴露组人群和非暴露组人群，有时暴露组人群中还有不同水平的暴露亚组。根据研究目的和研究方法选择适当的研究对象。

（1）暴露人群的选择：暴露人群是指暴露于某种待研究的因素中或已有某种暴露史的人群。

1）职业人群：在职业流行病学研究中，若研究某种职业因素与疾病或健康的关系，常选择相关职业人群作为暴露人群。

2）特殊暴露人群：研究某些罕见的暴露就需要选择特殊暴露人群，如研究核辐射与白血病的关系，可选择接受过放射治疗的人员作为研究人群。

3）一般人群：在进行常见疾病危险因素的队列研究中常选用某行政区域或地理区域范围内的全体人群作为研究对象，如美国弗雷明汉（Framingham）地区的心脏病研究就是一个具有代表性的例子。

4）有组织的人群团体：这类人群可看作是一般人群的特殊形式，如医学会会员、军人、学生、机关成员等。选择这些有固有组织系统的人群以便有效地收集随访资料。如 Doll 和 Hill 选择英国医师会员来研究吸烟与肺癌的关系。

（2）对照组人群的选择：为了更好地分析暴露因素的作用，队列研究必须设立对照组，以此来比较暴露组与非暴露组、不同暴露组间疾病发生的频率差别，从而验证病因假设。对照组人群除未暴露于研究因素外，其他因素或人群特征均应尽可能与暴露组相同，使其具有可比性。

1）内对照：选择一组研究人群，按照是否暴露于所研究的因素，将研究对象分为暴露组和对照组，即选定的一群研究对象中既包含了暴露组，又包含了对照组。

2）外对照：暴露组与非暴露组不在同一人群，即选定暴露组后，在其他人群中选择对照组。如研究射线致病作用时，以放射科医生为暴露组，可以选择不接触射线或接触较少的五官科医生为对照组。

3）总人口对照：这种对照是利用整个地区现有的发病或死亡资料作为对照，即以全人口为对照，如利用全国或某市的统计资料进行对照。其优点是对比资料易得，缺点是人群可比性差，对照组中可能包括暴露人群。

4）多重对照：也称多种对照，即选择不同暴露程度的多组人群作为对照组，或同时选择上述两种或多种形式的多组人群为对照，旨在减少一种对照带来的偏倚，增强研究结果的可靠性。但多重对照加大了研究者的工作量。

4. 确定样本含量 影响队列研究样本含量的因素主要包括：① 一般人群（对照人群）中所研究疾病的发病率（P_0）；一般 P_0 越接近0.5，则所需样本量越大；② 暴露组人群发病率（P_1），在已知预期 RR 时，可通过公式 $P_1 = RR \times P_0$ 求得。$P_1 - P_0$ 差值越大，所需样本量越小；③ 显著性水平（α）；α 值越小，要求样本量越大；④ 把握度（$1-\beta$），把握度越高，即 β 值越小，则所需样本量越大。

在暴露组和对照组样本量相等时，可用下式计算各组所需样本量大小。

$$n = \frac{Z_\alpha \sqrt{2\overline{P}(1-\overline{P})} + Z_\beta \sqrt{P_0(1-P_0) + P_1(1-P_1)^2}}{(P_1 - P_0)^2} \qquad （式15-2-6）$$

式中，P_1 和 P_0 分别代表暴露组和对照组预期发病率，$\overline{P} = \dfrac{P_0 + P_1}{2}$，$Z_\alpha$ 和 Z_β 为 α 与 β 对应的标准正态分布的 Z 值。

在计算样本量时一般按10%~20%估计失访率，所以应在原估计样本量的基础上增加10%以上作为实际样本量。

5. 资料的收集与随访 分基础资料的收集和随访观察。

（1）基础资料的收集：队列研究要求必须准确、详细地收集每个研究对象在研究开始前的暴露资料和个人的其他信息，即基线资料。基线资料一般包括待研究因素的暴露情况，疾病与健康情况，人口学信息，个人行为及家庭、社会环境等。基线资料可由以下方式获得：① 查阅相关单位的记录或档案；② 询问队列中的研究对象或其他能够提供信息的人；③ 对研究对象进行医学检查，包括体格检查和实验室检查；④ 环境测量资料。

（2）随访观察：在将研究对象纳入并收集完基础资料之后，是确定各组研究结局变量发生情况的过程。随访是一项重大而艰巨的工作，因此，事先计划并严格实施是非常必要的。

1）随访对象与方法：不管是暴露组还是非暴露组的研究对象，都应采用同样的方法同时进行随访，并一直持续到观察的终止期。随访的主要方法有面对面访问、自填问卷、电话访问、定期体检、环境与疾病监测等。

2）随访内容：包括暴露因素、结局变量及干扰因素等，最主要的是结局变量的收集。

3）观察终点：是指研究对象出现了预期的研究结果，如发病、死亡，达到观察终点，随访终止。研究对象因其他原因而导致随访终止的，不能作为观察终点，而是失访。

4）观察终止时间：是指全部观察工作截止的时间，在考虑研究诸多因素的基础上，应尽量缩短观察期，以减少人力、物力和失访。

5）随访的间隔：要视观察期的长短而定，观察期短的研究，可在终止时进行一次收集资料即可，而观察期长的研究，是要根据研究结局的变化速度、人力、物力等条件来确定。一般慢性病的随访间隔可定为1~2年。

6）随访者：根据随访内容的不同，选用不同的调查员，如普通调查员、临床医生等。调查员是要经过严格培训并考核合格后才有资格进行调查。

（四）资料整理与分析

在资料分析前，必须对资料进行核查，了解资料的正确性与完整性，若有错误，需进行修正或删除，然后才可输入已建立好的数据库中进行分析。队列研究资料主要是计算暴露组和非暴露组的发病率或死亡率，检验其差异的统计学意义，分析暴露因素与发病或死亡之间是否有联系。

队列研究资料整理的基本形式见表15-2-3。表中暴露组的发病率为 $a/(a+b)$，非暴露组的发病率为 $c/(c+d)$，在控制各种偏倚后，如果暴露组的发病率显著高于非暴露组，则说明暴露因素与该疾病有一定关联，而且很可能是因果关系。

▼ 表15-2-3　队列研究资料整理表

组别	病例	非病例	合计
暴露组	a	b	$a+b$
非暴露组	c	d	$c+d$
合计	$a+c$	$b+d$	N

1. 率的计算　队列研究计算的发病概率与普通发病率不同，根据队列人群的数量、稳定程度、发病强度和观察时间的不同，可以计算累积发病率、发病密度等指标。

（1）累积发病率（cumulative incidence rate，CI）：对研究人群数量较大且较稳定的队列研究，可以计算累积发病率或死亡率。计算公式为：

$$n\text{年的某病累积发病率} = \frac{n\text{年内的新发病例数}}{n\text{年内的平均暴露人口数}} \times \text{比例基数（K）} \quad \text{（式15-2-7）}$$

（2）发病密度（incidence density，ID）：对于动态队列，由于观察时间较长，研究人口不稳定，此时，以总人数为单位计算发病（死亡）率是不合理的，较合理的方法是用人时为单位计算发病率。用人时为单位计算的发病率具有瞬时频率性，称为发病密度。最常用的人时单位是人年，发病密度量值变化范围为0到无穷大。

$$\text{发病密率} = \frac{\text{某人群在观察期内的发病数}}{\text{观察期内的观察对象人时数}} \quad \text{（式15-2-8）}$$

（3）标化比（standardized morbidity/mortality ratio，SMR）：在研究对象较少，结局发生率较低时，无论观察时间长短都不宜直接计算率，此时用标化发病（或死亡）比表示，计算公式为：

$$标化比 = \frac{研究人群中的观察期发病（或死亡）数}{以标准人口死亡率计算出的预期发病（或死亡）数} \qquad （式15-2-9）$$

2. 联系强度的估计　当统计学检验提示暴露与疾病具有统计学联系时，应进一步计算联系强度。常用的指标如下。

（1）相对危险度（relative risk，RR）：也称危险度比或率比，是暴露组发病（或死亡）率与非暴露组发病（或死亡）率之比。RR是反映暴露与发病（或死亡）关联强度最有用的指标。

$$RR = \frac{I_1}{I_0} = \frac{a/(a+b)}{c/(c+d)} \qquad （式15-2-10）$$

式中，I_1 和 I_0 分别代表暴露组与非暴露组的率。RR表明暴露组发病（或死亡）的危险是非暴露组的多少倍。RR大于1，说明暴露的效应越大，发病或（死亡）越多，暴露因素可能是疾病的危险因素。RR等于1，说明暴露因素可能与疾病无关联；RR小于1，说明暴露因素可能是疾病的保护因素。

上述的RR只是一个点估计，是一个样本值，要估计总体参数水平，可计算RR的95%置信区间。计算95%置信区间的方法较多，常用的是Woof法和Miettinen法，具体计算方法参照有关书籍。

（2）归因危险度（attributable risk，AR）：又称特异危险度或率差，是暴露组发病（或死亡）率与非暴露组发病（或死亡）率的差值，表示危险特异地归因于暴露因素的程度。

$$AR = I_1 - I_0 \qquad （式15-2-11）$$

$$或 AR = I_0（RR-1） \qquad （式15-2-12）$$

RR和AR都是反映关联强度的重要指标。RR反映暴露者因暴露于某因素而增加发病危险性的倍数，具有病因学的意义；AR反映暴露者因暴露因素而增加的疾病的超额发生量，若消除暴露因素，可减少这一数量的疾病发生，具有疾病公共卫生和预防医学上的意义。

（3）归因危险度百分比（attributable risk percent，ARP，AR%）：又称病因分值（etiologic fraction，EF）或归因分值（attributable fraction，AF），指暴露人群中发病（或死亡）归因于暴露的部分占总发病（或死亡）的百分比。

$$AR\% = \frac{I_1 - I_0}{I_1} \times 100\% \qquad （式15-2-13）$$

$$或\ AR\% = \frac{RR-1}{RR} \times 100\% \qquad （式15-2-14）$$

（4）人群归因危险度（population attributive risk，PAR）：表示整个人群中，暴露因素所引起的发病率增高的部分。是整个人群中该疾病的发病（或死亡）率（I_t）与非暴露人群发病（或死亡）率（I_0）之差。表示人群中因暴露于某因素所致的发病（或死亡）率。

$$PAR = I_t - I_0 \qquad （式15-2-15）$$

（5）人群归因危险度百分比（population attributive risk percent，PARP，PAR%）：也称人群病因分值（population etiologic fraction，PEF）或人群归因分值，是指PAR占总人群全部发病（或死亡）的百分比。PAR%在卫生行政部门制定疾病预防策略时需加以考虑，也可用于疾病预防的宣传教育，它可向群众说明在完全控制该暴露因素后人群中某病发病（或死亡）率可能下降的程度。

$$PAR\% = \frac{I_t - I_0}{I_t} \times 100\%$$

（式15-2-16）

（五）优点与局限性

1. 优点 ① 研究对象的暴露资料是在结局出现之前收集的，并由研究者观察或通过完整的记录得到的，因此，资料真实可靠，不存在回忆偏倚；② 可直接获得暴露组与非暴露组的发病（或死亡）率，并计算 *RR* 和 *AR* 等指标；③ 病因发生在前，疾病发生在后，暴露因素作用与疾病发生的时间顺序明确，因此，检验病因假设的能力较强，一般可证实病因联系；④ 可同时分析暴露因素与多种疾病的关系。

2. 局限性 ① 所需样本量大，观察时间长，易产生失访偏倚；② 不适用于人群发病率很低的疾病，也不适用于有多种病因的疾病；③ 在随访过程中，未知变量的引入和人群中已知变量的改变等情况，都可能影响结局，增加分析难度；④ 研究设计要求严密，疾病除了主因外还有辅因，加大了实施难度；⑤ 研究耗时间，费人力，花费高。

（丁国永）

第三节　实验性研究

一、实验性研究概况

实验流行病学（experimental epidemiology）是流行病学重要的研究方法之一，是指以人群为研究对象的实验研究，主要由研究者对研究对象实施干预，然后评价干预措施对疾病或健康的影响。实验流行病学研究又称干预试验（interventional trial），是指研究者根据研究目的按照预先确定的研究方案将研究对象随机分配到试验组和对照组，对试验组人为地施加或减少某种因素，然后追踪观察该因素的作用结果，比较和分析两组人群的结局，从而判断干预措施的效果。实验流行病学研究原理见图15-3-1。

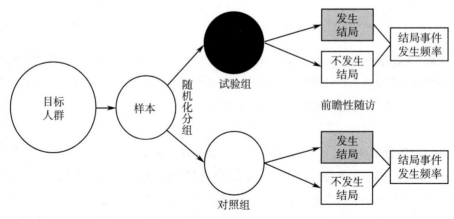

▲ 图15-3-1　实验流行病学研究示意图

实验流行病学具有以下基本特点。

1. 前瞻性　实验流行病学必须是干预在前，效应在后，所以是前瞻性研究。

2. 随机分组　严格的实验流行病学研究应采用随机方法把研究对象分配到试验组或对照组，以控制研究中的偏倚和混杂。

3. 设立对照组　要求在均衡和齐同的条件下设立对照组，即对照组除无研究的干预因素外，其他有关各方面必须与试验组近似或可比，这样试验结果的组间差别才能归之于干预处理的效应。

4. 干预措施　这是与观察性研究的一个根本的不同点。干预措施可以是治疗某病的药物、干预的方法措施及预防某种疾病的疫苗等。

根据研究目的和研究对象的特点，实验流行病学研究可以分为临床试验、现场试验和社区干预试验三种。

1. 临床试验（clinical trial）　是以患者作为研究对象的试验研究，常用于评价某种药物或治疗方法的效果。

2. 现场试验（field trial）　是以尚未患病的人作为研究对象的试验研究，常用于评价极常见和极严重的疾病的预防效果，如评价 Salk 疫苗预防脊髓灰质炎的效果。

3. 社区干预试验（community intervention trial）　又称社区试验（community trial），是以社区人群整体作为干预单位的试验研究，常用于某些不便于落实到个体的干预措施效果的评价。例如，通过改水降氟预防饮水型地方性氟中毒的效果，干预措施是施加于整个人群，而不是分别给予每一个体。

二、实验性研究设计及实施

（一）明确研究目的

实验流行病学主要用于评估干预措施的效果，在研究设计实施时，首先必须明确研究目的、达到的预期结果，并据此建立研究假设。研究问题应根据 PICO 的框架进行构建，即对实际临床或公共卫生决策中所涉及的患者（patient）或人群（population）、干预（intervention）、对照（control）、结局（outcome）四个方面分别进行明确的定义。

（二）确定试验现场

根据不同试验目的选择具备一定条件的试验现场。如临床试验通常选择医院进行，现场试验和社区试验通常选择人口相对稳定、有较高而稳定的发病率、有较好的医疗卫生条件、有较好的协作配合条件的社区进行。

（三）选择研究对象

根据研究目的的不同，受试人群（即研究对象）选择的标准也不同，应制定出严格的入选和排除标准，避免某些外来因素的影响。选择研究对象的主要原则有以下几点。

1. 有明确的诊断标准　对于临床试验，由于试验对象均为某病患者，故对该病必须有公认的明确的诊断标准和比较客观的诊断指标，尽可能按国际疾病分类标准（如 ICD-10），或疾病诊断与治疗规范或指南的诊断标准来确定患者。若研究的疾病尚无公认的诊断标准，研究人员可自行拟订。

此时，应尽量采用客观指标，如病原学、实验室结果等，并且要对指标的灵敏度和特异度进行分析。

2. 制定明确的入选标准和排除标准　制定入选标准时应考虑：① 尽量选择对干预措施有效的病例或人群，以便较易获得结果；② 对研究对象的范围进一步限定，如年龄、性别、某特定病情等；③ 自愿参加，知情同意。

建立排除标准时，应排除以下受试对象：① 所选研究对象患有另一种影响疗效的疾病；② 研究对象有研究疾病以外的其他严重的疾病；③ 已知对研究药物有不良反应的；④ 不能主诉症状、神志不清者等。

3. 被选择的对象应能从试验中受益　研究因素若为药物，应当经过严格的动物实验，确定治疗效果明显且安全可靠，才能用于研究对象。

4. 选择依从性好的受试对象　避免因受试对象不遵守规定或中途退出较多而带来的偏倚。

5. 不选择对研究因素易出现不良反应的受试对象　如新药临床试验中，常将老年人、儿童、孕妇从研究对象中排除。

（四）样本含量估计

1. 影响样本含量的因素　① 干预措施的效力，即干预前后发病率变化程度、试验组与对照组率的差别等。干预措施实施前后发病率差别越大，所需样本含量越小；试验组与对照组结局发生率差别越大，所需样本含量越小；反之，所需样本含量大。② Ⅰ型错误的概率（α）和Ⅱ型错误的概率（β）。α 常取0.05或0.01，其值越小，所需样本含量越大；一般将 β 定为0.20、0.10或0.05，$1-\beta$ 为把握度，把握度要求越高，所需样本含量越大。③ 单侧或双侧检验。单侧检验比双侧检验所需样本含量少，但在试验前必须肯定试验组比对照组效果好。④ 研究对象的分组数量。研究对象被分配的组越多，需要的样本含量越大。尤其是评价多种干预措施的效果时，需要考虑。

2. 样本含量的估计

（1）定量资料样本估计：如果结局变量是定量资料指标，如血压、血脂等，可按下列公式计算样本量：

$$n = \frac{2(Z_\alpha + Z_\beta)^2 \sigma^2}{d^2} \qquad （式15-3-1）$$

式中，σ 为估计的标准差，d 为两组数值变量均值之差，Z_α 和 Z_β 为 α 与 β 对应的标准正态分布的 Z 值，n 为计算所得的每组样本例数。该公式适用于 $n \geq 30$ 的情况。

（2）定性资料样本估计：如果结局变量是定性资料指标，如发病、死亡、有效、治愈等，可按下列公式计算样本量：

$$n = \frac{\left[Z_\alpha \sqrt{2\overline{P}(1-\overline{P})} + Z_\beta \sqrt{P_1(1-P_1) + P_2(1-P_2)}\right]^2}{(P_1 - P_2)^2} \qquad （式15-3-2）$$

式中，P_1 为对照组发生率，P_2 为试验组发生率，$\overline{P} = \dfrac{P_1 + P_2}{2}$，$Z_\alpha$、$Z_\beta$ 和 n 的含义同前。

（五）设立对照

对照是实验流行病学研究设计最重要的原则。只有通过与对照组的比较，才能确定干预效应是否由处理因素产生，通过比较试验组与对照组之间的差异，从而得出结论。通过对照组可以排除处理因素以外的其他因素的影响。设立对照的原则，就是两组要均衡可比，即对照组除不给予研究的处理因素外，其他条件均应与试验组均衡。

设立对照组的常用方式如下。

（1）标准疗法对照（有效对照）：是临床试验中最常用的一种对照方式，是以常规或现行的最好疗法（药物或手术）进行对照。

（2）安慰剂对照：安慰剂通常用乳糖、淀粉、生理盐水等成分制成，不加任何有效成分，但外形、颜色、大小、味道与试验药物或制剂极为相近，仅凭肉眼不能区分。

（3）自身对照：即研究对象自身治疗前后进行比较。每个研究对象既是试验对象又是对照者。自身平行对照指在同一受试对象的不同部位，分别给予试验处理和对照处理，如左右眼分别作为试验组和对照组；自身前后对照指以患者接受处理前的情况作为接受处理后情况的对照。

（4）交叉对照：即在试验过程中将研究对象随机分为A、B两组，在第一次试验中，A组为试验组，B组为对照组，在第二次试验中，两组互换，即B组为试验组，A组为对照组。这样一来，每个研究对象均兼作为试验组和对照组成员，但这种对照必须有一个前提，即第一阶段的干预一定不能对第二阶段的干预效应有影响，这在许多试验中难以保证，因此，这种对照的应用受到一定限制。

（5）历史对照：试验不设立专门的对照组，而是与过去的治疗药物或手段的效应进行对比，在采用历史对照时，选择的历史对照与试验的时间间隔越短，各方面的变化越小，试验效率将越高。由于历史对照资料来源于医学文献或病案等历史记载，因而其可比性往往受到影响。除了非研究因素影响较小的少数疾病（如恶性肿瘤）外，一般不采用此法。

（六）随机化分组

随机化分组的原则是指每个研究对象都有同等的机会被分配到试验组和对照组，且分组过程不受人为因素的影响。随机分组是减少和控制混杂作用的一种方法，目的是保证试验组和对照组具有相似的临床特征和预后因素，即具有充分的可比性，但不能保证重要的混杂因素一定均衡可比。

随机化分组方法通常有以下几种。

1. 简单随机分组（simple randomization） 将每一个研究对象利用单纯随机方法确定其应当归属于试验组还是对照组。如投掷硬币法、抽签法、查随机数字表法、计算器随机数字法等。

2. 分层随机分组（stratified randomization） 按研究对象的特征，如年龄、性别、病情、病程等，先进行分层，然后把每层内的研究对象随机分配到试验组和对照组。分层的因素一般是可能产生混杂作用的混杂因子。

3. 整群随机分组（cluster randomization） 以社区、单位或团体（如一个家庭、学校、医院、村庄等）为基本单位，按随机方法将其分配到试验组或对照组。一般来说，随机分配的基本单位越小，单位数越多，两组的可比性越强。但对于整群随机分组，如果基本单位太小，则失去整群随机分组方便、快速、易于实施的特征。

（七）应用盲法

为了消除人（包括研究对象、观察者及资料整理和分析者）的主观心理因素对试验研究结果产生的干扰作用，观察结果时最好使用盲法。盲法可分为单盲、双盲和三盲。

1. 单盲（single blind） 只有研究对象不知道干预措施的分组情况，即研究对象不知道自己接受的是何种干预措施的实施方法称为单盲法。这种盲法的优点是研究者可以更好地了解研究对象，在必要时及时恰当地处理研究对象可能发生的意外问题，使研究对象的安全得到保障；缺点是避免不了由研究者带来的主观偏倚，易造成试验组和对照组的处理不均衡。

2. 双盲（double blind） 研究对象和研究者都不知道干预措施实施的分组情况，而是由研究设计人员来安排和控制全部试验。其优点是可以避免研究对象和研究者的主观因素所带来的偏倚，缺点是方法复杂，且一旦出现意外，较难及时处理。因此，在实验设计阶段就应慎重考虑该方法是否可行。

3. 三盲（triple blind） 研究对象、资料收集者和资料分析者都不知道干预措施实施的分组情况。其优缺点基本上同双盲，从理论上讲该法更合理，但实际实施起来很困难。

（八）主要评价指标

评价试验效果的指标应根据试验目的而选择，但基本原则是：① 尽可能用客观的定量指标；② 确定方法有较高的真实性（信度）和可靠性（效度）；③ 要易于观察和测量，且易被受试者所接受。

1. 评价治疗措施效果的主要指标

（1）有效率：$有效率 = \dfrac{治疗有效例数}{治疗的总例数} \times 100\%$（治疗有效例数包括治愈人数和好转人数）

（2）治愈率：$治愈率 = \dfrac{治愈人数}{治疗人数} \times 100\%$

（3）n年生存率：$n年生存率 = \dfrac{n年存活的病例数}{随访满n年的病例数} \times 100\%$

这是直接法计算生存率的公式。当观察期较长，观察对象加入观察的时间不一致，观察期间因其他原因死亡或失访，为了充分合理利用研究的资料信息，可用寿命表法进行分析。

2. 评价预防措施效果的主要指标

（1）保护率：$保护率 = \dfrac{对照组发病（或死亡）率 - 试验组发病（或死亡）率}{对照组发病（或死亡）率} \times 100\%$

（2）效果指数：$效果指数 = \dfrac{对照组发病（或死亡）率}{试验组发病（或死亡）率}$

3. 需治疗人数（number needed to treat，NNT） NNT具有直观易懂，操作方便，可指导个体患者的临床决策等优点而日益受到重视。NNT指为预防1例不良事件发生，临床医师在一段时间内应用某一疗法需治疗的患者数，从数学关系上讲，NNT等于绝对危险度的倒数。

（九）资料的整理与分析

收集的资料不一定都是完整、真实和规范的，需要进一步核实资料，核对无误后将资料录入、归类，便于下一步分析。资料整理时需特别注意三种情况。

1. 不合格的研究对象 即不符合纳入标准，未参与试验者或无任何数据者，一般要剔除。但需注意的是，研究者往往对试验组的对象观察和判断更加仔细，剔除不合格人数多于对照组，造成结果出现误差。

2. 不依从的研究对象 即研究对象不遵守试验所规定的要求。不依从的原因：① 研究对象对试验不感兴趣；② 试验或对照措施有副作用；③ 研究对象病情加重，不能继续试验；④ 其他特殊原因，无法继续进行试验研究。

对于这类资料，在整理资料时，可以根据研究对象的依从性进行分组并分析，有四种情况：① 未完成A治疗或改为B治疗者；② 完成A治疗；③ 完成B治疗者；④ 未完成B治疗或改为A治疗者。对此，一般有三种处理方法。

（1）意向性分析（intention-to-treat analysis，ITT）：比较①组＋②组与③组＋④组。它反映了原来的试验意向，该种分析往往会低估其效果，但如果ITT分析表明A干预措施有效，则基本可以确认A措施有效。

（2）遵循研究方案分析 [per-protocol（pp）analysis]：只比较②组和③组，而不分析①组和④组。它只对试验依从者进行分析，能反映试验药物的生物效应，但剔除了不依从者，可能高估干预效果。

（3）实际接受干预措施分析：比较①中转组者＋③组和②组＋④中转组者。对实际接受了干预措施者进行分析，鉴于研究对象未遵守试验规程，偏离或违背方案，两组缺乏可比性，结果可能失真。

3. 失访的研究对象 是指研究对象因迁移、与本试验无关的死亡等其他原因造成无法随访的现象。对于失访人群，要明确失访的原因和各组的失访率，若两组失访率接近且原因和未失访者特征大致一样，则对结果的影响一般较小；若失访率不同，则会产生偏倚。

三、临床随机对照试验

临床试验是以已确诊有某病的患者作为研究对象，以临床治疗措施（药物或治疗方案）为研究内容，通过观察和比较试验组和对照组的临床疗效和安全性，从而对临床各种治疗措施的效果进行科学评价。临床试验主要用途包括：① 新药临床试验。新药在取得新药证书前必须经过临床试验，确定安全有效后，才能被批准进行批量生产，进入市场广泛应用。② 临床上不同药物或治疗方案的效果评价。通过临床试验选择有效的药物或治疗方案提高患者的治愈率，降低致残率和病死率，延长患者的寿命及提高患者的生存质量。

临床随机对照试验应遵循随机、对照、盲法和重复4项基本原则。临床试验中的随机化主要是随机分组，即样本中的每个研究对象有同等的机会被分配到试验组或对照组，从而保证两组的可比性或均衡性；设立对照的目的是排除非研究因素的干扰；采用盲法可避免主观心理因素造成的偏倚，使研究结果更加可靠、真实；临床试验的可重复性，要求试验必须有一定的样本含量，并且符合统计学要求。

四、实验性研究优缺点及注意事项

（一）优点

1. 研究者根据试验目的，预先制定试验设计，能够对选择的研究对象、干预因素和结果的分析判断进行标准化。

2. 按照随机化的方法，将研究对象分为试验组和对照组，做到了各组具有相似的基本特征，提高了可比性，减少了混杂偏倚。

3. 试验为前瞻性研究，在整个试验过程中，通过随访将每个研究对象的反应和结局自始至终观察到底，检验假设能力比队列研究强。

4. 有助于了解疾病的自然史，并且可以获得一种干预与多种结局的关系。

（二）局限性

1. 整个试验设计和实施条件要求高、控制严、难度较大，在实际工作中有时难以做到。

2. 受干预措施适用范围的约束，所选择的研究对象代表性不够，以致会不同程度地影响试验结果推论到总体。

3. 研究人群数量较大，试验计划实施要求严格，随访时间长，因此依从性不易做得很好，影响试验效应的评价。

4. 有时对照组不使用药物或其他疗法，只使用安慰剂；或受试药物的疗效不如传统药物或存在副作用，则会存在伦理学问题。

（三）应注意的问题

1. **伦理道德问题**　伴随现代医学快速发展，临床研究中的伦理学问题也日益突出。无论是临床试验还是其他干预性研究，凡涉及人身安全问题，都应遵循医学伦理原则，一切以研究对象的健康安全为中心，切忌在试验中有意或无意出现有悖伦理的行为。

2. **研究对象选择的问题**　在设置入选和排除标准时，最好选择新发且发作频率较高的患者，这类患者对干预措施的效应反应明显，易于观察记录，且具有较好的反应性和敏感性。而对于孕妇、幼儿、老年人，则一般不宜选为研究对象，确有必要时，应结合这类人群的身体情况加以选择。

3. **试验过程的质量控制问题**　在试验过程中，可能会出现研究对象不依从、失访等现象，对于这些研究对象的处理，需要一套严格的方案。此外，试验过程中的未知突发情况的处理，也需要事先设定好预案。

4. **研究注册问题**　临床试验注册制度，是指在临床试验实施前就在公共数据库公开试验设计信息，并跟踪和报告试验结果。这不仅可以增加试验信息的透明度、减少发表偏倚，而且有利于保障试验质量、增加试验的规范性和结果的可信度。目前国际上有十余个注册平台，如美国临床试验数据库（ClinicalTrials.gov）、中国临床试验注册中心（chictr.org.cn）等。

5. **结果报告的完整透明问题**　近年来，如何有效报告随机对照试验备受重视，现在很多杂志都要求试验报告应遵循试验报告统一标准（consolidated standards of reporting trials，CONSORT）指南，以提高试验报告质量，使报告能真实反映研究实施过程。

（丁国永）

第四节 诊断试验

一、概述

诊断试验（diagnostic test）是指应用各种实验、医疗仪器等手段对患者进行检查，以确定或排除疾病的试验方法，泛指临床上各种实验室检查（如生化、病理学等检查）、仪器诊断（如心电图、影像学检查等）和各种临床资料等。通过多个角度评价诊断试验的应用价值，有助于合理选用诊断试验和正确解释试验结果。

二、诊断试验设计

（一）确定标准诊断方法

要建立并评价新诊断方法，就必须与标准诊断方法比较，即当前医学界公认的诊断疾病最客观、最可靠的诊断方法，也称为金标准（gold standard）。使用金标准的目的是准确区分受试对象是否为某病患者。

目前，常用的金标准包括病理学诊断（如组织活检和尸体解剖）、外科手术探查、特殊影像学诊断（如冠状动脉造影）、病原学诊断等。若无特异诊断方法，应采用由专家共同制定的公认的综合诊断标准。

（二）选择研究对象

诊断试验的研究对象应为患者，包括两类人群：① 金标准确诊"有病"的患者（病例组人群）；② 金标准确认为"无病"的人群（对照组人群）。

选择研究对象要点如下。

1. 病例组能代表该病患者的总体，包括目标疾病不同临床类型的病例，如不同严重程度、病程阶段、临床表现典型和非典型的患者。

2. 对照组对象应在金标准证实没有目标疾病的人群中选择，对照组在年龄、性别、生理状态等方面与病例组要有可比性。

3. 病例组、对照组均是同期进入研究的连续样本或按比例抽样的样本。

三、诊断阈值确定

诊断阈值（diagnostic threshold），又称分界值（cut-off value）、截断点、临界点，指划分诊断试验结果正常与异常的标准。对于结果为连续型数据的诊断试验，需要确定正常与异常的阈值。确定阈值的常用方法有下列几种。

（一）均数加减标准差

临床和统计学上常采用均数加减2倍标准差作为正常值范围，在此范围内的测量值为正常值。

（二）百分位数法

当诊断试验测定值呈偏态分布或分布类型不确定时，可采用百分位数法制定正常与异常的阈值。

（三）临床判断法

通过大量的临床观察和系列追踪观察某些致病因素对健康损害的阈值，作为诊断正常水平的分界值。

（四）截断值确定法

临床诊断的目的是应用诊断试验的方法对可疑患者进行明确诊断，以指导临床医生采取针对性治疗方案，达到治愈患者的目的。一个理想的诊断试验，应是灵敏度、特异度都能达到100%，假阳性率和假阴性率均为0，即无漏诊和误诊。但实际上这种情况很难实现，对于绝大多数诊断试验，患者与非患者检查结果的分布往往有不同程度的重叠现象。

在理想情况下（图15-4-1），正常人群和糖尿病患者的血糖水平分布完全分离，但现实中正常人群和糖尿病患者的血糖水平分布呈现部分重叠（图15-4-2）。

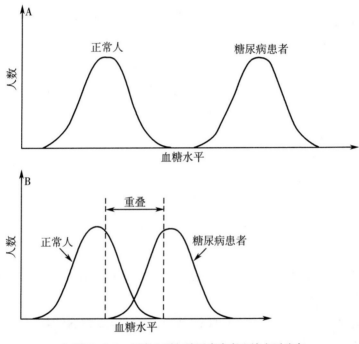

▲ 图15-4-1　正常人群与糖尿病患者血糖水平分布

如果以血糖作为诊断指标（图15-4-2），将阈值定在全部患者血糖的最低值，糖尿病患者检出率达100%，但会造成很高的误诊率（A）。若将阈值定在全部正常人血糖最高值，虽然能完全排除非糖尿病患者，但会造成很高的漏诊率（C）。因此，在确定阈值时应考虑使漏诊率和误诊率都在较低水平（B）。

灵敏度和特异度随着阈值的改变而变化，且两者呈互为消长的关系。若要提高灵敏度就必然以降低特异度为代价，反之亦然，因此阈值的选择必须权衡假阴性或假阳性带来的后果和诊断试验的目的。通常阈值选择的原则如下。

（1）如疾病的预后差，漏掉患者可能带来严重后果，且有有效的治疗方法，此时应提高灵敏度，尽可能识别出患者，但特异度会降低，假阳性增多。

（2）如疾病的预后不严重，且现有治疗效果不理想，误诊将会对患者造成严重影响，此时应提高特异度，尽量排除非患者，但灵敏度会降低，假阴性增加。

（3）如果灵敏度和特异度同等重要，可把阈值定在非患者与患者分布曲线的交界处。

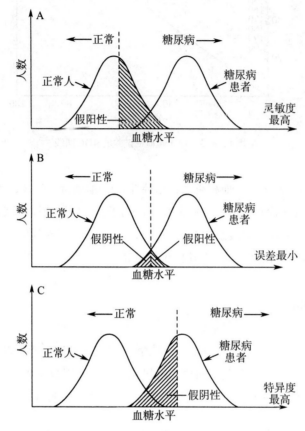

▲ 图15-4-2　血糖界值的高低对灵敏度、特异度的影响

（五）受试者工作特征曲线法

受试者工作特征曲线（receiver operating characteristic curve）简称ROC曲线，它是以灵敏度（真阳性率）为纵坐标，1–特异度（假阳性率）为横坐标作图所得的曲线，可反映灵敏度与特异度的关系，常用该曲线来确定最佳阈值。

如图15-4-3所示，曲线上的任意一点代表诊断试验的特定诊断阈值相对应的灵敏度和特异度的对子。

随着灵敏度的上升，1–特异度值增加，即特异度下降；反之亦然。最接近ROC曲线左上角一点为最佳诊断阈值，在此点上，可同时满足灵敏度和特异度相对最优。如图中的A点可定为血糖诊断试验最佳诊断阈值，该点对应的灵敏度为85%，特异度为88%。

ROC曲线是评价诊断试验的一种全面、有效的方法。曲线下面积（area under the curve,

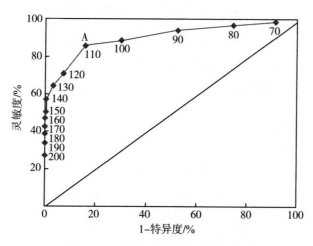

▲ 图15-4-3 糖尿病血糖试验的ROC曲线

AUC）反映诊断试验价值的大小，面积越大，越接近1.0，诊断价值越高；越接近0.5，诊断价值越低；当等于0.5时，则无诊断价值。ROC曲线还可用于比较两种或以上试验的诊断价值。将两种或两种以上诊断试验的ROC曲线绘制在同一坐标中，可直观判断其优劣。曲线顶点与纵坐标顶点更接近者，或曲线下面积更大者，其诊断价值更高。

四、诊断试验评价

（一）真实性评价

真实性（validity）又称准确度（accuracy）和效度，是指诊断试验所获得的测量值与实际值的符合程度，反映客观事物的正确程度。对同一批研究对象，应用金标准和待评价试验进行检测，按金标准检测结果分为患者和非患者，检测结果会出现4种情况，四格表见表15-4-1。

▼ 表15-4-1 诊断试验真实性评价四格表

诊断试验	金标准诊断结果		合计
	患者	非患者	
阳性	真阳性 A	假阳性 B	$A+B$
阴性	假阴性 C	真阴性 D	$C+D$
合计	$A+C$	$B+D$	$A+B+C+D$

评价真实性的常用指标如下。

1. 灵敏度与假阴性率 灵敏度（sensitivity）又称真阳性率，指实际有病且诊断试验正确判断为有病的比例，即真阳性数占患者数的百分比，反映诊断试验发现患者的能力。

$$灵敏度 = \frac{A}{A+C} \times 100\%$$

（式15-4-1）

假阴性率（false negative rate）又称漏诊率，指实际有病但诊断试验错误判断为无病的比例，即假阴性数占患者数的百分比。

$$假阴性率 = \frac{C}{A+C} \times 100\%$$ （式15-4-2）

灵敏度与假阴性率互补，即灵敏度越高，假阴性率越低；反之亦然。

2. 特异度和假阳性率 特异度（specificity）又称真阴性率，指实际无病且诊断试验正确判断为无病的比例，即真阴性数占非患者数的百分比，反映诊断试验排除非患者的能力。

$$特异度 = \frac{D}{B+D} \times 100\%$$ （式15-4-3）

假阳性率（false positive rate）又称误诊率，指实际无病但诊断试验错误判断为有病的比例，即假阳性数占非患者数的百分比。

$$假阳性率 = \frac{B}{B+D} \times 100\%$$ （式15-4-4）

特异度与假阳性率互补，即特异度越高，假阳性率越低；反之亦然。

3. 约登指数（Youden's index，YI） 又称正确指数，反映诊断试验发现患者和非患者的能力。约登指数范围为0~1，其值越大，真实性越好。

$$约登指数（YI）= 灵敏度 + 特异度 - 1 = 1 - （漏诊率 + 误诊率）$$ （式15-4-5）

4. 符合率（agreement rate） 是诊断试验结果与金标准结果的符合程度，反映正确诊断患者与排除非患者的能力。

$$符合率 = \frac{A+D}{N} \times 100\%$$ （式15-4-6）

5. 似然比（likelihood ratio，LR） 是诊断试验阳性或阴性的结果分别在患者中出现的概率与非患者中出现的概率之比。

（1）阳性似然比（positive likelihood ratio，+LR）：是真阳性率（灵敏度）与假阳性率（也为1-特异度，误诊率）之比。阳性似然比越大，试验结果为阳性时真阳性的可能性越大。

$$+LR = \frac{A/(A+C)}{B/(B+D)} = \frac{灵敏度}{1-特异度}$$ （式15-4-7）

（2）阴性似然比（negative likelihood ratio，-LR）：是假阴性率（也为1-灵敏度，漏诊率）与真阴性率（特异度）之比。阴性似然比越小，试验结果为阴性是真阴性的可能性越大。

$$-LR = \frac{C/(A+C)}{D/(B+D)} = \frac{1-灵敏度}{特异度}$$ （式15-4-8）

例如，为研究一新型仪器对某病的诊断效果，在医院招募一批门诊患者，每位患者都接受金标准方法和该新型仪器的检查，诊断结果见表15-4-2。

诊断试验	金标准诊断结果		合计
	患者	非患者	
阳性	165（A）	80（B）	245（A+B）
阴性	45（C）	730（D）	775（C+D）
合计	210（A+C）	810（B+D）	1 020（A+B+C+D）

其真实性评价各项指标如下：

$$灵敏度 = \frac{165}{165+45} \times 100\% = 78.6\%$$

$$假阴性率 = \frac{45}{165+45} \times 100\% = 21.4\%$$

$$特异度 = \frac{730}{80+730} \times 100\% = 90.1\%$$

$$假阳性率 = \frac{80}{80+730} \times 100\% = 9.9\%$$

$$约登指数 = 78.6\% + 90.1\% - 1 = 0.69$$

$$符合率 = \frac{165+730}{1\,020} \times 100\% = 87.7\%$$

$$阳性似然比 = \frac{78.6\%}{9.9\%} = 7.94$$

$$阴性似然比 = \frac{21.4\%}{90.1\%} = 0.24$$

（二）可靠性评价

可靠性（reliability）又称信度、精确度（precision）或可重复性（repeatability），是指在相同条件下诊断试验重复测量同一批受检者的结果稳定程度。

当某试验做定量测定时，可用标准差和变异系数来表示可靠性，其数值越小，表示可靠性越好，反之则可靠性越差。

当某试验做定性测定时，可将重复测量同一批受检者获得的结果整理成如下四格表（表15-4-3），利用符合率或Kappa值评估可靠性。

▼ 表15-4-3　诊断试验可靠性评价四格表

第二次诊断试验结果	第一次诊断试验结果		合计
	阳性	阴性	
阳性	A	B	A+B
阴性	C	D	C+D
合计	A+C	B+D	A+B+C+D

1. 符合率　待评价诊断试验与金标准相比时，符合率可用于评价真实性；当使用待评价诊断试验重复诊断同一批受检者时，符合率还可用于评价其可靠性，其值为该批受检者两次诊断结果均为阳性与均为阴性的人数之和占所有受检人数的比例（式15-4-6）。

2. Kappa值　Kappa值用于评价两次诊断结果的一致性，其考虑了机遇因素对一致性的影响并加以纠正。Kappa值的取值范围介于-1和+1之间,如Kappa值=-1,说明两结果完全不一致;Kappa值<0,说明由机遇所致的一致性大于观察一致性;Kappa值=0,表示观察一致性完全由机遇所致;Kappa值>0,说明观察一致性大于机遇所致的一致性;Kappa值=1,说明两结果完全一致。可参照 J. Richard Landis 和 Gary G. Koch 提出的标准判断一致性的强度(表15-4-4)。

$$Kappa = \frac{观察一致性-机遇一致性}{1-机遇一致性} \qquad (式15-4-9)$$

其中,观察一致性即为符合率,机遇一致性即为A、D两个格子理论频数占所有试验人数的比率。

▼ 表15-4-4　Kappa值判断标准

Kappa值	一致性强度
<0	弱
0~0.20	轻
0.21~0.40	尚好
0.41~0.60	中度
0.61~0.80	高度
0.81~1.00	最强

3. 影响诊断试验可靠性的因素

(1)受试对象生物学变异:由于个体生物周期等生物学变异,使得对于同一受试对象在不同时间获得的临床测量值有波动,如血压的波动。这种波动大多不是随机的,是生物节律变化所致。

(2)观察者变异:测量者之间和同一测量者在不同时间的技术水平、认真程度、生物学感觉等差异可导致重复测量的结果不一致,如不同医师对超声检查结果报告的不一致。

(3)实验室原因:重复测量时,测量仪器、试验方法等不稳定,或不同厂家、同一厂家生产的不同批号试剂盒的纯度、试剂的稳定性等存在差异,可引起临床测量误差。

(三)收益评价

收益(yield)指经诊断后能使多少原来未发现的患者得到诊断治疗。诊断试验需要对人群应用的效果进行收益评价。

预测值(predictive value,PV)是应用诊断结果估计受检者患病和不患病可能性大小的指标,可反映诊断试验实际应用于人群后获得的收益大小。

(1)阳性预测值(positive predictive value,PPV):指诊断试验阳性者中患目标疾病的可能性,其数值越大,说明诊断试验检查出的阳性者中真患者的比例越高。

$$阳性预测值 = \frac{A}{A+B} \times 100\% \qquad (式15-4-10)$$

(2)阴性预测值(negative predictive value,NPV):指诊断试验阴性者中不患目标疾病的可能性。

$$阴性预测值 = \frac{D}{C+D} \times 100\% \qquad （式15-4-11）$$

根据表15-4-2的数据，计算该诊断试验对人群目标疾病的预测值：

$$阳性预测值 = \frac{165}{165+80} \times 100\% = 67.3\%$$

$$阴性预测值 = \frac{730}{45+730} \times 100\% = 94.2\%$$

总的来说，诊断试验的灵敏度越高，阴性预测值越高；特异度越高，阳性预测值越高。此外，预测值还与受检人群目标疾病患病率的高低密切相关。阳性预测值、阴性预测值与患病率、灵敏度和特异度的关系用以下公式（Bayes公式）表示。

$$阳性预测值 = \frac{灵敏度 \times 患病率}{灵敏度 \times 患病率 + (1-患病率)(1-特异度)} \times 100\% \qquad （式15-4-12）$$

$$阴性预测值 = \frac{特异度 \times (1-患病率)}{特异度 \times (1-患病率) + (1-灵敏度) \times 患病率} \times 100\% \qquad （式15-4-13）$$

（四）诊断试验的其他评价

对诊断试验进行真实性、可靠性和收益评价后，还需要进行生物学效果评价、卫生经济学评价、结合临床实际应用的实用性评价等。生物学效果评价是依据诊断试验对疾病中间或终末结局状态的改善程度进行评价。卫生经济学评价是评价诊断试验应用后的健康或经济获益。诊断试验在投入临床使用时有许多实际问题需要谨慎考虑，如安全性、是否符合伦理等。

五、提高诊断试验效率的方法

为提高诊断试验的效率，可从以下几个方面加以考虑。

（一）选择患病率高的人群

当诊断试验的灵敏度和特异度不变时，患病率与诊断试验的阳性预测值成正比，因此将试验应用于患病率高的人群时可明显提高诊断试验的效率。

（二）采用联合诊断试验

为提高临床诊断效率，可采用联合诊断试验方法。联合试验分为并联试验（parallel test）和串联试验（serial test）。

并联试验是指同时进行多项诊断试验，任何一项诊断试验结果为阳性即可诊断为患病。如乳腺癌诊断，可先触诊检查，再用乳房影像学检查，两项检查中有任一结果为阳性即可诊断。并联试验可提高灵敏度，减少漏诊率，但会降低特异度，增加误诊率。

在以下情况可考虑采用并联试验：① 必须迅速作出诊断；② 尚无灵敏度高的诊断试验；③ 灵敏度高的试验费用昂贵且安全性差；④ 漏诊时后果严重。

串联试验是指将多个诊断试验按一定顺序相连，全部结果均为阳性才能判为患病。如冠心病的诊断，可先做运动心电图试验，然后将所有阳性者做超声心动图，两者均为阳性才诊断为冠心病。串联试验可提高特异度，减少误诊率，但会降低灵敏度，增加漏诊率。

在以下情况，可考虑选用串联试验：① 不必迅速作出诊断，但要保证诊断的正确性；② 已有的诊断方法特异度不高；③ 诊断试验昂贵或不安全；④ 误诊将带来许多麻烦或不必要经济损失。

（刘跃伟）

第五节　疾病预后的研究与评价

预后（prognosis）是指疾病发生后的转归或结局，包括存活和死亡。存活者还可分为治愈、残疾、缓解、慢性化、发生并发症、恶化、迁延、复发等结局（图15-5-1）。疾病的转归和结局受病情的严重程度、诊断和治疗水平、患者生理和心理及各种外界环境因素的综合影响。因此，通过对疾病的预后及影响因素的研究，可以了解疾病的自然史和疾病的危害程度，提高判断疾病预后的准确性，帮助临床医生选择治疗方案，对创建人人享有健康的社会和助力国家"大健康"战略践行落地具有重要意义。

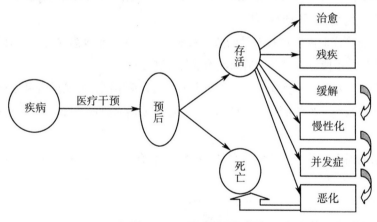

▲ 图15-5-1　疾病预后示意图

一、疾病自然史

疾病自然史（natural history of disease）是指患者在没有任何干预的情况下，疾病自然发生和演变至最终结局的过程，又称为自然病程，包括生物学发病期、亚临床期、临床期和结局发生期。

不同疾病的自然史存在差异。某些疾病的自然史会随着自然环境、社会和经济条件的变化而改变，疾病结局和转归也会发生变化。因此，开展疾病预后研究对了解疾病自然史和临床干预效果具有重要意义。

二、疾病病程

疾病病程（clinical course）是指首次出现症状和特征，一直到最后结局出现所经历的全过程。因疾病的病程长短不同，其预后有所不同。病程因受到医疗干预而发生改变，从而影响疾病的预后。因此，临床医生对疾病预后的准确估计，离不开对疾病病程的估计。

三、影响预后的因素

疾病的预后受到多种因素的影响，临床医生在判断疾病预后时，应充分考虑预后因素在疾病治疗和转归中的作用。

（一）预后因素的概念

预后因素（prognostic factor）是指能影响疾病结局的因素，若患者具有这些因素，其病程发展过程中出现某些结局的概率就有可能发生改变。

（二）常见影响疾病预后的因素

1. **患者的机体状况**　包括年龄、性别、营养、体质、免疫功能、心理状态等。

2. **疾病本身的特点**　不同的疾病具有不同的特点，也决定了预后的不同。

（1）自限性疾病：此类疾病不需治疗可以自愈，而且疾病的预后良好。如上呼吸道感染。

（2）需要接受治疗且能被有效治愈的疾病：某些疾病通过有效的防治措施，干预致病因素对机体的作用或改变其大小，可改善预后。

（3）需要接受治疗但尚不能被有效治愈的疾病：某些疾病至今尚缺乏行之有效的治疗方法，尽管采用了一些治疗手段，也只是"治标不治本"，预后极差。

3. **患者的病情**　对于同一种疾病，由于患者的病情轻重不同，其预后效果也有所不同。

4. **疾病的诊疗情况**　疾病能否被早期确诊，并得到及时合理的治疗，是影响疾病预后的重要因素。

5. **社会、家庭因素**　社会经济发展水平、医疗卫生条件、社会保障体系、家庭关系等都会影响疾病的预后。

四、疾病预后研究常用方法

根据不同研究目的可以将疾病预后的研究归结为两类：一是对疾病的预后状况进行客观描述；二是对影响预后的因素进行研究。疾病预后影响因素的研究方法包括描述性研究、病例对照研究、队列研究和实验流行病学研究。

（一）研究对象的选择

预后研究中，选择研究对象的基本原则是依照不同流行病学研究方法选择研究对象。预后研究的研究对象一般是有同种或同类型疾病的患者。

（二）常用的设计方案

预后因素的研究方法与疾病危险因素的研究方法相似，可应用描述性研究方法筛选影响疾病预后的可疑因素，然后通过病例对照研究、队列研究或实验流行病学研究对可疑的预后影响因素加以验证，以确定是否为预后因素。

1. 描述性研究　描述性研究是指利用常规监测记录或通过专门调查获得的数据资料，按照不同地区、不同时间和不同人群特征描述人群中有关疾病状态及有关特征和暴露因素的三间（人群、地区和时间）分布状况，通过比较分析，明确疾病的三间分布特征，进而获得与疾病预后因素相关的线索，提出预后因素假设。

2. 病例对照研究　病例对照研究是根据疾病的不同结局，将出现某种结局的研究对象作为病例对照研究中的病例组，未出现某种结局的研究对象作为对照组，进行回顾性分析，追溯与产生该种结局有关的暴露因素。这种研究方法耗费少、出成果快，但对暴露因素的回忆容易出现遗忘或误报，存在回忆偏倚，同时这种研究是由果（结局）及因（暴露因素）的推论，论证力稍差。

3. 队列研究　队列研究是根据事先确定的预后因素进行随访，观察预后因素和疾病结局的关系。按照研究对象进入队列时间和终止观察时间的不同，可分为回顾性队列研究和前瞻性队列研究。一般情况下，前瞻性队列研究是由因（暴露因素）及果（结局）的推论，能确证暴露与结局的因果联系，与描述性研究和病例对照研究相比，论证力较强，一般被认为是预后研究的最佳设计方案。

4. 实验研究　将条件类似的患者随机分为干预组和对照组，给予相应的干预，随访并比较处理组间疾病各种结局事件的发生率和发生时间的差异。实验流行病学研究控制干扰因素和检验因果关联能力最强，也是唯一能检验干预靶点的方法，但每次仅能检验一种或极少量几种预后因素的作用，且实施难度大，所需人力、财力和物力大。

（三）常用评价指标

预后研究常用的评价指标包括：① 反映疾病致死程度的指标；② 反映疾病恢复情况的指标；③ 反映疾病结局的指标；④ 反映生存情况的指标。在实际应用中常使用的指标有病死率、治愈率、缓解率、复发率、生存率等。在使用上述各指标时，需注意以下几个问题。

1. 随访的期限应以研究对象出现某种结局为止。

2. 患者的死亡应排除其他原因导致的死亡。

3. 明确各指标计算的起点。上述各率的计算都应将病程的某一点作为零点，计算方法有以下几种：① 疾病确诊日期；② 接受治疗日期；③ 手术后存活出院的日期（排除手术时和手术后短期死亡的病例）。在一个研究中结合具体情况选用一种即可。

4. 两个率或多个率进行比较时，需注意其可比性及有无比较的意义。疾病预后受病情的严重程度、诊断和治疗水平、患者生理和心理及环境等多个方面因素的影响，如果两个率或多个率的性质不同，不宜直接进行比较。

（四）生存分析

对疾病预后的评价不仅要了解疾病的最终结局，还要了解在观察期内不同时间点患者疾病预后效果的变化情况。生存分析（survival analysis）是一种能够综合反映疾病在不同时期预后情况的疾病预后研究方法。

1. 生存分析应用于疾病预后研究　生存分析主要用于临床远期疗效的评价。生存分析既可以考虑预后因素对结局（死亡或生存）的影响，也可考虑预后因素对出现该结局时间长短的影响。

2. 生存分析的步骤 预后研究的设计应遵循临床疗效研究的设计原则，结合研究目的对研究对象、研究因素和观察结局指标作出明确规定。

（1）确定随访时间：患者是陆续进入随访的，按研究设计以诊断日、治疗开始日或出院日作为随访开始时间。根据所研究疾病的特点确定随访时间。根据随访开始时间和随访至结局出现、失访或观察结束的时间差得到每位患者的生存时间（survival time）。

（2）考虑删失：在研究疾病的预后中，由于患者出现研究者感兴趣的结局时间可能会大于观察期，有些患者在研究终止时结局还未明确；有一些患者会出现其他结局或失访而不能继续随访，这样的数据均称为删失数据（censored data）。预后研究一般都要随访很长时间，很难避免在随访中有些患者因种种原因退出而失访，失访人数太多会影响研究结果。因此，在研究前和随访过程中要制定防止失访的措施，尽可能减少或避免失访。

（3）收集资料：随访前要制定统一的调查表。随访过程中，要按调查表的内容做好记录，保证所收集数据的准确性和完整性。

（4）生存率的估计：随访资料收集后，运用统计学方法估计病后不同时间患者的生存率，以判断疾病的预后。常用的生存率估计方法有三种：直接法、寿命表法（life table method）和Kaplan-Meier法。

1）直接法：又称粗生存率法。在病程的某一时间点收集病例数据，而后随访至出现终点结局，根据随访满某一年限的存活病例数除以随访满某一年限的病例总数，求出粗生存率。

2）寿命表法：此法先求出患者经治疗后不同时间的生存概率，然后根据概率乘法定理将逐年生存概率相乘求出不同年限的累积生存率。寿命表法适用于按生存时间区间分组的大样本资料。

3）Kaplan-Meier法：又称乘积极限法（product-limit method）。乘积的含义是生存率等于生存概率的乘积；极限的含义是标准寿命表法中时间区间长度趋近于0。Kaplan-Meier法适用于仅含个体生存时间的资料。

寿命表法除了应用于死亡和生存为结局的研究，还可应用于病后出现的其他结局。此外，应用寿命表法也便于比较不同时间和不同地区的生存率。生存率的计算方法参见相关统计学书籍。

（5）生存曲线比较：以生存时间为横轴，生存率为纵轴，将各个时间点所对应的生存率连接得到的曲线称为生存曲线（图15-5-2）。生存曲线纵轴生存率为50%时所对应横轴生存时间即中位生存期（median survival time）。中位生存期越长，表示疾病的预后越好；反之，表示疾病的预后越差。

两条或多条生存曲线比较是生存分析的主要内容之一。生存曲线有无差别需通过假设检验来回答。log-rank检验是比较生存曲线常用的非参数方法之一，可用于比较整条生存曲线，属于单因素分析方法，应用时要求影响生存率的其他变量（混杂因素）在组间均衡。

Cox回归模型：是一种用于多因素分析的统计学模型，可以分析含有删失数据的资料，且不要求资料服从特定的分布类型。该方法能够同时分析因素对生存时间和观察结局的影响。该模型可应用于影响因素分析、校正协变量后的组间比较和多变量生存预测等。

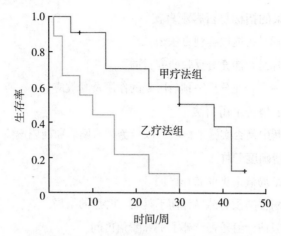

▲ 图15-5-2　脑瘤患者甲疗法、乙疗法的生存

五、疾病预后研究评价标准

（一）研究对象的定义是否明确

1. 是否详细介绍了病例来源，研究对象是否来自不同级别的医院。

2. 病例的确定是否有统一的诊断标准，有无明确的纳入与排除标准。

3. 研究对象是否具有该病总体的代表性。

4. 病例来源是否存在偏倚。

（二）观察疾病预后的起始点是否统一

1. 研究对象是否都处于疾病的早期或疾病病程的同一阶段。

2. 所观察疾病的预后是否都采用统一的起始点。

3. 存在不同起始点时有无进行分层分析。

（三）预后因素的定义及因果时间顺序是否明确

1. 研究是否有明确且统一的预后因素定义。

2. 对预后因素暴露时间与程度是否明确，是否满足因果的时序要求。

（四）样本含量是否足够

1. 研究开始前是否根据研究目的对样本含量进行了合理估计。

2. 是否对研究预期分析内容及分层分析的层数进行充分考虑。

（五）观察期限和观察终点是否明确

1. 是否事先确定了观察期限和预后观察终点。

2. 判断结局的指标和标准是否明确、统一。

（六）随访时间和资料是否完整准确

1. 根据疾病自然史，随访时间是否足够长。

2. 是否所有的研究对象都随访到研究预期终点。

3. 失访率是多少，失访原因是什么，失访者与未失访者的重要人口学特征与临床特征是否进行了比较，失访对结果真实性的影响如何。

（七）评定预后效果的指标是否客观真实

1. 预后效果评定指标是否能以客观方法记录。

2. 预后效果评定指标是否能充分反映研究目的。

3. 预后效果评定指标是否充分反映预后因素的作用及其效应。

（八）预后效果评定是否采用盲法

在结局的观察与判断中是否实施了盲法，以避免疑诊偏倚和期望偏倚。

（九）预后估计的精确度怎样

1. 是否报告了预后结局概率95%置信区间。

2. 是否报告了整个病程的预后结局，而不是某一时点的结局。

3. 对预后因素的效应估计值是否计算了95%置信区间。

（十）是否对其他影响因素进行了控制和校正

1. 是否应用统计学方法对预后因素之外的其他影响因素进行了校正。

2. 是否采用分层分析及多因素分析方法对影响因素进行了控制。

（十一）研究结果是否实用和重要

1. 预后研究结果是否反映临床真实情况。

2. 预后研究结果是否有助于临床医生对临床治疗作出决策。

3. 预后研究结果是否有助于临床医生向患者和家属解释其所患疾病的预后情况。

（刘跃伟）

第六节　偏倚及其控制

流行病学研究过程中，研究设计、资料收集、资料分析等阶段均可能由于人为和客观因素致使研究结果与真实值之间存在差别，即产生误差（error）。按照其来源、性质和可否控制，误差可分为随机误差（random error）和系统误差（systematic error）。随机误差由于偶然的、无法预测的不确定因素引起，是不可避免的。系统误差是由某些不能准确定量，但恒定因素造成的，使调查结果偏离真实值的误差。偏倚（bias）是一种系统误差，流行病学研究在设计、实施和资料分析等各个环节都可能产生偏倚。常见的偏倚包括选择偏倚（selection bias）、信息偏倚（information bias）和混杂偏倚（confounding bias）。

一、选择偏倚

由于不恰当地选择研究对象组成病例组和对照组（病例对照研究），或暴露组和非暴露组（队列研究），使得从研究开始时，除感兴趣的研究因素外，其他因素在两组研究对象间的分布不均衡，因而引起的偏倚称为选择偏倚。由于选择偏倚的作用，研究结果会过高或过低地估计所研究因素与结局之间的关联强度。各种流行病学研究均可发生选择偏倚，以现况研究、病例对照研究较为多见。以下是几种流行病学研究中常见的选择偏倚。

（一）入院率偏倚

入院率偏倚（admission rate bias）又称伯克森偏倚（Berkson's bias）。在利用医院资料进行病例对照研究时常发生这种偏倚。当研究者选择医院患者作为病例和对照时，病例仅是某一家医院或某些医院的特定病例而不是全体患者的一个随机样本，对照也仅是医院的某一部分患者而不是全体目标人群的一个随机样本；由于受到疾病的严重程度、患者对某一疾病的认识程度、医院的医疗条件、该地区的医疗保障制度和社会经济文化等诸多因素的影响，患者对医院和医院对患者都具有一定的选择性，使得各种疾病的住院率不同，导致病例组和对照组在某些特征上存在偏倚，从而可能会夸大或掩盖欲研究因素与结局的真实联系。因此，为了避免和减少产生入院率偏倚，应尽可能在社区人群中开展病例对照研究，以保证较好的人群代表性。若开展以医院为基础的病例对照研究，应从多个不同级别、不同种类的医院中选择一段时期内某种疾病的全部病例作为病例组；从与病例相同的医院的其他多个科室、多个病种的患者中选择对照，需要注意的是，不宜将与研究因素有关的病种的患者作为对照。

（二）现患病例–新发病例偏倚

现患病例–新发病例偏倚（prevalence-incidence bias）又称奈曼偏倚（Neyman bias）。在病例对照研究和现况研究中，若研究对象全部来自某种疾病的现患病例，即某病的幸存者，特别是病程较长的现患病例，与新发病例相比，得到的暴露信息可能只与存活有关而与该病的发病无关，所估计的研究因素与疾病的关联强度就会出现偏倚，即现患病例–新发病例偏倚。现患病例与新发病例的差别还体现在另一种情形上，即某病的幸存者由于疾病或其他原因改变了原有的一些暴露特征（如生活习惯），在被调查时误将改变后的暴露特征当成发病前的暴露特征，导致错误地估计这些暴露因素与疾病的关联。因此，选择新发病例为研究对象可有效避免和减少这类偏倚。

（三）检出症候偏倚

某因素虽然与所研究的疾病不存在因果关系，但有该因素的个体容易出现类似该病的症状和体征，这部分个体通常急于求医，使得接受检查的机会增加，从而人为地提高了该病早期病例的检出率。在病例对照研究中，如果病例组包含了较多的这种早期病例，会使病例组的暴露程度虚高，导致研究因素与该病形成虚假联系，从而产生的偏倚称为检出症候偏倚（detection signal bias）。因此，在以医院为基础的病例对照研究中，研究对象应包括不同来源的早、中、晚期患者，以避免和减少此类偏倚。

（四）失访偏倚

在队列研究或实验研究中，随访的时间一般较长，某些参与者会因为对研究失去兴趣而退出研究，或因身体不适无法继续参与研究，或因其他原因死亡而退出研究，称为失访（loss to follow-up）。由于研究对象失访导致研究组和对照组结局事件的发生率发生改变，那么暴露/干预和结局之间的关联可能因为失访而被歪曲，这种歪曲被称为失访偏倚（loss of follow-up bias）。一般来说，如果失访率超过20%，研究结果的真实性将受到影响。因此，在队列研究或实验研究中，研究者应该采取各种措施来提高研究对象的应答率和依从性，加强随访调查，尽可能地减少失访。

（五）易感性偏倚

由于样本人群与总体人群之间，或所比较的人群之间对研究疾病的易感性不同而引起的偏倚称为易感性偏倚（susceptibility bias）。健康工人效应（healthy worker's effect）是一种常见的易感性偏倚。当研究某种职业毒物对健康的危害时，常选择接触毒物作业的工人为暴露组，以不接触毒物作业的工人为对照组；但由于工作性质的特殊性，存在职业禁忌证的工人不能从事接触毒物的作业，所以暴露组的工人健康水平相对较高，对该毒物的耐受性相对较强。虽然该毒物对健康有害，但研究结果表明暴露组的死亡率或某种疾病发病率低于对照组，从而得出该毒物对健康无害甚至有保护作用的结论，这就是健康工人效应。因此，为了控制易感性偏倚，不宜以一般人群作为对照，对照组除研究因素外的其他能影响研究结局的因素应与暴露组保持一致；若只能用一般人群作为对照，最好选择与暴露组相同地区、相同年代、相同人群特征构成的个体组成对照组。

二、信息偏倚

在流行病学调查的资料收集阶段，由于观察和测量暴露和结局的方法有缺陷，使得两组研究对象收集到不同的信息而产生的偏倚，称为信息偏倚。以下是几种流行病学研究中常见的信息偏倚。

（一）回忆偏倚

回忆偏倚（recall bias）是指研究对象对过往发生的事件在准确性和完整性上存在系统误差而产生的偏倚。回忆偏倚是病例对照研究中最常见的信息偏倚。产生回忆偏倚的原因通常与被调查事件发生的年代久远、事件的重要性较低、事件被询问的次数较少和询问技术不过关有关；另一种情形是，由于反复思考和补充调查，被调查者可能夸大了暴露情况。以上种种原因所导致的回忆偏倚，会影响研究结果的真实性。因此，研究者在收集资料时，应充分利用客观指标的资料，如实验室检查的资料、医院的病历记录等；尽量减少开放式问题，选择不易被人们忘记的标志性事件来辅助研究对象回忆暴露史；调查人员在提问时应重视提问方式，适当利用一些提问技巧。此外，选择新发病例作为研究对象也有助于减少回忆偏倚的产生。

（二）调查偏倚

在流行病学调查中，由于两组研究对象之间的调查环境和条件不同、调查方式不同、测量方法不统一、测量仪器设备不准确，或对疾病的诊断缺乏严格和客观的标准、缺乏特异性诊断指标等原因而产生的偏倚，称为调查偏倚（investigation bias）。因此，为了避免和减少调查偏倚，在研究开始前，应对调查人员进行统一的培训，保证调查方法的一致性。调查过程中，应确保两组研究对象的调查环境和条件一致；调查期间应严格遵循调查工作手册来收集资料，不得轻易更改标准；调查指标应尽可能选择客观的定量指标或等级指标，并选用精确性高的仪器，以减少调查偏倚。

（三）暴露怀疑偏倚

多发生于病例对照研究中，若研究者或调查人员事先了解研究对象的暴露和疾病情况，主观上认为某因素与某疾病有关联时，则可能会在调查病例组和对照组时采用不同的询问方式，或使用不同广度和深度的调查方法来寻找潜在的危险因素的信息，由此产生的偏倚称为暴露怀疑偏倚（exposure suspicion bias）。因此，为消除研究者主观意愿对研究结果的影响，可采用盲法，让调查人员在不了解研究结局的情况下去调查研究对象的暴露史，由此收集到的信息就能保证其真实性。此外，应尽量在疾病诊断前收集研究对象的暴露信息，也可有效减少暴露怀疑偏倚。此外，同暴露怀疑偏倚相似的还有诊断怀疑偏倚，该种偏倚多发生于队列研究和临床试验确定研究结局的时候。

三、混杂偏倚

当研究某个暴露因素与某种疾病之间的关联时，因一个或多个既与这种疾病有关系，又与所研究的暴露因素密切相关的外来因素的影响，所以夸大或掩盖了该暴露因素与该病的真实联系，由此产生的偏倚称为混杂偏倚，这些外来因素被称为混杂因素（confounding factor）。构成混杂因素的三个条件：① 是所研究疾病的危险因素；② 与所研究的暴露因素有关；③ 不是所研究的暴露因素与所研究疾病的病因链上的中间变量。在流行病学研究中，混杂偏倚几乎不可避免，在研究设计和资料分析阶段，可通过限制（restriction）、匹配（matching）、随机化（randomization）、分层分析（stratification analysis）、多因素分析（multivariate analysis）等方法尽可能减少混杂偏倚。

（一）限制

针对一些已知的或潜在的混杂因素，在研究设计阶段，作为研究对象的纳入条件加以限制。如研究45~50岁的女性口服避孕药与乳腺癌发病的关联，就是通过限制年龄范围来控制其混杂作用。但另一方面，过于严格地限制研究对象会影响其代表性，使得研究结果外推到一般人群时受到限制。

（二）匹配

在为病例组的个体选择对照时，可将潜在的混杂因素作为配对因素，使混杂因素在病例组和对照组间分布均衡，从而消除混杂因素对研究结果的影响。流行病学研究中通常将年龄、性别作为匹配因素，匹配的方式分为频数匹配（frequency matching）和个体匹配（individual matching）两种形式。需要注意的是，匹配之后就不能分析该因素作为疾病暴露因素的作用，也不能分析该因素与其他暴露因素间的交互作用。

（三）随机化

在研究设计阶段可采用随机化的方法选择研究对象，即研究对象有同等的机会被分配到两个比较组，使得混杂因素在两个比较组之间的分布达到均衡，从而消除混杂作用。随机化多用于实验流行病学研究，尤其是临床试验。

（四）分层分析

在资料分析阶段，可按照已知或潜在的混杂因素的不同水平分层，然后对各个亚组进行分析。当研究设计和实施阶段出现误差且已无法更改研究资料时，若混杂因素较少，且多为分类变量，则可通过分层分析控制混杂因素的影响。首先，将研究资料按某混杂因素进行分层并计算各层内暴露因素与研究结局的效应值；然后，通过统计学方法判断各层之间的效应值是否同质；若同质，则可以用Mantel-Haenszel检验计算合并的效应值，反之则需要分层报告效应值。

（五）多因素分析

当研究中的混杂因素较多时，可以采用多因素分析的方法来控制混杂因素的影响。常用的多因素分析方法有多元线性回归、方差分析、logistic回归模型和Cox回归模型等。多因素分析中控制的混杂因素的个数主要取决于发生结局事件的例数，控制的混杂因素越多，所需要结局事件的例数就越多。

（刘跃伟）

第七节　循证医学

一、概述

循证医学（evidence-based medicine，EBM）是将新近最佳证据应用于临床和卫生实践的一门科学。循证医学的核心思想是在充分考虑患者意愿的条件下，医务人员应明智地、深思熟虑地把科学研究中的最佳证据运用到临床决策。循证医学的三个基本要素：① 临床研究的最佳证据；② 临床医生的经验与技能；③ 患者的价值观与愿望。循证医学适用于医学中的诸多学科，是医学发展的一个必然阶段。

二、循证医学的发展

长期以来，传统临床实践的思维方式都以临床经验为基石，临床决策往往根据医生的临床经验，或参考专家的意见和权威参考书中的观点，但因其往往缺乏严谨的科学研究证据，可能存在潜在的偏倚，导致错误的临床决策。传统的权威参考书也可能存在滞后性等问题。循证医学是以证据为基石的临床医学思维方式，强调将最新、最佳的证据应用于临床实践，并充分考虑患者的期望。因此，循证医学和传统经验医学存在差别（表15-7-1）。

▼ 表15-7-1　循证医学和传统经验医学的区别

区别点	循证医学	传统经验医学
证据来源	系统全面的文献检索 对相关研究进行科学的评价 关注证据的质量分级 证据来源以多中心、大样本、随机双盲对照试验、前瞻性研究科学的荟萃分析为主	以临床经验为基础 依据高年资医生的指导、权威专家的意见、药品说明书、个人主观推理及传统教科书与医学杂志上的零星研究报告
评价疗效指标	患者的健康结局（如生存率、重要临床事件的发生率、致残率、生命质量、临床经济学指标等）	一般以患者临床症状、体征、实验室检查结果的变化等中间指标来评价疗效
临床决策依据	结合最新、最佳临床研究证据，医生的临床经验和患者的期望进行权衡	依据医生自身的临床经验与直觉 遵循专家的意见和权威参考书中的观点

现有最佳证据是指由设计科学的临床应用型研究得出的结果，即来自随机对照试验（RCT）的结果。医生个人的临床经验是指医生通过临床实践获得的处理临床问题的能力。患者的价值观是患者对临床方法的选择、需求和期望等。若能将现有最好的证据、医生的临床经验、患者的价值观三部分有机结合，可得到最优的临床治疗结局，患者的生命质量可得到最佳改善。

经过长期的发展，循证医学已不限应用于临床实践工作，其思想与方法已渗透到所有临床医学学科和护理学、卫生事业管理、公共卫生等学科，形成了以循证思维为主体的多个分支学科群。

三、实施循证医学的基本步骤

循证医学的实施需要关注三个问题：需要什么科学证据？如何寻找科学证据？如何合理利用科学证据？为了找到上述问题的答案，需完成以下五个主要步骤。

（一）提出一个实践问题

提出一个合适的实践问题非常关键。一个构建完好的问题，可大大缩短寻找证据的时间。在临床诊疗中，患者和医生都会提出各种临床问题，总结起来主要包括以下五种类型，其常见的临床问题如下。

1. 预防　如何通过控制危险因素来降低疾病发生的机会？

2. 病因　如何确定疾病的原因？

3. 诊断　在考虑待用诊断试验真实性、可靠性、可接受性、费用、安全性的基础上，如何恰当选择诊断试验并解释结果？

4. 治疗　在考虑效果和花费等因素下，如何选择对患者有益的治疗手段？

5. 预后　如何估计患者可能产生的临床过程和并发症？

使用PICOS原则构建临床问题，有助于将初始的临床问题转化为医学科研可以回答的临床问题，方便开展文献检索（表15-7-2）。

▼ 表15-7-2　临床问题的PICOS格式

PICOS	含义	内容示例
P（population或participants）	人群	患何种疾病或具有何种特征（性别、年龄、职业、合并症）的人群等
I（intervention或exposure）	干预措施	暴露因素、诊断、治疗等
C（control或comparator）	对比因素	无对照、安慰剂对照、与其他治疗组比较、与金标准比较等
O（outcome）	结局	生存率、生命质量、临床事件的发生等
S（study design）	研究类型	系统综述、随机对照试验、队列研究、病例对照研究等

（二）收集回答问题的最佳证据

1. 确定证据检索资源　证据可源于经同行评估的、高质量期刊上发表的原始研究论著或系统综述。原始研究可检索查询PubMed、Embase、Web of Science等获取，而系统综述类的二次研究可检索查询Cochrane图书馆等。

循证医学信息服务模式演进"6S"的过程及其对应的证据资源举例见表15-7-3。原始研究是其他证据产生的基础，证据系统是提供证据的最高、最浓缩形式，自下而上形成一个范围不断缩小的证据资源金字塔。

▼ 表15-7-3 循证医学信息服务模式演进"6S"及其信息来源举例

循证医学信息服务模式演进"6S"	信息来源举例
Systems（证据系统）	Map of Medicine
Summaries（综合证据）	Clinical Evidence、The Physician's Information and Education Resource、UpToDate
Synopses of syntheses（系统综述证据概要）	ACP Journal Club、Cochrane Library–DARE、Bandolier
Syntheses（系统综述）	Cochrane Library–CDSR
Synopses of studies（原始研究证据概要）	ACP Journal Club
Studies（原始研究）	PubMed、Embase

2. 制定检索策略　按照PICOS原则的五个要点进行组合，确定关键词和制定检索式。为了获取当前最佳的证据，应依据证据等级金字塔从高到低依次检索。根据不同的科学问题，资料的证据等级排列不相同。

（1）治疗、预防、病因研究：由高到低依次为循证临床实践指南、基于RCT的系统评价、单个RCT、基于队列研究的系统评价、单个队列研究、基于病例对照研究的系统评价、单个病例对照研究、病例系列报告、个案报告、体外与体内试验、没有证据支撑的专家经验。

（2）预后研究：由高到低依次为循证临床实践指南、基于队列研究的系统评价、单个队列研究、基于病例对照研究的系统评价、单个病例对照研究、病例系列报告、个案报告、体外与体内试验、没有证据支撑的专家经验。

（3）诊断研究：由高到低依次为循证临床实践指南、基于诊断试验研究的系统评价、单个诊断试验研究、病例系列报告、个案报告、体外与体内试验、没有证据支撑的专家经验。

（三）评价证据的科学性

由于研究质量参差不齐，需对得到的证据进行真实性评估，才能应用到实践。真实性包括内部真实性和外部真实性。内部真实性是临床研究能正确反映研究人群中实际应产生的研究结果，其与研究设计的科学性有关。外部真实性是临床研究的结果能有效推广到研究人群以外的同类人群，其与样本的选择有关。

当前发展出了许多不同的证据质量和推荐强度分级标准。国际上普遍认可和广泛应用的证据等级划分标准为牛津大学循证医学中心（Oxford Centre for Evidence-Based Medicine）在2001年制定的证据等级标准，以及在2004年"推荐分级的评估、制定与评价"工作组推出的将各个分级标准综合形成的GRADE（Grading of Recommendation Assessment, Development and Evaluation）标准。

（四）依据科学证据作出决策

医务工作者在充分掌握高质量证据的基础上，可结合患者的实际情况作出临床决策。许多不断更新的临床实践指南和社区预防指南为卫生保健工作者提供了帮助，便于直接利用真实有效的高质量证据服务患者或人群，如《ADA/KDIGO共识报告：慢性肾脏病患者的糖尿病管理》《中国高血压临床实践指南》《中国成人患者肠外肠内营养临床应用指南》等。

（五）对决策作出评价

将证据在患者个体或人群中实施后，必须要对整个过程进行总体评价。对决策的评价可以帮助决策者了解证据实施的健康影响、成本效益和医疗资源利用情况等，有助于提高医疗质量和效率。随着循证医学的发展，干预措施会不断进行更新，对其认识也会不断加深，最佳的科学证据也会随之更新。

学习小结

现况研究和筛检是描述流行病学常用的研究方法，病例对照研究和队列研究是分析流行病学常用研究方法，实验流行病学是通过比较给予干预措施后的试验组人群与对照组人群的结局，判断干预措施效果的一种前瞻性研究方法。实验流行病学能确证因果关系，队列研究能深入检验病因假设，病例对照研究主要用于探索疾病的病因和检验病因假设，现况研究难以确定因果时相关系。筛检是将可能有病或有缺陷但表面健康的人同真正无病的人区别开来。

诊断试验是指在临床前期或疾病早期阶段，把患者与可疑有病但实际无病者区别开来的试验、检查等，其对于目标疾病的早期发现、早期诊断、早期治疗具有重要意义。疾病的预后研究有助于了解疾病的自然史和影响患者预后效果的因素，还能帮助临床医生对患者所患疾病的转归进行准确估计。偏倚在流行病学研究中无法完全避免，科学控制偏倚是保证流行病学研究结果真实性的必要条件。循证医学将最佳证据、临床经验和患者意愿有机结合，能够将证据应用于卫生实践和后效评价。

（刘跃伟）

复习参考题

一、选择题

1. 下列不属于前瞻性队列研究的特点的是
   - A. 可直接计算发病率
   - B. 多数情况下要计算发病密度
   - C. 多用于稀有疾病
   - D. 每次调查能同时研究几种疾病
   - E. 因素可分为几个等级，以便计算剂量–反应关系

2. 流行病学中，观察性研究与实验性研究的根本区别在于
   A. 是否设立对照
   B. 是否人为施加干预措施
   C. 是否随访观察
   D. 是否采用盲法
   E. 是否存在医学伦理问题
3. 评价诊断试验的真实性的指标有
   A. 灵敏度、阳性预测值、可靠性
   B. 特异度、阴性预测值、可重复性
   C. 灵敏度、特异度、约登指数
   D. 变异性、灵敏度、假阳性率
   E. 一致性、约登指数、假阳性率
4. 预后研究与病因学研究的根本差别在于
   A. 研究的设计不同
   B. 研究的结局前者主要为死亡，后者不能是死亡
   C. 研究对象的起点为已发病人群
   D. 分析的方法不同，前者要用生存分析，后者不能
   E. 研究的因素不同，前者多为标志物，后者通常不用
5. 偏倚分为
   A. 选择偏倚、混杂偏倚、测量偏倚
   B. 奈曼偏倚、信息偏倚、混杂偏倚
   C. 伯克森偏倚、易感性偏倚、无应答偏倚
   D. 选择偏倚、信息偏倚、混杂偏倚
   E. 选择偏倚、信息偏倚、测量偏倚

   答案：1. C；2. B；3. C；4. C；5. D

二、简答题

1. 为什么现况研究又被称为横断面研究或患病率研究？
2. 简述筛检方法的实施原则。
3. 分别简述病例对照研究与队列研究的优点和局限性。
4. 如何提高诊断试验效率？
5. 简述信息偏倚的定义、分类及控制方法。
6. 什么是循证医学？循证医学的核心是什么？
7. 简述循证医学实施的基本步骤。

第十六章　病因和病因推断

<table>
<tr><td colspan="2">学习目标</td></tr>
</table>

知识目标	1. 掌握病因的概念和分类。 2. 熟悉病因推断过程和推断标准。 3. 了解常见偏倚的产生原因及控制措施。
能力目标	1. 具有从描述性研究中发现病因线索和产生病因假说的能力。 2. 具有客观开展因果推断的能力。
素质目标	在医学科学研究中针对卫生健康问题能够客观分析、辩证思考，具有创新精神和批判性思维。

　　流行病学研究的主要内容之一就是探讨疾病发生的原因，以便制定有针对性的干预措施、确定正确的诊断方法、采取有效的治疗措施，从而预防和控制疾病的发生、发展和流行。掌握病因的概念，熟悉病因推断过程，对于正确判断暴露与疾病的因果关联和解释研究结果至关重要。

第一节　病因概念及分类

一、病因概念

　　病因（cause of disease）是引起疾病发生的原因，即能使人们某病发病概率增加的因素。病因是外界客观存在的，有些是直接病因，有些是间接病因；有些是主要病因，有些是辅助病因，他们形成了错综复杂的病因网。

　　随着科学的进步，人类对病因的认识也逐步深入。公元前5世纪左右，西方国家开始注意疾病发生与环境的关系。代表性的人物是希波克拉底，他出版的专著《空气、水及土壤》，系统描述了自然环境与健康、疾病的关系。

　　19世纪末，随着显微镜的发明和微生物学的发展，科学家发现许多人类疾病都是由某种特异的微生物引起的。德国学者Robert Koch等提出了"特异病因学说"，但是这一学说无法解释一些非传染性疾病、原因不明的疾病。它将病原体作为唯一病因，忽视了环境和机体的相互作用，同时也忽视了心理和社会因素的作用。随着对疾病认识的深入，学术界逐步产生了"多因子复合病因学说"。

20世纪80年代，美国著名的流行病学家Lilienfeld认为："病因就是那些能使人群发病概率增加的因素，当其中的一个或多个因素不存在时，人群中发生该种疾病的概率就下降"。因此，理解病因的概念应注意三个方面：① 发病概率是指人群的，或者说是一个较大样本的人群，不是特指某个人；② 发病概率就是指观察人群的发病率；③ 该概念是从公共卫生和预防医学角度提出的，有利于人们实施疾病的预防与控制措施。

MacMahon认为，因果关联可定义为事件或特征类别之间的一种关联，改变某一类别（X）的频率或特性，就会引起另一类别（Y）的频率或特性的改变，那么X就是Y的原因。因此，流行病学病因观是一种概率论的因果观。

二、病因分类

（一）必要病因和充分病因

疾病的发生是多因素作用的结果，可将这些因素分为必要病因和充分病因，类似于逻辑学上的必要条件和充分条件。必要病因是指必须具备的病因，即在疾病发生过程中必须存在的因素，缺乏这种因素时不会引起该病。例如，没有结核分枝杆菌感染就不会发生结核病，没有HIV感染就不会发生艾滋病。充分病因即足够病因，需要诸多因素的综合作用才能引起疾病，这些综合因素就是充分病因。例如，结核病是由缺乏营养、居住拥挤、贫穷和卫生条件差等诸多因素（充分病因）综合作用的结果，其中包括"结核分枝杆菌感染"这一必要病因。

无论是单一的必要病因还是单一的充分病因都有局限性，现代流行病学病因观接受"原因使结果发生概率升高"的观念，因此，使用组合病因来描述更为恰当。在组合病因中，充分病因是指"最少的组合病因数"，而不再强调单一的病因。这样，组合病因中如果任一种病因成分缺失，则剩余的病因成分就是不充分的。

（二）直接病因和间接病因

在致病效应方面，各种病因有着各自不同的特性，由此病因又可分为直接病因和间接病因。直接病因指致病因子、始动因素，只有在该病因的作用下，才可能引起疾病发生。例如，乙型肝炎病毒感染是乙型肝炎的直接病因。间接病因是指辅助因素、促进因素，是可以促成或加速疾病发生的某些因素，与疾病的发生呈间接关联。例如，营养不良、居住条件差等可造成结核病发病概率增加，这就是间接病因。在慢性非传染性疾病和未明原因的疾病中，直接病因和间接病因有时难以明确区分，或致病因子难以确定时，一般将它们统称为危险因素（risk factor），其含义是使疾病发生概率（危险）升高的因素，包括了许多与疾病或死亡相关联的因素。

（三）致病因子、宿主和环境

1. 致病因子

（1）生物性致病因子：如致病微生物（细菌、病毒、立克次体、支原体等）、寄生虫（原虫、蠕虫等）、有害的动物、植物（毒蛇、河鲀、毒草等）等。例如，鼻咽癌与EB病毒感染有关，原发性肝癌与乙型肝炎病毒感染有关，宫颈癌与人乳头瘤病毒感染有关。

（2）物理性致病因子：如气温、气压、气湿、气流、噪声、振动等。例如，过度的紫外线照射与皮肤癌有关；噪声可导致听力下降甚至不可逆性听力损伤；振动可引起局部振动病；电离辐射与癌症有关等。

（3）化学性致病因子：化学物质有自然形成和人工生产两种类型。化学因素可产生急、慢性中毒或"致突变、致癌、致畸"作用。在致病因子中，化学性致病因子种类最多，情况最复杂，是病因研究的重点。

2. 宿主

（1）遗传因素：遗传因素与人类疾病的关系越来越受到重视，早期较多关注单基因遗传病（如血友病、苯丙酮尿症）、多基因遗传病（如高血压、糖尿病、恶性肿瘤）等的遗传因素作用等。随着研究深入，科学家发现，复杂疾病是由环境因素与遗传共同作用的结果，具有明显的遗传异质性和表型复杂化的特征。

（2）免疫状况：人体的免疫状况对疾病的发生具有重要作用，免疫状况好的人，抗病能力强，相反则弱。人体的免疫功能在成年后随着年龄的增加而下降，对疾病的抵抗力降低，这解释了老年人各种疾病高发的原因。

（3）年龄与性别：不同年龄、不同性别的人患病风险存在差异，与暴露机会、免疫状态和生理解剖特点等不同有关。

（4）民族和种族：由于遗传、饮食、风俗习惯及居住环境的不同，某些疾病存在民族和种族的聚集性特点和分布差异。

（5）行为：绝大部分慢性病是由数量不多、已知和可以预防的行为危险因素造成的，其中最主要的因素是吸烟、缺乏身体活动和不合理膳食。如果这些主要危险因素被消除，约3/4的心脏疾病、卒中和2型糖尿病及40%的癌症将能得到预防。

（6）心理及精神因素：如恐惧、焦虑、苦闷、烦躁等。

3. 环境　包括自然环境和社会环境，自然环境包括气象因素及地理因素等；社会环境包括社会政治、经济、文化等方面。

（王建明）

第二节　病因模型

随着对病因认识的深入，病因学说也发生了相应变化，从早期的单病因学说或生物特异病因学说发展到现代的多病因学说。病因模型是用简洁的概念关系模式图来表示病因与疾病之间的关系，涉及各种因果关联路径，提供因果推断思维框架。部分具有代表性的病因模型介绍如下。

一、三角模型

疾病发生的三角模型（triangle model）亦称"流行病学三角"。该模型认为疾病的发生是宿主、环境和病原三要素共同作用的结果（图16-2-1）。正常情况下，三者通过相互作用保持动态平衡，人们呈健康状态。一旦三者中的某个要素发生变化，超过了三角所能维持的最高限度时，平衡即被破坏，导致疾病发生。三角模型主要用于解释传染病和寄生虫病的病因，不适用于慢性病、病因不明和无特异性病原微生物的疾病。此外，三角模型将病原、宿主、环境截然分开，并强调等量齐观，显然有不妥之处。

▲ 图16-2-1　传染病病因的三角模型

二、轮状模型

轮状模型（wheel model）也称"车轮模型"（图16-2-2）。机体占据轮轴的位置，其中的遗传物质也有重要作用。外围轮子表示环境，包括生物、物理、化学和社会环境。该模型将宿主置于环境之中，遗传因素又位于宿主之内，意为病因不仅存在于宿主体内，还存在于各种环境之中。轮状模型强调了环境与机体的密切关系。轮状模型中各部分的相对大小可随疾病不同而变化，换言之，外环和内环均具有伸缩性。

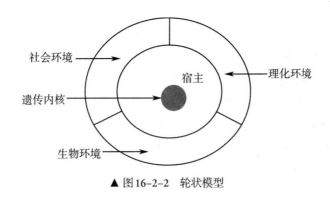

▲ 图16-2-2　轮状模型

三、病因链模型

一种疾病的发生通常是多种致病因素先后或同时连续作用的结果，把与发病有关的各种因素均看作是疾病的病因，按时间先后连接起来构成一条病因链（etiological chain），用以描述病因与疾病之间的关系。

四、病因网模型

多病因学说认为疾病的发生是多种因素共同作用的结果，多个病因链交错连接起来就构成病因网（web of causation）。病因网模型可以提供因果关系的完整路径。该模型的优点是表达清晰具体，系统性强，能很好地阐明复杂的因果关系。

五、健康生态学模型

1988年，Mcleroy等在生态学理论的基础上，将其思维运用到健康促进领域，产生了健康生态学理论这一衍生分支。健康生态学模型（health ecological model）强调个体和人群的健康是由个体因素、卫生服务及物质和社会环境因素综合作用的结果，这些因素相互依赖和相互制约，以多层面交互作用来影响个体和群体健康。健康生态学模型主要分为5个维度，第一层（核心层）是个人特质层，如性别、年龄等；第二层是心理行为特征层，如心理状态、吸烟、饮酒等；第三层是人际网络层，如婚姻状况、社会网络等；第四层是生活和工作条件层，如职业、收入等；最后一层是政策环境层，如经济、社会、文化及有关政策等。健康生态学模型框架见图16-2-3。

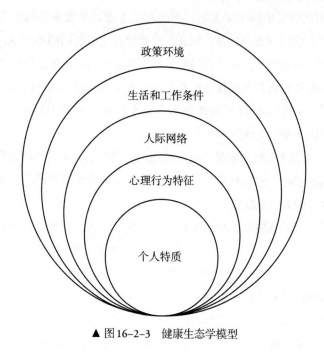

▲ 图16-2-3　健康生态学模型

（王建明）

第三节　病因推断

一、病因推断方法

一般情况下，进行病因探索需要经过如下研究步骤。

（一）描述疾病分布

通过描述性研究描述疾病的分布特征，提出病因假说。一般来说，疾病分布与暴露因素的分布具有一致性。通过描述疾病的分布，可以为病因研究提供重点范围。描述疾病分布的方法主要有现况调查、疾病监测、生态学研究、历史资料分析等。根据疾病分布的描述及对某些环境和人群特征的分析，研究者对可能的病因会形成初步设想，进而提出一系列病因假说。

（二）提出假说

研究者通过逻辑推理提出病因假说，然后应用流行病学方法检验这些假说，常用的逻辑推理方法如下。

1. **求同法**　主要是找出不同条件下事物的共性，即在不同条件下找出高发人群及高发地区的共同特点。例如，1958年川西平原出现大规模不明原因发热病例，调查发现，农民罹患率高，参加过支农的干部发病者也甚多。通过调查发现，这两类人群近期都有下水田劳动和垦荒的经历。因此形成假设"下水田劳动或垦荒可能是发病的重要因素"。进一步研究表明，这是一次罕见的钩端螺旋体病流行，由于接触疫水发生感染与传播。

2. **求异法**　根据疾病发生的因果关系，患者和非患者、高发人群和非高发人群、高发地区和非高发地区必然存在病因分布的差异。因此，注意寻找它们之间的不同点，即低发人群（或地区）没有而高发人群（或地区等）所具有的特异性因素是疾病可能的危险因素。例如，在西北某地区的观察发现，察布查尔病只发生在锡伯族，而不发生在当地的其他民族。比较饮食习惯的差异后发现，该病可能与锡伯族的民族特殊食品"米送乎乎"（一种自制甜面酱的半成品）有关。后经证实该病为"米送乎乎"受到肉毒毒素污染所致。

3. **同异并用法**　是将求同法和求异法结合使用的一种归纳方法。当所研究的现象出现的几个场合中都有一个共同的情况，而在现象不出现的场合中却没有那个共同的情况，则可以判断该情况与所有研究的现象之间有因果联系。

4. **共变法**　从某病在不同时间、地区发病率的变化中，找出也在相应发生变化的因素，揭示和核实发病率的变动与这些因素的变动在人群、时间和地区分布的一致性，从而形成病因假设。例如，美国一项研究发现，人均烟草消耗量越高的州，冠心病死亡率也越高，反之则死亡率较低，因此，可以形成吸烟是冠心病发生危险因素的假设。

5. **排除法**　在研究疾病病因时，有时往往会获得很多病因线索，此时应用排除法的逻辑推理和科学上因果不能成立的排除手段，可以缩小研究范围，提高研究效率。

（三）检验假说

一旦建立了病因假说，就需要通过分析流行病学方法（如病例对照研究、队列研究）检验假说，确定危险因素与疾病之间是否存在统计学关联、是否存在因果关联、关联强度大小，从而对可能的病因做出判断。病例对照研究比较病例人群与对照人群（非病例）危险因素的暴露比例是否存在差异及差异的程度，该方法不能明确判断暴露与疾病间是否存在因果关系。队列研究是比较暴露组与非暴露组的发病率（或死亡率）是否具有差异及其差异大小，暴露与疾病的时间顺序明确，偏倚相对较少，可以直接计算发病率和相对危险度等指标。

（四）验证假说

通过病例对照研究和队列研究等对病因假说进行初步验证之后，一般需要通过实验流行病学方法来进一步验证假说。实验研究和干预研究都是人为控制暴露因素（干预因素或处理因素），在完全可比的情况下，比较暴露组（干预组）与非暴露组（非干预组）的发病率或死亡率差异。

从而证实病因假设的真实性。

1. 动物实验　将动物分为实验组和对照组，实验组给予某因素或给予高剂量暴露；对照组不给予该因素或给低剂量暴露。如实验组动物发病率或死亡率高于对照组，则暴露因素的致病作用就可得到证实。

2. 人群干预试验　通过实施干预措施减少人群中某因素的暴露，如果干预后人群中某病的发病率或死亡率明显低于对照组或干预前，也可证实病因假说。

（五）关联的真实性判断

通过流行病学研究，可以基本确定一些发病危险因素，建立暴露与疾病可能的因果联系。但这些联系是否为真实的因果联系尚需进行科学推论和判断。因为在研究过程中，由于设计、资料搜集、分析等多个过程均可能发生错误，从而造成虚假联系，导致研究结果和客观事实存在差异，即误差。因此，在确定真实病因时，首先要对各种误差进行分析，从而判断因果联系的真实性。误差可分为随机误差和系统误差。

1. 随机误差　在流行病学研究中，需要从总体中抽取一定数量的有代表性的样本进行研究。由于个体差异的存在，使得抽到的不同样本之间及样本和总体之间会存在差异，这个差异即为随机误差。随机误差的来源主要为个体差异和随机抽样误差。随机误差无法完全避免，但可以通过统计学方法进行判断。

2. 系统误差　是指随机误差以外的误差，也称偏倚。常见的偏倚主要有选择偏倚、信息偏倚和混杂偏倚（confounding bias）三类。偏倚是有方向性的，在研究中应尽量避免或控制。

二、病因推断标准

在排除暴露因素与结局之间的关系可能是人为联系、随机误差、偏倚等以后，还需要对因果关联进行推断和论证。Koch原则是病因推断标准的第一个里程碑，但它仅适用于传染病。美国吸烟与健康报告委员会于1964年提出的五项标准是病因推断标准的第二个里程碑。此后Hill（1965年）又对五项标准进行了精细化表达，发展成8条。苏德隆（1980年）和Lilienfeld（1994年）也在此基础上做了少许变动，但主要内涵没有根本的差别。在实践过程中，常用的因果推断标准主要表述如下。

1. 时间顺序　关联的时序性（temporality of association）是指"因"一定先于"果"，这是因果推断中的一个必要条件。如果可疑因素是疾病的病因，则暴露应出现在疾病发生之前。对于潜伏期较长的慢性病，确定暴露和发病的时间先后顺序并不是一件容易的事。在确定前因后果的时间顺序上，实验研究和队列研究的效能最强，病例对照研究、生态学研究、现况研究的效能依次递减。

2. 联系强度　指暴露与结局的关联强度，一般用相对危险度（*RR*）或比值比（*OR*）来衡量。某因素与疾病的联系强度越强，两者成为因果联系的可能性就越大。弱的联系可能是受混杂偏倚的影响而得来的。

3. 剂量–反应关系　随着暴露剂量增高或减低，或随暴露时间延长或缩短，联系强度（或发病率、死亡率）也随之升高或降低，可认为该因素与疾病间存在剂量–反应关系。当研究的暴露与疾病之间存在剂量–反应关系时，表明两者可能存在因果关系。但是，没有发现剂量–反应关系并不能否定因果联系，原因可能是剂量没有达到发生反应的"阈值"，或已达到饱和。一般仅在一定的剂量范围内才观察到剂量–反应关系。

4. 联系的一致性　也称关联的重复性。指不同的研究者在不同时间、不同地点、不同人群、用不同的研究方法均可获得相同或类似的结果，则这种联系可能是真实的，更支持其为因果联系的可能。因为许多研究者犯同样错误、出现同样偏倚的可能性不大。

5. 分布相符性　可疑致病因子的分布（即人群分布、时间分布和地区分布）与疾病的分布相符合或基本符合，则它们可能是因果联系。

6. 生物学合理性　因素作为某病的病因，在科学上应"言之有理"，即能用现代医学理论进行合理解释，符合疾病的自然史和生物学原理等，或研究者、评价者从自身的知识背景出发支持因果假设。但是如果缺乏合理性解释，也不能否定因果联系的存在，因为受科学水平的限制，可能目前还没有合理性的解释。

7. 实验证据　在因果关系的判断中，如果有相应的实验证据，则说服力大大提高。例如，在吸烟与肺癌的关联研究中，发现戒烟能使肺癌死亡率下降，这相当于一个自然实验的结果，这一结果大大支持了吸烟是肺癌病因的假设。

8. 联系的特异性　指特定的暴露总是与特定的疾病相联系，这一条件原是针对传染性疾病而提出的，对于多病因的非传染性疾病则是非必需的条件。当关联具有特异性时，可加强病因推断的说服力，但当不存在特异性联系时，却不能因此排除因果关联的可能。

因果关系的判断是复杂的，在上述8条标准中，关联的时间顺序是必须满足的，上述标准中满足的条件越多，因果关系成立的可能性越大。但当满足的条件较少时，并不能因此排除因果联系。

学习小结

流行病学研究中的病因和病因推断，是从群体的角度探究疾病的病因或危险因素及其对疾病发生发展的影响，对疾病的病因提出了许多独到的见解，形成特有的因果推断思维方式和对研究结果的理解，无论是对临床医学还是预防医学的病因研究都具有十分重要的指导意义。

（王建明）

复习参考题

一、选择题

1. 疾病轮状模型的外环是指
   - A. 环境
   - B. 遗传因子
   - C. 宿主
   - D. 生物环境
   - E. 社会环境

2. 不属于病因推断标准的是
   - A. 生物学上言之有理
   - B. 因先于果
   - C. 致病因素与疾病一一对应
   - D. 因素的分布与疾病的分布一致
   - E. 关联强度较大

3. 在建立病因假设时，所用的逻辑思维法则通常不包括
   - A. 求同法
   - B. 求异法
   - C. 共变法
   - D. 演绎法
   - E. 排除法

4. 在因果推断过程中，判定某因素与某病的因果关联时，必须满足的是
   - A. 关联的时序性
   - B. 剂量－反应关系
   - C. 关联的可重复性
   - D. 关联的强度
   - E. 实验证据

5. 流行病学探讨病因的一般程序是
   - A. 从人为联系到统计学联系
   - B. 从间接联系到统计学联系
   - C. 从间接联系到因果联系
   - D. 从统计学联系到因果联系
   - E. 从人为联系到因果联系

   答案：1. A；2. C；3. D；4. A；5. D

二、简答题

1. 判断因果联系的标准是什么？

2. 流行病学病因研究的主要步骤是什么？

第四篇
疾病的预防与控制

第十七章 社区卫生与预防保健策略

	学习目标
知识目标	1. 掌握全球卫生保健策略的目标、原则和主要内容;"健康中国2030"战略目标、战略主题、主要原则和内容。 2. 熟悉不同社区特殊人群的社区保健工作要点;主要慢性非传染性疾病的社区预防措施。 3. 了解社区卫生服务工作内容和主要管理策略及措施。
能力目标	1. 结合人人享有卫生保健的全球卫生策略分析我国社区卫生服务开展的意义和实施要点。 2. 运用相关知识与技能,对社区特殊人群进行保健指导,并能为常见慢性非传染性疾病制定针对性社区防治措施。
素质目标	1. 具有全球视野,从全人类健康的视角培养全球健康意识和理念。 2. 具备开展社区特殊人群保健指导和常见慢性非传染性疾病社区干预的素质。

第一节 预防保健策略

一、全球卫生策略

全球卫生以提高全球范围内的健康水平、实现全球健康公平为宗旨,重点关注超越国界和地域的健康问题、健康决定因素和解决方案,提倡不同领域、不同学科间的通力协作,根本目的在于切实解决全球范围内的卫生与健康问题。全球卫生策略是指为促进全球范围内卫生发展、维护人群健康，由国际组织基于全球健康状况及其面临的健康挑战所作出的战略部署，既包括"人人享有卫生保健"、初级卫生保健等卫生领域内的战略措施，也包括联合国可持续发展目标等宏观领域的卫生策略。

（一）基本卫生保健

1. "人人享有卫生保健" 是世界卫生组织于1977年在第30届世界卫生大会上提出的全球健康战略目标，即"到2000年使世界全体人民都能享有基本的卫生保健服务，并且通过消除和控制影响健康的各种有害因素，使人们都能享有在社会和经济生活方面均富有成效的健康水平，达到身体、精神和社会适应的完好状态"。"人人享有卫生保健"的主要内容包括：① 人们在工作和生活场所都能保持健康；② 人们能运用比现在更好的办法来预防疾病，减少疾病和伤残导致的痛苦，健康地进入成年和老年，最终安然地告别人世；③ 公平地分配一切卫生资源，使所有个人和家庭都能在可接受和提供的范围通过充分参与，享受到基本的卫生保健服务；④ 使人们明白疾病不是不可避免的，自己有力量摆脱可以避免的疾病，创造自己及其家庭的健康幸福生活。

随着社会发展和人类生存环境的改变，全球健康仍面临着许多新的挑战：绝对和相对贫困广泛存在；慢性非传染性疾病、意外损伤和暴力发病率仍在上升；人口老龄化、城市化、全球化及环境污染对人类的生存和可持续发展构成了巨大威胁；新传染病出现和旧传染病死灰复燃使全球公共卫生形势依然严峻等。

为了应对这些挑战，在1998年第51届世界卫生大会上，世界卫生组织发表了"21世纪人人享有卫生保健"宣言，指出"人人享有卫生保健"不是一个单一的、有限的目标，它是促使人们健康状况不断改善的过程，每个公民都有相同的权利、义务和责任获得最大可能的健康。人类健康水平的提高和人民幸福是社会经济发展的最终目标。"21世纪人人享有卫生保健"建立在原有《阿拉木图宣言》"人人享有卫生保健"战略政策的基础上，是其目标的延续和发展。"21世纪人人享有卫生保健"的3个总体目标：① 提高平均期望寿命的同时提高生活质量；② 在国家内部和国家之间改善健康的公平程度；③ 卫生系统的可持续发展，保证人民利用这一系统所提供的服务。

"21世纪人人享有卫生保健"的实施策略主要包括：① 与贫困作斗争，不仅仅是为贫困人口提供他们赖以生存所必需的物质，更重要的是寻找一种机制让他们能通过自救改变生存环境。采取卫生干预措施，打破贫困和不健康的恶性循环。② 在所有的环境中促进健康，包括生活、工作、娱乐和学习所需的环境。通过社会行动促进健康，通过媒体形象倡导健康。③ 部门间的协调、协商和互利（大卫生观念）。卫生部门要敏锐地意识到各个部门的动机，以便与之协调，实现在促进人类健康目标上的一致性。④ 将卫生列入可持续发展规划。要使健康成为发展的中心内容，健康必须在可持续发展计划中优先被考虑。

"21世纪人人享有卫生保健"是一个全球公平、正义的目标，它将全球卫生事业推向了一个新阶段，实现了从面对患者到人群、从单纯防治疾病到预防保健、从微观行动到宏观计划的整体性转变。这一目标也推动了许多国家和地区的政府制定各自的行动纲领、规划并加以实施，同时也增强了卫生在政府工作中的重要性和部门、地区间的协同性。

2. 初级卫生保健 1978年，世界卫生组织和联合国儿童基金会（UNICEF）在阿拉木图召开了国际初级卫生保健会议。会议发表的《阿拉木图宣言》明确指出初级卫生保健是实现"2000年人人享有卫生保健"目标的关键和基本途径。1980年，联合国特别会议在审议国际社会经济发展新策略时指出，初级卫生保健已成为20世纪末全球社会经济发展新策略的组成部分。

（1）概念：初级卫生保健（primary health care，PHC）又称基本卫生保健，是指普及适宜的、技术可靠的、社会能接受和负担的技术，使全体人民公平地获得基本卫生服务，是实现"人人享有卫生保健"战略目标的基本途径。1990年，我国颁布《关于我国农村实现"2000年人人享有卫生保健"的规划目标》，对初级卫生保健进行简明定义，即初级卫生保健是指最基本的，人人都能得到的、体现社会平等权利的、人民群众和政府都能负担得起的卫生保健服务。

初级卫生保健既是国家卫生体制的一个组成部分、功能中心和活动焦点，也是社会及经济总体发展的一个组成部分。它是个人、家庭、群众与国家保健系统接触的第一环，能使卫生保健尽可能地接近于人民生活及工作场所，是卫生保健持续进程的起始一级。

（2）基本原则：① 社会公平原则。体现在卫生资源配置与可及、卫生服务接受机会均等、努力缩小地区之间、人群之间的差异，同时更多地关注老年、失业、贫困等弱势人群，给予其足够的医疗援助。② 社区参与原则。要求在政府的统一领导下，各部门密切协作，社区居民积极主动地参与本地卫生保健政策的制定与实施，成为卫生保健机构的合作者和健康促进的倡导者。③ 预防为主原则。初级卫生保健的重点是预防疾病和促进健康，而不仅是治疗疾病。预防为主是初级卫生保健最重要的内容。实践表明，预防服务是最具成本效益的，它有利于卫生保健资源的充分利用，以满足大多数人的卫生保健需求。④ 适宜技术原则。初级卫生保健工作者应提供或使用科学、易于推广、适合当地社会经济发展水平且能为广大群众所接受的技术和方法。适宜技术是实施初级卫生保健的重要基础，对改善卫生服务的公平性、缓解过快增长的医药卫生费用给居民经济造成的压力具有重要的现实意义。⑤ 综合利用原则。提供基本医疗卫生服务仅是初级卫生保健的一个部分，人群健康的保障还涉及营养、教育、饮水供应及住房等诸多方面，这些都是人类生活中最基本的需要。因此，要实现人人享有健康必须动员全社会各领域与相关部门密切配合，相互协作，共同为促进居民健康而努力。

（3）基本内容：① 健康促进。通过健康教育和各种政策、法规等社会环境支持，促使人们养成并保持良好的行为生活方式，提高自我保健意识和能力。通过合理营养、安全卫生的饮用水及改善卫生设施等，消除或减轻影响健康的危险因素，促进健康，提高生命质量。② 预防保健。研究健康的影响因素和疾病发生发展的规律，在未发病或发病前期采取积极有效的措施，预防各种疾病的发生、发展和流行。可采取的措施包括开展特定传染病的预防接种、疾病筛查、慢性病管理等。应为妇女、儿童和老年人等特殊人群提供有针对性的保健服务，以提高人口素质和生命质量。③ 基本医疗。采取适宜有效的措施，为社区居民提供及时、可及的基本医疗服务，以防止疾病恶化或向慢性化发展，做到早期发现、早期诊断、早期治疗。④ 社区康复。对丧失正常生理功能或功能缺陷者，通过医学、教育、职业、社会等综合措施，加强生理、心理和社会多个方面的康复治疗，最大限度地恢复其功能，适应社会生活。

（4）基本要素：① 对当前主要卫生问题及其预防控制方法的宣传教育；② 地方病的预防和控制；③ 保证基本药物的供应；④ 妇幼保健和计划生育；⑤ 主要传染病的预防接种；⑥ 改善食品供应和合理营养；⑦ 常见病和创伤的合理治疗；⑧ 安全饮用水和基本环境卫生设施的充足供应。

初级卫生保健是人类有史以来持续时间最长、开展范围最广、参与人数最多的全球卫生战略，在促进全体人民健康、改善人类生存质量方面取得了明显成效。

（二）千年发展目标

千年发展目标（millennium development goals，MDGs）是2000年9月在联合国千年首脑会议上签署的国际宣言，是一项旨在将全球贫困水平降低一半（以1990年的水平为标准）的行动计划。MDGs就消除贫穷、饥饿、疾病、文盲、环境恶化和对妇女的歧视商定了一套有时限的目标和指标，其中多项目标和指标与全球卫生治理直接或间接相关，如降低儿童死亡率、改善妇女保健及与艾滋病、疟疾和其他疾病作斗争等。

MDGs促使世界各国采取协调一致的行动，以改善全球卫生问题，是朝着"人人享有卫生保健"方向前进的重要里程碑，对于实现"21世纪人人享有卫生保健"全球战略目标具有重要意义。

（三）可持续发展目标

2015年9月，联合国193个成员国在可持续发展峰会上通过了《2030年可持续发展议程》。2016年1月1日，"2030年可持续发展议程"的17项可持续发展目标（sustainable development goals，SDGs）正式生效。可持续发展目标以联合国千年发展目标的成功为基础，旨在自2015年到2030年消除一切形式的贫困，战胜不平等，遏制气候变化，以综合方式彻底解决社会、经济、环境三个维度的发展问题。联合国可持续发展目标是一套普遍适用于所有国家而又考虑到各国的国情、能力和发展水平差异的可持续发展理念；尊重国家政策和优先目标以平衡环境保护、社会发展、经济发展三大可持续发展的重要支柱；指出消除贫困必须与一系列战略齐头并进，包括促进经济增长，解决教育、卫生、社会保护和就业机会的社会需求，遏制气候变化，保护环境。与千年发展目标相比，可持续发展目标提出了经济、社会、环境协调发展的可持续发展理念，在广度和深度上都实现了发展与超越。

联合国可持续发展目标内容中的第3项总目标"确保良好健康与福祉"与卫生领域直接相关，其余目标也与健康间接相关，这些目标的实现将有助于提高全球人群的健康状况。

二、健康中国卫生保健策略

改革开放以来，健康领域改革发展成就显著，人民健康水平持续提高，但我国也面临着工业化、城镇化、人口老龄化，以及疾病谱、生态环境、生活方式不断变化等带来的新挑战。为了有效应对健康挑战，进一步提高人民健康水平，党中央、国务院作出了"推进健康中国建设"重大战略部署。2016年在全国卫生与健康大会上提出没有全民健康，就没有全面小康。为推进健康中国建设，提高人民健康水平，根据党的十八届五中全会战略部署，制定《"健康中国2030"规划纲要》。该规划纲要是推进健康中国建设的宏伟蓝图和行动纲领。

1. 战略目标 推进健康中国建设，是全面建成小康社会、基本实现社会主义现代化的重要基础，是全面提升中华民族健康素质、实现人民健康与经济社会协调发展的国家战略，是积极参与全球健康治理、履行2030年可持续发展议程国际承诺的重大举措。《"健康中国2030"规划纲要》提出了健康中国2020年、2030年、2050年"三步走"的目标。

到2020年，建立覆盖城乡居民的中国特色基本医疗卫生制度，健康素养水平持续提高，健康服务体系完善高效，人人享有基本医疗卫生服务和基本体育健身服务，基本形成内涵丰富、结构合理的健康产业体系，主要健康指标居于中高收入国家前列。

到2030年，促进全民健康的制度体系更加完善，健康领域发展更加协调，健康生活方式得到普及，健康服务质量和健康保障水平不断提高，健康产业繁荣发展，基本实现健康公平，主要健康指标进入高收入国家行列。

到2050年，建成与社会主义现代化国家相适应的健康国家。

2. 主要原则

（1）健康优先：党的二十大报告指出，人民健康是民族昌盛和国家强盛的重要标志。推进健康中国建设，要把健康摆在优先发展的战略地位，立足国情，将促进健康的理念融入公共政策制定实施的全过程，加快形成有利于健康的生活方式、生态环境和经济社会发展模式，实现健康与经济社会良性协调发展。

（2）改革创新：坚持政府主导，发挥市场机制作用，加快关键环节改革步伐，冲破思想观念束缚，破除利益固化藩篱，清除体制机制障碍，发挥科技创新和信息化的引领支撑作用，形成具有中国特色、促进全民健康的制度体系。

（3）科学发展：把握健康领域发展规律，坚持预防为主、防治结合、中西医并重，转变服务模式，构建整合型医疗卫生服务体系，推动健康服务从规模扩张的粗放型发展转变到质量效益提升的绿色集约式发展，推动中医药和西医药相互补充、协调发展，提升健康服务水平。

（4）公平公正：以农村和基层为重点，推动健康领域基本公共服务均等化，维护基本医疗卫生服务的公益性，逐步缩小城乡、地区、人群间基本健康服务和健康水平的差异，实现全民健康覆盖，促进社会公平。

3. 战略主题 "共建共享、全民健康"是建设健康中国的战略主题。核心是以人民健康为中心，坚持以基层为重点，以改革创新为动力，预防为主，中西医并重，把健康融入所有政策，人民共建共享的卫生与健康工作方针，针对生活行为方式、生产生活环境及医疗卫生服务等健康影响因素，坚持政府主导与调动社会、个人的积极性相结合，推动人人参与、人人尽力、人人享有，落实预防为主，推行健康生活方式，减少疾病发生，强化早期诊断、早期治疗、早期康复，实现全民健康。

4. 主要内容

（1）普及健康生活：加强健康教育，提高全民健康素养，加大学校健康教育力度；塑造自主自律的健康行为，引导合理膳食，开展控烟限酒，促进心理健康，减少不安全性行为和毒品危害；提高全民身体素质，完善全民健身公共服务体系，广泛开展全民健身运动，加强体医融合和非医疗健康干预，促进重点人群体育活动。

（2）优化健康服务：强化覆盖全民的公共卫生服务，防治重大疾病，完善计划生育服务管理，推进基本公共卫生服务均等化；提供优质高效的医疗服务，完善医疗卫生服务体系，创新医疗卫生服务供给模式，提升医疗服务水平和质量；充分发挥中医药独特优势，提高中医药服务能力，发展中医养生保健治未病服务，推进中医药继承创新；加强重点人群健康服务，提高妇幼健康水平，促进健康老龄化，维护残疾人健康。

（3）完善健康保障：健全医疗保障体系，完善全民医保体系，健全医保管理服务体系，积极发展商业健康保险；完善药品供应保障体系，深化药品、医疗器械流通体制改革，完善国家药物政策。

（4）建设健康环境：深入开展爱国卫生运动，加强城乡环境卫生综合整治，建设健康城市和健康村镇；加强影响健康的环境问题治理，深入开展大气、水、土壤等污染防治，实施工业污染源全面达标排放计划，建立健全环境与健康监测、调查和风险评估制度；保障食品药品安全，加强食品安全监管，强化药品安全监管；完善公共安全体系，强化安全生产和职业健康，促进道路交通安全，预防和减少伤害，提高突发事件应急能力，健全口岸公共卫生体系。

（5）发展健康产业：优化多元办医格局；发展健康服务新业态；积极发展健身休闲运动产业；促进医药产业发展，加强医药技术创新，提升产业发展水平。

（高博）

第二节　社区卫生服务

随着现代医学模式的转变，以医院为基础，以患者为中心的传统卫生服务模式正在经历着世界性的变革，社区卫生服务逐渐成为我国解决居民基本医疗保健问题的根本途径。我国在2011年7月出台的《国务院关于建立全科医生制度的指导意见》中明确指出，健全以全科团队为基础的社区卫生服务模式，建立家庭医生制度，逐步实施基层首诊、分级诊疗。社区卫生服务承担了医学科普、保健护理、疾病预防等全流程的任务，是一种更为基础性的医疗服务，符合国际疾病谱向慢性病转向的趋势，将压力转移分散，能够有效避免医疗资源的浪费。

一、社区卫生服务的内容

社区卫生服务机构是不以营利为目的基层机构，以"全科服务团队"为核心开展"六位一体"即集医疗、预防、保健、康复、健康教育和计划生育于一体的卫生综合服务的新型社区卫生服务组织和管理模式，使社区卫生服务的公益性日趋凸显。其基本工作内容主要包括基本的医疗服务和基本的公共卫生服务。

（一）基本医疗服务

主要对一般常见病、多发病和诊断明确的慢性病进行诊疗。此处的常见病、多发病是指社区常见的以内科、外科、妇科、儿科等为主，出现频率较高的疾病。主要服务内容包括：① 恰当处理疑难病症，对不能确诊的病例应及时做好转诊工作；② 做好危、急、重症患者的现场应急救护工作；③ 开展定期的健康检查和疾病筛查服务；④ 提供家庭出诊、家庭护理、家庭病床等家庭医疗服务；⑤ 积极开展社区中医药（民族医药）服务等。

（二）基本公共卫生服务

根据《国家基本公共卫生服务规范第三版（2017年）》的要求，社区卫生服务机构、乡镇卫生院、村卫生室等基层医疗卫生机构为居民提供免费、自愿的基本公共卫生服务，主要包括12项内容，即居民健康档案管理、健康教育、预防接种、0~6岁儿童健康管理、孕产妇健康管理、老年人健康管理、慢性病患者健康管理（包括高血压患者健康管理和2型糖尿病患者健康管理）、严重精神障碍患者管理、肺结核患者健康管理、中医药健康管理、传染病及突发公共卫生事件报告和处理、卫生计生监督协管。而随着社会经济发展、公共卫生服务需要和财政承受能力等因素，国家基本公共卫生服务项目亦不断根据实际情况适时进行修订。

二、社区卫生诊断

（一）社区卫生诊断的定义

社区卫生诊断（community health diagnosis）是运用社会学、人类学和流行病学的研究方法对一定时期内社区的主要健康问题及其影响因素、社区卫生服务的供给与利用，以及社区综合资源环境进行客观、科学地确定和评价，发现和分析问题，提出优先干预项目，从而为有针对性地制定社区卫生服务工作规划和计划提供参考依据。

社区卫生诊断的主要内容一般概括为四个方面。首先，查明社区存在的卫生保健问题及其范围。其次，确定需要优先解决的社区卫生保健问题，包括确定需要优先解决的健康问题和确定应该干预的目标人群。接着，明确需要优先解决的社区卫生保健问题的必要和辅助原因。最后，明确社区可供利用的资源，社区卫生服务的资源可以来自卫生部门、政府、社区及其他组织等，并弄清哪些资源是可以利用的，哪些资源是尚待开发利用的。

（二）社区卫生诊断的资料来源

1. 现有资料　如派出所的人口资料、政府机构的社会、文化、经济等方面的资料，卫生行政部门的卫生统计资料等。这些资料容易获取且适用于初期的社区卫生诊断，但信息量较小，针对性较差。

2. 社区调查和社区筛检　社区调查和社区筛检得到的资料准确、实用、全面、可靠，但耗费人力、物力、财力，只有必要时才开展此项工作。

3. 卫生健康记录资料　包括门诊医疗记录，个人、家庭健康档案及患者的病历档案等。

4. 其他资料　如居民反映的情况及其他部门的总结报告等。

（三）社区卫生诊断的原则

社区卫生诊断应遵循以下五大基本原则。

1. 政府主导原则 社区卫生诊断作为一项基础性的公共卫生管理项目，必须坚持以政府为主导。各级政府应将社区卫生诊断工作纳入公共卫生计划、社区卫生服务计划，保证该项工作的计划安排、经费投入与组织协调到位。

2. 科学性原则 社区卫生诊断主要以街道社区为范围，其内容、方法、程序和标准要坚持科学、规范的原则，以保证取得全面、客观和可靠的结果。

3. 可行性原则 社区卫生诊断应根据诊断内容，结合社区实际，注重诊断程序与方法的可行性和适宜性，使资料易于获得，资料的分析方法简易且结果可信，能以最低成本发挥最大效益。

4. 实用性原则 社区卫生诊断应该实事求是地反映本社区的真实情况，应具有针对性和特异性，要显示本社区的特点，通过诊断提出本社区的主要卫生问题，制定相应的社区卫生服务计划，适时地提出本社区卫生服务发展的明确目标和策略措施，真正达到诊断的目的。

5. 周期性原则 社区卫生诊断是对本社区在某一个时间段的调查研究，随着社会经济和卫生事业的发展，社区卫生服务的供方能力、居民需求和社区环境都在发生变化，因此，社区卫生诊断应是一项循序渐进、周而复始的基础工作，具有持续性和周期性，一般五年进行一次。

三、社区健康教育与健康促进

（一）社区健康教育与健康促进的概念

社区健康教育（community health education）是以社区为基本单位，以社区人群为教育对象，以促进居民健康为目标，有目的、有计划、有组织、有评价的系统的健康教育活动。服务对象主要包括辖区内常住居民，社区所辖各企事业单位、学校、商业及其他服务行业的从业人员，并且重点关注儿童、青少年、妇女、慢性病患者、老年人、残疾人等人群。其目的主要体现在以下五个方面：① 提高和促进社区人群健康和自我保护意识，积极培养居民的责任感；② 增进居民自我保健的知识和技能；③ 促使居民养成有利于健康的行为和生活方式；④ 合理利用社区的保健服务资源；⑤ 减少和消除社区健康危险因素。

1986年，《渥太华宣言》指出，健康促进（health promotion）是指"促进人们维护和提高他们自身健康的过程"，并将"强化社区行动"列为健康促进五项领域之一。2019年国际健康促进大会再次强调了社区参与的重要性，并将社区列为健康促进的优先领域，申明健康促进的核心是把社会的健康目标转化为社会的行动。由此可见，健康促进最有效、最恰当的重点在社区。社区健康促进的内涵主要体现在以下六个方面：① 社区健康促进的工作主体不仅仅是社区卫生服务机构及其他卫生部门，而应是政府各部门的核心义务和职责；② 社区健康促进涉及整体人群健康和生活的各个方面，而非仅限于疾病的预防；③ 社区健康促进直接作用于影响社区居民健康的因素，包括生物遗传因素、环境、行为、生活方式及卫生服务政策和资源等；④ 社区健康促进是跨学科、跨部门，综合运用多种手段来增进社区群众的健康；⑤ 社区健康促进强调社区群众积极地参与健康促进活动的全过程；⑥ 社区健康促进是建立在大众健康生态学基础上的，强调健康 – 环境 – 发展三者合一的活动。

总而言之，社区健康教育与健康促进不仅涉及个人、家庭、群体身心健康，还贯穿于人生命的各个阶段。它们既适用于社区急、慢性疾病的综合防治，又适用于社区生态和社会环境的改善；既可促进社区居民对社区医疗保健服务的利用，又可促进社区医疗保健服务质量的提高，为社区人民创造健康、文明的社区环境。

（二）社区健康教育与健康促进的关系

社区健康教育与健康促进存在一种递进包容的关系，二者相互区别又相互联系。

1. 从二者重点关注的对象来看，社区健康教育着重个体和人群，侧重于行为与生活方式因素，而社区健康促进着眼于人群和社会生活，侧重影响健康的社会、环境等因素。社区健康促进需要社区健康教育的推动和落实，而社区健康教育必须有环境、政策的支持，才能逐步向社区健康促进发展，否则其作用会受到极大的限制。

2. 从二者性质来看，社区健康教育注重自觉性，社区健康促进强调约束性。社区健康教育要求人们通过自身认知、态度、价值观和技能的改变而自觉采取有益于健康的行为和生活方式。因而，从原则上讲，社区健康教育最适于通过改变自身因素而改变行为的人群；而社区健康促进是在组织、政策、经济、法律上提供支持环境，它对行为改变有支持性或约束性。

3. 从二者的具体内涵来看，社区健康教育是社区健康促进的核心，社区健康促进包含了社区健康教育，是一种包容关系。社区健康教育主要是指个体与群体的知识、信念和行为的改变，是一种有计划、有组织、有评价的教育活动。而社区健康促进包括健康教育和环境支持，将客观支持与主观参与融于一体，并重视发挥个人、家庭、社会的健康潜能，是一种综合教育。

4. 从二者的行动阶段来看，疾病三级预防中社区健康促进强调一级预防（病因预防）甚至更早阶段，其布局、实施阶段先于社区健康教育，是一种递进关系。

5. 从二者的合作主体来看，社区健康教育以行为改变为核心，主要主体为教育者和受教者。而社区健康促进最广泛地动员了全社会对促进健康的共同参与，是由政府主导，社会参与，多部门合作，是对影响健康的因素实施综合干预。

6. 从二者的作用效果来看，社区健康教育是知识、信息、行为的改变，通过信息传播和行为干预，帮助个人和群体掌握卫生保健知识，树立健康观念，消除或减轻影响健康的危险因素。社区健康教育的实质是一种干预，可带来个体和群体健康水平的提高，创建健康环境，效果有持久性。

总之，社区健康教育是社区健康促进的核心，社区健康教育必须有社区健康促进的支持，健康促进包括健康教育和环境支持。

四、社区健康管理

随着现代医学模式从以"疾病为中心"向"以健康为中心"的转变，医院的功能和内涵正在进一步调整。而社区是居民日常活动的主要场所，在社区卫生服务中引入健康管理的理念、方法和技术手段，使之互相促进、协调发展，才能真正地运用健康管理模式为公众服务。

社区健康管理（community health management）是基于管理理论和新健康理念对社区健康人群、患病人群的健康危险因素进行全面监测、分析、评估、预测、预防、维护和发展个人及家庭技能的全过程。社区健康管理对社区卫生服务可持续发展具有重要意义，主要体现在以下六个方面：① 能够促进社区卫生服务内容和服务方式的转变，满足社区内不同层次居民的健康需求；② 有利于增强社区卫生服务的生命力和竞争力；③ 有利于完善社区卫生服务功能；④ 有利于体现"以人为本、以健康为中心"的社区卫生服务精神；⑤ 有利于缓解社区全科医生匮乏和公共卫生功能缺失的矛盾；⑥ 有利于提高社区卫生资源的利用率。

（一）社区健康管理的策略

社区健康管理是一个系统工程，也是一种大卫生思路，呼吁对个人和人群的各种健康因素进行全面管理，重申协调组织的过程来达到最大健康效益。其基本策略包括生活方式管理、需求管理、疾病管理、灾难性病伤管理、残疾管理及综合性的群体健康管理。

特别注意的是，社区健康管理是不断运行的循环过程，即对辖区居民的健康危险因素的监测（发现健康问题）、评价（认识健康问题）、干预（解决健康问题）、再监测、再评价、最终再干预。健康管理每循环一周，就可以解决一些健康问题。健康管理循环的不断运行使管理对象走上健康之路。

社区健康管理的核心要素是改变不良的生活行为习惯，养成能量平衡的、健康的生活方式。主要包括：对一般人群进行健康教育；对高危人群进行非药物治疗的个体化指导；对疾病人群采用健康促进诊疗管理的模式，对健康危险因素进行综合干预，改变单纯依靠药物治疗的传统做法。

在不断修正的基础上，建立社区人群健康基础数据库、规范评估手段和制定疗效评价标准、充分发挥中西医结合优势进行健康管理。综合的群体健康管理是通过协调不同的健康管理策略来为个体提供更为全面的健康和福利管理。在健康管理实践中，基本上都应考虑采取综合群体健康管理模式。

（二）社区慢性病健康管理

现阶段，社区健康管理的主题转向慢性非传染性疾病的预防与控制。社区慢性病健康管理应突出居民健康需求特点，把握当前社区公共卫生工作的难点，整合现有的服务资源，形成动态协调的运作机制。在慢性病的健康管理中，患者有各种各样的问题，且管理者所干预的生活方式及习惯的改变需要较长时间，所以必须将慢性病的健康管理循环运行起来，真正地为慢性病患者服务。常规流程如下。

1. 体检收集健康信息　以人群的健康需求为基础，按照早发现、早干预的原则来选定体格检查的项目。检查结果对后期的健康干预活动具有明确的指导意义。健康管理体检项目可以根据个人的年龄、性别、工作特点及疾病的病程等进行调整。

2. 健康评估　通过分析个人健康史、疾病史、家族史、生活方式和精神压力状况等，为服务对象提供一系列评估报告，其中包括用来反映各项检查指标状况的个人健康体检报告、个人总体健康评估报告、精神压力评估报告等。

3. 专项的健康及疾病管理服务　慢性病社区健康管理的服务可以采用多种方式进行，包括：① 利用现代信息技术进行网上或电话咨询；② 健康管理人员到社区随访、监测、评估和干预；③ 开展家庭病床关照护理；④ 利用社区卫生资源进行基本医疗、护理、康复、咨询服务工作；⑤ 利用现有资源开展有利于健康的特色活动等。慢性病社区健康管理的服务内容根据服务对象的不同需求，因人、因时、因地而异。针对慢性病患者，可以开展患者照顾、就医导诊咨询服务、康复活动，提高患者的自我管理能力；针对慢性病风险人群，可以采取健康监测、健康宣传、健康干预；针对健康人群，可以采取健康促进等措施。

五、传染病预防与控制

随着人类社会的全面发展，医药学科亦获得了迅猛发展。生活卫生条件的改善、抗生素的应用和免疫疫苗的不断问世及免疫规划的实施与推进，使传染病对人类生存和健康的威胁日益减轻。然而，人类对自然界未及领域的探索和开发也在一定程度上打破了原有的自然秩序与生态平衡，客观上为原有传染病的复苏和新发传染病的出现提供了条件。自20世纪70年代以来，新发现的传染病有40多种，如艾滋病、埃博拉出血热、疯牛病、人禽流感、SARS等。与此同时，一些早已被认为得到控制的传染病死灰复燃，如霍乱、疟疾、结核病等，在世界许多地方重新蔓延。传染病仍然威胁着人类的生命与健康。事实说明，公共卫生事业仍面临着严峻考验，人类与传染病的斗争任重而道远。因此，传染病的预防和控制仍是世界各国乃至全球的一个突出重点。

（一）传染病的概念

传染病（infectious diseases）是由各种病原体引起的能在人与人、动物与动物或人与动物之间相互传播的一类疾病。中国目前的法定报告传染病分为甲、乙、丙3类，共40种。

（二）传染病的防控策略

1. 控制传染源　传染源（source of infection）是指体内有病原体生长、繁殖并能排出病原体的人和动物，包括传染病的患者、病原携带者乃至受感染的动物。传染病预防的基本措施首先应注意根据传染病的甲、乙、丙分类管理，进行疫情报卡，对特殊岗位人员进行定期身体检查，还要做好食品检疫，管理传染源；其次应对有传染病的患者进行隔离和治疗，对携带者要进行隔离、教育和治疗，对接触者进行检疫和预防，对感染的动物进行处理等。

2. 切断传播途径　病原体从传染源体内排出后，侵入新的易感宿主机体之前，在外界环境中所经历的全过程，称为传播途径（route of transmission）。病原体在外环境中必须依附于一定的媒介物（如空气、水、食物、蚊蝇及日常生活用品等），这些参与病原体传播的媒介物被称为传播因素。同时，传染病可以通过空气、水、食物、接触节肢动物、土壤、医源性传播、垂直传播等一种或多种途径传播。

切断传播途径是指采取一定的措施，阻断病原体从传染源转移到易感宿主的过程，从而防止疾病的发生。一般情况下，传染的疾病不同，采取切断传播途径的措施也会有所不同，可以通过隔离、消毒、戴口罩、杀虫等方法切断。鼠疫、霍乱、梅毒、乙型肝炎、艾滋病等常见疾病的传播途径一般是血液接触、亲密接触等，患者出现传染疾病时需要及时隔离，同时积极地配合医生治疗，在一定程度上可以起到防止传播的作用。由于肠道传染病患者排出的粪便污染环境，其防控的重点是被污染物品及环境的消毒；经呼吸道传播传染病主要通过空气污染环境，应当注意空气消毒、个人防护（戴口罩）和通风；经水传播传染病防控侧重于改善饮水卫生及个人防护；预防控制虫媒传染病的重点则在于杀虫。

3. 保护易感人群 易感人群是指对某种传染病缺乏免疫力，而易受该病感染的人群。在传染病发生的时候，保护易感人群不受传染，也是传染病预防的重点措施之一，主要包括特异性和非特异性预防两个方面。特异性预防，主要是预防接种，对传染病的控制和消灭起关键作用。非特异性预防，包括改善营养、锻炼身体、增强体质、提高抵抗力等。

根据《中华人民共和国传染病防治法》，某个地区有传染病暴发或流行时，当地政府报经上一级政府批准决定，可以宣布为疫区。在疫区内应立即组织力量积极防治，通过以上相应措施控制传染源，切断传播途径，保护易感人群。必要时，可采取以下紧急措施：限制或停止集市、集会、演出或其他人群聚集活动；停工、停业、停课；临时征用房屋、交通工具；封闭被传染病病原体污染的公共饮用水源。除上述措施外，还可对出入疫区的人员、物资和交通工具实施卫生检疫。

知识链接 | **传染病防控的目标**

当今世界，预防和控制传染病的流行已经不是某一城市、某一地区，甚至某一国家的任务，而是一项全球性的共同行动。当前，国内外医学界都在努力研究传染病在全球范围内的发生规律，集中全社会的资源和力量，阻断传染病的流行环节。我国卫生防病法律制度在不断完善，使传染病控制有了更加明确的目标和策略。目前，被大家广泛接受的传染病控制目标有控制、消除和消灭。

1. 控制（control） 即在局部地区降低传染病的发病率、患病率、死亡率及病死率，使某种传染病不再成为严重的卫生问题。有些传染病的控制效果明显，对策与措施一旦实施，发病率下降显著，如接种脊髓灰质炎疫苗以应对脊髓灰质炎，接种麻疹疫苗以应对麻疹，改善饮水应对慢性水型伤寒流行。也有些疾病由于流行环境复杂，或现阶段尚缺少有效的对策与措施，故即使采取措施，但效果并不明显。至今，尚有不少疾病属于此种情况。

2. 消除（elimination） 即在局限区域内采取有效的预防策略与措施，使某种传染病的发病率为零或是没有发生感染，即疾病消失。局限地区的范围可大至一个国家、一个洲，但并非全球。

3. 消灭（eradication） 是传染病控制目标的最高等级。消灭是指在全世界范围内，某传染病的传播自消灭之日起永远终止，并实现全球所有国家永不再发生该种传染病。消灭不仅指临床症状的病例，更是指一种传染病的病原微生物作为一个物种被彻底消灭，即使不再进行预防接种或采取其他任何预防措施，人群再也不会遭受该病的危害。只有在这种条件下，才能被认为该传染病已经消灭。在目前达到消灭的只有天花。

各种传染病因其特异的流行环节、特征及不同的外界环境，因而预防控制目标也有很大的差异。目前，绝大多数传染病只能以"控制"为目标。极少数疾病由于条件成熟，措施有效，可以达到"消除"的要求。极个别的疾病在条件成熟的前提下，在全世界各国共同努力下，可以达到"消灭"的目标。为了预防疾病，促进健康，人们期望对目前不易控制的疾病逐步得到控制，在此基础上逐渐迈向"消除"，最终达到"消灭"。

六、伤害的预防与控制

伤害是全球面临的重要公共卫生问题，是青壮年的主要死亡原因。全球每日约有1.2万人死于因交通事故、谋杀、自杀、溺水、坠亡、烧伤和中毒等造成的伤害，而每一起死亡事件中估计有几十人住院，数百人急诊，上千人就医。不仅发生率高、死亡人数多，而且因急救、医疗、康复及早死、残疾而花费巨额费用，造成的经济损失和社会负担远超任何一种慢性病。伤害与传染性疾病、慢性非传染性疾病共同构成了危害人类健康的三大疾病负担，伤害的预防与控制工作日益受到世界各国重视。

（一）伤害的概念

伤害（injury）是指由于运动、能量、化学、电或放射线的能量交换超过机体组织的耐受水平而造成的组织损伤和由于窒息引起的缺氧，以及由此引起的心理损伤等。

在伤害监测和研究过程中，需要制定伤害的界定标准，即操作性定义。1986年，美国国家统计中心将伤害操作性定义为：必须到医疗机构诊治或活动受限一日的损伤。1996年我国学者建议，具有下列三种情况之一者即属于伤害的统计对象：① 到医疗单位诊治，诊断为某一种损伤；② 由家人、老师、同伴或同事对受害者做紧急处置或看护；③ 因伤请假（休工、休学休息）半日以上。2010年，中华预防医学会伤害预防与控制分会界定伤害的流行病学标准为"被医疗单位诊断为某一类损伤或因损伤请假（休工、休学、休息）1日以上，凡具有两种情况中的一种者。"

（二）伤害的流行现况

伤害的流行状况通常被形象地描绘成金字塔，金字塔每层宽度代表了对应的伤害发生数量（图17-2-1）。未进行治疗的伤害数量最多，位于塔的底部，需要治疗的伤害在塔的中部，而伤害造成的死亡位于塔尖，其数量最少、最明显。

研究表明，伤害致死占全球死亡的1/10，伤害的死亡原因主要是交通事故、自杀、战争伤害、火灾与烧伤、暴力、职业伤害和溺水等。伤害死亡的高发年龄为15~59岁，儿童和青少年伤害死亡率呈上升趋势。男性占比2/3，甚至在15~44岁年龄组，男性因交通事故致死数是女性的15倍。从地区分布来看，发展中国家的伤害死亡率高于发达国家。伤害死亡率最高的国家集中在非洲、中亚和南亚。我国居民伤害死亡率呈现由东向西逐渐增高的特点，农村伤害死亡率高于城市。

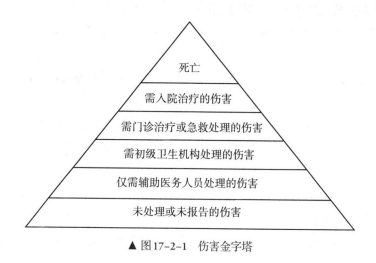

▲ 图17-2-1　伤害金字塔

（三）伤害的防控策略与措施

在伤害的预防控制上，首先应预防伤害的发生，减少甚至杜绝群死群伤的重大伤害事件，最大限度地降低伤害的发生率。在伤害发生后，应及时做好急救、治疗和康复，尽可能减少死亡、合并症、残疾和功能障碍，把伤害的损失降到最低程度。伤害的预防控制与急救系统的快速反应能力、社区卫生服务工作质量、康复医学的普及和发展、各种社会保障功能等有密不可分的关系。

1. 三级预防

（1）一级预防：又称病因预防或初级预防，旨在伤害发生前采取措施，通过减少能量传递或暴露的机制来预防导致伤害发生的事件。交通安全法律、游泳池周围的栅栏、有毒物品的安全盖、枪支的保险装置等都属于一级预防措施。实现一级预防的策略主要包括以下三个方面。① 全人群策略：针对全人群，如社区居民、工厂里的所有职工、学校中的所有师生，开展伤害预防的健康教育。目标在于提高全民对伤害危险性、影响因素及预防方法的认识，进而提高每个人的伤害预防意识，加强自我保护。② 高危人群策略：针对伤害发生的易感人群，消除高危人群对某种伤害的特殊暴露，降低其相应的危害，如对驾驶员开展安全培训，对学生进行防火、防电、防溺水和交通安全的专题教育等。③ 健康促进策略：即环境与健康的整合策略，通过信息传递和行为干预，帮助居民提高安全意识，增强伤害防治常识和自我保护能力，包括宣教、培训、督导强制等方式达到安全促进的效果。例如，针对工作场所的伤害现象，可以采取工作场所健康促进项目；《刑法修正案（八）》将在道路上驾驶机动车追逐竞驶和醉酒驾驶机动车的行为定为犯罪，有利于减少道路交通伤害的发生。

（2）二级预防：即在伤害发生时的自救互救、院前急救、院内抢救和积极治疗，旨在降低伤害的发生及其严重程度。有效的二级预防措施包括安全头盔、安全带、救生衣和防弹衣，以及对受伤者在第一时间提供紧急救护。

（3）三级预防：旨在伤害发生后，控制伤害的结果，包括现场紧急救助、心肺复苏等。值得注意的是，伤害可能造成部分患者躯体功能受损（暂时性失能）或残疾（永久性失能）。对这类人的康复、治疗和照料也是社区卫生保健工作的一项经常性任务。

2. 四项"E"干预 伤害预防的四项"E"干预措施由工程干预、经济干预、强制干预与教育干预四个部分组成。

（1）工程干预（engineering intervention）：通过干预措施影响媒介及物理环境，减少和消除伤害发生的危险，如汽车的安全气囊可减少碰撞所导致的伤亡。

（2）经济干预（economic intervention）：用经济鼓励或惩罚手段影响人们的行为，如保险公司对住宅采用低价安装自动烟雾报警器或喷水系统来防止火灾，企业对于违反安全操作规程的工人实施经济处罚等。

（3）强制干预（enforcement intervention）：用法律及法规来影响人们的行为，该措施只有在法律及法规有效实施后才能达到效果，如立法要求摩托车驾驶员及乘车者必须戴安全头盔。

（4）教育干预（educational intervention）：通过教育普及伤害的预防知识和提高预防伤害的技

能并影响人们的行为，是一种社会经济效益较好的干预策略。

（高博）

第三节　特殊人群社区保健

社区特殊人群是指社区保健服务的重点人群，包括儿童、青少年、妇女、老年人等，他们具有特殊生理、心理特点或处于一定的特殊环境中，相对容易受到健康危险因素的威胁。《"健康中国2030"规划纲要》中明确提出要突出解决好上述重点人群的健康问题，加强重点人群的健康服务，提高妇幼健康水平，促进健康老龄化。

一、社区儿童青少年保健

儿童青少年是人类身心发育的快速时期，其健康是成人期健康和长寿的基础，也是全民健康的重要基石。根据生长发育过程中不同的生理和心理特点，可将其分为以下五个阶段：新生儿期、婴幼儿期、学龄前期、学龄期和青少年期（也称青春期）。社区儿童青少年保健是指社区卫生服务人员根据儿童青少年不同时期的生长发育特点，以满足健康需求为目的，以解决健康问题为核心，为儿童青少年提供的系统化服务。《健康儿童行动提升计划（2021—2025年）》提出了"到2025年，覆盖城乡的儿童健康服务体系更加完善，基层儿童健康服务网络进一步加强，儿童医疗保健服务能力明显增强，儿童健康水平进一步提高"的主要目标。

（一）社区儿童青少年保健的管理

1. 直接管理　对儿童青少年的生活护理、饮食营养、疾病预防、计划免疫及生长发育监测等进行具体的实施和指导。

2. 间接管理　在儿童青少年中开展预防保健的组织、宣传、咨询、评价等工作。

（二）社区儿童青少年保健服务内容

1. 定期健康检查　对儿童青少年进行定期健康检查，有助于系统评估其生长发育情况，并能早发现和早治疗存在的异常情况。儿童健康检查的内容除常规体格检查指标（如身高、体重、视力、听力、血常规等）外，还包括生长发育和心理行为发育等情况的评估。

2. 计划免疫　小儿计划免疫是根据儿童的免疫特点和传染病流行情况制定的免疫程序，有计划地实施基础免疫和加强免疫，以达到提高儿童的免疫水平，预防、控制乃至消除传染病的目的。《国家免疫规划疫苗儿童免疫程序表（2021年版）》中明确规定了乙肝疫苗、卡介苗、脊髓灰质炎灭活疫苗、脊髓灰质炎减毒疫苗、百白破疫苗等13种疫苗的免疫程序、接种方法、补种原则及注意事项等，用于预防乙型肝炎、结核病、脊髓灰质炎、百日咳、白喉、破伤风等12种疾病。

3. 常见病防治　婴幼儿腹泻、小儿肺炎、维生素D缺乏性佝偻病、营养性缺铁性贫血是国家卫生健康委规定的儿童时期需要重点防治的4种疾病，称为"小儿四病"。此外，手足口病、龋病、视力异常、儿童孤独症和单纯性肥胖等常见病在儿童青少年中的发病率也较高。分析并掌握这些疾病的发病规律，制定切实可行的防治措施，以达到降低发病率、提高治愈率的目的。

4. 心理卫生和行为问题防治　儿童和青少年时期是行为、认知、情绪、人格和社会适应性等心理发展的关键期，其间可能会出现情绪不稳定、不良嗜好、对性发育的困惑等问题。尽早识别并解决情绪问题和发育性心理行为问题，针对性开展行为指导和心理咨询，以促进儿童青少年的身心健康成长。

5. 健康教育　儿童青少年的行为生活模式正处于关键形成期，但不健康的饮食习惯、不合理的用眼卫生、静态行为时间过长、作息不规律等问题日益显著。针对上述问题，开展广泛的健康教育，加强防病知识宣传，以培养儿童青少年的健康意识和健康行为习惯，使他们逐渐掌握安全的生活知识和技能。

（三）不同时期儿童青少年社区保健工作要点

1. 新生儿期　从胎儿娩出脐带结扎至出生后28日。此阶段的保健要点：定期进行家庭访视，对新生儿进行健康检查，普及科学育儿知识，对新生儿的喂养、日常护理、预防接种、疾病与意外伤害的预防等进行正确指导。

2. 婴幼儿期　出生后28日至满3岁之前。此阶段的保健要点：定期进行体格检查、生长发育和心理行为发育等方面的评估，做好计划免疫，对婴幼儿的喂养、健康行为培养、早期教育、常见病防治及意外伤害的预防等进行健康教育。

3. 学龄前期　3岁至6~7岁。此阶段的保健要点：定期进行健康检查，做好计划免疫和健康教育，培养儿童健康心理和社会适应能力，防止交通事故、溺水等意外事故的发生。

4. 学龄期和青少年期　学龄期是指6~12岁的儿童；青少年期指13~18岁阶段的少年。此阶段的保健要点：进行体格检查、生长发育和心理行为发育状况等方面的评估，培养健康的行为和生活方式，宣传常见病防治、心理保健及青春期性教育等方面的科学知识，重视发育性心理行为问题的疏导和解决。

（四）托幼机构和学校预防保健

托幼机构和学校是儿童青少年除家庭外进行集体学习和生活的重要场所，也是传染病暴发等突发公共卫生事件的易发场所。2021年6月，WHO和联合国教科文组织共同提出学校教育对儿童青少年健康的重要性，强调以学校为主、配合家庭和社区的健康预防和管理战略。《WHO关于学校健康服务指南》将健康促进、健康教育、筛查、预防性干预、临床评估、健康服务管理和健康促进学校其他支柱等7类活动纳入学校健康服务范围。

托幼机构和学校应根据国家相关规定制定和严格执行适合本机构的预防保健工作制度，如健康检查制度、食品安全管理制度、安全排查制度及传染病管理制度等。此外，根据不同季节和疾病流行等情况，还需制定相应的健康教育工作计划，并组织实施。建设健康促进学校将为儿童青少年营造良好的学习和身心发展环境，有助于培养其健康行为和生活习惯。

二、社区妇女保健

社区妇女保健是针对女性生殖、生理及心理特点，以预防保健为中心，以提高和维护妇女身心健康为目标，以围婚期、围生期（妊娠期和产褥期是其核心部分）、围绝经期为主要内容，包括生育规划宣教和技术指导、妇女常见病普查普治和女工劳动保护等工作的基层保健。妇女保健工作的目的在于通过开展以保障生殖健康为核心的贯穿女性全生命周期的各项保健工作，降低孕产妇及围生儿死亡率，减少患病率和伤残率，控制某些疾病的发生及性疾病的传播，从而促进妇女身心健康和出生人口素质。

（一）社区妇女保健范围

1. 妇女各期保健　主要指青春期、围婚期、围生期、围绝经期、老年期的预防保健。

2. 影响妇女健康的高危因素管理　对妇女健康产生影响的生活环境、社会环境及家庭遗传等因素进行调查分析，并提供针对性的卫生保健服务。

3. 常见妇女疾病及恶性肿瘤的普查普治　定期开展妇女常见病及恶性肿瘤的普查普治，鼓励两癌筛查和相关疫苗接种，以减少患病率、提高治愈率和控制性传播途径。

4. 生育保健　包括围生期保健、计划生育规划技术指导及避孕节育科学知识的普及等。

5. 贯彻落实各项妇女保健制度　主要指基层医疗卫生机构和社区相关部门根据国家相关法律法规制定适宜的妇女保健工作制度和管理制度，并严格执行。

（二）妇女保健工作的方法

1. 多部门协作，强调全社会参与和政府职责。

2. 加强三级妇幼保健网的建设，提高专业队伍的业务技能水平。

3. 深入调查研究，制定切实可行的工作计划和防治措施。

4. 广泛开展社会宣传，普及健康教育。

5. 建立健全相关法律法规及工作制度。

（三）不同时期妇女社区保健工作要点

1. 青春期　指从青春征象开始出现至生殖功能发育完全成熟的这一时期。青春期保健主要分为以下三级。

（1）一级预防：根据青春期女性的生理、心理、社会行为特点，为培养良好的健康行为而给予的保健指导。

（2）二级预防：通过学校保健，定期体格检查，早期发现各种疾病和行为异常，减少或避免诱发因素。

（3）三级预防：指青春期女性疾病的治疗和康复。

青春期保健以预防为重点。此外，对青春期少女还应进行合理的营养指导、非正常妊娠的教育指导及经期卫生保健知识普及，帮助其养成良好的生活习惯。

2. 围婚期　从确定婚配对象到婚后受孕为止的一段时期，包括婚前、新婚及受孕前3个阶段。围婚期保健是为保障婚配双方及其下一代健康所进行的以医疗保健、健康促进为主要目的和内容的保健服务，主要涉及以下3个方面。

（1）婚前医学检查：① 询问婚配双方的健康史及病史。② 体格检查，包括全身检查、生殖器官及第二性征检查。③ 实验室检查，包括血常规、尿常规、肝功能、女性阴道分泌物滴虫和真菌检查、胸部X线片等常规检查项目，必要时可进行性病、染色体及精液常规等其他特殊检查。

（2）婚前卫生指导：① 性卫生指导，做好性保健，建立和谐的性生活，掌握好性生活的频度和时机。② 生育保健指导，合理选择最佳的生育年龄和受孕时机，避免在受孕前短期内接触高温、放射、烟酒、病毒及致畸或致突变药物等危险因素。③ 新婚避孕指导，可采取屏障避孕法、药物避孕法、安全期避孕及紧急避孕等方法，同时要求停止使用该方法后不影响正常生育功能及下一代健康。

（3）婚前卫生咨询

1）有以下情况者建议不宜结婚：直系血亲或三代以内旁系血亲；患有重度智力低下，不具备婚姻意识能力者；重型精神病且发作时有攻击危害行为者。

2）有以下情况者建议暂缓结婚：处于传染病传染期、精神病发作期、重要脏器功能受损或生殖器官发育障碍的患者；对不在发病期但可能会终身传染的传染病患者或病原体携带者，应向受检者说明情况并提出防治建议。

3）有以下情况者建议不宜生育：患有严重遗传性疾病、子代再发风险高或失去全部自理能力且无法治疗者。

3. 围生期　围生期保健是围绕分娩前后持续为孕产妇和胎婴儿提供高质量、全方位的健康保健措施，以保障母婴安全、提高出生人口素质。

（1）孕前期保健：指导夫妻双方选择最佳的受孕时机和年龄，其中女性 <18岁或 >35岁被视为妊娠危险因素。鼓励健康生活方式和接受孕前健康评估，避免接触有害物质和负性生活事件，减少高危妊娠和高危儿的发生，确保优生优育。

（2）孕期保健：① 妊娠早期，是指妊娠第1~13周。此期应做好孕妇的健康评估，对妊娠早期的饮食、休息、运动、心理变化及产前检查等进行科学宣教，并就恶心、呕吐、尿频等妊娠早期常见症状进行保健指导。② 妊娠中期，是指妊娠第14~27周。定期监测孕妇健康和胎儿的生长发育状况，鼓励合理膳食和适度运动，正确指导孕妇缓解便秘、静脉曲张、腰背痛及下肢肌肉痉挛等妊娠中期常见症状。③ 妊娠晚期，是指妊娠第28周至分娩结束。加强对孕妇和胎儿的监护，普及母乳喂养、先兆临产识别及分娩等知识，提高孕妇自我监护能力，促进自然分娩。另外，科学指导妊娠晚期常见症状的缓解，如腰背痛、胸闷及下肢水肿等。

（3）分娩期保健：① 做到"五防、四严、一加强"。"五防"即防出血、防感染、防滞产、防产伤、防窒息。"四严"即严密观察产程、严格无菌操作、严格阴道检查指征、严禁乱用催产素。"一加强"即加强产时监护和产程处理，尤其是高危妊娠。② 产程中的保健指导，对孕产妇的营养摄入、情绪变化、分娩体位及产痛缓解方法等提供科学指导。③ 提倡"三早一晚"。"三早"即早接触、早吮吸、早开奶。"一晚"即"晚断脐"，一般在新生儿出生后1~3分钟、待脐带停止搏动后再断脐带，这是为了提高新生儿出生时的铁储备，降低早产儿低血压和脑室内出血等发病率。

（4）产褥期保健：预防产后出血、感染等并发症的发生，促进产妇产后生理功能的恢复和新生儿健康，重视产妇心理变化。定期通过产后家庭访视等途径对产妇及其家人进行日常生活指导和计划生育指导，并动态掌握产妇产褥期康复状况。

（5）哺乳期保健：促进和支持母乳喂养是哺乳期保健的主要目的。提倡母婴同室，鼓励按需哺乳，指导产妇采取正确的母乳喂养姿势和乳汁促排方法，使她们学会如何解决常见乳房问题（如乳房胀痛、乳头皲裂及乳腺炎等）和婴儿常见健康问题（如饥饿与哭闹、肠痉挛与哭闹、打嗝等），并对哺乳期用药进行指导。

4. 围绝经期　妇女从接近绝经时出现与绝经有关的内分泌、生物学和临床特征起至绝经后1年内的时期。由于围绝经期内性激素分泌减少可引发一系列躯体和精神心理症状，因此提高围绝经期妇女的自我保健意识和生活质量是围绝经期保健的主要目的。

（1）营养指导：围绝经期妇女基础代谢率下降，应注意平衡膳食以保证合理营养。

（2）运动指导：选择合适的运动方式如散步、打太极等，遵循循序渐进的原则进行适当的体育锻炼，以提高心肺功能、改善新陈代谢和心理状态。另外，为预防子宫脱垂和张力性尿失禁发生，应鼓励并指导妇女进行缩肛运动，每日2次，每次15分钟。

（3）情绪失调指导：积极开展心理咨询帮助妇女解决围绝经期遇到各种问题，提高对围绝经期妇女的社会支持，必要时可在医师指导下服用药物治疗心理障碍。

（4）常见病防治：围绝经期妇女易出现骨质疏松和围绝经期综合征，应鼓励妇女多进行户外运动、多晒太阳，必要时可在医师指导下应用激素替代疗法或补充钙剂等综合措施进行防治。

（5）定期健康检查：此期是妇科肿瘤的好发年龄。通过妇女自我检查和定期妇科检查，以达到早期发现、早期诊断、早期治疗的目的。一般每1~2年定期进行1次妇科常见疾病和肿瘤的筛查。另外，还应指导妇女注意生殖泌尿系统卫生，防止感染。

5. 老年期　65岁以后为老年期。老年期妇女保健的主要目的是提高其生活质量，达到健康长寿。应注意培养老年期妇女养成健康的生活方式，如均衡饮食、适度运动及合理社交，同时还应对老年阴道炎、子宫脱垂、妇科肿瘤、抑郁等老年期妇女常见的健康问题进行保健指导。

三、社区老年保健

当前我国是世界上老年人口最多的国家。国家统计局公布的数据显示，截至2023年末，我国60岁及以上人口超2.9亿，占全国人口的21.1%，其中65岁及以上人口超2.1亿，占全国人口的15.4%。我国人口老龄化呈加速态势，国家面临老龄化带来的疾病、医疗、照护等多方面的压力和挑战。《"健康中国2030"规划纲要》中明确指出，要加强老年常见病、慢性病的健康指导和综合干预，强化老年人健康管理，以促进健康老龄化。研究老年人的身心特点，加强社区老年人健康管理和保健指导是实现健康老龄化目标的重要组成部分。

（一）我国老年保健原则

老年保健（health care in elderly）是指在平等享用卫生资源的基础上，充分利用现有人力、物力，以维持和促进老年人健康为目的，发展老年保健事业，使老年人得到基本的医疗、康复、保健、护理等服务。在2021年国务院印发的《"十四五"国家老龄事业发展和养老体系建设规划》（国发〔2021〕35号）中体现了我国老年保健原则。

1. 全面性原则　健康是生理、心理和社会相适应的完美状态，老年保健也应是多维度、多层次、多阶段的。

2. 区域化原则　是指以社区为基础来提供老年保健，并通过建立相应制度来为老年人的社区保健提供必要保障。

3. 费用分担原则　随着社会老龄化及老年保健需求的日益提高，老年保健费用的筹集问题愈发严峻。我国正在探索由国家、企业、个人三方负责的多层次老年人医疗保障体系。

4. 功能分化原则　基于老年保健的多层次性，应为老年人提供多样化、多功能的保健服务。

5. 防止过分依赖原则　老年保健过程中要充分调动老年人的主观能动性，鼓励其依靠自身力量来维护健康和促进康复。

（二）老年人群健康服务的主要任务

《"十四五"健康老龄化规划》（国卫老龄发〔2022〕4号）提出，到2025年，老年健康服务资源配置更加合理，综合连续、覆盖城乡的老年健康服务体系基本建立，老年健康保障制度更加健全，老年人健康生活的社会环境更加友善，老年人健康需求得到更好满足，老年人健康水平不断提升，健康预期寿命不断延长。老年健康服务的主要任务包括以下6个方面。

1. 加强健康教育　面向老年人及其照护者开展健康教育活动，促进老年人形成健康生活方式，提高老年人健康素养。宣传老年健康科学知识和相关政策，营造关心支持老年健康的社会氛围。

2. 加强预防保健　建立健全老年健康危险因素干预，疾病早期发现、早期诊断、早期治疗，失能预防三级预防体系。加强老年人健康管理，把老年人满意度作为重要评价指标。开展老年人营养改善行动，监测、评价和改善老年人营养状况。加强老年人群重点慢性病的早期筛查、早期干预及分类管理。实施失能预防项目，降低老年人失能发生率。加强适老环境建设和改造，减少老年人意外伤害。重视老年人心理健康，为老年人特别是有特殊困难的老年人提供心理辅导、情绪纾解、悲伤抚慰等心理关怀服务。

3. 加强疾病诊治　完善老年医疗资源布局，建立健全以基层医疗卫生机构为基础，老年医院和综合性医院老年医学科为核心，相关教学科研机构为支撑的老年医疗服务网络。重视老年人综合评估和老年综合征诊治。强化老年人用药保障。全面落实老年人医疗服务优待政策。开展老年友善医疗卫生机构创建活动，推动医疗卫生机构开展适老化改造。

4. 加强康复和护理服务　充分发挥康复医疗在老年医疗服务中的作用，为老年患者提供早期、系统、专业、连续的康复医疗服务。建立完善以机构为支撑、社区为依托、居家为基础的老年护理服务网络。加强护理、康复医疗机构建设，提高基层医疗卫生机构的康复、护理床位占比。

5. 加强长期照护服务　探索建立从居家、社区到专业机构的失能老年人长期照护服务模式。实施基本公共卫生服务项目，为失能老年人上门开展健康评估和健康服务。增加从事失能老年人护理工作的护士数量。进一步开展职业技能培训和就业指导服务，充实长期照护服务队伍。

6. 加强安宁疗护服务　根据医疗机构的功能和定位，推动相应医疗卫生机构，按照患者"充分知情、自愿选择"的原则开展安宁疗护服务。积极开展社区和居家安宁疗护服务。探索建立机构、社区和居家安宁疗护相结合的工作机制，形成畅通合理的转诊制度。完善安宁疗护服务收费项目及标准。建立完善安宁疗护多学科服务模式。认真总结安宁疗护试点经验，稳步扩大试点。

（三）社区老年保健指导

《国家基本公共卫生服务规范（第三版）》提到，每年为老年人提供1次健康管理服务，包括生活方式和健康状况评估、体格检查、辅助检查和健康指导。通过问诊及老年人健康状态自评了解其基本健康状况、饮食、慢性疾病常见症状、运动及生活自理能力等情况。通过体格检查和辅助检查了解老年人全身健康状况，根据评估结果对其进行相应健康指导。2017年WHO发布了《老年人综合护理指南》，这是一项针对老年人内在能力减退的社区干预措施指南。依据《老年人综合护理指南》和《"十四五"健康老龄化规划》，社区对老年人群开展相应保健指导。

1. 居家环境保健指导　室内温度以夏季24~26℃、冬季20~22℃为宜，湿度为40%~50%，保证室内采光和定时通风。另外，还应移去影响老年人活动的障碍物，给步态不稳的老年人提供扶手、拐杖等，做好地面防滑。

2. 饮食与营养保健指导　合理膳食，注重营养平衡，注意饮食卫生和烹饪方式，不宜吃过大、过硬、过黏、过热食物。定期对老年人开展营养评估和饮食咨询，指导老年人养成健康的饮食习惯及餐后刷牙、漱口、义齿清洁等。

3. 睡眠保健指导　老年人的起居作息应有规律，以保证充足的睡眠。对老年人的睡眠习惯、睡前情绪、睡眠环境、睡眠姿势及睡眠时间等进行科学指导。

4. 运动保健指导　规律适度的体力运动可以改善老年人关节软骨的生物力学和生物学特征，指导老年人采取多种模式的运动干预，包括逐步增加力量的抗阻运动和有氧运动，以提高其肌肉功能。建议老年人参加运动前先进行全身健康检查，由医生开具运动处方，按运动处方进行合理科学的锻炼，持之以恒，形成规律。

5. 安全用药指导　应先确保用药对老年患者有益，即用药时受益/风险 >1，具体用药原则如下：① 不滥用药，遵医嘱用药，提高用药依从性。② 应当根据每位老年患者的具体情况，量身定制适合的药物剂量和给药途径。③ 用药简单原则：老年人用药要少而精，尽量减少用药的种类，一般应控制在4种以内。④ 用药减量原则：由于老年患者对药物的敏感性增加和耐受力降低，在保证疗效的前提下应尽量减少用药剂量，一般60~79岁的老年人使用最小有效剂量为成人量的1/2~2/3，80岁以上老年人用成人量的1/3~1/2。⑤ 用药方案应简洁明了，标记醒目，方便老年人家属督促服药。⑥ 注意服药安全，定期监测服药情况，根据情况调整用药。

6. 心理保健指导　积极耐心引导老年人适应角色转变，鼓励其科学安排退休后生活，呼吁家庭和社会多关注和关心老年人，并及时为患有抑郁症状的老年人提供简单的、结构化的心理干预。

7. 自我保健指导　提高老年人自我保健意识，增强其自我预防、自我治疗、自我护理、自我急救等能力。

（张玲）

第四节 社区常见慢性非传染性疾病管理

慢性非传染性疾病（non-communicable chronic diseases，NCDs）简称"慢性病"，是对一组起病隐匿、病因复杂、病程长且病情迁延不愈的非传染性疾病的概括性总称，主要包括心脑血管疾病、癌症、慢性呼吸系统疾病、糖尿病等。慢性病的管理需要国家、社区、个人等多方共同努力，社区医疗机构将成为慢性病患者就医和康复的主要场所。全面强化社区慢性病管理，将是我国慢性病预防和控制工作的重点。

一、高血压及心血管疾病预防与控制

心血管疾病（cardiovascular diseases，CVDs），是一组心脏和血管疾患，包括冠心病、脑血管疾病、风湿性心脏病、先天性心脏病、深静脉血栓和肺栓塞等，本节主要介绍高血压、脑卒中、冠心病。

（一）高血压及常见心血管疾病概述

1. 高血压（hypertension） 是一组以动脉收缩压和/或舒张压持续升高为主要特征的临床综合征，是最常见的慢性病，也是心血管疾病最重要的危险因素。血压越高，心脏、大脑、肾脏等主要器官的血管受到损害的风险就越大。高血压的诊断和分级详见本书第三章第四节。中国是高血压高发国家，一般北方高于南方，东部高于西部，且患病率通常随年龄增长呈明显的上升趋势。

2. 脑卒中（stroke） 又称脑血管意外，是因脑部血液供应障碍（脑组织缺血或出血）引起的一组突然起病，以局灶性神经功能缺失为共同特征的急性脑血管病。脑卒中已成为世界人口的第二大死因，仅次于缺血性心脏病，其发病率和死亡率均随年龄增加而上升，男性患病率高于女性，郊区居民患病率高于城市。由于一直缺乏有效治疗手段，预防被认为是脑卒中最好的措施，其中高血压是导致脑卒中的重要可控因素，因此降压治疗对预防脑卒中的发病和复发尤为重要。

3. 冠心病（coronary heart disease，CHD） 是由于冠状动脉功能性或器质性病变而引起的冠状动脉血流和心肌需求不平衡所导致的心肌缺血性心脏病。导致冠心病的危险因素有很多，除了年龄、遗传因素等不可控因素外，还包括高血压、血脂异常、糖尿病、肥胖、吸烟等可控因素，对这些因素进行积极防控将有助于防治冠心病。

（二）高血压及心血管疾病的社区预防

"社区健康促进并以控制危险因素为基础的综合防治"是防治高血压及心血管疾病的有效手段。坚持"高危人群策略"和"全人群策略"并举，两者不可偏废，即在一般人群中预防高血压的发生，在高危人群中早诊早治，降低血压水平，提高患者的管理率、治疗率和控制率，减少并发症的发生。高血压的社区管理，或称为社区预防，可分为以下三级。

1. 一级预防 即控制危险因素，从根本上防止或减少疾病的发生。目前比较明确的可改变的危险因素包括超重和/或肥胖、高盐饮食、长期过量饮酒、长期精神过度紧张等。倡导健康生活方式，控制危险因素发生，是社区慢性病管理最常用且最为有效的方式。

（1）合理膳食：食物中所提供的能量和各种营养素不仅要满足身体需要量，还应使各种营养素保持适当比例。总脂肪摄入量应降至总热量的30%，饱和脂肪摄入量应降至占总热量的10%以下；尽量减少甚至停止反式脂肪酸的摄入，多数膳食脂肪应为多不饱和脂肪酸或单不饱和脂肪酸。建议成年人每人每日钠盐摄入量不超过5g，这不仅指食盐，还包括味精、酱油、火腿等所含的盐量。每日至少食用400g各类蔬菜和水果、全谷和豆类食品。

（2）戒烟、限酒：戒烟、限酒可以降低心血管疾病的发病率和死亡率。

（3）适量运动：提倡患者每日至少进行30分钟的中等强度有氧运动（如快步走），每周5~7次，也可适当结合中、低强度的抗阻训练和柔韧性练习。需要注意的是，应根据患者自身健康情况制定合适的锻炼方式，全程确保运动安全。

（4）控制体重：鼓励超重或肥胖者，通过低能量膳食结合适度的体育锻炼来控制体重。减重应循序渐进，不宜过快。高血压患者的减重目标是BMI小于24 kg/m²，男性腰围小于90 cm，女性腰围小于85 cm。

（5）保持心理平衡：长期紧张焦虑、抑郁等心理失衡状态不仅会增加心血管疾病的发生风险，还会干扰患者的治疗依从性。通过心理辅导与咨询，帮助人们调整情绪，树立正确的人生观，正确对待来自社会、家庭、工作中的压力，必要时患者需到精神心理专科医疗机构进行治疗。

（6）药物干预：对高血压患者采用药物治疗和提供生活方式建议，对于总血胆固醇水平≥8 mmol/L者，建议摄入低脂膳食并服用他汀类药物，对膳食控制后空腹血糖水平仍持续>6 mmol/L的人员应给予降血糖药物治疗。

2. 二级预防　主要包括以下3方面：① 加强对社区居民的卫生宣传和教育，增强防病治病意识，定期到医疗机构进行健康体检。② 提高医务人员的诊治水平，早期发现、早期治疗疾病。③ 使用科学规范的现代化诊治技术，严格掌握适应证，控制并发症，防止疾病进展或复发。据《国家基本公共卫生服务规范（第三版）》，要求对辖区内35岁及以上常住居民，每年为其免费测量一次血压；对2型糖尿病高危人群每年至少测量1次空腹血糖，这些均是心血管疾病二级预防的主要措施。

3. 三级预防　主要是采取合理、适当的康复治疗措施，防止病情恶化，预防严重并发症，防止伤残，促使患者尽量恢复生活和劳动能力，提高高血压及心血管疾病患者的生活质量。

二、糖尿病预防与控制

糖尿病（diabetes mellitus，DM）是一种因机体胰岛素分泌相对或绝对不足导致血糖过高而引起的常见内分泌代谢性疾病，临床上以蛋白质和脂肪代谢紊乱为主要表现。糖尿病是21世纪全球面临的重大公共卫生问题，其并发症可累及血管、眼、肾、足等多个器官，致残率、致死率高。据估算，我国目前糖尿病患者超过9 700万，糖尿病前期人群约1.5亿，已成为世界上糖尿病患病率增长最快的国家之一。

（一）糖尿病诊断和分类

根据发生原因，可将糖尿病分为1型糖尿病、2型糖尿病、妊娠期糖尿病及特殊类型糖尿病。我国的糖尿病以2型为主，约占90%以上，1型糖尿病约占5%。糖尿病诊断标准见表17-4-1。

诊断标准	静脉血浆葡萄糖或 HbA$_{1c}$ 水平
典型糖尿病症状	
随机血糖	≥ 11.1 mmol/L
或空腹血糖	≥ 7.0 mmol/L
或 OGTT 2 小时血糖	≥ 11.1 mmol/L
或 HbA$_{1c}$	≥ 6.5%
无糖尿病典型症状者，须改日复查确认	

注：OGTT 为口服葡萄糖耐量试验；HbA$_{1c}$ 为糖化血红蛋白。典型糖尿病症状包括烦渴、多饮、多尿、多食、不明原因体重下降；随机血糖指不考虑上次用餐时间，一日中任意时间的血糖，不能用来诊断空腹血糖受损或糖耐量减低；空腹状态指至少 8 小时没有进食能量。急性感染、创伤或其他应激情况下可出现暂时性血糖升高，不能以此时的血糖值诊断糖尿病，须在应激消除后复查。

（二）糖尿病社区预防

目前尚无根治糖尿病的方法，控制血糖是其治疗关键，主要采用以健康促进为主的社区综合防治策略。社区管理可深入患者家庭、具体了解和指导患者解决实际问题，并通过专业的健康教育和定期随访充分调动患者的治疗积极性，有利于血糖控制达标，防止并发症，减轻患者家庭和社会负担。

1. 一级预防　即针对 2 型糖尿病中可改变的危险因素进行干预，主要包括饮食疗法、运动疗法、药物疗法、血糖监测及糖尿病教育 5 种方法，又被喻为糖尿病治疗的"五驾马车"，其大部分工作是在社区完成的。

（1）糖尿病教育：通过健康教育和健康促进手段，提高全社会对糖尿病危害及其危险因素的认知程度，引导和培养健康的生活方式。

（2）运动治疗：应鼓励糖尿病患者加强适度的体育锻炼和体力活动，改善体质和胰岛素敏感性，并根据自身健康状况适时调整运动方案，遵循循序渐进、长期坚持的基本原则。

（3）饮食治疗：糖尿病的危险因素多与不合理膳食相关，如长期高糖、高脂肪、高能量膳食等。科学合理的营养摄入有助于减轻糖尿病患者的胰岛负担，降低血糖水平。《成人糖尿病食养指南（2023 年版）》明确指出，糖尿病患者应食物多样，养成和建立合理膳食习惯；主食定量，优选全谷物和低血糖生成指数食物；清淡饮食，限制饮酒，预防和延缓并发症；规律进餐，合理加餐，促进餐后血糖稳定；自我管理，定期营养咨询，提高血糖控制能力。

（4）药物治疗：主要有口服降糖药物和胰岛素治疗两种。实施药物预防时应权衡利弊，如他汀类药物与糖尿病发生风险的轻度增加有关，但其在预防心血管疾病方面的获益远大于这种危害。因此，不能片面地为预防糖尿病而停止使用有助于预防心血管疾病的他汀类药物。

（5）自我监测血糖：糖尿病患者在家中自行采用便携式血糖仪定期规律地检测血糖，有助于评估血糖控制效果和指导治疗方案改进。

2. 二级预防 即糖尿病筛查。由于我国人口众多，在全人群中通过血糖检测来筛查糖尿病前期人群或系统性地发现其他高危人群的可行性较小。因此，高危人群的发现主要依靠机会性筛查，如在健康体检中或在进行其他疾病的诊疗时筛查糖尿病。对于成年糖尿病高危人群，不论年龄大小，宜及早进行糖尿病筛查。对于除年龄外无其他糖尿病危险因素的人群，宜在年龄≥40岁时开始筛查。对于儿童和青少年糖尿病高危人群，宜从10岁开始，但青春期提前的个体则推荐从青春期开始。首次筛查结果正常者，宜每3年至少重复筛查一次。

3. 三级预防 即对已确诊的糖尿病患者进行管理和治疗。采取合理的治疗手段，如规范的药物治疗、饮食治疗和体育锻炼，控制血糖水平，并督促患者定期进行血糖监测，预防糖尿病并发症的发生，提高患者生命质量。对已出现并发症的患者及时进行对症治疗，预防病情恶化，加强康复，防止伤残，降低糖尿病的死亡率和病死率。

三、恶性肿瘤预防与控制

恶性肿瘤又称为癌症，是一大类疾病的统称，它们的共同特点是体内某些细胞丧失了正常控制，出现无节制地生长和异常分化并发生局部组织浸润和远处转移。恶性肿瘤可发生于任何年龄、任何组织，其发病与有害环境、不良生活方式及遗传易感性等因素密切相关，已发展成为威胁人类健康最严重的疾病之一，是当今全球突出的公共卫生问题。据2022年全球癌症流行病学（GLOBOCAN）数据库提供的全球癌症负担结果显示，全球估计新发病例近1 996.5万，死亡病例近973.7万。

（一）恶性肿瘤危险因素

恶性肿瘤病因复杂，为多种因素综合作用的结果。在我国，与恶性肿瘤发生和发展相关的危险因素主要有以下几种。① 吸烟：烟草中富含尼古丁等多种致癌物，可促进肿瘤细胞的生长和繁殖；② 乙型肝炎病毒及其他病毒感染：乙型肝炎病毒、丙型肝炎病毒、人乳头瘤病毒、人免疫缺陷病毒、EB病毒等是与恶性肿瘤有关的常见病原体；③ 饮食不合理：过量饮酒、长期摄入致癌物（加工肉、咸鱼等）或进食变质食品，将增加消化道肿瘤的发病风险；④ 职业暴露：部分职业接触的化学、物理或生物因素具有致癌性，如石棉、联苯胺、氯甲醚、砷等；⑤ 其他环境因素：如电离辐射和紫外线、城市空气污染、家用固体燃料产生的室内烟雾污染等可促进恶性肿瘤的发生。

（二）恶性肿瘤社区预防

社区管理是恶性肿瘤防治的先导和后盾。恶性肿瘤的预防、早期发现、康复医疗及患者心理疏导等都需要在社区开展。恶性肿瘤的社区预防可分为以下三级。

1. 一级预防 ① 社区健康教育和健康干预：社区应有计划地广泛开展防癌健康教育，引导健康的生活方式，鼓励社区居民积极参与癌症筛查，以预防癌症或早期发现和治疗癌症；② 改善社区卫生状况：通过肿瘤防治网和肿瘤登记报告制度，掌握本社区肿瘤发病情况及变化规律，消除或切实减少致癌因素对人群健康的不利影响；③ 消除职业危害和环境污染：依据国家安全卫生标准督促企业做好卫生防护，加强职业暴露人群的劳动保护，并对其进行健康教育和定期体格检查，严密监控患癌的各种迹象和指标。

2. 二级预防 ① 早期发现、早期诊断、早期治疗的社区健康教育：通过健康教育加强居民防癌意识，使其掌握一些肿瘤的前期及早期信号，如身体任何部位发现有肿块，尤其是逐渐增大的肿块；不正常的出血和分泌物增多；进行性食欲减退、原因不明的消瘦等。② 社区普查和高危人群筛查：对于一些发病率较高且早期发现、早期诊断后可有效治疗的肿瘤，通过社区普查和高危人群筛查，及早进行有效治疗。

3. 三级预防 ① 积极治疗已发生的疾病。② 肿瘤的社区康复：主要有物理疗法、运动疗法、心理治疗、传统医学康复和饮食治疗等。③ 有效的止痛治疗和临终期关怀：WHO推荐的癌症疼痛阶梯方法对90%的患者而言是相对廉价且有效的方法。有效的姑息治疗需要采用广泛的多学科方法，通过缓解疼痛和症状，提供精神和心理支持，提高患者及其家庭的生活质量。

四、慢性阻塞性肺疾病预防与控制

慢性阻塞性肺疾病（COPD）简称"慢阻肺"，是一种具有气流阻塞特征的慢性支气管炎和/或肺气肿，可进一步发展为肺心病和呼吸衰竭的常见慢性疾病。慢阻肺主要累及肺脏，但也可引起全身（或称肺外）的不良效应，其致残率和病死率很高，全球40岁以上发病率已高达9%~10%，我国40岁及以上人群慢阻肺患病率为13.6%，总患病人数近1亿。该病患病周期长，反复急性加重，有多种合并症，严重影响患者的预后和生活质量。

（一）慢阻肺的诊断和肺功能分级

慢阻肺的危险因素包括外因（如吸烟、空气污染、有害物质吸入、呼吸道感染等）和内因（如遗传因素、气道反应性增高、个体肺发育或生长不良等）两种。慢阻肺的诊断主要依据患者危险因素暴露史、临床表现、辅助检查及实验室检查等综合分析确定，并排除可引起类似症状和持续气流受限的其他疾病。

诊断时需进行肺功能检查。肺功能检查表现为持续气流受限是确诊慢阻肺的必备条件，吸入支气管舒张剂后若$FEV_1/FVC\% < 70\%$可以确认存在不可逆的气流受阻，除外其他疾病可确诊为慢阻肺。其中，FEV_1为最大深吸气后做最大呼气，第一秒呼出的气体容积；FVC为用力肺活量，是尽力吸气后尽力尽快呼气的呼气量。

基于气流受限的程度，慢阻肺严重程度可分为4级，见表17-4-2。

▼ 表17-4-2　慢性阻塞性肺疾病的严重度肺功能分级

疾病严重程度分级	特征
Ⅰ：轻度	$FEV_1/FVC\% < 70\%$ $FEV_1 \geqslant 80\%$预计值
Ⅱ：中度	$FEV_1/FVC\% < 70\%$ 50%预计值 $\leqslant FEV_1 < 80\%$预计值
Ⅲ：重度	$FEV_1/FVC\% < 70\%$ 30%预计值 $\leqslant FEV_1 < 50\%$预计值
Ⅳ：极重度	$FEV_1/FVC\% < 70\%$ $FEV_1 < 30\%$预计值或$FEV_1 < 50\%$预计值，伴有慢性呼吸衰竭

（二）慢阻肺社区预防

《健康中国行动（2019—2030年）》提出，到2030年，70岁及以下人群慢性呼吸系统疾病死亡率下降到8.1/10万及以下；40岁及以上居民慢阻肺知晓率达到30%以上。慢阻肺的预防是需要个人、社会和政府共同努力，缺一不可。个人需关注疾病早期发现，注意危险因素防护，注意预防感冒，加强生活方式干预等。社会和政府需将肺功能检查纳入40岁及以上人群常规体检内容，研究将慢阻肺患者健康管理纳入国家基本公共卫生服务项目，着力提升基层慢性呼吸系统疾病防治能力和水平，加强科技攻关和成果转化，降低患者经济负担。

1. 一级预防   即病因预防，主要包括：① 尽早查明与慢阻肺易感性有关的宿主因素，寻找慢阻肺高危人群。② 切实做好控烟工作，提倡不吸烟。③ 控制汽车尾气排放量和燃煤量，避免在通风不良的空间燃烧生物燃料，有效治理室外和室内空气污染。④ 加强必要的劳动保护，提高安全意识，减少职业性粉尘和化学物质吸入，尤其是对长期接触镉和硅等高危工作人群。⑤ 通过接种流感疫苗，避免前往人群密集区，保持室内通风，积极预防和治疗上呼吸道感染。⑥ 加强锻炼，鼓励人们根据自身情况选择合适的运动方式，如散步、慢跑、游泳等。

2. 二级预防   即早期发现、早期诊断、早期治疗。通过采用简单、实用的技术方法在无症状慢阻肺高危人群中定期开展筛查，以达到早期诊断、早期治疗的目的。目前，肺功能检查是诊断慢阻肺的主要客观指标，有助于早期确诊慢阻肺和评估其严重程度及预后。因此，提倡长期吸烟、慢性咳嗽不愈或自觉呼吸费力甚至困难的人，尽早完善肺功能检查，在出现慢阻肺症状之前将其查出并给予针对性处理以改变其病程。

3. 三级预防   目的在于通过规范化治疗和康复指导，尽量减少慢阻肺对患者生理功能和生命质量的影响，减少并发症的发生。① 通过合理膳食改善患者营养状态，提高机体抵抗力。② 鼓励慢阻肺患者加强康复训练，如有氧运动和呼吸训练等。③ 对慢阻肺患者进行长期随访管理，如长期监测其肺功能状况，督促戒烟，鼓励定期接种流感疫苗和肺炎菌苗等以减少呼吸道感染。④ 对患者及其家属进行健康教育，提高其对疾病的认识程度和对长期防治的依从性。

学习小结

本章重点阐述了全球及中国的预防保健策略、社区卫生服务的核心概念和主要服务内容、不同类别的社区特殊人群的保健指导内容和常见慢性非传染性疾病的社区预防措施。通过本章学习，学生应掌握全球和中国卫生保健策略的主要原则和内容，熟悉我国社区卫生服务开展的主要方式和内容，能运用所学知识和技能开展社区卫生保健工作和实践。

（张玲）

一、选择题

1. 关于初级卫生保健，下列说法不正确的是
   A. 是人人都能够享有的保健服务
   B. 是国家卫生系统的主要环节
   C. 公共财政是初级卫生保健的主要筹资来源
   D. 受益对象主要是贫困人口
   E. 是实现"人人享有卫生保健"战略目标的基本途径

2.《"健康中国2030"规划纲要》的主要内容错误的是
   A. 普及健康生活
   B. 优化健康服务
   C. 完善健康保障
   D. 建设健康环境
   E. 发展医疗产业

3. 关于健康教育与健康促进的关系，以下正确的是
   A. 健康促进是健康教育的核心内容
   B. 健康教育是健康促进发展的结果
   C. 健康教育包括疾病预防和健康促进两大内容
   D. 健康教育是健康促进的核心和基础
   E. 健康教育是健康促进的深化与发展

4. 关于孕期卫生保健指导，下列说法正确的是
   A. 孕妇在整个孕期都可盆浴或淋浴
   B. 孕妇睡眠时应采取侧卧姿势，最好是右侧卧位
   C. 孕妇刷牙时应用软毛牙刷，动作应轻柔
   D. 孕期可保持正常的性生活
   E. 扁平或凹陷的乳头不利于哺乳，但产后可自行恢复

5. 慢性非传染性疾病的管理策略是
   A. 全人群策略和危重患者策略并重
   B. 全人群策略和高危人群策略并重
   C. 慢性非传染性疾病和急性病并重
   D. 高危人群和危重患者策略并重
   E. 高血压和糖尿病并重

   答案：1. D；2. E；3. D；4. C；5. B

二、简答题

1. 简述"人人享有卫生保健"的主要内容。
2. 简述初级卫生保健的基本要素。
3. 简述健康中国建设的主要内容。
4. 简述开展社区卫生诊断的意义和主要内容。
5. 结合现状，试述发展中国社区卫生服务需解决的问题有哪些？
6. 简述伤害的防控策略与措施。
7. 简述老年人群健康服务的主要任务。
8. 简述高血压及心血管疾病的社区预防措施。
9. 简述糖尿病的社区预防措施。

第十八章　临床预防服务

学习目标

知识目标	1. 掌握临床预防服务的概念、内容和实施步骤；医源性疾病、医院获得性感染、药源性疾病的概念及相关预防控制措施。 2. 熟悉健康行为的概念、影响因素和行为改变理论。 3. 了解健康咨询的基本模式。
能力目标	1. 学会开展健康风险评估及制定个性化的健康维护计划。 2. 综合运用行为改变理论在临床场所帮助患者改变健康相关行为。 3. 结合临床实际，评估医院获得性感染、药源性疾病，并提出有效防控措施。
素质目标	改变以疾病为中心、以医生为主的观念，树立以健康为中心、医患双方共同决策开展临床预防服务的思想。

　　随着医学模式的转变，临床医生越来越多地被要求将预防保健与医疗卫生工作结合，以个体预防为特征的临床预防服务是连接疾病的治疗与预防最密切的一个结合点。由于是个体化的服务，其服务的措施也更为精准和有针对性，具有更大的社会和经济效益。医学实践早已证实，早期发现疾病、早期治疗可以提高临床疗效，早期预防阻断疾病的发生和发展可以取得更加显著的效果。随着健康中国的推进，中国临床预防服务已开始逐步走上规范化的轨道。

第一节　临床预防服务概述

一、临床预防服务概念

　　临床预防服务（clinical preventive services）是指由医务人员在临床场所对健康者和无症状"患者"的健康危险因素进行评价，实施个性化的措施来预防疾病和促进健康。临床预防服务是随着人类疾病谱的变化和医学模式的转变而逐渐形成并迅速发展起来的，其主要特点是：① 服务提供者是临床医务人员。② 服务的对象是健康者和无症状"患者"，后者并非就医者完全无症状，而是对可能危及其生命的疾病而言，就医者目前还未出现明显症状。③ 服务的地点是在临床场所。④ 服务的性质是临床和预防一体化的服务。强调社会、家庭、患者共同参与，对社区居民尤其是特殊人群中存在的健康危险因素进行针对性健康筛检，开展个性化的健康教育和健康咨询，更注重纠正人们的不良行为和生活方式。⑤ 服务的方式强调医患双方共同决策，重视一级和二级预防的结合，开展疾病的早期诊断和早期治疗，将疾病的被动治疗转为主动的疾病防治，最大限度地促进健康，带来良好的成本–效果和成本–效益。

随着社会发展和生活水平提高，人们的健康观念也越来越强。但许多人对健康和疾病的知识缺乏正确认识，导致高血压、糖尿病等与生活方式密切相关的慢性病的发病率不断上升，甚至呈年轻化趋势。临床医务人员具有改变这一状况的能力和条件，他们是医学战线的主体，可以与患者直接接触，且患者对医务人员的建议依从性较高。医务人员可通过随访了解患者的健康状况和行为变化情况，及时提出有针对性的预防保健建议，如提出患者戒烟、胃镜检查、宫颈脱落细胞检查等。所以，临床预防服务可通过对个体健康危险因素的量化评估，制定控制疾病危险因素的措施和实施方案，有效调动个人改变不良生活方式的积极性和主动性，减少疾病的发生；早期发现疾病并及时治疗，有利于提高患者的生活质量并延长寿命，对解决看病难、看病贵，减少医疗资源支出具有重要意义。

二、临床预防服务内容

临床预防服务是医务工作者在对导致健康损害的主要危险因素进行评价的基础上，对患者、健康者和无症状"患者"实施具体的个体预防干预措施。因此，选择临床预防措施时主要考虑疾病的一级和二级预防，并且是临床医生在常规临床工作中能够提供的服务。临床预防服务内容主要有健康咨询、筛检、免疫接种、化学预防和预防性治疗等。

（一）健康咨询

健康咨询（health counselling）是指通过采取健康咨询的技术与方法为就医者提供健康信息，使就医者自觉采纳有益于健康的行为和生活方式，消除或减轻影响健康的危险因素，以达到预防疾病、促进健康、提高生活质量的目的。目前，由于不良行为生活方式导致的慢性病发病率和死亡率呈上升趋势，健康咨询可以通过与个体进行交流，开展有针对性的健康教育，改变咨询对象的行为生活方式，减少危险因素的暴露，阻止疾病的发生发展。健康咨询是临床预防服务最重要的内容，建议开展的健康咨询主要有劝阻吸烟、倡导有规律的身体活动、平衡膳食、保持正常体重、预防意外伤害和事故、预防人类免疫缺陷病毒感染及其他性传播疾病的传播与流行等。

（二）筛检

筛检（screening）是指运用快速、简便的体格检查或实验室检查，以及危险因素监测与评估等手段，在健康人群或无症状"患者"中发现未被识别的可疑患者、健康缺陷者及高危个体。许多疾病在出现临床症状与体征之前，体内组织和器官已发生病理改变，筛检的目的主要是早期发现可疑疾病线索，以便早期诊断和及时治疗。筛检仅是一种初步检查，对筛检试验阳性或可疑阳性者，需要进一步检查以确诊。与一般的健康体检不同，临床预防服务的筛检针对性强，可根据服务对象的年龄和性别来确定筛检间隔和种类。

为减少不必要的医疗资源浪费，提高筛检的有效性，医务人员在提供筛检服务时应遵循以下基本原则：① 所要筛检的疾病或健康问题应是当地重大的公共卫生问题，并具有普遍性；② 所要筛检的疾病或健康问题应有有效的治疗方法；③ 对所要筛检疾病的自然史必须有充分的了解；④ 筛检方法应具有良好的灵敏度、特异度；⑤ 筛检技术简便易行、安全可靠，筛查的风险、效果及费用均易被群众接受。

筛检的主要途径为健康体检、周期性健康检查及病例发现等。

（1）健康体检（health examination）：在我国很多企事业单位，根据职工的工作性质，设计了定期体格检查的内容和时间间隔，多数为一年一次，即年度健康体检（annual health examination）。有条件的单位针对全体职工进行体检，没有条件的单位限定一定年龄（如50岁以上）的人群进行体检。这种检查虽可早期发现某些疾病，但也存在着一些问题，如针对性较差、医生对体检对象健康状况缺乏了解等，由于针对性差又会导致资源浪费的问题。

（2）周期性健康检查（periodic health examination）：是针对就诊患者的年龄、性别、职业等健康危险因素，由医生根据循证预防服务指南，为个体设计健康检查计划。它不同于年度健康体检，也不同于因某种需要而进行的检查，因其检查项目的目的性强，能减少不必要的资源浪费；同时，有针对性和个性化的设计，效率高、效果好，可降低相关疾病的发病率和死亡率。目前在美国、加拿大的全科医疗服务中，周期性健康检查已取代了年度健康体检。

（3）病例发现（case finding）：又称机会性筛检（opportunistic screening），是医生了解就医者的一些信息之后，对就医者实施的一种检查、测试方法。目的是发现其就医原因以外的其他疾病或健康问题。例如，了解到因感冒前来就医的患者有长期吸烟史，应建议其做胸部X线和血流病变检查以检测是否有肺部疾病；如果是女性患者再建议其做宫颈涂片以检测是否有宫颈问题。临床医生是某些新发病例的第一见证人，病例发现是医生在门诊易于执行的早期诊断措施。要树立大卫生观，建立识别新病例的思维模式和方法，为疾病的早期发现奠定基础。

（三）免疫接种

免疫接种（immunization）又称预防接种，是指用人工制备的疫苗类制剂（特异性抗原）或免疫血清类制剂（特异性抗体），通过适宜的途径接种到机体，使机体获得对某些疾病的自动免疫或被动免疫，从而保护易感人群，预防传染病的发生。免疫接种是预防控制相关传染病最经济、有效、方便的手段，也是临床治疗疾病的重要手段。中国对0~6岁儿童实行的是计划免疫（planed immunization），即根据病情监测和人群免疫状况分析，按照规定的免疫程序，有计划地进行预防接种，以提高人群免疫水平，达到控制乃至消灭相应传染病的目的。成人预防接种的疫苗主要有流感疫苗、肺炎球菌疫苗、乙肝疫苗，以及乙脑、风疹等疫苗。免疫接种的实施必须按照《中华人民共和国传染病防治法》《中华人民共和国急性传染病管理条例》《全国计划免疫工作条例》《计划免疫技术管理规程》《疫苗流通和预防接种管理条例》及《预防接种规范》等相关法律、法规来执行。

（四）化学预防

化学预防是指对无症状者使用药物、营养素、生物制剂或其他天然物质作为一级预防措施，提高人群抵抗疾病的能力，以预防某些疾病的发生。化学预防是对健康人群和无症状"患者"进行病因预防，而对已出现症状的患者或有既往病史的患者，给予药物治疗不属于化学预防。常用的化学性预防方法包括：服用阿司匹林预防心脏病、脑卒中；育龄妇女或孕妇补充含铁物质以降低缺铁性贫血发病率；孕期妇女补充叶酸降低神经管畸形婴儿出生的危险；绝经期妇女服用雌激素预防骨质疏松和心脏病；补充碘盐预防缺碘性甲状腺肿；在缺氟地区补充氟预防龋齿等。

化学预防必须在医生的指导下进行，使用雌激素或阿司匹林尤其要注意禁忌证和副作用。对于绝经后妇女单独使用雌激素，或与孕激素联合使用雌激素替代疗法，可以有效地降低骨质疏松性骨折和缺血性心脏病发病率。但有乳腺癌病史、现患乳腺癌者禁用此方法。患有子宫内膜癌、未明确诊断的异常阴道流血和活动性血栓性静脉炎者也被认为是相对禁忌证。服用阿司匹林可以降低冠心病的发病率，还可以有效预防多种肿瘤。阿司匹林作为化学预防药物，其主要副作用是引起出血性疾病。因此，应正确评估其禁忌证后再决定用量，使用后应注意随访和监测。

（五）预防性治疗

指通过应用一些治疗手段，预防某一疾病从一个阶段进行到更为严重的阶段，或预防从某一较轻疾病发展为另一较为严重疾病的方法。前者如早期糖尿病的血糖控制（包括饮食和身体活动等行为的干预及药物治疗）预防将来可能出现更为严重的并发症；后者如手术切除肠息肉，预防发展为肠癌等。

三、临床预防服务实施步骤

（一）健康信息收集

收集个人健康信息是临床预防服务第一步。健康危险因素（health risk factor）是指机体内外环境中存在的与疾病的发生、发展及预后有关的各种诱发因素。健康危险因素作为疾病的诱发因素，与疾病的发生不一定有直接因果联系，但是可以增加疾病发生的概率，影响疾病的预后。危险因素的种类很多，大体上可以按照德威尔（Dever）模式分为生物因素、环境因素、行为生活方式和卫生服务等四大类。

健康信息收集的途径多种多样，用何种形式收集信息不重要，重要的是信息的真实、完整和准确性。一般可通过问卷调查、健康体检和筛查等获得，也可通过门诊、住院病历的查阅获得。在临床预防服务过程中，一般通过门诊询问获得就医者的健康信息。询问目的主要在于确定哪些危险因素需要在应诊或随访中进一步评价、干预。除了诊治危重或极端痛苦的患者外，应该为所有的就医者提供咨询。

在临床预防服务过程中，由于时间的限制，通过门诊询问获得就医者的健康信息有特殊的方式和技巧。在初次应诊时询问几个初筛问题，以确定危险因素询问的主要内容，如吸烟、身体活动、日常饮食、性生活、酒精和其他毒品的使用、预防伤害、口腔卫生、精神卫生及其功能、疾病史和家族史中的危险因素、接触职业和环境的危险因素、旅游史及接受所推荐的筛检试验、免疫和化学预防等状况。在以后的接触中，简单复习病史记录，确定重点关注或新的危险因素。任何诊疗接触时，医生都应尊重就医者及医学访谈的基本原则。包括确定与就医者的讨论议程、应用开放式问题和保持目光接触等。在询问时，应注意就医者情绪反应，注意措辞、语调、语音、语速和非语言性交流。

（二）健康风险评估

1. 健康风险评估的定义　健康风险评估（health risk appraisal，HRA）是一种用于描述和估计某一个体未来发生某种特定疾病或因为某种特定疾病导致死亡可能性的方法或工具。健康风险评估就是对个人的健康状况及未来患病和/或死亡危险性的量化评估。这种分析过程目的在于估计特定事件发生的可能性，而不在于作出明确的诊断。根据该定义，需要重点关注的关键词为健康状况、未来患病和/或死亡危险及量化评估。

（1）健康状况：随着生物-心理-社会医学模式的产生和建立，人们对健康状况的认识和理解也在不断深入。健康的多维性、阶段性与连续性已成为人们对健康最重要的认识。健康的多维性主要是指健康应包括躯体健康、心理健康和社会适应能力良好三个方面。健康的阶段性与连续性是指健康从完全健康到死亡，个体要经历疾病低危险阶段、中危险阶段、高危险阶段、疾病产生、出现不同预后等多个阶段，且各个阶段动态连续、逐渐演变。健康的这些特点直接影响着健康风险评估的发展趋势。近些年来，健康风险评估的重点已从评估确定的健康结果，如患病、残疾、死亡等，扩展到评估个人的健康功能，如完成日常生活活动的能力、自报健康水平等。同时，越来越多的人认识到，健康风险评估需要阶段性连续性地进行。即根据不同性别、各年龄段健康危险因素、易患疾病和高死亡原因等的差异，设计不同年龄、不同性别个体应做的健康检查项目，进行周期性的健康检查及健康风险评估，为个体积累连续性的健康基础信息，用以帮助个体进行有效的健康决策和健康维护。

（2）未来患病和/或死亡危险：这是健康风险评估的核心，即依据循证医学、流行病学、统计学等的原理和技术，预测未来一定时期内具有一定危险因素的人群的病死率或患病率。传统的健康风险评估用于估计死亡的概率（病死率），渐渐地，健康风险评估也被用于估计患病的概率。如今的健康风险评估领域已经变得越来越复杂。一些机构推出一系列的工具和量表，主要是运用一些简化的尺度和标准，将人群按照健康危险水平进行分层或健康评分。究其实质，健康风险评估就是在概率论的基础上，对未来患病和/或死亡危险的预测。

（3）量化评估：这是健康风险评估的一个重要特点，即评估结果是量化的，可对比的。常见的健康风险评估结果指标有患病危险性、评价年龄、健康评分、健康风险分级等，其基本思想都是将健康危险度的计算结果通过一定的方法转化为一个数值型的评分。例如，患病危险性可以用患病的概率值作为结果，也可以用一个个体在其同等水平的人群中根据危险度所占的百分比或等级序位来表示。

2. 健康风险评估的原理与技术　健康风险评估的方法主要包括一般健康风险评估、疾病风险评估等。

一般健康风险评估是研究危险因素与慢性病发病率及死亡率之间数量依存关系及其规律性的一种技术。它研究人们生活在有危险因素的环境中未来发生某种特定疾病或因为某种特定疾病导致死亡的可能性（概率），以及当改变不良行为，消除或降低危险因素时，可能延长的寿命。健康风险评估的目的是促进人们改变不良行为，减少危险因素，提高健康水平。在危险因素收集的基础上，通常采用的风险计算有两种方法。第一种是建立在单一危险因素与发病率或死亡率的基础上。将这些单一因素与发病和/或死亡率的关系以相对危险性来表示其强度，再计算各相关因素的加权分数即为发病和/或死亡的危险性。比较典型的有美国卡特中心（Carter Center）及美国糖尿病协会（American Diabetes Association，ADA）的健康风险评估评价方法。由于这种方法简单实用，不需要大量的数据分析，是早期主要的主要危险性评价方法。第二种方法是建立在多因素数理分析基础上，即采用统计学概率原理的方法来得出患病危险性与危险因素之间的关系模型。为了能包括更多的危险因素，并提高评价的准确性，这种以数据为基础的模型在近年来得到了很大发展。所采用的数理方法，除常见的多元回归外，还有基于模糊数学的神经网络方法及基于Monte Carlo的模型等。这种方法的典型代表是弗莱明翰（Framingham）的冠心病模型，它是在前瞻性研究的基础上建立的，因而被广泛使用。

相对于一般健康风险评估，疾病风险评估的特征是对特定慢性非传染性疾病的患病风险进行评估或预测，如心血管病风险评估、肺癌风险评估、遗传性疾病的风险评估等。疾病风险评估的方法直接源于流行病研究成果，其中前瞻性队列研究和对以往流行病研究成果的综合分析及循证医学是最主要的方法。前者包括生存分析法和寿命表分析法等；后者主要包括荟萃（Meta）分析和合成分析法（synthesis analysis）等。疾病风险评估的步骤：① 选择要预测的疾病（病种）；② 不断发现并确定与该疾病发生有关的危险因素；③ 应用适当的预测方法建立疾病风险预测模型；④ 验证评价模型的正确性和准确性。疾病风险评估具有以下特点：① 注重评估客观临床（生化试验）指标对未来特定疾病发生危险性；② 流行病学的研究成果是评估的主要依据和科学基础；③ 评估模型运用严谨的统计学方法和手段；④ 适用于医院、体检中心、健康管理公司、健康/人寿保险的核保和精算。

相关链接 | **中国缺血性心血管病（ICVD）风险预测模型**

中国"十五"攻关项目"冠心病和脑卒中综合危险度评估及干预方案的研究"，依据中美心脑血管疾病流行病学合作研究队列随访资料，将冠心病事件和缺血性脑卒中事件作为观察终点，采用Cox模型，以年龄、收缩压、体重指数、血清总胆固醇、是否吸烟和是否患有糖尿病等6个主要危险因素为自变量，拟合分性别的最优预测模型。并进一步将各连续变量转化为分组变量拟合出适合我国人群的心血管综合危险度简易评估工具。该工具是根据简易预测模型中各危险因素处于不同水平时所对应的回归系数，确定不同危险因素水平的分值，所有危险因素评分之和即对应于缺血性心血管疾病事件的10年发病绝对危险。

评估第一步：按照表18-1-1查阅各危险因素评分；第二步：评分求和；第三步：查阅表18-1-2获得绝对危险度；第四步：根据表18-1-3，根据年龄对应的平均危险度和最低危险度计算相对危险度。例如，一位年龄50岁的男性，血压150/90 mmHg，体重指数25 kg/m²，血清总胆固醇5.46 mmol/L，吸烟，无糖尿病。第一步，查表18-1-1获得评分为年龄50岁 =3分，收缩压150 mmHg=2分，体重指数25 kg/m²=1分，血清总胆固醇5.46 mmol/L=1分，吸烟 =2分，无糖尿病 =0分。第二步：评分求和：3+2+1+1+2+0=9分；第三步：查表18-1-2中9分对应的10年发生ICVD的绝对危险度是7.3%。第四步，表18-1-3中显示50~54岁组平均危险度是2.6%，最低危险度是0.7%，该男性与之相比，分别是一般人的2.8倍（7.3÷2.6）、是低危人群的10.4倍（7.3÷0.7）。

▼ 表18-1-1　ICVD 10年发病危险度评分表（男）

年龄/岁	35~39	40~44	45~49	50~54	55~59	
评分	0	1	2	3	4	
收缩压/mmHg	<120	120~	130~	140~	160~	≥180
评分	−2	0	1	2	5	8
体重指数/kg/m²	<24	24~	≥28	总胆固醇/(mmol·L⁻¹)	<5.20	≥5.20
评分	0	1	2	评分	0	1
吸烟	否	是		糖尿病	否	是
评分	0	2		评分	0	1

▼ 表18-1-2　ICVD 10年发病绝对危险度（男）

总分	≤−1	0	1	2	3	4	5	6	7	8
绝对危险度/%	0.3	0.5	0.6	0.8	1.1	1.5	2.1	2.9	3.9	5.4
总分	9	10	11	12	13	14	15	16	17	
绝对危险度/%	7.3	9.7	12.8	16.8	21.7	27.7	35.3	44.3	≥52.6	

▼ 表18-1-3　ICVD 10年绝对危险度参考标准（男）

年龄/岁	平均危险度/%	最低危险度/%
35~39	1.0	0.3
40~44	1.4	0.4
45~49	1.9	0.5
50~54	2.6	0.7
55~59	3.6	1.0

（三）健康维护计划的制定与实施

健康维护计划（health maintenance schedule）是指在明确个人健康危险因素分布的基础上，有针对性地制定将来一段时间内个体化的维护健康方案，并以此来实施个性化的健康指导。

1. 健康维护计划的制定原则

（1）健康为导向原则：临床预防服务的核心是以健康为中心。因此，制定个性化的健康维护计划要充分考虑就医者的健康相关信息，不仅关注当前的健康问题，也应关注未来的健康状况。

（2）个性化原则：与一般健康教育和健康促进不同，临床预防服务中的健康干预是个性化的，即根据个体的健康危险因素，由医护人员等进行个体指导，设定个体目标，并动态追踪效果。由于不同个体的生活方式、经济水平、可支配的时间及兴趣爱好等迥异，因此健康维护计划应根据个人的实际情况而定。

（3）综合性原则：健康维护计划是围绕健康而制定的个体化健康促进方案，是全方位和多层次的。从健康定义上看，包括生理、心理和社会适应三个层面的内容；从管理项目上看，包括综合体检方案、系统保健方案、健康教育处方等内容，因此制定个性化的健康维护计划应从多个角度出发，运用综合性措施对健康进行全面管理。

（4）动态性原则：人的健康状况是不断变化的，生命的每个阶段所面对的健康危险因素也是不一样的，因此健康维护计划也应该是动态的，要坚持经常对服务对象进行随访，并根据服务对象健康危险因素和健康状态的变化进行相应的调整。

（5）个人积极参与的原则：个性化健康维护计划改变了以往被动的健康保健模式，强调个人健康促进活动的主动性和参与性。无论是健康信息的收集、个性化健康维护计划的制定还是计划的最终实施都需要服务对象的积极参与和配合。

2. 干预措施及干预频率的确定　健康维护计划的制定需根据危险因素的评估结果及就医者的性别、年龄等信息，确定具体的干预措施。由于危险因素与健康之间常常是多因多果的关系，应采取综合性的干预措施。医务人员应根据就医者的具体情况、资源的可用性和实施的可行性，选择合适的、具体的干预措施列入健康维护计划，同时还应根据就医者的需求等因素进行修改或增减。

在决定干预措施后，还需要确定干预实施的频率。有些干预措施实施频率已被广泛认同，如某种免疫接种，而健康指导如劝告戒烟，并没有一个明确的频率。对于多数疾病的筛检，频率过高会增加费用，增加产生假阳性结果可能性，筛检间隔时间太长将增加重要疾病漏诊的危险。确定筛检频率的主要因素是筛检试验的灵敏度和疾病的进展速度，而不是疾病发生的危险度。危险度更多的是决定是否要做这项筛检，而不是筛检的频率。

3. 健康维护计划的实施　针对前来就诊的求医者，除了对症诊治现有的健康问题，还应重点关注其高危行为因素和可能的疾病风险。因此，除了疾病诊治计划，还应建立健康维护流程表、健康危险因素干预行动计划并提供有针对性的健康教育资料。在实施过程中，需要加强健康维护的随访，跟踪就医者执行计划的情况及感受和要求，以便及时发现曾被忽视的问题。

（1）建立流程表：为了便于健康维护计划的实施与监督，一般要求为每位就医者制定一张健康维护流程表，它除了有编号、年份和年龄外，主要内容包括三个部分：① 健康指导；② 疾病筛检；③ 免疫接种。每一部分都留有空白的项目，以便医务人员根据服务对象的具体情况确定其他需要开展的项目并做记录。已建立的流程表允许医务人员在随访过程中根据服务对象的需要而适当修正。

（2）单个健康危险因素干预计划：在已建立的健康维护流程表基础上，为了有效地纠正相关的行为危险因素，还需与就医者共同制定另外一份某项健康危险因素干预行动计划，如吸烟者的戒烟计划、肥胖者的体重控制计划等。由于不良行为生活方式改变的困难性与艰巨性，纠正不良行为危险因素最好分步实施，一个成功后再纠正另一个，并从最容易纠正的开始。制定的目标不能要求太高，应在近期通过努力就可达到，使服务对象看到自己的进步，逐步树立纠正不良行为危险因素的自信心，从而能长期坚持，达到维护健康的效果。

（3）提供健康教育资料：为了提高就医者对计划执行的依从性，应给他们提供一些有针对性的相关健康教育资料。应强调只有自己下决心主动承担起健康责任，并改变不良行为生活方式，才能真正提高健康水平和生活质量。

（4）健康维护随访：健康维护随访是指在干预计划实施后，医务人员跟踪服务对象执行计划的情况、感受和要求等，以便及时发现曾被忽视的问题。一般而言，所有服务对象在执行健康维护计划3个月后都需要进行定期随访，随访时间应根据具体情况确定。若出现某一健康问题，应根据该健康问题的管理要求来确定。

（高博）

第二节　健康相关行为干预

慢性非传染性疾病已经成为威胁人类健康的主要疾病。大量的研究表明，这类疾病的发生、发展与不良行为生活方式关系密切。2008年世界卫生组织调查显示，全球50%以上死亡归因于行为生活方式因素。众多研究也证实，改变和调整行为就能有效减少疾病。健康的生活方式是促进健康、获得更长期望寿命的重要保障，而不健康的行为生活方式如吸烟、饮酒、不合理膳食、静坐生活方式已经成为直接导致中国人群疾病负担的主要原因。基于行为生活方式因素同疾病发生发展的关系及其可改变性，采取措施改善服务对象人群的健康相关行为，无疑是当前临床医学和预防医学的共同任务。

一、健康相关行为影响因素

（一）影响行为三层次因素

行为的产生与发展受内因和外因共同决定，人的健康相关行为也是一系列自然和社会因素共同作用的产物。目前基本能将这些影响因素分成两大类：个体因素与环境因素，而环境因素又可以进一步分为微观环境和宏观环境（图18-2-1）。

1. **个体因素**　个体水平上影响人类行为的因素主要包括生理因素和心理因素。生理因素对于行为影响深层次的机制需要对脑科学方面的内容进行探讨，如

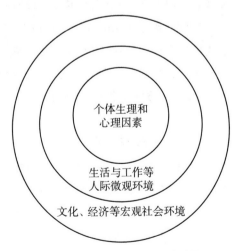

▲ 图18-2-1　健康行为的生态学模型

个体生理和心理因素

生活与工作等人际微观环境

文化、经济等宏观社会环境

神经元、大脑皮质等，如研究认为大脑的海马区域与人的认知有关，伏隔核与情绪有关。多巴胺被认为与成瘾有关，睾酮被认为与男性的攻击行为有关，催产素被认为能提高人行为的亲和性。而认知、需求、动机、情感、态度与意志等是更容易被感知到的个体层面影响行为的心理因素。

2. 微观环境与人际层面因素　人际因素属于微观的环境因素，一些社会科学理论指出人的行为通常都是在家庭与家庭成员、朋友、同事的社会关系中产生的。在健康行为干预的领域，研究者认为社会压力是影响健康行为的重要因素。社会心理学上所指的社会压力通常是指人生活与工作环境中受到的群体与个人对某种行为的认可或反对的感知。如某个人，其配偶与父母都反对他吸烟，这个对于其健康行为就是重要的社会压力。另外一个与此相关的概念被称为同辈压力，指同辈群体对其成员的行为期望，同辈群体是指由年龄、性别、志趣、职业、社会地位及行为方式大体相近的人所组成的一种非正式群体。处于青春期的青少年很容易受到同辈群体的影响而出现吸烟、不安全性行为等。

3. 宏观环境因素　宏观环境因素主要是指如文化、经济发展水平、政治制度、法律、教育等宏观社会因素。人们所处的社会环境不同，健康行为就会有很大的差异，如果一个地区人们的主要问题还是解决温饱问题，可能普遍性的健康意识不会很高。

（二）影响行为的倾向因素、促成因素和强化因素

影响行为的因素也可以分为倾向因素（predisposing factors）、促成因素（enabling factors）和强化因素（reinforcing factors）。

1. 倾向因素（predisposing factors）　指为行为改变提供理由或动机的先行因素。它通常先于行为，是产生某种行为的动机或愿望，或是诱发产生某行为的因素，其中包括知识、信念、价值观、态度及自信心，以及现有技能、自我效能等。

2. 促成因素（enabling factors）　指允许行为动机或愿望得以实现的先行因素，即实现或达到某行为所必需的技能和资源，包括干预项目、服务、行为和环境改变的必需资源、行为改变所需的新技能等。如健康食品的供应情况、保健设施、医务人员、诊所等资源，以及医疗费用、诊所距离、交通工具、个人保健技术；政府的重视与支持、法律、政策等。

3. 强化因素（reinforcing factors）　指对象实施某行为后所得到的加强或减弱该行为的因素，这类因素来自行为者周边的人，如配偶、亲属、医生、教师、同伴、长辈等的支持与鼓励；自身对行为后果的感受，包括社会效益（得到尊重）、生理效益（体力增强、痛苦缓解）、经济效益（经济奖励或节省开支）、心理收益（生活充实、精神愉悦）等。

二、行为改变理论

图18-2-1所显示的影响健康行为的生态学模型，不仅强调了人的行为受多重因素的影响，同时也反映出这些因素和水平之间存在相互联系，即人的行为与环境是相互作用的。因此，在设计健康相关行为干预活动时，应该提倡多学科、多部门、多项目之间的合作。生态学模型提供了行为改变的基本框架，但在改变具体的健康相关行为时，还需要具体的理论指导。行为改变理论能帮助解释和预测健康相关行为的演变、分析内外部影响因素对行为的作用，探索行为改变的动

力和过程，以及帮助评价健康教育干预的效果。本节主要介绍当前在设计行为改变干预措施时较为广泛使用的几个行为改变理论。

（一）行为改变阶段理论

美国心理学教授普罗察斯卡（Prochaska）和迪克乐曼特（Diclemente）在20世纪80年代提出了行为改变的阶段模式（stages of change model，SCM）。他们通过对吸烟者戒烟过程的研究发现，人的行为的改变必须经过一系列过程。以往常常将行为变化解释为一个事件，如停止吸烟、锻炼身体、增加水果食入等。变化阶段模式则将变化解释为一个连续的、动态的、由五个步骤逐渐推进的过程。该模式注重个体内在因素，并认为人们修正负向行为或采取正向行为实质上是一个决策过程。此过程包括十个认知和行为步骤。最初该模式适用于戒烟行为的探讨，但它很快被广泛应用于酗酒及物质滥用、饮食失调及肥胖、高脂饮食、艾滋病预防等方面的行为干预。

行为改变的阶段模式认为人的行为变化通常需要经过以下五个阶段。

（1）无打算阶段（pre-contemplation stage）：处于该阶段的人，没有在未来6个月中改变自己行为的考虑，或意欲坚持不改。对象可能还没有意识到自己的行为存在问题，也可能以前曾尝试过改变，但因失败而觉得没有能力来改变。这两种情况下，对象可能避免想到或提到其目前所具有的疾病危险行为。

（2）打算阶段（contemplation stage）：处于该阶段的人打算在未来（6个月内）采取行动，改变疾病危险行为。对象已经意识到自己的行为问题，也已经意识到行为改变后的好处，但同时也意识到会有一些困难与阻碍，在好处与困难之间权衡而处于一种矛盾心态。行为改变的代价和利益之间的平衡能产生极深的矛盾情感，并使人们长时间地停留在这个阶段。如果个体通过决策判断认识到行为改变的利大于弊，并且行为改变的动机大于保持原状的动机，那么他将会进入下一个行为变化阶段。

（3）准备阶段（preparation stage）：进入"准备阶段"的人将于未来1个月内改变行为。这种人在过去一段时间中已经有所行动，并对所采取的行动已有打算。例如，处于体育锻炼准备阶段的个体会参加与体育锻炼有关的教育课程，向有经验的运动保健医生咨询锻炼计划或运动处方，为进行体育锻炼购买运动、服装、器材等。

（4）行动阶段（action stage）：在此阶段的人，在过去的六个月中目标行为已经有所改变。行动往往被视作行为改变，但在行为阶段变化模式中，不是所有的行动都可以看成行为改变。对象行为的改变必须符合科学家或专家的判断已达到足以降低疾病风险的程度。以吸烟为例，减少吸烟量并非处于转变行为阶段，完全不吸烟才是处于此期。

（5）行为维持阶段（maintenance stage）：处于此阶段的人已经维持新行为状态长达6个月以上，已达到预期目的。对象努力防止旧行为复发，但已比较自信，不易再受到诱惑而复发旧行为。

处于行为转变不同阶段的对象无疑有不同的需要，因此要根据他们的特点和需要，采取不同的措施。这应是行为改变阶段模式的基本原则和精华所在。

行为改变阶段模式将行为的改变分成五个阶段，但对象的行为变化并不总是在这五个阶段间单向移动。很多人在达到目标前，往往尝试过多次，有些会退回到无打算阶段。行为者能从任何阶段退回到一个早前的阶段，包括从行为阶段或维持阶段复原到一个比较早期的阶段。一种健康行为的形成有时并非易事，而要经过多次尝试才能成功。

行为改变阶段理论上是从一个动态的过程来描述人们的行为变化。但是该理论对环境的影响作用考虑较少，此模式是对行为变化的描述性解释，而不是原因性解释。所以在应用中为保证行为干预的有效性，医务工作者必须了解求医者在各行为阶段的分布，分析其不同的需要和相关的影响因素，然后有针对性地采取相应措施帮助其进入下一阶段。

（二）健康信念模式

健康信念模式（health belief model，HBM）于1958年由社会心理学家侯慈本（Hochbaum）提出，其后经贝克（Becker）、罗森斯托克（Rosenstock）等社会心理学家的修订逐步完善，早期用于解释人们的预防保健行为，特别是分析哪些因素影响人们遵从医学建议的行为，目前被广泛地运用于各种短期或长期的健康危险行为的预测和改变上。HBM理论强调感知（perception）在决策中的重要性，认为信念是人们采纳有利于健康的行为的基础，人们如果具有与疾病、健康相关的信念，他们就会采纳健康行为，改变危险行为。HBM是目前用社会心理学方法解释和指导干预健康相关行为的重要理论模式，提出健康行为来自心理社会因素的共同影响。它以心理学为基础，由刺激理论和认知理论综合而成。健康信念模式遵照认知理论原则，首先强调个体的主观心理过程，即期望、思维、推理、信念等对行为的主导作用。该模式认为对易感性和严重性的认知与预防疾病的行为是相关的。认知系统的核心部分是一套关于疾病的个人信念，这个信念调节着对威胁的感知从而影响采用对抗疾病的行为的可能性（图18-2-2）。健康信念是人们接受劝导、改变不良行为、采纳健康促进行为的关键。

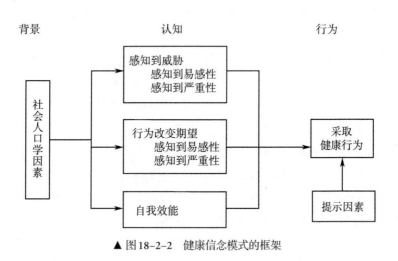

▲ 图18-2-2　健康信念模式的框架

1. 健康信念模式的基本内容　健康信念（health belief）是指人如何看待健康和疾病，如何认识疾病的严重程度及易感性，如何认识采取预防措施后的效果及采取措施所遇到的障碍。健康信念模式认为人们要接受医生的建议而采取某种有益健康的行为或放弃某种危害健康的行为，需要具有以下几方面的认识。

（1）感知到威胁：指知觉到某种疾病或危险因素的威胁，并进一步认识到问题的严重性，进而产生"恐惧"。行为健康后果信念包括知觉到易感性（perceived susceptibility）和知觉到严重性（perceived severity）。① 知觉到易感性是指人们对行为健康后果危险性的主观知觉，指个体根据某种疾病发病率、流行范围、易感性等作出由于某种行为导致自己罹患某种疾病可能性的判断，包括对医生的判断的接受程度和自己对疾病发生、复发可能性的判断。如何使个体通过事实评价作出主观判断，形成疾病易感性的信念是健康教育成败的关键。② 知觉到严重性是指对行为后果的主观评价，包括人们由于某种行为导致的疾病所引起的健康后果的判断，如死亡、伤残、疼痛等，以及对疾病引起的社会后果的判断，如工作烦恼、失业、家庭矛盾、社会关系受影响等。一般而言，个体知觉到易感性和严重性程度高能够减少危险性行为发生，反之则起到促进作用。

（2）行为改变期望：指个体对于行为改变结果的认识和评价，即对行为改变结果的期望，确认这种行为改变与疾病或危险因素的密切联系，包括知觉到益处（perceived benefit）和知觉到效果（perceived effect），以及知觉到障碍（perceived barriers）。① 知觉到益处和知觉到效果：指人们对于实施或放弃某种行为后，能否有效降低患病的危险性或减轻疾病后果的判断，包括减缓病痛，减少疾病产生的社会影响等。只有当人们认识到自己的行为有效时，人们才会自觉地采取行动。② 知觉到障碍：指人们对采取该行动的困难的认识。如有些预防行为花费太大、可能带来痛苦、与日常生活的时间安排有冲突、不方便等。对这些困难的足够认识，是使行为巩固持久的必要前提。当感知到的行为转变的益处和效果大于障碍时，行为的转变成为可能；否则个体可能依旧维持原有的不健康行为。

（3）自我效能（self-efficacy）：指人们成功地实施和完成某个行为目标或应对某种困难情境能力的信念，即人对自己能否在一定水平上完成某项活动所具有的能力判断、信念或主体自我把握与感受。自我效能是人类行为的决定因素，是个人因素的中心。自我效能包括两个部分，即结果期望和效能期望。结果期望是指人对自己的某一特定行为可能导致某种结果的主观判断，如果人预测到某一特定行为将会导致特定的结果，那么这一行为就可能被激活和被选择；效能期望则是人对自己能否进行某种行为的实施能力的推测或判断，即人对自己行为能力的推测。它意味着人是否确信自己能够成功地进行带来某一结果（如戒烟）的行为。当人确信自己有能力进行某一活动，他就会产生高度的"自我效能"，并会去执行。人的行为主要是受效能期望的控制。人对某种行为的效能期望决定着人在完成特定行为过程中做出多大努力，在面对困难时能坚持多久，在应对失败时能否保持乐观的情绪，以及在处理棘手问题时能够承受多大压力。人们在获得了相应的知识、技能后，自我效能就成为行为的决定因素。例如，当人既了解到戒烟可以导致好的健康结果（降低患肺癌或慢性呼吸系统疾病的风险），而且还感到自己有能力采取相应的措施把烟戒掉，才会采取戒烟行动。

（4）行动提示因素：指人能否采取预防性措施的促进因素，包括大众传播媒体的宣传、医生的建议、他人的劝告、自身躯体症状、报纸杂志的介绍、家人或朋友患过此病等。

（5）影响及制约因素：指可能对行为产生影响或制约行为的因素。① 人口学因素：年龄、性别、种族；② 社会心理学因素：个性、社会地位、社会压力；③ 知识结构因素：关于疾病的知识、以往与疾病的接触等。

2. 健康信念模式的应用　与行为改变阶段理论不同，健康信念模式主要是从行为诱发因素的角度来探讨人们行为变化的原因。健康信念模式的核心是个人应从对象的需要出发考虑问题，并且应用关于认知、意志的知识和价值期望理论来开展健康行为干预。设计重点在于如下。① 产生"恐惧"：认识到某个负面结果对自己的健康和利益（经济、家庭、社会地位等）是严重的威胁，而且这种威胁是现实的（知觉到威胁和严重性）。② 对行为效果的期望：有一个正向期望，即通过采取一个推荐的行动，将能有效避免该负性健康结果。包括坚信改变不良行为会得到非常有价值的后果（知觉行为效益），同时认识到行为改变中可能出现的困难（知觉到障碍）。③ 效能期望：确信自己能成功克服困难采取推荐的行为（自我效能）。健康信念模式已经广泛应用于慢性疾病的防治、不良行为的干预（戒烟、戒毒）、性健康促进（尤其是安全性行为方面）、青少年健康行为养成（弱视、肥胖）等的行为干预中。

（三）社会认知理论

社会认知理论是应用于人际水平的行为改变理论，主要针对对象在社会环境中的感知和习得性来理解健康相关行为，是一种在设计行为改变干预措施时广泛使用的理论。

1. 社会认知理论的基本概念　社会认知理论（social cognitive theory，SCT）源于社会学习理论，是一种综合性的人类行为理论，强调人的行为、个人认知因素和社会环境影响之间的相互作用的动态性。根据社会认知的观点，个人的行为既不是单由个人内部心理因素驱动，也不是单由外部刺激控制，而是"行为、个人认知因素、环境"三种因素之间的动态相互作用所决定的，因此，社会认知理论又被称为"交互决定论（reciprocal determinism）"（图18-2-3）。

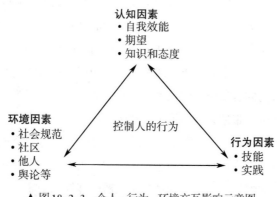

▲ 图18-2-3　个人-行为-环境交互影响示意图

2. 社会认知理论的关键因素

（1）个人认知因素：包括个体自我决定或自我调节行为的能力，以及反思和分析经验的能力。认知因素对行为的影响包括三个主要因素：对行为的理解水平（知识）、参与行为的信心（自我效能）和预见特定行为模式的结果的能力（结果预期）。

1）知识（knowledge）：班杜拉首先认为知识是行为改变的前提条件。但知识和态度只是行为改变的"起点"。例如，一个人对性行为活动所持的信念、态度及性实践间的关系是复杂的。提高了艾滋病有关知识，增强了对风险的认知是否一定会改变相应的行为？国外实践证明，渠道广泛的公共健康信息虽有助于提高人们对艾滋病防治的有关知识，但远不能有效地改变多样化的高危人群的性实践。事实上，个体间艾滋病毒感染的传播是在社会关系网络的环境下发生的。因此，拥有相应知识仅为行为改变的一个前提条件，知识让人们具备一定的常识、意识或警醒，但行为改变还需要考虑信念、动机与技能，以及社会环境等因素。

2）自我效能（self-efficacy）：是健康相关行为研究领域最常用的概念之一，由班杜拉最早提出并进行了系统的研究。目前自我效能已被广泛应用于多个领域。自我效能是一种信念，是对能力的自我认识，即是否相信自己能在特定环境中恰当而有效地实施行为。自我效能以多种方式影响着人们的知觉、动机、行动及其效果，也影响着环境。个体对某项行为的自我效能越高，其尝试或执行该行为的意愿就越高；反之，较低的自我效能则意味着个体对执行该行为可能缺乏信心或感到恐惧不安，因此执行该行为的意愿不高，该个体会犹豫不决，从而进一步阻碍其学习或实施该行为的机会。自我效能不是与生俱来的，可在行为实践、能力训练和强化刺激下逐渐增强。

3）结果预期（outcome expectations）：根据社会认知理论，只有较高水平的自我效能尚不足以改变行为，个体必须同时拥有一定的结果期望才会有改变行为的意愿和动力。结果预期是个体对执行某项行为可能产生的结果所形成的一种感知。具体而言，它是人们对于执行某项行为可能产生的所有结果，逐一给予评估，并推测执行该项行为"可能得到的利益"或"必须付出的代价"各有多少，以此作为决定是否执行该行为的依据。结果预期有正向和负向之分，若个体对特定行为的结果期望"可能得到的利益"高于"必须付出的代价"，其差值越大则其想要执行该行为的动机就越强，反之则会减少个体执行该行为的意愿。另外，结果预期是个人的感知，有一定的主观性，也会因人而异。如果个体对执行某行为的结果期望与其兴趣相近，或符合其希望得到的结果，则采取行为的可能性也会增加。

（2）社会环境因素：指在个人能力控制之外能够影响行动或行为的多个因素的集合，可分为物质因素和文化因素。其中物质因素包括居住地、设施、经济等因素，文化因素主要包括政策、教育、社会习俗、规范、舆论等。社会环境因素在人们健康行为的形成中起着非常重要的作用，但这些因素主要通过人的主观意识（情境）产生影响。当人们意识到环境提供了采取某类行为的机会时，人们可能克服障碍而执行该行为。如当工作场所禁止吸烟，员工戒烟成为风尚，其中的吸烟者就容易克服种种困难而戒烟。当人们没有察觉到环境提供的机会时，环境的影响力就会受到限制。人的认知活动决定了多种外部因素中的哪些部分可以被观察到，并能进而影响个体应对环境的方式。没有对象认知的参与，就没有真正意义上的对教育影响的接受。社会环境因素也通常是个人和人际行为互动的结果。家庭成员间相互影响形成的习惯性行为是重要实例，例如，儿童喜好吃某些食品的行为就受到家长喜欢吃哪些食品、在家里能得到哪些食品，以及在当地或在当时能够得到哪些食品等综合因素的影响。

（3）行为因素：直接影响健康。健康行为是指个人采取的行动，这些行为会增强健康（健康正向发展或改善健康问题）或危害健康（导致不健康结果或加剧健康问题）。行为因素包括一个人现有的健康行为能力或应对技能（行为技能）、增加或改变行为的目标（意图），以及他们因从事健康行为而受到的奖励（强化）或惩罚。

行为的强化是指能使利于健康的行为频率增加的结果，有助于正面行为的巩固或负面行为的中断。强化理论（reinforcement theory，RT）认为行为发生（或再发生）与否及其发生频度同行为前件和行为后件相关。行为前件是指能引发某行为的提示性事件，如摆在桌上的烟盒引发了吸烟者的吸烟行为，"桌上的烟盒"即为行为前件。行为后件指紧接着某行为的结果而发生的，能对该行为的再次发生与否和发生频度、强度产生影响的事件。如参加锻炼后受到父母鼓励，有可能促使孩子今后更多地开展体育活动，"父母的鼓励"即为行为后件。强化主要指改变行为后件使行为发生频度增高的技术，能够提高行为反应频度的条件性事件（行为后件）称为强化因素。强化可分为外部强化和内部强化。外部强化一般通过他人的反应或其他环境因素来实现。人们通过观察了解到周围的人对某些行为的正面或负面的反应，因而自己的行为受到强化（正向或负向）。这些行为既可能是自己的行为，也可能是他人的行为。例如，儿童可以观察其父母的饮食习惯、饮酒或吸烟行为是否得到周围人的赞赏或批评。个体在学习过程中可以体会到周围环境对行为价值的判断，有助于产生效果期望。内部强化来自个人的经验或自身的价值观。在内部强化中，结果期望和结果预期是重要成分。结果期望（outcome expectations）是个体对执行某项行为之后可能产生的结果所形成的一种感知。具体而言，它是指人们对于执行某项行为时可能产生的所有结果逐项予以评估，并推测执行该项行为之后"可能得到的利益"或"必须付出的代价"各有多少，以此作为决定是否要执行该行为的依据。当个体相信"如果我执行这项行为就会有相应的（好）结果"，才会有意愿采取行动。例如，当个体相信如果自己使用安全套就可以避免感染HIV，那么他就可能会执行该行为。而结果预期（outcome expectancies）指对行为结果的价值判断，具有"价值如何""是否值得""有多少意义"等含义，能进一步加强内部强化的作用。例如，认为运动可带来减肥效果及健美的体型，调整饮食之后血压得到控制从而减少对高血压药物的依赖等。

惩罚与强化相反，惩罚可以降低特定行为在个体受到惩罚的情境下再次执行该行为的可能性。其中Ⅰ型惩罚是在行为发生后通过呈现厌恶刺激来减少今后行为发生频率，如在纠正一些不良行为时常用的厌恶疗法。Ⅱ型惩罚是通过消除使人愉悦的刺激来减少今后类似行为的发生频率，如家长通过禁止过度游戏来减少孩子不做作业的行为。

临床医学中应用强化理论来实施行为矫正治疗已有很长的历史，在健康行为与健康教育中强化理论也是解释健康相关行为和指导干预工作的有力工具。

总之，社会认知理论为解释、预测健康相关行为和制定健康教育干预策略提供了有用的理论工具，该理论被广泛应用于健康教育项目的设计中。但因内容较广泛和结构复杂，应用该理论需要丰富的知识、经验和训练。

三、健康咨询基本模式

健康咨询是在临床场所帮助个体及家庭改变不良行为最常用的一种健康教育方式。咨询

（consultation）指咨询者为有需求的个体（如患者）通过交流帮助其获得自信并找到解决问题的办法。咨询的成功与否很大程度上取决于咨询者的交流技巧。在临床场所，医务人员在为个体或家庭提供服务的过程中，有许多可提供健康咨询服务的机会。健康咨询可以作为治疗的一部分而提供给患者，也可以是疾病预防和健康促进的重要手段之一。

（一）健康咨询的基本模式"5A模式"

许多国家的临床预防服务指南均建议临床医生使用5A模式来开展健康咨询帮助患者改变各种不良行为。5A模式不是一个理论，而是由医务人员在临床场所为患者提供健康咨询的五个基本的步骤，即评估（ask/assess，包括行为、病情、知识、技能、自信心），劝告（advise，指提供有关健康危害的相关信息，行为改变的益处等），达成共识（agree，指根据患者的兴趣、能力共同设定一个改善健康/行为的目标），协助（assist，为患者找出行动可能遇到的障碍，帮助确定正确的策略、解决问题的技巧及获得社会支持）和安排随访（arrange，指明确随访的时间、方式与行动计划），最终通过患者自己的行动计划，达到既定的目标。

由此可见，5A模式是帮助/协助患者改变行为的一系列步骤，是指导"如何做"的一套程序，是做到以患者为中心的一种实践方式。医务人员可用许多特定的工具（事先印刷好的表格、计算机、电话）来完成对患者的健康咨询和促进行为的改变。虽然5A模式适用于对几乎所有行为改变的健康咨询，但在进行不同的行为改变的咨询时，每个步骤的干预内容是有所不同的。另外，在实施5A模式时，可以从任何一个步骤开始，也可以在任何一个步骤结束，并非每个患者每次健康咨询都需要从"评估"开始，以"安排随访"结束。这是因为人们的行为可处于行为改变的不同阶段，干预可以从适当的阶段开始。

（二）健康咨询的原则

1. 建立友好关系 咨询者应对寻求咨询的对象表示出关心和爱护。应重视首先与将要帮助的人建立友好的关系，赢得信任。因为人们更愿意向自己信任的人敞开心扉，谈论自己的问题。

2. 识别需求 咨询者应设法了解到服务对象存在的问题并让其识别出自身存在的问题。咨询者更多以倾听的方式，并有效引导服务对象发现并正视自身的问题。

3. 移情 咨询者应对服务对象的感受表示理解和接受，而不是表示同情。人们对他们所存在的问题不可避免地会有担心和害怕。一个好的咨询者应帮助人们认识到他们自身的不良情感（担心害怕）并设法克服，而不是简单地使他们不要担心害怕。

4. 调动参与 作为一个咨询者永远不要试图劝人们接受你的建议。因为若你的建议是错误的或对服务对象不合适的话，人们可能会很生气并不再信任你；如果建议是对的，人们便会变得越来越依赖于咨询者来解决所有面临的问题。一个好咨询者应帮助人们找出各种与其所存在问题相关的因素，并鼓励人们找出最适合他们自己的解决问题的办法，这也是个体增权的一部分。

5. 保守秘密 咨询者可能被告知许多个人的隐私和令人尴尬的问题，咨询者一定要替求助者保守秘密。除非得到允许或客观需要，绝不要泄露寻求咨询者的信息。

6. 尽量提供信息和资源 尽管咨询者不一定能给所有的求助者提供直接的建议，但应该与咨询对象分享有用的信息，并为其提供所需的资源，供求助者自己作出决定。例如，许多人可能不知道他们的行为与其自身健康的关系，咨询者不是要给他们上课，而是在讨论时为他们提供一个简单的事实来帮助他们对自己的问题有一个清楚的认识。

任何卫生服务人员都能在其日常工作中提供健康咨询服务。同样，老师、家人、朋友等只要愿意仔细倾听并鼓励别人承担应有的责任来解决自己的问题，都可以成为咨询者。

（高博）

第三节　医源性疾病预防与控制

医源性疾病（iatrogenic diseases or disorders）指医护人员在诊断、治疗疾病的过程中，由于诊疗措施不当、环境不良或错误操作而造成患者身心健康损害的一类疾病。由于其发生原因极为复杂，范围广，数量多，界定相对困难，因而目前世界上多数国家还缺乏有关医源性疾病总体发生率的详细报道。按照致病原因，医源性疾病大致可以分为医院获得性感染、药源性疾病、医源性损伤和免疫接种引起的疾病。

医源性疾病在世界各国越来越普遍，增加患者痛苦，延长住院时间，增加社会和个人经济负担，已成为医疗质量管理中一个十分重要的问题。本节重点介绍医院获得性感染和药源性疾病。

一、医院获得性感染

（一）医院获得性感染概述

医院获得性感染（hospital acquired infection）又称医院感染（nosocomial infection，hospital infection），是指住院患者、医院职工、门诊患者、探视者或陪住者等在医院内获得的一切感染性疾病，包括在住院期间发生的感染和在医院获得出院后发生的感染，但不包括入院前已开始或入院时已存在的感染。医院感染是患者进入医院接受治疗后重新感染，是医源性疾病的主要组成部分之一。其发生率为5%~15%，涉及临床各学科，多为机会致病菌，常耐药。医院感染除了具有与一般感染性疾病共同的流行特征外还有其复杂性、特殊性和不可预测性特征。

（二）医院感染的种类

1. 按病原体来源分类　医院感染按病原体来源不同主要分为内源性感染和外源性感染两大类。

（1）内源性感染（endogenous infection）：也称自身感染（autogenous infection），是指各种原因引起的患者在医院内遭受自身固有病原体侵袭而发生的医院感染，病原体来自患者的某个部位，如来自患者的皮肤、口咽部、肠道、呼吸道、泌尿道和生殖道等正常菌群，即机体腔道或体表正常菌群或条件致病菌在一定条件下发生位移或菌群数量发生改变而导致患者发生的感染。即使采取了严格的消毒隔离措施，仍难免发生。随着医学科学的不断发展，大量侵入性医疗器械和大量抗菌药物的广泛应用，导致内源性感染不断增加，也给医院感染控制带来了新的难题。

（2）外源性感染（exogenous infection）：也称交叉感染（cross infection），是指引起感染的病原体来自患者以外的地方，如其他患者、工作人员、探视陪护人员、医疗器械和医院外环境等。患者通过直接或间接接触带菌或污染的人、物或空气而发生感染。一般情况下，通过采取严格的消毒隔离措施，如器械的清洗、消毒灭菌、医院环境消毒和干燥、易感患者的隔离、无菌操作等，外源性感染可以得到有效预防和控制。

2. 按病原体种类分类 按病原体种类可将医院感染分为细菌感染、病毒感染、真菌感染、支原体感染、衣原体感染和原虫感染等。其中细菌感染最常见，其次是病毒感染。每一类感染可根据病原体的具体名称分类，如铜绿假单胞菌感染、金黄色葡萄球菌感染、分枝杆菌感染和柯萨奇病毒感染等。

3. 按感染部位分类 人体的各器官、各部位都可能发生医院感染，因此，医院感染可分为呼吸系统医院感染、手术部位医院感染、泌尿系统医院感染、血液系统医院感染、皮肤软组织医院感染等。

（三）医院感染发病原因

医院感染的发病原因与医院环境和患者条件等多方面因素有关。① 医院内存在各种各样的患者，其免疫功能及防御机制都存在不同程度的损害和缺陷。② 患者在住院期间，由于接受各种诊断和治疗措施，如气管插管、泌尿道插管、内镜检查、大手术及放疗、化疗等，在不同程度上损伤并降低了患者的免疫功能。③ 医院中人员密集，有各种感染疾病的患者随时可能将病原体排入医院环境中，因此医院内的空气受到严重污染，成为微生物聚集的场所。④ 医院内广泛使用各种抗生素，造成人体正常菌群紊乱，也可引起机会致病菌和耐药菌的感染。

（四）医院感染流行病学特征

据WHO统计，全球住院患者医源性感染发生率约8.7%。非洲等经济欠发达国家的医源性感染率显著高于经济发达国家。我国目前公布的医源性感染发生率在4%~6%，低于全球平均水平。有研究显示，美国医源性感染已成为第四位死因，导致每年88 000例患者死亡，因医源性感染而增加46亿美元的医疗费用。

1. 医院感染的人群分布 发生医院感染的人群因其年龄、性别、所患疾病、感染类型和危险因素的不同，发病率也有所差异。

（1）医院感染与年龄有关：婴幼儿和老年人感染率高。有调查表明，心外科手术后患者0~10岁组的医院感染率是10~20岁组的4.7倍；心脏瓣膜替换术50~70岁组是20~50岁组的2.4倍。这主要与婴幼儿和老年人的抵抗力低有关。

（2）与性别无关：多数调查发现医院感染与性别无关，但在某些感染部位中其发病率有差异，如女性患者泌尿道感染率大于男性。

（3）与所患疾病有关：不同基础疾病的患者医院感染发病率不同，其中以恶性肿瘤患者发病率最高，其次为血液病患者。

（4）与感染类型有关：其中尿路感染为最常见的医院内感染，约占医院内感染的40%；术后伤口感染占10%~30%；据国内报道，肺部感染占15%~54%，病死率高达30%~50%；皮肤感染占全部医院内感染的5%左右，其中金黄色葡萄球菌所致的皮肤感染发病率较高。

（5）与危险因素有关：医源性感染人群来源较多，包括在医院接受医疗的患者、在岗的医护人员及医院附近居民等。医源性感染危险因素也包括多方面：医疗废物导致医源性感染；医护人员在医疗工作中损伤；医疗防护设备不达标及滥用抗生素等。据报道，近年来我国医护人员在工作中感染艾滋病、肝炎病毒的发生率在上升。目前医疗废物导致医源性感染的危险因素正在引起高度重视。与其他废物相比，医疗废物来自群体患者，内含大量的多个种类的细菌或病毒，常具有生物多样性，因其对人体感染和损伤特性特殊，且病原种类多，危害性大，甚至污染周围环境和影响公众健康。

2. 医院感染的空间分布

（1）不同科室医院感染发病率不同：有研究表明，医院感染的发病率随科室不同而有较大差异，重症监护病房（ICU）发病率最高，其次为肿瘤科、血液病科、烧伤科等。同一科室由于专业不同，医院感染发生率也不同，如在内科中以血液内科和肾内科最高，外科中以神经外科和胸外科最高。

（2）不同级别、性质及床位数的医院感染发病率不同：一般而言，级别愈高，医院感染发病率愈高，大医院高于小医院，教学医院高于非教学医院，主要是因为前者收治的患者病情重，有较多的医院感染危险因素和侵入性操作。

（3）地区之间的医院感染发病率不同：一般认为贫穷国家高于发展中国家，发展中国家高于发达国家。WHO于2002年发布的数据显示，在由其资助的14个国家55所医院的现患率调查结果显示：平均8.7%的住院患者发生了感染。医院感染发生率最高地区的是东地中海和东南亚区域（分别为11.8%和10.0%），欧洲和西太平洋区域分别为7.7%和9.0%。2019年，国家卫生健康委发布医院感染监测结果：我国近5年来医院感染现患率为2.3%~2.7%。根据相关文献报道，美国同期现患率为3.2%~4%，欧洲为5.9%。

3. 医院感染时间分布

（1）季节分布：医院感染发病率的季节变化不明显，但也有报道指出冬季发病率较高，夏季发病率较低。

（2）长期趋势：医院感染的长期趋势是指从一个较长时期来考察医院感染的变化情况，包括感染率、病原体及耐药性等方面的变化趋势。如我国医院感染发病率从1986年的9.7%降低到2020年的1.9%，这是我国经过30多年的不懈努力取得的成绩。

（五）医院感染预防与控制

发生医院感染的原因和途径多种多样，但只要加强管理，采取行之有效的措施，大部分医院感染可得到有效预防。

1. 加强医院管理

（1）医院建筑及布局：医院建筑布局是否合理对医院感染的预防至关重要。从预防感染角度来看，为防止微生物扩散和疾病蔓延，传染病房、超净病房、手术室、监护室、观察室、探视接待室、供应室、洗衣房及厨房等设施在设备与布局方面都有特殊的要求，应严格完善区域化管理。

（2）严格的规章制度：应包括接诊及分诊制度、消毒隔离制度、无菌操作规程及探视制度。通过隔离将污染局限在最小的范围内，是预防医院感染的最重要的措施之一。医院根据具体情况开设不同的门诊，避免交叉感染。无菌操作规程是要求医护人员必须遵守的医疗法规，贯穿在各项诊疗护理过程中。每个医护人员都应该从医院感染、保护患者健康出发，严格执行规章制度及实施细则，并劝告患者与探视者共同遵守，切断外源性细菌污染的途径，降低感染率。

（3）做好安全防护：医护人员在诊疗护理过程中必须使用相应消毒隔离装备，做好安全防护工作，佩戴手套、面罩、护目镜、口罩和隔离衣等装备，脱去安全防护装备后，应清洁消毒手部，并对被血液、体液、分泌物及排泄物污染的设备及一次性医疗用品进行无害化处理。

（4）妥善处理医疗垃圾：医疗废物应按照国家颁布的《医疗废物管理条例》及相关法律法规进行无害化处理。医用垃圾、生活垃圾及锐器分类妥善处理，专人收集并进行处理。此外，医院还应做好清洁卫生工作，除尘、除污、灭蝇、灭蚊及灭鼠等工作，其顺序应由污染较轻的地方开始，逐步进入污染较重的地方，最后处理患者公共活动场所。

（5）采取接触传播隔离预防措施：对确诊或可疑感染了病原微生物，如肠道感染、多重耐药细菌感染、皮肤感染等患者，在进行标准预防的基础上应采取接触传播隔离预防措施。患者安排在隔离病房，并限制人员的出入，做好空气消毒，防止空气传播。

2. 严格执行消毒 通过消毒和灭菌工作，可杀灭或清除医院环境、医疗用品及日常生活用品上的病原体，切断传播途径，消除环境感染源，防止医院感染的发生。第一，加强病房空气环境的管理。定时开窗，病房湿式清扫，每日完成床单更换，集中查房后用0.5%的84消毒液超声雾化进行空气消毒；对高危重点科室、高危人群实行保护性隔离，严格探视，且采取探视者入室更衣、洗手，探视后对室内进行通风、消毒擦拭、喷雾消毒等措施。第二，加强物品消毒灭菌处理。有研究报道，污染的氧气湿化瓶、氧气管、氧气插管、呼吸机、雾化器、导尿管、床旁柜、公用洗涤池等是造成交叉感染的重要传播因素。所以，除了对必须消毒的器械物品消毒外，对易忽视的消毒器械物品应进行认真的消毒。第三，手的消毒。护理人员进行各项护理操作前后都要彻底洗手，因为被污染的手是医院感染最主要的媒介；上班时间不准戴戒指、手链，严格遵守无菌操作制度，做到一人、一针、一管、一垫、一巾、一带，在治疗室安装感应水龙头，并配备干手机避免或减少再次污染，每月对医务人员的手进行采样监测。第四，终末消毒。患者出院及病故后，对床单进行严格的擦拭并消毒，以达到彻底终末消毒的目的。

3. 开展医院感染的监测 医院感染监测（nosocomial infection surveillance）是指长期、系统、连续地收集、分析医院感染在一定人群中发生、分布和影响因素，确定其分布动态和变动趋势，并及时采取防治对策和措施，同时对其防治效果和经济效益作出评价，不断改进，以达到控制和消除医院感染的目的。根据监测范围，分为全院综合性监测和目标性监测。全院综合性监测是指连续不断地对所有临床科室的全部住院患者和医务人员进行医院感染及其有关危险因素的监测。目标性监测则是针对高危人群、高发感染部位等开展医院感染及其危险因素的监测，如重症监护病房医院感染监测、新生儿病房医院感染监测、手术部位感染监测、抗菌药物临床应用与细菌耐药性监测等。监测的内容主要包括环境污染监测、灭菌效果检测、消毒污染监测、特殊病房监测、菌株抗药性监测、清洁卫生工作监测和传染源监测等。

前三条属于医院感染的标准预防措施。

4. 医院感染的额外预防　对于确诊或可疑的传染病患者在标准预防的基础上，采取基于传播方式的附加隔离预防。隔离病室或患者床头应有隔离标识，并限制人员出入。黄色为空气传播隔离，粉色为飞沫传播隔离，蓝色为接触传播隔离。

（1）经空气传播疾病的预防：通过此种方式传播的疾病主要包括活动性肺结核、麻疹、风疹、水痘、肺鼠疫和肺出血热等，在标准预防基础上应采取以下隔离措施。① 确诊或可疑感染患者应隔离治疗。② 尽可能避免转移患者，限制其活动范围，必须运送时注意医务人员的防护。当患者病情允许时应佩戴医用防护口罩，尽可能减少病原微生物的传播。③ 加强通风和做好空气消毒。

（2）经飞沫传播疾病的预防：通过这种方式传播的疾病包括SARS、百日咳、白喉、病毒性腮腺炎和脑膜炎等。在标准预防的基础上，患者和医护人员要佩戴相应防护用品。应注意患者与患者、患者与探视者之间相隔1m以上，有条件时安排单人病房隔离。

（3）接触传播疾病的预防：这是医院感染中医患之间交叉感染最重要的传播途径，分为直接接触传播和间接接触传播。对确诊或可疑感染者在标准预防的基础上也应采取隔离、限制患者活动范围及防护隔离等额外预防措施。

（4）针对感染性疾病传播的"三个环节"，采取隔离传染源、切断传播途径和保护易感宿主的措施。将传染患者与其他患者隔离、分区或分类安置。对易感宿主实施保护性隔离、预防性免疫注射或分类、分区治疗护理。

除此之外，医院感染还可从以下几个方面进行预防和控制，例如，减少侵袭性操作、合理使用抗生素、缩短住院时间、加强教育和培训，以及根据不同的病原体进行相应的治疗，最好是根据药敏试验结果，选择有效的药物，消灭院内感染源。

二、药源性疾病

（一）药源性疾病概述

药源性疾病（drug-induced disease，DID）指在药物使用过程中，如预防、诊断或治疗中，通过各种途径进入人体后诱发的生理生化过程紊乱、结构变化等异常反应或疾病，常是药物不良反应的后果，既包括正常用法用量下所产生的不良反应，也包括因超量、超时，误服或错用等不正确使用药物所引起的疾病。据WHO统计，全球在因药物治疗死亡的患者中，约1/3的死亡者与药物滥用相关。有关统计资料显示，如果患者平均每日同时使用5种以上的药物，可能会有28%的人产生药物不良反应。

药源性疾病比药物不良反应要严重一些，如果发现得早，治疗及时，绝大多数可以减轻症状或痊愈，但若不能及早发现，耽误了治疗和抢救，则可能引起不可逆性损害，甚至终身致残或死亡，造成严重后果。随着新药品种的增多，新型中药制剂的涌现，非处方药物（OTC）的执行及经济利益的驱动，药源性疾病的发病率逐年增多，引起全社会关注。

（二）药源性疾病的分类

1. 根据病因学，药源性疾病可分类如下。① A 型药物不良反应：由药物本身或其代谢产物引起的，是药物的固有作用增强和持续发展的结果。其特点是剂量依赖性、可预防，发病率较高但死亡率较低。例如，β 肾上腺素受体阻断剂引起的心动过缓，抗凝血药引起的出血，苯二氮䓬类药物抗焦虑引起的嗜睡等。② B 型药物不良反应：即与药物固有作用无关的异常反应，主要是与人体的特异体质有关。起作用特点是与剂量无关，难以预测，常规的毒理学筛选不能发现，发病率低但死亡率高。

2. 根据病理表现，药源性疾病可分类如下。① 功能性改变：如抗胆碱和神经节阻断药可引起无力性肠梗阻，利血平引起心动过缓和精神抑郁等。② 器质性改变：与非药源性病无明显差别，主要包括中毒型（秋水仙碱有纺锤体毒性）、炎症型（药物引起的各种皮炎）、增生型（服用苯妥英钠引起牙龈增生）、萎缩型（糖皮质激素注射后注射部位皮肤发生萎缩性变化）、血管栓塞型（血管造影剂引起的血管栓塞）、赘生型（药物致癌变）等。

3. 根据临床用药的实际情况，药源性疾病大致可分为四类：① 量效关系密切型（A 型）；② 量效关系不密切型（B 型）；③ 长期用药致病型；④ 药后效应型。

（三）药源性疾病危险因素

1. "问题处方"产生药源性疾病　药物使用剂量、给药时间及药物搭配的错误称为"问题处方"。"问题处方"可导致单位时间内药物浓度异常升高，药物在体循环中与血浆蛋白结合率降低及药物与局部组织亲和能力增大，经肾脏排泄的药物使肾脏清除率降低，引起蓄积作用。上述诸因素的相互作用构成药物对人体器官的不良反应，甚至危及生命，因此"问题处方"引起药物不良反应的概率极大，可直接或短时间内造成医源性疾病。"问题处方"明显与临床医生基本技能，甚至责任有一定关系。

2. 药物因素产生源性疾病　可分为药物本身药理作用有关的因素和药物相互作用因素两类。

（1）与药理作用有关的因素：主要包括药品的副作用、毒性反应、过敏反应、继发反应及致癌、致畸、致突变作用等，以下主要介绍三种类型。

第一类反应：与药物的药理特性和剂量有关。药物在常用剂量时，除治疗作用外，常出现一些与治疗作用无关的副作用，如作用阿托品时出现口干和视觉模糊。有时在用药剂量过大或用药时间过长后产生毒性反应。毒性反应一般很轻，如恶心、呕吐、头晕、目眩、失眠、耳鸣等，有时不易与副作用区别。严重毒性反应常见对肝、肾、心血管系统或造血系统损害。例如，在连续使用苯妥英钠治疗癫痫的过程中如不定期检查血象，会因白细胞明显减少或肝损害，造成死亡；皮质激素用于防治炎症，但同时也延缓伤口愈合。药物不良反应在儿童中常见，常由于根据体重计算剂量不正确所致。

第二类反应：是极少数具有过敏体质或特异体质的患者，在服用常用量或低于常用量药物时发生的过敏反应。这些反应与药物的药理作用无关，在正规药物筛选过程中也不易发现，一旦发生常很严重，往往在大量研究或在一些医疗事件记载中看到。如青霉素注射引起休克反应，链霉素引起第Ⅷ对脑神经（听神经）损伤等。

第三类反应：是药物治疗后的继发反应。例如，长期使用广谱抗生素后，敏感的菌群被消灭，而不敏感的菌群或真菌大量繁殖，导致继发感染，如临床上常见的念珠菌病、葡萄球菌肠炎等。

（2）药物相互作用因素：药理学家早已认识到，同时使用多种药物，相互间可能存在协同和拮抗的关系，因此同时使用多种药物将可能产生相互间作用而产生不良反应。如同时使用多种抗生素易产生菌群失调产生二重感染及机体一系列病理变化，后果极为严重；激素、解热镇痛药及抗心律失常药等许多药物的不合理使用均会产生副作用。

国内外学者已达成共识：同时使用药物越多，不良反应越严重。有关统计资料表明，如果每日合并用药5种以上，就有1/5的人可能产生药物不良反应，合并用药种类越多，产生药源性疾病的概率越高，目前全球各类药品已达数万多种，我国中西药品则更多，显然合并用药比例越来越高；滥用或错用药物并不少见；医院医疗费用价格不断上升，居民在药店自购药物比例越来越大，不按医嘱擅自服药物的现象极为普遍。因此，不合理用药的概率越来越大，潜在不合理用药的医源性疾病患者越来越多。药物使用不当已成为当前医源性疾病最值得关注的危险因素之一。

3. 患者因素

（1）年龄因素：婴幼儿肝、肾功能较差，药物代谢酶活性不足、肾脏的滤过及分泌功能较低，常影响药物的代谢消除，另外婴幼儿的血浆蛋白结合药物的能力低，其血浆游离药品浓度较高，容易发生药源性疾病。

（2）性别因素：女性的生理因素与男性不同，妇女在月经期或妊娠期，对泻药和刺激性强的药物敏感，易引起月经过多、流产或早产。

（3）遗传因素：由于人类个体间基因存在变异，所以药源性疾病的个体差异可以从遗传学得到解释。

（4）基础疾病因素：疾病既可以改变药物的药效学也能影响药物的药代动力学。

（5）过敏反应：这是一种抗原抗体的免疫反应，与药品的药理作用无关。过敏体质患者使用常规剂量或极小量的药品，就能出现剧烈的免疫反应。

（6）不良生活方式：一些不良生活方式，如饮酒、吸烟等不良习惯，可能对药源性疾病有影响。

（四）药源性疾病的预防与控制

1. 提高临床合理用药水平　合理用药的目的在于充分发挥药物疗效的同时，尽量避免或减少药源性疾病，用药时应遵循"安全性、有效性、适当性、经济性"四个基本原则。

（1）用药要有明确的指征，对症用药，切忌随便用药。

（2）选用药物时要权衡利弊，尽量做到个体化给药，并要注意用法与用量。

（3）用药品种应合理，应避免不必要的联合用药，还应了解患者自用药品的情况，以免发生药物不良的相互作用。

（4）了解患者的过敏史或药物不良反应史，这对有过敏倾向和特异体质的患者十分重要。

（5）老年人所患疾病多，用药品种也较多，应提醒患者可能出现的不良反应，至于儿童，尤其是新生儿，对药物的反应不同于成人，其剂量应按体重或体表面积计算，用药期间应严密观察。

（6）孕妇用药应特别慎重，尤其是妊娠初期的3个月内应尽量避免使用药物，若用药不当有可能致胎儿畸形。

（7）肝脏疾病和肾脏疾病的患者，除选用对肝肾功能无不良影响的药物外，还应适当减少剂量。

（8）应用对器官功能有损害的药物时，须按规定进行相关器官的检查，如应用利福平、异烟肼时检查肝功能，应用氨基糖苷类抗生素时检查听力、肾功能，应用氯霉素时检查血象。

（9）用药过程中，应注意观察药物不良反应的早期症状或迟发反应，以便及时停药和处理。

（10）加强临床药师对临床的药学服务，临床药师要深入临床工作，及时为临床医师、护理部门及患者提供正确的药学信息，协助制定合理的给药方案，实施全面的药学监护。

2. 严格管理新药或新医疗技术的临床推广应用　传统临床医学进步建立在经验的基础上，现代医学进步则建立在现代科学技术基础上，无论是临床经验还是科学技术都具有推动医学进步的作用。随着科技的进步，不断有新药和新医疗技术产生。在这个过程中，应采取最大程度避免医源性疾病的措施：卫生行政管理部门对新药和新医疗技术的临床推广应不断增强科学而严格的管理措施。如每种新药必须经过严格的三期临床验证才能推广使用；新医疗技术的推广必须通过严格的专家鉴定。根据《中华人民共和国药品管理法》规定，任何一种新药在作为商品投入市场前均应经过新药审批。

3. 加强药物安全信息的收集和交流　医疗机构要加强药物安全信息工作，收集药物安全信息，提高信息的质量和数量，加速信息的交流，积极开展血药浓度监测和药物不良反应监测工作。

4. 充分用药宣传教育　药源性疾病的危害性随着药物的广泛应用而不断增加，给人民的健康带来了很大危害。如果对其致病作用认识不足，不加以科学管理，将成为危害人类健康、危害社会的因素之一。医药院校和继续教育培训机构应加强临床微生物学与临床药理学的教育，使临床医师全面掌握合理用药的基本知识，严格按照药物的适应证、药代动力学、体外药敏试验等合理、正确地使用药物。此外，还需面向社会大力宣传药源性疾病的危害，促进合理用药。

5. 治疗原则　发生药源性疾病要立即停药，同时对因、对症治疗。发生药源性疾病，停药是消除病因的第一步。除此之外，及早抢救、加快药物的排泄，减少吸收。根据实际情况可采用洗胃、催吐、导泻、输液、利尿、吸附有毒物质、透析等。及时使用拮抗性解毒药及对症治疗药，减少不必要损害的发生。

学习小结

本章重点阐述了临床预防服务的主要内容、健康相关行为及其干预理论及医源性疾病的预防和控制。通过本章的学习，学生应掌握临床预防服务的概念、内容及实施步骤；熟悉影响行为的相关因素和较为常见的行为改变理论；加强对医源性疾病的认识，能够从多维角度防止医源性疾病的流行，提升医疗质量。

（薛玲）

复习参考题

一、选择题

1. 以下不属于临床预防服务主要内容的是
   A. 手术切除肠息肉预防大肠癌
   B. 宫颈癌筛查
   C. 母乳喂养干预
   D. 补充含铁物质治疗缺铁性贫血
   E. 粪便潜血检测

2. 健康风险评估是
   A. 指未来的损失发生的不确定性
   B. 对个人的健康状况及未来患病或死亡的可能性的量化评估
   C. 表示个人在未来若干年内患某种疾病的可能性
   D. 反映相对于一般人群危险度的增减量
   E. 对特定事件作出明确的诊断

3. 根据行为改变阶段理论，当行为改变处于第一阶段，相应的干预策略是
   A. 提供方法，鼓励尝试
   B. 激发动机，支持鼓励
   C. 继续支持，不断强化
   D. 环境支持，预防复发
   E. 提供信息，提高认识

4. 有关医源性感染的描述错误的是
   A. 在医院内发生的传染病
   B. 医务人员进行有创操作后造成的继发感染
   C. 由于医务人员用药不当造成的二重感染
   D. 医生自己患的感染性疾病
   E. 在医院手术后伤口发生的感染

5. 下列选项不属于医源性疾病范围的是
   A. 药源性疾病
   B. 药物不良反应
   C. 免疫接种引起的疾病
   D. 医院感染
   E. 医源性损伤

   答案：1. D；2. B；3. E；4. A；5. B

二、简答题

1. 简述开展临床预防服务的意义和基本内容。
2. 简述临床预防服务实施的基本步骤。
3. 试述行为变化5个阶段的主要特点。
4. 简述健康信念模式的基本内容。
5. 什么是医院获得性感染，详细描述医院获得性感染的标准预防措施有哪些？
6. 简述药源性疾病的定义、产生的原因及预防控制措施。

第十九章 突发公共卫生事件应急处理

	学习目标
知识目标	1. 掌握突发公共卫生事件的概念和特征；掌握卫生应急的概念；掌握突发公共卫生事件应急管理系统。 2. 熟悉突发公共卫生事件分类、分级及应急处置的原则与处置措施。 3. 了解我国突发公共卫生事件的相关法规和政策。
能力目标	1. 运用突发公共卫生事件的分级分类与监测预警知识对突发公共卫生事件进行识别。 2. 运用应急响应与处置理论知识提升卫生应急的思维能力和应对处置能力。
素质目标	1. 具备基本的公共卫生职业道德规范和伦理原则。 2. 具有良好的公共卫生应急素养、服务意识与法制观。

　　突发公共卫生事件是威胁公众健康和公共安全并造成沉重经济负担的重要公共卫生问题。自20世纪以来，人类在公共卫生领域取得辉煌成就，消灭了天花并有效控制了鼠疫和霍乱等传染病。但是，随着全球人口的不断增长和各种资源的逐渐耗竭，各地突发公共卫生事件尤其是新发突发重大传染病疫情频频出现，其危害也日益显著。提高公众防范突发公共卫生事件的意识，有效预防、及时控制和消除突发公共卫生事件的危害，保障人民群众健康与生命安全，是各级政府和卫生行政部门等相关机构常抓不懈的重要工作。

第一节　概述

一、突发公共卫生事件和卫生应急概念

　　1. 突发公共卫生事件及相关概念　突发事件（emergency）是指突然发生、造成或可能造成公共威胁或危害的、影响人们生命、财产和环境安全并需要人们紧急处置和应对的事件。根据突发事件发生的原因、机制、过程、性质和危害对象等，突发事件主要分为四类：自然灾害、事故灾

难、公共卫生事件和社会安全事件。

我国2003年公布的《突发公共卫生事件应急条例》明确规定，突发公共卫生事件（emergency public health event）是指"突然发生，造成或者可能造成社会公众健康严重损害的重大传染病疫情、群体性不明原因疾病、重大食物和职业中毒及其他严重影响公众健康的事件"。如果突发公共卫生事件不能得到有效的应对和及时的处理，往往会诱发社会问题，从而导致社会危机。

2005年世界卫生组织（WHO）制定的《国际卫生条例》要求各国报告可能造成国际关注的突发公共卫生事件，加强其现有的公共卫生监测和应对能力。国际关注的突发公共卫生事件（emergency public health event，PHEIC）定义是"通过疾病的国际传播，构成对其他国家的公共卫生风险，以及可能需要采取协调一致的国际应对措施的不同寻常事件"。例如，2022年7月WHO公开宣布猴痘疫情为国际关注的突发公共卫生事件。

2. 卫生应急的概念　卫生应急（emergency response，ER）通常是指各级政府或组织为了应对突发公共卫生事件的发生所做的准备，以及在事件发生后所采取的措施。卫生应急响应机制一般是通过执行由各级政府或组织推出的针对突发公共卫生事件而设立的卫生应急预案，使损失降到最低。应急响应机制强度由一级至四级依次减弱。

一般而言，卫生应急是为了预防和减少突发公共卫生事件的发生和发展，控制、减轻和消除其引起的严重社会危害，规范突发公共卫生事件应对行为，保护广大人民群众人身安全和财产安全，维护国家安全、公共安全、环境安全和社会秩序所采取的具体措施。

二、突发公共卫生事件特征

1. 突发性　突发公共卫生事件大多突然发生，甚至事先没有任何预兆，很难预测事件发生的时间、地点和程度，且大多不可预测。事件的发生往往需要一个过程，难以预测其后续可能造成的危害程度、波及范围、发展速度、趋势及事件的结局等。因此，对于突发公共卫生事件，虽然有可能存在着发生征兆和预警机会，但往往很难及时识别并作出准确的预警，且难以制定可完全避免该类事件发生的应对措施。

2. 群体性　突发公共卫生事件不仅关系到个人，而且关系社区和社会等层面，其影响和涉及的主体具有群体性和社会性。该类事件发生后，波及范围广，尤其是突发传染病疫情事件，通常不仅局限于某个地域，而且有可能会跨地区甚至跨国界。事件发生后的较长时间内都可能会对公众的身心健康造成严重损害，甚至还可能扰乱社会稳定，影响政治、经济和文化等诸多领域，具有公共卫生属性。

3. 多样性　引发公共卫生事件的因素多种多样，包括生物因素、化学因素、自然灾害、事故灾难和重大传染病疫情等，其表现形式也呈现多样性。以化学因素为例，当前全球已登记的化学物质超过4 000万种，而对其毒性作用有较全面和深刻认识的物质仅占很小一部分。此外，同一种化学毒物通过不同的接触途径，以不同的剂量和时间作用于各类人群，会表现出不同的毒性效应。

4. 危害性　由于突发公共卫生事件对公众的健康和生命安全产生重大威胁，造成的危机往往涉及社会诸多方面，如社会危机、经济危机、政治危机、价值危机等。突发公共卫生事件发生后，可在短时间内引起人群急性中毒或发病，也可对受害者的身体和心理健康产生慢性和长期效应，给国家公共卫生和医疗体系带来巨大的压力。重大突发公共卫生事件还可能造成人群死亡、公众不安，甚至会对地区经济稳定和社会安定造成不同程度的影响。

5. 隐匿性 突发事件的发生常常是自然因素与人为因素共同作用的结果，事件的发展通常从自然因素开始，再由人为因素促成。而诸多的诱因在事件发生时却是隐匿的、不明原因的，这为突发公共卫生事件的预防和应急准备带来了很大的困难。

6. 复杂性 突发公共卫生事件往往发生突然，发展过程更是难以预测，应急处置时也难以使用统一模式。因此，在复杂的事态发展变化过程中，应对者必须果断决策，迅速干预。

7. 全球化与国际化 当前突发重大传染病流行、食品安全及生化袭击是全球性的问题，国际合作与交流空间巨大。当前在全球化背景下，突发公共卫生事件可以跨越洲际之间的阻隔及区域之间的地理限定，横行肆虐，影响广泛。

三、突发公共卫生事件分类与分级

（一）突发公共卫生事件分类

根据突发公共卫生事件的定义，可将突发公共卫生事件分为以下四类。

1. 重大传染病疫情 指某种传染病在短时间内发生、波及范围广泛，出现大量的病例或死亡病例，其发病率显著高于常年发病率水平的情况。该类突发公共卫生事件主要指病毒、细菌和寄生虫等病原微生物导致的传染病暴发与流行。例如，2013年3月，上海、安徽和江苏等地发生H7N9新型禽流感疫情，此后每年的流感高发季节均会出现不同数量的人群感染甲型H7N9病毒，仅2017年8月我国累计报告H7N9发病数5例，死亡5人；埃博拉病毒是通过密切接触到感染动物的血液、分泌物、器官或其他体液而传到人体，2014—2016年在西非出现的疫情是1976年首次发现埃博拉病毒以来发生的最大且最复杂的，仅塞拉利昂、利比里亚和几内亚三个国家共发现病例28 610例，死亡11 308例。

2. 群体不明原因疾病 指在短时间内某个相对集中的区域内同时或相继出现的、具有共同临床表现的多位患者，且病例数量不断增加、范围不断扩大，又暂时不能明确原因的疾病。查找病因是逐步深入、循序渐进的一个过程，"原因不明"只是暂时现象，有可能是目前的医学和科技手段难以发现其发病原因。但是，随着研究的进一步深入，一些"原因不明"的疾病有可能会被揭示出真正的致病原因。例如，2010年12月8日，江苏南京某幼儿园出现多例有呕吐症状的儿童，发病高峰出现在11~14日，17日后未再有病例发生。本次疫情共有儿童病例101例，教职工病例8例。后来，通过对呕吐物标本及发病潜伏期和病程的研究证实该不明原因群体呕吐事件为诸如病毒引起的感染性腹泻暴发疫情。

3. 重大食物和职业中毒 指由于食品污染和职业危害等原因造成人数众多或伤亡较重的中毒事件。食物中毒是食源性疾病中最为常见的类型，主要包括细菌性食物中毒、真菌毒素食物中毒、有毒动物食物中毒、有毒植物食物中毒和化学性食物中毒。如2015年5月13日，云南昆明官渡区发生一起食物中毒，共112名学生中毒。事后查明该事件是金黄色葡萄球菌污染食物所致。

在生产过程中产生的，存在于工作环境空气中的毒物称为生产性毒物，主要包括金属与类金属、刺激性气体、窒息性气体、有机溶剂、苯的氨基和硝基化合物、高分子化合物及农药等。生产性毒物主要通过呼吸道、皮肤和消化道三种途径进入机体，可引起急性、亚急性和慢性中毒，主要症状表现在神经系统、呼吸系统、血液系统、消化系统、泌尿系统、循环系统、生殖系统和皮肤等方面。例如，2015年11月29日17时40分许，山东滨州某地发生重大煤气中毒事故，共造成10人死亡，7人受伤。

4. 其他严重影响公众健康的事件 包括自然灾害、事故灾难、突发社会安全事件引发的健康问题（如严重威胁或危害公众健康的突发性环境污染事件）；三恐事件（如生物、化学、核辐射等恐怖袭击事件）；动物疫情；其他严重影响公众健康和生命安全的事件（如预防接种、预防性服药后出现的群体性异常反应）。

自21世纪以来，世界范围的环境问题日益严重，而突发性环境污染事件频发，已成为一类很独特的突发公共卫生事件。突发环境污染事件是指在社会生产和人民生活中所使用的化学品、易燃易爆危险品、放射性物质，在生产、运输、贮存、使用和处置等环节中，由于操作不当、交通肇事或人为破坏而造成的爆炸、泄漏，从而造成环境污染和人民群众健康危害的恶性事故。突发性环境污染事件有别于一般的环境污染事件，具有发生时间的突然性、污染范围的不确定性、负面影响的多重性和健康危害的复杂性等特征。例如，2015年11月23日21时左右，甘肃陇南西和县选矿厂尾矿库溢流井破裂，导致大量尾矿浆泄漏，共造成甘肃境内太石河约23公里河段、甘肃和陕西境内西汉水约125公里河段、陕西和四川境内嘉陵江约196公里河段的水体锑浓度超标。

（二）突发公共卫生事件分级

根据事件发生的性质、危害程度、涉及范围，可将突发公共卫生事件划分为四级：特别重大（Ⅰ级）、重大（Ⅱ级）、较大（Ⅲ级）和一般（Ⅳ级）。

1. 有下列情形之一的为特别重大突发公共卫生事件（Ⅰ级）。

（1）肺鼠疫、肺炭疽在大、中城市发生并有扩散趋势，或肺鼠疫、肺炭疽疫情波及两个以上省份，并有进一步扩散趋势。

（2）发生传染性非典型肺炎、人感染高致病性禽流感病例，并有扩散趋势。

（3）涉及多个省份的群体性不明原因疾病，并有扩散趋势。

（4）发生新传染病，或我国尚未发现的传染病发生或传入，并有扩散趋势，或发现我国已消灭的传染病重新流行。

（5）发生烈性病菌株、毒株、致病因子等丢失事件。

（6）周边及与我国通航的国家和地区发生特大传染病疫情，并出现输入性病例，严重危及我国公共卫生安全的事件。

（7）国务院卫生行政部门认定的其他特别重大突发公共卫生事件。

2. 有下列情形之一的为重大突发公共卫生事件（Ⅱ级）。

（1）在一个县（市）行政区域内，一个平均潜伏期内（6日）发生5例以上肺鼠疫、肺炭疽病例，或者相关联的疫情波及2个以上的县（市）。

（2）发生传染性非典型肺炎、人感染高致病性禽流感疑似病例。

（3）腺鼠疫发生流行，在一个市（地）行政区域内，一个平均潜伏期内多点连续发病20例以上，或流行范围波及2个以上市（地）。

（4）霍乱在一个市（地）行政区域内流行，1周内发病30例以上，或波及2个以上市（地），有扩散趋势。

（5）乙类、丙类传染病波及2个以上县（市），1周内发病水平超过前5年同期平均发病水平的2倍。

（6）我国尚未发现的传染病发生或传入，尚未造成扩散。

（7）发生群体性不明原因疾病，扩散到县（市）以外的地区。

（8）发生重大医源性感染事件。

（9）预防接种或群体性预防性服药出现人员死亡。

（10）一次食物中毒人数超过100人并出现死亡病例，或出现10例以上死亡病例。

（11）一次发生急性职业中毒50人以上，或死亡5人以上。

（12）境内外隐匿运输、邮寄烈性生物病原体、生物毒素造成我境内人员感染或死亡的。

（13）省级以上人民政府卫生行政部门认定的其他重大突发公共卫生事件。

3. 有下列情形之一的为较大突发公共卫生事件（Ⅲ级）。

（1）发生肺鼠疫、肺炭疽病例，一个平均潜伏期内病例数未超过5例，流行范围在一个县（市）行政区域以内。

（2）腺鼠疫发生流行，在一个县（市）行政区域内，一个平均潜伏期内连续发病10例以上，或波及2个以上县（市）。

（3）霍乱在一个县（市）行政区域内发生，1周内发病10~29例或波及2个以上县（市），或市（地）级以上城市的市区首次发生。

（4）一周内在一个县（市）行政区域内，乙类、丙类传染病发病水平超过前5年同期平均发病水平1倍以上。

（5）在一个县（市）行政区域内发现群体性不明原因疾病。

（6）一次食物中毒人数超过100人，或出现死亡病例。

（7）预防接种或群体性预防性服药出现群体心因性反应或不良反应。

（8）一次发生急性职业中毒10~49人，或死亡4人以下。

（9）市（地）级以上人民政府卫生行政部门认定的其他较大突发公共卫生事件。

4. 有下列情形之一为一般突发公共卫生事件（Ⅳ级）。

（1）腺鼠疫在一个县（市）行政区域内发生，一个平均潜伏期内病例数未超过10例。

（2）霍乱在一个县（市）行政区域内发生，1周内发病9例以下。

（3）一次食物中毒人数30~99人，未出现死亡病例。

（4）一次发生急性职业中毒9人以下，未出现死亡病例。

（5）县级以上人民政府卫生行政部门认定的其他一般突发公共卫生事件。

为及时、有效预警，应对突发公共卫生事件，各省、自治区、直辖市人民政府卫生行政部门可结合本行政区域突发公共卫生事件实际情况和应对能力等，对较大和一般突发公共卫生事件的分级标准进行补充和调整，各地区修改后的分级标准要报本省、自治区、直辖市人民政府和国务院卫生行政部门备案。国务院卫生行政部门可根据情况变化和实际工作需要，对特别重大和重大突发公共卫生事件的分级标准进行补充和调整，报国务院备案并抄送各省、自治区、直辖市人民政府。表19-1-1列举了20世纪以来国内外发生的部分重大突发公共卫生事件。

▼ 表19-1-1 20世纪以来发生的部分重大突发公共卫生事件

事件	危害	发生原因	时间
中国东北鼠疫大流行	死亡4.2万人以上	感染鼠疫杆菌	1910年
比利时马斯河谷烟雾事件	数千人发生呼吸道疾病，1周内死亡63人	狭窄地形、逆温层形成，含硫矿冶炼厂等排放SO_2	1930年
中国霍乱大流行	波及城市300余处，患者10余万，死亡3万多人	感染霍乱杆菌	1932年
洛杉矶光化学烟雾事件	数千人出现红眼病及上呼吸道炎症，65岁以上老年人死亡400人	汽车尾气在日光紫外线作用下发生光化学反应	1943年和1955年
伦敦烟雾事件	死亡1.2万人	采暖壁炉排放的大量煤烟与浓雾混合后，停滞于城市上空	1952年
日本水俣病事件	确诊2 265人，死亡1 573人	甲基汞中毒	1955—1972年
日本米糠油事件	1万多人中毒，死亡16人	食用多氯联苯污染的米糠油	1968年
博帕尔异氰酸甲酯事件	15多万人中毒，死亡2 500人，5万多人失明	印度博帕尔市农药厂贮气罐异氰酸甲酯泄漏	1984年
切尔诺贝利核电站爆炸事件	299人受大剂量照射，死亡1万人，数万人残疾	核物质泄漏	1986年
上海甲型肝炎大暴发	30多万人发病，死亡31人	食用污染了甲型肝炎病毒的毛蚶	1988年
英国疯牛病事件	18万牲畜感染，死亡100多人	感染疯牛病病毒	2000年
非典型性肺炎	全球病例共8 422多例，死亡916多例	感染冠状病毒变异株	2003年
肠出血性大肠杆菌O104:H4疫情	欧洲2 333人发病，死亡22人	感染肠出血性大肠杆菌O104:H4	2011年
塞卡病毒疫情	法属波利尼西亚约有2.8万人感染	感染塞卡病毒	2013—2014年
中东呼吸综合征流行	全球共确诊来自24个国家和地区的病例1 139例，死亡431例	感染中东呼吸系统综合征冠状病毒	2015年
埃博拉病毒疫情	仅塞拉利昂、利比里亚和几内亚三个国家共发现病例28 610例，死亡11 308例	感染埃博拉病毒	2014—2016年

事件	危害	发生原因	时间
登革热疫情	仅美洲区域报告的病例数超过238万例，其中巴西就将近达到150万例	登革病毒经伊蚊叮咬进入人体而感染	2016年
新冠肺炎	WHO数据显示，截至2023年5月，全球累计报告确诊病例逾7.6亿，死亡病例超过690万	感染新冠病毒	2020—2023年

（李芳健）

第二节 突发公共卫生事件应急与处理

一、突发公共卫生事件应急管理体系

（一）发展历程

2003年SARS疫情的暴发流行，暴露出我国传统政府管理体制公共卫生应急能力的不足，不仅对我国建立健全疾病预防控制系统提出了新要求，也推动我国开始系统全面建设综合应急管理体系。近年来，我国突发公共卫生事件发生的频率和危害程度日益增加，政府已意识到加快建设和完善突发公共卫生事件应急管理系统的重要性。

2003年公布实施《突发公共卫生事件应急条例》（2010年曾进行修订并于2011年公布实施），标志着我国应急管理工作开始起步。国务院卫生行政部门和其他有关部门，在各自的职责范围内做好突发公共卫生事件的应急处理工作。突发公共卫生事件的应急工作，应当遵循预防为主、常备不懈的方针，贯彻统一领导、分级负责、反应及时、措施果断、依靠科学、加强合作的原则。

2005年提出以"一案三制"为核心，全面推进应急管理工作。其中"一案"是指制定修订应急预案，"三制"是指建立健全应急的体制、机制和法制。2006年1月，国务院授权新华社全文播发《国家突发公共事件总体应急预案》。2006年2月，新华社又发布了4件公共卫生类突发公共事件专项应急预案，其中《国家突发公共卫生事件应急预案》由总则，应急组织体系及职责，突发公共卫生事件的监测、预警与报告，突发公共卫生事件的应急反应和终止，善后处理，突发公共卫生事件应急处置的保障，预案管理与更新和附则共八个部分组成。2006年2月，我国又制定了《国家突发公共事件医疗卫生救援应急预案》。该预案由总则、医疗卫生救援的事件分级、医疗卫生救援组织体系、医疗卫生救援应急响应和终止、医疗卫生救援的保障、医疗卫生救援的公众参与和附则七个部分组成。

2007年第十届全国人民代表大会常务委员会第二十九次会议通过了《中华人民共和国突发事件应对法》，这标志着我国应急管理法律体系的初步建立，也标志着我国应急管理体系的基本建成。到2012年，我国已初步建立突发公共事件卫生应急体系，包括统一领导、综合协调、分类管理、分级负责、属地管理的卫生应急管理体制；全球首创的传染病和突发公共卫生事件网络直报

系统；国家、省、市（地）、县级卫生应急指挥决策平台和五大类卫生应急队伍（紧急医学救援类、传染病防控类、中毒事件处置类、核和辐射事件医学应急类及中医应急类）。

新型冠状病毒感染是近百年以来人类遭遇的影响范围最广的全球性大流行病，对全世界是一次严重危机和严峻考验。2020年1月，国务院建立了联防联控工作机制，主要由国家卫生健康委员会牵头，成员单位为32个部门。这是具有高行政级别的卫生应急组织机制，对于遏制疫情发展、救助感染患者、保护广大人民和恢复社会秩序起到了积极有效的作用。2021年5月，我国正式挂牌成立了国家疾病预防控制局，这意味着疾病预防控制机构职能从单纯预防控制疾病向全面维护和促进全人群健康转变。国家疾病预防控制局将给我国公共卫生事业的发展带来战略发展机遇期，也为新发传染病的防控救治，以及突发公共卫生应急事件应对创造补短板和建机制的机会。

尽管面临着很多挑战，我国二十多年的公共卫生应急工作已在诸多方面取得了重大进展，尤其是以法制为基础的公共卫生应急管理体制已初步形成。

（二）突发公共卫生事件应急管理系统

高效的突发公共卫生事件应急管理系统应当具备敏感的公共卫生危机管理意识、完备的公共卫生危机应对体制和机制、坚实的法律行为框架、高效的核心协调机制、全面的危机应对网络、顽强的社会应对能力和先进的技术支撑体系等。我国突发公共卫生事件应急管理的核心内容是预案、体制、机制和法制。

1. 突发公共卫生事件应急预案体系　应急预案（emergency plan）是指面对突发事件（如自然灾害、重特大事故、环境公害及人为破坏）的应急管理、指挥、救援计划等。目前，我国国家突发公共事件应急预案框架体系已基本形成，包括《国家突发公共事件总体应急预案》、25项突发公共事件专项应急预案和80项突发公共事件部门应急预案。其中，公共卫生事件类专项预案包括《国家突发公共卫生事件应急预案》《国家突发公共事件医疗卫生救援应急预案》《国家突发重大动物疫情应急预案》《国家重大食品安全事故应急预案》。

突发公共事件总体预案确定了应对突发公共事件的六大工作原则：以人为本，减少危害；居安思危，预防为主；统一领导，分级负责；依法规范，加强管理；快速反应，协同应对；依靠科技，提高素质。突发公共事件总体预案要求，各地区、各部门要完善预测预警机制，建立预测预警系统，开展风险分析，做到早发现、早报告、早处置，并根据预测分析结果对可能发生和可以预警的突发公共事件进行预警。总体预案强调，特别重大或者重大突发公共事件发生后，省级人民政府、国务院有关部门要在4小时内向国务院报告，同时通报有关地区和部门。应急处置过程中，要及时续报有关情况。

应急预案框架体系共分六个层次，分别明确责任归属：①《国家突发公共事件总体应急预案》是全国应急预案体系的总纲，是国务院应对特别重大突发公共事件的规范性文件，适用于跨省级行政区域，或超出事发地省级人民政府处置能力的，或者需要由国务院负责处置的特别重大突发公共事件的应对工作；② 突发公共事件专项应急预案，主要是国务院及其有关部门为应对某一类型或某几种类型突发公共事件而制定的应急预案，由主管部门牵头会同相关部门组织实施；③ 突发公共事件部门应急预案，是国务院有关部门根据总体应急预案、专项应急预案和部门职责为应对突发公共事件制定的预案，由制定部门负责实施；④ 突发公共事件地方应急预案，明确各地政府是处置发生在当地突发公共事件的责任主体；⑤ 企事业单位根据有关法律法规制定的应急预案，确立了企事业单位是其内部发生的突发事件的责任主体；⑥ 举办大型会展和文化体育等重大活动，主办单位应当制定应急预案。各类预案还将根据实际情况变化不断补充和完善。

2. 突发公共卫生事件应对体制　应对体制的建设主要体现在突发公共卫生事件的应急管理组织体系建设。突发公共卫生事件应急管理的组织体系按照统一领导、分级负责的原则设立。

（1）应急指挥机构：各级人民政府根据本级人民政府卫生行政部门的建议和实际工作需要，决定是否成立国家和地方应急指挥部。突发公共卫生应急事件一旦发生，要启动"平急结合"的有效决策指挥机制，从日常管理模式切换成应急战时指挥模式，快速精准地调配各种卫生应急力量和资源，全面提升卫生应急管理水平。

（2）日常管理机构：国家卫生健康委员会负责卫生应急工作，牵头组织协调传染病疫情应对工作，组织指导传染病以外的其他突发公共卫生事件预防控制和各类突发公共事件医疗卫生救援，与海关总署建立健全应对口岸公共卫生事件合作机制和通报交流机制。国家卫生健康委员会负责管理国家疾病预防控制局，国家疾病预防控制局主要职责包括：拟订重大疾病防治规划、国家免疫规划、严重危害人民健康公共卫生问题的干预措施并组织实施，完善疾病预防控制体系，承担传染病疫情信息发布工作等。地方层面的日常管理机构结合各自实际情况，负责本行政区域或本系统内突发公共卫生事件应急的协调、管理工作。

（3）专家咨询委员会：国务院卫生行政部门和省级卫生行政部门组建突发公共卫生事件专家咨询委员会；市（地）级和县级卫生行政部门可根据本行政区域内突发公共卫生事件应急工作需要，组建突发公共卫生事件应急处理专家咨询委员会，为应急工作提供咨询建议。

（4）应急处理专业技术机构：包括医疗机构（负责应急救治工作）、疾病预防控制机构（负责健康监测、疾病预防控制、流行病学调查等）、卫生监督机构（协助卫生行政部门对食品卫生、环境卫生和医疗卫生机构的疫情报告、医疗救治、传染病预防控制等进行卫生监督和执法稽查）、出入境检验检疫机构（负责出入境人员的健康申报、疫情监测、流行病学调查等）。在发生突发公共卫生事件时，应急处理专业技术机构在卫生行政部门的统一指挥和安排下，开展应急处理工作。

3. 突发公共卫生事件应对机制

（1）卫生应急指挥决策机制：指挥决策系统是突发公共卫生事件应急响应系统的中枢神经，同时也是卫生应急运行机制内容中最重要的部分。在国务院统一领导下，卫生行政部门负责组织、协调全国突发公共卫生事件应急处理工作，并根据突发公共卫生事件应急处理工作的实际需要，提出成立全国突发公共卫生事件应急指挥部。地方各级人民政府卫生行政部门依照职责和相关预案的规定，在本级人民政府统一领导下，负责组织、协调本行政区域内突发公共卫生事件应急处理工作，并根据突发公共卫生事件应急处理工作的实际需要，向本级人民政府提出成立地方突发公共卫生事件应急指挥部的建议。

（2）监测预警机制：国家建立统一的突发公共卫生事件监测、预警与报告网络体系，包括传染病和突发公共卫生事件监测报告网络、症状监测网络、实验室监测网络、出入境口岸卫生检疫监测网络和公共卫生网络舆情监测等。各级医疗、疾病预防控制、卫生监督和出入境检验检疫机构负责开展突发公共卫生事件的日常监测工作。各级人民政府卫生行政部门根据监测信息，按照公共卫生事件的发生、发展规律和特点，及时分析其对公众身心健康的危害程度、紧急程度和可能的发展趋势，及时发布不同的预警信号，依次用红色、橙色、黄色和蓝色表示特别重大、重大、较大和一般四个预警级别。

（3）信息报告机制：突发公共卫生事件的信息报告通过网络直报系统进行。突发公共卫生事件责任报告单位要按照有关规定及时、准确地报告突发公共卫生事件及其处置情况。突发公共卫生事件的责任报告单位包括县级以上各级人民政府卫生行政部门指定的突发公共卫生事件监测机构、各级各类医疗卫生机构、卫生行政部门、县级以上地方人民政府和检验检疫机构、食品药品监督管理机构、环境保护监测机构、教育机构等；责任报告人包括执行职务的各级各类医疗卫生机构的医疗卫生人员、个体开业医生等。获得突发公共卫生事件相关信息的医疗卫生机构和执行职务的医疗卫生专业人员，应当在2小时内以电话或传真等方式向属地卫生行政部门指定的专业机构报告。

（4）分级响应机制：发生突发公共卫生事件时，事发地的县级、市（地）级、省级人民政府及其有关部门按照分级响应的原则，做出相应级别应急反应。特别重大突发公共卫生事件应急处理工作由国务院或国务院卫生行政部门及有关部门组织实施，开展突发公共卫生事件的医疗卫生应急、信息发布、宣传教育、科研攻关、国际交流与合作、应急物资与设备的调集、后勤保障及督导检查等工作。国务院可根据突发公共卫生事件性质和应急处置工作，成立全国突发公共卫生事件应急处理指挥部，协调指挥应急处置工作。事发地省级人民政府应按照国务院或国务院有关部门的统一部署，结合本地区实际情况，组织协调市（地）、县（市）人民政府开展突发公共事件的应急处理工作。特别重大级别以下的突发公共卫生事件应急处理工作由地方各级人民政府负责组织实施。超出本级应急处置能力时，地方各级人民政府要及时报请上级人民政府和有关部门提供指导和支持。

（5）组织协调机制：突发公共卫生事件的处置，往往需要卫生行政部门牵头，多个相关政府部门间共同参与，及时高效解决跨部门的重大问题。卫生行政部门与其他政府部门间的协调机制、区域之间联防联控机制在突发公共卫生事件应对中发挥重要的作用。

联防联控机制是组织协调机制的重要组成部分。我国在2018年调整政府部门，成立应急管理部的目的之一就是通过体制的安排实现联防联控。联防联控机制是指在党的统一领导下，组成由主责部门牵头的跨部门联防联控机制，承担突发事件应对的组织协调工作，包括政府、军队、农村、社区、社会组织、家庭和志愿者等。

以国务院联防联控机制为例，这是国家为应对2020年初突发的新型冠状病毒感染而启动的中央人民政府层面的多部委协调工作机制平台，由国家卫生健康委员会协同卫生健康、外交外联、交通运输、应急管理、财政金融、市场监管、社保医保等在内的32个部门组成。

（6）责任追究与奖惩机制：根据有关规定，县级以上人民政府人事部门和卫生行政部门对参加突发公共卫生事件应急处理作出贡献的先进集体和个人进行联合表彰；民政部门对在突发公共卫生事件应急处理工作中英勇献身的人员，按有关规定追认为烈士。对因参与应急处理工作致病、致残、死亡的人员，按照国家有关规定，给予相应的补助和抚恤；对参加应急处理一线工作的专业技术人员应根据工作需要制定合理的补助标准，给予补助。

在突发公共卫生事件的预防、报告、调查、控制和处理过程中，对有关部门、有关单位、企业和公民违反《中华人民共和国突发事件应对法》及有关法律法规条款规定者，应按照相关法律法规处罚规定追究当事人的法律责任。

（7）国际交流和合作机制：国际公共卫生安全是世界各国的愿望，也是共同的责任。多年以来，在抗击SARS、H1N1流感和埃博拉出血热等这些重大传染病疫情期间，世界卫生组织有效指导了公共卫生领域全球治理的开展。尤其是自2005年以来，世界卫生组织通过订立《国际卫生条例》，为全球卫生安全建立起了国际法律架构。通过设立各种项目，促进重大传染病的防治，推动公共卫生事业的发展。在《国际卫生条例》的框架下，原卫生部与WHO签署了合作备忘录，在完善突发公共卫生事件应急处理机制等方面加强交流、沟通与合作。此外，我国还与联合国儿童基金会、国际红十字会、世界银行等国际组织及部分国家和地区，也建立了交流、沟通与合作的机制。

4. 突发公共卫生事件应对的法治建设　法律手段是应对突发公共事件最基本、最主要的手段。卫生应急管理法治建设，就是依法开展应急工作，努力使突发公共事件的应急处置走向规范化、制度化和法治化轨道，使政府和公民在突发公共事件中明确权利和义务，既使政府得到高度授权，维护国家利益和公共利益，又使公民基本权益得到最大限度的保护。我国现代卫生应急管理法律体系经历了从无到有、从分散到综合，一直在修订和完善中。

目前，我国应急管理法律体系已基本形成，现有突发公共卫生应对的法律、行政法规、部门规章及有关法规性文件共200多件。1989年《中华人民共和国传染病防治法》的颁布，标志着我国卫生应急法律体系结构建设的开始。2003年是我国卫生应急法律体系发展的重要转折点。2003年SARS危机之后，我国不断完善卫生应急法律体系建设，基本建成以宪法为核心的各级法律法规。2007年11月正式施行的《中华人民共和国突发事件应对法》（2024年最新修订颁布）是我国应急管理领域的一部重要法律，该法的制定和实施成为应急管理法治化的标志。地方各级人民政府和县级以上各级人民政府有关部门违反本法规定，不履行法定职责的，由其上级行政机关或者监察机关责令改正，同时，根据情节严重程度对直接负责的主管人员和其他责任人员或责任单位给予相应的处罚。2021年4月我国实施的《中华人民共和国生物安全法》第十四条规定：国家建立生物安全风险监测预警制度；第二十七条规定：国务院卫生健康、农业农村、林业草原、海关、生态环境等主管部门应当建立新发突发传染病、动植物疫情、进出境检疫、生物技术环境安全监测网络，组织监测站点布局和建设，完善监测信息报告系统，开展主动监测和病原检测，并将其纳入国家生物安全风险监测预警体系。其他已颁布的与突发公共卫生事件应急有关的法律法规还有《中华人民共和国国境卫生检疫法》《中华人民共和国职业病防治法》《中华人民共和国食品安全法》等。

二、突发公共卫生事件预防

突发公共卫生事件的预防是一项系统工程，应针对突发公共卫生事件的诱因和有害因素，采取具有针对性的措施进行预防。

（一）开展监测与预警工作

在突发公共卫生事件应急响应预防工作中，监测与预警占有特殊地位，对于及时规避、转移风险，迅速采取措施，使突发卫生事件发生风险及造成的危害降到最低具有重要意义。监测（surveillance）是指连续地、系统地收集、分析、解读事件发生及相关影响因素的资料，并将其发现用于指导应对行动的过程。预警（early warning）是指对即将发生或正在发生的事件进行紧急警示的行为，它是在突发公共卫生事件发生之前及发生的早期，通过综合分析评估监测资料及其他相关信息，对事件风险、发展趋势、可能危及的范围及程度作出判断，并及时向相关部门发布，以避免因不知情或准备不足而造成的应对不当。例如，截至2022年底，我国针对流感已有两套监测系统，一是2003年SARS之后建立起来的全国传染病信息直报系统，二是2004年正式创建的中国流感监测网络。前者全国通用，后者覆盖408家网络实验室和554家哨点医院。

近几年，我国积极推动建立智慧化预警多点触发机制，健全多渠道监测预警机制，提高实时分析、集中研判的能力，时刻防范公共卫生重大风险，切实维护人民生命安全和健康。常见的多渠道监测预警主要包括：① 医疗机构就诊人员监测，如发热门诊患者监测；② 风险职业人群监测；③ 重点机构和场所风险人员监测；④ 集中隔离场所和医疗机构监测；⑤ 进口物品及环境监测；⑥ 药品和疫苗安全监测；⑦ 病毒基因变异实验室监测；⑧ 其他如网络舆情监测等。

（二）建立高效的应急体系和预案

1. 职责和任务　高效的应急体系和预案需要明确突发事件应急处理指挥部的组成和相关部门的职责；突发事件预防、监测与预警，监测机构的职责和任务；突发事件信息的收集、分析、报告、通报、发布制度；突发事件的等级及应急处理工作方案；突发事件应急设施、设备、救治药品、医疗器械、防护用品及其他物资和技术资源的储备与调度；突发事件应急救治的定点医疗机构；突发事件产生的危险废弃物处理方案和措施等。

2. 应急预案和预案培训　各卫生应急预案编制单位应当通过编写培训教材、组织培训、举行工作研讨会等方式对预案管理的相关人员进行培训。应急预案培训的主要人群为突发公共卫生事件应对处置相关的各类人员，重点是各级卫生部门、技术机构和组织人员、专业应急救援人员，对社会公众的培训通常也是必要的。培训目的是让培训对象正确理解预案的内容，以及各类人员在突发事件应对中的责任。培训以预案的各部分内容为基础，根据不同的培训对象对培训内容进行组织。

3. 应急演练　应急演练是模拟突发公共卫生事件发生时，按照预案要求采取各种应对行动的操作与练习。判断应急预案是否实用需要经过实践的检验，而预案实践的方案除了事件发生时的实际应用，另一个重要方法就是演练。预案演练是检验评价、修订完善应急预案的重要手段，通过预案演练可以帮助我们在事故发生前发现预案的缺陷，发现资源布局存在的不足，检验各级预案之间的协调性，并据此提出预案改进方法。

（三）加强疾病预防控制和卫生监督体系建设

建立健全城乡预防保健网络，加强公共卫生应急队伍建设，切实履行公共卫生管理职责；疾病预防控制机构制定工作规范，明确工作责任和任务，加强突发事件防治工作的业务指导；医疗机构配备相应的公共卫生专业人员，落实公共卫生事件报告、监测、管理责任；卫生监督机构落实行政执法责任制度，规范执法行为，加强对公共卫生的监督管理。

（四）加强基层社区和农村卫生应急能力建设

《"健康中国2030"规划纲要》提出要建立专业公共卫生机构、综合和专科医院、基层医疗卫生机构"三位一体"的重大疾病防控机制。加强基层公共卫生体系建设，提高基层应对突发重大公共卫生事件的能力和水平，是我国迫切急需解决的公共卫生问题之一。在《国家基本公共卫生服务规范（第三版）》中，基层医疗卫生机构承担传染病及突发公共卫生事件报告和处理的具体服务内容，主要包括传染病疫情和突发公共卫生事件风险管理、发现和登记、信息报告和处理等工作。同时，基层医疗卫生机构还承担预防接种、健康管理服务和卫生监督协管等工作。

（五）强化综合卫生监管力度

有计划地建设和改造城乡公共卫生设施，并与其他基础设施同步建设；加大农村改水改厕力度，加强城乡水源保护，落实饮用水消毒措施，确保饮用水卫生安全；建立医疗废物和其他危险废弃物集中处置场所，配备专用设施、设备；卫生、公安、经贸、交通等有关部门依法加强对传染病菌种毒种、危险化学品等有毒有害物品的生产、运输、存储、经营、使用、处理等环节的监督管理，防止因管理失误引起突发事件；加强对各类危险废弃物处理和污染物排放的监督检查，督促落实各项环境保护措施；企事业单位和个人严格执行危险废弃物处理规范和污染物排放标准，防止因环境污染引起突发事件；加强食品卫生安全监督管理，食品生产经营者应当落实食品卫生安全责任制，确保食品卫生安全；加强对人畜共患疾病的监测和管理，发现疫情及时采取相应的控制措施；依法加强对流动人员的公共卫生管理，按照属地管理的原则，建立健全公共卫生管理制度，做好流动人员公共卫生管理工作。

（六）普及健康教育与提升卫生应急素养

卫生行政部门、新闻媒体、团体、企事业单位和村（居）民委员会采取相应措施，宣传、普及防治突发事件的相关知识，增强公众的公共卫生意识和应对突发事件的能力；卫生行政部门指导应对突发事件知识的宣传教育，及时提供相关资料和咨询服务；教育行政主管部门将应对突发事件相关知识纳入学校的相关教学课程；各级行政学院安排有关组织开展应对突发事件的相关课程；企事业单位开展应对突发事件知识的培训教育；根据突发事件应急预案规定的职责和要求，开展有关突发事件应急处理知识、技能的培训、演练。例如，针对新发突发重大传染病疫情暴发，通过健康教育可使社区居民了解此类传染病防治的基本知识，改变不良卫生生活习惯和行为，提升居民卫生素养水平，以达到切断传播途径的目的。

（七）开展爱国卫生运动

各级爱国卫生运动委员会加强协调工作，动员公众开展各类爱国卫生活动，普及公共卫生知识，倡导良好的个人卫生习惯，改善城乡公共卫生面貌。党的十八大以来，我国深入推进健康中国建设和爱国卫生运动，公共卫生服务体系建设稳步发展，成功防范和应对了甲型H1N1流感、H7N9禽流感和新型冠状病毒感染等突发传染病疫情。

三、突发公共卫生事件应急响应与处置

目前我国处在突发公共卫生事件的高发时期，面临突发公共卫生事件所带来的严重威胁和严峻考验。有效控制和消除突发公共卫生事件的危害，对保障公众身体健康与生命安全、维护正常的社会秩序意义重大。

（一）突发公共卫生事件应急处置原则

1. 以法律法规为准则 《中华人民共和国突发事件应对法》规定，"应急预案应当根据本法和其他有关法律法规的规定，针对突发事件的性质、特点和可能造成的社会危害，具体规定突发事件应急管理工作的组织指挥体系与职责和突发事件的预防与预警机制、处置程序、应急保障措施及事后恢复与重建措施等内容。"因此，应严格依法办事。处置重大疫情和中毒事故，必须认真执行有关法律法规，不应强调应急任务而违规操作。同时，要运用法律武器，对任何干扰重大疫情和中毒事故调查处理的单位和个人及时进行处罚，以保证应急处理工作顺利进行。

2. 以人为本、生命为先原则 突发公共卫生事件应急处置时，应本着以人为本、生命为先的原则；此外，参加救援人员自身的安全也应该得到有效的保障。所以，应该不断地提高防护标准，完善防护设备，提高防护水平，积极有效地参加应急，将勇于献身的精神和应急科学的理念紧密结合起来。

3. 预防为主、平急结合原则 突发公共卫生事件的预防、预测、预警和预报是各类卫生应急工作有力有序开展的前提。由于突发公共卫生事件具有很大的不确定性，因此，做好应急准备、应急队伍建设和应急演练等工作是有效应对重大突发公共卫生事件的关键。平急结合是指"平"时要做好各项资源准备工作，包括医疗资源和专家库储备、信息系统建设等，以便"急"时能够迅速投入使用。

4. 趋利避害、最小代价原则 根据实际情况，整合社会各种资源，协调指挥各种社会力量，制定合理应对措施，确保有效地控制突发公共卫生事件的发生和发展。在实施具体措施时，将应对突发事件的代价降到最低限度。

5. 统一领导、分工协作原则 应急处置通常时间紧、要求高，需要投入多方面的人力、物力及各部门的通力合作才能完成，因此必须加强领导，统一指挥，分工明确、各司其职、通力协作。

（二）突发公共卫生事件应急响应级别

1. 特别重大突发公共卫生事件应急响应（Ⅰ级） 国务院卫生行政部门接到特别重大突发公共卫生事件报告后，应立即组织专家调查确认，并对疫情进行综合评估。同时负责组织和协调专业技术机构开展现场调查和处理；指导和协调落实医疗救治和预防控制等措施；做好突发公共卫生事件信息的发布和通报等工作。地方各级人民政府卫生行政部门在本级人民政府的统一领导下，

按照上级卫生行政部门的统一部署做好本行政区域内的应急处理工作。

2. 重大突发公共卫生事件的应急响应（Ⅱ级） 省级人民政府卫生行政部门接到重大突发公共卫生事件报告后，应立即组织专家调查确认。同时，迅速组织应急卫生救治队伍和有关人员到达突发公共卫生事件现场，进行采样与检测、流行病学调查与分析，组织开展医疗救治、患者隔离和人员疏散等控制措施，同时分析突发公共卫生事件的发展趋势，提出应急处理工作建议，按照规定报告有关情况。

3. 较大突发公共卫生事件的应急响应（Ⅲ级） 市（地）级人民政府卫生行政部门接到较大突发公共卫生事件报告后，应立即组织专家调查确认，并对事件进行综合评估。同时迅速与事件发生地县级卫生行政部门共同组织开展现场流行病学调查、致病致残人员的隔离救治、密切接触者的隔离、环境生物样品采集和消毒处理等紧急控制措施，并按照规定向当地人民政府、省级人民政府卫生行政部门和国务院卫生行政部门报告调查处理情况。

4. 一般突发公共卫生事件的应急响应（Ⅳ级） 一般突发公共卫生事件发生后，县级人民政府卫生行政部门应立即组织专家进行调查确认，并对事件进行综合评估。同时，迅速组织医疗、疾病预防控制和卫生监督机构开展突发公共卫生事件的现场处理工作，并按照规定向当地人民政府和上一级人民政府卫生行政部门报告。

（三）突发公共卫生事件应急处置措施

1. 现场工作人员防护 按照我国《突发公共卫生事件应急条例》规定，参加救援的工作人员应采取有效的个体防护措施，任何个人和组织都不能在没有适当个体防护的情况下进入现场工作。个体防护装置主要包括防护服、防护口罩、防护靴和呼吸防护器等。常见的个体防护服由上衣、裤和帽等组成，按其防护性能可分为四级：

（1）A级防护：能对周围环境中的气体与液体提供最完善保护。

（2）B级防护：适用于环境中的有毒气体（或蒸气）或其他物质对皮肤危害不严重时。

（3）C级防护：适用于低浓度污染环境或现场支持作业区域。

（4）D级防护：适用于现场支持性作业人员。

2. 现场标识和分区 在突发公共卫生事件现场，常会根据实际情况设置临时警示线和警示标识，并划分不同功能区域。现场危险区域一般可分为热区、温区和冷区三类。警示线是界定和分隔危险区域的标识线，分黄色、红色和绿色警示线三种。热区一般用红色警示线将其与外界区域分隔开来，在该区域内从事救援工作的人员必须配备防护装置以免受污染或物理伤害。温区一般以黄色警示线将其与外面的区域分隔开来，在该区域工作的人员应穿戴适宜的个体防护装置避免二次污染，出入该区域的人员必须进行洗消处理。冷区是患者的抢救治疗、应急支持和指挥机构设在此区，应设置绿色警示线，将救援人员与公众分隔开来。

3. 现场医学救援 立即组织当地的医疗救护资源和力量，对伤病员进行诊疗，将重症伤病员及时、安全地转运至有条件的医疗机构进行救治。

（1）第一优先：危重患者。该类患者常有危及生命的严重创伤，但经及时治疗能够获救，应立即给予红色标志，优先护理及转运。现场先简单处理致命伤、控制大出血和支持呼吸等，并尽快送院。病例经常出现气道阻塞、活动性大出血及休克和开放性胸腹部创伤等情况。

（2）第二优先：重症患者。该类患者有严重损伤，但经急救处理后生命体征或伤情暂时稳定，可在现场短暂等候而不危及生命或导致肢体残缺，标记为黄色，给予次优先转运。病例经常出现不伴意识障碍的头部创伤、不伴呼吸衰竭的胸部外伤、除颈椎外的脊柱损伤等情况。

（3）第三优先：轻症患者。该类患者可自行行走且无严重损伤，其损伤可适当延迟转运和治疗，应标记为绿色，将伤者先引导到轻伤接收站。病例经常出现软组织挫伤和轻度烧伤等情况。

（4）第四优先：死亡或濒死者。该类患者已死亡或处于无法挽救的致命性创伤造成的濒死状态，如呼吸、心跳已停止，且超过12分钟未给予心肺复苏救治，或者因头、胸、腹严重外伤而无法实施心肺复苏救治者，应标记为黑标，停放在特定区域。

4. 维护社会稳定和安抚群众 突发公共卫生事件发生后，尤其是具有传染性或病死率较高疾病的暴发不仅严重危害人们的健康，而且极易引起社会和公众心理恐慌，对社会安全造成重大灾难。因此，要加强宣传，及时发布疫情信息，稳定群众的情绪。同时，加强对事件影响地区的社会治安管理，严厉打击传播谣言、制造恐慌和哄抢救灾物资等违法犯罪行为。加强受灾群众安置场所和救灾物资存放场所等区域的治安管理。做好受灾地区人员与涉事单位和当地卫生行政部门、政府相关部门的矛盾化解和法律服务工作。

5. 公共卫生应急管理 在救治病员的同时，做好紧急情况下的公共卫生应急管理，有助于控制疫情的蔓延或发生。常规的公共卫生管理包括：保证供水安全，当水源可能被污染时，应积极寻找备用水源；检测餐具、厨具，监督食品加工者的个人卫生；使用消毒剂对公共场所进行消毒；修建临时厕所、提供洗手、淋浴等基本卫生设备；设立临时垃圾处理场，焚烧或掩埋动物尸体；加强疫苗应急接种。如果出现重大传染病疫情，应采取一些特殊措施，切断传播途径，防止传染源扩散和保护高危人群。如临时放假、关闭公共场所、暂停或延迟公共活动、加强出入境检疫，发放预防药物及执行隔离、观察制度等。

6. 寻求援助 突发公共卫生事件发生时，当本地区人力和技术有限时，积极争取国家、省市的援助十分必要。如果国内外同时出现重大疫情，及时取得世界卫生组织和其他国家的合作，通力协调，取得双赢的结果。自然灾害发生后常有大量的自发或有组织的人群迁移，需要提供更多紧急人道主义援助。

（四）突发公共卫生事件应急处置保障

《国家突发公共卫生事件应急预案》明确指出，突发公共卫生事件应急处理应坚持预防为主、平急结合，国务院有关部门、地方各级人民政府和卫生行政部门应加强突发公共卫生事件的组织建设，组织开展突发公共卫生事件的监测和预警工作，加强突发公共卫生事件应急处理队伍建设和技术研究，建立健全国家统一的突发公共卫生事件预防控制体系，保证突发公共卫生事件应急处理工作的顺利开展。

1. 技术保障 建立突发公共卫生事件应急决策指挥系统的信息、技术平台，建立统一的疾病预防控制体系、应急医疗救治体系和卫生执法监督体系。各级人民政府卫生行政部门按照"平急结合、因地制宜、分类管理、分级负责、统一管理、协调运作"的原则建立突发公共卫生事件应急救治队伍，并加强管理和培训。各级人民政府行政部门还应定期或不定期地组织开展突发公共卫生事件的应急演练。国家还应有计划地开展应对突发公共卫生事件相关的防治科学研究，加强突发公共卫生事件应急处理技术的国际交流与合作。

2. 物资、经费保障　根据应急预案的要求，发生突发公共卫生事件时，各级人民政府应根据应急处理工作需要调用储备物资。卫生应急储备物资使用后要及时补充。应保障突发公共卫生事件应急基础设施项目建设经费，按规定落实对突发公共卫生事件应急处理专业技术机构的财政补助政策和突发公共卫生事件应急处理经费。应根据需要对边远贫困地区突发公共卫生事件应急工作给予经费支持。国务院有关部门和地方各级人民政府应积极通过国际、国内等多渠道筹集资金，用于突发公共卫生事件应急处理工作。

3. 通信与交通保障　充足的紧急通信设备与交通保障对于突发公共卫生事件的应急处理至关重要。各级医疗卫生救治应急队伍要根据实际工作需要配备救护车辆、通信设备和交通工具等。铁路、交通、民航、公安等有关部门要保障医疗救援人员和物资运输的安全通畅，保障医疗卫生救援工作的顺利开展。

4. 法律保障　国务院有关部门应根据突发公共卫生事件应急处理过程中出现的新问题、新情况，加强调查研究，起草和制定并不断完善应对突发公共卫生事件的法律法规和规章制度，形成科学、完整的突发公共卫生事件应急法律法规和规章体系。国务院有关部门和地方各级人民政府及有关部门，根据《突发公共卫生事件应急条例》，严格履行职责，对履行职责不力，造成工作损失的，要追究有关当事人的责任。

5. 卫生应急的宣传教育　在突发公共卫生事件的应急处理中，要充分利用对社会公众的宣传教育，科学应对突发公共卫生事件。为此，县级以上人民政府要组织有关部门利用广播、影视、报刊、互联网、手册等多种形式对社会公众广泛开展突发公共卫生事件应急知识的普及教育，宣传卫生科普知识，提高社会卫生应急素养水平，指导群众以科学的行为和方式对待突发公共卫生事件。

（五）突发公共卫生事件的应急终止及后期处置

1. 应急终止　当突发公共卫生事件隐患或相关危险因素消除，或末例传染病病例发生后经过最长潜伏期无新的病例出现，即满足了突发公共卫生事件应急反应终止所需条件。特别重大突发公共卫生事件需经由国务院卫生行政部门组织有关专家进行分析论证后，提出终止应急反应的建议，报国务院或全国突发公共卫生事件应急指挥部批准后方可实施。特别重大以下突发公共卫生事件由地方各级人民政府卫生行政部门根据专家的分析论证和终止应急反应的建议，报本级人民政府批准后实施。

2. 恢复重建工作　突发公共卫生事件平息后，工作重点是尽快让事发或受灾地区恢复正常秩序，卫生部门所要做的工作主要是迅速恢复和重建遭受破坏的卫生设施，提供正常的医疗卫生服务；做好受害群众躯体伤害的康复工作，评估受害人群的心理健康状况；针对可能产生的创伤后应激障碍进行预防和处理等。

3. 评估总结　在突发公共卫生事件得到控制后，应对本次事件进行评估总结，评估内容主要包括事件概况、现场调查处理概况、患者救治情况、所采取措施的效果评价、应急处理过程中存在的问题和取得的经验及改进建议。评估报告上报卫生行政部门。

学习小结

本章重点阐述了突发公共卫生事件的定义和特征、突发公共卫生事件应急管理的"一案三制"策略及应急处置和预防措施。通过本章学习，学生应掌握突发公共卫生事件的概念和基本特征、突发公共卫生事件应急管理系统；理解突发公共卫生事件的分类和分级、突发公共卫生事件的应急处置原则和措施；了解我国突发公共卫生事件的相关法律法规和政策。

（李芳健）

复习参考题

一、选择题

1. 属于特别重大突发公共卫生事件的是
   A. 肺炭疽在大、中城市发生并有扩散趋势
   B. 发现新的传染性疾病
   C. 发生菌株丢失事件
   D. 发生毒株丢失事件
   E. 与我国通航的国家发生传染病疫情，并出现输入性病例

2. 根据《国家突发公共事件总体应急预案》，特别重大或者重大突发公共事件发生后，省级人民政府、国务院有关部门要在（ ）内向国务院报告，同时通报有关地区和部门。应急处置过程中，要及时续报有关情况。
   A. 1小时
   B. 2小时
   C. 6小时
   D. 24小时
   E. 4小时

3. 突发公共卫生事件发生时，最首要的任务是
   A. 确认事件的真实性
   B. 评估事件的卫生需求
   C. 调查事故发生的原因
   D. 救援工作
   E. 安抚工作

4. 目前我国突发公共卫生事件监测与报告信息管理的方式是
   A. 监测报告
   B. 信息管理
   C. 网络直报
   D. 信息报告
   E. 电话报告

5. 标志着我国突发卫生事件应急处理工作纳入法治化轨道，突发性公共卫生事件应急处理机制进一步完善的是
   A.《中华人民共和国传染病防治法》
   B.《突发公共卫生事件应急条例》
   C.《民法》

D. 新修订的《中华人民共和国刑法》　　　E. 其他

答案：1. A；2. E；3. D；4. C；5. B

二、简答题

1. 简述突发公共卫生事件的概念与特征。

2. 概述我国突发公共卫生事件应急管理的"一案三制"策略。

3. 如何预防突发公共卫生事件的发生？

4. 在突发公共卫生事件的应急处置中，哪些措施尤为关键？

统计学界值表

▼ 附表1　标准正态分布曲线下左侧尾部面积，$\Phi(z)$ 值

z	0.00	0.01	0.02	0.03	0.04	0.05	0.06	0.07	0.08	0.09
−3.0	0.001 3	0.001 0	0.000 7	0.000 5	0.000 3	0.000 2	0.000 2	0.000 1	0.000 1	0.000 0
−2.9	0.001 9	0.001 8	0.001 8	0.001 7	0.001 6	0.001 6	0.001 5	0.001 5	0.001 4	0.001 4
−2.8	0.002 6	0.002 5	0.002 4	0.002 3	0.002 3	0.002 2	0.002 1	0.002 1	0.002 0	0.001 9
−2.7	0.003 5	0.003 4	0.003 3	0.003 2	0.003 1	0.003 0	0.002 9	0.002 8	0.002 7	0.002 6
−2.6	0.004 7	0.004 5	0.004 4	0.004 3	0.004 1	0.004 0	0.003 9	0.003 8	0.003 7	0.003 6
−2.5	0.006 2	0.006 0	0.005 9	0.005 7	0.005 5	0.005 4	0.005 2	0.005 1	0.004 9	0.004 8
−2.4	0.008 2	0.008 0	0.007 8	0.007 5	0.007 3	0.007 1	0.006 9	0.006 8	0.006 6	0.006 4
−2.3	0.010 7	0.010 4	0.010 2	0.009 9	0.009 6	0.009 4	0.009 1	0.008 9	0.008 7	0.008 4
−2.2	0.013 9	0.013 6	0.013 2	0.012 9	0.012 6	0.012 2	0.011 9	0.011 6	0.011 3	0.011 0
−2.1	0.017 9	0.017 4	0.017 0	0.016 6	0.016 2	0.015 8	0.015 4	0.015 0	0.014 6	0.014 3
−2.0	0.022 8	0.022 2	0.021 7	0.021 2	0.020 7	0.020 2	0.019 7	0.019 2	0.018 8	0.018 3
−1.9	0.028 7	0.028 1	0.027 4	0.026 8	0.026 2	0.025 6	0.025 0	0.024 4	0.023 8	0.023 3
−1.8	0.035 9	0.035 2	0.034 4	0.033 6	0.032 8	0.032 2	0.031 4	0.030 7	0.030 0	0.029 4
−1.7	0.044 6	0.043 6	0.042 7	0.041 8	0.040 9	0.040 1	0.039 2	0.038 4	0.037 5	0.036 7
−1.6	0.054 8	0.053 7	0.052 6	0.051 6	0.050 5	0.049 5	0.048 5	0.047 5	0.046 5	0.046 5
−1.5	0.066 8	0.065 5	0.064 3	0.063 0	0.061 8	0.060 6	0.059 4	0.058 2	0.057 0	0.055 9
−1.4	0.080 8	0.079 3	0.077 8	0.076 4	0.074 9	0.073 5	0.072 1	0.070 8	0.069 4	0.068 1
−1.3	0.096 8	0.095 1	0.093 4	0.091 8	0.090 1	0.088 5	0.086 9	0.085 3	0.083 8	0.082 3
−1.2	0.115 1	0.113 1	0.111 2	0.109 3	0.107 5	0.105 6	0.103 8	0.102 0	0.100 3	0.098 5
−1.1	0.135 7	0.133 5	0.131 4	0.129 2	0.127 1	0.125 1	0.123 0	0.121 0	0.119 0	0.117 0
−1.0	0.158 7	0.156 2	0.153 9	0.151 5	0.149 2	0.146 9	0.144 6	0.142 3	0.140 1	0.137 9
−0.9	0.184 1	0.181 4	0.178 8	0.176 2	0.173 6	0.171 1	0.164 5	0.166 0	0.163 5	0.161 1

z	0.00	0.01	0.02	0.03	0.04	0.05	0.06	0.07	0.08	0.09
−0.8	0.211 9	0.209 0	0.206 1	0.203 3	0.200 5	0.197 7	0.194 9	0.192 2	0.189 4	0.186 7
−0.7	0.242 0	0.238 9	0.235 8	0.232 7	0.229 7	0.226 6	0.223 6	0.220 6	0.217 7	0.214 8
−0.6	0.274 3	0.270 9	0.267 6	0.264 3	0.261 1	0.257 8	0.254 6	0.251 4	0.248 3	0.245 1
−0.5	0.308 5	0.305 0	0.301 5	0.298 1	0.294 6	0.291 2	0.287 7	0.284 3	0.281 0	0.277 6
−0.4	0.344 6	0.340 9	0.337 2	0.333 6	0.330 0	0.326 4	0.322 8	0.319 2	0.315 6	0.312 1
−0.3	0.382 1	0.378 3	0.374 5	0.370 7	0.366 9	0.363 2	0.359 6	0.355 7	0.352 0	0.348 3
−0.2	0.420 7	0.416 8	0.412 9	0.409 0	0.405 2	0.401 3	0.397 4	0.393 6	0.389 7	0.385 9
−0.1	0.460 2	0.456 2	0.452 2	0.448 3	0.444 3	0.440 4	0.436 4	0.432 5	0.428 6	0.424 7
−0.0	0.500 0	0.496 0	0.492 0	0.488 0	0.484 0	0.480 1	0.476 1	0.472 1	0.468 1	0.464 1

自由度 v		概率，P								
	单侧	0.25	0.10	0.05	0.025	0.01	0.005	0.002 5	0.001	0.000 5
	双侧	0.50	0.20	0.10	0.05	0.02	0.01	0.005	0.002	0.001
1		1.000	3.078	6.314	12.706	31.821	63.657	127.321	318.309	636.619
2		0.816	1.886	2.920	4.303	6.965	9.925	14.089	22.327	31.599
3		0.765	1.638	2.353	3.182	4.541	5.841	7.453	10.215	12.924
4		0.741	1.533	2.132	2.776	3.747	4.604	5.598	7.173	8.610
5		0.727	1.476	2.015	2.571	3.365	4.032	4.773	5.893	6.869
6		0.718	1.440	1.943	2.447	3.143	3.707	4.317	5.208	5.959
7		0.711	1.415	1.895	2.365	2.998	3.499	4.029	4.785	5.408
8		0.706	1.397	1.860	2.306	2.896	3.355	3.833	4.501	5.041
9		0.703	1.383	1.833	2.262	2.821	3.250	3.690	4.297	4.781
10		0.700	1.372	1.812	2.228	2.764	3.169	3.581	4.144	4.587
11		0.697	1.363	1.796	2.201	2.718	3.106	3.497	4.025	4.437
12		0.695	1.356	1.782	2.179	2.681	3.055	3.428	3.930	4.318
13		0.694	1.350	1.771	2.160	2.650	3.012	3.372	3.852	4.221
14		0.692	1.345	1.761	2.145	2.624	2.977	3.326	3.787	4.140
15		0.691	1.341	1.753	2.131	2.602	2.947	3.286	3.733	4.073
16		0.690	1.337	1.746	2.120	2.583	2.921	3.252	3.686	4.015
17		0.689	1.333	1.740	2.110	2.567	2.898	3.222	3.646	3.965
18		0.688	1.330	1.734	2.101	2.552	2.878	3.197	3.610	3.922
19		0.688	1.328	1.729	2.093	2.539	2.861	3.174	3.579	3.883
20		0.687	1.325	1.725	2.086	2.528	2.845	3.153	3.552	3.850
21		0.686	1.323	1.721	2.080	2.518	2.831	3.135	3.527	3.819
22		0.686	1.321	1.717	2.074	2.508	2.819	3.119	3.505	3.792
23		0.685	1.319	1.714	2.069	2.500	2.807	3.104	3.485	3.768
24		0.685	1.318	1.711	2.064	2.492	2.797	3.091	3.467	3.745
25		0.684	1.316	1.708	2.060	2.485	2.787	3.078	3.450	3.725
26		0.684	1.315	1.706	2.056	2.479	2.779	3.067	3.435	3.707

自由度 ν	概率，P								
	单侧	0.25	0.10	0.05	0.025	0.01	0.005	0.002 5	0.001	0.000 5
	双侧	0.50	0.20	0.10	0.05	0.02	0.01	0.005	0.002	0.001
27		0.684	1.314	1.703	2.052	2.473	2.771	3.057	3.421	3.690
28		0.683	1.313	1.701	2.048	2.467	2.763	3.047	3.408	3.674
29		0.683	1.311	1.699	2.045	2.462	2.756	3.038	3.396	3.659
30		0.683	1.310	1.697	2.042	2.457	2.750	3.030	3.385	3.646
31		0.682	1.309	1.696	2.040	2.453	2.744	3.022	3.375	3.633
32		0.682	1.309	1.694	2.037	2.449	2.738	3.015	3.365	3.622
33		0.682	1.308	1.692	2.035	2.445	2.733	3.008	3.356	3.611
34		0.682	1.307	1.091	2.032	2.441	2.728	3.002	3.348	3.601
35		0.682	1.306	1.690	2.030	2.438	2.724	2.996	3.340	3.591
36		0.681	1.306	1.688	2.028	2.434	2.719	2.990	3.333	3.582
37		0.681	1.305	1.687	2.026	2.431	2.715	2.985	3.326	3.574
38		0.681	1.304	1.686	2.024	2.429	2.712	2.980	3.319	3.566
39		0.681	1.304	1.685	2.023	2.426	2.708	2.976	3.313	3.558
40		0.681	1.303	1.684	2.021	2.423	2.704	2.971	3.307	3.551
50		0.679	1.299	1.676	2.009	2.403	2.678	2.937	3.261	3.496
60		0.679	1.296	1.671	2.000	2.390	2.660	2.915	3.232	3.460
70		0.678	1.294	1.667	1.994	2.381	2.648	2.899	3.211	3.436
80		0.678	1.292	1.664	1.990	2.374	2.639	2.887	3.195	3.416
90		0.677	1.291	1.662	1.987	2.368	2.632	2.878	3.183	3.402
100		0.677	1.290	1.660	1.984	2.364	2.626	2.871	3.174	3.390
200		0.676	1.286	1.653	1.972	2.345	2.601	2.839	3.131	3.340
500		0.675	1.283	1.648	1.965	2.334	2.586	2.820	3.107	3.310
1 000		0.675	1.282	1.646	1.962	2.330	2.581	2.813	3.098	3.300
∞		0.675	1.282	1.645	1.960	2.326	2.576	2.807	3.090	3.291

分母自由度v_2	分子自由度，v_1										
	1	2	3	4	5	6	7	8	12	24	∞
1	161.4	199.5	215.7	224.6	230.2	234.0	236.8	238.9	243.9	249.1	254.3
	4 052	4 999	5 403	5 625	5 764	5 859	5 928	5 982	6 106	6 235	6 366
2	18.51	19.00	19.16	19.25	19.30	19.33	19.35	19.37	19.41	19.45	19.50
	98.50	99.00	99.17	99.25	99.30	99.33	99.36	99.37	99.42	99.46	99.50
3	10.13	9.55	9.28	9.12	9.01	8.94	8.89	8.85	8.74	8.64	8.53
	34.12	30.82	29.46	28.17	28.24	27.91	27.67	27.49	27.05	26.60	26.13
4	7.71	6.94	6.59	6.39	6.26	6.16	6.09	6.04	5.91	5.77	5.63
	21.20	18.00	16.69	15.98	15.52	15.21	14.98	14.80	14.37	13.93	13.46
5	6.61	5.79	5.41	5.19	5.05	4.95	4.88	4.82	4.68	4.53	4.36
	16.26	13.27	12.06	11.39	10.97	10.67	10.46	10.29	9.89	9.47	9.02
6	5.99	5.14	4.76	4.53	4.39	4.28	4.21	4.15	4.00	3.84	3.67
	13.75	10.92	9.78	9.15	8.75	8.47	8.26	8.10	7.72	7.31	6.88
7	5.59	4.74	4.35	4.12	3.97	3.87	3.79	3.73	3.57	3.41	3.23
	12.25	9.55	8.45	7.85	7.46	7.19	6.99	6.84	6.47	6.07	5.65
8	5.32	4.46	4.07	3.84	3.69	3.58	3.50	3.44	3.28	3.12	2.93
	11.26	8.65	7.59	7.01	6.63	6.37	6.18	6.03	5.67	5.28	4.86
9	5.12	4.26	3.86	3.63	3.48	3.37	3.29	3.23	3.07	2.90	2.71
	10.56	8.02	6.99	6.42	6.06	5.80	5.61	5.47	5.11	4.73	4.31
10	4.96	4.10	3.71	3.48	3.33	3.22	3.14	3.07	2.91	2.74	2.54
	10.04	7.56	6.55	5.99	5.64	5.39	5.20	5.06	4.71	4.33	3.91
12	4.75	3.89	3.49	3.26	3.11	3.00	2.91	2.85	2.69	2.51	2.30
	9.33	6.93	5.95	5.41	5.06	4.82	4.64	4.50	4.16	3.78	3.36
14	4.60	3.74	3.34	3.11	2.96	2.85	2.76	2.70	2.53	2.35	2.13
	8.86	6.51	5.56	5.04	4.69	4.46	4.28	4.14	3.80	3.43	3.00
16	4.49	3.63	3.24	3.01	2.85	2.74	2.66	2.59	2.42	2.24	2.01
	8.53	6.23	5.29	4.77	4.44	4.20	4.03	3.89	3.55	3.18	2.75
18	4.41	3.55	3.16	2.93	2.77	2.66	2.58	2.51	2.34	2.15	1.92
	8.29	6.01	5.09	4.58	4.25	4.01	3.84	3.71	3.37	3.00	2.57

分母自由度 ν_2	分子自由度, ν_1										
	1	2	3	4	5	6	7	8	12	24	∞
20	4.35	3.49	3.10	2.87	2.71	2.60	2.51	2.45	2.28	2.08	1.84
	8.10	5.85	4.94	4.43	4.10	3.87	3.70	3.56	3.23	2.86	2.42
30	4.17	3.32	2.92	2.69	2.53	2.42	2.33	2.27	2.09	1.89	1.62
	7.56	5.39	4.51	4.02	3.70	3.47	3.30	3.17	2.84	2.47	2.01
40	4.08	3.23	2.84	2.61	2.45	2.34	2.25	2.18	2.00	1.79	1.51
	7.31	5.18	4.31	3.83	3.51	3.29	3.12	2.99	2.66	2.29	1.80
60	4.00	3.15	2.76	2.53	2.37	2.25	2.17	2.10	1.92	1.70	1.39
	7.08	4.98	4.13	3.65	3.34	3.12	2.95	2.82	2.50	2.12	1.60
120	3.92	3.07	2.68	2.45	2.29	2.17	2.09	2.02	1.83	1.61	1.25
	6.85	4.79	3.95	3.48	3.17	2.96	2.79	2.66	2.34	1.95	1.38
∞	3.84	3.00	2.60	2.37	2.21	2.10	2.01	1.94	1.75	1.52	1.00
	6.63	4.61	3.78	3.32	3.02	2.80	2.64	2.51	2.18	1.79	1.00

自由度 v	概率，P					
	0.5	0.25	0.1	0.05	0.025	0.01
1	0.45	1.32	2.71	3.84	5.02	6.63
2	1.39	2.77	4.61	5.99	7.38	9.21
3	2.37	4.11	6.25	7.81	9.35	11.34
4	3.36	5.39	7.78	9.49	11.14	13.28
5	4.35	6.63	9.24	11.07	12.83	15.09
6	5.35	7.84	10.64	12.59	14.45	16.81
7	6.35	9.04	12.02	14.07	16.01	18.48
8	7.34	10.22	13.36	15.51	17.53	20.09
9	8.34	11.39	14.68	16.92	19.02	21.67
10	9.34	12.55	15.99	18.31	20.48	23.21
11	10.34	13.70	17.28	19.68	21.92	24.72
12	11.34	14.85	18.55	21.03	23.34	26.22
13	12.34	15.98	19.81	22.36	24.74	27.69
14	13.34	17.12	21.06	23.68	26.12	29.14
15	14.34	18.25	22.31	24.50	27.49	30.58
16	15.34	19.37	23.54	26.30	28.85	32.00
17	16.34	20.49	24.77	27.59	30.19	33.41
18	17.34	21.60	25.99	28.87	31.53	34.81
19	18.34	22.72	27.20	30.14	32.85	36.19
20	19.34	23.83	28.41	31.41	34.17	37.57
21	20.34	24.93	29.62	32.67	35.48	38.93
22	21.34	26.04	30.81	33.92	36.78	40.29
23	22.34	27.14	32.01	35.17	38.08	41.64
24	23.34	28.24	33.20	36.42	39.36	42.98
25	24.34	29.34	34.38	37.65	40.65	44.31
26	25.34	30.43	35.56	38.89	41.92	45.64
27	26.34	31.53	36.74	40.11	43.19	46.96
28	27.34	32.62	37.92	41.34	44.46	48.28

自由度 v	概率，P					
	0.5	0.25	0.1	0.05	0.025	0.01
29	28.34	33.71	39.09	42.56	45.72	49.59
30	29.34	34.80	40.26	43.77	46.98	50.89
40	39.34	45.62	51.81	55.76	59.34	63.69
50	49.33	56.33	63.17	67.50	71.42	76.15
60	59.33	66.98	74.40	79.08	83.30	88.38
70	69.33	77.58	85.53	90.53	95.02	100.43
80	79.33	88.13	96.58	101.88	106.63	112.33
90	89.33	98.65	107.57	113.15	118.14	124.12
100	99.33	109.14	118.50	124.34	129.56	135.81

n	单侧: 双侧:	0.05 0.10	0.025 0.05	0.01 0.02	0.005 0.01
5		0~15	—	—	—
6		2~19	0~21	—	—
7		3~25	2~26	0~28	—
8		5~31	3~33	1~35	0~36
9		8~37	5~40	3~42	1~44
10		10~45	8~47	5~50	3~52
11		13~53	10~56	7~59	5~61
12		17~61	13~65	9~69	7~71
13		21~70	17~74	12~79	9~82
14		25~80	21~84	15~90	12~93
15		30~90	25~95	19~101	15~105
16		35~101	29~107	23~113	19~117
17		41~112	34~119	27~126	23~130
18		47~124	40~131	32~139	27~144
19		53~137	46~144	37~153	32~158
20		60~150	52~158	43~167	37~173
30		151~314	137~328	120~345	109~356
40		286~534	264~556	238~582	220~600
50		466~809	434~841	397~878	373~902

▼ 附表6　T界值表（两独立样本比较的 Wilcoxon 秩和检验用）

				第1行	$P=0.05$ 单侧	$P=0.10$ 双侧
				第2行	$P=0.025$ 单侧	$P=0.05$ 双侧

n_1（较小n）	0	1	2	3	4	5	6	7	8	9	10
2	~	~	~	3~13	3~15	3~17	4~18 3~19	4~20 3~21	4~22 3~23	4~24 3~25	5~25 4~26
3	6~15	6~18	7~20 6~21	8~22 7~23	8~25 7~26	9~27 8~28	10~29 8~31	10~32 9~33	11~34 9~36	11~37 10~38	12~39 10~41
4	11~25 10~26	12~28 11~29	13~31 12~32	14~34 13~35	15~37 14~38	16~40 14~42	17~43 15~45	18~46 16~48	19~49 17~51	20~52 18~54	21~55 19~57
5	19~36 17~38	20~40 18~42	21~44 20~45	23~47 21~49	24~51 22~53	26~54 23~57	27~58 24~61	28~62 26~64	30~65 27~68	31~69 28~72	33~72 29~76
6	28~50 26~52	29~55 27~57	31~59 29~61	33~63 31~65	35~67 32~70	37~71 34~74	38~76 35~79	40~80 37~83	42~84 38~88	44~88 40~92	46~92 42~96
7	39~66 36~69	41~71 38~74	43~76 40~79	45~81 42~84	47~86 44~89	49~91 46~94	52~95 48~99	54~100 50~104	56~105 52~109	58~110 54~114	61~114 56~119
8	51~85 49~87	54~90 51~93	56~96 53~99	59~101 55~105	62~106 58~110	64~112 60~116	67~117 62~122	69~123 65~127	72~128 67~133	75~133 70~138	77~139 72~144
9	66~105 62~109	69~111 65~115	72~117 68~121	75~123 71~127	78~129 73~134	81~135 76~140	84~141 79~146	87~147 82~152	90~153 84~159	93~159 87~165	96~165 90~171
10	82~128 78~132	86~134 81~139	89~141 84~146	92~148 88~152	96~154 91~159	99~161 94~166	103~167 97~173	106~174 100~180	113~180 103~187	113~187 107~193	117~193 110~200

n_2-n_1

N	n_1	n_2	n_3	P	
				0.05	0.01
7	3	2	2	4.71	
	3	3	1	5.14	
8	3	3	2	5.36	
	4	2	2	5.33	
	4	3	1	5.21	
	5	2	1	5.00	
9	3	3	3	5.60	7.20
	4	3	2	5.44	6.44
	4	4	1	4.97	6.67
	5	2	2	5.16	6.53
	5	3	1	4.96	
10	4	3	3	5.73	6.75
	4	4	2	5.45	7.04
	5	3	2	5.25	6.82
	5	4	1	4.99	6.95
11	4	4	3	5.60	7.14
	5	3	3	5.65	7.08
	5	4	2	5.27	7.12
	5	5	1	5.13	7.31
12	4	4	4	5.69	7.65
	5	4	3	5.63	7.44
	5	5	2	5.34	7.27
13	5	4	4	5.62	7.76
	5	5	3	5.71	7.54
14	5	5	4	5.64	7.79
15	5	5	5	5.78	7.98

▼ 附表8 q界值表（Student–Newman–Keuls法用，上行$P=0.05$，下行$P=0.01$）

ν	组数，α								
	2	3	4	5	6	7	8	9	10
5	3.64	4.60	5.22	5.67	6.03	6.33	6.58	6.80	6.99
	5.70	6.98	7.80	8.42	8.91	9.32	9.67	9.97	10.24
6	3.46	4.34	4.90	5.30	5.63	5.90	6.12	6.32	6.49
	5.24	6.33	7.03	7.56	7.97	8.32	8.61	8.87	9.10
7	3.34	4.16	4.68	5.06	5.36	5.61	5.82	6.00	6.16
	4.95	5.92	6.54	7.01	7.37	7.68	7.94	8.17	8.37
8	3.26	4.04	4.53	4.89	5.17	5.40	5.60	5.77	5.92
	4.75	5.64	6.20	6.62	6.96	7.24	7.47	7.68	7.86
9	3.20	3.95	4.41	4.76	5.02	5.24	5.43	5.59	5.74
	4.60	5.43	5.96	6.35	6.66	6.91	7.13	7.33	7.49
10	3.15	3.88	4.33	4.65	4.91	5.12	5.30	5.46	5.60
	4.48	5.27	5.77	6.14	6.43	6.67	6.87	7.05	7.21
11	3.11	3.82	4.26	4.58	4.82	5.03	5.20	5.35	5.49
	4.39	5.14	5.62	5.97	6.25	6.48	6.67	6.84	6.99
12	3.08	3.77	4.20	4.51	4.75	4.95	5.12	5.27	5.39
	4.32	5.05	5.50	5.84	6.10	6.32	6.51	6.67	6.81
13	3.06	3.73	4.15	4.46	4.69	4.88	5.05	5.19	5.32
	4.26	4.96	5.40	5.73	5.98	6.19	6.37	6.53	6.67
14	3.03	3.70	4.11	4.41	4.64	4.83	4.99	5.13	5.25
	4.21	4.89	5.32	5.63	5.88	6.08	6.26	6.41	6.54
15	3.01	3.67	4.08	4.37	4.59	4.78	4.94	5.08	5.20
	4.17	4.83	5.25	5.56	5.80	5.99	6.16	6.31	6.44
16	3.00	3.65	4.05	4.33	4.56	4.74	4.90	5.03	5.15
	4.13	4.79	5.19	5.49	5.72	5.92	6.08	6.22	6.35
18	2.97	3.61	4.00	4.28	4.49	4.67	4.82	4.96	5.07
	4.07	4.70	5.09	5.38	5.60	5.79	5.94	6.08	6.20
20	2.95	3.58	3.96	4.23	4.45	4.62	4.77	4.90	5.01
	4.02	4.64	5.02	5.29	5.51	5.69	5.84	5.97	6.09

v	组数，a								
	2	3	4	5	6	7	8	9	10
30	2.89	3.49	3.85	4.10	4.30	4.46	4.60	4.72	4.82
	3.89	4.45	4.80	5.05	5.24	5.40	5.04	5.65	5.76
40	2.86	3.44	3.79	4.04	4.23	4.39	4.52	4.63	4.73
	3.82	4.37	4.70	4.93	5.11	5.26	5.39	5.50	5.60
60	2.83	3.40	3.74	3.98	4.16	4.31	4.44	4.55	4.65
	3.76	4.28	4.59	4.82	4.99	5.13	5.25	5.36	5.45
120	2.80	3.36	3.68	3.92	4.10	4.24	4.36	4.47	4.56
	3.70	4.20	4.50	4.71	4.87	5.01	5.12	5.21	5.30
∞	2.77	3.31	3.63	3.86	4.03	4.17	4.29	4.39	4.47
	3.64	4.12	4.40	4.60	4.76	4.88	4.99	5.08	5.16

自由度	单侧:	0.25	0.10	0.05	0.025	0.01	0.005	0.002 5	0.001	0.000 5
v	双侧:	0.50	0.20	0.10	0.05	0.02	0.01	0.005	0.002	0.001
1		0.707	0.951	0.988	0.997	1.000	1.000	1.000	1.000	1.000
2		0.500	0.800	0.900	0.950	0.980	0.990	0.995	0.998	0.999
3		0.404	0.687	0.805	0.878	0.934	0.959	0.974	0.986	0.991
4		0.347	0.608	0.729	0.811	0.882	0.917	0.942	0.963	0.974
5		0.309	0.551	0.669	0.755	0.833	0.875	0.906	0.935	0.951
6		0.281	0.507	0.621	0.707	0.789	0.834	0.870	0.905	0.925
7		0.260	0.472	0.582	0.666	0.750	0.798	0.836	0.875	0.898
8		0.242	0.443	0.549	0.632	0.715	0.765	0.805	0.847	0.872
9		0.228	0.419	0.521	0.602	0.685	0.735	0.776	0.820	0.847
10		0.216	0.398	0.497	0.576	0.658	0.708	0.750	0.795	0.823
11		0.206	0.380	0.476	0.553	0.634	0.684	0.726	0.772	0.801
12		0.197	0.365	0.457	0.532	0.612	0.661	0.703	0.750	0.780
13		0.189	0.351	0.441	0.514	0.592	0.641	0.683	0.730	0.760
14		0.182	0.338	0.426	0.497	0.574	0.623	0.664	0.711	0.742
15		0.176	0.327	0.412	0.482	0.558	0.606	0.647	0.694	0.725
16		0.170	0.317	0.400	0.468	0.542	0.590	0.631	0.678	0.708
17		0.165	0.308	0.389	0.456	0.529	0.575	0.616	0.662	0.693
18		0.160	0.299	0.378	0.444	0.515	0.561	0.602	0.648	0.679
19		0.156	0.291	0.369	0.433	0.503	0.549	0.589	0.635	0.665
20		0.152	0.284	0.360	0.423	0.492	0.537	0.576	0.622	0.652
21		0.148	0.277	0.352	0.413	0.482	0.526	0.565	0.610	0.640
22		0.145	0.271	0.344	0.404	0.472	0.515	0.554	0.599	0.629
23		0.141	0.265	0.337	0.396	0.462	0.505	0.543	0.588	0.618
24		0.138	0.260	0.330	0.388	0.453	0.496	0.534	0.578	0.607
25		0.136	0.255	0.323	0.381	0.445	0.487	0.524	0.568	0.597
26		0.133	0.250	0.317	0.374	0.437	0.479	0.515	0.559	0.588
27		0.131	0.245	0.311	0.367	0.430	0.471	0.507	0.550	0.579

自由度 v	单侧:	0.25	0.10	0.05	0.025	0.01	0.005	0.002 5	0.001	0.000 5
	双侧:	0.50	0.20	0.10	0.05	0.02	0.01	0.005	0.002	0.001
28		0.128	0.241	0.306	0.361	0.423	0.463	0.499	0.541	0.570
29		0.126	0.237	0.301	0.355	0.416	0.456	0.491	0.533	0.562
30		0.124	0.233	0.296	0.349	0.409	0.449	0.484	0.526	0.554
31		0.122	0.229	0.291	0.344	0.403	0.442	0.477	0.518	0.546
32		0.120	0.225	0.287	0.339	0.397	0.436	0.470	0.511	0.539
33		0.118	0.222	0.283	0.334	0.392	0.430	0.464	0.504	0.532
34		0.116	0.219	0.279	0.329	0.386	0.424	0.458	0.498	0.525
35		0.115	0.216	0.275	0.325	0.381	0.418	0.452	0.492	0.519
36		0.113	0.213	0.271	0.320	0.376	0.413	0.446	0.486	0.513
37		0.111	0.210	0.267	0.316	0.371	0.408	0.441	0.480	0.507
38		0.110	0.207	0.264	0.312	0.367	0.403	0.435	0.474	0.501
39		0.108	0.204	0.261	0.308	0.362	0.398	0.430	0.469	0.495
40		0.107	0.202	0.257	0.304	0.358	0.393	0.425	0.463	0.490
41		0.106	0.199	0.254	0.301	0.354	0.389	0.420	0.458	0.484
42		0.104	0.197	0.251	0.297	0.350	0.384	0.416	0.453	0.479
43		0.103	0.195	0.248	0.294	0.346	0.380	0.411	0.449	0.474
44		0.102	0.192	0.246	0.291	0.342	0.376	0.407	0.444	0.469
45		0.101	0.190	0.243	0.288	0.338	0.372	0.403	0.439	0.465
46		0.100	0.188	0.240	0.285	0.335	0.368	0.399	0.435	0.460
47		0.099	0.186	0.238	0.282	0.331	0.365	0.395	0.431	0.456
48		0.098	0.184	0.235	0.279	0.328	0.361	0.391	0.427	0.451
49		0.097	0.182	0.233	0.276	0.325	0.358	0.387	0.423	0.447
50		0.096	0.181	0.231	0.273	0.322	0.354	0.384	0.419	0.443

概率, P

	概率，P								
	单侧:	0.25	0.10	0.05	0.025	0.01	0.005	0.002 5	0.001	0.000 5
n	双侧:	0.50	0.20	0.10	0.05	0.02	0.01	0.005	0.002	0.001
31		0.126	0.236	0.301	0.356	0.418	0.459	0.496	0.541	0.571
32		0.124	0.232	0.296	0.350	0.412	0.452	0.489	0.533	0.563
33		0.121	0.229	0.291	0.345	0.405	0.446	0.482	0.525	0.554
34		0.120	0.225	0.287	0.340	0.399	0.439	0.475	0.517	0.547
35		0.118	0.222	0.283	0.335	0.394	0.433	0.468	0.510	0.539
36		0.116	0.219	0.279	0.330	0.388	0.427	0.426	0.504	0.533
37		0.114	0.216	0.275	0.325	0.382	0.421	0.456	0.497	0.526
38		0.113	0.212	0.271	0.321	0.378	0.415	0.450	0.491	0.519
39		0.111	0.210	0.267	0.317	0.373	0.410	0.444	0.485	0.513
40		0.110	0.207	0.264	0.313	0.368	0.405	0.439	0.479	0.507
41		0.108	0.204	0.261	0.309	0.364	0.400	0.433	0.473	0.501
42		0.107	0.202	0.257	0.305	0.359	0.395	0.428	0.468	0.495
43		0.105	0.199	0.254	0.301	0.355	0.391	0.423	0.463	0.490
44		0.104	0.197	0.251	0.298	0.351	0.386	0.419	0.458	0.484
45		0.103	0.194	0.248	0.294	0.347	0.382	0.414	0.453	0.479
46		0.102	0.192	0.246	0.291	0.343	0.378	0.410	0.448	0.474
47		0.101	0.190	0.243	0.288	0.340	0.374	0.405	0.443	0.469
48		0.100	0.188	0.240	0.285	0.336	0.370	0.401	0.439	0.465
49		0.098	0.186	0.238	0.282	0.333	0.366	0.397	0.434	0.460
50		0.097	0.184	0.235	0.279	0.329	0.363	0.393	0.430	0.456

推荐阅读

［1］ 蔡泳.预防医学.4版.北京：高等教育出版社，2022.

［2］ 孙长颢.营养与食品卫生学.8版.北京：人民卫生出版社，2017.

［3］ 王培玉，袁聚祥，马骏.预防医学.4版.北京：北京大学医学出版社，2018.

［4］ 王文军，薛玲.预防医学.2版.北京：人民卫生出版社，2021.

［5］ 邬堂春.职业卫生与职业医学.8版.北京：人民卫生出版社，2017.

［6］ 徐广飞，黄水平，张晓宏.预防医学.4版.南京：东南大学出版社，2021.

［7］ 杨月欣，葛可佑.中国营养科学全书.2版.北京：人民卫生出版社，2019.

［8］ 中国营养学会.中国居民膳食营养素参考摄入量（2023版）.北京：人民卫生出版社，2023.

［9］ 中国营养学会.中国居民膳食指南（2022）.北京：人民卫生出版社，2022.

索　引

12检